GESAMMELTE STUDIEN ZUM NEUEN TESTAMENT UND SEINER UMWELT

VON

HERBERT BRAUN

2., durchgesehene und ergänzte
Auflage

1967

J.C.B. MOHR (PAUL SIEBECK) TÜBINGEN

Herbert Braun
J.C.B. Mohr (Paul Siebeck) Tübingen 1962
Alle Rechte vorbehalten
Ohne ausdrückliche Genehmigung des Verlages ist es auch nicht gestattet,
das Buch oder Teile daraus auf photomechanischem
Wege (Photokopie, Mikrokopie) zu vervielfältigen
Printed in Germany
Druck: Gutmann + Co. Heilbronn
Einband: Heinr. Koch, Großbuchbinderei, Tübingen

MEINER FRAU

GERTRAUDE

Vorwort

Die hier vereinigten achtzehn Aufsätze stammen aus einem Zeitraum von zwölf Jahren; bisher ungedruckt ist die Studie zu Paulus und Epiktet. Die Aufsätze gehen von der Voraussetzung aus, daß das Neue Testament nur dann recht verstanden wird, wenn man seine religiöse Umwelt mitbedenkt. Diese religionsgeschichtliche Einordnung will das Besondere der neutestamentlichen Aussagen nicht einebnen, sondern erheben und verdeutlichen. Freilich wird das Christianum nicht einfach durch Ausscheidung dessen gewonnen, was im Neuen Testament sich religionsgeschichtlich verrechnen läßt. Daher bemühen die letzten vier Studien sich in besonderer Weise um die Frage nach dem rechten Verstehen des Neuen Testamentes. Für die Korrekturen danke ich meiner Assistentin Frau Dr. Luise Schottroff-Klein.

Mainz, den 8. November 1961   HERBERT BRAUN

Inhalt

Vorwort	V
„Der Fahrende"	1
Vom Erbarmen Gottes über den Gerechten	8
„Umkehr" in spätjüdisch-häretischer und in frühchristlicher Sicht	70
Die Bedeutung der Qumranfunde für das Verständnis Jesu von Nazareth	86
Römer 7, 7–25 und das Selbstverständnis des Qumran-Frommen	100
Plutarchs Kritik am Aberglauben im Lichte des Neuen Testamentes	120
Das „Stirb und werde" in der Antike und im Neuen Testament	136
Die Indifferenz gegenüber der Welt bei Paulus und bei Epiktet .	159
Entscheidende Motive in den Berichten über die Taufe Jesu von Markus bis Justin	168
Zur Terminologie der Acta von der Auferstehung Jesu . . .	173
Exegetische Randglossen zum 1. Korintherbrief	178
Zur nachpaulinischen Herkunft des zweiten Thessalonicherbriefes	205
Literar-Analyse und theologische Schichtung im ersten Johannesbrief	210
Der Sinn der neutestamentlichen Christologie	243
Vom Verstehen des Neuen Testaments	283
Die Heilstatsachen im Neuen Testament	299

Hebt die heutige neutestamentlich-exegetische Forschung den
  Kanon auf? 310
Die Problematik einer Theologie des Neuen Testaments . . . 325
Anhang 343
Stellenregister 353
Verfasserregister 373

Berichtigung

Der Satz auf Seite 141 Zeile 6 von oben muß beginnen: Der Topos beschränkt sich also *nicht* auf das Gebiet, ...

„Der Fahrende"*

Sophokles beschrieb den Ödipus, als er dessen Gestalt in ihrer ganzen Tragik zur Darstellung bringen wollte, als den „Fahrenden". Ein paar Jahrhunderte später wählte der LXX-Übersetzer des Hosea-Textes dasselbe Wort, um das Geschick zum Ausdruck zu bringen, das der Prophet, etwa gut 300 Jahre vor Sophokles, den Israeliten von Jahwe angedroht hatte. Die Gleichheit des Wortes lädt zur Betrachtung des auf beiden Seiten vorliegenden Gesamtzusammenhanges ein.

I

Ödipus trägt seinen Namen als „Fahrender" programmatisch; gleich zu Beginn der Tragödie stellt er sich als solcher vor[1]. Er kommt von Theben; aber nicht nur geographisch. Er kommt von der Entdeckung des Vatermordes und der Mutter-Ehe, und er selber mußte diese Entdeckung an sich vor der Öffentlichkeit vollziehen. Darum hat er, in Entsetzen über sich, sich selber des Augenlichtes beraubt. Er kommt also als Blinder, seine Tochter Antigone muß ihn führen. Sein Leben als Fahrender ist elend. Sein Brot ist karg. Die Jahre sind dahingeflogen. Sein Gewand starrt vor Schmutz. Seine wirren Haare verraten sein Geschick. In Kolonos im Hain der Eumeniden endet seine Irrfahrt. Auf ihr ist er zum Greis geworden, der dem Grabe zuwankt. Und noch findet er keine Ruhe. Sein Grab wird Segen bringen, so hat Apoll verheißen. Darum will Kleon sich seiner und seiner Töchter bemächtigen. Sein ältester Sohn Polyneikes möchte aus demselben Grunde den Vater auf seine Seite ziehen, um im Bruderzwist dem Eteokles überlegen zu sein. Nur durch Kampf kann Theseus seines Schutzherrn-Amtes walten und dem Vater wie den Töchtern die Freiheit erhalten. So stirbt der Οἰδίπους πλανήτης in der Abgeschiedenheit und vertraut dem Theseus das mit seinem Sterben verbundene segnende Geheimnis an.

---

* ZThK 48, 1951, 32–38.
[1] Sophokles Ödipus Colonos 3, 124, 347, 1114.

Nach dem griechischen Hosea-Text werden die Israeliten „Fahrende" sein[2]. Kanaan, das „Haus Jahwes", werden sie verlieren. Kinderlosigkeit wird sie kennzeichnen. Mühsal hat Ephraim; seine Wurzeln verdorren. Mit der Heimat verliert Israel den religiösen Volksverband. καὶ ἔσονται πλανῆται ἐν τοῖς ἔθνεσιν.

II

Nicht für die Vokabel, wohl aber für die Wortgruppe[3] und für die Sache scheint Sophokles an eine Tradition anzuknüpfen. Vom πολύπλαγκτος Ὀδυσσεύς weiß jeder Grieche[4]. Die Irrfahrten der Io malt der gefesselte Prometheus anschaulich aus[5]: Hera scheucht die Geliebte des Zeus durch Griechenland, Makedonien, Kleinasien und Ägypten, indem sie den Argos auf ihre Spur setzt und sie zum Wahnsinn treibt. Die Glieder des Bacchus-Zuges sind Irrfahrer[6]. In dieser Tradition steht der πλανήτης Οἰδίπους. So liegt ein starker Ton auf seinen Leiden und Mühsalen. Sein Unglück wird mannigfach ausgemalt: er ist ein „Knecht der höchsten Mühsal"[7], der „Ungestillteste"[8], ein „duldender, irrender Mann"[9], der „viel ertrug"[10], ein „geplagter Fremdling"[11], für den die Tochter wirbt: „ehrt ihn, der leidet!"[12], dem gegenüber der Schutzherr Theseus erschüttert mitverstehend versichert: „ich bin ein Mensch"[13]. Sophokles stellt uns die unerhört eindrucksvolle Größe nackten menschlichen Leidens im πλανήτης Οἰδίπους vor Augen.

Die Hosea-Worte greifen gleichfalls auf einen im AT bekannten Sachverhalt zurück. Das hebräische Äquivalent נֹדְדִים für πλανῆται wird in der LXX sonst zwar nie mit der Wortgruppe πλανάω wiedergegeben; πλανήτης ist in der LXX hapax legomenon, und die eben-

---

[2] Hosea 9, 15–17.

[3] Zum Material für die Wortgeschichte siehe meine im ThW erschienene Darstellung ad vocem πλανάω.

[4] Homer Odyssee passim.

[5] Äschylus Prometheus 565, 576, 585, 622, 784.

[6] Euripides Bacchen 148.

[7] Soph. Öd. Col. 105; die Übersetzung hier und z. T. im folgenden nach EMIL STAIGER, Sophokles Tragödien, deutsch 1944.

[8] Soph. Öd. Col. 120. Auf Soph. Öd. Col. wird, nur noch mit Verszahl-Angabe, in folgenden Anmerkungen verwiesen: 9–13, 18–31, 33–40, 42, 46.

[9] 165; vgl. 185.   [10] 205.   [11] 261.   [12] 246f.   [13] 567.

falls nur einmal begegnende Femininbildung πλανῆτις (Hiob 2, 9 d in Minuskel-Varianten für Hiobs Weib) entbehrt des hebräischen Äquivalentes. Gleichwohl ist die Sache bekannt. Oft genug ist in den Pentateuch-Quellen und bei den Propheten von unübertragen gemeintem „Umherirren" die Rede: Hagar, die Kinder Israel, die Moabiter, die Reisenden „irren" in der Wüste[14]; Joseph auf der Suche nach den Brüdern „irrt umher"[15], und noch spätere Zusätze und Umdeutungen[16] wie der erneute Gebrauch bei Sirach für den fördernden, aber auch notvollen Charakter des Herumreisens[17] unterstreichen die Geläufigkeit der Vorstellung. Die πλανῆται des Hosea-Wortes erleiden also ein Unstetsein, das auch sonst in der LXX bekannt ist. Leichter ist ihr Los offenbar nicht als das des Ödipus; bleiben dem Ödipus noch die geleitenden Töchter, so kennzeichnen Kinderlosigkeit und Verlust der Kinder das Preisgegebensein der fahrenden Israeliten. Und doch ist der tiefgreifende Unterschied zwischen beiden Texten gar nicht zu übersehen: Sophokles malt den πλανήτης Οἰδίπους anschaulich vor Augen und erreicht so unser Mit-Leiden für seine Leidenswege; Hosea konstatiert das den Israeliten drohende Geschick, und was von den auf sie wartenden Bedrohnissen knapp, aber realistisch sichtbar wird, will nicht Sympathie erwecken, sondern warnen. Damit stehen wir vor der Zentralfrage, wie die Leiden des „Fahrenden" im Rahmen der Gesamtexistenz verstanden sind.

III

Ödipus leidet schuldig und doch unschuldig. Schuldig, insofern er, dem Tatbestand nach, den Vater erschlagen und die Mutter zur Frau gehabt hat. In höherem Sinne aber gilt: er leidet unschuldig, insofern er diese Taten mehr hat über sich ergehen lassen, als daß er sie tätig ausgeführt hätte[18]. Gegen seinen Willen erlitt er sie[19], ohne Wissen[20]; darum hat er in Wirklichkeit nicht den νόμος verlassen[21], er ist kein κακός[22], vielmehr ein καθαρός und ἐσθλός[23]. Man muß also

---

[14] Gen. 21, 14; Ex. 14, 3; Jes. 16, 8; Ps. 106, 4.
[15] Gen. 37, 15.   [16] Jes. 21, 15; 22, 5.
[17] Sir. 34, 9. 10; 51, 13; 29, 18; 36, 25; Sir. 29, 18 ἐν ἔθνεσιν ἀλλοτρίοις von den Bürgenden.
[18] 266 f.   [19] 963 f., 977, 239 f., 521–523.   [20] 271 f., 548.
[21] 142, 548.   [22] 270–272.   [23] 548, 309.

scheiden zwischen seinen ihm widerwillig aufgezwungenen Taten und
ihm, wie er an und für sich ist:

> „An mir allein entdecktest du wohl keines
> Verbrechens Schande, keinen Frevel, den ich
> Mir selber und den Meinen angetan." [24]

Ein Verhängnis (man muß sagen: „nur ein Verhängnis"), wenngleich
ein unglückliches, liegt auf ihm [25]. Ein Gottwesen war im Spiel [26]. Die
Götter haben es so gewollt in ihrem Grimm gegen sein Geschlecht [27].
Ihr Walten war unentrinnbar [28]. Sie sind es gewesen, die ihn stürzten [29];
und zwar sie, im Unterschied zu ihm, dem Nicht-Wissenden, als die
Wissenden [30]. So hat er, in seinem Wüten gegen sich, mehr gebüßt,
als er verschuldet [31]. Als Strafe ist ihm sein Geschick letztlich mithin
nicht deutbar. Es will genommen werden als Geschick, das notwendig
ist, weil es ist; es macht den Menschen ernsthaft und sammelt ihn
in die Wahrheit [32]. Der Glaube an Gott ist zwar schmerzhaft bedroht [33],
aber er wird als Vergeltungsglaube [34] durchgehalten; eine Vergeltung
freilich, die sorgsam zwischen Guten und Bösen scheidet. An Gott
festhalten, wie Ödipus es tut [35], hieße dann, an sich als dem Guten
festhalten. Typischerweise sprechen meist Ismene und der Chor vom
Erbarmen der Götter und des Gottes [36]. Ödipus aber ist als Leidender
und Blinder bereits sehend [37]; als $\pi\lambda\alpha\nu\acute{\eta}\tau\eta\varsigma$ zwar vom Leiden fast
erdrückt, aber von der Schuld sich geschieden wissend und darum
kein schuldhaft Irrender. Ein blinder Fahrender, aber kein Verblendeter. Denn Ödipus hat sich aus der Maßlosigkeit des Herzens gesammelt zum Ja gegenüber sich selber [38]. Nur so wird verständlich
des Ödipus unbeugsame Härte und sein Rachedurst im Urteil gegenüber den abwesenden Söhnen, die seiner Verbannung nicht gewehrt
haben, im Auftreten vor Kreon und Polyneikes [39], die vor Undankbarkeit warnende Antigone [40] ändert auch dort, wo sie vorerst beim
Vater Gehör findet, nicht das Gesetz, dem Ödipus folgt.

---

[24] 966–968. [26] 76. [28] 252 f. [30] 273 f.
[25] 144, 202. [27] 964 f. [29] 394, 998. [31] 438 f.
[32] Vgl. die schöne Studie von W. Schadewaldt, Sophokles und das Leid, 1947, S. 26 f.
[33] 385 f., 395. [36] 383 f., 1480. [39] 427–444, 460, 866–870, 1254–1396.
[34] 279–281, 1536 f. [37] 74. [40] 1201–1203.
[35] 1540. [38] 438 f.

Ganz anders ist die Situation der fahrenden Israeliten zu verstehen. Weil es sich um eine Gerichtspredigt handelt, kommt die Art und Weise, in der die Angeredeten ihr angedrohtes Schicksal als πλανῆται einordnen, gar nicht in unsern Gesichtskreis. Der Personenwechsel im Reden von Gott (gewöhnlich erste Person; V. 17 dritte Person) macht allenfalls die der Gerichtsdrohung zustimmende Bejahung seitens eines Dritten (des Propheten oder spätere Glosse), aber nicht die Art der Aufnahme der Drohung seitens der Angeredeten sichtbar. Das bedeutet aber sachlich: im Sinne des Textes von Interesse ist nur *die* Einordnung, die der im Gerichtswort redende Jahwe selber vornimmt:

In Gilgal wurden die Bosheiten der Israeliten getan; entweder die Einrichtung des Königtums[41] oder das Sicheinlassen auf den Baal-Kult wie V. 10 ist gemeint. Diese Bosheiten fließen aus dem Nichthören, aus dem Ungehorsam, so wie auch die Führer des Volkes durch ihren Aufruhr (Mss.) bzw. durch ihren Ungehorsam (LXX) gekennzeichnet werden. Der Mensch ist, was er tut; und er tut seine Taten in Gehorsam oder in Ungehorsam. Auf den Ungehorsam antwortet Jahwe mit Haß, mit Absage an seine bisherige Liebe zu Israel. Dieser Haß Jahwes ist Tat: Israel wird aus Palästina vertrieben, verliert seine Kinder, seine Wurzel verdorrt, die Israeliten werden „Fahrende" unter den Völkern, den Nichtjuden. Kurz: Jahwe verwirft sie. Der Schatten des ewigen Juden taucht auf.

Die Existenz der Heimatlosigkeit ist hier verstanden als die Folge davon, daß der Mensch, entgegen dem Gebot, Bosheit tut; sie tut natürlich nicht um der Bosheit willen, sondern um damit auf verbotenem Wege (Königtum oder Baal-Kult) sich selber zu verwirklichen. Damit zerstört er, entgegen seiner eigenen Absicht, in Wirklichkeit seine Existenz: die Wurzel verdorrt. Das Leben dagegen wäre das Bleiben im Gebot Jahwes. So sind die „Fahrenden" zugleich geistlich Verirrte, Abgefallene (4, 12), wie in der LXX für beide Bedeutungen denn auch das gleiche Wort Verwendung findet.

Die Rettung für die Fahrenden liegt darum gerade nicht in einem heroischen Ja zu einem unverdienten Schicksal. Ist Jahwes Haß wegen der Übertretungen der Grund der Entwurzelung, so rettet allein die erneute Hinwendung zu Jahwe:

„Ich will mich aufmachen und zu meinem früheren Manne zurückkehren, denn damals ging es mir besser als jetzt." (2, 9)

---

[41] Vgl. Arthur Weiser, Das Buch der 12 Kleinen Propheten, 1949 z. St.

Ermöglicht wird diese Umkehr durch Jahwes „Locken" (wieder πλανᾶν 2, 16!); die „Fahrenden" stehen also, von Jahwe aus gesehen, auch im Gestraftwerden auf einem Wege der Gnade. Aber diese δικαιοσύνη und κρίσις, ἔλεος und οἰκτιρμοί (2, 21) bedeuten gerade nicht das Festhalten des Menschen an sich als an dem Guten, sondern das Sichsagenlassen von Jahwe her:

> „Ich werde begnadigen die Nichtbegnadigte
> Und zu der NichtmeinVolk werde ich sprechen:
> Mein Volk bist du." (2, 25)

Die Tragik entfällt restlos. An ihrer Stelle steht die Entscheidung zwischen Gehorsam und Nicht-Gehorsam gegenüber dem Gebot des in Liebe werbenden Jahwe.

Der Mensch ist aufgedeckt. Aber nicht bloß wie Ödipus, der die Grenzenlosigkeit seiner schuldig-unschuldigen Verstrickung vor den Kolonern nicht länger bergen kann[42]; sondern aufgedeckt vor Jahwe und sich selber als Ungehorsamer, als „Nicht mein Volk", der nur durch Jahwes Barmherzigkeitstat zum „Mein Volk" wird. Darum fordert Jahwe Treue (Mss.) bzw. Erbarmen (LXX) von Israel (6, 6); Treue und Erbarmen Gott, aber auch dem Nächsten gegenüber (wenn auch in den üblichen alttestamentlichen Grenzen). Das Leben von Gottes ἔλεος schneidet die Härte des Menschen ab und bindet ihn in das gleiche Verhalten hinein.

IV

Die Existenz der Fahrenden – wir haben sie kennengelernt als hartes, aber notwendiges Geschick, in dem der Mensch das Ja zu sich selber durchhält; als Gerichtsstrafe, die den Menschen vom Versuch der eigenen Lebensverwirklichung zu Gott als dem wahren Heil zurückruft. Noch eine dritte Verständnismöglichkeit bietet uns die einzige Stelle des NT, in der πλανᾶσθαι unübertragen begegnet. (Auch πλανήτης ist im NT hapax legomenon; es steht in Jud. 13, analog griechischem und hellenistischem Sprachgebrauch, aber als astronomischer terminus technicus.) Die „in Wüsten, Bergen, Höhlen und Erdschlünden Umherirrenden" (Hebr. 11, 38) sind alttestamentliche

---

[42] 218.

Glaubenszeugen und als solche in ihrer Existenz Prototypen des „wandernden Gottesvolkes"[43]. Ihre Heimatlosigkeit ist weder Schicksal noch Strafe. Das Märtyrertum der Makkabäer-Zeit und die Kämpfe der Pharisäer gegen die verweltlichten Hasmonäer (Ps. Sal. 17, 16 f.) stehen geschichtlich dahinter. Glauben halten heißt in diesem Verständnis, das Los des Unsteten, des Fahrenden auf sich nehmen. Vielleicht spielt diese Auffassung mit bei der Indienstnahme eines volkstümlich-pessimistischen Wortes[44] zur Beschreibung der Situation des irdischen Jesus (Mt. 8, 20; Lk. 9, 58). Die „Fahrenden" sind damit zu Hoffenden geworden, die ihre Existenz im Noch-nicht haben. Die Situation des Ödipus ist, auf höherer Ebene, wieder erreicht.

Denn das $\pi\lambda\alpha\nu\tilde{\alpha}\sigma\vartheta\alpha\iota$ im Sinne der Heimatlosigkeit ist geboten, darin sind sich die Christen des Hebräerbriefes ohne die $\mu\acute{\epsilon}\nu o \upsilon \sigma \alpha$ $\pi\acute{o}\lambda\iota\varsigma$ (Hebr. 13, 14) mit dem Ödipus einig. So findet sich auch in beiden Texten der Ausblick auf die „Ruhe"[45]. Den Ödipus erwartet sie, nach der Verheißung Apollos, am Ende der Irrfahrt in Kolonos als die $\chi\acute{\alpha}\varrho\iota\varsigma$ $\chi\vartheta o\nu\acute{\iota}\alpha$[46]. Den Christen ist sie verheißen als die $\mu\acute{\epsilon}\lambda\lambda o \upsilon \sigma \alpha$ $\pi\acute{o}\lambda\iota\varsigma$ (Hebr. 13, 14). Die mit dieser Verheißung verbundene Warnung vor dem Ungehorsam (Hebr. 4, 6. 11) weist zurück auf die bekannten prophetischen Gedanken. Die Verlegung des Ruhe gewährenden Vaterlandes in die Himmel (Hebr. 11, 16) aber zeigt an: die Hoffnung ist, wie wir es seit Daniel und der Apokalyptik fassen können, auf das Jenseits gerichtet und transzendent geworden. Das gnostische Verständnis des irdischen Lebens als einer Bewegung im Vorläufigen und im Irrtum schlechthin schattet sich ab.

---

[43] Vgl. E. KÄSEMANNS Untersuchung zum Hebräerbrief 1938 unter diesem Namen.
[44] Vgl. R. BULTMANN, Die Geschichte der synopt. Tradition² S. 27 und 102.
[45] Hebr. 3, 7-4, 9; Soph. Öd. Col. 87-110.
[46] 1752. Im Blick auf diese $\pi\alpha\tilde{\upsilon}\lambda\alpha$ (88) bittet bezeichnenderweise auch Ödipus selber die Götter um Erbarmen (109 f.).

Vom Erbarmen Gottes über den Gerechten*
Zur Theologie der Psalmen Salomos

Prof. D. Friedrich Smend und Prof. D. Heinrich Vogel zugeeignet

Inhaltsübersicht:

Einleitung	8–10
I. Der Inhalt der Barmherzigkeit Gottes	10–18
II. Die Begründung für die Barmherzigkeit Gottes:	
a) In Gott selber	18–24
b) Im Menschen; unter beiden Gesichtspunkten stehen	25–29
c) Die frommen Funktionen	29–35
d) Die Gerichtsterminologie	35–46
III. Die Barmherzigkeit Gottes und die Heilsgewißheit:	
a) Grundsätzlich	46–48
b) Analyse von:	
Psalm 15	48–50
Psalm 13	50–52
Psalm 9	53–56
IV. Die Barmherzigkeit Gottes und die Messianologie	56–65

Die Psalmen Salomos stehen nicht mehr im Mittelpunkt des Interesses. Ihr griechischer Text ist abschließend ediert[1]; nur die Weiterarbeit an ihm auf Grund der syrischen Übersetzung mit dem Blick auf die vermutbare Gestalt des nicht erhaltenen hebräischen Originals läßt

---

* ZNW 43, 1950/51, 1–54.

[1] O. v. GEBHARDT, Die Psalmen Salomos, 1895; nach mancherlei Vorarbeiten, die besonders die Konjekturalkritik pflegen: ADOLF HILGENFELD, der als letzter die griechische Grundsprache verteidigt (in der Zeitschrift für wissenschaftl. Theologie 1868; im Messias Judaeorum 1869; in der Zeitschrift für wissenschaftl. Theologie 1871); O. F. FRITZSCHE (in Libri apocryphi Veteris Testamenti 1871); EDUARD EPHRAEM GEIGER, der für hebräischen Grundtext eintritt (Der Psalter Salomos, 1871).

noch die Aufhellung mancher schwieriger griechischer Textstellen erhoffen². Die historischen Bezüge der Texte blieben seit WELLHAUSENS dafür grundlegender Arbeit³ im großen und ganzen⁴ unbestritten und liefern den Einschlag für die historischen Darstellungen der Pompejus-Zeit in Palästina und des Ausganges der Hasmonäer-Herrschaft. Seither gelten die Psalmen Salomos als die klassische Quelle für den Pharisäismus. Die großen Züge dieser Frömmigkeitsart liegen fest und sind immer wieder dargestellt worden.

Gleichwohl haben die Psalmen Salomos mich nicht losgelassen, seitdem ich vor Jahrzehnten durch H. CREMER⁵ zum erstenmal auf sie aufmerksam wurde. Ihre Doppelgesichtigkeit ist nicht gerade oft beobachtet worden⁶. Und doch haben wir in ihnen den Pharisäismus zu einem Zeitpunkte vor uns, in dem er das Bekenntnis zu Jesus von Nazareth als dem Christus noch nicht verweigert hat; in dem er aber der Möglichkeit dieser Verweigerung entgegengeht. Eben dieser Schwebezustand, in dem die Entscheidung gegen die neutestamentliche Wahrheit noch nicht gefallen ist, sich aber für den, der vom NT zurückschaut, als naheliegende Möglichkeit abzeichnet, eben dies Dämmerlicht vor der Klarheit der Entscheidung macht die Beschäftigung mit den Psalmen Salomos ungemein reizvoll. Der Aufhellung dieser Zwiegesichtigkeit will vorstehende Arbeit dienen.

Eingehende textliche Erörterungen liegen deshalb nicht in meiner

---

² KARL GEORG KUHN (Die älteste Textgestalt der Psalmen Salomos 1937), der, eingangs die Literatur zusammenstellend, weitgehende Unabhängigkeit der syrischen von der griechischen Übersetzung verficht; und BEGRICH (Der Text der Psalmen Salomos ZNW. 1939 S. 131–164), der ihm opponiert.

³ J. WELLHAUSEN, Die Pharisäer und die Sadduzäer, 1874; seine Schau des historischen Hintergrundes steht hinter der Bearbeitung der Psalmen Salomos durch R. KITTEL (KAUTZSCH, Die Pseudepigraphen des AT, 1900 S. 127–148). Die Dio-Cassius- und Josephus-Texte zum Nachweis der Pompejus-Zeit sind schön zusammengestellt in HILGENFELDS Messias Judaeorum in den Adnotationes S. 25–33.

⁴ W. FRANKENBERG (Die Datierung des Psalmen Salomos, 1896) verteidigt die alte Ansetzung der Psalmen in die Epiphanes-Periode. O. EISSFELDT (Einleitung ins AT 1961³ § 93) erwägt für Psalm 17 Herodes d. Gr.

⁵ HERMANN CREMER, Die paulinische Rechtfertigungslehre², 1900 S. 123–130.

⁶ Vgl. WELLHAUSENS treffliche Beobachtungen (aaO S. 116–119) mit GEIGERS Neigung, die theologische Besonderheit unserer Texte zugunsten von Altem und Neuem Testament einzuebnen (besonders deutlich etwa bei GEIGERS Auslegung von Ps. S. 2, 34 f. aaO S. 106)!

Absicht⁷. Ich benutze den GEBHARDTschen Text, den RAHLFS⁸ im wesentlichen reproduziert⁹, kritisch¹⁰, indem ich besonders seine Konjekturen von der syrischen Übersetzung her, in Anlehnung an die Arbeiten von KUHN und BEGRICH¹¹, prüfe. Auch die zeitgeschichtlichen Hintergründe, das Ende der Hasmonäer-Dynastie, kommen nur en passant zu Gesicht. Text wie Zeitgeschichte bleiben hier also der theologischen Fragestellung untergeordnet.

I

Was erwartet der Fromme von Gott? Der Fromme oder die Frommen, der Unterschied ist belanglos. Der Text redet von ihnen im Singular wie im Plural; eine Akzentverschiebung zwischen beiden liegt offensichtlich nicht vor. Das Ich ist meist wenig konkret gefaßt, so daß WELLHAUSEN¹² auch im Singular die Gesamtgemeinde reden hört. Oft erscheinen die Frommen als Partei ausdrücklich im Plural. Andererseits wird die $\psi v \chi \eta$ apostrophiert¹³. Selten genug, wie Ps 16, scheint ein wirklicher Einzelner dahinterzustehen¹⁴. Dieser meist typisch gemeinte Singular schließt das Haus und die Familie, sowohl nach dem gegenwärtigen Bestand wie auch im Blick auf die Nachkommen, nie aus, sondern ein¹⁵. So ist es denn auch nicht verwunderlich, Einzahl und Mehrzahl unmittelbar nebeneinander zu finden¹⁶.

---

[7] Ich verzichte darum bewußt auf die Analyse der Textgestalt von theologisch nicht so relevanten, aber im griechischen Text schwierigen und unübersetzbaren Stellen wie Ps S. 12, 2 f. oder 16, 14.
[8] ALFRED RAHLFS Septuaginta 1935 II, S. 471 ff.
[9] RAHLFS notiert dabei die wichtigen Abweichungen von SWETES Septuaginta-Ausgabe, die den cd. Vaticanus (Gebhardt: R) wiedergibt.
[10] Ich zähle die Verse nach GEBHARDT-RAHLFS, im Unterschiede von SWETE, der die Zählung der de la Cerdaschen Erstausgabe fortführt.
[11] Leider kann ich nicht syrisch lesen.   [12] aaO passim.
[13] ἵνα τί ὑπνοῖς, ψυχή (3, 1 a); κύριε, ῥῦσαι τὴν ψυχήν μου – (12, 1 a); ἐν τῷ νυστάξαι ψυχήν μου ((16, 1 a).
[14] So WELLHAUSEN, aaO S. 160 zu Ps. 16, gegen FRANKENBERG, aaO S. 53.
[15] ὁ κύριος καθαρίζει πᾶν ἄνδρα ὅσιον καὶ τὸν οἶκον αὐτοῦ (3, 8 b); ἐδεήθη τοῦ προσώπου κυρίου περὶ παντὸς τοῦ οἶκου αὐτοῦ (6, 5 a); τὰ γὰρ κρίματα κυρίου ἐν δικαιοσύνῃ κατ' ἄνδρα καὶ οἶκον (9, 5 c); vgl. S. 37 Anm. 290.
[16] τὸ ἔλεος κυρίου ἐπὶ τ ο ὺ ς φ ο β ο υ μ έ ν ο υ ς αὐτὸν μετὰ κρίματος, τοῦ διαστεῖλαι ἀνὰ μέσον δικαίου καὶ ἁμαρτωλοῦ ἀποδοῦναι ἁμαρτωλοῖς εἰς τὸν αἰῶνα κατὰ τὰ ἔργα αὐτῶν καὶ ἐλεῆσαι δίκαιον ἀπὸ ταπεινώσεως ἁμαρτωλοῦ καὶ ἀποδοῦναι ἁμαρτωλῷ ἀνθ' ὧν ἐποίησεν δικαίῳ (2, 33 b–35).

Diese Frommen der Psalmen Salomos erwarten für sich Gottes Barmherzigkeit. Das hat alttestamentliche Wurzeln [17], ist aber gegenüber dem AT auch typisch verändert [18]. Wie allgemein im Spätjudentum [19], ist auch in den Psalmen Salomos Gottes Barmherzigkeit zu einem beherrschenden Begriff geworden. Unsere Texte reden von ihr 32mal substantivisch [20], 13mal verbal [21], 9mal adjektivisch [22] und machen damit schon rein äußerlich ihre zentrale Stellung unverkennbar.

Gottes ἔλεος oder חֶסֶד, wie das hebräische Original unserer Texte geschrieben haben wird analog dem häufigsten Äquivalent von ἔλεος (LXX) im Mass. Text, bezeichnet Gottes Bundestreue [23]. Was verstehen speziell unsere Texte darunter?

„Siehe her und erbarme dich, Gott Israels, denn dein sind wir, und wende dein Mitleid nicht von uns ab, daß sie uns nicht anfallen." [24] Es ist unübersehbar, daß die Bewahrung vor den Gottlosen eben durch die *Vernichtung der Gottlosen* im Gericht und das eigene Unversehrtbleiben in den Schrecken des göttlichen Gerichtes gemeint ist, wenn

---

[17] Wie bei allen hier zur Verhandlung kommenden Begriffen, müssen wir auch für ἔλεος auf die Darlegung der weitverzweigten alttestamentlichen Hintergründe verzichten; GEIGERS Kommentar bringt weitgehend alttestamentliche Parallelen. Zu ἔλεος im AT vgl. BULTMANNS Artikel in ThW II S. 467 f.

[18] Z. B. kann das AT die Bitte um Verweigerung von Gottes Barmherzigkeit ausdrücken mit μὴ εἰσελθέτωσαν ἐν δικαιοσύνῃ σου (Ps 68, 28 LXX); in unseren Texten heißt es: ἀπέστρεψεν γὰρ τὸ πρόσωπον αὐτοῦ ἀπὸ ἐλέους αὐτῶν (2, 8); oder οὐκ ἠλέησεν αὐτοὺς ὁ θεός (17, 9). Vgl. die späteren Ausführungen S. 35–46.

[19] Vgl. CREMER, aaO S. 111–140; den entsprechenden Passus bei BOUSSET-GRESSMANN, Die Religion des Judentums im späthellenistischen Zeitalter³ 1926; BULTMANN, aaO S. 478; H. BRAUN, Gerichtsgedanke und Rechtfertigungslehre bei Paulus 1930 S. 56.

[20] Gottes ἔλεος 24mal (2, 8, 33, 36; *4*, 25; *5*, 12, 15; *6*, 6; *8*, 27, 28; *9*, 8; *10*, 3, 4; *11*, 9; *13*, 12, 12; *14*, 9; *16*, 3, 6; *17*, 3, 45; *18*, 1, 3, 5, 9).
Gottes ἐλεημοσύνη 2mal (*9*, 11; *15*, 13).
Gottes χρηστότης 6mal (*5*, 14, 15, 18; *8*, 28; *9*, 7; *18*, 1).

[21] Gottes ἐλεεῖν 9mal (2, 35; 7, 6, 10; *10*, 6; *11*, 1; *15*, 13; *16*, 15; *17*, 9, 34; zur fraglichen Textgestalt der letzteren Stelle siehe S. 57 Anm. 426.
Gottes οἰκτείρειν 3mal (7, 8; *8*, 27; *9*, 8).
Gottes χρηστεύειν 1mal (*9*, 6).

[22] Gott ἐλεήμων 3mal (*5*, 2; 7, 5; *10*, 7).
Gott χρηστός 6mal (2, 36; *5*, 2, 12; *8*, 32; *10*, 2, 7).

[23] Vgl. BULTMANN, aaO S. 475–478.

[24] ἰδὲ καὶ οἰκτίρησον, ὁ θεὸς Ἰσραήλ, ὅτι σοί ἐσμεν, καὶ μὴ ἀποστήσῃς ἔλεός σου ἀφ' ἡμῶν, ἵνα μὴ ἐπιθῶνται ἡμῖν (9, 8).

Gottes Erbarmen angerufen wird. Gottes Barmherzigkeit geschieht „im Gericht"[25] und erweist sich darin, daß „er sich erbarmt des Gerechten gegenüber dem Druck des Sünders und dem Sünder vergilt für das, was er dem Gerechten angetan hat"[26]. Gottes Barmherzigkeit steht als Hoffnung und Gebetsanliegen hinter dem Bekenntnis: „Der Herr wird sie erretten von verschlagenen und sündigen Menschen, und er wird uns erretten von jeglicher gottlosen Verführung"[27] und hinter den Bitten: „Gehe nicht fern von uns, Gott, damit nicht über uns herfallen, die uns ohne Grund hassen"[28], „übergib uns nicht den Heiden"[29], „vergiß uns nicht, daß die Heiden uns nicht verschlingen und kein Retter da sei"[30], „Gott wolle bald über Israel seine Barmherzigkeit heraufführen, er errette uns von der Befleckung durch gottlose Feinde"[31]! Der Blick auf die zu vernichtenden Widersacher kann aber auch einmal ganz fortfallen und das Erbarmen Gottes beschrieben werden in dem *Zusammenbringen* des zerstreuten Israel[32]. Weil Gott in seiner Barmherzigkeit schützend und rächend hilft, jubelt man ihm entgegen als „unserm König"[33] und „unserm Schirmherrn"[34]. Da nun aber die Schläge, von denen die Gottlosen getroffen und vernichtet werden, sozusagen hart neben den Frommen herniederfallen, so erweist sich die Barmherzigkeit darin, daß sie die Frommen nicht nur von dem Drucke der Gottlosen errettet, sondern sie auch *vor den Gerichtsstrafen bewahrt* und unversehrt erhält. Der Fromme „wird vom Unglück nimmermehr erschüttert werden, die Feuerflamme und der Zorn, der über die Gottlosen ergeht, wird ihn nicht erreichen, wenn

---

[25] μετὰ κρίματος (2, 33).
[26] ἐλεῆσαι δίκαιον ἀπὸ ταπεινώσεως ἁμαρτωλοῦ καὶ ἀποδοῦναι ἁμαρτωλῷ ἀνθ' ὧν ἐποίησεν δικαίῳ (2, 35).
[27] ὁ κύριος ῥύσεται αὐτοὺς ἀπὸ ἀνθρώπων δολίων καὶ ἁμαρτωλῶν καὶ ῥύσεται ἡμᾶς ἀπὸ παντὸς σκανδάλου παρανόμου (4, 23).
[28] μὴ ἀποσκηνώσῃς ἀφ' ἡμῶν, ὁ θεός, ἵνα μὴ ἐπιθῶνται ἡμῖν οἱ ἐμίσησαν ἡμᾶς δωρεάν (7, 1).
[29] μὴ δῷς ἔθνεσιν (7, 3).
[30] μὴ ὑπερίδῃς ἡμᾶς, — ἵνα μὴ καταπίωσιν ἡμᾶς ἔθνη ὡς μὴ ὄντος λυτρουμένου (8, 30).
[31] ταχύναι ὁ θεὸς ἐπὶ Ἰσραὴλ τὸ ἔλεος αὐτοῦ, ῥύσεται ἡμᾶς ἀπὸ ἀκαθαρσίας ἐχθρῶν βεβήλων (17, 45; von Kuhns Vorschlägen zur Textgestaltung aaO S. 78f. wird der optative Sinn des ῥύσεται in jedem Falle zutreffen).
[32] Ps 11.
[33] κύριε, σὺ αὐτὸς βασιλεὺς ἡμῶν εἰς τὸν αἰῶνα καὶ ἔτι (17, 1); κύριος αὐτὸς βασιλεὺς ἡμῶν εἰς τὸν αἰῶνα καὶ ἔτι (17, 46).
[34] σὺ ὑπερασπιστὴς ἡμῶν (7, 7).

er ausgeht über die Sünder vom Angesichte des Herrn, zu vernichten das ganze Sein der Sünder. Denn das Zeichen Gottes ist an den Gerechten zu ihrer Errettung. Hunger und Schwert und Tod bleiben fern von den Gerechten, denn sie fliehen, wie das Böse flieht vor den Frommen"[35]. Die Barmherzigkeit Gottes zeigt sich in der Errettung *vor dem verderbenden Zorn*, „denn du bist barmherzig und wirst nicht zürnen, uns ganz zu verderben"[36]. Gelegentlich kann der Gedanke des Gerichtes, in dem der Sünder umkommt und der Fromme bewahrt wird, sich wandeln in die Vorstellung von der innerzeitlich geschehenden Züchtigung, die über die Sünder streng, über die Frommen maßvoll und nachsichtig ergeht. Dem Gebet „du züchtige uns nach deinem Willen!"[37] entspricht die Gewißheit: „nicht gleich ist die Züchtigung der Gerechten für unbewußte Sünden und das Verderben der Sünder, die wissentlich gesündigt haben"[38]. Ja, auch die Bedrohung durch die Gottlosen kann als Hintergrund ganz fortfallen, und erbeten und bekannt wird die Bewahrung vor bösem Traumgesicht und vor Wassersnot[39]. Kraftverleihung[40], Gebetserhörung[41], Unerschüttertsein[42] und Hilfe[43] werden zum Erweis der göttlichen Barmherzigkeit.

[35] — οὐ σαλευθήσεται εἰς τὸν αἰῶνα ἀπὸ κακοῦ, φλὸξ πυρὸς καὶ ὀργὴ ἀδίκων οὐχ ἅψεται αὐτοῦ, ὅταν ἐξέλθῃ ἐπὶ ἁμαρτωλοὺς ἀπὸ προσώπου κυρίου ὀλεθρεῦσαι πᾶσαν ὑπόστασιν ἁμαρτωλῶν. ὅτι τὸ σημεῖον τοῦ θεοῦ ἐπὶ δικαίους εἰς σωτηρίαν. Λιμὸς καὶ ῥομφαία καὶ θάνατος ἀπὸ δικαίων μακράν, φεύξονται γὰρ ὡς διωκομένου λιμοῦ ἀπὸ ὁσίων (15, 4–7; zur Textgestalt von 15, 7 b vgl. KUHN aaO S. 42 f.). [36] ὅτι σὺ ἐλεήμων καὶ οὐκ ὀργισθήσῃ τοῦ συντελέσαι ἡμᾶς (7, 5).
[37] σὺ ἐν θελήματί σου παίδευσον ἡμᾶς (7, 3).
[38] οὐχ ὁμοία ἡ παιδεία τῶν δικαίων ἐν ἀγνοίᾳ καὶ ἡ καταστροφὴ τῶν ἁμαρτωλῶν ἐν περιστολῇ (13, 7 f.; wenn KUHNS aaO S. 29 f. auf Grund des Syrers vollzogene Textrekonstruktion zutrifft, bezeichnet ἐν περιστολῇ, als Fehlübersetzung zum vorangehenden τῶν ἁμαρτωλῶν gehörig, diejenigen, die wissentlich sündigen).
[39] ἀπὸ ὁράσεως πονηρῶν ἐνυπνίων αὐτοῦ οὐ ταραχθήσεται ἡ ψυχὴ αὐτοῦ (6, 3; ich lese mit dem griechischen cd. R ὁράσεως).
[40] παρεστάναι διὰ παντὸς ἐνώπιον αὐτοῦ ἐν ἰσχύι (2, 36); εὐδοκίᾳ δὲ μετὰ ἱλαρότητος στήρισον τὴν ψυχήν μου. ἐν τῷ ἐνισχῦσαί σε τὴν ψυχήν μου ἀρκέσει μοι τὸ δοθέν. ὅτι ἐὰν μὴ σὺ ἐνισχύσῃς, τίς ὑφέξεται παιδείαν ἐν πενίᾳ; (16, 12 f.).
[41] χρηστὸς ὁ κύριος τοῖς ἐπικαλουμένοις αὐτὸν ἐν ὑπομονῇ (2, 36); καὶ σὺ ἐπακούσῃ (5, 12); καὶ πᾶν αἴτημα ψυχῆς ἐλπιζούσης πρὸς αὐτὸν ἐπιτελεῖ ὁ κύριος (6, 6); καὶ ἡμεῖς ἐπικαλεσόμεθά σε, καὶ σὺ ἐπακούσῃ ἡμῶν (7, 7); τὰ ὦτά σου ἐπακούει εἰς δέησιν πτωχοῦ ἐν ἐλπίδι (18, 2).
[42] ἐν διαβάσει ποταμῶν καὶ σάλῳ θαλασσῶν οὐ πτοηθήσεται (6, 3; ich lese die DE LAGARDE-GEBHARDTsche Konjektur σάλῳ statt σάλον oder σάλων der cdd.); vgl. 15, 4 in Anm. 35)!
[43] εἰς βοήθειαν ἤλπισα τοῦ θεοῦ Ἰακὼβ καὶ ἐσώθην (15, 1).

Wir täten unseren Texten also Unrecht mit dem Vorwurf, die Barmherzigkeit Gottes bestehe lediglich darin, daß die Frommen behütet und die Gottlosen umgebracht werden. Der Gott, der die Sünder strenge und die Frommen nachsichtig behandelt, verknüpft nun diese Nachsicht eben mit der rechten planvollen *Erziehung*. „Der Herr schont seine Frommen und löscht ihre Sünden aus durch Züchtigung"[44]. Diese Züchtigung mag schmerzhaft sein wie eine Geißel[45], sie mag stechen, wie der Stachel des Treiberstockes das Pferd spornend sticht[46], es ist doch Gottes Barmherzigkeit, die in dieser Züchtigung wirkt[47]. Das Ziel dieser Züchtigung ist die Umkehr[48], das Aufwachen[49]. Ergreifend ist das Bekenntnis des Frommen[50], den Gottes Barmherzigkeit durch kräftige Züchtigung vor dem Ausgleiten, vor dem Einschlummern im Sündenschlaf bewahrt hat, der nun Gott preist und von seiner Barmherzigkeit auch fernere Bewahrung vor der Sünde erbittet. „Der Herr reinigt jeglichen frommen Mann und sein Haus"[51], „bei Sünden macht er den Menschen rein"[52], „glücklich der Mann, dessen der Herr mit Züchtigung gedenkt, und er wird abgebracht vom bösen Wege durch die Geißel, daß er gereinigt wird von der Sünde und sie nicht ausführt"[53] –, so wird die Barmherzigkeit Gottes beschrieben. Es ist kein Zufall, daß unter diesen häufigen Wendungen, völlig in sie eingebettet, die Formulierung der Sündenvergebung nur einmal[54] er-

---

[44] ὅτι φείσεται κύριος τῶν ὁσίων αὐτοῦ καὶ τὰ παραπτώματα αὐτῶν ἐξαλείψει ἐν παιδείᾳ (13, 10).

[45] καὶ ἡμεῖς ὑπὸ – μάστιγα παιδείας σου (7, 9).

[46] ἔνυξέν με ὡς κέντρον ἵππου ἐπὶ τὴν γρηγόρησιν αὐτοῦ (zur Übersetzung von εἰς τὴν γρηγόρησιν αὐτοῦ in 16, 4 mit „um es anzuspornen" vgl. KUHN aaO S. 49f.).

[47] κατευθυνεῖς ἡμᾶς ἐν καιρῷ ἀντιλήψεώς σου τοῦ ἐλεῆσαι τὸν οἶκον Ἰακώβ (7, 10); εἰ μὴ ὁ κύριος ἀντελάβετό μου τῷ ἐλέει αὐτοῦ εἰς τὸν αἰῶνα (16, 3; die Stellungsveränderung für diese Zeile bei KUHN, aaO S. 48 und BEGRICH aaO S. 142 kann hier außer Betracht bleiben).

[48] ἐὰν ἁμαρτήσω ἐν τῷ σε παιδεύειν εἰς ἐπιστροφήν (16, 11; die von KUHN, aaO S. 54 vorgeschlagene Verbindung dieser Worte mit dem folgenden Vers 12 scheint mir fraglich wegen des dann zu eliminierenden δέ in Vers 12).

[49] 16, 4; den Text siehe oben in Anm. 46!

[50] Eben in diesem unserm Psalm 16.

[51] ὁ κύριος καθαρίζει πᾶν ἄνδρα ὅσιον καὶ τὸν οἶκον αὐτοῦ (3, 8).

[52] καθαρίσει ἐν ἁμαρτίαις ψυχήν – (9, 6; sämtliche cdd. lesen – gegen GEBHARDTS Konjektur – καθαρίσει).

[53] μακάριος ἀνήρ, οὗ ὁ κύριος ἐμνήσθη ἐν ἐλεγμῷ, καὶ ἐκυκλώθη ἀπὸ ὁδοῦ πονηρᾶς ἐν μάστιγι καθαρισθῆναι ἀπὸ ἁμαρτίας τοῦ μὴ πληθῦναι (10, 1).

[54] καὶ τίνι ἀφήσει (so lesen die griechischen cdd. JLCH) ἁμαρτίας εἰ μὴ τοῖς μὴ ἡμαρτηκόσιν; (9, 7).

scheint. Denn die Sündenvergebung ist hier nicht wie im NT als Neuschöpfung und Neuanfang, sondern als Besserung des schon vorhandenen religiösen Fundus [55] zu verstehen. Gottes Barmherzigkeit erweist sich darin, daß er von Sünden reinigt und zur Besserung treibt.

Neben all diesen innerzeitlichen Erweisen der göttlichen Barmherzigkeit weiß unser Text sehr wohl, daß die Frommen „in der Barmherzigkeit ihres Gottes *leben* werden [56]". Im ewigen Leben der Frommen kommt Gottes Barmherzigkeit zum endgültigen Ziel. Mannigfache Wendungen reden davon, daß „sie immerdar vor ihm stehen werden in Kraft" [57]. „Die den Herrn fürchten, werden zum ewigen Leben auferstehen, und ihr Leben wird sein im Lichte des Herrn und wird nicht mehr aufhören" [58]. „Die Frommen des Herrn mögen die Verheißungen des Herrn ererben" [59], „das Leben der Gerechten währt in Ewigkeit" [60], sie sind „das Paradies des Herrn, die Lebensbäume, – ihre Pflanzung ist festgewurzelt in Ewigkeit, sie werden nicht ausgerissen werden, solange der Himmel steht"[61], „die Frommen des Herrn werden Leben in Freude ererben" [62]. So vollendet sich die schon hier zeitlich erfahrene Barmherzigkeit Gottes im ewigen Leben.

Daß die die Gottlosen vernichtende und die die Frommen zur Besserung erziehende und ewiges Leben gewährende Barmherzigkeit Gottes nur hier in der begrifflichen Darstellung, nicht aber in den Texten selber fein säuberlich auseinandergehalten werden, lehrt ein Blick auf die beiden Christus-Psalmen (17 und 18). Die *Sendung des Christus* und die *Heraufführung seines Zeitalters* wird erbeten mit „Gott lasse bald kommen über Israel seine Barmherzigkeit" [63] und wird ausdrücklich als Barmherzigkeitstat Gottes beschrieben. In diesem Zeitalter des Christus klingen dann alle Motive an, die wir schon vorhin kennen lernten: er bestraft und vernichtet die Gottlosen und befreit

---

[55] Vgl. oben S. 14 Anm. 44 und S. 29 f., 59 f. u. 63 f.

[56] ζήσονται ἐν τῇ ἐλεημοσύνῃ τοῦ θεοῦ αὐτῶν (15, 13).

[57] παρεστάναι διὰ παντὸς ἐνώπιον αὐτοῦ ἐν ἰσχύι (2, 36).

[58] οἱ δὲ φοβούμενοι τὸν κύριον ἀναστήσονται εἰς ζωὴν αἰώνιον, καὶ ἡ ζωὴ αὐτῶν ἐν φωτὶ κυρίου καὶ οὐκ ἐκλείψει ἔτι (3, 12).

[59] ὅσιοι κυρίου κληρονομήσαισαν ἐπαγγελίας κυρίου (12, 6; der Optativ ist durch den Syrer bestätigt, vgl. BEGRICH, aaO S. 154).

[60] ἡ γὰρ ζωὴ τῶν δικαίων εἰς τὸν αἰῶνα (13, 11).

[61] ὁ παράδεισος τοῦ κυρίου, τὰ ξύλα τῆς ζωῆς, – ἡ φυτεία αὐτῶν ἐρριζωμένη εἰς τὸν αἰῶνα, οὐκ ἐκτιλήσονται πάσας τὰς ἡμέρας τοῦ οὐρανοῦ (14, 3 f.).

[62] οἱ δὲ ὅσιοι κυρίου κληρονομήσουσιν ζωὴν ἐν εὐφροσύνῃ (14, 10).

[63] ταχύναι ὁ θεὸς ἐπὶ Ἰσραὴλ τὸ ἔλεος αὐτοῦ (17, 45).

Israel[64], er wehrt jeglicher Bedrückung und behandelt alle mit gleicher Billigkeit[65], er läßt kein Glied seiner Herde schwach bleiben[66], auf sein Kommen, den „Tag der Barmherzigkeit" hin, wird Israel gereinigt[67], er belehrt und gibt Kraft, er bessert und erzieht bis zur Endvollendung seines Volkes: „selig sind, die jene Tage erleben, zu sehen die Heilsgüter des Herrn, die er dem kommenden Geschlecht schafft unter dem erziehenden Szepter des Gesalbten des Herrn in der Furcht seines Gottes, in geistgewirkter, gerechtigkeitsgetragener und krafterfüllter Weisheit, zu leiten einen jeden in Werken der Gerechtigkeit durch die Furcht Gottes, sie alle darzustellen vor dem Herrn, – ein gutes Geschlecht in der Furcht Gottes in den Tagen der Erbarmung"[68].

In all diesen verschiedenen Fassungen wird die Barmherzigkeit Gottes so beschrieben, daß sie das Ich des Frommen bejaht und fördert. Gewiß ist es das fromme Ich, das Recht bekommt gegenüber den Gottlosen. Gewiß ist es das religiöse Ich, das erst durch die Züchtigung zu seiner Bestimmung geläutert wird.

Doch der Eindruck einer stark ichbezogenen Auffassung der göttlichen Barmherzigkeit läßt sich nicht abstreiten. Gerade darum aber erfordert es die Gerechtigkeit aufzuzeigen, wie die Barmherzigkeit Gottes, mag sie noch so anthropozentrisch verbogen gesehen sein, das Leben und das Herz des Menschen unmittelbar bewegt und so ein wahrhaft „angewandtes Dogma" darstellt.

Denn um die Barmherzigkeit Gottes wird *gebetet*. Man bekennt: „gütig ist der Herr gegen die, die ihn geduldig anrufen, daß er nach seiner Barmherzigkeit tue an seinen Frommen"[69]. Wir können in das Herz des Beters schauen, wie er sich selber tröstet, als ihm der Tumult beim Angriff der syrischen Könige zu Ohren dringt: „er hört mich"[70].

---

[64] 17, 21–46.   [65] ἐν ἰσότητι πάντας αὐτοὺς ἄξει, καὶ οὐκ ἔσται ἐν αὐτοῖς ὑπερηφανία τοῦ καταδυναστευθῆναι ἐν αὐτοῖς (17, 41).

[66] καὶ οὐκ ἀφήσει ἀσθενῆσαι ἐν αὐτοῖς ἐν τῇ νομῇ αὐτῶν (17, 40).

[67] καθαρίσαι ὁ θεὸς Ἰσραὴλ εἰς ἡμέραν ἐλέους ἐν εὐλογίᾳ (18, 5).

[68] μακάριοι οἱ γενόμενοι ἐν ταῖς ἡμέραις ἐκείναις ἰδεῖν τὰ ἀγαθὰ κυρίου, ἃ ποιήσει γενεᾷ τῇ ἐρχομένῃ ὑπὸ ῥάβδον παιδείας χριστοῦ κυρίου ἐν φόβῳ θεοῦ αὐτοῦ ἐν σοφίᾳ πνεύματος καὶ δικαιοσύνης καὶ ἰσχύος κατευθῦναι ἄνδρα ἐν ἔργοις δικαιοσύνης φόβῳ θεοῦ καταστῆσαι πάντας αὐτοὺς ἐνώπιον κυρίου γενεὰ ἀγαθὴ ἐν φόβῳ θεοῦ ἐν ἡμέραις ἐλέους (18, 6–9).

[69] χρηστὸς ὁ κύριος τοῖς ἐπικαλουμένοις αὐτὸν ἐν ὑπομονῇ ποιῆσαι κατὰ τὸ ἔλεος αὐτοῦ τοῖς ὁσίοις αὐτοῦ (2, 36).

[70] ἐπακούσεταί μου (1, 2; für alle künftigen Fälle sei hier darauf verwiesen: das Futurum gibt, unzutreffend, das hebräische Imperfektum wieder und hat also präteritalen Sinn, siehe WELLHAUSEN, aaO S. 134).

Die Stimme der betenden Gemeinde klingt auf: „wir rufen dich an, und du wirst uns erhören, denn du wirst dich ewiglich des Geschlechtes Israel erbarmen"[71]. „Deine Ohren hören, wenn der Arme voller Hoffnung fleht"[72].

Es ist also kein unfruchtbares Gebet, der Beter *hofft* wirklich auf das, was er erbittet. Mit rührender Selbstverständlichkeit richtet sich diese Hoffnung auf Gott in den verschiedensten Lebenslagen. Das große Gebet um Regen enthält das Bekenntnis: „wer ist des Bettlers und des Armen Hoffnung, wenn nicht du, Herr"![73]. Ganz ähnlich klingt es in den Schrecken des gewaltigen Strafgerichtes, das Gott durch die Hand des Pompejus heraufführt: „auf dich steht unsere Hoffnung, Herr"[74]. Und auch in für uns nicht so konkret erkennbaren Nöten und Bedrängnissen bekennt der Beter: „auf die Hilfe des Gottes Jakobs hoffte ich und ward errettet, denn Hoffnung und Zuflucht der Armen bist du, Gott"[75].

So nimmt es denn nicht wunder, wenn diese Lebendigkeit immer wieder in *Lob und Dank gegen Gott* ausbricht. Unmittelbar nach dem Bekenntnis zu Gott als der Hoffnung und der Zuflucht der Armen steigt das Loblied Gottes auf: „denn wer vermag, o Gott, etwas anderes als dich aufrichtig zu preisen, und was sollte der Mensch anders vermögen als deinen Namen zu rühmen"[76]. Gottes Barmherzigkeit wird von der Gemeinde nicht nur erbeten und erhofft, sondern gerühmt und gepriesen: „Herr, Gott, frohlockend lobe ich deinen Namen, in der Mitte derer, die deine gerechten Gerichte kennen, denn du bist gütig und barmherzig"[77]. „Und die Frommen sollen lobpreisen in der Gemeinde des Volkes, und der Armen erbarmt sich Gott zur Freude Israels"[78]. Dies Lob Gottes erklingt in den verschiedenen Lagen des

---

[71] ἡμεῖς ἐπικαλεσόμεθά σε, καὶ σὺ ἐπακούσῃ ἡμῶν. ὅτι σὺ οἰκτειρήσεις τὸ γένος Ἰσραὴλ εἰς τὸν αἰῶνα (7, 7 f.).

[72] τὰ ὦτά σου ἐπακούει εἰς δέησιν πτωχοῦ ἐν ἐλπίδι (18, 2).

[73] καὶ πτωχοῦ καὶ πένητος ἡ ἐλπὶς τίς ἐστιν εἰ μὴ σύ, κύριε; (5, 11).

[74] ἐπὶ σὲ ἡ ἐλπὶς ἡμῶν, κύριε (8, 31).

[75] εἰς βοήθειαν ἤλπισα τοῦ θεοῦ Ἰακὼβ καὶ ἐσώθην· ὅτι ἐλπὶς καὶ καταφυγὴ τῶν πτωχῶν σύ, ὁ θεός (15, 1).

[76] τίς γὰρ ἰσχύει, ὁ θεός, εἰ μὴ ἐξομολογήσασθαί σοι ἐν ἀληθείᾳ; καὶ τί δυνατὸς ἄνθρωπος εἰ μὴ ἐξομολογήσασθαι τῷ ὀνόματί σου; (15, 2).

[77] κύριε ὁ θεός, αἰνέσω τῷ ὀνόματί σου ἐν ἀγαλλιάσει, ἐν μέσῳ ἐπισταμένων τὰ κρίματά σου τὰ δίκαια· ὅτι σὺ χρηστὸς καὶ ἐλεήμων (5, 1 f.).

[78] καὶ ὅσιοι ἐξομολογήσονται ἐν ἐκκλησίᾳ λαοῦ, καὶ πτωχοὺς ἐλεήσει ὁ θεὸς ἐν εὐφροσύνῃ Ἰσραὴλ (10, 6).

Lebens. In den Schrecken des göttlichen Strafgerichtes durch Pompejus „gab ich Gott recht in seinen Gerichten von uran"[79]. Der Lobpreis Gottes antwortet auf besondere Durchhilfen: „ich preise dich, Gott, denn du hast dich meiner angenommen zum Heile"[80], er begleitet aber auch den Tageslauf: „er steht vom Schlafe auf und preist den Namen des Herrn"[81]. So haben wir den Inhalt von Gottes helfender, erziehender und das ewige Leben gewährender Barmherzigkeit erst dann richtig erfaßt, wenn wir uns mitnehmen lassen von der herzlichen Wärme und Selbstverständlichkeit, mit der diese Barmherzigkeit Gottes erbeten, erhofft und gepriesen wird.

II

a) Auf Grund wessen erhofft der Fromme Gottes Barmherzigkeit? Worin ist das Zutrauen auf Gottes Barmherzigkeit begründet?

Es gibt in unsern Texten einen breiten Kreis von Aussagen, in denen der Grund für diese Barmherzigkeit ganz schlicht und einfach als in Gott selber liegend bestimmt und angegeben wird. Die bevorzugte Form, in der dieser Gedanke erscheint, ist die Verbindung der Barmherzigkeit Gottes mit der Heilsgeschichte; Gottes Barmherzigkeit richtet sich auf das Volk seiner Wahl[82].

„Deine Güte komme auf *Israel* in deiner Königsherrschaft!"[83], so schließt der Beter den Lobpreis des gebenden Schöpfers ab. „Denn du wirst dich immerdar des Geschlechtes Israel erbarmen"[84], das stärkt die Erhörungsgewißheit in harter Feindesnot. In den durch Pompejus vollzogenen Gerichten „richtet Gott Israel durch Züchtigung"[85], wird die Sammlung des „zerstreuten Israel", von Gott zu vollziehen „mit Erbarmen und Güte"[86], wird die „Segnung Israels durch den Herrn

---

[79] ἐδικαίωσα τὸν θεὸν ἐν τοῖς κρίμασιν αὐτοῦ τοῖς ἀπ' αἰῶνος (8, 7).

[80] ἐξομολογήσομαί σοι, ὁ θεός, ὅτι ἀντελάβου μου εἰς σωτηρίαν (16, 5).

[81] ἐξανέστη ἐξ ὕπνου αὐτοῦ καὶ ηὐλόγησεν τῷ ὀνόματι κυρίου (6, 4).

[82] Der durchgehend alttestamentliche Hintergrund dieser im ganzen folgenden Abschnitt (S. 18–24) zusammengestellten Begründungen liegt auf der Hand, kann hier aber im einzelnen nicht einmal angedeutet werden; vgl. die im GEIGERschen Kommentar laufend beigebrachten Parallelen; z. T. auch bei FRANKENBERG, aaO zu Ps. 4 S. 12–21.

[83] ἡ χρηστότης σου ἐπὶ Ἰσραὴλ ἐν τῇ βασιλείᾳ σου (5, 18).

[84] ὅτι σὺ οἰκτιρήσεις τὸ γένος Ἰσραὴλ εἰς τὸν αἰῶνα (7, 8).

[85] κρίνων τὸν Ἰσραὴλ ἐν παιδείᾳ (8, 26).

[86] συνάγαγε τὴν διασπορὰν Ἰσραὴλ μετὰ ἐλέους καὶ χρηστότητος (8, 28).

in Ewigkeit"[87] erfleht. „Erbarme dich, Gott Israels"[88], heißt es in dem Vergebungsgebet, das aus der Gewißheit emporwächst: „des Herrn ist das Erbarmen über das Haus Israel immer und ewig"[89]. So ist es Israel, das „den Namen des Herrn preist mit Freuden"[90], dessen „Versammlungen den Namen des Herrn verherrlichen"[91]; denn „des Herrn ist die Errettung über das Haus Israel zu ewiger Freude"[92]. Vollends wo unsere Texte archaisieren im Stile des Deuterojesaja[93], begegnet Israel als der eigentliche Gegenstand des göttlichen Erbarmens auf Schritt und Tritt. „Gott hat sich Israels erbarmt in gnädiger Heimsuchung"[94], daß „Israel vorüberziehe im Schutze der Herrlichkeit ihres Gottes"[95], „Gott hat Israel Heil zugesprochen für immer und ewig"[96], „es vollführe der Herr, was er über Israel und Jerusalem gesprochen hat, es richte der Herr Israel auf durch seinen herrlichen Namen!"[97]. Der Trost gegenüber den Ränken des Verleumders liegt in der Gewißheit: „des Herrn ist die Rettung über Israel, seinen Knecht, in Ewigkeit"[98]. Die Getrostheit der Frommen gründet darin, daß „Israel Gottes Teil und Erbe ist"[99]. Die Sendung des Messias wird von Gott erbeten, daß er „herrsche über seinen Knecht Israel"[100], in dieser Heilszeit gibt es zu sehen „die von Gott geschaffenen Heilsgüter Israels in der Zusammenführung der Stämme"[101], im Blick auf diese Segenszeit wird gebetet: „es führe Gott bald über Israel sein Erbarmen herauf"![102]. Diese Messiastage stellen dar Gottes „Güte, die

---

[87] εὐλογημένος Ἰσραὴλ ὑπὸ κυρίου εἰς τὸν αἰῶνα (8, 34).

[88] οἰκτίρησον, ὁ θεὸς Ἰσραήλ (9, 8).

[89] τοῦ κυρίου ἡ ἐλεημοσύνη ἐπὶ οἶκον Ἰσραὴλ εἰς τὸν αἰῶνα καὶ ἔτι (9, 11).

[90] καὶ Ἰσραὴλ αἰνέσει τῷ ὀνόματι κυρίου ἐν εὐφροσύνῃ (10, 5).

[91] συναγωγαὶ Ἰσραὴλ δοξάσουσιν τὸ ὄνομα κυρίου (10, 7).

[92] τοῦ κυρίου ἡ σωτηρία ἐπὶ οἶκον Ἰσραὴλ εἰς εὐφροσύνην αἰώνιον (10, 8).

[93] Ps S. 11; vgl. Bar. 4 und 5.

[94] ἠλέησεν ὁ θεὸς Ἰσραὴλ ἐν τῇ ἐπισκοπῇ αὐτῶν (11, 1).

[95] ἵνα παρέλθῃ Ἰσραὴλ ἐν ἐπισκοπῇ δόξης θεοῦ αὐτῶν (11, 6).

[96] ὁ θεὸς ἐλάλησεν ἀγαθὰ Ἰσραὴλ εἰς τὸν αἰῶνα καὶ ἔτι (11, 7).

[97] ποιῆσαι κύριος ἃ ἐλάλησεν ἐπὶ Ἰσραὴλ καὶ Ἰερουσαλήμ, ἀναστῆσαι κύριος τὸν Ἰσραὴλ ἐν ὀνόματι δόξης αὐτοῦ (11, 8).

[98] τοῦ κυρίου ἡ σωτηρία ἐπὶ Ἰσραὴλ παῖδα αὐτοῦ εἰς τὸν αἰῶνα (12, 6).

[99] ἡ μερὶς καὶ κληρονομία τοῦ θεοῦ ἐστιν Ἰσραήλ (14, 5).

[100] τοῦ βασιλεῦσαι ἐπὶ Ἰσραὴλ παῖδά σου (17, 21).

[101] ἰδεῖν τὰ ἀγαθὰ Ἰσραὴλ ἐν συναγωγῇ φυλῶν, ἃ ποιήσει ὁ θεός (17, 44; KUHNS Vorschlag aaO S. 78 f. ἃ mit den griechischen cdd. RJL fortzulassen und ποιήσει ὁ θεός am Anfang von V. 45 zu lesen, wird der Verwandtschaft dieser Stelle mit Ps S. 18, 6 nicht gerecht).

[102] ταχύναι ὁ θεὸς ἐπὶ Ἰσραὴλ τὸ ἔλεος αὐτοῦ (17, 45).

sich mit reicher Gabe auf Israel richtet"[103], sie enthalten Gottes „Liebe, die dem Samen Abrahams, den Kindern Israel gilt"[104]; für diesen „Tag des segnenden Erbarmens möge Gott Israel reinigen"[105]. Es ist der Sache nach dasselbe, wenn die Kinder Israel der „Same Abrahams" heißen[106], den „Gott vor allen Völkern erwählt hat"[107], wenn das Erbarmen Gottes für das „Haus Jakobs" erbeten[108], wenn die Hilfe vom „Gotte Jakobs" erhofft wird[109].

So heißt denn auch nicht nur der von Gott gesandte Messias[110], sondern auch Gott selbst der *König*[111], ob nun der Blick auf seine Freundlichkeit in der Spendung natürlicher Gaben[112] oder auf seine Barmherzigkeit in der Heraufführung der Messiastage[113] gerichtet ist. Und dies sein Königtum wird, immer in begründender Nähe zu seiner Barmherzigkeit, mannigfach entfaltet:

Gegenüber den andrängenden Feinden „bist du unser *Schirmherr*"[114]. Durch das Aufwecken aus dem verführenden Schlaf der Sünde wurdest du „mein *Helfer*"[115], „du hast dich meiner zur Rettung angenommen"[116]. So gilt Gott für die Frommen als der „*Retter*", von dem her „ihre Wahrheit begründet ist"[117]; als solcher wird er hervorgehoben in den von Pompejus heraufgeführten Gerichten[118], als solcher griff er ein, wenn er mich aus dem Sündenschlaf weckte[119], auf ihn als Retter richtet sich die rechte Hoffnung statt auf einen kurzlebigen

---

[103] ἡ χρηστότης σου μετὰ δόματος πλουσίου ἐπὶ Ἰσραήλ (18, 1).

[104] ἡ ἀγάπη σου ἐπὶ σπέρμα Ἀβραὰμ υἱοὺς Ἰσραήλ (18, 3; für das von allen griechischen cdd. gebotene υἱοῦ muß konjiziert werden).

[105] καθαρίσαι ὁ θεὸς Ἰσραὴλ εἰς ἡμέραν ἐλέους ἐν εὐλογίᾳ (18, 5).

[106] 18, 3; siehe Anm. 104.

[107] σὺ ᾑρετίσω τὸ σπέρμα Ἀβραὰμ παρὰ πάντα τὰ ἔθνη (9, 9).

[108] τοῦ ἐλεῆσαι τὸν οἶκον Ἰακώβ (7, 10).

[109] εἰς βοήθειαν ἤλπισα τοῦ θεοῦ Ἰακώβ (15, 1).

[110] 17, 21, 32, 34, 42.

[111] Seine Initiative wird durch das σὺ αὐτός (17, 1; cd. Rom. αὐτός) bzw. durch das σύ (17, 4 a b, 7) kräftig unterstrichen.

[112] αὐτὸς βασιλεὺς ἡμῶν (5, 19; nach dem Lobpreis des schenkenden Schöpfers im ganzen Ps 5; zur Zusammengehörigkeit von Gegenwart und Eschaton vgl. S. 37 Anm. 288 und S. 42 Anm. 298.

[113] κύριε, σὺ αὐτὸς βασιλεὺς ἡμῶν (17, 1). κύριος αὐτὸς βασιλεὺς ἡμῶν (17, 46).

[114] σὺ ὑπερασπιστὴς ἡμῶν (7, 7).

[115] ὁ - ἀντιλήπτωρ μου ἐν παντὶ καιρῷ ἔσωσέν με (16, 4).

[116] ἀντελάβου μου εἰς σωτηρίαν (16, 5).

[117] ἀλήθεια τῶν δικαίων παρὰ θεοῦ σωτῆρος αὐτῶν (3, 6).

[118] κύριε, σωτὴρ ἡμῶν (8, 33).   [119] ὁ σωτὴρ καὶ ἀντιλήπτωρ μου (16, 4)·

andern Menschen bzw. richtet sich die Hoffnung des kurzlebigen Menschen statt auf sich selber [120].

Dieses Hoffen auf Gott ist von Gott selber an die Hand gegeben, denn Israel ist Gottes *Bundesvolk:* „nicht zertrete ihr Fuß dein heiliges Erbe" [121]; „denn du hast den Samen Abrahams vor allen Völkern erwählt" [122], „in einem Bunde hast du unsern Vätern hinsichtlich unser verfügt" [123], „sein Zeugnis liegt vor im Gesetz eines ewigen Bundes" [124].

Wie seine Strafen [125], so ruht auch Gottes Erbarmen auf seinen *Verheißungen:* „daß du dich erbarmest des Hauses Jakob auf den Tag, für den du es ihnen verheißen hast" [126]; die archaisierend beschriebene Rückführung kann erbeten werden mit: „es tue der Herr, was er geredet hat über Israel und Jerusalem!" [127]; was die Frommen ererben, sind die „Verheißungen des Herrn" [128], wie denn auch der erfolgreiche Aufstieg der Hasmonäer befremdet, weil er ohne Gottes Verheißung zustande gekommen ist [129].

Gottes Erbarmen ergeht mithin über das von ihm ersehene Eigentum: „weil dein *Name* in unserer Mitte wohnt, werden wir Erbarmung finden" [130], „du hast deinen Namen auf uns gelegt, o Herr" [131]. „Und nun, du bist Gott, und wir sind das Volk, das du liebhast" [132]; das Lob Gottes für sein Erbarmen an den Elenden erklingt in der „Gemeinde des Volkes" [133]. Auf dies Eigentumsverhältnis wird bei der Bitte um

---

[120] καὶ τίς ὁ χρόνος ζωῆς ἀνθρώπου ἐπὶ τῆς γῆς; κατὰ τὸν χρόνον αὐτοῦ καὶ ἡ ἐλπὶς αὐτοῦ ἐπ' αὐτόν. ἡμεῖς δὲ ἐλπιοῦμεν ἐπὶ τὸν θεὸν σωτῆρα ἡμῶν (17, 2 f., vgl. Kuhn, aaO S. 56 f.).

[121] μὴ πατησάτω ὁ ποὺς αὐτῶν κληρονομίαν ἁγιάσματός σου (7, 2).

[122] σὺ ᾑρετίσω τὸ σπέρμα Ἀβραὰμ παρὰ πάντα τὰ ἔθνη (9, 9).

[123] ἐν διαθήκῃ διέθου τοῖς πατράσιν ἡμῶν περὶ ἡμῶν (9, 10).

[124] ἡ γὰρ μαρτυρία ἐν νόμῳ διαθήκης αἰωνίου (10, 4).

[125] ἐν παντὶ ἔθνει ἡ διασπορὰ τοῦ Ἰσραὴλ κατὰ τὸ ῥῆμα τοῦ θεοῦ (9, 2).

[126] τοῦ ἐλεῆσαι τὸν οἶκον Ἰακὼβ εἰς ἡμέραν ἐν ᾗ ἐπηγγείλω αὐτοῖς (7, 10).

[127] ποιῆσαι κύριος ἃ ἐλάλησεν ἐπὶ Ἰσραὴλ καὶ Ἰερουσαλήμ (11, 8); vgl. ὁ θεὸς ἐλάλησεν ἀγαθὰ Ἰσραήλ (11. 7).

[128] ὅσιοι κυρίου κληρονομήσαισαν ἐπαγγελίας κυρίου (12, 6).

[129] ἐπέθεντο ἡμῖν καὶ ἔξωσαν ἡμᾶς οἷς οὐκ ἐπηγγείλω (17, 5; der syrische Text scheint Frankenbergs, aaO S. 94 Vorschlag, οἷς – ἐπηγγείλω als fehlübersetztes Objekt zum folgenden ἀφείλαντο zu ziehen, nicht recht zu geben; inwieweit auch 17, 5 b c ebenso wie 17, 6 auf das makkabäisch-hasmonäische Königtum deutbar sind, soll hier nicht erörtert werden).

[130] ἐν τῷ κατασκηνοῦν τὸ ὄνομά σου ἐν μέσῳ ἡμῶν ἐλεηθησόμεθα (7, 6).

[131] ἔθου τὸ ὄνομά σου ἐφ' ἡμᾶς, κύριε (9, 9).

[132] καὶ νῦν σὺ ὁ θεός, καὶ ἡμεῖς λαός, ὃν ἠγάπησας (9, 8).

[133] ὅσιοι ἐξομολογήσονται ἐν ἐκκλησίᾳ λαοῦ (10, 6).

Erbarmen ausdrücklich hingewiesen [134]; der Tag des Erbarmens ist der Tag der erwählenden Tätigkeit Gottes [135]. Umgekehrt gründet die Gebetserhörung und die Hoffnung darin, daß „du unser Gott bist" [136], und zwar „von altersher" [137]; die heimkehrenden Kinder Israel ziehen dahin im Schutz der Herrlichkeit ihres Gottes" [138].

Ja, die Berufung auf Gottes Heilswalten am erwählten Volke kann gelegentlich zurücktreten gegenüber dem Hinweis auf den überreich spendenden *Schöpfer:* „wer kann empfangen von allem, was du geschaffen, wenn nicht du es gibst"! [139] Eben um dieser Schöpferüberlegenheit willen, die sich schon in der Abhängigkeit des schwachen vom starken Menschen spiegelt [140], ist der Mensch völlig von Gott abhängig [141]; abhängig bis zum Verfall an die Sünde, wenn Gott seine Hand schwer auf uns legt [142]. Und eben dieser Schöpfer nährt, durch die Spende des Wachstum schaffenden Regens, Vögel und Fische und jegliches Lebewesen, die alle im Hunger ihr Angesicht zu ihm erheben; er ernährt die Könige und Gebieter und Völker [143]. „Deine Gabe ist groß, voller Güte und reichlich" [144]; „Herr, dein Erbarmen über die Geschöpfe deiner Hände ist ewig" [145]. So ist es kein Zufall, daß der Universalismus der Barmherzigkeit Gottes gerade im Zusammenhang mit dem Lobpreis des gebenden Schöpfers [146] und mit der Erwartung der Messiastage [147] begegnet: „über die ganze Welt geht deine Barm-

---

[134] οἰκτίρησον ὁ θεὸς Ἰσραήλ, ὅτι σοί ἐσμεν (9, 8).

[135] εἰς ἡμέραν ἐλέους – εἰς ἡμέραν ἐκλογῆς ἐν ἀνάξει χριστοῦ αὐτοῦ (18, 5).

[136] σὺ οὐκ ἀποστρέψῃ τὴν δέησιν ἡμῶν, ὅτι σὺ ὁ θεὸς ἡμῶν εἶ (5, 5).

[137] σὺ ὁ θεὸς ἡμῶν ἀπ' ἀρχῆς (8, 31).

[138] ἵνα παρέλθῃ Ἰσραὴλ ἐν ἐπισκοπῇ δόξης θεοῦ αὐτῶν (11, 6).

[139] καὶ τίς λήψεται ἀπὸ πάντων, ὧν ἐποίησας, ἐὰν μὴ σὺ δῷς; (5, 3).

[140] οὐ γὰρ λήψεται σκῦλα ἄνθρωπος (diese Lesart des griech. cd. H wird jetzt vom Syrer bestätigt, der nur die beiden letzten Worte umstellt, siehe BEGRICH, aaO S. 155) παρὰ ἀνδρὸς δυνατοῦ (5, 3).

[141] ὅτι ἄνθρωπος καὶ ἡ μερὶς αὐτοῦ παρὰ σοῦ ἐν σταθμῷ· οὐ προσθήσει τοῦ πλεονάσαι παρὰ τὸ κρίμα σου, ὁ θεός (5, 4).

[142] μὴ βαρύνῃς τὴν χεῖρά σου ἐφ' ἡμᾶς, ἵνα μὴ δι' ἀνάγκην ἁμάρτωμεν (5, 6).

[143] τὰ πετεινὰ καὶ τοὺς ἰχθύας σὺ τρέφεις ἐν τῷ διδόναι σε ὑετὸν ἐρήμοις εἰς ἀνατολὴν χλόης, ἑτοιμάσαι χορτάσματα ἐν ἐρήμῳ παντὶ ζῶντι, καὶ ἐὰν πεινάσωσιν, πρὸς σὲ ἀροῦσιν πρόσωπον αὐτῶν. τοὺς βασιλεῖς καὶ ἄρχοντας καὶ λαοὺς σὺ τρέφεις, ὁ θεός (5, 9–11).

[144] τὸ δὲ δόμα σου πολὺ μετὰ χρηστότητος καὶ πλούσιον (5, 14).

[145] κύριε, τὸ ἔλεός σου ἐπὶ τὰ ἔργα τῶν χειρῶν σου εἰς τὸν αἰῶνα (18, 1).

[146] Ps 5.   [147] Ps 18. Von 17, 34 b sehe ich wegen der textlichen Unsicherheit des ἐλεήσει ab, wenngleich wahrscheinlich auch der Syrer (vgl. KUHN, aaO S. 75 f.) analog dem ἐλεήσει übersetzt.

herzigkeit, Herr, voller Güte"[148]; „deine Gerichte gehen über die ganze Welt voll Barmherzigkeit"[149].

In den Kreis dieser Aussagen, in denen der Barmherzigkeitserweis auf Gott selbst zurückgeführt wird, gehören, mit einer später zu erörternden Einschränkung, alle die Feststellungen, die einfach besagen: Gott ist so. In diesem Sinne erklären die Texte: Gott *ist* „gütig"[150], er ist „barmherzig"[151]; er nimmt sich des „Armen"[152] und des „Niedrigen"[153] an; auf Gott richtet sich die Hoffnung nicht nur des Messias[154], sondern der Frommen[155]; ihr Hoffen[156] geht auf ihn hin. „Deiner, o Gott, rühmt sich unsere Seele"[157]. Gott züchtigt in innerzeitlichen Gerichten[158] und in den Endtagen des Messias[159]; „du bist unser Zuchtmeister"[160]. So „gedenkt" Gott unser, wenn er das zum Leben Notwendige spendet[161] oder durch Züchtigung vom bösen Weg uns ablenkt[162]. „Deine Treue ist mit uns"[163]. In diesen Gedankenkreis der

---

[148] ἐπὶ πᾶσαν τὴν γῆν τὸ ἔλεός σου, κύριε, ἐν χρηστότητι (5, 15).

[149] τὰ κρίματά σου ἐπὶ πᾶσαν τὴν γῆν μετὰ ἐλέους (18, 3).

[150] σὺ χρηστὸς (5, 2); τίς χρηστὸς καὶ ἐπιεικὴς ἀλλ' ἢ σύ (5, 12; beide Prädikate verbunden wie Ps 85, 5 LXX); χρηστὰ τὰ κρίματά σου (8, 32); χρηστὸς – ὁ θεός (10, 7).

[151] σὺ – ἐλεήμων (5, 2); σὺ ἐλεήμων (7, 5); ἐλεήμων ὁ θεός (10, 7).

[152] ἡ καταφυγὴ τοῦ πτωχοῦ (5, 2); καὶ πτωχοῦ καὶ πένητος ἡ ἐλπὶς τίς ἐστιν εἰ μὴ σύ, κύριε; (5, 11); πτωχοὺς ἐλεήσει ὁ θεός (10, 6); ἐλπὶς καὶ καταφυγὴ τῶν πτωχῶν σύ, ὁ θεός (15, 1); τὰ ὦτά σου ἐπακούει εἰς δέησιν πτωχοῦ (18, 2).

[153] εὐφρᾶναι ψυχὴν ταπεινοῦ ἐν τῷ ἀνοῖξαι χεῖρά σου ἐν ἐλέει (5, 12).

[154] κύριος αὐτὸς βασιλεὺς αὐτοῦ, ἐλπὶς αὐτοῦ δυνατοῦ ἐλπίδι θεοῦ (17, 34); zur Textgestalt siehe unten S. 64 Anm. 487); ἡ ἐλπὶς αὐτοῦ ἐπὶ κύριον (17, 39).

[155] καὶ πτωχοῦ καὶ πένητος ἡ ἐλπὶς τίς ἐστιν εἰ μὴ σύ, κύριε; (5, 11); ἐπὶ σὲ ἡ ἐλπὶς ἡμῶν, κύριε (8, 31); ἐλπὶς καὶ καταφυγὴ τῶν πτωχῶν σύ, ὁ θεός (15, 1).

[156] ψυχῆς ἐλπιζούσης πρὸς αὐτόν (6, 6); καὶ ἡμεῖς ἐλπιοῦμεν ἐπὶ σέ (9, 10); εἰς βοήθειαν ἤλπισα τοῦ θεοῦ Ἰακώβ (15, 1); ἡμεῖς δὲ ἐλπιοῦμεν ἐπὶ τὸν θεὸν σωτῆρα ἡμῶν (17, 3).   [157] ἐν σοί, ὁ θεός, καυχήσεται ἡ ψυχὴ ἡμῶν (17, 1).

[158] καὶ ἡμεῖς ὑπὸ – μάστιγα παιδείας σου (7, 9); ὁ θεὸς – κρίνων τὸν Ἰσραὴλ ἐν παιδείᾳ (8, 26); σὺ ἐν θελήματί σου παίδευσον ἡμᾶς (7, 3); ἐν τῷ σε παιδεύειν εἰς ἐπιστροφήν (16, 11).

[159] ὑπὸ ῥάβδον παιδείας χριστοῦ κυρίου (18, 7); ἀναστῆσαι αὐτὸν ἐπ' οἶκον Ἰσραὴλ παιδεῦσαι αὐτόν (17, 42).

[160] σὺ παιδευτὴς ἡμῶν εἶ (8, 29).

[161] μακάριος οὗ μνημονεύει ὁ θεὸς ἐν συμμετρίᾳ αὐταρκείας (5, 16).

[162] μακάριος ἀνήρ, οὗ ὁ κύριος ἐμνήσθη ἐν ἐλεγμῷ, καὶ ἐκυκλώθη ἀπὸ ὁδοῦ πονηρᾶς ἐν μάστιγι (10, 1; ἐκυκλώθη ist vielleicht griechische Fehlübersetzung einer hebräischen aktiven Form, die in der syrischen Übersetzung noch erhalten ist; vgl. Kuhn aaO S. 18).

[163] ἡ πίστις σου μεθ' ἡμῶν (8, 28).

in Gott begründeten Barmherzigkeit gehören die Bitten, in denen der Beter, ohne auf seine eigene Qualität zu verweisen, Gottes Barmherzigkeit und seine Hilfe gegen Versuchung und Sünde erfleht [164]; ergreifend steht der Barmherzigkeit Gottes gegenüber das Wissen um das eigene Sündigen [165], das Bekenntnis der eigenen Hartnäckigkeit [166], ja der gefährlichen Nähe des eigenen Abfalls von Gott [167]. In Verfolg dieser von Gottes souveräner Göttlichkeit redenden Linie können sich unsere Texte auch in der Form gelegentlich bis zum alten prophetischen Pathos erheben [168].

---

[164] μὴ ἀποστήσῃς τὸ ἔλεός σου ἀπ' ἐμοῦ, ὁ θεός, μηδὲ τὴν μνήμην σου ἀπὸ καρδίας μου ἕως θανάτου. ἐπικράτησόν μου, ὁ θεός, ἀπὸ ἁμαρτίας πονηρᾶς καὶ ἀπὸ πάσης γυναικὸς πονηρᾶς σκανδαλιζούσης ἄφρονα. καὶ μὴ ἀπατησάτω με κάλλος γυναικὸς παρανομούσης καὶ παντὸς ὑποκειμένου ἀπὸ ἁμαρτίας ἀνωφελοῦς. (KUHNS, aaO S. 52, Textkonstruktion auf Grund des Syrers an dieser Stelle leuchtet ein: „noch irgend etwas, das zu Sünde und Frevel verleiten kann"; ἀπὸ ἁμαρτίας als griechische Fehlübersetzung eines Hiphil-Partizips-Femininum; ἀνωφελής, wie schon GEIGER betont, als Wiedergabe von אין, vgl. S. 42 Anm. 300) τὰ ἔργα τῶν χειρῶν μου κατεύθυνον ἐν τόπῳ σου (vielleicht ist ἐν τόπῳ σου innergriechische Verlesung aus ἐνώπιόν σου, analog dem der Syrer übersetzt, vgl. KUHN, aaO S. 53) καὶ τὰ διαβήματά μου ἐν τῇ μνήμῃ μου διαφύλαξον. τὴν γλῶσσάν μου καὶ τὰ χείλη μου ἐν λόγοις ἀληθείας περίστειλον, ὀργὴν καὶ θυμὸν ἄλογον μακρὰν ποίησον ἀπ' ἐμοῦ. γογγυσμὸν καὶ ὀλιγοψυχίαν ἐν θλίψει μάκρυνον ἀπ' ἐμοῦ, ἐὰν ἁμαρτήσω ἐν τῷ σε παιδεύειν εἰς ἐπιστροφήν (zur Kontextverbindung dieser Zeile siehe oben S. 14 Anm. 48), εὐδοκίᾳ δὲ μετὰ ἱλαρότητος στήρισον τὴν ψυχήν μου (16, 6–12).

[165] καθαρισθῆναι ἀπὸ ἁμαρτίας, wenn auch τοῦ μὴ πληθῦναι (10, 1); ἐν ταῖς ἁμαρτίαις ἡμῶν – (17, 5); ἐὰν ἁμαρτήσω – (16, 11); ἐταράχθη ὁ εὐσεβὴς διὰ τὰ παραπτώματα αὐτοῦ (13, 5; εὐσεβής ist zwar nur GEBHARDTsche Konjektur gegen alle cdd., wird auch sonst in den Ps S. nicht gebraucht, aber ein synonymer Terminus hat an seiner Stelle ursprünglich sicher gestanden, trotz KUHN, aaO S. 33. Das, allerdings auch im Syrer bezeugte, ἀσεβής bleibt doch sinnlos angesichts von 13, 5 συμπαραληφθῇ μετὰ τῶν ἁμαρτωλῶν; in Gen 19, 17 wird das συμπαραληφθῆναι vom gerechten Lot im Blicke auf die sündigen Sodomiter ausgesagt!); τὰ παραπτώματα αὐτῶν ἐξαλείψει ἐν παιδείᾳ (13, 10).

[166] καὶ ἡμεῖς ἐσκληρύναμεν τὸν τράχηλον ἡμῶν (8, 29).

[167] παρὰ μικρὸν ὠλίσθησα ἐν καταφθορᾷ ὕπνου· ἐν τῷ μακρὰν ἀποστῆναι ἀπὸ θεοῦ (16, 1; das καταφθορᾷ der griechischen cdd. JCH ist bestätigt durch den Syrer, ebenso das von griechischen cdd. nicht bezeugte ἐν vor τῷ μακράν, vgl. FRANKENBERG, aaO S. 93, KUHN, aaO S. 46 f.); ἐν τῷ διενεχθῆναι ψυχήν μου ἀπὸ κυρίου θεοῦ Ἰσραήλ (16, 3; KUHN, aaO S. 48 und BEGRICH, aaO S. 142 f. ordnen um V. 2 a V. 3 a V. 2 b V. 3 b)

[168] καὶ οὐκ ἐπέγνωμεν ὅτι ὁ θεὸς μέγας, κραταιὸς ἐν ἰσχύι αὐτοῦ τῇ μεγάλῃ. αὐτὸς βασιλεὺς ἐπὶ τῶν οὐρανῶν καὶ κρίνων βασιλεῖς καὶ ἀρχάς. ὁ ἀνιστῶν ἐμὲ εἰς δόξαν καὶ κοιμίζων ὑπερηφάνους εἰς ἀπώλειαν αἰῶνος ἐν ἀτιμίᾳ (2, 29–31); διὰ τοῦτο ἐκέρασεν αὐτοῖς ὁ θεὸς πνεῦμα πλανήσεως, ἐπότισεν αὐτοὺς ποτήριον οἴνου ἀκράτου

b) Die Problematik all dieser Aussagen von der in Gott selber begründeten Barmherzigkeit kündet sich nun allerdings an in der Einschränkung, die wir oben ankündigen mußten und die immer wieder gerade auch im engeren oder weiteren Kontext der durchgesprochenen Stellen vorgenommen wird: neben den Gott, der die Barmherzigkeit spendet, tritt der Empfänger, der als dieser Barmherzigkeit in irgendeiner Beziehung wert gilt. Wir stehen damit vor dem zweiten großen Aussagenkreis, in dem die Barmherzigkeit Gottes auf die entsprechenden Qualitäten und das entsprechende Verhalten des Menschen zurückgeführt wird.

Der Empfänger der göttlichen Barmherzigkeit ist bezeichnenderweise der *Gerechte*. An dem Strafgericht, das über Pompejus ergeht, kann man feststellen, wie Gott „einen Unterschied macht zwischen dem Gerechten und dem Sünder"[169], wie er den Sündern in Ewigkeit nach ihren Werken vergilt und sich der Gerechten erbarmt"[170]. Aber auch auf der Ebene des mehr privaten Lebens ist es der Gerechte, „dem die Sünder aus den Augen geschafft" werden[171] und dem „Hunger, Schwert und Tod fernbleiben"[172], während „die Sünder nicht erfunden werden an dem Tage, an dem die Barmherzigkeit gegen die Gerechten ergeht"[173]. Freilich kann auch der Gerechte nicht ohne Erziehung und Züchtigung bleiben. Aber Gott „ebnet die Wege der Gerechten und vernichtet sie nicht bei der Züchtigung"[174], ihre Züchtigung wird nicht, wie bei den Sündern, zu ihrem Untergang; sie werden darin behandelt wie geliebte, erstgeborene Söhne, auch wenn sie gezüchtigt werden, damit der Sünder nicht schadenfroh zu triumphieren

---

εἰς μέθην. ἤγαγεν τὸν ἀπ' ἐσχάτου τῆς γῆς, τὸν παίοντα κραταιῶς, ἔκρινεν τὸν πόλεμον ἐπὶ Ἰερουσαλὴμ καὶ τὴν γῆν αὐτῆς (8, 14 f.; alttestamentliche Analogien zur letzteren Stelle bei GEIGER, aaO S. 128 f.)

[169] Beachte das durchgängige Reden von den Sündern und ihrer Bestrafung in der 3. Person, das selten, wie in 2, 24 b, von der 1. Person oder gar ihrem Sündenbekenntnis (vgl. oben S. 24 Anm. 165, 166 u. 167) unterbrochen wird, dem aber die Schilderung der Heilszeit ebenfalls in der 3. Person zur Seite steht (17, 21–46).

[170] τοῦ διαστεῖλαι ἀνὰ μέσον δικαίου καὶ ἁμαρτωλοῦ ἀποδοῦναι ἁμαρτωλοῖς εἰς τὸν αἰῶνα κατὰ τὰ ἔργα αὐτῶν καὶ ἐλεῆσαι δίκαιον ἀπὸ ταπεινώσεως ἁμαρτωλοῦ (2, 34 f.).

[171] ἐν τῷ ἐξαίρεσθαι ἁμαρτωλοὺς ἀπὸ προσώπου δικαίου (4, 8).

[172] λιμὸς καὶ ῥομφαία καὶ θάνατος ἀπὸ δικαίων μακράν (15, 7).

[173] (ἁμαρτωλοὶ) οὐχ εὑρεθήσονται ἐν ἡμέρᾳ ἐλέους δικαίων (14, 9).

[174] ὀρθώσει γὰρ ὁδοὺς δικαίων καὶ οὐ διαστρέψει ἐν παιδείᾳ (10, 3).

die Möglichkeit hat, wenn sie – ohne Züchtigung – der Verdammung verfielen [175]. Denn „das Mal Gottes ist an den Gerechten zu ihrer Errettung" [176] und schließt ihre Gefährdung durch den flammenden Zorn Gottes aus, der die Sünder vernichtet. So „empfängt der Gerechte, wenn er diese Züchtigungen auf sich nimmt, vom Herrn Barmherzigkeit" [177]. Es sind die Gerechten, die der Herr segnet und deren Sünden er nicht straft [178], die Gerechten, deren Wahrheit von Gott, „ihrem Erretter", herrührt [179].

---

[175] ὅτι δεινὴ ἡ καταστροφὴ τοῦ ἁμαρτωλοῦ, καὶ οὐχ ἅψεται δικαίου οὐδὲν ἐκ πάντων τούτων. ὅτι οὐχ ὁμοία ἡ παιδεία τῶν δικαίων ἐν ἀγνοίᾳ καὶ ἡ καταστροφὴ τῶν ἁμαρτωλῶν ἐν περιστολῇ (zur Textgestalt siehe S. 13 Anm. 38!). παιδεύεται δίκαιος – ὅτι νουθετήσει δίκαιον ὡς υἱὸν ἀγαπήσεως, καὶ ἡ παιδεία αὐτοῦ ὡς πρωτοτόκου. – ἡ γὰρ ζωὴ τῶν δικαίων εἰς τὸν αἰῶνα (13, 6–11).

[176] ὅτι τὸ σημεῖον τοῦ θεοῦ ἐπὶ δικαίους εἰς σωτηρίαν (15, 6).

[177] ἐν τῷ ὑπομεῖναι δίκαιον ἐν τούτοις ἐλεηθήσεται ὑπὸ κυρίου (16, 15).

[178] δικαίους εὐλογήσεις καὶ οὐκ εὐθυνεῖς περὶ ὧν ἡμάρτοσαν (9, 7); τὰ παραπτώματα αὐτῶν ἐξαλείψει ἐν παιδείᾳ (13, 10). Das Sündigen wird also beim δίκαιος naiv vorausgesetzt (vgl. oben S. 24. Anm. 164–167) und ändert nichts an seinem δίκαιος-Charakter. Die Einheit zwischen beiden Aussagen liegt nicht in der radikal verstandenen Vergebung Gottes, sondern einerseits in dem die Vergebung ermöglichenden Verhalten des sündigenden δίκαιος (siehe unten S. 34 Anm. 251–253, 255–261), andererseits in der Verharmlosung der Sünde (siehe unten S. 35 Anm. 266). Daß Israel durch die läuternde Wirkung des göttlichen Gerichtes der δίκαιος werde (wie Frankenberg, aaO S. 5 und 12 will), verbietet sich aus folgenden Gründen:

a) die überaus häufige Gegenüberstellung von δίκαιοι und ἁμαρτωλοί (vgl. S. 25 Anm. 170 bis S. 26 Anm. 178; ferner S. 51 Anm. 367) meint keineswegs immer den Gegensatz Israel–Heiden, auch nicht immer in Ps 2; siehe nur Ps S. 2, 16 a! Frankenberg weiß das auch selber; aber dann ist der Partei-Charakter der δίκαιοι nicht zu übersehen!

b) die von Frankenberg festgesetzte Terminologie widerspricht dem Befund der Texte: Gottes δικαιοσύνη richtet sich strafend nicht nur gegen das sündige Israel, sondern auch gegen die ganze Welt, vgl. S. 36 f. Anm. 281–283 und 284–285.

c) Frankenberg verkennt also das Statische im δίκαιος unserer Texte; er kann nicht erklären, warum für den δίκαιος geflissentlich die Bezeichnung ἁμαρτωλός vermieden wird (vgl. S. 24 Anm. 164–167 sowie S. 51), wenn das vor dem Reinigungsgericht sündigende Gesamtvolk hinterher in seiner Gesamtheit der δίκαιος sein soll.

d) Dan. 9 ist keine Parallele zu Ps S. 2; weder in der Terminologie: in Dan. 9 ist Gottes δικαιοσύνη strafend (V. 14) und erbarmend (V. 16) zugleich, in den Ps S. so gut wie nur strafend (siehe unten S. 35–46); noch gar im Theologischen: in Dan. 9 erwartet der Sünder Gottes Erbarmen im Gegensatz zu seinen eigenen gerechten Taten (V. 18), in den Ps S. auf Grund seiner gerechten Taten oder allenfalls als Ergänzung zu ihnen (S. 25–29).

Der Empfänger der Barmherzigkeit Gottes ist gerecht, weil er die *Gerechtigkeit tut* in einer Wahl freier Entscheidung: „unsere Werke sind gestellt in die Wahl und Entscheidungskraft unseres inneren Menschen, daß wir Gerechtigkeit und Ungerechtigkeit tun mit den Werken unserer Hände"[180]. Wenn diese Gerechtigkeit beschrieben wird als ein Wandel in der Gerechtigkeit und in den Geboten, auf den der Herr mit seiner Treue antwortet[181], so darf dabei nicht übersehen werden: diese Gerechtigkeit ist ein Tun einzelner Guttaten, die von dem Herrn als solche zur Kenntnis genommen werden[182], ein Tun, durch welches der Täter sich das Leben bei dem Herrn in wachsendem Umfange wie einen Schatz ansammelt[183]; wie andererseits das Versiegen der Quellen als Strafe über das Land kommt, weil unter den Sündern niemand war, „der Gerechtigkeit und Recht tat"[184]. So ist es nur folgerichtig, wenn der Gerechte um diese seine Qualität weiß und gerade auf sie den von Gott verliehenen Sieg zurückführt: „er erhört mich, denn ich bin voller Gerechtigkeit"[185]. Und wenn nun auch die Meinung, als ganzes Volk gerecht zu sein[186], sich angesichts der zunehmenden hasmonäischen Übertretungsgreuel als Einbildung herausstellt[187], so vermag der

Mit diesen theologischen Feststellungen gegen FRANKENBERG würden dann indirekt auch die Gründe für die WELLHAUSENsche Ansetzung unserer Texte im 1. Jh a. C. verstärkt.

[179] ἀλήθεια τῶν δικαίων παρὰ θεοῦ σωτῆρος αὐτῶν (3, 6).

[180] τὰ ἔργα ἡμῶν ἐν ἐκλογῇ καὶ ἐξουσίᾳ τῆς ψυχῆς ἡμῶν, τοῦ ποιῆσαι δικαιοσύνην καὶ ἀδικίαν ἐν ἔργοις χειρῶν ἡμῶν (9, 4). Die Reihenfolge von δικαιοσύνη und ἀδικία, die sich in V. 5 wiederholt und darum nicht zufällig sein kann, zeigt an, mit welcher Selbstverständlichkeit (etwa im Unterschied zu Röm 2, 15, allerdings analog zu Röm 2, 7 f.) dem Frommen eine Entscheidung zugetraut wird, die vor Gott bestehen kann. Ebenso ist die Verwendung von ἐκλογή, die im NT immer von Gott geübt wird, für die Entscheidungsfreiheit des Menschen typisch.

[181] πιστὸς κύριος – τοῖς πορευομένοις ἐν δικαιοσύνῃ προσταγμάτων αὐτοῦ, ἐν νόμῳ (14, 1 f.; vielleicht ist der Syrer mit seiner Nebeneinanderordnung von ἐν δικαιοσύνῃ und προσταγμάτων αὐτοῦ ursprünglich, vgl. KUHN, aaO S. 34 f.).

[182] αἱ δικαιοσύναι τῶν ὁσίων σου ἐνώπιόν σου, κύριε (9, 3). Die δικαιοσύναι Deut 9, 4 und 6 sind hebräische Singulare; die δικαιοσύναι Ez. 33, 13 haben als Äquivalent den Singular im Ketib, den Plural im Qere.

[183] ὁ ποιῶν δικαιοσύνην θησαυρίζει ζωὴν αὑτῷ παρὰ κυρίῳ (9, 5).

[184] ὅτι οὐκ ἦν ἐν αὐτοῖς ποιῶν δικαιοσύνην καὶ κρίμα (17, 19).

[185] ἐπακούσεταί μου ὅτι ἐπλήσθην δικαιοσύνης (1, 2); der Reflektierende εἶπα· κατευθυνοῦσιν ὁδοὺς αὐτῶν ἐν δικαιοσύνῃ (8, 6) erwartet gleichfalls, allerdings irrtümlich, die Verschonung vor Pompejus um der eigenen Gerechtigkeit willen, so KITTEL, aaO S. 138 gegen GEIGER, aaO S. 127.

[186] ἐλογισάμην ἐν καρδίᾳ μου ὅτι ἐπλήσθην δικαιοσύνης (1, 3).

[187] Vgl. WELLHAUSENS Erklärung zu Ps 1 aaO S. 139 f.

Gerechte gerade in den durch diese Entwicklung veranlaßten Strafgerichten doch Gott zu preisen „in Geradheit des Herzens"[188], ihm ein Lied zu singen „aus gutem Herzen"[189], die Bewahrung vor Irrtum als etwas hinzunehmen, was der „gehorsamen Seele" zukommt[190].

Weil der Gerechte seine Gerechtigkeit durch sein Verhalten schafft, darum heißt er der *Fromme*[191]. Von diesen Frommen gilt nun all das, was wir oben vom Gerechten ausgesagt fanden, und beide Termini stehen dabei, gegenseitig sich auslegend, nebeneinander: ihnen, den Frommen, ist die Barmherzigkeit des Herrn zugewendet[192], besonders in dem vom Druck des Gottlosen befreienden Gericht[193], so daß gerade angesichts dieser Gerichte, die die Frommen Gottes wie Lämmer in ihrer Unschuld mitten unter den Gottlosen vorfanden[194], der Lobpreis des Herrn aus dem Munde der Frommen aufsteigt[195]. Die Frommen sind es, die dem Herrn in seinem Vernichtungsgericht an den Heuchlern Recht geben sollen[196], die ihn in der versammelten Gemeinde preisen[197]. Die Frommen sind es, deren Guttaten der Herr vor Augen hat[198], die er samt ihrer Familie reinigt[199], die er verschont und deren

---

[188] ἐν εὐθύτητι καρδίας (2, 15).   [189] ἐξ ἀγαθῆς καρδίας (3, 2).

[190] ἀποστρέψαι ψυχὴν εὐήκοον ἀπὸ ἀμαθίας ἐν ἀγνοίᾳ (18, 4); vgl. damit die paulinische Wendung von Gott als dem δικαιῶν τὸν ἀσεβῆ (Röm 4, 5)!

[191] Der Fromme ist in unseren Texten stets der ὅσιος; das einzige εὐσεβής 13, 5 a ist WELLHAUSEN-GEBHARDT-RAHLFSsche Konjektur und, weil nicht dem Sprachgebrauch unserer Texte angehörig, verdächtig (vgl. GEBHARDT, aaO S. 81); aber irgendein Synonym von εὐσεβής gehört hierher, ἀσεβής stört den Sinn, vgl. oben S. 24 Anm. 165. ὅσιος ist im NT, außer I. Tim 2, 8 und Tit 1, 8, nie das Attribut der Christen, selten das Gottes (Apc 15, 4 und 16, 5) oder Christi (Act 2, 27; 13, 34f. Hebr 7, 26). Ebenso bezeichnen εὐσεβής und εὐλαβής gelegentlich den teils vorchristlichen, teils christlichen jüdischen Frommen (Act 10, 2 und 7; Lc 2, 25; Act 2, 5; 8, 2; 22, 12), und nur in II. Pt 2, 9 wird von diesem jüdischen Frömmigkeitskolorit abgesehen und εὐσεβής als Bezeichnung des Christen schlechthin gebraucht.

[192] ἐπὶ δὲ τοὺς ὁσίους τὸ ἔλεος κυρίου (13, 12)

[193] ποιῆσαι κατὰ τὸ ἔλεος αὐτοῦ τοῖς ὁσίοις αὐτοῦ (2, 36); beachte, wie in Eph 2, 4 f. Gottes ἔλεος den ὄντες νεκροὶ τοῖς παραπτώμασιν zugewendet ist!

[194] καὶ οἱ ὅσιοι τοῦ θεοῦ ὡς ἀρνία ἐν ἀκακίᾳ ἐν μέσῳ αὐτῶν (8, 23).

[195] αἰνετὸς κύριος ἐν τοῖς κρίμασιν αὐτοῦ ἐν στόματι ὁσίων (8, 34).

[196] καὶ δικαιώσαισαν ὅσιοι τὸ κρίμα τοῦ θεοῦ αὐτῶν ἐν τῷ ἐξαίρεσθαι ἁμαρτωλοὺς ἀπὸ προσώπου δικαίου (4, 8).

[197] ὅσιοι ἐξομολογήσονται ἐν ἐκκλησίᾳ λαοῦ (10, 6).

[198] καὶ αἱ δικαιοσύναι τῶν ὁσίων σου ἐνώπιόν σου, κύριε (9, 3).

[199] ὁ κύριος καθαρίζει πᾶν ἄνδρα ὅσιον καὶ τὸν οἶκον αὐτοῦ (3, 8; θεῖον ist eine paläographisch leicht durchschaubare Verschreibung in den griechischen cdd. LC).

Verfehlungen er durch Züchtigung tilgt[200], denen darum Hunger, Schwert und Tod fernbleiben[201]. Oder, was dasselbe besagt: seine *Knechte* sind es, deren der Herr in Barmherzigkeit gedenkt[202], vor denen er in Ewigkeit gepriesen wird[203]. Der Gottesfürchtige ist es, der wegen seiner Übertretungen zwar in Bedrängnis gebracht, aber eben nicht zusammen mit den Sündern im Gericht vernichtet wird[204]. So sind es schließlich die Frommen, die die Verheißungen des Herrn[205], das will sagen das Leben in Freuden ererben[206], die in dem Herrn (oder besser: durch sein Gesetz) ewiges Leben haben[207], während die verleumderische Zunge in flammendem Feuer fern von den Frommen umkommen soll[208]. Und wenn der Sänger der rettenden Hilfe Gottes sein Lied „eine Erstlingsfrucht der Lippen aus frommen und gerechtem Herzen"[209] zu nennen wagt, so spricht er damit nur die durchgängige selbstverständliche Voraussetzung unserer Texte aus: der Gerechte und Fromme weiß um diese seine Qualität und hat diese seine Gerechtigkeit und Frömmigkeit gradlinig und direkt als Voraussetzung der Barmherzigkeit Gottes zu eigen.

c) So nimmt es nicht wunder, ist vielmehr eine Bestätigung für die Richtigkeit unserer bisherigen Beobachtungen, wenn wir die *Funktionen des frommen Lebens* – Furcht und Liebe vor Gott, Gebet und Lobpreis, Leidensbereitschaft und Bußhaltung – zwar nicht in vollem Umfang, aber doch weithin eingebettet vorfinden in die bisherige Betrachtungsweise: all diese frommen Funktionen erscheinen als Voraussetzung zur Erlangung der göttlichen Barmherzigkeit, mithin als Leistung, die der Mensch vollbringt, um die er weiß und die er erwägt, von deren Unerbittlichkeit er schließlich abhandelt, um vor sich in

---

[200] φείσεται κύριος τῶν ὁσίων αὐτοῦ καὶ τὰ παραπτώματα αὐτῶν ἐξαλείψει ἐν παιδείᾳ (13, 10).

[201] λιμὸς καὶ ῥομφαία καὶ θάνατος –, φεύξονται γὰρ ὡς διωκομένου λιμοῦ ἀπὸ ὁσίων (15, 7; zur Textgestalt vgl. S. 13 Anm. 35).

[202] καὶ μνησθήσεται κύριος τῶν δούλων αὐτοῦ ἐν ἐλέει (10, 4).

[203] εὐλογητὸς κύριος εἰς τὸν αἰῶνα ἐνώπιον δούλων αὐτοῦ (2, 37).

[204] ἐταράχθη ὁ εὐσεβής (allerdings Konjektur, vgl. S. 24 Anm. 165) διὰ τὰ παραπτώματα αὐτοῦ, μήποτε συμπαραληφθῇ μετὰ τῶν ἁμαρτωλῶν (13, 5).

[205] ὅσιοι κυρίου κληρονομήσαισαν ἐπαγγελίας κυρίου (12, 6; zur Textgestalt vgl. S. 15 Anm. 59).

[206] οἱ δὲ ὅσιοι κυρίου κληρονομήσουσιν ζωὴν ἐν εὐφροσύνῃ (14, 10).

[207] ὅσιοι κυρίου ζήσονται ἐν αὐτῷ εἰς τὸν αἰῶνα (14, 3; der Syrer bezieht ἐν αὐτῷ auf die Tora, vgl. Kuhn, aaO S. 35).

[208] ἐν πυρὶ φλογὸς γλῶσσα ψίθυρος ἀπόλοιτο ἀπὸ ὁσίων (12, 4).

[209] ἀπαρχὴν χειλέων ἀπὸ καρδίας ὁσίας καὶ δικαίας (15, 3).

seinem Leistungsbewußtsein doch noch bestehen zu können. Sie sind mithin moralisiert [210], reflektiert und verharmlost.

Die *Gott Fürchtenden* sind es, die in dieser Zeit [211] wie am Gerichtstage [212] und zur Zeit der Herrschaft des Christus [213] Gottes Barmherzigkeit erfahren, deren Gebete erhört [214], die, ausdrücklich im Blick auf ihre Arglosigkeit, selig gepriesen werden [215]; die sich darum freuen dürfen in ihren Gütern [216], während die Verleumder fern von ihnen zerstreut werden [217], wie ja auch die Heuchler auf ihren schlimmen Wegen Gott nicht gefürchtet haben [218]; die Gott Fürchtenden sind es, die zum ewigen Leben auferstehen werden [219] und deren Haltung ausdrücklich als in einem Wissen, einer Einsicht bestehend geschildert wird [220]: Moralismus und Reflexion!

Ebenso sind es die *Gott Liebenden*, denen der Herr Barmherzigkeit und Treue erweist [221], wobei der Moralismus der Betrachtung unterstrichen wird durch die wiederholt betonte Reflexion auf die Wahrhaftigkeit [222], in der diese Liebe zu Gott erfolgt.

Die Barmherzigkeit Gottes ergeht über die *ihn Anrufenden*. Dieses Anrufen Gottes geschieht auf Grund der Notlage, der Bedrängnis, des Mangels und des Hungers des Betenden [223]; es ruft zu Gott der

---

[210] Interessant ist in diesem Zusammenhange, daß ἁμαρτία zwar meist ohne Beiwort, zweimal aber mit dem Attribut πονηρά verwendet wird; in 2, 16 ist die Rede von den ἁμαρτίαι πονηραὶ σφόδρα der Sünder, in 16, 7 von der den Frommen selber gefährdenden ἁμαρτία πονηρά der Unkeuschheit. Das NT kennt etwas Ähnliches allenfalls in I. Joh 5, 16 f. und Hbr 12, 1.

[211] ἐπὶ τοὺς φοβουμένους αὐτὸν τὸ ἔλεος αὐτοῦ (13, 12).

[212] οἱ δὲ φοβούμενοι τὸν κύριον ἐλεηθήσονται ἐν αὐτῇ (scl. ἡμέρᾳ κρίσεως 15, 13).

[213] ὑπὸ ῥάβδον παιδείας χριστοῦ κυρίου ἐν φόβῳ θεοῦ αὐτοῦ (18, 7); γενεὰ ἀγαθὴ ἐν φόβῳ θεοῦ ἐν ἡμέραις ἐλέους (18, 9).

[214] καὶ κύριος εἰσήκουσεν προσευχὴν παντὸς ἐν φόβῳ θεοῦ (6, 5).

[215] μακάριοι οἱ φοβούμενοι τὸν κύριον ἐν ἀκακίᾳ αὐτῶν (4, 23).

[216] ηὐφράνθησαν (so liest der griechische cd. R, ähnlich die anderen cdd.) οἱ φοβούμενοι κύριον ἐν ἀγαθοῖς (5, 18).

[217] καὶ σκορπισθείησαν ὀστᾶ ψιθύρων ἀπὸ φοβουμένων κύριον (12, 4).

[218] καὶ οὐκ ἐφοβήθησαν τὸν θεὸν ἐν ἅπασι τούτοις (4, 21).

[219] οἱ δὲ φοβούμενοι τὸν κύριον ἀναστήσονται εἰς ζωὴν αἰώνιον (3, 12).

[220] οἱ φοβούμενοι τὸν κύριον ἐν ἐπιστήμῃ (2, 33).

[221] γένοιτο, κύριε, τὸ ἔλεός σου ἐπὶ πάντας τοὺς ἀγαπῶντάς σε (4, 25).

[222] εὐλογητὸς κύριος ὁ ποιῶν ἔλεος τοῖς ἀγαπῶσιν αὐτὸν ἐν ἀληθείᾳ (6, 6); καὶ τὸ ἔλεος κυρίου ἐπὶ τοὺς ἀγαπῶντας αὐτὸν ἐν ἀληθείᾳ (10, 3); πιστὸς κύριος τοῖς ἀγαπῶσιν αὐτὸν ἐν ἀληθείᾳ (14, 1). ἐν ἀληθείᾳ begegnet auch in I. Reg 12, 24 und Ps 144, 18 LXX; in Tob 14, 7 ist es sogar kombiniert mit ἀγαπᾶν.

[223] ἐν τῷ κεκραγέναι με πρὸς σὲ μὴ παρασιωπήσῃς ἀπ' ἐμοῦ (5, 2); ἐν τῷ θλίβε-

Arme[224], der sich an Gottes Güte wendet und seine Barmherzigkeit erfleht. Das Gebet scheint hier zunächst gar nicht als Werk zu gelten, sondern einfach als Ausdruck des Arm- und Bedürftigseins vor Gott, auf das dann Gottes frei schenkende Güte antwortet, weil er der Schöpfer ist, der zu seinen Verheißungen und zu seinem Bunde steht[225]. Und doch läßt es sich im Kontext einfach nicht übersehen: der Arme, der sich an Gott wendet, ist eben der Gott Fürchtende[226], der ihn in Wahrheit Liebende[227], der auf ihn Hoffende[228], der Gerechte[229], der Büßende[230], und die Betonung dieser seiner Qualitäten legt es dann doch sehr nahe, auch sein Beten als ein die Barmherzigkeit Gottes hervorrufendes Werk zu verstehen. So wird denn auch das Gebet moralisiert und reflektiert, wenn gerade dem *geduldigen* Anrufen Gottes Barmherzigkeit zugesprochen wird[231]; und es ist wohl nicht als ein Bekenntnis zum Dennoch des Glaubens, sondern als Überzeugtsein

---

σθαι ἡμᾶς ἐπικαλεσόμεθά σε εἰς βοήθειαν (5, 5); ἐὰν γὰρ πεινάσω, πρὸς σὲ κεκράξομαι, ὁ θεός (5, 8); μακάριος ἀνήρ, οὗ ἡ καρδία αὐτοῦ ἑτοίμη ἐπικαλέσασθαι τὸ ὄνομα κυρίου (6, 1); auch 6, 1 b ἐν τῷ μνημονεύειν αὐτὸν τὸ ὄνομα κυρίου σωθήσεται würde hierher gehören, wenn BEGRICHS, aaO S. 137 behauptete Gleichsetzung des μνημονεύειν mit זכר Hiphil zutrifft; καὶ ἡμεῖς ἐπικαλεσόμεθά σε (7, 7).

[224] τὰ ὦτά σου ἐπακούει εἰς δέησιν πτωχοῦ ἐν ἐλπίδι (18, 2); siehe oben S. 23 Anm. 152 und 153.   [225] Siehe oben S. 21 f.

[226] καὶ ἐδεήθη τοῦ προσώπου κυρίου (6, 5 a) neben καὶ κύριος εἰσήκουσεν προσευχὴν παντὸς ἐν φόβῳ θεοῦ (6, 5 b).

[227] 6, 5 a (vorige Anmerkung) neben εὐλογητὸς κύριος ὁ ποιῶν ἔλεος τοῖς ἀγαπῶσιν αὐτὸν ἐν ἀληθείᾳ (6, 6 b).

[228] καὶ πτωχοῦ καὶ πένητος ἡ ἐλπὶς τίς ἐστιν εἰ μὴ σύ, κύριε; (5, 11); καὶ οὐ (obwohl der griechische cd. R und der Syrer οὐκ lesen!) ἔστιν ἡ ἐλπὶς ἐπὶ σέ, οὐ φείσεται (= „er hat keinen Mangel", vgl. FRANKENBERG, aaO S. 90, der eine Verlesung des hebräischen Originals durch den griechischen Übersetzer annimmt) ἐν δόματι (5, 14); καὶ πᾶν αἴτημα ψυχῆς ἐλπιζούσης πρὸς αὐτὸν ἐπιτελεῖ ὁ κύριος (6, 6); καὶ ἐπὶ σὲ ἡ ἐλπὶς ἡμῶν, κύριε (8, 31); καὶ ἡμεῖς ἐλπιοῦμεν ἐπὶ σέ – (9, 10); εἰς βοήθειαν ἤλπισα τοῦ θεοῦ Ἰακὼβ καὶ ἐσώθην· ὅτι ἐλπὶς καὶ καταφυγὴ τῶν πτωχῶν σύ, ὁ θεός (15, 1); ἡμεῖς δὲ ἐλπιοῦμεν ἐπὶ τὸν θεὸν σωτῆρα ἡμῶν (17, 3); τὰ ὦτά σου ἐπακούει εἰς δέησιν πτωχοῦ ἐν ἐλπίδι (18, 2).

[229] ἐν τῷ θλίβεσθαί με ἐπεκαλεσάμην τὸ ὄνομα κυρίου (15, 1) neben ὁ ποιῶν ταῦτα οὐ σαλευθήσεται εἰς τὸν αἰῶνα ἀπὸ κακοῦ (15, 4) und neben τὸ σημεῖον τοῦ θεοῦ ἐπὶ δικαίους εἰς σωτηρίαν (15, 6).

[230] τίνι χρηστεύσῃ, ὁ θεός, εἰ μὴ τοῖς ἐπικαλουμένοις τὸν κύριον (9, 6) neben καθαρίσει ἐν ἁμαρτίαις ψυχὴν ἐν ἐξομολογήσει, ἐν ἐξαγορίαις, ὅτι αἰσχύνη ἡμῖν καὶ τοῖς προσώποις ἡμῶν περὶ ἁπάντων (9, 6).

[231] ὅτι χρηστὸς ὁ κύριος τοῖς ἐπικαλουμένοις αὐτὸν ἐν ὑπομονῇ ποιῆσαι κατὰ τὸ ἔλεος αὐτοῦ (2, 36); schon GEIGER, aaO S. 106 macht auf diese kausale Verbindung aufmerksam.

vom Übergewicht der Treue des Menschen gegenüber der Treue Gottes zu verstehen, wenn die Beter versichern, sie würden nicht ablassen, sondern zu Gott kommen, auch wenn Gott sich ihnen nicht zuwendet [232], wobei aber der Hinweis auf Gottes Freundlichkeit [233] die totale Einordnung solcher Aussprüche in das Werkschema wieder hindert, dem Gedanken die letzte blasphemische Konsequenz nimmt und ihn doch eigentümlich schwebend erhält zwischen Gottes frei schenkender Güte und der vom Menschen herzustellenden Voraussetzung.

Der Empfänger der göttlichen Barmherzigkeit *lobt und preist Gott und gibt ihm Recht*. Aber nur selten ist dieser Dank, wie man ja zunächst meinen sollte, die einfache Antwort auf die empfangene Wohltat Gottes [234]. Der Dank gegen Gott bricht gerade dort auf, wo das über die Gegner ergehende Gericht Gottes sichtbar wird [235]. Gerade die Echtheit und Unmittelbarkeit des dankenden Impulses bringt an den Tag, was den Dankenden eigentlich bewegt und treibt: der Gegensatz gegen die Sünder und danach gegen Pompejus [236], gegen den Übertreter [237], gegen den Frevler [238], gegen die gottlosen Führer des Volks [239], gegen die Täter der Gottlosigkeit [240] ist offenbar geworden.

---

[232] καὶ ἐὰν μὴ ἐπιστρέψῃς ἡμᾶς, οὐκ ἀφεξόμεθα, ἀλλ' ἐπὶ σὲ ἥξομεν (5, 7); καὶ ἡμεῖς οὐκ ἀφεξόμεθά σου (8, 32); wenn die εὐδοκία, wie in 16, 12 a im Gegensatz zu 8, 33 a, die willige Haltung des Menschen bezeichnet, besagt, gerade nach der Züchtigung, 3, 4 b dasselbe: ἡ εὐδοκία αὐτοῦ διὰ παντὸς ἔναντι κυρίου.

[233] ὅτι χρηστὰ τὰ κρίματά σου ἐφ' ἡμᾶς (8, 32).

[234] Wie etwa auf die aus dem Sündenschlaf erweckende Züchtigung durch Gott: ἐξομολογήσομαί σοι, ὁ θεός, ὅτι ἀντελάβου μου εἰς σωτηρίαν (16, 5).

[235] ἐγὼ δικαιώσω σε, ὁ θεός, – ὅτι ἐν τοῖς κρίμασίν σου ἡ δικαιοσύνη σου, ὁ θεός (2, 15); εὐλογεῖτε τὸν θεόν, – ὅτι τὸ ἔλεος κυρίου – μετὰ κρίματος (2, 33); ἐν ἐξομολογήσει καὶ δικαιώσει τὰ κρίματα κυρίου (3, 3); καὶ δικαιώσαισαν ὅσιοι τὸ κρίμα τοῦ θεοῦ αὐτῶν (4, 8); ἐδικαίωσα τὸν θεὸν ἐν τοῖς κρίμασιν αὐτοῦ τοῖς ἀπ' αἰῶνος (8, 7); εἴδοσαν οἱ ὀφθαλμοὶ ἡμῶν τὰ κρίματά σου, ὁ θεός. ἐ δ ι κ α ι ώ σ α μ ε ν τὸ ὄνομά σου τὸ ἔντιμον εἰς αἰῶνας (8, 25 f.). Nur selten fehlt, beim Lobpreis des göttlichen Gerichtes, der Blick auf die Gegner: κύριε, ὁ θεός, αἰνέσω τῷ ὀνόματί σου ἐν ἀγαλλιάσει, ἐν μέσῳ ἐπισταμένων τὰ κρίματά σου τὰ δίκαια (5, 1), wo im ganzen Ps 5 die Gegner nicht genannt werden.

[236] Ps 2, 15 und 33 (siehe Anm. 235) im Rahmen des ganzen Ps 2.

[237] ἵνα τί ὑπνοῖς, ψυχή, καὶ οὐκ εὐλογεῖς τὸν κύριον; ὕμνον καινὸν ψάλατε τῷ θεῷ τῷ αἰνετῷ. ψάλλε καὶ γρηγόρησον ἐπὶ τὴν γρηγόρησιν αὐτοῦ = („da er dich aufgeweckt hat" vgl. KUHN, aaO S. 49f.), ὅτι ἀγαθὸς ψαλμός τῷ θεῷ ἐξ ἀγαθῆς καρδίας neben προσέκοψεν ἁμαρτωλός – (3, 1. 2. 9).

[238] 4, 8 (Text siehe Anm. 235!) im Rahmen von Ps 4.

[239] 8, 7 und 26 (Text siehe Anm. 235!) im Rahmen von Ps 8.

[240] τίς γὰρ ἰσχύει, ὁ θεός, εἰ μὴ ἐξομολογήσασθαί σοι ἐν ἀληθείᾳ; καὶ τί δυνατὸς

Der Begnadigte gibt Gott Recht[241], weil er selbst sichtbar von Gott gegenüber den Sündern Recht bekommen hat. Das Lob Gottes ist so im Grunde doch ein verdecktes Selbstlob. Was Wunder, wenn dieser heimliche wahre Charakter des Lobes Gottes hier und dort sich nun eben doch verrät, wie etwa in den Versicherungen, dies Lob Gottes geschehe in Geradheit des Herzens[242] und in Wahrhaftigkeit[243], es komme als gutes Lied aus einem guten[244], vertrauenden[245] Herzen, es werde ausgeführt durch das wohlgestimmte Instrument der Zunge[246]! Ja, dies Lob Gottes ist dann eben doch eine Tat, so entschlüpft es dem Psalmisten, vielleicht eine Tat, vollbracht mitten unter allen Anstößen[247], eine Tat, die dem Täter die rechte Bewahrung vor allen Strafen durch Gott einträgt[248]; so wie das Gedenken an den Namen des Herrn oder sein Anrufen als Tat des Frommen die Rettung bringt[249], während für die Sünder und ihr Geschick ihr Nichtdenken an Gott charakteristisch ist[250]. Das Lob, das der Empfänger der Barmherzigkeit Gottes darbringt, ist gerade dort, wo es echt wirkt, zersetzt von Moralismus und Reflexion; denn es kommt gerade auf seinen Höhepunkten aus dem Munde dessen, der sich gerecht weiß und dafür nun die Bestätigung von Gott erhalten zu haben meint.

Die *Buße Leistenden, Gottes Züchtigung Annehmenden* sind es, denen die Barmherzigkeit Gottes gilt. Bekennen, Beichte und Reue bilden die Voraussetzungen für Gottes Güte, für Reinigung und Vergebung durch

---

ἄνθρωπος εἰ μὴ ἐξομολογήσασθαι τῷ ὀνόματί σου; ψαλμὸν καινὸν μετὰ ᾠδῆς ἐν εὐφροσύνῃ καρδίας, καρπὸν χειλέων ἐν ὀργάνῳ ἡρμοσμένῳ γλώσσης (15, 2 f.) neben καταδιώξονται δὲ ἁμαρτωλούς – (15, 8).

[241] Zur Bedeutsamkeit des Gebrauchs von δικαιοῦν siehe unten S. 42 Anm. 301, S. 43 Anm. 304.

[242] ἐγὼ δικαιώσω σε ἐν εὐθύτητι καρδίας (2, 15; ἐν εὐθύτητι καρδίας schon Ps 118, 7 LXX).

[243] τίς γὰρ ἰσχύει, ὁ θεός, εἰ μὴ ἐξομολογήσασθαί σοι ἐν ἀληθείᾳ; (15, 2).

[244] ὅτι ἀγαθὸς ψαλμὸς τῷ θεῷ ἐξ ἀγαθῆς καρδίας (3, 2; der Tenor bleibt bestehen, auch wenn man ἀγαθός prädikativ faßt: „wohlgefällig ist Gott ein Lied" –).

[245] ἐπ' εὐσταθείᾳ καρδίας αὐτοῦ ἐξύμνησεν τῷ ὀνόματι τοῦ θεοῦ αὐτοῦ (6, 4).

[246] καρπὸν χειλέων ἐν ὀργάνῳ ἡρμοσμένῳ γλώσσης (15, 3).

[247] προσέκοψεν ὁ δίκαιος καὶ ἐδικαίωσεν τὸν κύριον (3, 5).

[248] ὁ ποιῶν ταῦτα οὐ σαλευθήσεται εἰς τὸν αἰῶνα ἀπὸ κακοῦ (15, 4).

[249] ἐν τῷ μνημονεύειν αὐτὸν τὸ ὄνομα κυρίου σωθήσεται (6, 1; zum Textsinn vgl. S. 30 f. Anm. 223); δίκαιοι μνημονεύουσιν διὰ παντὸς τοῦ κυρίου (3,3) neben ἔπεσεν καὶ ἀποβλέπει, τί ποιήσει αὐτῷ ὁ θεός, ἀποσκοπεύει ὅθεν ἥξει σωτηρία αὐτοῦ (3, 5).

[250] καὶ οὐκ ἐμνήσθησαν θεοῦ (4, 21), καὶ οὐκ ἐμνήσθησαν τοῦ θεοῦ (14, 7).

ihn[251]; Sühneakte durch Fasten und Kasteiung[252], peinliche Durchforschung seines Hauses zur Tilgung eines Fehltritts[253] und somit Freiheit seines Hauses von Sünde[254] charakterisieren den Gerechten. Auch das Widerfahrnis göttlicher Strafe wird dem Frommen zum Werk und zur Tat; hervorgehoben wird nämlich hierbei gerade die Bereitschaft des Menschen, mit der er sich der Strafe unterzieht[255], mit der er seinen Rücken den Geißelschlägen darbietet[256], kurz, die hohe Bewertung, die er der Züchtigung durch den Herrn entgegenbringt[257]: eben diese Bereitschaft trägt ihm das Erbarmen[258], die Treue[259] die Güte[260], die Reinigung[261] seitens des Herrn ein. Der letzte entschlossene Werkcharakter wird freilich auch im Blick auf die Leidensbereitschaft des Menschen nun doch wieder vermieden, wenn Gott als der bekannt wird, der allein die Züchtigung erträglich macht[262], wenn er um Gleichmut und Stärke für das Ertragen der Züchtigung angefleht[263] wird und wenn so die Züchtigung – ohne besondere Erwähnung ihres Angenommenwerdens seitens des Frommen – als Joch, d. h. als Leit-

---

[251] καθαρίσει ἐν ἁμαρτίαις ψυχὴν ἐν ἐξομολογήσει, ἐν ἐξαγορίαις, ὅτι αἰσχύνη ἡμῖν καὶ τοῖς προσώποις ἡμῶν περὶ ἁπάντων (9, 6); καὶ ἡ χρηστότης σου ἐπὶ ἁμαρτάνοντας ἐν μεταμελείᾳ (9, 7; ich lese GEBHARDTS, aaO S. 78 begründete Konjektur ἐπί trotz des περί der cdd!). Demgegenüber fällt im NT auf die Unbetontheit von ὁμολογεῖν (einmal) und ἐξομολογεῖν (dreimal) im Sinne eines Sündenbekenntnisses, von μετανοεῖν und μετάνοια, die bei Mt, Lc, Act und Apc, abgesehen von der Täuferbuße, im Sinne der Missionsterminologie nicht zuerst das Aufgeben von Einzelsünden, sondern die Bekehrung zum Evangelium bezeichnen. μεταμέλεσθαι drückt im NT keine geistliche Umkehr aus.

[252] ἐξιλάσατο περὶ ἀγνοίας ἐν νηστείᾳ καὶ ταπεινώσει ψυχὴν αὐτοῦ (3, 8; die GEBHARDTsche Konjektur ψυχῆς ist fraglich angesichts von Ps 34, 13 LXX, wo νηστεία und ταπεινοῦν τὴν ψυχήν bereits kombiniert sind).

[253] ἐπισκέπτεται διὰ παντὸς τὸν οἶκον αὐτοῦ ὁ δίκαιος τοῦ ἐξᾶραι ἀδικίαν ἐν παραπτώματι αὐτοῦ (3, 7).

[254] οὐκ αὐλίζεται ἐν οἴκῳ δικαίου ἁμαρτία ἐφ' ἁμαρτίαν (3, 6).

[255] τοῖς ὑπομένουσιν παιδείαν (10, 2); τοῖς ὑπομένουσιν παιδείαν αὐτοῦ (14, 1); ἐν τῷ ὑπομεῖναι δίκαιον ἐν τούτοις (16, 15).

[256] ὁ ἑτοιμάζων νῶτον εἰς μάστιγας (10, 2).

[257] οὐκ ὀλιγωρήσει δίκαιος παιδευόμενος ὑπὸ κυρίου (3, 4).

[258] ἐν τῷ ὑπομεῖναι δίκαιον ἐν τούτοις ἐλεηθήσεται ὑπὸ κυρίου (16, 15).

[259] πιστὸς κύριος – τοῖς ὑπομένουσιν παιδείαν αὐτοῦ (14, 1).

[260] χρηστὸς γὰρ ὁ κύριος τοῖς ὑπομένουσιν παιδείαν (10, 2).

[261] ὁ ἑτοιμάζων νῶτον εἰς μάστιγας καθαρισθήσεται (10, 2).

[262] ἐὰν μὴ σὺ ἐνισχύσῃς, τίς ὑφέξεται παιδείαν ἐν πενίᾳ (16, 13).

[263] γογγυσμὸν καὶ ὀλιγοψυχίαν ἐν θλίψει μάκρυνον ἀπ' ἐμοῦ, ἐὰν ἁμαρτήσω ἐν τῷ σε παιδεύειν εἰς ἐπιστροφήν (16, 11; zur Kontextverbindung der letzten Zeile siehe S. 14 Anm. 48!).

seil[264], und als heilsame Heimsuchung gilt, die dem Volke der Verheißung widerfährt[265]. Für die endgültige Bewertung der Buße und der Leidensbereitschaft des Gerechten jedoch wird uns die Beobachtung weiterhelfen, wie geflissentlich die Texte hervorheben, es handele sich beim Gerechten um Unwissenheitssünden[266]: wie nichts anderes macht diese Verharmlosung der Sünde deutlich, wie stark die moralische und reflektierte Betrachtungsweise der frommen Funktionen obwaltet.

d) Das Dilemma zwischen einer dem Menschen frei und umsonst zugewandten und einer vom frommen Menschen verdienten Barmherzigkeit Gottes begegnet uns gleichfalls auf dem Boden der *Gerichtsterminologie*[267] unserer Texte.

In ganz alttestamentlicher Weise kann Gottes errettende und heilschaffende Tätigkeit als Gerechtigkeit und Gericht bezeichnet werden: Gott als Retter vollzieht sein Königsein durch Gericht über die Völker[268], in diesen über die Erde ergehenden Gerichten erweist er sich als treu[269] und fromm[270]. Gerade der Christus Gottes als Bringer der eschatologischen Güter gilt als mit Gerechtigkeit von Gott begabt[271], und kraft dieser Gerechtigkeit, die mit Weisheit und Treue, Geist und Kraft in einem Atem genannt wird[272], übt er, der gerechte, von Gott

---

[264] ζυγός 7, 9 ist Äquivalent von עֹל, vgl GEIGER, aaO S. 125.

[265] καὶ ἡμεῖς ὑπὸ ζυγόν σου τὸν αἰῶνα καὶ μάστιγα παιδείας σου (7,9) neben κατευθυνεῖς ἡμᾶς ἐν καιρῷ ἀντιλήψεώς σου τοῦ ἐλεῆσαι τὸν οἶκον Ἰακὼβ εἰς ἡμέραν ἐν ᾗ ἐπηγγείλω αὐτοῖς (7, 10).

[266] ἐξιλάσατο περὶ ἀγνοίας (3, 8); ὅτι οὐχ ὁμοία ἡ παιδεία τῶν δικαίων ἐν ἀγνοίᾳ (13, 7); dieser Gegensatz wäre besonders hervorgehoben, in Analogie zum alttestamentlichen Sündigen „aus Übereilung" und „mit hoher Hand" (Num 15, 29f.), wenn wir 13, 7b 8a von den wissentlichen Sündern verstehen dürften; zum Text siehe S. 13 Anm. 38! ἀποστρέψαι ψυχὴν εὐήκοον ἀπὸ ἀμαθίας ἐν ἀγνοίᾳ (18, 4).

[267] δικαιοσύνη, δίκαιος (als Attribut Gottes), κρίμα, κρίσις, κρίνειν.

[268] ἡ βασιλεία τοῦ θεοῦ ἡμῶν εἰς τὸν αἰῶνα ἐπὶ τὰ ἔθνη ἐν κρίσει (17, 3) neben θεὸς σωτήρ (17, 3 a)!

[269] πιστὸς ὁ κύριος ἐν πᾶσι τοῖς κρίμασιν αὐτοῦ, οἷς ποιεῖ ἐπὶ τὴν γῆν (17, 10), wenngleich in den beiden letzten Stellen sich bereits die Doppelgesichtigkeit des Gerichtes ankündigt: Gott errettet Israel und ist gegen sein Volk treu eben durch das Bestrafen der Heiden!

[270] δίκαιος καὶ ὅσιος ὁ κύριος ἡμῶν ἐν κρίμασιν αὐτοῦ εἰς τὸν αἰῶνα (10, 5).

[271] ὅτι ὁ θεὸς κατειργάσατο αὐτὸν δυνατὸν ἐν πνεύματι ἁγίῳ καὶ σοφὸν ἐν βουλῇ συνέσεως μετὰ ἰσχύος καὶ δικαιοσύνης (17, 37).

[272] ἐν σοφίᾳ πνεύματος καὶ δικαιοσύνης καὶ ἰσχύος (18, 7); Eph 1, 17 verbindet umgekehrt πνεῦμα σοφίας, vgl. unten S. 62 f. Anm. 474, 477 und 478.

gelehrte König[273], die Gnaden des messianischen Reiches: er schließt die Sünder aus[274], führt das heilige Volk zusammen[275], er richtet die Stämme des Volkes und der Heiden[276], er weidet die Herde des Herrn[277]. In alledem ist seine Gerechtigkeit, wenn auch z. T. mit der Straftätigkeit verbunden, Ausdruck seiner errettenden Tätigkeit, ein und dasselbe wie seine Treue[278], benachbart seiner Liebe[279].

Aber es ist immerhin bezeichnend, daß dieser Sprachgebrauch in unsern Texten, abgesehen von den beiden messianischen Psalmen 17 und 18, in denen er häufig begegnet, nur an ganz vereinzelten Stellen[280] sich schüchtern hervorwagt; daß aber in den weitaus häufigsten Fällen beim Reden von „Gericht" und „Gerechtigkeit" der Blick auf Gottes vergeltendes Strafgericht gewandt ist.

Dabei fällt besonders in die Augen, daß diese vergeltende Gerechtigkeit Gottes nur in einem einzigen Psalm (9) als *zugleich* strafend und belohnend[281], also als doppelseitig sich auswirkend, als über alle und jeden einzelnen ergehend[282], gefaßt wird. An allen anderen Stellen unserer Texte sind „Gerechtigkeit" und „Gericht" und „richten" Bezeichnungen lediglich für Gottes strafende Tätigkeit.

Wen trifft nun dies Strafen Gottes? Das auf diese Frage antwortende, sehr umfangreiche Material ist besonders aufschlußreich:

Gottes Strafgerichte gehen, allgemein gesprochen, über die ganze

---

[273] καὶ αὐτὸς βασιλεὺς δίκαιος διδακτὸς ὑπὸ θεοῦ (17, 32).

[274] ἐν δικαιοσύνῃ ἐξῶσαι ἁμαρτωλοὺς ἀπὸ κληρονομίας (17, 23).

[275] συνάξει λαὸν ἅγιον, οὗ ἀφηγήσεται ἐν δικαιοσύνῃ (17, 26).

[276] κρινεῖ φυλὰς λαοῦ ἡγιασμένου ὑπὸ κυρίου θεοῦ αὐτοῦ (17, 26); κρινεῖ λαοὺς καὶ ἔθνη ἐν σοφίᾳ δικαιοσύνης αὐτοῦ (17, 29); ἐν συναγωγαῖς διακρινεῖ λαοῦ φυλὰς ἡγιασμένου (17, 43).

[277] ἰσχυρὸς ἐν ἔργοις αὐτοῦ καὶ κραταιὸς ἐν φόβῳ θεοῦ ποιμαίνων τὸ ποίμνιον κυρίου ἐν πίστει καὶ δικαιοσύνῃ (17, 40).

[278] ἐν πίστει καὶ δικαιοσύνῃ (17, 40).

[279] τὰ κρίματά σου ἐπὶ πᾶσαν τὴν γῆν μετὰ ἐλέους, καὶ ἡ ἀγάπη σου ἐπὶ σπέρμα Ἀβραὰμ υἱοὺς Ἰσραήλ (18, 3; die FABRICIUS-GEBHARDTsche Konjektur υἱούς muß gegen die cdd. gelesen werden!).

[280] Etwa in 10, 5 (Text siehe oben Anm. 270!) oder allenfalls noch in 5, 1: ἐν μέσῳ ἐπισταμένων τὰ κρίματά σου τὰ δίκαια, wenngleich hier schon die Strafgerechtigkeit durchklingt.

[281] ἵνα δικαιωθῇς, ὁ θεός, ἐν τῇ δικαιοσύνῃ σου ἐν ταῖς ἀνομίαις ἡμῶν, ὅτι σὺ κριτὴς δίκαιος ἐπὶ πάντας τοὺς λαοὺς τῆς γῆς. οὐ γὰρ κρυβήσεται ἀπὸ τῆς γνώσεώς σου πᾶς ποιῶν ἄδικα, καὶ αἱ δικαιοσύναι τῶν ὁσίων ἐνώπιόν σου, κύριε (9, 2 f.).

[282] καὶ ἐν τῇ δικαιοσύνῃ σου ἐπισκέπτῃ υἱοὺς ἀνθρώπων (9, 4); τὰ γὰρ κρίματα κυρίου ἐν δικαιοσύνῃ κατ' ἄνδρα καὶ οἶκον (9, 5).

Erde [283], über ihre Völker [284], über deren Könige und Reiche [285]; aber hinter diesen allgemeinen Formulierungen stehen bestimmte Personen und bestimmte Personenkreise, die von Gottes Strafgericht getroffen werden: die Heiden als die Bedroher der heiligen Stadt [286], der prometheisch die einem Menschen gezogenen Grenzen überschreitende Pompejus [287], die Söhne Jerusalems, d. h. die sadduzäischen Kreise [288], die Hasmonäer [289], die Heuchler im Hohen Rat [290]. Die durchgängigste Bezeichnung für die von Gottes Strafgericht Betroffenen lautet: sie sind Sünder [291]; und dies Strafgericht deckt ihre Taten auf [292] und vernichtet zeitlich und ewiglich die Täter [293]. In einer fast krankhaft quälenden Brei-

---

[283] ὅτι μέγας βασιλεὺς καὶ δίκαιος κρίνων τὴν ὑπ' οὐρανόν (2, 32); κύριος ὁ κρίνων πᾶσαν τὴν γῆν ἐν δικαιοσύνῃ αὐτοῦ (8, 24).

[284] ἐδικαιώθη ὁ θεὸς ἐν τοῖς κρίμασιν αὐτοῦ ἐν τοῖς ἔθνεσιν τῆς γῆς (8, 23); σὺ κριτὴς δίκαιος ἐπὶ πάντας τοὺς λαοὺς τῆς γῆς (9, 2).

[285] κρίνων βασιλεῖς καὶ ἀρχάς (2, 30).

[286] Denn 8, 3 b ποῦ ἆρα κρινεῖ αὐτὸν ὁ θεός; meint das Strafgericht, und nur die von KITTEL, aaO S. 138 übernommene Konjektur WELLHAUSENS, aaO S. 132 f. macht daraus ein rettendes Eintreten für die Juden.

[287] 2, 1; 2, 24–30.

[288] 2, 3–15; vgl. 8, 7 ff. FRANKENBERGS beständiger Hinweis (aaO passim, besonders S. 61) darauf, daß die υἱοὶ Ἱερουσαλήμ und nicht eine bestimmte Partei genannt seien, ist textgemäß; aber deswegen darf nicht für die Makkabäerkämpfe als Abfassungszeit optiert werden, sondern das Sittenbild der – durch andere Indizien für die Abfassung sichergestellten – Pompejus- oder gar Herodeszeit ist nach unsern Texten entsprechend zu ergänzen. Die Eroberung durch Pompejus (8, 14–22) ist geradezu paradigmatisch für Gottes richtendes Strafen (8, 23–26). Vgl. die differenzierende Aufzählung: ἀπὸ ἄρχοντος αὐτῶν καὶ λαοῦ (gemeint ist עַד „bis", vom griechischen Übersetzer in עַם verlesen) ἐλαχίστου ἐν πάσῃ ἁμαρτίᾳ, ὁ βασιλεὺς ἐν παρανομίᾳ καὶ ὁ κριτὴς ἐν ἀπειθείᾳ καὶ ὁ λαὸς ἐν ἁμαρτίᾳ (17, 20).

[289] 17, 4–8, wenn hier die Hasmonäer und nicht Herodes d. G. gemeint sind; zum Text siehe KUHN, aaO S. 57 f. und BEGRICH, aaO S. 141 f.

[290] 4, 1 ff., wobei hier offen bleiben kann, ob die zwischendurch erfolgende singularische Fassung des Frevlers generell gemeint ist, vgl. S. 10.

[291] ἀποδοῦναι ἁμαρτωλοῖς (2, 34); ἀποδοῦναι ἁμαρτωλῷ (2, 35); καὶ δικαιώσαισαν ὅσιοι τὸ κρίμα τοῦ θεοῦ αὐτῶν ἐν τῷ ἐξαίρεσθαι ἁμαρτωλοὺς ἀπὸ προσώπου δικαίου (4, 8); ἐξάραι ὁ θεὸς τοὺς ποιοῦντας ἐν ὑπερηφανίᾳ πᾶσαν ἀδικίαν (4, 24); καὶ οὐκ ἐκφεύξονται οἱ ποιοῦντες ἀνομίαν τὸ κρίμα κυρίου (15, 8); καὶ ἀπολοῦνται ἁμαρτωλοὶ ἐν ἡμέρᾳ κρίσεως κυρίου εἰς τὸν αἰῶνα, ὅταν ἐπισκέπτηται ὁ θεὸς τὴν γῆν ἐν κρίματι αὐτοῦ (15, 12).

[292] ἀνεκάλυψας τὰς ἁμαρτίας αὐτῶν, ἵνα φανῇ τὸ κρίμα σου (2, 17); ἀνακαλύψαι ὁ θεὸς τὰ ἔργα ἀνθρώπων ἀνθρωπαρέσκων (4, 7); ἀνεκάλυψεν ὁ θεὸς τὰς ἁμαρτίας αὐτῶν ἐναντίον τοῦ ἡλίου, ἔγνω πᾶσα ἡ γῆ τὰ κρίματα τοῦ θεοῦ τὰ δίκαια (8, 8).

[293] ἐξήλειψας τὸ μνημόσυνον αὐτῶν ἀπὸ τῆς γῆς (2, 17); κοιμίζων ὑπερηφάνους

te und Anschaulichkeit malen unsere Texte aus, welche Schandtaten [294] von Gottes Strafgericht aufgedeckt und bestraft werden müssen, in

εἰς ἀπώλειαν αἰῶνος ἐν ἀτιμίᾳ (2, 31); 4, 8; 4, 24 und 15, 12 siehe oben Anm. 291; – λιμὸς καὶ ῥομφαία καὶ θάνατος – καταδιώξονται δὲ ἁμαρτωλοὺς καὶ καταλήμψονται (15, 7f.).

[294] Verachtung Gottes:

ὑψώθησαν ἕως τῶν ἄστρων, εἶπαν Οὐ μὴ πέσωσιν. καὶ ἐξύβρισαν ἐν τοῖς ἀγαθοῖς αὐτῶν καὶ οὐκ ἤνεγκαν (= „sie waren unverständig", analog dem Syrer; vom griechischen Übersetzer ist die hebräische Vorlage verlesen, siehe Kuhn, aaO S. 8; 1, 5 f.); καὶ οὐκ ἐχρόνισα ἕως ἔδειξέν μοι ὁ θεὸς τὴν ὕβριν αὐτοῦ (2, 26); οὐκ ἐλογίσατο ὅτι ἄνθρωπός ἐστιν, καὶ τὸ ὕστερον οὐκ ἐλογίσατο. εἶπεν ' Ἐγὼ κύριος γῆς καὶ θαλάσσης ἔσομαι· καὶ οὐκ ἐπέγνω ὅτι ὁ θεὸς μέγας, κραταιὸς ἐν ἰσχύι αὐτοῦ τῇ μ ε γ ά λ ῃ (2, 28 f.); παρελογίσατο ἐν λόγοις, ὅτι οὐκ ἔστιν ὁρῶν καὶ κρίνων (4, 11); ἐξᾶραι ὁ θεὸς τοὺς ποιοῦντας ἐν ὑπερηφανίᾳ πᾶσαν ἀδικίαν (4, 24); μετὰ βίας ἀφείλαντο καὶ ο ὐ κ ἐ δ ό ξ α σ α ν τ ὸ ὄνομά σου τὸ ἔντιμον. ἐν δόξῃ ἔθεντο βασίλειον ἀντὶ ὕψους αὐτῶν, ἠρήμωσαν τὸν θρόνον Δαυὶδ ἐν ὑπερηφανίᾳ ἀλλάγματος (17, 5f.; ἀλλάγματος ist durch den Syrer bestätigt; die konkrete, zuletzt wieder Begrich, aaO S. 141f., oder unkonkrete, Kuhn, aaO S. 57f., Fassung von βασίλειον und ὕψος lasse ich hier unerörtert); ἐν ἀλλοτριότητι (dazu siehe übernächsten Absatz!) ὁ ἐχθρὸς ἐποίησεν ὑπερηφανίαν (17, 13). Diese Verachtung Gottes geht von den Hasmonäern und ihrem sadduzäischen Anhang, aber gerade auch von Pompejus aus.

Nicht-Erkennen Gottes, Nicht-Denken an Gott:

ὅτι οὐκ ἔγνωσαν αὐτόν (2, 31); καὶ οὐκ ἐμνήσθησαν θεοῦ (4, 21); οὐκ ἐμνήσθησαν τοῦ θεοῦ (14, 7); καὶ οὐκ ἤνεγκαν (1, 6 mit der Konjektur dazu im vorigen Absatz). Das οὐ μιμνήσκεσθαι τοῦ θεοῦ wird im NT nie von den Sündern ausgesagt.

Frevel am Tempel, verübt von den Sadduzäern und Pompejus:

ἐβεβήλωσαν τὰ ἅγια κυρίου ἐν βεβηλώσει (1, 8); ἀνέβησαν ἐπὶ τὸ θυσιαστήριόν σου ἔθνη ἀλλότρια, κατεπατοῦσαν ἐν ὑποδήμασιν αὐτῶν ἐν ὑπερηφανίᾳ, ἀνθ' ὧν οἱ υἱοὶ ᾿Ιερουσαλὴμ ἐμίαναν τὰ ἅγια κυρίου, ἐβεβηλοῦσαν τὰ δῶρα τοῦ θεοῦ ἐν ἀνομίαις (2, 2f.); τὰ ἅγια κυρίου διηρπάζοσαν ὡς μὴ ὄντος κληρονόμου λυτρουμένου. ἐπατοῦσαν τὸ θυσιαστήριον κυρίου ἀπὸ πάσης ἀκαθαρσίας καὶ ἐν ἀφέδρῳ αἵματος (Kuhn, aaO S. 12 f. stellt auf Grund des Syrers um: „mit Menstruationsblut") ἐμίαναν τὰς θυσίας ὡς κρέα βέβηλα (8, 11 f.); ἐποίησαν κατὰ τὰς ἀκαθαρσίας αὐτῶν καθὼς οἱ πατέρες αὐτῶν, ἐμίαναν ᾿Ιερουσαλὴμ καὶ τὰ ἡγιασμένα τῷ ὀνόματι τοῦ θεοῦ (8, 22); καὶ πάντα, ὅσα ἐποίησαν ἐν ᾿Ιερουσαλήμ, καθὼς καὶ τὰ ἔθνη ἐν ταῖς πόλεσι τοὺς θεοὺς αὐτῶν (17, 14; τοὺς θεοὺς bzw. τοῖς θεοῖς wird – gegen v. Gebhardts Konjektur – durch den Syrer bestätigt, vgl. Kuhn aaO S. 62 f. und seine Übersetzung); wenn Kuhns, aaO S. 61, Deutung von ἐν ἀλλοτριότητι = בְּנֵכָר = „durch Anschauen" zutrifft, auch 17, 13: ἐν ἀλλοτριότητι ὁ ἐχθρὸς ἐποίησεν ὑπερηφανίαν.

Fehlen von Gerechtigkeit, Mitleid und Treue:

οὐκ ἦν ὁ ποιῶν ἐν μέσῳ ἐν αὐτοῖς ἐν ᾿Ιερουσαλὴμ ἔλεος καὶ ἀλήθειαν (17, 15; dieser Text des griechischen cd. R wird durch den Syrer bestätigt, vgl. Kuhn, aaO S. 66); ὅτι οὐκ ἦν ἐν αὐτοῖς ποιῶν δικαιοσύνην καὶ κρίμα (17, 19).

ihrer mit Rachedurst[295] getränkten Genugtuung ersparen sie dem Le-

Arglist im Reden:
ἵνα τί σύ, βέβηλε, κάθησαι ἐν συνεδρίῳ ὁσίων καὶ ἡ καρδία σου μακρὰν ἀφέστηκεν ἀπὸ τοῦ κυρίου ἐν παρανομίαις παροργίζων τὸν θεὸν Ἰσραήλ; περισσὸς ἐν λόγοις, περισσὸς ἐν σημειώσει ὑπὲρ πάντας, ὁ σκληρὸς ἐν λόγοις κατακρῖναι ἁμαρτωλοὺς ἐν κρίσει (4, 1 f.); ἡ γλῶσσα αὐτοῦ ψευδὴς ἐν συναλλάγματι μεθ' ὅρκου (4, 4); ἀνθρωπάρεσκον λαλοῦντα νόμον μετὰ δόλου (4, 8; νόμον mit den griechischen cdd. JLCH im Gegensatz zu cd. R; wenn λαλεῖν hier nicht die Fehlübersetzung einer verlesenen hebräischen Vorlage ist, v. GEBHARDT, aaO S. 101); ὡς ὄφις διαλῦσαι σοφίαν ἀλλήλων ἐν λόγοις παρανόμων (4, 9; ἀλλήλων = „der Frommen", Fehlübersetzung einer verlesenen hebräischen Vorlage, vgl. v. GEBHARDT, aaO S. 101); οἱ λόγοι αὐτοῦ παραλογισμοὶ εἰς πρᾶξιν ἐπιθυμίας ἀδίκου (4, 10); παρελογίσατο ἐν λόγοις, ὅτι οὐκ ἔστιν ὁρῶν καὶ κρίνων (4, 11); καὶ οἱ ὀφθαλμοὶ αὐτοῦ ἐπ' οἶκον ἕτερον, ὀλεθρεῦσαι ἐν λόγοις ἀναπτερώσεως (4, 12); – ἀπὸ γλώσσης παρανόμου καὶ ψιθύρου καὶ λαλούσης ψευδῆ καὶ δόλια (12, 1; auf die Erörterung des völlig verderbten griechischen Textes von 12, 2 f. verzichte ich).

Verborgenheit der Übertretungen:
αἱ ἁμαρτίαι αὐτῶν ἐν ἀποκρύφοις, καὶ ἐγὼ οὐκ ᾔδειν (1, 7); ἐν νυκτὶ καὶ ἐν ἀποκρύφοις ἁμαρτάνει ὡς οὐχ ὁρώμενος (4, 5); ἀνεκάλυψεν ὁ θεὸς τὰς ἁμαρτίας αὐτῶν ἐναντίον τοῦ ἡλίου, ἔγνω πᾶσα ἡ γῆ τὰ κρίματα τοῦ θεοῦ τὰ δίκαια. ἐν καταγαίοις κρυφίοις αἱ παρανομίαι αὐτῶν ἐν παροργισμῷ (8, 8 f.).

Unzucht:
καὶ θυγατέρες Ἰερουσαλὴμ βέβηλοι κατὰ τὸ κρίμα σου, ἀνθ' ὧν αὐταὶ ἐμίαωσαν αὑτὰς ἐν φυρμῷ ἀναμείξεως (2, 13); οἱ ὀφθαλμοὶ αὐτοῦ ἐπὶ πᾶσαν γυναῖκα ἄνευ διαστολῆς (4, 4; vielleicht ist ἄνευ διαστολῆς = „ohne Keuschheit" Fehlübersetzung einer verlesenen hebräischen Vorlage, vgl. KUHN, aaO S. 11 f.) ἐν ὀφθαλμοῖς αὐτοῦ λαλεῖ πάσῃ γυναικὶ ἐν συνταγῇ κακίας (4, 5); υἱὸς μετὰ μητρὸς καὶ πατὴρ μετὰ θυγατρὸς συνεφύροντο. ἐμοιχῶντο ἕκαστος τὴν γυναῖκα τοῦ πλησίον αὐτοῦ, συνέθεντο αὑτοῖς συνθήκας μετὰ ὅρκου περὶ τούτων (8, 9 f.); – τοὺς υἱοὺς καὶ τὰς θυγατέρας αὐτῶν, ἃ ἐγέννησαν ἐν βεβηλώσει (8, 21). Der δίκαιος selber hat sich verführen lassen vom κάλλος γυναικὸς παρανομούσης (16, 8); in diesbez. Mahnungen des NT fehlt der Begriff κάλλος ganz.

Materialismus:
ἐν μικρότητι σαπρίας ἡ ἐπιθυμία αὐτῶν (14, 7; übrigens wird ἐπιθυμία, wie vielfach in der LXX, als vox media gebraucht, daher nur mit Attributen: ἐπιθυμία ἄδικος (4, 10), παράνομος (4, 11), ἐν μικρότητι σαπρίας (14, 7), die Zusätze zu ἐπιθυμία sind also anders zu beurteilen als die zu ἁμαρτία vgl. S. 30 Anm. 210.

[295] Wie sehr die Bestrafung der Sünder nicht nur konstatiert, sondern von seiten der Frommen sehnlich gewünscht und erbetet wird, dafür zeugen die optativen Formen ἐξάραι ὁ θεός (4, 6), ἀνακαλύψαι ὁ θεός (4, 7), γένοιτο – ἡ μερὶς αὐτοῦ (4, 14), ἀφαιρεθείη ὕπνος (4, 16), ἀποπέσοι (4, 16), κενὸς χερσὶν αὐτοῦ εἰσέλθοι (4,17), σκορπισθείησαν σάρκες (4, 19), ὀφθαλμοὺς ἐκκόψαισαν κόρακες (4, 20), ἐξάραι (4, 22), ἐξάραι ὁ θεός (4, 24), σκορπισθείησαν ὀστᾶ (12, 4), ἀπόλοιντο οἱ ἁμαρτωλοί (12, 6). Diese Optative haben ihr Seitenstück in den Imperativen und Optativen, mit denen das Nahen der Messiastage, d. h. aber auch die Zerschlagung der Heiden, erbeten wird, ἀνάστησον (17, 21), ὑπόζωσον, καθαρίσαι (17, 22),

ser nichts von der Schilderung der Strafen[296], die Gottes Gericht ver-

---

ἐξῶσαι, ἐκτρῖψαι (17, 23), συντρῖψαι, ὀλεθρεῦσαι (17, 24), ἐλέγξαι (17, 25; seien letztere nun Infinitive, wie RAHLFS z. St., oder Optative, wie v. GEBHARDT z. St. will), ταχύναι ὁ θεός (17, 45), καθαρίσαι ὁ θεός (18, 5). Die in diesen Formen *latente* Theodizee-Fragestellung bricht *deutlich* auf in der sorgenden Feststellung, Gott habe die Erfolge der Gegner nicht gehindert (καὶ οὐκ ἐκώλυσας 2, 1 ; κωλύειν in diesem Sinne nie im NT!), die sie ohne Gottes Verheißung errungen hätten (οἷς οὐκ ἐπηγγείλω 17, 5), in der sorgenden Erwägung, wo Gott richten werde (ποῦ ἆρα κρινεῖ αὐτὸν ὁ θεός; 8, 3; wenn KITTELS Streichung des ποῦ den ursprünglichen Text verfehlt, siehe S. 37 Anm. 286). Die Triebfeder dieses Hasses (ψυχὴν ἡσύχιον μισοῦσαν ἀδίκους 12, 5) ist der Blick auf den Schaden, den die Sünder an den Menschen getan, und auf die Verachtung, die sie Gott bewiesen haben (diese Reihenfolge! ὀφθαλμοὺς ἐκκόψαισαν κόρακες ὑποκρινομένων, ὅτι ἠρήμωσαν οἴκους πολλοὺς ἀνθρώπων ἐν ἀτιμίᾳ καὶ ἐσκόρπισαν ἐν ἐπιθυμίᾳ καὶ οὐκ ἐμνήσθησαν θεοῦ καὶ οὐκ ἐφοβήθησαν τὸν θεὸν ἐν ἅπασι τούτοις καὶ παρώργισαν τὸν θεὸν καὶ παρώξυναν. ἐξᾶραι αὐτοὺς ἀπὸ τῆς γῆς, ὅτι ψυχὰς ἀκάκων παραλογισμῷ ὑπεκρίνοντο 4, 20–22). Oder noch eindeutiger ausgedrückt: ἀποδοῦναι ἁμαρτωλῷ ἀνθ᾽ ὧν ἐποίησεν δικαίῳ (2, 35). An dieser Unerbittlichkeit gegenüber den Sadduzäern und den heidnischen Machthabern ändert nichts der Schmerz angesichts der Leiden des bestraften Jerusalem und die für das bestrafte Volk eintretende Fürbitte: τὴν κοιλίαν μου καὶ τὰ σπλάγχνα μου πονῶ ἐπὶ τούτοις (2, 14); καὶ ἐγὼ εἶδον καὶ ἐδεήθην τοῦ προσώπου κυρίου καὶ εἶπον Ἱκάνωσον, κύριε, τοῦ βαρύνεσθαι χεῖρά σου ἐπὶ Ἰερουσαλὴμ ἐν ἐπαγωγῇ ἐθνῶν ὅτι ἐνέπαιξαν καὶ οὐκ ἐφείσαντο ἐν ὀργῇ καὶ θυμῷ μετὰ μηνίσεως· καὶ συντελεσθήσονται, ἐὰν μὴ σύ, κύριε, ἐπιτιμήσῃς αὐτοῖς ἐν ὀργῇ σου. – μὴ χρονίσῃς, ὁ θεός, τοῦ ἀποδοῦναι αὐτοῖς εἰς κεφαλάς, τοῦ εἰπεῖν τὴν ὑπερηφανίαν τοῦ δράκοντος ἐν ἀτιμίᾳ (2, 22–25; συντελεσθήσονται hat, wie der Syrer bestätigt, aktiven Sinn, es ist Fehlübersetzung einer verlesenen hebräischen Vorlage, vgl. KUHN, aaO S. 11; εἰπεῖν = „vertauschen" ist ebenfalls Fehlübersetzung dieser Art, vgl. WELLHAUSEN, aaO S. 133); ἰδέ, κύριε, καὶ ἀνάστησον αὐτοῖς τὸν βασιλέα αὐτῶν – (17, 21).

[296] Die Skala der den einzelnen treffenden Strafgerichte führt von Schmach (ἐξουθενώθη ἐνώπιον τοῦ θεοῦ, ἠτιμώθη ἕως εἰς τέλος 2, 5; ἔστησαν τοὺς υἱοὺς Ἱερουσαλὴμ εἰς ἐμπαιγμὸν – 2, 11; γένοιτο, κύριε, ἡ μερὶς αὐτοῦ ἐν ἀτιμίᾳ ἐνώπιόν σου 4, 14; ἀποπέσοι ἀπὸ παντὸς ἔργου χειρῶν αὐτοῦ ἐν ἀτιμίᾳ 4, 16), Armut (– ἐν πενίᾳ 4, 6; ἐν – πενίᾳ ... ἡ ζωὴ αὐτοῦ 4. 15; κενὸς χερσὶν αὐτοῦ εἰσέλθοι εἰς τὸν οἶκον αὐτοῦ 4, 17) und Erfolglosigkeit (ἐν καταγέλωτι καὶ μυκτηρισμῷ τὰ ἔργα αὐτοῦ 4, 7) über allerlei Ratlosigkeit und Unglück (ἐν ὀδύναις καὶ – ἀπορίᾳ ἡ ζωὴ αὐτοῦ 4, 15; – ἐν ἀπορίᾳ 12, 4; λιμὸς καὶ ῥομφαία καὶ θάνατος – καταδιώξονται δὲ ἁμαρτωλοὺς καὶ καταλήμψονται, – ὡς ὑπὸ πολεμίων ἐμπείρων καταλημφθήσονται 15, 7–9), elendes körperliches Befinden (ἐν φθορᾷ σαρκὸς αὐτοῦ 4, 6; ὁ ὕπνος αὐτοῦ ἐν λύπαις καὶ ἡ ἐξέγερσις αὐτοῦ ἐν ἀπορίαις. ἀφαιρεθείη ὕπνος ἀπὸ κροτάφων αὐτοῦ ἐν νυκτί 4, 15 f.) und einsames, kinderloses Greisenalter (ἐν μονώσει ἀτεκνίας τὸ γῆρας αὐτοῦ εἰς ἀνάλημψιν 4, 18) zu einem Tode voller Schrecken (ἡ ἔξοδος αὐτοῦ ἐν στεναγμοῖς καὶ ἡ εἴσοδος αὐτοῦ ἐν ἀρᾷ· σκορπισθείησαν σάρκες ἀνθρωπαρέσκων ὑπὸ θηρίων, καὶ ὀστᾶ παρανόμων κατέναντι τοῦ ἡλίου ἐν ἀτιμίᾳ. ὀφθαλμοὺς ἐκκόψαισαν κόρακες ὑποκρινομένων 4, 14. 19 f.; καὶ σκορπισθείησαν ὀστᾶ ψιθύρων ἀπὸ

hängen muß. Diese Strafgerichte Gottes an den Sündern sind vorweggenommene Apokalypsen, in den Zeitverlauf hineingezerrte Bilder

φοβουμένων κύριον 12, 4), zu einem Verlöschen des Namens und Besitzes (ἐξήλειψας τὸ μνημόσυνον αὐτῶν ἀπὸ τῆς γῆς 2, 17; καὶ οὐχ εὑρεθήσεται μνημόσυνον αὐτῶν ἔτι 13, 11; ἡ κληρονομία αὐτῶν οὐχ εὑρεθήσεται τοῖς τέκνοις αὐτῶν 15, 11), kurz zu einem ewigen Verlorengehen (εἰς ἀπώλειαν αἰῶνος 2, 31; ἡ ἀπώλεια – εἰς τὸν αἰῶνα 3, 11; αἴτιος τῆς ψυχῆς ἐν ἀπωλείᾳ 9, 5; ἀρθήσονται εἰς ἀπώλειαν 13, 11; ἐν πυρὶ φλογὸς – ἀπόλοιτο 12, 4; ἀπόλοιντο – ἀπὸ προσώπου κυρίου ἅπαξ 12, 6; ἡ κληρονομία αὐτῶν ᾅδης καὶ σκότος καὶ ἀπώλεια 14, 9; καὶ ἡ κληρονομία τῶν ἁμαρτωλῶν ἀπώλεια καὶ σκότος, καὶ αἱ ἀνομίαι αὐτῶν διώξονται αὐτοὺς ἕως ᾅδου κάτω. – ἀπολοῦνται – εἰς τὸν αἰῶνα, – ἀπολοῦνται εἰς τὸν αἰῶνα χρόνον 15, 10. 12f.; συνεγγὺς πυλῶν ᾅδου μετὰ ἁμαρτωλοῦ 16, 2; μετὰ τῶν ἁμαρτωλῶν εἰς ἀπώλειαν 16, 5), das sein Zeichen auf das Angesicht der Sünder prägt (τὸ γὰρ σημεῖον τῆς ἀπωλείας ἐπὶ τοῦ μετώπου αὐτῶν 15, 9), zu einem Ausgerottetwerden (ἐξᾶραι ὁ θεὸς – 4, 6; ἐν τῷ ἐξαίρεσθαι ἁμαρτωλοὺς 4, 8; ἐξᾶραι 4, 22; ἐξᾶραι ὁ θεὸς 4, 24; ἀρθήσονται 13, 11; ἐξᾶραι ἁμαρτωλοὺς 17, 36), durch das der Sünder dem Gerechten endgültig aus den Augen kommt (ἀπὸ προσώπου δικαίου 4, 8; ἀπὸ ὁσίων 12, 4). Neben diesen Individualstrafen steht die das sündigende Gesamtisrael treffende Gesamtstrafe, die in politischem Gewande auftritt: Zerstörung und Zertretung Jerusalems und Sturz der Hasmonäer (ὠνείδισαν γὰρ ἔθνη Ἰερουσαλὴμ ἐν καταπατήσει, κατεσπάσθη (so der Syrer!) τὸ κάλλος αὐτῆς ἀπὸ θρόνου δόξης. περιεζώσατο σάκκον ἀντὶ ἐνδύματος εὐπρεπείας, σχοινίον περὶ τὴν κεφαλὴν αὐτῆς ἀντὶ στεφάνου. περιείλατο μίτραν δόξης, ἣν περιέθηκεν αὐτῇ ὁ θεός· ἐν ἀτιμίᾳ τὸ κάλλος αὐτῆς, ἀπερρίφη ἐπὶ τὴν γῆν 2, 19–21; ἤγαγεν τὸν ἀπ᾽ ἐσχάτου τῆς γῆς, τὸν παίοντα κραταιῶς, ἔκρινεν τὸν πόλεμον ἐπὶ Ἰερουσαλὴμ καὶ τὴν γῆν αὐτῆς. – ἀπώλεσεν ἄρχοντας αὐτῶν καὶ πᾶν σοφὸν ἐν βουλῇ, ἐξέχεεν τὸ αἷμα τῶν οἰκούντων Ἰερουσαλὴμ ὡς ὕδωρ ἀκαθαρσίας 8, 15. 20; καὶ σύ, ὁ θεός, καταβαλεῖς αὐτοὺς καὶ ἀρεῖς τὸ σπέρμα αὐτῶν ἀπὸ τῆς γῆς ἐν τῷ ἐπαναστῆναι αὐτοῖς ἄνθρωπον ἀλλότριον γένους ἡμῶν. – ἐξηρεύνησεν τὸ σπέρμα αὐτῶν καὶ οὐκ ἀφῆκεν αὐτῶν ἕνα 17, 7, 9), Deportation aller Altersklassen durch Pompejus (οἱ υἱοὶ καὶ αἱ θυγατέρες ἐν αἰχμαλωσίᾳ πονηρᾷ, ἐν σφραγίδι ὁ τράχηλος αὐτῶν, ἐν ἐπισήμῳ ἐν τοῖς ἔθνεσιν. – ἐγκατέλιπεν αὐτοὺς εἰς χεῖρας κατισχυόντων. – νέον καὶ πρεσβύτην καὶ τέκνα αὐτῶν εἰς ἅπαξ 2, 6–8; ἀπήγαγεν τοὺς υἱοὺς καὶ τὰς θυγατέρας αὐτῶν 8, 21; ἠρήμωσεν ὁ ἄνομος τὴν γῆν ἡμῶν ἀπὸ ἐνοικούντων αὐτήν, ἠφάνισεν νέον καὶ πρεσβύτην καὶ τέκνα αὐτῶν ἅμα. ἐν ὀργῇ κάλλους (= „in seinem grimmigen Zorn", Fehlübersetzung einer verlesenen hebräischen Vorlage, so alle Erklärer, zuletzt Kuhn, aaO S. 61) αὐτοῦ ἐξαπέστειλεν αὐτὰ ἕως ἐπὶ δυσμῶν καὶ τοὺς ἄρχοντας τῆς γῆς – οὐκ ἐφείσατο 17, 11f.), wobei die kosmischen Kräfte mithelfen an der Bestrafung des Volks (καὶ ὁ οὐρανὸς ἐβαρυθύμησεν, καὶ ἡ γῆ ἐβδελύξατο αὐτούς 2, 9; ἀνέσχεν ὁ οὐρανὸς τοῦ στάξαι ὑετὸν ἐπὶ τὴν γῆν. πηγαὶ συνεσχέθησαν αἰώνιοι ἐξ ἀβύσσων ἀπὸ ὀρέων ὑψηλῶν 17, 18f.), bis der von Gott als Strafrute gebrauchte heidnische Machthaber durch seine Maßlosigkeit selber dem furchtbaren Strafgericht Gottes verfällt (μὴ χρονίσῃς, ὁ θεός, τοῦ ἀποδοῦναι αὐτοῖς εἰς κεφαλάς, τοῦ εἰπεῖν (= „zu vertauschen", Fehlübersetzung aus verlesener hebräischer Vorlage, vgl. Wellhausen, aaO S. 133) τὴν ὑπερηφανίαν τοῦ δράκοντος ἐν ἀτιμίᾳ. καὶ οὐκ ἐχρόνισα ἕως ἔδειξέν μοι ὁ θεὸς

dessen, was eigentlich erst der dies irae[297] an den Tag bringen soll[298]; das wird ganz deutlich an der völligen Einsichtigkeit, an der Durchschaubarkeit dieser Gerichte, die nicht etwa nur den Gläubigen, wie es zunächst scheinen möchte[299], sondern bereits jetzt in der Zeit aller Welt, den Heiden und den Machthabern als gerechte Gerichte Gottes erkennbar sind[300]. Gerade an diesem strafenden Gerichtswalten bricht nun das Lob Gottes auf: er bekommt Recht im Munde der Frommen, er wird gepriesen und gelobt[301], in seinem Gericht, so heißt es betont, wohnt seine Gerechtigkeit[302], denn es ist ein unparteiisches Gericht[303].

τὴν ὕβριν αὐτοῦ, ἐκκεκεντημένον ἐπὶ τῶν ὀρέων Αἰγύπτου ὑπὲρ ἐλάχιστον (ich übernehme diese Konjektur GEIGERS und v. GEBHARDTS im Gegensatz zu den cdd.) ἐξουδενωμένον ἐπὶ γῆς καὶ θαλάσσης· τὸ σῶμα αὐτοῦ διαφερόμενον ἐπὶ κυμάτων ἐν ὕβρει πολλῇ, καὶ οὐκ ἦν ὁ θάπτων, ὅτι ἐξουθένωσεν αὐτὸν ἐν ἀτιμίᾳ 2, 25—27).

[297] Eschatologisch ist die ὀργὴ ἀδίκων, der Zorn über die Ungerechten (15, 4), ebenso wie die von Gott erwartete Bedrohung des Pompejus ἐν ὀργῇ σου (2, 23).

[298] Vgl. S. 37 Anm. 288, wie auch die gegenwärtigen Schöpfungsgaben und die gegenwärtige Hilfe die Gedanken auf die Heilsgüter der eschatologischen βασιλεία lenken: ἡ χρηστότης σου ἐπὶ Ἰσραὴλ ἐν τῇ βασιλείᾳ σου. – αὐτὸς βασιλεὺς ἡμῶν (5, 18 f.); τοῦ ἐλεῆσαι τὸν οἶκον Ἰακὼβ εἰς ἡμέραν ἐν ᾗ ἐπηγγείλω αὐτοῖς (7, 10), gegen FRANKENBERG, aaO S. 90 f. zu 5, 18.

[299] Wenn die Kultgemeinde gilt als die ἐπιστάμενοι τὰ κρίματά σου τὰ δίκαια (5, 1).

[300] καὶ γνώσεται ἡ γῆ τὰ κρίματά σου πάντα τὰ δίκαια, ὁ θεός (2, 10); – ἵνα φανῇ τὸ κρίμα σου (2, 17); καὶ νῦν ἴδετε, οἱ μεγιστᾶνες τῆς γῆς, τὸ κρίμα τοῦ κυρίου, ὅτι μέγας βασιλεὺς καὶ δίκαιος κρίνων τὴν ὑπ' οὐρανόν (2, 32); ἔγνω πᾶσα ἡ γῆ τὰ κρίματα τοῦ θεοῦ τὰ δίκαια (8, 8); εἴδοσαν οἱ ὀφθαλμοὶ ἡμῶν τὰ κρίματά σου, ὁ θεός (8, 25). Nicht nur einsichtig ist die Strafe, sie erfolgt bereits, ὅτι οὐκ ἔγνωσαν αὐτόν (2, 31); so rational wird die ὑπερηφανία verstanden! Aber auch bei der ψυχὴ εὐήκοος gibt es eine ἀμαθία, die allerdings, weil ἐν ἀγνοίᾳ erfolgend, vom Messias in seiner Pädagogik wie gegenüber einem einzigen Sohn, also behutsam, in Ordnung gebracht wird (18, 4). Dieser rationalen Einsichtigkeit der Gerichte Gottes entspricht es dann nur, wenn die Sünde, nicht bloß speziell der Ehebruch, wie FRANKENBERG, aaO S. 93 will (vgl. Sap. 1, 11!), als nicht Nutzen bringend, als ἀνωφελής (16, 8) bezeichnet wird. Wenn ἀνωφελής, wie bei Aquila, dabei die Wiedergabe eines hebräischen אִין ist (GEIGER, aaO S. 149; KUHN, aaO S. 52 f., dessen weitere Textkonstruktion hier unberücksichtigt bleiben kann), so kommt der Rationalisierungsprozeß auf das Konto des Übersetzers oder schon des Aquila.

[301] ἐγὼ δικαιώσω σε, ὁ θεός (2, 15); ἐν ἐξομολογήσει καὶ δικαιώσει τὰ κρίματα κυρίου (3, 3); προσέκοψεν ὁ δίκαιος καὶ ἐδικαίωσεν τὸν κύριον (3, 5); δικαιώσαισαν ὅσιοι τὸ κρίμα τοῦ θεοῦ αὐτῶν (4, 8); ἐδικαίωσα τὸν θεὸν ἐν τοῖς κρίμασιν αὐτοῦ τοῖς ἀπ' αἰῶνος (8, 7); ἐδικαιώσαμεν τὸ ὄνομά σου τὸ ἔντιμον εἰς αἰῶνας, ὅτι σὺ ὁ θεὸς τῆς δικαιοσύνης κρίνων τὸν Ἰσραήλ – (8, 26); αἰνετὸς κύριος ἐν τοῖς κρίμασιν αὐτοῦ ἐν στόματι ὁσίων (8, 34).

Aber welche Rolle spielt denn nun der Gerechte, der Fromme in diesen Strafgerichten? Gerade nach der Betonung der Gerechtigkeit Gottes in diesen Gerichten sollten wir erwarten, der Fromme würde nun nach dem Maßstab dieser Gerichte bestehen und seinen Lohn in ihnen empfangen, so wie Psalm 9 ja auch davon redet. Aber wider alle angekündigte Logik der Gerichtsterminologie empfängt der Gottesfürchtige in diesen Gerichten nicht sein Recht [304] und seinen Lohn [305]; diese Gerichte gehen als Strafgerichte an ihm vielmehr vorbei [306], er empfängt in ihnen von Gott Barmherzigkeit [307]. Dies Nebeneinander von Strafgericht an den Sündern und Barmherzigkeitserweisung an den Gerechten ist überaus aufschlußreich: die Barmherzigkeit Gottes, die der Gerechte erwartet, ist so wenig Gottes vom Menschen unverdiente, d. h. aber mitten im Gericht geschenkte freie Tat, daß der mit ihr Begabte allen Grund hat, sein Dispensiertsein von Gottes Gericht zu betonen. Überspitzt könnte man sagen: „Gott ist barmherzig"

---

[302] ἐν τοῖς κρίμασίν σου ἡ δικαιοσύνη σου, ὁ θεός (2, 15); ὅτι κριτὴς μέγας καὶ κραταιὸς κύριος ὁ θεὸς ἡμῶν ἐν δικαιοσύνῃ (4, 24); αἰνετὸς κύριος ὁ κρίνων πᾶσαν τὴν γῆν ἐν δικαιοσύνῃ αὐτοῦ (8, 24).

[303] ὁ θεὸς κριτὴς δίκαιος καὶ οὐ θαυμάσει πρόσωπον (2, 18).

[304] Typischerweise hat in unsern Texten das Verbum δικαιοῦν nie Gott zum Subjekt und nie den Menschen zum Objekt; Gott ist vielmehr Objekt des δικαιοῦν, das der Fromme vollzieht (vgl. die Texte S. 42 Anm. 301), während Gott dem Frommen nicht δικαιοσύνη, sondern ἔλεος erweist. Nur in 8, 23 a und 9, 2 b wird das δικαιοῦσθαι von Gott als dem Subjekt im Sinne des Sich-als-gerecht-Erweisens ausgesagt, wobei der Mensch als Objekt natürlich auch entfällt.

[305] Der Terminus μισθός fehlt in unsern Texten. Wenn FRANKENBERGS, aaO S. 89 und KITTELS, aaO S. 136 Textrekonstruktion zu 5, 13 a richtig ist (αὔριον als Fehlübersetzung einer verlesenen hebräischen Vorlage), dann würde dort im hebräischen Original die kärgliche und lohnsüchtige Güte des Menschen der reichlich schenkenden Güte Gottes gegenübergestellt; aber vgl. v. GEBHARDTS Konjektur, aaO S. 106!

[306] Inmitten der vom Gerichte getroffenen Heiden befinden sich οἱ ὅσιοι τοῦ θεοῦ ὡς ἀρνία ἐν ἀκακίᾳ (8, 23).

[307] εὐλογεῖτε τὸν θεόν, οἱ φοβούμενοι τὸν κύριον ἐν ἐπιστήμῃ, ὅτι τὸ ἔλεος κυρίου ἐπὶ τοὺς φοβουμένους αὐτὸν μετὰ κρίματος τοῦ διαστεῖλαι ἀνὰ μέσον δικαίου καὶ ἁμαρτωλοῦ ἀποδοῦναι ἁμαρτωλοῖς εἰς τὸν αἰῶνα κατὰ τὰ ἔργα αὐτῶν καὶ ἐλεῆσαι δίκαιον ἀπὸ ταπεινώσεως ἁμαρτωλοῦ καὶ ἀποδοῦναι ἁμαρτωλῷ ἀνθ' ὧν ἐποίησεν δικαίῳ (2, 33–35). Die hier erfolgende Umkehrung des paulinischen δικαιοῦν τὸν ἀσεβῆ (Röm 4, 5) in ἐλεεῖν δίκαιον ist beachtlich und lehrreich! ἰδοὺ δή, ὁ θεός, ἔδειξας ἡμῖν τὸ κρίμα σου ἐν τῇ δικαιοσύνῃ σου, εἴδοσαν οἱ ὀφθαλμοὶ ἡμῶν τὰ κρίματά σου, ὁ θεός. ἐδικαιώσαμεν τὸ ὄνομά σου τὸ ἔντιμον εἰς αἰῶνας, ὅτι σὺ ὁ θεὸς τῆς δικαιοσύνης κρίνων τὸν Ἰσραὴλ ἐν παιδείᾳ. ἐπίστρεψον, ὁ θεός, τὸ ἔλεός

bedeutet „Gott richtet nicht und straft nicht"[308]. Wenn irgendwo, so kommt in dieser Gerichtsscheu des Gottes Barmherzigkeit Erwartenden der geheime Werkcharakter dieses Barmherzigkeit-Empfangens unwidersprechlich ans Licht. Weil der Gerechte den Grund für diese Barmherzigkeit nicht ausschließlich in Gott, sondern zu gutem Teile in sich selber sucht, darum hat dann diese Erwartung nicht den langen Atem, um sich selber dem doch als gerecht versicherten Gerichte Gottes restlos auszuliefern; man redet lieber von der Barmherzigkeit Gottes neben seiner richtenden Gerechtigkeit, oder aber – und das ist eine in unsern Texten weitverbreitete Gepflogenheit – man verharmlost und entradikalisiert diese Gerichte Gottes, um in ihnen als Frommer und Gerechter doch noch bestehen zu können: man besinnt sich darauf, daß seine Gerichte am Frommen erziehlichen Zwecken dienen[309]; man betont geflissentlich den Unterschied der göttlichen Pädagogik gegenüber Sündern und Frommen[310]; man weiß auf einmal von der Freundlichkeit Gottes in seinem Richten[311]. Wie nichts anderes macht dies Auseinanderklaffen von Gottes Gerechtigkeit und Barmherzigkeit in unseren Texten offenbar, welches das geheime Pathos ist, in dem der Fromme der erwarteten Barmherzigkeit Gottes gegenübersteht: er nimmt sie nicht als unbegreifliches Geschenk, das Gott frei gibt; er rechnet mit ihr vielmehr als mit etwas ihm Zustehenden und Zukommenden und hat darum ein ausgesprochenes Interesse daran, nicht unter das Gericht zu fallen.

σου ἐφ' ἡμᾶς καὶ οἰκτίρησον ἡμᾶς (8, 25–27); καὶ ἀπολοῦνται ἁμαρτωλοὶ ἐν ἡμέρᾳ κρίσεως κυρίου εἰς τὸν αἰῶνα, ὅταν ἐπισκέπτηται ὁ θεὸς τὴν γῆν ἐν κρίματι αὐτοῦ. οἱ δὲ φοβούμενοι τὸν κύριον ἐλεηθήσονται ἐν αὐτῇ καὶ ζήσονται ἐν τῇ ἐλεημοσύνῃ τοῦ θεοῦ αὐτῶν· καὶ ἁμαρτωλοὶ ἀπολοῦνται εἰς τὸν αἰῶνα χρόνον (15, 12 f.).

[308] Wie die Formulierung des Gegenteiles beweist; κατὰ τὰ ἁμαρτήματα αὐτῶν ἀποδώσεις αὐτοῖς, ὁ θεός, εὑρεθῆναι αὐτοῖς κατὰ τὰ ἔργα αὐτῶν. οὐκ ἐλεήσει (so mit dem griechischen cd. R, gegen die GEBHARDT-RAHLFSsche Konjektur) αὐτοὺς ὁ θεός (17, 8 f.).

[309] ὅτι σὺ ὁ θεὸς τῆς δικαιοσύνης κρίνων τὸν Ἰσραὴλ ἐν παιδείᾳ (8, 26); die Züchtigung der Frommen ist ja in der alttestamentlichen Geschichtsschreibung de facto, im Psalter und in der Spruchweisheit auch der Formulierung nach weitgehendst bekannt.

[310] ὅτι οὐχ ὁμοία ἡ παιδεία τῶν δικαίων ἐν ἀγνοίᾳ καὶ ἡ καταστροφὴ τῶν ἁμαρτωλῶν (13, 7).

[311] τὰ κρίματά σου ἐπὶ πᾶσαν τὴν γῆν μετὰ ἐλέους, καὶ ἡ ἀγάπη σου ἐπὶ σπέρμα Ἀβραὰμ υἱοὺς Ἰσραήλ (18, 3); dagegen werden in 8, 32 b τὰ κρίματά σου, in Analogie zu LXX Ps 118, 39, nicht als „Gerichte", sondern als „Satzungen" zu verstehen sein.

Gottes Barmherzigkeit – das dürfte nach dieser Untersuchung der Gerichtsterminologie unserer Texte klar sein – stellt also keinen Angriff dar auf das Ich dessen, der diese Barmherzigkeit empfängt. Im Gegenteil: das Ich, das Innerste des Menschen wird verschont und bleibt ungebrochen am Leben. Barmherzigkeit ist Kraftverleihung [312]; die Bewahrung des Frommen vor Erschütterung, sein Unangefochtensein, sein Darüberstehen spielt eine gewichtige Rolle [313]. Darum tritt die Barmherzigkeit Gottes nicht etwa in Gegensatz zur Wahl- und Entscheidungsfähigkeit des Menschen, sondern setzt diese vielmehr voraus [314]. Wie Gottes Barmherzigkeit nie die Substanz, sondern nur das Accidens des frommen Lebens ausmacht, so geht auch das Erretten Gottes nicht auf die grundsätzliche Verlorenheit des Menschen, sondern meint in unsern Texten stets das Heraußholen aus ganz bestimmten, Leib und Seele gefährdenden Situationen [315]. Aus all den vielen

---

[312] χρηστὸς ὁ κύριος τοῖς ἐπικαλουμένοις αὐτὸν ἐν ὑπομονῇ ποιῆσαι κατὰ τὸ ἔλεος αὐτοῦ τοῖς ὁσίοις αὐτοῦ παρεστάναι διὰ παντὸς ἐνώπιον αὐτοῦ ἐν ἰσχύι (2, 36; παρεστάναι umschreibt, wie GEIGER, aaO S. 107 und FRANKENBERG, aaO S. 87 richtig erkennen, den Inhalt der Gnadenerweisung); ἐν τῷ ἐνισχῦσαί σε τὴν ψυχήν μου ἀρκέσει μοι τὸ δοθέν. ὅτι ἐὰν μὴ σὺ ἐνισχύσῃς, τίς ὑφέξεται παιδείαν ἐν πενίᾳ; (16, 12 f.). Das Geradlinige, Undialektische etwa der paulinischen δύναμις gegenüber (II. Kor 12, 10; I. Kor 1, 24) springt in die Augen.

[313] ἀπὸ ὁράσεως πονηρῶν ἐνυπνίων αὐτοῦ οὐ ταραχθήσεται, ἡ ψυχὴ αὐτοῦ ἐν διαβάσει ποταμῶν καὶ σάλῳ (ich lese diese Konjektur DE LAGARDES und v. GEBHARDTS, aaO S. 77 und z. St., im Gegensatz zu den cdd.) θαλασσῶν οὐ πτοηθήσεται (6, 3); οὐ σαλευθησόμεθα ἔτι τὸν αἰῶνα χρόνον (8, 33); ὁ ποιῶν ταῦτα οὐ σαλευθήσεται εἰς τὸν αἰῶνα ἀπὸ κακοῦ, φλὸξ πυρὸς καὶ ὀργὴ ἀδίκων οὐχ ἅψεται αὐτοῦ (15, 4).

[314] τὰ ἔργα ἡμῶν ἐν ἐκλογῇ καὶ ἐξουσίᾳ τῆς ψυχῆς ἡμῶν τοῦ ποιῆσαι δικαιοσύνην καὶ ἀδικίαν ἐν ἔργοις χειρῶν ἡμῶν· καὶ ἐν τῇ δικαιοσύνῃ σου ἐπισκέπτῃ υἱοὺς ἀνθρώπων. ὁ ποιῶν δικαιοσύνην θησαυρίζει ζωὴν αὐτῷ παρὰ κυρίῳ, καὶ ὁ ποιῶν ἀδικίαν αὐτὸς αἴτιος τῆς ψυχῆς ἐν ἀπωλείᾳ· τὰ γὰρ κρίματα κυρίου ἐν δικαιοσύνῃ κατ' ἄνδρα καὶ οἶκον (9, 4 f.).

[315] ὁ κύριος ῥύσεται αὐτοὺς ἀπὸ ἀνθρώπων δολίων καὶ ἁμαρτωλῶν καὶ ῥύσεται ἡμᾶς ἀπὸ παντὸς σκανδάλου παρανόμου (4, 23); ἐν τῷ μνημονεύειν αὐτὸν (zur möglichen Bedeutung vgl. S. 30 f. Anm. 223) τὸ ὄνομα κυρίου σωθήσεται (6, 1); κύριε, ῥῦσαι τὴν ψυχήν μου ἀπὸ ἀνδρὸς παρανόμου καὶ πονηροῦ (12, 1); ὁ βραχίων κυρίου ἔσωσεν ἡμᾶς ἀπὸ ῥομφαίας διαπορευομένης, ἀπὸ λιμοῦ καὶ θανάτου ἁμαρτωλῶν (13, 2); καὶ ἐκ τούτων ἁπάντων ἐρρύσατο ἡμᾶς κύριος (13, 4); ἐν τῷ θλίβεσθαί με ἐπεκαλεσάμην τὸ ὄνομα κυρίου, εἰς βοήθειαν ἤλπισα τοῦ θεοῦ Ἰακὼβ καὶ ἐσώθην (15, 1); ἔνυξέν με ὡς κέντρον ἵππου ἐπὶ τὴν γρηγόρησιν αὐτοῦ (zur Bedeutung vgl. S. 14 Anm. 46), ὁ σωτὴρ καὶ ἀντιλήπτωρ μου ἐν παντὶ καιρῷ ἔσωσέν με (16, 4; vgl. KUHNS, aaO S. 50 Hinweis darauf, daß der Syrer hier liest: „er hat mich am Leben erhalten", wie die LXX das חָיָה mit σῴζειν wiedergeben können); ἐπλανῶντο ἐν ἐρήμοις σωθῆναι (hier mit aktiver Bedeutung wie im Syrer, vgl. KUHN, aaO S. 66)

Einzelzügen erhellt immer neu das Eine: Gottes Barmherzigkeit ist keine voraussetzungslos dem Menschen zugewandte richtende und rettende Tat; sie wirkt vielmehr gelegentlich als begünstigende [316] Verschonung [317], die Gott demjenigen zukommen läßt, der für sie die Voraussetzungen liefert.

III

Mit welchem Maß von Gewißheit erwartet der Fromme Gottes Barmherzigkeit? Aus unsern bisherigen Erwägungen läßt sich der Grad von Sicherheit ablesen, der der Heilsgewißheit des Frommen eignet. Nach dem ersten Eindruck ist er beträchtlich, wenn die Gerechten als zum Heile gezeichnet gelten[318], wenn wie selbstverständlich konstatiert wird, Gott habe die Frommen nicht zusammen mit den Sündern zum Verderben ausersehen[319]. Dieser Ton begegnet durchgehend. Und doch dürfen wir uns durch ihn nicht täuschen lassen. Denn es waltet in unsern Texten eine eigentümliche Dialektik der Heilsgewißheit. Wir machen sie uns am besten klar, wenn wir uns der Tendenz der Texte erinnern, diese Heilsgewißheit zu begründen. Die Begründung erfolgt ausgesprochen zweigleisig: neben dem Aussagenkreis, der die Barmherzigkeit auf Gottes Erwählung von Israel, kurz auf Gott selber[320], gründet, steht die Zurückführung der Barmherzigkeit auf das fromme Tun des Gerechten[321], und all die Funktionen des frommen Lebens bekommen von dieser Zweigleisigkeit her jenen zwischen Dankbarkeit und Werkgerechtigkeit, zwischen Reaktion und Aktion schwebenden Charakter[322]; neben dem Gericht als Rettung und Heil[323] steht das Gericht als Strafe für die Sünder[324], während – sehr überraschend – den Frommen von Gott nicht Gericht und Ge-

---

ψυχὰς αὐτῶν ἀπὸ κακοῦ, καὶ τίμιον ἐν ὀφθαλμοῖς αὐτῶν παροικία ψυχῆς σεσωσμένης ἐξ αὐτῶν (17, 17; so müßte die griechische Übersetzung der hebräischen Vorlage lauten, die Kuhn, aaO S. 67 auf Grund des Syrers vielleicht mit Recht als ursprünglich vermutet); ῥύσεται ἡμᾶς ἀπὸ ἀκαθαρσίας ἐχθρῶν βεβήλων (17, 45; zur Textgestalt vgl. S. 12 Anm. 31).

[316] παιδεύεται δίκαιος, ἵνα μὴ ἐπιχαρῇ ὁ ἁμαρτωλὸς τῷ δικαίῳ (13, 8; zur Textgestalt vgl. S. 13 Anm. 38).

[317] δεξιὰ κυρίου ἐφείσατο ἡμῶν· – φείσεται κύριος τῶν ὁσίων αὐτοῦ καὶ τὰ παραπτώματα αὐτῶν ἐξαλείψει ἐν παιδείᾳ (13, 1. 10). Es ist typisch, daß das NT die rettende Heilstat Gottes niemals als ein φείδεσθαι zu beschreiben vermag.

[318] ὅτι τὸ σημεῖον τοῦ θεοῦ ἐπὶ δικαίους εἰς σωτηρίαν (15, 6).

[319] οὐκ ἐλογίσω με μετὰ τῶν ἁμαρτωλῶν εἰς ἀπώλειαν (16, 5).

[320] S. 18–24.   [321] S. 25–29.   [322] S. 29–35.   [323] S. 35 f.   [324] S. 36–42.

rechtigkeit, sondern Barmherzigkeit widerfährt[325]. Diese Zweigleisigkeit läßt sich nicht etwa quellenmäßig auf zwei Schichten verteilen, deren literarische Trennung gelingen könnte; die Texte sind so vollständig von ihr durchsetzt und durchtränkt[326], daß sie verständlich wird nur als eine völlig zentral verankerte bestimmte Art, geistlich zu denken. Offenbar ist es diesem vorliegenden Typ geistlichen Denkens angemessen, sich an Gottes Tun als der zureichenden Begründung der Barmherzigkeit nicht genügen zu lassen; die Verkündigung, daß Gott um seiner selbst willen die Sünder annimmt, ist diesen Texten nicht erschwinglich. Denn neben dem gnädigen Gott steht der seines rechten Tuns bewußte Fromme. Da aber der Fromme in seinem Tun – wie es ja in der Logik der Sache liegt – nicht die letzte tragende Gewißheit findet, muß das fromme Werk gesichert, als vor Gott genügend und bestehend dargestellt werden. Solche Sicherung kann in verschiedener Weise erfolgen: der Fromme erscheint auf der Folie der Gottlosen[327], im Vergleich mit denen er jedenfalls gut abschneidet; die Übertretungen des Frommen werden verharmlost[328]; ein anderer Maßstab bei Gott wird ihnen gegenüber vorausgesetzt[329]; besonders auffallend aber ist die in fast allen Psalmen erfolgende Erwähnung der Barmherzigkeit Gottes gerade am Schluß[330], für die doch wohl nicht nur hymnologische Gesichtspunkte maßgeblich sind, sondern die Logik der Sache: Gottes Barmherzigkeit ist in jedem Falle das Sicherste, die Gnade wird verstanden als ultimum refugium, auf das man letztlich dann doch zurückgreift. Mit dieser synergistischen Fassung von Gottes Barmherzigkeit hängt jenes Verständnis zusammen, nach dem sie Kraft verleiht und vor Erschütterung bewahrt[331]. So schlägt in unsern Texten das Pendel hin und her zwischen der grundlosen und der vom Frommen erwirkten Barmherzigkeit Gottes, und eben dieser Pendelschlag ist wie nichts anderes ein deutliches Symptom für die letzte Heilsunsicherheit, die hinter aller vordergründigen Gewißheit steckt. Gerade in diesem Nicht-auf-Einem-Punkt-Beharren-können, in dieser

---

[325] S. 43–46.   [326] Vgl. S. 61 f.
[327] S. 39 f. Anm. 295. Ohne Erwähnung der Sünder und Gegner kommen lediglich 6 von den 18 Psalmen aus: 5, 6, 7, 10, 11, 18.
[328] S. 35 Anm. 266.   [329] S. 44 Anm. 309 und 310.
[330] ἔλεος, ἐλεημοσύνη oder ἐλεεῖν in den Psalmschlüssen in 2, 36; 4, 25; 6, 6; 7, 10; 9, 11; 10, 7; 11, 9; 13, 12; 14, 9; 15, 13; 16, 15; 17, 45; 18, 9; synonyme Wendungen in 5, 18; 8, 33; 12, 6.
[331] S. 45 Anm. 312 und 313.

Unruhe, in der der Satz vom gnädigen Gott hintreibt zur Aussage vom frommen Tun des Gerechten und in der eben dies fromme Tun dann doch wieder rekurriert auf Gottes Barmherzigkeit, gerade in dieser eigentümlichen, schillernden Dialektik von Gottesglauben und Selbstvertrauen, von Selbstvertrauen und Gottesglauben liegt mit der Hauptreiz unserer Texte. Um ihn deutlich herauszustellen, versuche ich, die geistliche Bewegung wenigstens einiger Psalmen getreu nachzuzeichnen:

Psalm 15 [332]

Auf sein Gebet hin [333] wurde der Fromme aus seiner Not [334] von Gott errettet [335]. Seine Hoffnung richtete sich auf den Gott Jakobs [336], der da ist Hoffnung und Zuflucht für die Armen [337]. Aus dieser Erfahrung bricht auf der aufrichtige Lobpreis Gottes seitens des Menschen [338] (V. 1–2). Der Ansatz redet von dem schenkenden Gott, von dem bedrängten, bittenden und hoffenden Menschen und läßt noch jedes Werkschema vermissen.

Dieser neue Psalm aus fröhlichem Herzen, diese Erstlingsfrucht der Lippen ist angemessen: er wird gesungen vom wohlgestimmten Instrument der Zunge [339], er kommt aus einem frommen und gerechten Herzen [340]; er bewirkt, daß der Beter in Ewigkeit nicht vom Unglück erschüttert werden wird [341] (V. 3–4 a). Fast unmerklich geht das Lob Gottes über in die Leistung, deren angemessener Charakter nachdrücklich betont wird und deren Ausführung dem Frommen die künftige Bewahrung einträgt.

[332] Es war mir nachträglich eine wertvolle Bestätigung der folgenden Analyse, daß Kuhn, aaO im Anhang die Verseinteilung, insbesondere die Zäsur hinter V. 4 a, ähnlich vornimmt, wie übrigens auch schon die griechischen cdd. H und V, vgl. v. Gebhardt, aaO S. 22 und 124, im Unterschied zu v. Gebhardt selber. Zur alttestamentlichen Hintergründigkeit der einzelnen Wendungen sei eingangs nochmals grundsätzlich auf Geigers Kommentar verwiesen!

[333] ἐπεκαλεσάμην τὸ ὄνομα κυρίου V. 1 a.
[334] ἐν τῷ θλίβεσθαί με V. 1 a.
[335] ἐσώθην V. 1 b.
[336] εἰς βοήθειαν ἤλπισα τοῦ θεοῦ Ἰακώβ V. 1 b.
[337] ἐλπὶς καὶ καταφυγὴ τῶν πτωχῶν σύ V. 1 c.
[338] τίς γὰρ ἰσχύει, ὁ θεός, εἰ μὴ ἐξομολογήσασθαί σοι ἐν ἀληθείᾳ; καὶ τί δυνατὸς ἄνθρωπος εἰ μὴ ἐξομολογήσασθαι τῷ ὀνόματί σου; V. 2.
[339] ἐν ὀργάνῳ ἡρμοσμένῳ γλώσσης V. 3 b.
[340] ἀπὸ καρδίας ὁσίας καὶ δικαίας V. 3 c.
[341] ὁ ποιῶν ταῦτα οὐ σαλευθήσεται εἰς τὸν αἰῶνα ἀπὸ κακοῦ V. 4 a.

Die Bewahrung gewinnt ihre Anschaulichkeit, indem die Frommen [342] und die Gottlosen [343] in ihrem Ergehen kontrastiert werden. Die von Gott ausgehenden Strafen erscheinen in breitester Ausmalung; die Art, wie Bewahrung und Strafe die Frommen und die Sünder zu finden wissen[344], ist bei beiden gleich; das Geschick der Frommen wird als Bewahrung vor solchen Schrecknissen, also nur negativ, geschildert (V. 4 b bis 11). Zweierlei ist hierbei für unsere Betrachtung von Interesse: das vorhin beobachtete Leistungsschema ist mittlerweile so fest eingefahren, daß der Leistungscharakter des Lobes Gottes veranschaulicht werden kann an der programmatischen Gegenüberstellung von Frommen und Gottlosen: man kann in der geprägten Anschaulichkeit der bestehenden Gruppen sagen, was Frommsein heißt. Mehr noch: man kann die Bewahrung des Frommen nur so, nur negativ beschreiben; die Substanz des Frommseins ist in sich selber offenbar so gering, daß sie zu ihrer Verständlichmachung des Gegensatzes bedarf.

Der Schluß des Psalmes zieht diese kontrastierenden Linien durch bis zum eschatologischen Gericht [345]: in ihm empfangen die Sünder ewiges Verderben [346], die Gottesfürchtigen Leben [347]; der umfassende Terminus aber für das, was die Frommen erhalten, lautet: Barmherzigkeit [348] (V. 12–13). Daß dies Ergehen der Frommen auch hier im Gericht sich nur von der Folie des Verderbens der Gottlosen abhebt, von dem vorher (V. 12 a b) und nachher (V. 13 c) die Rede ist, liegt auf der Linie dessen, was wir schon im vorigen Abschnitt beobachtet hatten. Neu und überaus auffällig dagegen ist hier die Wendung von der Barmherzigkeit, die den Gottesfürchtigen widerfährt und auf die es offenbar sehr ankommt [349]: das sich in den beiden vorhergehenden Abschnitten deutlich ankündigende Werkschema gewährleistet nicht ein solches Maß von Heilsgewißheit, daß auch für das Gericht der Fromme sich

---

[342] δίκαιοι V. 6, 7 a ὅσιοι V. 7 b.

[343] ἄδικοι V. 4 b ἁμαρτωλοί V. 5 a, 5 b, 8 a, 10 a, 11 b οἱ ποιοῦντες ἀνομίαν V. 8 b.

[344] σημεῖον εἰς σωτηρίαν V. 6; σημεῖον τῆς ἀπωλείας V. 9 b.

[345] ἐν ἡμέρᾳ κρίσεως κυρίου –, ὅταν ἐπισκέπτηται ὁ θεὸς τὴν γῆν ἐν κρίματι αὐτοῦ V. 12.

[346] ἀπολοῦνται ἁμαρτωλοί – εἰς τὸν αἰῶνα V. 12a ἁμαρτωλοί ἀπολοῦνται εἰς τὸν αἰῶνα χρόνον V. 13c.

[347] οἱ δὲ φοβούμενοι τὸν κύριον – ζήσονται V. 13.

[348] ἐλεηθήσονται ἐν αὐτῇ (scl. ἡμέρᾳ κρίσεως) καὶ ζήσονται ἐν τῇ ἐλεημοσύνῃ τοῦ θεοῦ αὐτῶν V. 13.

[349] Vgl. die doppelte Erwähnung V. 13 vorige Anm.

an seinem „frommen und guten Herzen"³⁵⁰ genügen lassen kann. Hier im Gericht wird dies Werkschema, das immer noch dominiert³⁵¹, plötzlich nun doch wieder durchbrochen durch den unerwarteten Rekurs auf Gottes Barmherzigkeit. Das Ende entspricht dem Anfang; das „fromme und gerechte Herz"³⁵² flieht angesichts des Gerichtes dann doch zu dem Gott Jakobs³⁵³, wobei nun aber die Barmherzigkeit Gottes, die am Psalmende erwähnte (V. 13 a b), aber auch der ihr entsprechende Tenor des Psalmanfangs (V. 1–2), eigentümlich nach der Richtung des Synergismus hin modifiziert wird durch die beiden mittleren Abschnitte (V. 3–4 a; V. 4 b–11) und deren Fortsetzung (V. 12 a b 13 c) im Schlußstück. Die geistliche Bewegung des Psalmes ließe sich schematisch folgendermaßen beschreiben: Gottes rettende Güte – Werk des Frommen – letzteres wieder eingeschränkt durch Gottes Barmherzigkeit. Dialektik von Gottesglauben und Selbstvertrauen!

Ähnlich, mit nur etwas veränderter Nuancierung, verläuft die Bewegung in

Psalm 13³⁵⁴.

Der Eingang schildert, wie Gott den Beter bzw. die Angehörigen der frommen Gemeinschaft³⁵⁵ aus verschiedenen, drastisch dargestellten Nöten³⁵⁶ errettet hat³⁵⁷ (V. 1–4). Neben dieser rettenden Tätigkeit Gottes fehlt zunächst jedes Werkschema; allenfalls in der Ausmalung der dem Beter ersparten Nöte als der Übel, die die Sünder treffen³⁵⁸, kündet sich andeutungsweise die künftige Wendung in der Bewegung des Psalmes an.

---

³⁵⁰ Vgl. S. 48 Anm. 340.
³⁵¹ Denn das Lebenerlangen der Gottesfürchtigen (V. 13 a b) wird auch hier kontrastierend umrahmt vom Verlorengehen der Sünder (V. 12 a b, 13 c).
³⁵² Vgl. S. 48 Anm. 340.
³⁵³ Vgl. S. 48 Anm. 336.
³⁵⁴ Cdd. H V und v. GEBHARDT (aaO S. 21 und 121) teilen ein: V. 1–4, V. 5–12. KUHN, aaO Anhang und S. 33 f. teilt: V. 1–2, 3–4, 5–6; 7–8 und 9–10 als Einschub; 11–12.
³⁵⁵ μέ V. 1a; ἡμῶν bzw. ἡμᾶς V. 1 b, 2 a, 4. Zur Frage des Individual-Ichs vgl. S. 10.
³⁵⁶ ἀπὸ ῥομφαίας διαπορευομένης V. 2 a; ἀπὸ λιμοῦ καὶ θανάτου ἁμαρτωλῶν V. 2b; θηρία ἐπεδράμοσαν αὐτοῖς πονηρά. ἐν τοῖς ὀδοῦσιν αὐτῶν ἐτίλλοσαν σάρκας αὐτῶν καὶ ἐν ταῖς μύλαις ἔθλων ὀστᾶ αὐτῶν V. 3.
³⁵⁷ ἐσκέπασεν V. 1 a; ἐφείσατο V. 1 b; ἔσωσεν V. 2 a; ἐρρύσατο V. 4. Vgl. S. 45 f. Anm. 315 und 317.
³⁵⁸ Vgl. Anm. 356.

Die auch hier, wie vorhin in Psalm 15, nunmehr einsetzende Wendung auf das Werkschema hin vollzieht sich in der ebenfalls schon bekannten Form, daß der Gerechte bzw. die Gerechten[359] gegenübergestellt werden dem Sünder bzw. den Sündern[360] in ihren diametral entgegengesetzten Erlebnissen: der Gerechte erfährt Verschonung[361] und liebevolle Züchtigung[362] seitens Gottes, der Sünder ostentativen Zusammenbruch[363] (V. 5–10). Das Werkschema ist deutlich: die Gegenüberstellung von Gerechten und Sündern meint natürlich, daß beide eben das ihrem Verhalten Entsprechende von Gott empfangen. Überaus interessant sind die Nuancierungen, die dies Schema hier im einzelnen erfährt: vom Gerechten wird nicht bestritten, daß bei ihm Verfehlungen festzustellen sind[364]; gleichwohl bleibt er der „Gerechte"[365]. Darin zeigt sich zweifellos ein letzter Rest vom Wissen um Gottes entscheidenden Anteil, vom Wissen um die zentrale Bedeutung von Gottes Erwählen für die Heilserlangung des Menschen an. Gleich aber ist dann das moralisierende Werkschema zur Stelle mit der Weigerung, diesen Gerechten, dessen Verfehlungen durch Züchtigung ausgelöscht werden müssen[366], einfach den Sündern zuzurechnen[367]; er ist eben doch kein richtiger Sünder! Noch greifbarer wird dies Werkschema sodann, wenn wir nun auch den moralischen Grund erfahren, der die Vorzugsbehandlung dieser mit Verfehlungen behafteten „Gerechten", die gleichwohl nicht Sünder heißen sollen, erklärt: die Züch-

---

[359] δίκαιος, δίκαιοι V. 6 b, 7 a, 8 a, 8 b, 9 a. ὅσιοι V. 10 a. εὐσεβής V. 5 a, zur Textgestalt vgl. S. 24 Anm. 165.

[360] ἁμαρτωλός, ἁμαρτωλοί V. 5 b, 6 a, 7 b, 8 b.

[361] φείσεται ὁ κύριος τῶν ὁσίων αὐτοῦ V. 10 a.

[362] παιδεύεται δίκαιος V. 8 a zum Text vgl. S. 13 Anm. 38. νουθετήσει δίκαιον ὡς υἱὸν ἀγαπήσεως, καὶ ἡ παιδεία αὐτοῦ ὡς πρωτοτόκου V. 9.

[363] δεινὴ ἡ καταστροφὴ τοῦ ἁμαρτωλοῦ V. 6 a. ἡ καταστροφὴ τῶν ἁμαρτωλῶν ἐν περιστολῇ V. 7 b zum Text vgl. S. 13 Anm. 38.

[364] τὰ παραπτώματα αὐτοῦ V. 5 a τὰ παραπτώματα αὐτῶν V. 10 b zur Sache vgl. S. 24 Anm. 164–167.

[365] Zweifellos ist das Subjekt von V. 5 a, das jetzt, sekundär (vgl. S. 24 Anm. 165, S. 28 Anm. 191), εὐσεβής heißt und von dessen παραπτώματα die Rede ist, identisch mit dem δίκαιος V. 6 b; wie es auch die ὅσιοι aus V. 10 a sind, von deren παραπτώματα V. 10 b redet.

[366] τὰ παραπτώματα αὐτῶν ἐξαλείψει ἐν παιδείᾳ V. 10 b.

[367] Der mit Verfehlungen behaftete Fromme und die Sünder stehen vielmehr durchgehend einander gegenüber: εὐσεβής V. 5 a ἁμαρτωλοί V. 5 b ἁμαρτωλός V. 6a δίκαιος V. 6 b δίκαιοι V. 7 a ἁμαρτωλοί V. 7 b δίκαιος V. 8 a ἁμαρτωλός V. 8 b.

tigung trifft ihre Unwissenheitssünden [368]! Der Fortschritt dieses Passus (V. 5–10), verglichen mit dem des ersten (V. 1–4), auf das Leistungsdenken hin liegt auf der Hand.

Wieder wird auch hier, wie in Psalm 15, die Linie des doppelten Ergehens beider Gruppen bis in das Eschaton durchgezogen, auch wenn der Terminus „Gericht" hier fehlt: ewiges Leben bekommen die Gerechten [369], Verderben und Verlöschen ihres Andenkens die Sünder [370]. Wieder wird auch breit unterstrichen: was die Frommen, die Gottesfürchtigen erhalten, ist Gottes Barmherzigkeit [371] (V. 11–12). Auch hier werden wir gegenüber dem Werkschema, das sich bis in die eschatologische Kontrastierung des Geschickes von Frommen und Sündern [372] durchhält, das plötzliche Auftauchen der Barmherzigkeit Gottes als neu empfinden müssen und doch wieder, von der Logik der Sache her, als typisch; denn so gewiß ist der Gerechte trotz der Erklärung seiner Verfehlungen als Unwissenheitssünden, bei aller Zurückweisung seiner Solidarität mit den Sündern, seines Gerechtseins doch nicht, daß es nicht geraten wäre, abschließend nun doch sehr nachdrücklich [373] zu erklären: dies verschonende Verhalten [374] Gottes ist Barmherzigkeit! Der Gerechte rekurriert auf Gottes Barmherzigkeit, Gottes Barmherzigkeit gilt dem Gerechten. Das in der geistlichen Bewegung unseres Psalmes vorliegende Schema (Gottes rettende Güte – die Würdigkeit des Gerechten – diese wieder eingeschränkt durch Gottes Barmherzigkeit) ist uns bereits bekannt als Ausdrucksform für die Dialektik von Selbstvertrauen und Gottesglauben.

Dieselbe dialektische Bewegung, nur im Rahmen der Gerichtsterminologie, begegnet uns in

---

[368] ἡ παιδεία τῶν δικαίων ἐν ἀγνοίᾳ V. 7 a, während die ἁμαρτωλοί wissentlich sündigen V. 7 b, 8 a vgl. S. 13 Anm. 38, S. 35 Anm. 266.

[369] ἡ γὰρ ζωὴ τῶν δικαίων εἰς τὸν αἰῶνα V. 11 a.

[370] ἁμαρτωλοὶ δὲ ἀρθήσονται εἰς ἀπώλειαν, καὶ οὐχ εὑρεθήσεται μνημόσυνον αὐτῶν ἔτι V. 11 b c.

[371] ἐπὶ δὲ τοὺς ὁσίους τὸ ἔλεος κυρίου, καὶ ἐπὶ τοὺς φοβουμένους αὐτὸν τὸ ἔλεος αὐτοῦ V. 12.

[372] Hier bildet, umgekehrt wie in Psalm 15 (S. 50 Anm. 351), das Heil der Frommen (V. 11 a, 12 a b) den Rahmen für das Verlorengehen der Sünder (V. 11 b c).

[373] Vgl. die zweimalige Nennung von ἔλεος in V. 12 (Text in Anm. 371)!

[374] φείδεσθαι vgl. S. 50 f. Anm. 357 und 361.

[375] Die cdd. H V und mit ihnen v. GEBHARDT (aaO S. 21 und 114) teilen ein: V. 1–3, 4–5, 6–7, 8–11.

Psalm 9 [375].

Der Eingang schildert die Deportation Israels [376] und den Verlust des Erbes [377] als Folge des Abfalls [378] von ihrem Erlöser und als ein dem Worte Gottes gemäßes Geschehen [379]; in ihm erwies Gott seine Gerechtigkeit angesichts der Sünden des Volkes [380], er zeigt sich als gerechten Richter vor allen Völkern der Erde [381] (V. 1–2). Der herbe Ernst der strafenden Gerechtigkeit Gottes, der die Exilierung über das abgefallene Volk heraufführt, läßt jeden Gedanken einer menschlichen Aktion vermissen: Gott hatte das Volk erlöst, nach seiner Ankündigung erfolgte die Deporation; von ihm müßte, so würde man bei diesem Tenor erwarten, auch die Erlösung kommen.

Der Gedanke des Richters, vor dessen Wissen sich kein Mensch verbergen kann [382] und dessen Gerichte voller Gerechtigkeit gegen Person und Haus ergehen [383], treibt zu der Folgerung: wie der Täter des Unrechts [384], so stehen auch die Rechttaten der Frommen vor Gott [385]. Denn der Mensch hat die Wahl und Freiheit, Recht und Unrecht mit den Werken seiner Hände zu tun [386]. Der Täter des Rechten speichert sich Leben bei Gott auf [387], der Täter des Unrechts richtet selber sein Leben zugrunde [388] (V. 3–5). Der Gedankenfortschritt gegen den Anfang ist unübersehbar. Aus der strafenden Gerechtigkeit Gottes erwächst die Konsequenz: dann belohnt er, der Richter, der alles sieht, ja auch die Guttaten! Einmal zu Worte gekommen, spricht sich der Werkoptimismus [389] offenherzig aus: nicht Unrecht und Recht-

---

[376] ἐν τῷ ἀπαχθῆναι 'Ισραὴλ ἐν ἀποικεσίᾳ εἰς γῆν ἀλλοτρίαν V. 1 a.
[377] ἀπερρίψησαν ἀπὸ κληρονομίας V. 1 c.
[378] ἐν τῷ ἀποστῆναι αὐτοὺς ἀπὸ κυρίου τοῦ λυτρωσαμένου αὐτούς V. 1 b.
[379] ἐν παντὶ ἔθνει ἡ διασπορὰ τοῦ 'Ισραὴλ κατὰ τὸ ῥῆμα τοῦ θεοῦ V. 2 a.
[380] ἵνα δικαιωθῇς, ὁ θεός, ἐν τῇ δικαιοσύνῃ σου ἐν ταῖς ἀνομίαις ἡμῶν V. 2 b.
[381] ὅτι σὺ κριτὴς δίκαιος ἐπὶ πάντας τοὺς λαοὺς τῆς γῆς V. 2 c.
[382] ποῦ κρυβήσεται ἄνθρωπος ἀπὸ τῆς γνώσεώς σου, ὁ θεός; V. 3 c.
[383] ἐν τῇ δικαιοσύνῃ σου ἐπισκέπτῃ υἱοὺς ἀνθρώπων V. 4 c; τὰ γὰρ κρίματα κυρίου ἐν δικαιοσύνῃ κατ' ἄνδρα καὶ οἶκον V. 5 c.
[384] οὐ γὰρ κρυβήσεται ἀπὸ τῆς γνώσεώς σου πᾶς ποιῶν ἄδικα V. 3 a.
[385] καὶ αἱ δικαιοσύναι τῶν ὁσίων σου ἐνώπιόν σου, κύριε V. 3 b.
[386] τὰ ἔργα ἡμῶν ἐν ἐκλογῇ καὶ ἐξουσίᾳ τῆς ψυχῆς ἡμῶν τοῦ ποιῆσαι δικαιοσύνην καὶ ἀδικίαν ἐν ἔργοις χειρῶν ἡμῶν V. 4 a b.
[387] ὁ ποιῶν δικαιοσύνην θησαυρίζει ζωὴν αὐτῷ παρὰ κυρίῳ V. 5 a.
[388] ὁ ποιῶν ἀδικίαν αὐτὸς αἴτιος τῆς ψυχῆς ἐν ἀπωλείᾳ V. 5 b.
[389] ποιεῖν viermal (V. 3 a, 4 b, 5 a, 5 b), ἔργα zweimal (V. 4 a, 4 b) in diesem kleinen Abschnitt!

taten, sondern umgekehrt, Rechttaten und Unrecht ist die sachgebotene Reihenfolge der Aufzählung [390]; es ist ja die Rede von den Frommen [391], und die Wahlfreiheit ermöglicht ja die Aufhäufung des Schatzes zum Leben, so wie sie dem Täter des Unrechts den Weg ins Verderben freigibt. Aus der Gerichtspredigt ist die Freiheit des Menschen zum Bösen und Guten geworden, und im Blick auf die Frommen wird die Reihenfolge korrigiert: Freiheit zum Guten und Bösen, zum Leben und zum Verderben. Das Leistungsschema hat sich durchgesetzt.

Wie zwei Pfeiler rahmen die abrupt erscheinenden Sätze von der Güte Gottes [392] den dritten Abschnitt ein. Diese Güte Gottes erweist sich im Reinigen [393], im Vergeben [394] und Nichtstrafen [395] von Sünden und im Segnen [396]; und zwar dort, wo gesündigt worden ist [397], aber eben so, daß der Sünder bekennt und beichtet [398], daß sich der Täter schämt [399], daß er bereut [400], kurz: gegenüber den Gerechten [401], die Gott anrufen [402] (V. 6–7). Aus der hochgemuten Sicherheit, die Entscheidungsfreiheit des Menschen gebe bei den Frommen das Recht, mit dem Tun des Guten an erster Stelle zu rechnen und das Tun des Unrechts auf den zweiten Platz zu verweisen (V. 3–5), wird hier ein überraschender Rückzug angetreten. Nicht die Gerechtigkeit Gottes, vor der man besteht, sondern die Güte Gottes, die nicht nur allgemein segnet, sondern die Sünden vergibt und auf das Strafen verzichtet, tritt hier in den Mittelpunkt. Dieser entscheidende Umschwung wird nirgends expressis verbis motiviert und vorbereitet; es ist aber mit

---

[390] Der Vorgang der Umkehrung verstärkt die Absichtlichkeit und Betontheit (vgl. S. 27 Anm. 180) der neuen Reihenfolge.

[391] Plötzlich sind die ὅσιοι, nach der doch niederdrückenden Gerichtsbetrachtung (V. 1–2), in V. 3 b da!

[392] τίνι χρηστεύσῃ, ὁ θεός – V. 6 a; ἡ χρηστότης σου V. 7 c.

[393] καθαριεῖς (die v. GEBHARDTsche Konjektur aaO S. 115 der 2. Person statt der im Kontext überlieferten 3. paßt besser in den die 2. Person bietenden Kontext) ἐν ἁμαρτίαις ψυχήν – – V. 6 b.

[394] ἀφήσεις ἁμαρτίας V. 7 a.

[395] οὐκ εὐθυνεῖς περὶ ὧν ἡμάρτοσαν V. 7 b.

[396] εὐλογήσεις V. 7 b.

[397] τίνι ἀφήσεις ἁμαρτίας εἰ μὴ τοῖς ἡμαρτηκόσιν; V. 7 a. Wer dächte hier nicht an IV. Esra 8, 31!

[398] ἐν ἐξομολογήσει, ἐξαγορίαις V. 6 b.

[399] ὅτι αἰσχύνη ἡμῖν καὶ τοῖς προσώποις ἡμῶν περὶ ἁπάντων V. 6 c.

[400] ἐπὶ ἁμαρτάνοντας ἐν μεταμελείᾳ V. 7 c.

[401] δικαίους εὐλογήσεις – V. 7 b.

[402] τίνι χρηστεύσῃ, ὁ θεός, εἰ μὴ τοῖς ἐπικαλουμένοις τὸν κύριον; V. 6 a.

Händen zu greifen, wie das Bewußtsein, vor dem unparteilichen Richten Gottes zu bestehen, nicht durchgehalten werden kann. Freilich ist der Umschwung kein totaler. Das Eingeständnis redet vom Sündigen wohl verbal[403], vermeidet aber den Terminus „Sünder"[404], es beeilt sich, stark zu unterstreichen, daß Beichte und Reue und Anrufen Gottes bei diesem Sündigen vorliegen und daß auch der, der so gesündigt hat, gleichwohl der „Gerechte" heißen darf. Das Ganze ist ein Rückzug aus der Werkgerechtigkeit, aber ein halb abgebrochener: die Bedingungslosigkeit der schenkenden Güte Gottes ist nicht erreicht, wie auch das Leistungsschema nicht durchgreifend aufgegeben ist.

Wie Gottes Güte den vorhergehenden, so beherrscht Gottes Barmherzigkeit jetzt den letzten Abschnitt. Sie wird eingangs zweimal angerufen[405] und abschließend nochmals verheißend konstatiert[406]. Es ist bedeutsam, daß dies Erbarmen vom Gotte Israels[407] erbeten wird. Denn die Erwählung des von Gott geliebten Volkes[408], von Abraham[409] und Israel[410] her, der Bundesschluß mit den Vätern[411], der auch die jetzt Bittenden mit einschließt[412] als durch den Namen Gottes mit Beschlag Belegte[413], die ewige Dauer dieses Namens[414]; das ist das Fundament, auf dem die Barmherzigkeit Gottes ruht und auf dem die Hoffnung der Bittenden[415] gründet (V. 8–11). Der im vorigen Ab-

---

[403] ἡμαρτηκόσιν V. 7 a; ἡμάρτοσαν V. 7 b; ἁμαρτάνοντας V. 7 c.

[404] Es fehlt in V. 6 und 7 ἁμαρτωλός als Bezeichnung für den Empfänger der Sündenvergebung! Vgl. oben S. 51 Anm. 364, 365 und 367.

[405] ἰδὲ καὶ οἰκτίρησον V. 8 b; μὴ ἀποστήσῃς ἔλεός σου ἀφ' ἡμῶν V. 8 c.

[406] τοῦ κυρίου ἡ ἐλεημοσύνη V. 11.

[407] ὁ θεὸς Ἰσραήλ V. 8 b.

[408] καὶ νῦν σὺ ὁ θεὸς καὶ ἡμεῖς λαός, ὃν ἠγάπησας V. 8 a.

[409] σὺ ᾑρετίσω τὸ σπέρμα Ἀβραὰμ παρὰ πάντα τὰ ἔθνη V. 9 a.

[410] τοῦ κυρίου ἡ ἐλεημοσύνη ἐπὶ οἶκον Ἰσραήλ V. 11.

[411] ἐν διαθήκῃ διέθου τοῖς πατράσιν ἡμῶν περὶ ἡμῶν V. 10 a.

[412] περὶ ἡμῶν in Anm. 411 und ἡμεῖς in Anm. 408.

[413] ἔθου τὸ ὄνομά σου ἐφ' ἡμᾶς, κύριε V. 9 b.

[414] οὐ καταπαύσει (scl. τὸ ὄνομά σου) εἰς τὸν αἰῶνα V. 9 c. So lesen die cdd. J, L und C, und wenn BEGRICHS Erklärung (aaO S. 138) mit ihrem Rekurs auf ein hebräisches ולֹא יִשְׁבַּת oder ein Synonym sich halten läßt, so ist dieser Text gegenüber der auch von RAHLFS übernommenen v. GEBHARDTschen Konjektur (οὐκ ἀπώσῃ v. GEBHARDT, aaO S. 78) zu bevorzugen. Der Ewigkeit des Namens Gottes entspricht die Ewigkeit seiner Barmherzigkeit über Israel: τοῦ κυρίου ἡ ἐλεημοσύνη ἐπὶ οἶκον Ἰσραήλ εἰς αἰῶνα V. 11.

[415] ἡμεῖς ἐλπιοῦμεν ἐπὶ σέ V. 10 b, wobei wir die Deutung des ἐν ἐπιστροφῇ ψυχῆς ἡμῶν besser offen lassen.

schnitt begonnene Rückzug wird zu Ende geführt. Gottes Güte spezialisiert sich als Gottes Barmherzigkeit. An die Stelle der begründenden Bußhaltung der Bittenden tritt der breite und betonte Verweis auf Gottes Bundestreue. Die Gerechten und die Frommen werden nicht mehr erwähnt; Gottes Barmherzigkeit ruht auf seinem Bund mit den Vätern. Gerade in diesem Psalm ist der Duktus der geistlichen Bewegung überaus lehrreich: von der herben, antikisierenden Gerichtspredigt (V. 1-2) geht es zum Werkoptimismus der Frommen (V. 3-5); aber dieser Werkoptimismus rekurriert dann auf die Güte Gottes gegenüber dem bußfertigen Gerechten, der gesündigt hat (V. 6-7), ja auf die Barmherzigkeit Gottes gegenüber dem erwählten Volk (V. 8-11). Hätten wir diesen Text für sich, ohne die umgebenden Psalmen, zu erklären, so brächte uns die schwebende Unausgeglichenheit zwischen Werkschema und Gottes Heilstreue in Verlegenheit, wie wir akzentuieren sollen. Im Zusammenhang des ganzen salomonischen Psalters jedoch erkennen wir in unserm Psalm ein Musterbeispiel für die Dialektik von Selbstvertrauen und Gottesglauben.

IV

Der Nachweis beider Komponenten und ihres Verhältnisses zueinander auf dem Boden der *messianischen* Aussagen unserer Texte mag den Abschluß einleiten.

Daß die Sendung des Messias Gottes Barmherzigkeitstat ist, haben wir schon oben [416] beobachtet. Hier gilt es, uns klarzumachen die unbedingte *Initiative Gottes* dabei: Gott ist es, der den Messias und die Heilszeit „heraufführt" [417], der ihn erwählt [418], der die rechte Zeit festsetzt [419], der ihn mit dem für seine Tätigkeit Nötigen ausstattet [420]. Und

---

[416] S. 15 f.

[417] ἰδέ, κύριε, καὶ ἀνάστησον αὐτοῖς τὸν βασιλέα αὐτῶν υἱὸν Δαυίδ (17, 21); ἀναστῆσαι αὐτὸν ἐπ' οἶκον Ἰσραήλ (17, 42); εἰς ἡμέραν ἐκλογῆς ἐν ἀνάξει χριστοῦ αὐτοῦ (18, 5); τὰ ἀγαθὰ Ἰσραήλ – ἃ ποιήσει ὁ θεός (17, 44; zur Textgestalt vgl. S. 19 Anm. 101); τὰ ἀγαθὰ κυρίου, ἃ ποιήσει – (18, 6).

[418] σύ, κύριε, ᾑρετίσω τὸν Δαυίδ βασιλέα ἐπὶ Ἰσραήλ (17, 4); αὕτη ἡ εὐπρέπεια τοῦ βασιλέως Ἰσραήλ, ὃν (richtige Konjektur von WELLHAUSEN für das ἥν der Texte!) ἔγνω ὁ θεός (17, 42).

[419] εἰς τὸν καιρόν, ὃν εἶδες σύ (17, 21; die von BEGRICH, aaO S. 143 empfohlene Beziehung des ὅν auf βασιλέα statt auf καιρὸν ist zum mindesten fraglich angesichts der nächsten Stelle); εἰς ἡμέραν ἐκλογῆς ἐν ἀνάξει χριστοῦ αὐτοῦ (18, 5).

[420] ὑπόζωσον αὐτὸν ἰσχύν (17, 22); ὁ θεὸς κατειργάσατο αὐτὸν δυνατόν – (17, 37).

zwar handelt Gott hierin in seiner Bundestreue gegen Israel[421], dessen Feinde vernichtend und vor ihnen rettend[422], in seinem Erbarmen[423], seiner Güte[424], seiner Liebe[425], die sogar der ganzen Welt als zugewendet gelten können[426], also als Schöpfer[427]. An Gott hat sich die Bitte um Beschleunigung der Messiastage zu wenden[428]. Kurz: in Gottes Handeln ist das Entscheidende beschlossen.

Die Erwähnung des Gebets bildet nun aber den Übergang zu jener anderen, uns schon bekannten anthropozentrischen Seite der Betrachtung. Die Selbstbezeichnung des betenden Israel als „erstgeborren, einzigen Sohnes"[429] hält noch die Linie des alttestamentlichen Erwählungsglaubens, die in unsern Texten ja auch vertreten ist; aber bei der Selbsteinschätzung als einer „gehorsamen Seele"[430], bei der Hervorhebung des Unwissenheitscharakters der Verirrung[431] wird es deutlich: das der Messiassendung vorangehende Gebet ist das Gebet eines Würdigen. Es ist jedoch bedeutsam, wie sehr diese zweite Seite[432] hier noch durch die Betonung von Gottes Heilswirken gerade auf dem Felde des Messianismus, offenbar also in Analogie zu alttestamentlichen Gedankengängen[433], in Schach gehalten wird.

---

[421] ἐπὶ 'Ισραήλ (18, 1); ἐπὶ σπέρμα 'Αβραὰμ υἱοὺς 'Ισραήλ (18, 3); vgl. 17, 45.

[422] Vgl. 17, 5–20 in seiner der Messiassendung präludierenden Stellung (siehe dazu KUHN, aaO S. 64 f.), der das Postludium entspricht: ῥύσεται (so die griech. Handschriften, wohl mit optativem Sinn, vgl. KUHN, aaO S.78) ἡμᾶς ἀπὸ ἀκαθαρσίας ἐχθρῶν (der Syrer würde ἐθνῶν erwarten lassen, KUHN, aaO S. 79) βεβήλων (17, 45). Zur Frage des politischen Hintergrundes vgl. S. 37 Anm. 289 und S. 38 f. Anm. 294.

[423] ταχύναι ὁ θεὸς ἐπὶ 'Ισραήλ τὸ ἔλεος αὐτοῦ (17, 45; vgl. 18, 1. 5. 9).

[424] ἡ χρηστότης σου (18, 1).

[425] ἡ ἀγάπη σου (18, 3).

[426] τὰ κρίματά σου ἐπὶ πᾶσαν τὴν γῆν μετὰ ἐλέους (18, 3); ἐλεήσει πάντα τὰ ἔθνη ἐνώπιον αὐτοῦ ἐν φόβῳ (17, 34), wenn das bei Griechen und wahrscheinlich auch beim Syrer bezeugte ἐλεήσει den Sinn des hebr. Originals richtig wiedergibt und nicht die wortgetreue Übersetzung eines bereits verlesenen hebr. Originals darstellt.

[427] ἐπὶ τὰ ἔργα τῶν χειρῶν σου (18, 1).

[428] Vgl. die optativen Formen ταχύναι (Text in Anm. 423; wer dächte bei ihm nicht an Apc 22, 20, wo eine ähnliche Bitte den Abschluß bildet!) und ῥύσεται (17, 45; Text in Anm. 422; vgl. 18, 2)!

[429] ἐφ' ἡμᾶς ὡς υἱὸν πρωτότοκον μονογενῆ (18, 4).

[430] ψυχὴν εὐήκοον (18, 4).

[431] ἀπὸ ἀμαθίας ἐν ἀγνοίᾳ (18, 4).

[432] Im Rabbinat redet man dann ausdrücklich von Verdiensten als der Voraussetzung für das Kommen des Messias, Sanh. 98 a in STRACK/BILLERBECK II S. 286f.

Dagegen ist in der schon auf dem Boden des AT verschieden beantworteten Frage [434], *wem die Sendung des Messias zugute kommt*, die anthropozentrische Linie der Betrachtung, eben in Form des kollektiven National-Egoismus, zu klarem Siege gelangt. Nur ganz selten wird das Wirken des Messias ausdrücklich universal [435] gezeichnet. Sind die Heiden bei den Messiastaten selber nicht positiv, sondern negativ einbezogene Zuschauer [436], ja vielmehr dieser Messiasherrschaft eingeordnete Diener [437], so redet vollends die große Breite der Texte von der Ausscheidung der Heiden [438], ihrer Vernichtung [439], von der Niederwerfung und Bestrafung der Gewalthaber und Sünder [440]. Die deutero-jesajanische Linie vom universellen Einbezogensein der Heiden [441] ist ebenso gründlich vergessen, wie das neutestamentliche Erbarmen Gottes gegenüber den Sündern und Heiden [442] von hier aus unerschwinglich erscheint.

---

[433] Vgl. EICHRODT Theologie des AT I 1948 S. 243 Anm. 20.

[434] Vgl. EICHRODT, aaO S. 241–50.

[435] Vgl. 18, 3 und 17, 34 Anm. 426; daselbst die Erwägung der Textgestalt von 17, 34. Die λαοὶ ἡγιασμένοι (17, 43, wenn der Plural der griech. cdd. und nicht der Singular des Syrers richtig ist, KUHN, aaO S. 78) könnten ebenfalls auf eine heilschaffende Tätigkeit des Messias an den Heiden hindeuten.

[436] ἐν ἐπισήμῳ πάσης τῆς γῆς (17, 30); ἰδεῖν τὴν δόξαν αὐτοῦ (17, 31); ἰδεῖν τὴν δόξαν κυρίου, ἣν ἐδόξασεν αὐτὴν (scl. Ἰερουσαλὴμ) ὁ θεός (17, 31).

[437] ἕξει λαοὺς ἐθνῶν δουλεύειν αὐτῷ ὑπὸ τὸν ζυγὸν αὐτοῦ (17, 30); ἔρχεσθαι ἔθνη ἀπ' ἄκρου τῆς γῆς – φέροντες δῶρα τοὺς ἐξησθενηκότας (die Diskussion über die hebr. Vorlage dieses Wortes zwischen KUHN, aaO S. 72 f. und BEGRICH, aaO S. 146 kann hier unerörtert bleiben) υἱοὺς αὐτῆς (17, 31).

[438] καθαρίσαι Ἰερουσαλὴμ ἀπὸ ἐθνῶν – (17, 22; zur Textgestalt vgl. Anm. 445); ἐξῶσαι ἁμαρτωλοὺς ἀπὸ κληρονομίας (17, 23); φυγεῖν ἔθνη ἀπὸ προσώπου αὐτοῦ (17,25).

[439] ὀλεθρεῦσαι ἔθνη παράνομα (17, 24).

[440] θραῦσαι ἄρχοντας ἀδίκους (17, 22); ἐλέγξαι ἄρχοντας (17, 36); ἐκτρῖψαι ὑπερηφανίαν ἁμαρτωλοῦ ὡς σκεύη κεραμέως (17, 23); ἐν ῥάβδῳ σιδηρᾷ συντρῖψαι πᾶσαν ὑπόστασιν αὐτῶν (17, 24); ἐλέγξαι ἁμαρτωλοὺς ἐν λόγῳ καρδίας αὐτῶν (17, 25); ἐξᾶραι ἁμαρτωλούς (17, 36); πατάξει (so liest, außer den griech. cdd. L H, auch der Syrer; nach KUHN, aaO S. 76 ist V. 35 a eine spätere Interpolation, entnommen aus Jes 11, 4) γὰρ γῆν (17, 35). Das Richten Gottes und des Messias gegenüber den Heiden gehört nur bedingt hierher, weil es neben dem Strafcharakter Ausdruck des göttlichen Heilswillens (vgl. S. 35 Anm. 269) ist: κρινεῖ λαοὺς καὶ ἔθνη (17, 29) vom Messias, wie von Gott: ἡ βασιλεία τοῦ θεοῦ ἡμῶν εἰς τὸν αἰῶνα ἐπὶ τὰ ἔθνη ἐν κρίσει (17, 3); πιστὸς ὁ κύριος ἐν πᾶσι τοῖς κρίμασιν αὐτοῦ, οἷς ποιεῖ ἐπὶ τὴν γῆν (17, 10).

[441] Vgl. EICHRODT, aaO S. 246 f.

[442] Vgl. nur Mc 2, 16 f.; Mt 8, 11 f.

Was den Heiden abgeht, wird dem heiligen Volke zugelegt. So vollendet sich die anthropozentrische Linie in der Schilderung derer, denen die Sendung des Messias gilt; vollendet sich aber auch hier nicht hundertprozentig, sondern in der uns nun schon bekannten Dialektik zwischen Gottesglauben und Selbstbezogenheit.

Daß Gott es ist, der das Heil schafft, verrät sich in der Verwendung der alttestamentlichen Gerichtsterminologie für die errettende Tätigkeit des Messias gegenüber Israel: der Messias übt an dem heiligen Volke das errettende Richten [443]. Es ist kein bedrohendes, in Frage stellendes Richten wie den Heiden gegenüber; gestraft wird Israel nicht. Es ist ein Reinigen des Volkes [444], ein Reinigen Jerusalems [445], die Anwendung der Erziehung [446]; und angesichts des vielfach betonten „alle" [447] muß man annehmen, dies Richten und Reinigen besteht hauptsächlich einfach in der äußerlichen Ausscheidung der lokal untermengten Heiden [448], so daß weniger der einzelne Israelit etwa im Glauben an Gott gestärkt würde, als daß vielmehr nach jener mechanischen Ausscheidung die Reinheit [449] und Heiligkeit [450] und Gottessohn-

---

[443] κρινεῖ φυλὰς λαοῦ ἡγιασμένου ὑπὸ κυρίου θεοῦ αὐτοῦ (17, 26); ἐν συναγωγαῖς διακρινεῖ λαοῦ (so lesen Grieche R und Syrer) φυλὰς ἡγιασμένου (17, 43).

[444] καθαρίσαι ὁ θεὸς 'Ισραήλ (18, 5).

[445] καθαρίσαι (die Richtigkeit des von GEIGER und GEBHARDT konjizierten Infinitivs bestätigt sich durch den Syrer, KUHN, aaO S. 69) 'Ιερουσαλὴμ ἀπὸ ἐθνῶν καταπατούντων ἐν ἀπωλείᾳ (17, 22); καθαριεῖ 'Ιερουσαλὴμ ἐν ἁγιασμῷ ὡς καὶ τὸ ἀπ' ἀρχῆς (17, 30).

[446] ἀναστῆσαι αὐτὸν ἐπ' οἶκον 'Ισραὴλ παιδεῦσαι αὐτόν (17, 42); ὑπὸ ῥάβδου παιδείας χριστοῦ κυρίου (18, 7).

[447] οὐ κατοικήσει πᾶς ἄνθρωπος μετ' αὐτῶν εἰδὼς κακίαν (17, 27); πάντες υἱοὶ θεοῦ εἰσιν αὐτῶν (17, 27); πάντες ἅγιοι (17, 32); ἐν ἰσότητι πάντας αὐτοὺς ἄξει (17, 41); κατευθῦναι ἄνδρα ἐν ἔργοις δικαιοσύνης (18, 8); καταστῆσαι πάντας αὐτοὺς ἐνώπιον κυρίου (18, 8); in derselben Linie liegen, nur ohne verbum expressum, 17, 37 a und 17, 40 c. Dem Universalismus gegenüber Israel entspricht der gegenüber den Heiden: συντρῖψαι πᾶσαν ὑπόστασιν αὐτῶν (17, 24); τὸν κύριον δοξάσει ἐν ἐπισήμῳ πάσης τῆς γῆς (17, 30); ἐλεήσει πάντα τὰ ἔθνη (17, 34; zur Textgestalt vgl. S. 57 Anm. 426); τὰ κρίματά σου ἐπὶ πᾶσαν τὴν γῆν (18, 3).

[448] καὶ πάροικος καὶ ἀλλογενὴς οὐ παροικήσει αὐτοῖς ἔτι (17, 28).

[449] Vgl. im folgenden das Nebeneinander der vom Bewirken redenden und der konstatierenden Formel: καὶ οὐκ ἀφήσει ἀδικίαν ἐν μέσῳ αὐτῶν αὐλισθῆναι ἔτι (17, 27); καὶ οὐκ ἔστιν ἀδικία ἐν ταῖς ἡμέραις αὐτοῦ ἐν μέσῳ αὐτῶν (17, 32); καὶ οὐ κατοικήσει πᾶς ἄνθρωπος μετ' αὐτῶν εἰδὼς κακίαν (17, 27); καὶ οὐκ ἔσται ἐν αὐτοῖς ὑπερηφανία τοῦ καταδυναστευθῆναι ἐν αὐτοῖς (17, 41).

[450] συνάξει λαὸν ἅγιον (17, 26); κρινεῖ φυλὰς λαοῦ ἡγιασμένου ὑπὸ κυρίου θεοῦ αὐτῶν (17, 26); konstatierend sogar von den Heiden (wenn der Plural richtig ist;

schaft[451] der Volksangehörigen einfach konstatiert werden kann. Denn die wesentliche Tätigkeit des Messias besteht nicht in dem Schaffen eines Nicht-Vorhandenen, sondern in der Anerkennung und dem Weiterbauen eines durchaus positiv zu Bewertenden: wenn er das heilige Volk zusammenführt[452] und die Stämmeeinteilung vornimmt[453], wenn er es weidet[454], ihm Kraft verleiht[455] und seine Frömmigkeit herausstellt[456], kurz, wenn er es mit Weisheit und Freude segnet[457] und ihm die Glücksgüter der Heilszeit[458] vermittelt. Das Heil, das der Messias Israel bringt, ist für die Empfänger in keiner Weise mehr gefährlich; der nationale Eudämonismus und Egoismus überdeckt die gelegentlichen Erinnerungen an Gottes Souveränität.

Dieselbe Dialektik wiederholt sich in der Art, wie unsere Texte das *Bild des Messias selber* zeichnen, in der Beschreibung seiner „Herrlichkeit"[459].

Alttestamentlich-konservativ sind die für ihn verwendeten Namen des „Königs"[460], des Messias[461] und Davidsohnes[462], konservativ die

---

zur Textgestalt vgl. S. 58 Anm. 435): ἐν μέσῳ λαῶν ἡγιασμένων (17, 43); ὅτι πάντες ἅγιοι (17, 32).

[451] Betont konstatierend: γνώσεται γὰρ αὐτοὺς ὅτι πάντες υἱοὶ θεοῦ εἰσὶν αὐτῶν (17, 27).

[452] καὶ συνάξει λαὸν ἅγιον, οὗ ἀφηγήσεται ἐν δικαιοσύνῃ (17, 26); ἐν ἰσότητι πάντας αὐτοὺς ἄξει (17, 41); τοῦ ἄρχειν λαοῦ μεγάλου (17, 36).

[453] καὶ καταμερίσει αὐτοὺς ἐν ταῖς φυλαῖς αὐτῶν ἐπὶ τῆς γῆς (17, 28).

[454] ποιμαίνων τὸ ποίμνιον κυρίου (17, 40).

[455] καὶ οὐκ ἀφήσει ἀσθενῆσαι ἐν αὐτοῖς ἐν τῇ νομῇ αὐτῶν (17, 40).

[456] κατευθῦναι ἄνδρα ἐν ἔργοις δικαιοσύνης φόβῳ θεοῦ, καταστῆσαι πάντας αὐτοὺς ἐνώπιον κυρίου γενεὰ ἀγαθὴ ἐν φόβῳ θεοῦ ἐν ἡμέραις ἐλέους (18, 8 f.).

[457] εὐλογήσει λαὸν κυρίου ἐν σοφίᾳ μετ' εὐφροσύνης (17, 35); εἰς ἡμέραν ἐλέους ἐν εὐλογίᾳ (18, 5).

[458] τὰ ἀγαθὰ Ἰσραὴλ ἐν συναγωγῇ φυλῶν, ἃ ποιήσει ὁ θεός (17, 44; zur Textgestalt vgl. S. 19 Anm. 101); τὰ ἀγαθὰ κυρίου, ἃ ποιήσει γενεᾷ τῇ ἐρχομένῃ ὑπὸ ῥάβδον παιδείας χριστοῦ κυρίου (18, 6 f.).

[459] αὕτη ἡ εὐπρέπεια τοῦ βασιλέως Ἰσραὴλ (17, 42); εὐπρέπεια wird im NT nur für die vergehende Schönheit der Blume (Jak 1, 11), nie für die Christus-Herrlichkeit verwendet, die eschatologisch und für die Tage seines Erdenlebens δόξα heißt.

[460] ἀνάστησον αὐτοῖς τὸν βασιλέα αὐτῶν (17, 21); – τοῦ βασιλεῦσαι ἐπὶ Ἰσραὴλ (17, 21); αὐτὸς βασιλεύς (17, 32); βασιλεὺς αὐτῶν (17, 32); αὕτη ἡ εὐπρέπεια τοῦ βασιλέως Ἰσραὴλ (17, 42).

[461] βασιλεὺς αὐτῶν χριστὸς κυρίου (17, 32; trotz der Übereinstimmung des Syrers mit der griechischen Textüberlieferung lese ich aus den bekannten Gründen die Carrieresche Konjektur κυρίου); ἐν ἀνάξει χριστοῦ αὐτοῦ (18, 5); ὑπὸ ῥάβδον παιδείας χριστοῦ κυρίου (18, 7).

Rede von seiner „Gerechtigkeit"[463] und seine Bezeichnung als „gerecht"[464], konservativ sein „eiserner Stab"[465] wie der gleichzeitige Verzicht auf Machtmittel[466] und die Hervorhebung des Wortes[467] und des Geistes[468] als der Attribute seines Wirkens. Daß der *Messias* es aber in Gericht und Heil auch mit den Heiden, nicht bloß mit Israel[469] zu tun hat, geht über diese alttestamentlich-konservative Linie, die meist von *Gottes* Souveränität redet, z. T. hinaus[470] und weist eben in der Form des National-Egoismus (der König Israels der Herr der Heiden!) hin auf jene den frommen Menschen in den Mittelpunkt rückende Betrachtungsweise.

Diese andere, anthropozentrische Seite des Messiasbildes haben wir vor uns, wenn die Krafterfülltheit des Messias unterstrichen wird,

---

[462] ἀνάστησον αὐτοῖς – υἱὸν Δαυίδ (17, 21). Der Messias behält hier, wie im gesamten Spätjudentum, menschliche Proportionen; es ist typisch, daß von seinem φόβος θεοῦ (17, 40) und seinem Hoffen auf Gott (17, 34) geredet werden kann, während der neutestamentliche Christus, auch in den Synoptikern, Gott nicht „fürchtet" und nicht auf ihn „hofft" (im NT ἐλπίζειν, ἐλπίς, φοβεῖσθαι und φόβος nie von Christus als dem Subjekt).

[463] ἐν δικαιοσύνῃ (17, 23; die RAHLFSsche Konjektur δικαιοσύνης sowie die Frage der Verbindung der σοφία und der δικαιοσύνη mit dem vorangehenden ὑπόζωσον wie bei KUHN, aaO S. 69 oder mit dem folgenden ἐξῶσαι wie bei v. GEBHARDT-RAHLFS kann hier außer Betracht bleiben); λαὸν ἅγιον, οὗ ἀφηγήσεται ἐν δικαιοσύνῃ (17, 26); κρινεῖ λαοὺς καὶ ἔθνη ἐν σοφίᾳ δικαιοσύνης αὐτοῦ (17, 29); – μετὰ ἰσχύος καὶ δικαιοσύνης (17, 37); ἐν πίστει καὶ δικαιοσύνῃ (17, 40); ἐν ἰσότητι (so liest auch der Syrer) πάντας αὐτοὺς ἄξει (17, 41).

[464] αὐτὸς βασιλεὺς δίκαιος (17, 32). Für den alttestamentlichen Hintergrund der Aussagen Anm. 460–464 vgl. EICHRODT, aaO S. 243–50.

[465] ἐν ῥάβδῳ σιδηρᾷ συντρῖψαι πᾶσαν ὑπόστασιν αὐτῶν (17, 24; vgl. kan. Psalter 2, 9); ὑπὸ ῥάβδον παιδείας χριστοῦ – (18, 7).

[466] οὐ γὰρ ἐλπιεῖ ἐπὶ ἵππον καὶ ἀναβάτην καὶ τόξον οὐδὲ πληθυνεῖ αὐτῷ χρυσίον οὐδὲ ἀργύριον εἰς πόλεμον καὶ πολλοῖς (die Konjekturen zu diesem Wort interessieren hier nicht im einzelnen) οὐ συνάξει ἐλπίδας εἰς ἡμέραν πολέμου (17, 33). Zum alttestamentlichen Hintergrund vgl. EICHRODT, aaO S. 247 Anm. 1.

[467] ὀλεθρεῦσαι ἔθνη παράνομα ἐν λόγῳ στόματος αὐτοῦ (17, 24); πατάξει γὰρ γῆν τῷ λόγῳ τοῦ στόματος αὐτοῦ εἰς αἰῶνα (17, 35; vgl. Jes 11, 4, von woher KUHN, aaO S. 76 diese Zeile für interpoliert hält); – ἐν ἰσχύι λόγου (17, 36); τὰ ῥήματα αὐτοῦ πεπυρωμένα ὑπὲρ χρυσίον τὸ πρῶτον τίμιον (17, 43); οἱ λόγοι αὐτοῦ ὡς λόγοι ἁγίων (17, 43).

[468] ὁ θεὸς κατειργάσατο αὐτὸν δυνατὸν ἐν πνεύματι ἁγίῳ (17, 37); ἐν σοφίᾳ πνεύματος (18, 7). Zum alttestamentlichen Hintergrund der Aussagen Anm. 467 und 468 vgl. EICHRODT, aaO S. 243–50 und GEIGERS Kommentar!

[469] Vgl. S. 58 Anm. 435–440.

[470] Vgl. EICHRODT, aaO S. 247 Anm. 2 und 3.

womit bald seine ungebrochene Frömmigkeit vor Gott[471] und seine Sündenreinheit[472], bald seine Überlegenheit gegenüber den Feinden[473] gemeint sein kann. Ähnlich anthropozentrisch mutet die Hervorhebung seiner Weisheit[474] an. Natürlich geht es bei der Gottes Souveränität betonenden und bei der anthropozentrischen Linie nicht um zwei voneinander säuberlich subtrahierbare Gedankenkreise[475]. Beide Seiten, hier also etwa die Gerechtigkeit und der Geistbesitz des Messias einerseits und seine Kraft und Weisheit andererseits, begegnen, ineinander verschlungen, gelegentlich in ein und derselben Zeile[476], wie sie in dieser ihrer Verbundenheit auch schon ihren alttestamentlichen Stammbaum haben[477]. Gleichwohl lassen sich beide Seiten unter-

---

[471] καὶ οὐκ ἀσθενήσει ἐν ταῖς ἡμέραις αὐτοῦ ἐπὶ τῷ θεῷ αὐτοῦ· ὅτι ὁ θεὸς κατειργάσατο αὐτὸν δυνατὸν ἐν πνεύματι ἁγίῳ καὶ σοφὸν ἐν βουλῇ συνέσεως μετὰ ἰσχύος καὶ δικαιοσύνης (17, 37); καὶ εὐλογία κυρίου μετ' αὐτοῦ ἐν ἰσχύι, καὶ οὐκ ἀσθενήσει (17, 38); κραταιὸς ἐν φόβῳ θεοῦ (17, 40); ἐν σοφίᾳ πνεύματος καὶ δικαιοσύνης καὶ ἰσχύος (18, 7); und darum: τὸν κύριον δοξάσει ἐν ἐπισήμῳ πάσης τῆς γῆς (17, 30).

[472] καὶ αὐτὸς καθαρὸς ἀπὸ ἁμαρτίας (17, 36); positiv gewendet: ἰσχυρὸς ἐν ἔργοις αὐτοῦ (17, 40).

[473] καὶ ὑπόζωσον αὐτὸν ἰσχὺν τοῦ θραῦσαι ἄρχοντας ἀδίκους (17, 22); in dieser Kraft vollzieht er das Strafgericht an Heiden und Sündern (17, 22–25, Text z. T. S. 58 Anm. 440); sie äußert sich ἐν ἀπειλῇ αὐτοῦ (17, 25), darin, daß die Heiden δουλεύειν αὐτῷ ὑπὸ τὸν ζυγὸν αὐτοῦ (17, 30); sie erscheint beim Strafgericht spezialisiert auf das Wort: ἐλέγξαι ἄρχοντας καὶ ἐξᾶραι ἁμαρτωλοὺς ἐν ἰσχύι λόγου (17, 36).

[474] ἐν σοφίᾳ (17, 23; zur Frage der Textgestalt und Sinnverbindung vgl. S. 61 Anm. 463); καὶ αὐτὸς βασιλεὺς δίκαιος διδακτὸς ὑπὸ θεοῦ (17, 32); ὁ θεὸς κατειργάσατο αὐτὸν – σοφὸν ἐν βουλῇ συνέσεως (17, 37). Besonders betont ist die Bedeutsamkeit der Weisheit durch die regierende Voranstellung der σοφία, von der dann die Genitiv-Attribute abhängen: κρινεῖ λαοὺς καὶ ἔθνη ἐν σοφίᾳ δικαιοσύνης αὐτοῦ (17, 29); ἐν σοφίᾳ πνεύματος καὶ δικαιοσύνης καὶ ἰσχύος (18, 7); meines Wissens ist diese, das rationale Element hervorhebende, Konstruktion von σοφία in der Septuaginta nicht üblich (vgl. die Stellen Anm. 477).

[475] Vgl. S. 46 f.!

[476] Es werden kombiniert: ἰσχύς und δικαιοσύνη in 17, 37 c; 18, 7 b.
                          σοφία und δικαιοσύνη in 17, 23 a. 29. 37 c; 18, 7 b.
                          δυνατός und πνεῦμα ἅγ. in 17, 37 b.
                          σοφία und πνεῦμα ἅγ. in 18, 7 b.
                          σοφός und πνεῦμα ἅγ. in 17, 37 b c.

[477] Vgl. nur die Kombination von μεγάλη βουλή Jes 9, 5 mit δικαιοσύνη und κρίμα Jes 9, 6; die Wendungen πνεῦμα σοφίας καὶ συνέσεως, πνεῦμα βουλῆς καὶ ἰσχύος Jes 11, 2 neben κρίνειν κρίσιν Jes 11, 4 und δικαιοσύνη und ἀλήθεια Jes 11, 5! Auffällig ist, daß trotz ziemlich direkter Bezugnahme unserer Texte auf Jes 11 –

scheiden. Denn sie können, wie ein Vergleich mit dem NT zeigt, sehr verschiedenartig zueinander in Beziehung gesetzt werden: Kraft und Weisheit sind beim neutestamentlichen Christus dialektisch gebrochen[478], während sie in unsern Texten beim Messias[479] wie beim Frommen[480] ungebrochen dominieren. Im NT gibt der Christus den Seinen Anteil an seiner dialektischen Gebrochenheit[481], und es ist ein

---

vgl. das Zitat aus Jes 11, 4 in 17, 35; siehe S. 58 Anm. 440 – die regierende Wortstellung der $\sigma o\varphi i\alpha$ sich nur in den Psalmen Salomos (vgl. Anm. 474) findet, während Jes 11, 2 $\pi\nu\varepsilon\tilde{u}\mu\alpha\ \sigma o\varphi i\alpha\varsigma$ verbindet! Ebenso merkwürdig ist das völlige Fehlen der $\varepsilon i\varrho\acute\eta\nu\eta$ (vgl. nur Jes 9, 5 f.) in der messianischen Terminologie unserer Texte.

[478] Der irdische Jesus hat sich zwar wahrscheinlich selber als den eschatologischen Überwinder des $i\sigma\chi\upsilon\varrho\acute o\varsigma$ (Mk 3, 27 Par.) bezeichnet, die Gemeindetradition redet von der Vollmacht seines Lehrens und Handelns (Mk 1, 22 und 27, und weitere synoptische Stellen ad vocem $\dot\varepsilon\xi o\upsilon\sigma i\alpha$) und nennt ihn einen durch Wundertaten ausgewiesenen $\pi\varrho o\varphi\acute\eta\tau\eta\varsigma$ (Lk 24, 19; Akt. 2, 22). Aber daneben berichtet man von dem Anstoßnehmen seiner Umgebung (Mk 6, 3 und sonstige synoptische Stellen ad vocem $\sigma\kappa\alpha\nu\delta\alpha\lambda i\zeta\varepsilon\sigma\vartheta\alpha\iota$), von dem gegen seine Jünger gerichteten Vorwurf der kultischen Unreinheit (Mk 7, 2 ff. Par.) und von dem ihn betreffenden Verdacht der Besessenheit (Mk 3, 22 ff.; $\pi\nu\varepsilon\tilde{u}\mu\alpha\ \dot\alpha\kappa\acute\alpha\vartheta\alpha\varrho\tau o\nu$!); $\kappa\alpha\vartheta\alpha\varrho\acute o\varsigma$ und $\sigma o\varphi\acute o\varsigma$ fehlen im NT als Attribute des irdischen Jesus; statt das $\pi\alpha\tau\acute\alpha\sigma\sigma\varepsilon\iota\nu$ (17, 35) selber zu üben, verbietet er es bei seiner Verhaftung dem Jünger (Mt 26, 51 f. Par.). Zwar wird die älteste Tradition die Messianität Jesu von der Auferstehung an gerechnet haben (Akt 2, 36), so daß die vom Messias heraufgeführte Heilszeit in der noch erwarteten Zukunft liegt (Akt 3, 19–21). Theologisch um so beachtlicher bleibt es, daß die in das Leben des Irdischen rückdatierende messianische Betrachtung das Ärgernis der Niedrigkeit, d. h. der nur dialektischen Kraft und Weisheit des Irdischen, im großen und ganzen nicht eliminiert, sondern einbeziehen kann. Paulus redet dann, den gnostischen Erlösermythus verwendend, also auf der Folie der Präexistenz, von der $\pi\tau\omega\chi\varepsilon i\alpha$ des Irdischen (II. Cor 8, 9), von seiner $\dot\alpha\sigma\vartheta\acute\varepsilon\nu\varepsilon\iota\alpha$ (II. Cor 13, 4) seiner $\mu o\varrho\varphi\grave\eta\ \delta o\acute u\lambda o\upsilon$ (Phil 2, 7) speziell im Blick auf das $\sigma\kappa\acute\alpha\nu\delta\alpha\lambda o\nu$ seines Kreuzes (I. Cor 1, 23) und führt angesichts des $\lambda\acute o\gamma o\varsigma\ \tau o\tilde u\ \sigma\tau\alpha\upsilon\varrho o\tilde u$ die Dialektik der $\vartheta\varepsilon o\tilde u\ \delta\acute u\nu\alpha\mu\iota\varsigma$ und der $\vartheta\varepsilon o\tilde u\ \sigma o\varphi i\alpha$ konsequent durch (I. Cor 1, 23–25). Das NT verbindet wieder nur $\pi\nu\varepsilon\tilde{u}\mu\alpha\ \sigma o\varphi i\alpha\varsigma$ (Eph 1, 17; vgl. oben Anm. 474 und 477); das rationale Moment ist der Souveränität Gottes wieder untergeordnet. Der undialektische Krafterweis des Messias bleibt im NT der Gerichtsparusie vorbehalten (Synoptiker, Acta, Paulus, Deuteropaulinen, kath. Briefe, Apokalypse; es ist lehrreich, wie die Schilderung der Parusie mit Septuaginta-Wendungen in Apok 19, 15 bestimmte Formulierungen unserer Texte wiederholt: $\pi\alpha\tau\acute\alpha\xi\eta$ = 17, 35 a; $\pi o\iota\mu\alpha\nu\varepsilon\tilde\iota$ = 17, 40b; $\dot\varrho\acute\alpha\beta\delta\omega\ \sigma\iota\delta\eta\varrho\tilde{\alpha}$ = 17, 24a); ja, er kann bei der Eliminierung des zeitlich futurischen Gerichtes im vierten Evangelium (vgl. nur Joh 3, 18–21) ganz fortfallen.

[479] Vgl. S. 62 Anm. 471–474.
[480] Vgl. S. 45; besonders Anm. 313 und 314.
[481] Vgl. nur Mk 8, 34 f. Par. und Phil 3, 10!

wirkliches Geben der Gabe, die der unwürdige Empfänger nicht besitzt[482]. Auch unsere Texte reden beim Messias von einem Vermitteln dessen, was er hat, Kraft, Reinheit, Weisheit, Gerechtigkeit[483], aber es ist das Weitergeben eines ungebrochenen Positivums an würdige und willige Empfänger[484], die schon haben und sind, was sie nun auch noch vom Messias erhalten[485], so daß der schon aus dem AT bekannte Stellvertretungsgedanke[486] in unseren Texten völlig folgerichtig fehlen kann; denn der Messias der Psalmen Salomos braucht ja nicht Sündern zu helfen. Diese ungebrochene Krafterfülltheit des Messias tritt natürlich nicht in einen schlechthinnigen Gegensatz zu Gottes Souveränität: Gottes Königsein und Segnen, des Messias Hoffen auf Gott ist die Quelle dieser unüberwindlichen Kraft[487].

Der Messias unserer Texte, das kann abschließend jetzt summarisch festgestellt werden, steht, verglichen mit dem NT, stärker auf der Seite der Geschöpfe, eben damit Gottes Souveränität bezeugend; er vermeidet gleichwohl die Niedrigkeit des neutestamentlichen Messias und spiegelt, auf der Ebene des nationalen Egoismus, die anthropozentrisch ausgerichtete Frömmigkeit des „Gerechten" wider. Dialektik von Gottesglauben und Selbstvertrauen!

---

[482] Vgl. nur Mk 2, 17 Par. und Röm 5, 6–8!

[483] καὶ οὐκ ἀσθενήσει ἐν ταῖς ἡμέραις αὐτοῦ ἐπὶ θεῷ αὐτοῦ (17, 37); καὶ οὐκ ἀσθενήσει (17, 38).
καὶ αὐτὸς καθαρὸς ἀπὸ ἁμαρτίας (17, 36).
ὁ θεὸς κατειργάσατο αὐτὸν – σοφὸν ἐν βουλῇ συνέσεως (17,37)
αὐτὸς βασιλεὺς δίκαιος (17, 32).

καὶ οὐκ ἀφήσει ἀσθενῆσαι ἐν αὐτοῖς ἐν τῇ νομῇ αὐτῶν (17, 40).
καθαρίσαι ' Ιερουσαλὴμ ἀπὸ ἐθνῶν (17, 22; zur Textgestalt vgl. S. 59 Anm. 445);
καθαριεῖ ' Ιερουσαλὴμ ἐν ἁγιασμῷ (17, 30).
εὐλογήσει λαὸν κυρίου ἐν σοφίᾳ μετ' εὐφροσύνης (17, 35).
κατευθῦναι ἄνδρα ἐν ἔργοις δικαιοσύνης (18, 8).

[484] Vgl. S. 14f. Anm. 54 und 55; S. 57 besonders Anm. 430–432.

[485] Vgl. S. 51 f.; besonders S. 59 f. Anm. 449–451.

[486] Vgl. EICHRODT, aaO S. 246 unten, besonders Anm. 11 und 12.

[487] Außer den Texten S. 56 Anm. 417–419, besonders Anm. 420, vgl. noch: κύριος αὐτὸς βασιλεὺς αὐτοῦ (17, 34); ἡ ἐλπὶς αὐτοῦ ἐπὶ κύριον (17, 39); in der Linie dieser letzteren Worte ist auch der Sinn des uns verdorben vorliegenden Textes von 17, 34 zu suchen: ἐλπὶς αὐτοῦ, bezeugt von dem griechischen cd. R und dem Syrer, wird gegen ἐλπὶς τοῦ (bezeugt von den griechischen cdd. J L N) ursprünglich sein, aber δυνατοῦ ἐλπίδι θεοῦ ist, verglichen mit dem Syrer-Text „seine Hoffnung und Stärke", vielleicht sekundär; vgl. KUHN, aaO S. 74 f. Zur theologischen Seite dieser Aussagen vgl. S. 61 Anm. 462. Ferner: εὐλογία κυρίου μετ' αὐτοῦ ἐν ἰσχύι (17, 38).

Rückblickend stellen wir nochmals die Frage nach dem geistlichen Pathos unserer Texte. Die überall zutage tretende Linie des Selbstvertrauens hebt zwar den Gedanken von Gottes Barmherzigkeit nicht auf, verharmlost ihn aber weithin zu einer wohl begründeten Parteilichkeit. Insofern wäre Gott verstanden als der Ergänzer dessen, was der Mensch leistet, aber nicht zu vollenden vermag. Gleichwohl lebt Gottes Souveränität in unsern Texten zu echt und zu ursprünglich, als daß die eben genannte Konzeption wirklich durchgeführt wäre; Gott in seiner Barmherzigkeit ist eben doch mehr als der Ergänzer menschlicher Leistung. Unsere Texte gleichen einer Farbenskala; das Oszillieren zwischen ihren Gegenwerten begründet die Schwierigkeit ihrer Erklärung, macht aber auch ihren immer neuen Reiz aus.

(Abgeschlossen: 11. 1. 1950)

Register

(Verszählung nach v. GEBHARDT und RAHLFS; in kursiv geschriebenen Anmerkungen wird die Textgestalt erörtert.)

Vers	Anmerkung	Vers	Anmerkung	Vers	Anmerkung
Psalm 1	187	28 f.	294	5	294
2	70. 185	29–31	168	6	295. 296
3	186	30	285	7	292. 295. 296
5 f.	*294*	31	293. 294. 296. 300	8	171. 196. 235.238.
7	294	32	283. 300		291. 293. *294*.296.
8	294	33	20. 25. 220. 235. 236		301
				9	*294*
Psalm 2	178. 236	34	170. 291	10	294
1	287. 295	35	21. 26. 170. 291. 295	11	294
3 f.	*294*			12	294
3–15	288	33–35	16. 307	14	295. 296
5	296	36	20. 22. 40. 41. 57. 69. 193. 231. 312. 330	15	296
6	296			16	295. 296
7	296			17	295. 296
8	18. 20. 296	37	203	18	296
9	296			19	295. 296
10	300	Psalm 3		20	295. 296
11	296	1	13. 237	21	218. 250. 294. 295.
13	294	2	189. *237*. *244*		
14	295	3	235. 249. 301	22	295. 296
15	188. 235. 236.242. 301. 302	4	232. 257	23	27. 215. 315
		5	247. 249. 301	24	291. 293. 294.295. 296. 302
16	178. 210	6	117. 179. 254		
17	292. 293. 296. 300	7	253	25	20. 221. 330
18	303	8	15. 51. *199*. *252*. 266		
19	296			Psalm 5	112. 146. 235. 327
20	296	9	237		
21	296	11	296	1	235. 280. 299
22	295	12	58. 219	2	22. 150. 151. 152. 223
23	*295*. 297				
24	169. 295			3	139. *140*
24–30	287	Psalm 4	238	4	141
25	295. *296*	1 ff.	290. 294	5	136. 223
26	294. *296*	4	*294*	6	142
27	296			7	232

Vers	Anmerkung	Vers	Anmerkung	Vers	Anmerkung
8	223	15	296	7	22. 91. 150. 151.
9–11	143	20	296		330
11	73. 152. 155. 228	21	294. 296	8	92
12	20. 22. 41. 150. 153	22	294		
13	*305*	23	194. 284. 304. 306	*Psalm 11*	32. 93. 327
14	20. 144. *228*	23–26	288	1	21. 94
15	20. 148	24	283. 302	6	95. 138
16	161	25	235. 300. 307	7	96. 127
18	20. 83. *216*. 298.	26	85. 158. 235. 239.	8	97. 127
	330		301. 307. 309	9	20. 330
19	112. 298	27	20. 21. 307		
		28	20. 86. 163	*Psalm 12*	
Psalm 6	327	29	160. 166	1	13. 294. 315
1	*223*. 249. 315	30	30	4	208. 217. 295. 296
3	*39. 42. 313*	31	74. 137. 155. 228.	5	295
4	81. 245		300	6	*59*. 98. 128. 205.
5	15. 214. 226	32	22. 150. 232. 233.		295. 296. 330
6	20. 41. 156. 222.		311		
	227. 228. 330	33	118. 232. 313. 330	*Psalm 13*	354–374
		34	87. 195. 301	1	317
Psalm 7	327			2	315
1	28	*Psalm 9*	375–415	4	315
2	121	2	125. 281. 284. 304	5	*165*. 191. 204
3	29. 37. 158	3	182. 198. 281	6–11	175
5	22. 36. 151	4	180. 282. 314	7 f.	*38*. 266. 310
6	21. 130	5	15. 180. 183. 282.	8	316
7	34. 41. 71. 114. 223		296. 314	10	44. 165. 178. 200.
8	21. 71. 84	6	21. *52*. 230. 251		317
9	45. 158. 264, 265	7	20. *54*. 178. *251*	11	60. 296
10	21. 47. 108. 126.	8	20. 21. 24. 88. 132.	12	20. 192. 211. 330
	265. 298. 330		134		
		9	107. 122. 131	*Psalm 14*	
Psalm 8	239	10	123. 156. 228	1 f.	*181*. 222. 255. 259
3	*286*. 295	11	20. 89. 330	3 f.	61. *207*
6	185			5	99
7	79. 235. 239. 301	*Psalm 10*	327	7	250. 294
7 ff.	288	1	53. *162*. 165	9	20. 173. 296. 330
8	292. 294. 300	2	22. 255. 256. 260.	10	62. 206
9	294		261		
10	294	3	20. 174. 222	*Psalm 15*	332–353
11 f.	*294*	4	20. 124. 202	1	43. 75. 77. 109. 152.
14 f.	168	5	90. 270. 280		155. 156. 228. 229.
14–22	288	6	21. 78. 133. 152.		315
			197		

5*

Vers	Anmerkung	Vers	Anmerkung	Vers	Anmerkung
2	76. 77. 240. 243	9	18. 21. 296. *308*	38	471. 483. 487
3	209. 240. 246	10	269. 440	39	154. 487
4	229. 248. 297. 313	11	296	40	66. 277. 278. 447. 454. 455. 462. 463. 471. 472. 478. 483
4–7	*35*	12	296		
6	176. 229. 318	13	294		
7	172. 201. 293. 296	14	294	41	65. 447. 449. 452. *463*
8	240. 291. 293. 296	15	294		
9	296	17	*315*	42	110. 159. 417. *418*. 446. 459. 460
10	296	18	296		
11	296	19	184. 294. 296	43	276. *435*. *443*. 450. 467
12	291. 293. 296. 307	20	288		
13	20. 21. 56. 212. 296. 307. 330	21	100. 110. 295. 417. 419. 460. 462	44	*101*. 417. 458
				45	20. *31*. 63. *102*. 295. 315. 330. 421. 422. 423. 428
Psalm 16		21–46	64. 169		
1	13. *167*	22	295. 420. 438. 440. *445*. 473. 483	46	33. 113
2	*167*. 296				
3	20. 47. *167*	23	274. 295. 438. 440. *463*. 473. 476	*Psalm 18* 147. 327	
4	*46*. 49. 115. 119. *315*			1	20. 103. 145. 421. 423. 424. 427
		24	295. 439. 440. 447. 465. 467. 473. 478		
5	80. 116. 234. 296. 319			2	41. 72. 152. 224. 228. 428
		25	295. 438. 440. 473		
6	20	26	275. 276. 443. 450. 452. 463	3	20. *104*. 106. 149. 279. 311. 421. 425. 426. 435. 447
6–12	*164*				
7	210	27	447. 449. 451		
8	294. *300*	28	448. 453	4	190. 266. 300. 429. 430. 431
11	*48*. 158. 165. 263	29	276. 440. 463. 474. 476. 477. 478		
12	232			5	20. 67. 105. 135. 295. 417. 419. 423. 444. 457. 461
12 f.	40. 312	30	436. 437. 445. 447. 471. 473. 483		
13	262				
15	21. 177. 255. 258. 330	31	436. *437*	6	417. 458
		32	110. 273. 447. 449. 450. 460. *461*. 464. 474. 483	7	159. 213. 272. 446. 458. 461. 465. 468. 471. 474. 476. 477. 478
Psalm 17					
1	33. *111*. 113. 157				
2 f.	120	33	466	8	447. 456. 483
3	20. 156. 228. 268. 269. 440	34	21. 110. *147*. 154. 426. *435*. 447. 462. 487	9	20. 213. 330. 423. 456
4	111. 418				
4–8	289	35	440. 457. 467. 477. 478. 483	*Neues Testament*	
5	*129*. 165. 294. 295				Anmerkung
5–20	422	36	296. 440. 452. 467. 472. 473. 483	Mt	251
6	129. *294*			Mt 8, 11 f.	442
7	111. 296	37	271. 420. 447. 463. 468. 471. 474. 476. 483	Mt 26, 51 f.	478
6–9	68				
8	308				

Anmerkung		Anmerkung		Anmerkung	
Mc 1, 22; 27	478	Act 3, 19–21	478	Phil 2, 7	478
Mc 2, 16 f.	442 u. 482	Act 8, 2	191	Phil 3, 10	481
Mc 3, 22 ff.	478	Act 10, 2; 7	191	I. Tim 2, 8	191
Mc 3, 27	478	Act 13, 34 f.	191	Tit 1, 8	191
Mc 6, 3	478	Act 22, 12	191	Hbr 7, 26	191
Mc 7, 2 ff.	478	Röm 2, 7 f.	180	Hbr 12, 1	210
Mc 8, 34 f.	481	Röm 2, 15	180	Jak 1, 11	459
Lc	251	Röm 4, 5	190 u. 307	II. Ptr 2, 9	191
Lc 2, 25	191	Röm 5, 6–8	482	I. Joh 5, 16 f.	210
Lc 24, 19	478	I. Cor 1,23–25	478	Apc	251
Joh 3, 18–21	478	I. Cor 1, 24	312	Apc 15, 4	191
Act	251	II. Cor 8, 9	478	Apc 16, 5	191
Act 2, 5	191	II. Cor 12, 10	312	Apc 19, 15	478
Act 2, 22	478	II. Cor 13, 4	478	Apc 22, 20	428
Act 2, 27	191	Eph 1, 17	272 u. 478		
Act 2, 36	478	Eph 2, 4 f.	193		

„Umkehr" in spätjüdisch-häretischer
und in frühchristlicher Sicht*[1]

I

Die vor gut sechs Jahren bei Qumran an der NW-Ecke des Toten Meeres in einer Höhle gefundenen hebräischen Handschriften sind auch für das NT von größter Bedeutung. Gerade die Dualismen der sog. Sektenregel – es handelt sich um einen Text aus dem 1.-2. vorchristlichen Jahrhundert[2] – fanden mit Recht vor allem Beachtung. Um ein fundiertes Urteil über das Verhältnis von Sektenschrift und NT zu gewinnen, versucht man am besten, einen beiden Texten gemeinsamen zentralen Begriff durchzudenken. Für die älteste Schicht des NT, für die aus den Synoptikern kritisch zu eruierende Verkündigung Jesu, bietet sich da der Begriff der „Umkehr" (שוב; μετανοεῖν, μετάνοια) an. Was sagt das häretische Judentum der Sektenschrift, was sagt die Verkündigung Jesu über die Umkehr aus?

Zunächst die Texte; die der ja noch weithin unbekannten Sektenregel in wörtlicher Übersetzung.

Man 5, 1–3: „Das ist die Ordnung für die Männer der Einung, die willig sind, umzukehren von allem Bösen und an all dem festzuhalten, was er zu seinem Wohlgefallen befohlen hat: sich zu trennen von der Gemeinde der Männer des Unrechts und eine Einung zu sein in der Tora und im Besitz, Antwort zu geben nach Anordnung der Sadoq-Söhne, der Priester, die den Bund bewahren, und nach Anordnung der Menge der Männer der Einung, die am Bunde festhalten."

Man 5, 7–9: „Jeder, der in den Rat der Einung eintritt, soll in den Gottesbund vor den Augen aller Willigen eintreten und soll einen Bindeeid über

---

* ZThK 50, 1953, 243–258.

[1] Dieser Aufsatz gibt im wesentlichen meine am 11. Juni 1953 an der Johannes-Gutenberg-Universität zu Mainz gehaltene Antrittsvorlesung wieder.

[2] MILLAR BURROWS, The Dead Scrolls of St. Mark's Monastery. Vol II 2 Plates and Transscription of the Manual of Discipline. New Haven 1951.

sich verhängen, zur Moses-Tora zurückzukehren (oder: sich zu bekehren) entsprechend allem, was er befohlen hat, mit ganzem Herzen und ganzer Seele, entsprechend allem, was von ihr (der Tora) offenbart wurde den Sadoq-Söhnen, den Priestern, die den Bund bewahren und sein Wohlgefallen suchen, und der Menge der Männer ihres Bundes."

Man 5, 13 f.: „Nicht sind sie rein, wenn sie sich nicht bekehren von ihrer Bosheit. Denn Unreinheit ist unter allen, die sein Wort übertreten."

Man 5, 20–22: Die Prüfung des eintretenden Novizen auf Tora-Kenntnis und Tora-Werke geschieht nach Weisung der Aharoniden „und nach Weisung der Menge Israels, die willig sind, sich in der Einung zu bekehren zu (oder: gemäß) seinem Bund".

Man 6, 14 f.: „Und wenn er (der nach Wissen und Taten untersuchte Novize) der Disziplin entspricht, so soll er (der Prüfende) ihn (den Novizen) in den Bund eintreten lassen, sich zu bekehren zur Wahrheit und zu weichen von jeglichem Unrecht. Er soll ihn weise machen in allen Rechtssatzungen der Einung."

Die zitierten sechs Textstellen entstammen den Tafeln 5 und 6, dem Abschnitt, der von der Ordnung, dem דרך der Sekte, handelt. Die drei anderen Orte, an denen שוב die Bedeutung der Umkehr hat, sind von geringerem Gewicht:

Von dem den Eintritt in die Sekte Verweigernden heißt es (Man 3, 1): „Nicht ist sein Leben stark für den Bekehrer."

Der Kontext der Worte „in seiner Bekehrung" (Man 3, 3) ist überhaupt nicht eindeutig übersetzbar und interpretierbar.

Und schließlich versichert der Sänger des Schlußpsalmes (Man 10, 20): „Nicht will ich im Zorn beharren gegen die, die sich von der Sünde bekehren."

Soweit etwa das Material der Sektenregel. Die synoptischen Bekehrungsworte sind bekannter und brauchen hier nur angedeutet zu werden:

Die Bekehrungspredigt des Täufers in den Vorgeschichten (Mk 1, 4; Lk 3, 3; Mt 3, 2. 8. 11; Lk 3, 8) wird von Jesus (Mk 1, 15; Lk 5, 32) und von den durch ihn ausgesandten Jüngern (Mk 6, 12) fortgeführt. Die galiläischen Städte Chorazin und Bethsaida haben trotz der Wunder Jesu die Bekehrung verweigert, was an ihrer Stelle nicht einmal Tyrus und Sidon getan hätten (Mt 11, 20 f.; Lk 10, 13). Die Niniviten haben auf das Zeichen der Jonas-Predigt hin sich bekehrt, anders als die gegenwärtige Generation Jesus gegenüber (Lk 11, 32; Mt 12, 41). Die von Pilatus im Tempel niedergemetzelten Galiläer und die 18 vom Siloah-Turm Erschlagenen waren nicht größere Sünder als die andern Juden; ihr Schicksal zeigt an: ohne Bekehrung werden sie alle in der gleichen Weise zugrunde gehen (Lk 13, 3. 5). Die Parabeln vom verlorenen Schaf und verlorenen Groschen machen klar: im Himmel ist über *einen* sich bekehrenden Sünder mehr Freude als über 99 Gerechte, die keine Bekehrung nötig haben (Lk 15, 7. 10 par.). Der im Hadesfeuer leidende reiche Mann bittet Abraham um Entsendung des verstorbenen Lazarus in sein, des Reichen, Vaterhaus, damit seine fünf Brüder, durch den von den Toten erstandenen Lazarus gewarnt, rechtzeitig sich bekehren möchten (Lk 16, 30).

Ehe ich mit diesem eben skizzierten synoptischen Material theologisch arbeite, muß die historische Echtheitsfrage, wenn auch kurz, beantwortet sein. Der Kenner wird merken, daß ich bei dieser Antwort mich weitgehend den Analysen der formgeschichtlichen Schule von R. Bultmann und M. Dibelius verpflichtet weiß. Da die christliche Gemeindetradition die Berichte geformt hat, ist die absolute Gewißheit eines verbum ipsissimum des Irdischen an keiner Stelle der Tradition gegeben. Eine gewisse Wahrscheinlichkeit, es mit tradierten Sprüchen des irdischen Jesus zu tun zu haben, besteht beim Wort über die Galiläer und über die Siloah-Turm-Erschlagenen (Lk 13, 3. 5) und beim Vorbild der sich bekehrenden Niniviten (Lk 11, 32 par.). Bei den andern Worten halte ich Gemeindebildung für wahrscheinlich, vor allem aus formalen Gründen, weil die Sprüche durch ihren rückblickhaften oder betont Anwendung bringenden Tenor sich als späterer Zuwachs nahelegen. Solche Gemeindebildungen interpretieren den Bekehrungsruf Jesu durchaus im Sinne Jesu; ich benutze und behandle sie daher ebenso wie die mir als historisch echt geltenden. Eine wirkliche Verschiebung des Sinnes scheint erst dort vorzuliegen, wo Jesu Bekehrungspredigt mit späterer christlicher Terminologie verbunden wird, wie in Mk 1, 15 (μετανοεῖτε καὶ πιστεύετε ἐν τῷ εὐαγγελίῳ); denn der Terminus εὐαγγέλιον im Munde Jesu ist äußerst unwahrscheinlich, er verweist vielmehr in die hellenistische Gemeinde.

II

Eine starke Verwandtschaft in der Auffassung der Bekehrung tritt zwischen der Sektenregel und der Verkündigung Jesu auf den ersten Blick zutage.

Die Bekehrung ist notwendig und unerläßlich. Die Sektenregel ist vom Anfang bis zum Ende durchzogen von der Gewißheit, daß nur der zur Einung, zum יחד Beitretende Gotte gefällt. In den יחד aber gelangt man hinein durch Umkehr, durch Abkehr von allem Bösen und durch Hinwendung zu einer strengen Observanz in der Moses-Tora (Man 5, 1–3. 7–9). Ohne diese Bekehrung zur Einung bleibt der Mensch in der Verstocktheit seines Herzens, im Irren (Man 5, 4 f.), in Finsternis (Man 3, 3) und Unreinheit (Man 3, 5); ohne Anerkennung des Bundes der Einung ist der Mensch Eitelkeit und hat Ausrottung zu erwarten (Man 5, 19). Von so zentraler Bedeutung ist die Umkehr, daß die Sekte sich, wie ihre spätere Fortbildung in der Damaskusschrift (Dam 19, 16)³, einen „Bund der Umkehr" auch in dem durch die Sektenregel gekennzeichneten Stadium hätte nennen können.

Eine ähnlich zentrale Rolle spielt die Umkehr in der Verkündigung Jesu. Nicht nur vermeintlich eklatante Sünder, wie die Opfer der Pilatus-Willkür und des eingestürzten Siloah-Turms, alle haben die Umkehr nötig (Lk 13, 3. 5). Wer sie verweigert, handelt schlimmer als die Königin des Südlandes und als die Niniviten (Lk 11, 31 f. par.), schlimmer als die Heidenstädte Tyrus und Sidon (Mt 11, 20 f.). Der Vollzug der Umkehr ist Gegenstand der Freude im Himmel (Lk 15, 7. 10). Darum stellen die Evangelisten den Anfang der Jesus-Bewegung hinein in die Täufer-Bewegung (synopt. Vorgeschichten). Wenn in diesen Berichten die Vorläufer-Stellung des Täufers auch christliche Legende ist, wenn der programmatische Wortlaut der Täufer- und Jesus-Predigt (μετανοεῖτε, ὅτι ἤγγικεν – Mt 3, 2; 4, 17; Mk 1, 15) auch nicht Tradition eines konkreten Logions, sondern spätere christliche Formulierung ist – die Zusammengehörigkeit beider Bewegungen, der Täufer- und der Jesus-Bewegung, unter dem Gesichtspunkt der unabdingbaren Bekehrungsforderung steht außer Frage; darin liegt das innere Recht dieser späteren Darstellung. Die Gemeinde versteht den Sinn des Kommens Jesu (Lk 5, 32), den Sinn der Aussendung seiner Jünger zu seinen Lebzeiten (Mk 6, 12) (ganz gleich, wie es um die Geschichtlichkeit dieser Aussendung steht) eben unter diesem Gesichtspunkt: Jesus und die Jünger predigen die Bekehrung.

Sektenregel und Jesusworte, beide sind Zeugnisse einer radikalen Bekehrungs-Bewegung. Und zwar einer eschatologisch gerichteten.

---

³ Vgl. L. Rost, Das Verhältnis von Damaskusschrift und Sektenrolle. ThLZ 1952, 723–726.

Damit ist in besonderer Weise ihre Verwandtschaft unterstrichen, während die Bekehrungspredigt an und für sich, ohne eschatologischen Einschlag, nur für das Spätjudentum im ganzen typisch wäre. Die Sektenregel betont: Gott hat ein Ende (קץ) gesetzt. Bis zu ihm streiten der Geist der Bosheit und der der Wahrheit im Herzen des Mannes. Beim Ende, am Zeitpunkt der Heimsuchung, des einschneidenden Gerichtes, vernichtet Gott die Bosheit für immer, so daß es sie dann nicht mehr gibt (Man 4, 16-25). Noch ist dieser Termin vom Geheimnis Gottes umgeben (Man 3, 23; 4, 18). Rechter Wandel nach den Vorschriften der Sektenleitung, nach der „Satzung der Zeit", zieht das Gericht, die Bestrafung der Gottlosen, die Aufhebung der Bosheit, die eschatologische Vollendung der Sektenglieder und die Enthüllung der Geheimnisse herbei (Man 8, 4-12). Das Halten der Tora geschieht also betonterweise unter dem Vorzeichen des Wartens; des Wartens auf die eschatologischen Heilbringer, den Propheten und die Gesalbten von Aharon und Israel (Man 9, 10 f.). So kommt es für den „Einsichtigen" darauf an, das Gesetz der Zeit (חוק העת) zu lernen[4] (Man 9, 13 f.), ein Mann zu sein, der eifert für die Satzung und ihre Zeit (Man 9, 23).

Den eschatologischen Bezug der Bekehrungspredigt Jesu detailliert nachweisen zu wollen, hieße, weite Strecken synoptischer Texte ausschreiben und interpretieren zu müssen. Bekanntlich steht im Mittelpunkt der Verkündigung Jesu die Botschaft von Gottes Königsherrschaft. Das Kommen der Königsherrschaft Gottes besagt: in Bälde geht die Welt zu Ende, indem Gott, in der Gestalt des Menschensohns, richtend und rettend und dem Weltlauf ein Ende setzend in die Welt hereinbricht. Jesu Verkündigung und Taten, besonders seine Exorzismen, sind die Sturmzeichen für dieses baldigst zu erwartende Geschehen. So gilt es – um nur einiges zu zitieren –, das Gewicht des Augenblicks recht einzuschätzen (Lk 12, 54-56), die Vorzugsstellung, eschatologische Generation zu sein, zu begreifen (Lk 10, 23 f.), das Salomo und Jona übertreffende Zeichen des eschatologischen Auftretens Jesu recht zu verstehen und darum die Bekehrung nicht zu verweigern (Lk 11, 29-32). Die Gemeinde hat später, programmatisch formulierend, mit vollem Recht die Jesus-Bewegung als eschatolo-

---

[4] Mit van der Ploeg (Bibliotheca Orientalis VIII 4, 1951, 113-126) und M. Schubert (Zeitschr. für kath. Theol. 74, 1952, 1-62), gegen Milik (Manuale Disciplinae, Extractum ex periodico *Verbum Domini* Vol 29, 1951 Romae) verstehe ich חוק העת als Akkusativ-Objekt zu למוד.

gische Bekehrungs-Bewegung verstanden: „Die Zeit ist erfüllt und die Königsherrschaft Gottes nahe herbeigekommen. Bekehrt euch –" (Mk 1, 15). Freilich spielt der synoptische Zentralbegriff der Königsherrschaft Gottes in der Sektenregel keine Rolle; nur die „Herrschaft Belijaals" oder anderer satanischer Gestalten begegnet öfter (Man 1, 18. 23; 2, 19; 3, 21. 22. 23; 4, 19). Auch die Gestalt Jesu als des eschatologischen Verkünders hat in der Sekte jedenfalls in dem Stadium, aus dem die Sektenregel datiert, noch keine Entsprechung; erst ein späteres Stadium – Habakuk-Kommentar und dann Damaskusschrift – liefert auch dafür Parallelen in der Gestalt des מורה הצדק (Hab-Kom 1, 13; 2, 2; 5, 10; 7, 4; 8, 3; 9, 9. 10; 11, 5; Dam 20, 32) bzw. des bereits verstorbenen מורה היחיד (Dam 20, 1. 14) oder des מורה (Dam 20, 28). Man könnte noch mehr anführen: die Sekte meint, im Unterschied zu den Jesus-Worten, das Ende durch Bekehrungsgehorsam (Man 9, 3–11) herbeiziehen zu können; in den Jesus-Worten steht das Ende unmittelbarer bevor. Aber all diese Nuancen ändern nichts am Gesamtbild: die Sektenregel und die Jesus-Worte gehören letztlich in ein und dieselbe eschatologische Bekehrungsbewegung.

Solch eschatologische Bekehrung trägt Entscheidungscharakter. Nicht jeder vollzieht sie; sie ist eine freiwillige Sache. Die Sektenglieder heißen die „Willigen" (נדבים oder נדב verbal Man 1, 7. 11; 5, 1. 6. 8. 10. 21. 22). Darum ist die Bekehrung auch nicht ersetzbar durch Sühneriten und kultische Waschungen; trotz aller erdenklichen Reinigungswasser gilt für den Verächter der Satzungen Gottes: „unrein, unrein wird er sein" (Man 3, 5). Die hohe Schätzung der sakramentalen Wasserreinigung auch in der Sekte ändert nichts an dem Satz: „nicht sind sie rein, wenn sie sich nicht bekehren von ihrer Bosheit" (Man 5, 13 f.). Denn es geht um das Tun, wie die Sektenregel gleich zu Beginn einschärft (Man 1, 2). Um das Tun des Guten und Rechten (Man 1, 2), all der Gebote und Satzungen (Man 5, 20. 22), um das Tun der verschiedenen frommen Erweisungen (Man 5, 3; 8, 2). Die Bekehrung meint also eine persönliche Entscheidung für einen verschärften Tora-Gehorsam.

Ganz ähnlich ist die Bekehrung in den Jesus-Worten verstanden. Wenn eins aus dem mahnenden Verweis auf die Niniviten und auf Tyrus und Sidon, auf die Opfer der Pilatus-Willkür und des Einsturz-Unglücks von Siloah klar wird, so ist es dies: es kommt für die Hörer Jesu darauf an, daß sie *ihre* Entscheidung recht treffen und die Bekehrung nicht verweigern. Auch wenn die נדב-Stämme der Sektenrolle keine direkte sprachliche Entsprechung in den synoptischen Herrenworten haben[5], der Sache nach ist der Entscheidungscharakter der Bekehrung in den Jesus-Worten völlig eindeutig. Darum ist in den Synoptikern die Bekehrung ebenfalls nicht kultisch-rituell ersetzbar. Wenn auch in der großen Polemik gegen die rituelle Reinheit Mk 7, 1–23 spätere Gemeindearbeit steckt, der Grundtenor der scharfen Worte, die das rituelle Händespülen als Heuchelei bezeichnen (Mk 7, 6–8), geht ebenso auf Jesus zurück, wie mit Wahrscheinlichkeit sogar die Formulierung: „Nichts, was von außen in den Menschen hineinkommt, vermag ihn zu profanieren; sondern was aus dem Menschen herauskommt, das profaniert ihn" (Mk 7, 15). Nicht Verachtung des Äußerlichen zugunsten des Geistigen spricht aus solcher Polemik; sondern dem Menschen soll der Weg verlegt werden, damit er seinen Ungehorsam nicht beibehält unter dem Deckmantel ritueller Observanzen. Das von der Gemeinde dem Täufer als Bekehrungspredigt in den Mund gelegte Wort spiegelt nicht die Meinung des Täufers speziell, sondern ebenso auch die Jesu wider: die Taufe nützt nichts, wenn eine wirkliche, rechte Taten zeitigende Bekehrung durch sie ersetzt werden soll (Mt 3, 8 par.): „Bringt Frucht, die der Bekehrung entspricht!" Es geht also auch hier in den Synoptikern bei der Bekehrung um das Tun, um das Verhalten. „Was nennt ihr mich, Herr, Herr, und tut nicht, was ich sage?" (Lk 6, 46). Die ganze sittliche Verkündigung Jesu wäre dafür auszuschreiben, um darzutun: Bekehrung heißt hier, wie in der Sektenrolle, verschärfter Tora-Gehorsam.

Der bisher abgeschrittene Kreis der zwischen Sektenregel und Jesus-Worten gemeinsamen Bekehrungslehre ist nicht gering; der Mensch gilt angesichts des bald hereinbrechenden Endes als verloren, wenn er sich nicht bekehrt. Seine bloße Zugehörigkeit zur jüdischen Kultgemeinschaft nützt nichts. Es bedarf einer persönlichen Entscheidung, die nicht rituell ablösbar ist; einer Entscheidung, die sich im Tun, im Verhalten auswirkt.

---

[5] Weder προθυμεῖν noch die adjektivischen und verbalen Bildungen des Stammes ἑκών – um nur die hauptsächlichsten Äquivalente für נדב zu nennen – finden sich in den Synoptikern.

III

Gibt es zwischen beiden Texten Differenzen in der Bekehrungs-Anschauung, und wo liegen sie?

Vieles wäre hier zu nennen. Die Sektenregel formuliert weit dualistischer als die Synoptiker; es sei dafür hier nur kurz daran erinnert, daß in ihr der häufigen Wendung von der Herrschaft Belijaals und anderer Dämonen (s. oben S. 75) nicht die Herrschaft Gottes, sondern die des Fürsten der Lichter (Man 3, 20) bzw. die des Lichtes (Man 10, 1) gegenübertritt. Ihre Antithesen von Licht-Finsternis, Wahrheit-Lüge und ihr starkes Interesse an der „Erkenntnis" stellen die Regel, wie schon öfter beobachtet worden ist, in die Nähe johanneischen Denkens. Gleichwohl hat sie, darin unterschieden von Johannes und auch von Paulus, wie die Synoptiker die Bekehrung als theologisch zentralen Begriff beibehalten. Diese synkretistische Note der Sektenregel – starke spätjüdische Elemente neben starken gnostisch-orientalischen – ist gewiß sehr interessant im Vergleich mit der viel einliniger als spätjüdisch sich gebenden synoptischen Tradition. Aber hier, wo es mir speziell auf die Bekehrungslehre beider Textgruppen ankommt, kann ich diesen Fragen nicht nachgehen.

Auch der Tatsache, daß die Synoptiker die Johannes-Taufe mit der Bekehrung verbinden, während die Bekehrungsworte der Sektenregel mit der dort üblichen sakramentalen Reinigung (Man 5, 13) offenbar in keiner engen Verbindung stehen, möchte ich hier keine weitere Beachtung schenken, da ja in den Synoptikern ebenso wie in der Sektenregel die Taufe in keinem Falle an die Stelle der Bekehrung tritt.

Und schließlich soll der Unterschied beider Textgruppen nicht gewonnen werden auf Grund einer Feststellung, die auf den ersten Blick sehr nahezuliegen scheint: Die Sektenregel weiß von keiner Gestalt eines bereits vorhandenen Heilsmittlers; die Synoptiker dagegen schreiben von der Basis des Osterglaubens an Jesus Christus aus. Diese Unterscheidung trifft für die Evangelien als solche zweifellos zu; sie trifft aber ebenso zweifellos nicht zu für die Situation der ursprünglich gesprochenen Herrenworte, die in der ältesten synoptischen Schicht ihren Niederschlag fanden. Denn selbst wenn Jesus sich für den Messias gehalten hat – es gibt gewichtige Gründe, das in Frage zu ziehen –, eine Stellung zu seiner Person in dem Sinne der Bejahung irgendwelcher christologischer Aussagen hat er offenbar nicht gefordert. Ihn bejahen, heißt, sein Wort bejahen. Darum halte ich es methodisch für geboten, die Sachfragen der Bekehrung in beiden Textgruppen weiter zu durchdenken und nicht vorschnell christologische Aussagen der Synoptiker als Anzeichen der Verschiedenheit zu nennen; einer Verschiedenheit, die in ihrem letzten Sinne dann eher verdeckt als aufgeschlossen wäre.

Wie vollzieht sich die Bekehrung, d. h. nach unserer bisherigen Einsicht: die Verschärfung des Tora-Gehorsams?

Für die Sektenrolle ist die Beantwortung sehr einfach: eben durch den Eintritt in die Sekte. Die Sichbekehrenden sind dadurch charakterisiert, daß „sie sich trennen von der Gemeinde des Unrechts und eine Einung sind in der Tora und im Besitz" (Man 5, 1 f.). Um diese Einung, um den יחד, kreisen alle Aussagen der Regel. Der Beitritt zum יחד fällt zusammen mit dem Austritt aus der üblichen Kultgemeinde, aus der Gemeinde der Männer des Unrechts. Nur unter der Kontrolle der Sektenleitung, des Rates des יחד, gilt rechter Gehorsamswandel als gesichert (Man 8, 1–3). Darum eben ist das Judentum dieser Sekte, vom Standpunkt der jüdisch-orthodoxen Gemeinde aus, als häretisch zu bezeichnen [6].

Der solche Bekehrung, nämlich den Sekten-Eintritt, Vollziehende übernimmt eine strikte eidliche Verpflichtung auf eine strenge Observanz in der Moses-Tora (Man 5, 7–9). Der Charakter dieses verschärften Tora-Gehorsams wird vielleicht am ehesten deutlich, wenn wir das Augenmerk auf eine Eigentümlichkeit des Wortschatzes der Sektenrolle richten. Das häufigste Wort der Sektenrolle, „alle" (כול), beschreibt in überaus zahlreichen Wendungen die Verpflichtungen des Bekehrten gegenüber *allem* Offenbarten (נגלות Man 1, 8 f.; 5, 9; 8, 1. 15; 9, 13. 19), gegenüber *allem*, was er geboten hat (צוה Man 1, 17; 5, 1. 8), gegenüber *allen* Satzungen (חוקים Man 3, 8; 5, 7. 20. 22), *all* ihrem Besitz (הון Man 1, 11/12. 13; 5, 20), *all* ihrem Wissen (דעת Man 1, 11), *allen* Worten Gottes (דברי אל Man 1, 14; 3, 11), *allen* Wegen Gottes (דרכי אל Man 2, 2; 3, 10), *jeder* Sache (דבר Man 5, 3. 14. 15; 6, 4. 11; 7, 9; 8, 11. 23/24) usw., für *alle* Söhne des Lichts (בני אור Man 1, 9; 2, 16; 3, 13. 24/25), *alle* Eingetretenen (באים Man 1, 16; 2, 18; 5, 7; 8, 21), *alle* Übertreter (עוברים Man 5, 7. 14) u. ä. Solche summarischen Wendungen begegnen in den Texten derart auf Schritt

---

[6] Vgl. dazu S. LIEBERMANN, The Discipline in the so called Dead Sea Manual of Discipline (Journal of Bibl. Lit. vol. LXXI part IV, December 1952, p. 204 f.).

und Tritt, daß die Struktur der hier gemeinten Bekehrungsfrömmigkeit aus ihnen klar zutage tritt: bekehrt sein heißt, von der Tora nichts auslassen; dies Statut, diese Regel gilt *jedem* Sektenglied; der Formalismus dieser Betrachtung wird daran deutlich, daß man gehorcht, einfach weil eine Sache geboten ist; und eben darum legt man den größten Wert darauf, daß auch nicht ein einziges Gebot unbefolgt bleibt. Der Radikalismus des Gehorsams wirkt sich hier dahin aus, daß *jeder* Gehorsame den *ganzen* Umkreis des Gebotenen lückenlos abschreitet.

Die Häufigkeit des Drängens auf das Erfüllen sämtlicher Satzungen, die Intensität dieser formalen summarischen Betrachtung schließt es natürlich nicht aus, daß nun doch auch einzelne Inhalte sich abheben, deren Befolgung der Sektenregel besonders wichtig ist. Längst nicht alles Derartige soll hier auch nur erwähnt werden. Sehr zahlreich sind einzelne kasuistische Vorschriften (z. B. Man 5, 1–9, 2), die dem Zwecke dienen, das Sektenglied völlig hineinzustellen in den Gehorsam gegenüber der Sektenleitung und so dem einzelnen die Möglichkeit totalen Gehorsams zu eröffnen. Aber es gibt auch einige Forderungen, deren betonte Unterstreichung auffällt: das genaue zeitliche Innehalten und Nicht-Verrücken der Festtermine und Fristen und Rangordnungen (Man 1, 14 f.; 2, 20–25; 3, 10); neben der durchgehend betonten priesterlichen Führerrolle[7] ein Zeichen für das Nebeneinander von Ethischem und Kultischem und somit für das schon beobachtete letztlich formale Verständnis des hier geforderten Gehorsams. Sodann: neben der Liebe zu den Mit-Sektierern, zu den „Söhnen des Lichts", steht die Verpflichtung zum Haß gegenüber denen, die die Bekehrung verweigern, gegenüber den „Söhnen der Finsternis" (Man 1, 4. 10; 9, 16. 21); ein Zeichen dafür, wie grundsätzlich, ja wie dualistisch-metaphysisch die Bekehrung zur Sekte als Trennung von den Nicht-Sektenleuten verstanden ist.

Und schließlich: die wichtigste konkrete Forderung für die Sektenleute ist der Verzicht auf jeglichen eigenen Besitz. Dieser Verzicht wird von jedem Novizen verlangt, aber nur nach zweijähriger Probezeit von der Sektenleitung wirklich entgegengenommen (Man 6, 13 bis 23). Detaillierte kasuistische Bestimmungen sichern die Sekte

---

[7] Vgl. die starke Herausstellung des priesterlichen Elementes in Sektenregel und Damaskusschrift bei P. KAHLE, Die Gemeinde des Neuen Bundes und die hebräischen Handschriften aus der Höhle (ThLZ 1952, 401–412).

gegen Anteilhabe an Geldmitteln, die von regelwidrig lebenden Gliedern stammen (Man 8, 23; 9, 8; 5, 14. 16). In dieser Abschirmung schwingt das eigentliche Pathos. Straffestsetzungen, die ein Betrogenwerden der Sekte bei der Besitzablieferung oder -verwaltung seitens der Glieder verhindern sollen (Man 6, 24 f.; 7, 6 f.), haben nicht das gleiche Gewicht. Jedenfalls zeigt die Häufigkeit und der stereotype Charakter der הון-Stellen (Man 1, 12 f.; 3, 2; 5, 2. 3. 14. 16; 6, 17. 19. 22. 25; 7, 6. 25; 8, 23; 9, 7. 8. 8. 8. 22; 10, 19; 11, 2): hier spricht sich eines der zentralsten Anliegen der Sekte aus. יחד heißt sie wohl nicht zuletzt deswegen[8], weil der הון allen gemeinsam ist: sie ist ein יחד auf dem Gebiet von Tora und הון (Man 5, 2).

Wie steht es hinsichtlich all der behandelten Punkte mit den synoptischen Texten? Die auch in ihnen geforderte Bekehrung als verschärfter Tora-Gehorsam fällt nicht zusammen mit dem Eintritt in einen exklusiven, sektenmäßig umgrenzten Kreis. Daß der irdische Jesus keine Gemeinde gegründet hat, in die er seine Anhänger hätte berufen können, scheint mir sicher; die ganz wenigen ἐκκλησία-Worte der Synoptiker sind zweifellos spätere Bildung. Allerdings hat Jesus einen Kreis von Anhängern veranlaßt, „hinter ihm herzugehen", ihm „nachzufolgen", d. h., wie rabbinische Parallelen dartun[9], in ein Schüler-Verhältnis zu ihm als dem Lehrer einzutreten. Solche Nachfolge meint in der ältesten Schicht zweifellos nicht die Anerkenntnis der Person Jesu als des Messias. Also wäre der um Jesus sich sammelnde Kreis der Schüler zusammengehalten durch die Bereitschaft zu einem radikalisierten Tora-Gehorsam und so doch vergleichbar und analog der Schar der Sektenleute, die ja um das gleiche Ziel sich sammeln?

Aber eben hier kommen nun die tiefgreifenden Unterschiede zwischen beiden Gedankenkreisen ans Licht:

Die Aufforderung zur Nachfolge ergeht in den Synoptikern nicht unterschiedslos an alle; das Hinterhergehen kann im einzelnen sogar verboten werden, ohne daß der Betroffene dadurch vom Heil ausgeschlossen sein soll (Mk 5, 18–20 par.). Die Zugehörigkeit zum Kreis der Schüler gilt mithin nicht als heilsnotwendig. So hat der Eintritt

---

[8] Zur sprachlichen Seite vgl. R. Marcus, Philo, Josephus and the Dead Sea Yahad (Journal of Bibl. Lit. Vol LXXI part IV December 1952 p. 207–209); zur religionsgeschichtlichen Seite vgl. L. Rost aaO.

[9] Vgl. Strack-Billerbeck I, 188 zu Mt 4, 19 A.

in die Schülerschar nichts von all den rechtlichen Zügen an sich, die den Übertritt in den יחד charakterisieren: keine die Geeignetheit sorgfältig prüfende Zeit des Noviziates, keine die Eintrittsverpflichtung sorgsam umreißende Formel, keinen Eid wie in der Sekte. Noch die späteren Berufungslegenden einzelner Schüler, mag der historische Kern in ihnen gering sein, lassen deutlich erkennen: der Eintretende vollzieht mit dem Eintritt in die Schülerschar zwar eine weittragende Entscheidung, die gründlichst bedacht sein will (Lk 14, 28–33); er begibt sich damit aber nicht in ein System von Vorschriften, sondern vollzieht einen ganz konkreten Gehorsamsakt. Darum liegt in den Jesus-Worten, ganz anders als in der Sektenregel, der Ton auch nicht auf der Trennung von denen, die nicht zur Schülerschar gehören. Es brauchen ja gar nicht alle, wie wir oben sahen, Schüler zu sein. Es ist immerhin sehr bezeichnend, daß die Tradition sowohl das Wort enthält: „Wer nicht mit mir ist, ist gegen mich" (Mt 12, 30 par.), wie auch die entgegengesetzte Formulierung: „Wer nicht gegen uns ist, ist für uns" (Mk 9, 40 par.). Der Schüler Jesu trennt sich jedenfalls nicht von der jüdischen Kultgemeinde. Freilich hat er, im Bilde gesprochen, für das neue Kleid, für den neuen Wein optiert; und diese Wendungen haben sicher ursprünglich das Entweder-Oder der Entscheidung und mit der Unvereinbarkeit von Alt und Neu die Überlegenheit des Neuen zum Ausdruck gebracht, anders als der jetzige, das Alte bedingt bevorzugende Kontext (Mk 2, 21 f. par.). Freilich hat die Gemeinde die Wirkung des Auftretens Jesu mit den Farben der offiziellen Eschatologie beschrieben als das Auseinanderbringen selbst nächster Verwandter (Lk 12, 49–53 par.). Aber all das ist etwas ganz anderes als die in der Sektenregel geforderte und vollzogene Trennung. Die Trennung in der Sektenregel trägt grundsätzlichen Charakter; sie duldet keine Ausnahme, denn sie dient dazu, den Gehorsam grundsätzlich einzufangen und zu sichern. Eine in den Jesus-Worten verlangte Trennung entbehrt gerade diesen grundsätzlichen, für alle geltenden Tenor. Der Grundsätzlichkeit dieser Trennung entspricht in der Sektenregel der Haß gegenüber den Söhnen der Finsternis; die Jesus-Worte dagegen dehnen die Liebe auch auf die Feinde aus (Mt 5, 43–48 par.). Wo bei Jesus Scheidung von andern Menschen verlangt wird, meint solche Scheidung vielmehr die Konkretisierung, das hic et nunc des Gehorsams. Beteiligung am üblichen Kult braucht durch solchen Gehorsam nicht ausgeschlossen zu sein (Mt 5, 23 f.; Mk 1, 44 par.), sie bekommt aber nicht, wie in der Polemik der Sektenregel gegen das Verrücken der Festtermine, besonderes Gewicht. Die Sabbat-Polemik hinwiederum der synoptischen Worte ist ja nicht grundsätzlich kultkritisch; sie stellt nur von Fall zu Fall den konkreten Gehorsam höher als das allgemeine Kultgesetz. Wie sehr dieser konkrete Gehorsam, statt der Verpflichtung auf ein lückenlos zu beobachtendes Vorschriften-System, gemeint ist, wird ebenso wie in der Sektenregel auch hier am Sprachgebrauch klar: der überaus häufigen Einschärfung der Sektenregel, *alle* Gebote und *alle* Satzungen seien zu halten, entspricht in den Herrenworten so gut wie nichts. Der fragende Reiche bekommt den Hinweis nicht generaliter auf *alle* Gebote, sondern es werden ihm sechs konkrete Gebote der zweiten Tafel vorgehalten (Mk 10, 19). Das einzige synoptische Wort, welches wie die Sektenrolle auf den vollen Umfang der zu haltenden Gebote Wert legt und von der Unvergänglichkeit auch des kleinsten Tora-Buchstabens und von der Unerläßlichkeit der Befolgung auch des geringsten Tora-Gebotes redet (Mt 5, 17–20), widerspricht eindeutig den Jesus-Worten, die betr. Ehescheidung, ius talionis und Feindesliebe (Mt 5, 31 f. par. 38–41 par.) einzelne Tora-Vorschriften aufheben. Darum ist Mt 5, 17–20 nicht für die älteste Schicht in Ansatz zu bringen, sondern als judenchristliches Mißverständnis der ursprünglichen Haltung Jesu zu beurteilen. Dies Mißverständnis ergeht im Tenor der uns aus der Sektenregel bekannten Ausschließlichkeit: *alle* Vorschriften sind zu beobachten. In den ursprünglichen alten Worten Jesu aber fehlt diese totale, summarische Betrachtung; an ihrer Stelle steht das bohrende Dringen auf Konkretisierung des Gehorsams. Bei diesem Dringen auf Konkretisierung geschieht es wie von selber, daß gerade kultische Teile der Tora-Vorschriften in ihrer Bedeutung zurücktreten, auch wenn eine grundsätzlich-theoretische Erörterung darüber unterbleibt. Der radikalisierte Gehorsam in den alten Worten Jesu meint gerade nicht ein Gehorchen aus dem formalen Grunde, weil etwas in der Tora geboten ist. Schon jetzt müßte deutlich geworden sein: der in der Sektenschrift verlangte Gehorsam ist summarischer, theoretischer, weil unkonkreter; er ist nicht so letztlich andringend, ernst und radikal wie das, was an Forderung von den Jesus-Worten her den Hörer in Pflicht nimmt.

Diese beiden Arten von Gehorsam machen wir uns in ihrer Unterschiedlichkeit am besten klar, indem wir einen für die Sektenregel zentralen Einzelpunkt ins Auge fassen, die Stellung zum Besitz. Rekapitulieren wir kurz: es handelt sich zweifellos um die wichtigste, praktisch-konkrete Forderung der Sekte. Jeder Eintretende hat seinen Besitz in vollem Umfange (Man 1, 13) dem יחד zuzubringen und abzuliefern, wobei erst die gesetzeskorrekte Haltung des Eintretenden den הון für die Sekte verwendbar macht. Die Umkehr von allem Bösen fällt zusammen mit dem Eintritt in den יחד von Tora und הון (Man 5, 1–3); so eng sind Bekehrung und Gütergemeinschaft verknüpft. Nach der Besitz-Ablieferung ist für das Sektenglied das Verhältnis zu den materiellen Lebensnotwendigkeiten ein indirektes geworden, denn nun sorgt die Sekte bei ihrem Glied für Speis und Trank; auch für die Bekleidung, wenn man die Sekte mit den Angaben von Philo (Quod omnis probus 86) und Josephus (bell. Iud. II 137) über die Essener zwar nicht identifizieren, aber wenigstens in eine gewisse verwandtschaftliche Verbindung bringen will, was ich mit einer Reihe von Forschern [10] für erwägenswert halte. Das Sektenglied selber besitzt nichts; aber die Gemeinschaft kommt für seine Bedürfnisse auf. Die Konzeption des Ganzen ist eindeutig: selber etwas besitzen gefährdet in jedem Falle stets den Besitzer. Die Sekte nimmt dem in sie Eintretenden diese Gefährdung ab durch die Forderung der Besitzablieferung. Der Gehorsam gegen diese Forderung entnimmt den Gehorchenden der religiösen Gefährdung, die mit dem eigenen Besitz verbunden ist, ohne den Betreffenden etwa einem materiellen Risiko, das in der Besitzlosigkeit läge, auszuliefern; denn materiell kommt die Sekte für ihn auf. Darum gilt die הון-Ablieferung auch als ein Vorzug, welcher nur dem Würdigen zuteil wird, der die nach Torakenntnis und Wandel fragende Aufnahmeprüfung besteht (Man 6, 13–23).

Die Synoptiker stehen dieser negativen Betrachtung des Besitzes grundsätzlich nicht fern. Die zweifellos in die älteste Schicht, also in die Worte des irdischen Jesus selber, zurückreichende Armenfrömmigkeit bringt ja geistliche Demut und materielle Besitzlosigkeit (vgl. nur die gelegentliche Auswechselbarkeit von עניים und ענוים schon im AT) eng zusammen; der Terminus הון חמס (Man 10, 19) verrät dieselbe Einstellung wie μαμωνᾶς τῆς ἀδικίας (Lk 16, 9). Der Heilruf über die Armen und der Weheruf über die Reichen (Lk 6, 20. 24 par.) liegt in der gleichen Richtung. Und doch bricht nun gerade hier der ganze

---

[10] Vgl. W. BAUMGARTNER, Der palästinensische Handschriftenfund (ThR NF 19, 1951, 140 f.), R. MARCUS aaO, P. KAHLE aaO, K. SCHUBERT aaO p. 31–37; daneben die zurückhaltenderen Erwägungen bei S. LIEBERMANN aaO p. 199. 205 f.

Unterschied zwischen Sektenregel und ältester synoptischer Schicht besonders deutlich auf, wenn man einen Passus wie den von der Gefahr des Reichtums (Mk 10, 17–31 par.) durchdenkt, wo ja grundsätzlich die gleiche kritische Einstellung dem Besitz gegenüber vorliegt wie in der Sektenregel.

Der Abschnitt Mk 10, 17–31 bildet bekanntlich keine literarische Einheit. Der Anhang-Charakter von V. 23 an ist deutlich: die Gemeinde kommentiert, in der Form von Jesus-Worten, die Anfangsszene. Aber auch diese Szene selber, Mk 10, 17–22, wird schwerlich die Erinnerung an einen ganz bestimmten Frager enthalten; nur haben wir damit zu rechnen, daß die Antworten Jesu, also die Abweisung der Anrede ἀγαθέ, der Hinweis auf die Gebote der zweiten Tafel und die Forderung des Besitz-Verzichtes, von der Gemeinde, die die Szene komponiert hat, in *dem* Sinne geformt sind, in welchem der irdische Jesus solche an ihn zweifellos herangetragenen Fragen beantwortet haben wird.

Gegenüber der Sektenregel ist auf Grund dieses Passus festzustellen:

Es ist dies die einzige Stelle in den synoptischen Texten, an der die Forderung des Besitzverzichtes ausdrücklich erhoben wird; der Heilruf über die Armen und ähnliche Worte aus der Sphäre der Armenfrömmigkeit sind ja doch noch zu unterscheiden von dem ausdrücklichen Aussprechen der Forderung. Dem entspricht es, wenn die Texte etwa bei Simon ganz naiv den Besitz eines Hauses en passant vermerken (Mk 1, 29 par.); auch bei der engeren Schar der Schüler nimmt die Gemeinde also offenbar einen endgültigen Besitzverzicht nicht an. Anders als in der Sektenrolle, ist keines der synoptischen Bekehrungsworte direkt mit der Forderung des Besitzverzichtes verbunden; man müßte schon die Bekehrung, zu welcher der verstorbene reiche Mann seinen fünf Brüdern mittels der Erscheinung des warnenden Lazarus verhelfen möchte, zu Unrecht auf den Besitzverzicht beziehen (Lk 16, 19–31). Man wird also urteilen dürfen: Jesus hat *gelegentlich* die Forderung auf Aufgabe des Besitzes erhoben; nicht gegenüber *jedem* Schüler; der Besitz gefährdet offenbar nicht, wie in der Sektenregel, in *jedem* Falle, er *kann* es tun bei bestimmten Menschen, denen gegenüber dann diese Forderung erhoben wird. Darum ist diese Forderung auch nicht, wie in der Sektenregel, grundsätzlich mit den Umkehr-Worten verbunden.

Wo nun aber diese Forderung erhoben wird – und der Passus Mk 10, 17–31 spiegelt offenbar Situationen wider, in denen das von seiten

Jesu geschah –, da geht es andringlicher und radikaler zu als in der Sektenregel: nicht die Ablieferung des Besitzes an eine Gemeinschaft wird verlangt, die den Eintretenden danach materiell unterhält, sondern das Wegschenken des Besitzes, also die völlige Aufgabe der Sicherung. Der solchem Wort Jesu Gehorchende hat, welthaft gesehen, keine Stelle und Instanz, die materiell für ihn aufkommt. Hier gehorchen heißt, auf die Sicherung verzichten. Darum unterstreicht die kommentierende Gemeinde die Schwierigkeit dieses Verzichtes: „Wie schwer werden die Besitzenden in die Königsherrschaft Gottes hineingelangen"; ja, sie macht an diesem Verzicht die geistliche Situation des Menschen überhaupt klar: „Wie schwer ist es, in die Königsherrschaft Gottes hineinzugelangen" (Mk 10, 23 f. par.). Die Hilfe gegen diese Gefährdung ist nicht zu erwarten vom Eintritt in eine Gemeinschaft, die mit ihrem pädagogischen System korrekte Gesetzesbeobachtung erleichtern will; denn hier geht es um die Grundfrage, ob der Mensch Gott trauen und in diesem Trauen die vermeintliche Sicherheit aufgeben und den konkreten Gehorsam wagen mag. Die Gemeinde in ihrem Kommentar weist hier auf den Unterschied zwischen dem, was bei Menschen und was bei Gott möglich ist. Ist der Gehorsam so radikal verstanden und die Gefährdung des Menschen so grundsätzlich gesehen, dann hilft nicht der Eintritt in eine den Wandel überwachende Gemeinschaft; dann hilft allein das befreiende Wissen darum, daß der Mensch nur mit leeren Händen vor Gott bestehen kann und darum bereit sein darf, die Sicherungen aufzugeben und als Beschenkter vor Gott zu leben: „Wer die Königsherrschaft Gottes nicht wie ein Kind annimmt, wird nicht in sie hineinkommen" (Mk 10, 15 par.). Nur nebenbei sei vermerkt, daß hier der Ansatzpunkt liegt für die klassischen Konzeptionen der neutestamentlichen Christologie: das Jesus-Geschehen als das Heilsgeschehen meint das richtende Eintreten Gottes, das nur dem entsicherten Menschen gilt. So verschieden wird die Situation des Menschen vor Gott beurteilt und so verschieden ist die daraus resultierende Praxis: hier Eintritt in ein den Menschen geistlich sicherndes System; dort Forderung des konkreten Gehorsams, in welchem der Mensch der Sicherung entnommen und ganz in die Abhängigkeit vor Gott gestellt wird. Eben hier liegt der tiefste Unterschied zwischen spätjüdisch-häretischer und frühchristlicher Sicht im Verständnis der Bekehrung.

Die Bedeutung der Qumranfunde für das Verständnis Jesu von Nazareth*

I

Vor Ostern 1947 wurden in einer Höhle unweit der Nordwestecke des Toten Meeres in Palästina eine Reihe hebräischer Schriften aufgefunden. Der Fund umfaßt neben bekannten alttestamentlichen Texten (vor allem Jesaja) ein ausgeprägtes Schrifttum, das sich als für einen festumrissenen Kreis hergestellt erwies: die sogenannte Sektenregel, einen Kommentar zu dem alttestamentlichen Propheten Habakuk, eine Schrift vom Kriege der Söhne des Lichts gegen die Söhne der Finsternis, ein Psalmenbuch (um nur die wichtigsten Stücke zu nennen). Die gelehrte Debatte konnte das Alter der Schriften auf das zweite bis erste vorchristliche Jahrhundert bestimmen. Grabungen in der Nähe der Fundhöhle in den nächsten Jahren brachten die Gewißheit: die Höhle stellt ein Depot dar (inzwischen wurden weitere Höhlen mit z. T. sehr wesentlichem Inhalt gefunden), in welchem eine in der Nähe, in Hirbet Qumran, ansässig gewesene Essenergemeinschaft ihr religiöses Schrifttum vor den Wirren des Jüdischen Krieges (66–70 nach Chr.) barg. Die gefundenen Schriften gelangten teils in den Besitz des syrischen Metropoliten und wurden von amerikanischen Gelehrten veröffentlicht; teils in den Besitz der Hebräischen Universität in Jerusalem, die die Ausgabe besorgte. Die nicht-alttestamentlichen Teile des gefundenen Schrifttums sind z. T. bereits in die wichtigsten Weltsprachen übersetzt; der deutsche Leser findet in HANS BARDTKES Buch („Die Handschriftenfunde am Toten Meer", 2. Aufl. 1953; [Bd. 2] 1958) eine gut brauchbare Übersetzung eines wesentlichen Teils der Texte. Die Literatur um diese Funde, an deren Erhellung christliche Gelehrte beider Konfessionen und jüdische Gelehrte arbeiten, hat schon heute einen sehr beträchtlichen Umfang angenommen. Theologische Zeitschriften referieren laufend über die neueste Problemlage. Interessenten können speziellere Verweise meiner Monographie („Спät-

---

* NDH Heft 34, 1957, 155–163.

jüdisch-häretischer und frühchristlicher Radikalismus. Jesus von Nazareth und die essenische Qumransekte", 2 Bände 1957 bei Mohr-Tübingen) entnehmen.

Was für eine Größe ist die Sekte, deren Schrifttum (abgesehen von den alttestamentlichen Texten) bei diesem Funde uns in die Hand gekommen ist? Es handelt sich um eine Freiwilligkeitsgemeinschaft von Juden, die das Alte Testament und die daraus abgeleiteten Vorschriften besonders ernst und streng halten wollen. Ihre Penibilität betrifft die kultisch rituelle Reinheit, umfaßt aber auch charakteristische Forderungen, die sich auf das Zusammenleben beziehen. So haben sie sich vom offiziellen Judentum, seinem Tempeldienst und seiner Schrifterklärung, in einem Umfange getrennt, der in den einzelnen Stadien der Sektengeschichte verschieden intensiv war. Diese Sektenleute besitzen eigene Priester, eigene rituelle Reinigungsbäder und Mahle, eigene Schrifterklärer, unter denen der „rechte Lehrer" eine besondere Rolle spielt; all das ausgerichtet nach den bei ihnen geltenden Forderungen intensivierter ritueller Heiligkeit. Von ihren Forderungen sind, allerdings nicht für alle uns erkennbaren Stadien der Sektengeschichte in gleicher Weise, besonders charakteristisch die Besitz- und Verdienstablieferung an die Sektenleitung und wohl auch der Eheverzicht bzw. eine verschärfte Eheethik. Diese Verschärfung der üblichen jüdischen Forderungen steht im Lichte eines andringlichen Endglaubens, der sich in den einzelnen Schriften der Sekte auch wieder in verschieden starker Intensität ausspricht: das Endgericht, die Vernichtung der Bosheit und die Erneuerung der Welt durch Gott sind in handgreifliche Nähe gerückt. Iranische und orientalisch-gnostische Einflüsse („Licht-Finsternis"; die Bedeutsamkeit des Wissens), in den verschiedenen Schriften wieder verschieden stark, sind unverkennbar. Immer deutlicher hat sich in der gelehrten Diskussion auch abgezeichnet der Zusammenhang dieser neugefundenen Texte mit der uns seit etwa 50 Jahren bekannten sogenannten Damaskusschrift und mit den sogenannten „Essenern", einer jüdischen Sondergruppe, über die uns vor allem Josephus und Philo berichten. Ich benutze daher für diese Darstellung der Qumransekte außer der sogenannten Sektenregel und dem Habakuk-Kommentar, die 1947 gefunden wurden, die uns schon seit langem bekannten Essener-Referate von Josephus und Philo und die genannte Damaskusschrift. Da diese essenische Qumransekte in die Zeit Jesu von Nazareth hineinreicht, legt sich die Frage nach dem Verhältnis beider Größen zueinander besonders brennend nahe.

II

Um dies Verhältnis beurteilen zu können, muß man eine präzise Vorstellung besitzen von dem, was wir über Jesus von Nazareth wissen können. Von den vier neutestamentlichen Evangelien entfällt das vierte für eine historische Erfassung des Lebens Jesu, weil in ihm die Bedeutsamkeit Jesu in einer so pointierten Weise ausgesagt wird, daß diese Aussagen für den *historischen* Jesus nicht brauchbar sind. Aber auch die drei ersten Evangelien, die sogenannten Synoptiker, sind – das ergibt sich aus der literarkritischen und formgeschichtlichen Arbeit, die sich seit Jahrzehnten mit ihnen beschäftigt hat – alles andere als eine Biographie Jesu im landläufigen Sinne. Der Osterglaube der Urgemeinde sah in Jesus von Nazareth den endzeitlichen Heilsträger, der – das ist die älteste Form dieses Glaubens – in Bälde kommt und Endgericht und Endheil heraufführt. Die nächste Etappe dieses Glaubens rechnete damit, als Heilsträger werde Jesus nicht bloß kommen, sondern sei *als solcher* bereits in seinem Erdenleben dagewesen; wie Markus darstellt, verdeckt dagewesen, wie Lukas und Matthäus meinen, offen und eindeutig dagewesen. Diese Überzeugung hat die jetzige Form unserer Synoptiker gestaltet; nicht nur die Vorgeschichten und Ostergeschichten, sondern auch eine Reihe Szenen und Worte sind von der Überzeugung her geformt: in diesem Jesus von Nazareth war der Heilsträger, der Messias verborgen oder sogar offensichtlich in unserer Mitte. Daher sind die Evangelien, was den Ablauf und das Nacheinander der Ereignisse, den sogenannten „Rahmen" des Lebens Jesu betrifft, als historische Quelle nur mit großer Vorsicht zu verwenden. Lediglich die großen Züge, eine Zeit der öffentlichen Wirksamkeit Jesu, seine Hinrichtung durch die Römer, sind einigermaßen erfaßbar. Der geschichtliche Wert der Evangelien für unsere Kenntnis Jesu von Nazareth liegt auf einem andern Gebiet. Bekanntlich berichten die Synoptiker über Jesus nicht nur Vorgänge, Ereignisse, Szenen, sondern in den Szenen und ebenso außerhalb von Szenen, also ungerahmt, auch Worte von Jesus. Diese Worte sind zwar in den jetzigen Evangelien zu Redekompositionen sekundär zusammengestellt, sie sind teilweise auch von dem oben genannten messianischen Gesichtspunkt spürbar geformt. Aber aus diesen Worten läßt sich, wenn auch nur mit einiger Wahrscheinlichkeit, ein Kreis der *alten* Worte Jesu erheben.

Die Kriterien, mit deren Hilfe eine solche Sonderung in etwa gelingen kann, sind folgende. Die synoptische Vergleichung zeigt, unter

Anwendung der literarkritischen Methode, welche Form eines Wortes die ältest tradierte ist. Die formgeschichtliche Betrachtung gibt die Wahrscheinlichkeit an die Hand, welche dieser ältest tradierten Wortformen der Urgemeinde (etwa, wenn ein Wort rückblickhaften Charakter trägt), welche dem historischen Jesus zuzutrauen ist. Dazu kommen als Kriterien inhaltliche Gesichtspunkte: ein Inhalt, der religiös auf jüdischem Niveau liegt, wird als dem Kreis der alten Jesusworte zugewachsen gelten müssen; bei Inhalten, die religiös aus dem üblichen jüdischen Denken ausscheren, wird man mit Jesus selber zu rechnen haben, wofern das jüdische Kolorit grundsätzlich gewahrt und nicht durch hellenistische Art ersetzt ist. Auch die schon genannte österliche Betrachtung Jesu als des gegenwärtigen Messias wird man in Abzug zu bringen haben. Unter Anwendung dieser kritischen Prinzipien ergibt sich über Jesus von Nazareth (pauschal gesprochen) folgendes Bild. Er verkündet, einen Kreis von Anhängern sammelnd, daß die Welt in Bälde zu Ende gehen, daß der Menschensohn (der in diesen alten Worten kaum er selber ist) demnächst zu Gericht und Heil hereinbrechen wird. Darum gilt es, den Willen Gottes, die Tora (d. i. das alttestamentliche Gesetz) besonders ernst und nachdrücklich zu halten. So legt er dies Gesetz aus und verlangt für seine Auslegung Gehorsam. Seine Auslegung ist charakterisiert durch besondere Strenge, aber auch durch ein besonderes Zurückstellen der kultischen Gesichtspunkte (Sabbat, Reinheitsgesetze). Besonders sein Umgang mit den religiös Deklassierten empört die religiösen Führer des Volkes, die Pharisäer, und die Theologen, die Schriftgelehrten. Neben seinem Predigen stehen sein Heilen und seine Dämonenaustreibungen; beides – in der Art der Zeit als übermenschliches Können, als „Wunder" verstanden – signalisiert den Anbruch des nahen Endes. So wenig man aus den Synoptikern über den Verlauf des Lebens Jesu biographische Einzelheiten erheben kann – was Jesus von Nazareth gepredigt und gewollt hat, wird sich in der Linie der eben dargestellten großen Züge halten.

III

Damit ist schon deutlich geworden: nicht Einzelheiten des Lebens Jesu sind etwa mit dem Leben einer Führerpersönlichkeit aus den Kreisen der Sekte vergleichbar. Denn über das Leben Jesu wissen wir biographisch sehr wenig. Man kann z. B. von den Evangelienangaben her auf biographischer Ebene weder für noch gegen einen Aufenthalt

Jesu in einem essenischen Kloster etwas auch nur halbwegs Schlüssiges aussagen. Und der „rechte Lehrer", ein Prophet und Priester der Sekte, galt mit Sicherheit nicht als einer der zwei Messias', auf welche die Sektenfrommen warteten. Vom Leiden, Sterben und Auferstehung dieses „rechten Lehrers" vollends steht in der 11. Kolumne des Habakuk-Kommentars schlechterdings nichts. Alle Analogien zwischen Jesus und der Qumransekte, die darauf abheben, haben die Texte gegen sich, auch wenn gerade an diesem Punkte das populäre Interesse seine Sensationen sucht. Ein sinnvoller Vergleich beider Seiten ist viel komplizierter; er kann allein von der Frage ausgehen, wie hüben und drüben der Mensch in seiner Stellung vor Gott verstanden ist.

Hier gibt es nun allerdings der erstaunlichen Analogien genug. „Wenn ihr euch nicht bekehrt, werdet ihr alle ebenso (wie die von Pilatus niedergemetzelten Galiläer, wie die vom Siloah-Turm Erschlagenen) umkommen" (Lk 13, 3. 5). Der Tenor dieses alten Jesuswortes geht durch die ganze Verkündigung Jesu. Gottes Königsherrschaft steht vor der Tür. Will der Mensch, im Endgericht angenommen, in sie hineinkommen, so wird von ihm mehr erwartet, als die Frommen und Theologen fordern, so formuliert die Gemeinde als Einleitung zu den Forderungen Jesu in der „Bergpredigt" genannten Sammlung (Mt 5, 20). Das Niveau des offiziell Gebotenen ist zu gering; es betrügt den Täter, der meint, sein Tun genüge. Eben das aber ist auch der Grundtenor der Sektenpredigt. Sie nennt zwar das für nahe erwartete Ende nicht, wie Jesus, Gottes Königsein. Sie verlangt aber ebenso wie Jesus die Umkehr. „Das ist die Ordnung für die Männer der Einung (eine typische Selbstbezeichnung der Sekte), die willig sind, umzukehren von allem Bösen und an all dem festzuhalten, was er zu seinem Wohlgefallen geboten hat" (Sektenregel, künftig abgekürzt als Man [= Manual of Discipline], 5, 1 f.). Beiderseits also, bei Jesus wie in der Sekte, ist die Forderung radikalisiert. Solche Verschärfung trägt nicht theoretischen Charakter. „Was nennt ihr mich: Herr, Herr, und tut nicht, was ich sage", hält Jesus seinen Hörern entgegen (Lk 6, 46). „Zu tun, was gut und recht vor ihm ist, wie er durch Moses und alle seine Diener, die Propheten, befohlen hat", fordert die Sekte (Man 1, 2 f.); es gilt Treue gegenüber dem „rechten Lehrer" (Habakuk-Kommentar, künftig abgekürzt Hab 8,2f.).

Diese Verschärfung der Toraforderung hüben wie drüben kann hier natürlich nicht auch nur annähernd erschöpfend und allseitig dargestellt werden. Einige markante Beispiele mögen für das Ganze stehen. „Wehe euch, Schriftgelehrte und Pharisäer, ihr Heuchler! Ihr reinigt die Außenseite von Becher und Schüssel, inwendig aber sind sie voll von Raub und Unmäßigkeit" (Mt 23, 25), so geißelt das alte Jesuswort die Gegner. Und auch die Sekte betont von einem, der alle Wasser und Ströme für seine kultische Reinigung in Anwendung bringt: „unrein, unrein wird er sein, solange er die Forderungen Gottes verwirft, ohne sich durch die Gemeinde seines Ratschlusses zurechtweisen zu lassen" (Man 3, 5 f.). Reinheit ist nicht rituell herstellbar, Ungehorsam ist nicht rituell kompensierbar, das ist die auf beiden Seiten gleiche Forderung. Besonders in die Augen fällt die auf beiden Seiten gleich kritische Stellung zum Besitz. „Wie schwer werden die Begüterten in Gottes Königsherrschaft hineingelangen" (Mk 10, 23); „es ist leichter für ein Kamel, durch ein Nadelöhr hindurchzugelangen, als für einen Reichen, in Gottes Königsherrschaft hineinzugelangen" (Mk 10, 25), warnt ein altes Jesuswort. „Verkaufe alles, was du hast, und gib es den Armen, dann wirst du einen Schatz im Himmel haben, und dann komm, folge mir nach!" (Mk 10, 21), solche Forderung wie in dieser typisierten Szene kann der historische Jesus durchaus erhoben haben. „Alle, die sich für seine Wahrheit willig beweisen, sollen all ihr Wissen, Können und Besitztum in die Einung Gottes einbringen" (Man 1, 11 f.), diese Besitzablieferung fordert die Sektenregel vom Novizen. Besitz ist geistlich gefährlich, so urteilen also Sekte wie Jesus. Jesus verbietet das Schwören. Das Ja soll ein Ja, das Nein ein Nein sein (Jak 5, 12). Die Gemeinde warnt vor dem Gebrauch der Wendungen, die, im Judentum üblich, den Gottesnamen ersetzen sollen (Mt 5, 33–37); ebenso verzichten nach dem Bericht des Josephus (bellum Iudaicum II 135) die Essener auf den Eid: jedes ihrer Worte gewährt größere Sicherheit als ein Eid, das Schwören gilt ihnen schlimmer als ein Meineid. Ebenso verbietet die Damaskusschrift (15, 1–2) den Gebrauch des Gottesnamens beim Eid. Beide Bewegungen, Jesus wie die Sekte, wissen um die Unerläßlichkeit des Martyriums. Bereits Jesus selber rechnet (Mt 5, 44) mit dem Verfolgtwerden seiner Anhänger. Die Gemeinde bringt dann in Jesu Namen breite Mahnungen zur Furchtlosigkeit, zum rechten, tapferen und vorsichtigen Verhalten in Verfolgungen und beim Auftreten vor Behörden. In der Sektenliteratur ist es besonders der Habakuk-Kommentar, der immer wieder zeigt, wie die Gegner, die offiziellen Juden samt dem „Frevelpriester", die Sektenleute sowie den rechten Lehrer bedrängen: „seine (des zitierten kanonischen Habakukwortes) Deutung bezieht sich auf den Frevelpriester, der den rechten Lehrer verfolgt hat, um ihn in seinem ungestümen Zorn zu verschlingen, indem er ihn vertreiben wollte, und zur Zeit des Ruhetages, des Versöhnungstages, erschien er (der Frevelpriester) prächtig vor ihnen, um sie zu verschlingen und zu Fall zu bringen am Fasttage, dem Sabbat ihrer Ruhe" (Hab 11, 4–8). In beiden Bewegungen trägt das Festhalten am Führer der Bewegung, die Treue zu ihm, den Anhängern die handgreifliche Ablehnung seitens der offiziell jüdischen Umgebung ein. Auch die Eheregeln beider Seiten zeigen Verwandtschaft. Jesus verbietet Ehescheidung und Verheiratung mit einer geschiedenen Frau (Lk 16, 18); die Damaskusschrift (4, 20–5, 11) untersagt die Polygamie und die Nichtenehe. Vielleicht Jesus selber (Mt 19, 12) kennt den unter bestimmten Voraussetzungen erfolgenden Eheverzicht im Blick auf das nahe Ende; die Sekte im Stadium des Manual scheint generell ein eheloser Männerorden gewesen zu sein. Diese Verwandtschaft ist um so eindrucksvoller, als auf beiden Seiten, bei Jesus (Mk 10, 6) für die unscheidbare, in der Damaskusschrift (4, 21) für die monogame Ehe, die Argumentation parallel verläuft: die Benutzung des gleichen, uminterpretierten Schriftwortes, der gleiche Verweis auf die Urzeit, in der es die jetzt bekämpfte Praxis noch nicht gab, schließlich eine gleiche Entlastung alttestamentlicher Frommer, die die jetzt bekämpfte Praxis geübt haben.

Die genannten Beispiele stellen die Gemeinsamkeit zwischen Jesus und der Sekte zwar nur an einigen großen wesentlichen Zügen heraus; ein wirklich zuverlässiges Bild und ein tragfähiges Urteil, das wird der geschulte Leser ja ohne weiteres ermessen, kann sich natürlich erst dort ergeben, wo das gesamte Material beider Seiten, wie das in meiner obengenannten Monographie geschieht, ausgebreitet und durchdacht wird. Wie verwandt die Struktur der Jesusbewegung und der Sekte ist, soll hier nur noch für ein, allerdings sehr wesentliches Gebiet aufgezeigt werden. Jesus von Nazareth erwartet den Anbruch von Gottes Königsherrschaft, also das Endgericht und das Endheil, „für diese Generation" (Mt 23, 36). Seine Dämonenaustreibungen nimmt er als Sturmzeichen dieses vor der Tür stehenden Endes (Lk 11, 20). Weil die Fluten kommen, gilt es, das Haus nicht auf den Sand, sondern auf den Felsen zu bauen; ohne Bild: weil das Gericht unmittelbar bevorsteht, gilt es, Jesu verschärfte Gesetzesauslegung ernst zu nehmen (Mt 7, 24–27). Daß Jesus mit dieser Überzeugung vom nahen Ende sich der jüdischen Apokalyptik einordnet, wußten wir seit langem. Bisher aber konnten wir der Meinung sein, diese besondere Intensität der Endnähe zeichne Jesus vor den bekannten jüdischen Apokalypsen aus, welche das Ende für einen mehr oder weniger fernen Zeitpunkt ansetzen. Die Qumrantexte nun machen uns klar, daß diese Sonderstellung Jesu nicht besteht. In der Damaskusschrift ist der Endglaube zwar zurückgetreten. Aber die Sektenregel rechnet mit einem nahen Ende. Für den Habakuk-Kommentar vollends steht das Ende, wie bei Jesus, unmittelbar vor der Tür. „Und Gott befahl Habakuk (dem kanonischen alttestamentlichen Propheten) aufzuschreiben, was über die letzte Generation kommen werde. Aber die Vollendung der Zeit hat er ihm nicht kundgetan. Und wenn es heißt: ‚daß man sie schnell lesen kann‘, so bezieht sich seine Deutung auf den rechten Lehrer (also den Leiter der Sekte!), den Gott in allen Geheimnissen der Worte seiner Knechte, der Propheten, unterwiesen hat" (Hab 7, 1–5). Jetzt leben die Abtrünnigen der letzten Tage, die letzten Priester, die letzte Generation, die Kittim als das letzte Volk. Die Einsicht in die vorgerückte Stunde der Weltzeit ist es also, die bei Jesus wie in der Sekte die Forderung nach dem rechten Tun, nach der verschärften Gesetzesbeobachtung dringlich und unabweisbar macht. Das gleiche Vorzeichen brennender Naherwartung charakterisiert beide Bewegungen. Man wird für die bisher besprochenen parallelen Züge in beiden Bewegungen zwar nur ausnahmsweise mit einer literarischen Abhängigkeit der Jesusbewegung seitens der Qumransekte, also mit der Übernahme schriftlich formulierter Worte oder Wendungen zu rechnen haben. Aber daß auf beiden Seiten ein verwandter religionsgeschichtlicher Ansatz vorliegt, ist unübersehbar. Denn Jesus wie die Sekte empfinden die offizielle jüdische Grundhaltung als unzureichend, beide verschärfen darum die Gesetzesforderung, und zwar oft in inhaltlich ähnlicher Weise; beide betonen die Dringlichkeit des Gehorsams gegenüber dieser Verschärfung angesichts des als ganz nahe erwarteten Endgerichtes. Die ungemeine Bedeutung der Qumrantexte für die religionsgeschichtliche Ortung und Einordnung der Toraverschärfung Jesu und seiner Naherwartung liegt auf der Hand.

IV

Aus dem Bisherigen könnte der Eindruck entstanden sein, die Grundkonzeption bei Jesus von Nazareth und in der essenischen Qumransekte sei völlig die gleiche. Dieser Eindruck ist, wie das Folgende dartun wird, durchaus irrig. Nur muß hier von vornherein Klarheit herrschen: die nachfolgende Herausstellung der zwischen beiden Bewegungen disparaten Elemente ist nicht von apologetischem Interesse geleitet; es kann hier nicht darum gehen, eine Besonderheit Jesu, von der man von vornherein überzeugt ist, zu behaupten. Die religionsgeschichtliche Problemlage darf nur in sorgfältiger Analyse erhoben werden. Diese Analyse kann natürlich unmöglich im Rahmen dieses Aufsatzes vorgeführt werden. Hier werden lediglich die Ergebnisse solcher Analyse, und auch von ihnen nur die wichtigsten, kurz zur Sprache kommen; für eingehendere Unterrichtung muß ich wiederum auf meine Monographie verweisen. Daß hier keine Verteidigung vom christlichen Standpunkt aus geführt wird, kann aber auch der Leser dieses Aufsatzes sich an der Art der Differenzpunkte zwischen Jesus und der Qumransekte unschwer klarmachen: nicht diejenigen Differenzpunkte, die von der populär-christlichen Anschauung aus hier erwartet werden, also z. B. Jesu Messianität, werden im folgenden als wesentlich und typisch heraustreten.

„Dies ist die Ordnung für die Männer der Einung, die sich bereit finden, umzukehren von allem Bösen, festzuhalten an allem, was er gemäß seinem Wohlgefallen geboten hat, sich zu trennen von den Männern der Gemeinde der Bosheit..." (Man 5, 1 f.). Glied der essenischen Qumransekte wird man durch bewußte Separation vom offiziellen Judentum, dessen Anhänger als Leute der Finsternis und der Bosheit gelten. Auch Jesus verlangt in seiner Verkündigung die Bekehrung. Aber diese bei ihm verlangte Bekehrung fällt nicht zusammen mit dem Eintritt in einen fest abgegrenzten Kreis (die Zwölfzahl gehört in die Urgemeinde), der sich für fromm, der die Außenstehenden für verloren hält. Freilich kann für den Jünger die Aufforderung, hinter Jesus herzugehen, die Lösung auch aus den engsten verwandtschaftlichen Bindungen bedeuten. Aber in solcher Distanzierung bestätigt der Nachfolger nicht sich selber seine Frömmigkeit im Gegensatz zur Unfrömmigkeit derer, von denen er sich trennt; sondern: „wenn jemand zu mir kommt, und nicht Vater und Mutter und Frau und Kinder und Brüder und Schwestern, dazu auch *sich selber* (von mir hervorgehoben) haßt, kann er nicht mein Jünger sein" (Lk 14, 26).

Die Nachfolge bei Jesus atmet nicht den Geist des essenischen Separatismus. Die Forderung Jesu, so sehr sie das alttestamentliche Gesetz verschärft, ist überhaupt nicht auf einen alles Wesentliche umfassenden Grundsatz zu bringen. Die Sektenregel tut das des öfteren:

alle Gebote halten und sich von den Außenstehenden trennen, darauf läuft in ihr die Radikalisierung hinaus. Auch die Damaskusschrift verfährt ähnlich: nach der penibel ausgelegten Tora handeln, das ist für sie der leitende Gesichtspunkt. Die Forderungen Jesu dagegen, seine Verschärfung des Gesetzes lassen sich nicht auf einen Nenner bringen. Selbst das Dasein für den Nächsten ist, obwohl es für Jesus eine sehr viel größere Bedeutung hat als in der Sekte, nicht solch ein alle Forderungen regierender Gesichtspunkt. Nur Mt 5, 18 f. (auch nicht eine Kleinigkeit am Gesetz lehrend und handelnd aufgeben) liegt in der Linie des Sektendenkens, steht aber in Spannung zu der von Jesus selber erfolgten Aufhebung einzelner Gesetzesvorschriften und ist daher judenchristliche Gemeinbildung. Jesus selber lehrt ungrundsätzlich. Der Sektenfromme hat die Pflicht, „den Rat der Tora mitten unter Männern der Verderbtheit zu verbergen" (Man 9, 17). Das zweijährige Noviziat mit der wiederholten Prüfung des Novizen und der Aufnahmeeid gewährleisten die gebotene geistliche Reife und die gewünschte Geheimhaltung. Wie unesoterisch ist, verglichen damit, Jesus! Seine Predigt vom nahen Ende, seine Verschärfung der Gebote richtet sich gerade nicht an einen ausgegrenzten Kreis von Hörern. Seine Nachfolger werden nicht vor der Annahme eine längere Zeit erprobt, nicht nach der Annahme dann eidlich auf Geheimhaltung verpflichtet. Seine Parabeln wollen klarmachen, nicht verhüllen. Die Parabelverhüllungstheorie (Mk 4, 10–12) atmet allerdings den Geist der Qumran-Esoterik; aber sie ist ebenso eine sekundäre Gemeindebildung, wie bei Markus die stereotypen Schweigegebote der literarischen Rückblendung der seit Ostern geglaubten Messianität Jesu in die beschriebene vita des Irdischen dienen. Darum redet die Sektenregel vom Menschen dualistisch, Jesus aber undualistisch. Man muß die häufige Gegenüberstellung der „Söhne des Lichts" und der „Söhne der Finsternis", der „Männer der Treue" und der „Männer der Verderbtheit" aus der Sektenschrift im Ohre haben, um dann deutlich zu empfinden: Jesus und die Synoptiker benutzen – abgesehen von der sekundären Bildung (Lk 16, 8), wo, in den Synoptikern einmalig, von „Lichtsöhnen" die Rede ist – eben nicht jene dualistische pauschale Redeweise, die den Menschen so oder so eingliedert. Der Mensch ist bei Jesus nicht weniger streng und anspruchsvoll gesehen als in der Sekte; aber seine Gefährdung wird in etwas anderem gefunden als in der Nichtzugehörigkeit zu einem festen, den Heilsbesitz verwaltenden Kreise. Man kann sich das hierfür Entscheidende klarmachen an der

Stellung der Tora in der Predigt Jesu. Jesus wie die Sekte schätzen die Tora hoch und verschärfen sie. Aber die Vorschrift: „nicht soll weichen von dem Ort, an dem sich die Zehn aufhalten, ein Mann, der Tag und Nacht in der Tora forscht" (Man 6, 6), die Anordnung, ein Drittel aller Nächte des Jahres habe das Sektenplenum mit Studium und Festsetzung des rechten Wandels und Gebet zu verbringen (Man 6, 7 f.), ist für Jesus und die an ihn anschließende Bewegung undenkbar. Die Schriftkenntnis ist in der Predigt Jesu vorausgesetzt; aber das Schriftstudium wird von Jesus nicht ausdrücklich gefordert. So kann Jesus auch Schriftwort *gegen* Schriftwort setzen; er benötigt daher das Ausgleichmittel der Allegorese viel weniger als die stark allegorisch erklärende Sekte. Jesus steht dem Gesetz freier gegenüber als die Sekte. Es gibt Gebote, die Jesus so verschärft, daß der alttestamentliche Ansatz aufgehoben wird. Die von Jesus geforderte Liebe zum persönlichen und religiösen Feind (Mt 5, 44) geht weit über das Alte Testament hinaus und steht in schroffem Gegensatz zu dem „ewigen Haß gegen die Männer der Grube" (Man 9, 21 f.), der dem Sektenfrommen abverlangt wird. Jesu Grundsatz, daß der Mensch nicht von außen her, also kultisch, sondern nur von seinem eigenen Herzen her wirklich unrein wird (Mk 7, 15), hebt nicht nur die im Alten Testament vorgesehene levitische Reinheit, sondern mehr noch die Steigerung dieser levitischen Reinheit aus den Angeln, wie sie in den nun verschärften separatistischen Reinheitsvorschriften der Sektenregel sich ausspricht, wenn etwa der Novize im ersten Jahr „die Reinheit der Vielen (d. i. der voll Zugehörigen) noch nicht berühren darf" (Man 6, 16 f.). Jesu Toraverschärfung dagegen steigert nicht, wie die der Sekte, die rituelle Penibilität; Jesus hat die üblichen Begriffe von Sabbatheiligung vielmehr offenbar ohne Scheu vor dem Skandal verletzt, weil der Hilfe heischende Kranke ihm höher steht. Die Inhalte, die in Jesu Toraverschärfung vom Menschen gefordert werden, zeichnen sich also, anders als in der Sekte, durch ein rituelles Desinteresse und durch eine betonte Herausstellung der Wichtigkeit des Menschen aus. Vor allem aber weiß Jesus, daß Gesetzeskorrektheit eine für den Menschen sehr gefährliche Sache sein kann. Der ältere Bruder im Gleichnis (Lk 15, 25–32), der Pharisäer im Tempel (Lk 18, 10–15) haben ja keine Einzelvorschrift übertreten, sie sind ja korrekt geblieben. Aber solch Gesetzesgehorsam kann vom Menschen dazu benutzt werden, Gottes nicht wirklich zu bedürfen. Und damit ist – bei allem Gehorsam – alles verdorben.

So *predigt* Jesus zwar nicht Gottes Gnade; er nimmt sich aber, als „Freund von Zöllnern und Sündern" (Mt 11, 19), der religiös Deklassierten an. Jesus sagt das Tat-Ja Gottes den Menschen, die vor Gott nichts in der Hand haben. War das schon den offiziellen jüdischen Frommen äußerst anstößig, so muß solch Verhalten nach den Maßstäben der den Separatismus kultivierenden Sekte geradezu ein Skandal heißen. Die Sektenregel weiß zwar um des Menschen Sündigkeit und um sein Angewiesensein auf Gott in einer Stärke, die dem offiziellen Judentum meist unerreichbar blieb. Aber daß gerade auch der strenge Gesetzesgehorsam von dem Menschen als Mittel benutzt wird, um der Barmherzigkeit Gottes nicht im Ernst zu bedürfen, diese Einsicht war der Sekte auch auf ihren Höhepunkten nicht erschwinglich. So lehnt die Sektenregel zwar in schönem Ernst ab, zu fragen, ob die getanen Werke im Gericht ausreichen, und setzt an die Stelle solchen Rechnens die Forderung nach der Totalität des Gehorsams. Aber daß solch Radikalismus auch wieder eine fragliche Sache werden kann, das sieht die Sekte nicht. Das Schema des Lohndenkens und die Meinung, nun doch auch Überpflichtmäßiges vor Gott tun zu können, ist bei ihr nicht aufgehoben. Auch Jesus, nicht bloß die Urgemeinde, hat von „Lohn" geredet. Aber das Lohndenken, das vor Gott mit seinen Ansprüchen hintritt, ist bei Jesus vernichtet. Gott als der Souverän setzt die Höhe des Lohnes nach *seinem* Ermessen fest, und sein Ermessen ist die Lust am Schenken (Mt 20, 1–15). Von diesem Schenken ist der Mensch *total* abhängig. So hört das Statutarische und Grundsätzliche, wie es für das Sektendenken typisch ist, bei Jesus auf: Besitzverzicht und Eheverzicht, worin Jesus inhaltlich sich mit der Sekte versteht (s. oben unter III), sind bei Jesus nicht grundsätzliche Forderungen, die für alle gelten, sondern sie können hic et nunc von diesem abverlangt werden, von jenem nicht. So wirken die Sektenleute, nach der Formulierung des Josephus (bellum Judaicum II 126), wie gegängelte Knaben; Furcht ist das, was der Geist der Wahrheit im Herzen des Sektenfrommen erregt (Man 4, 2 f.). Jesus dagegen deckt das Geltenwollen auch des frommen Menschen auf und stellt damit den Menschen so radikal in die Abhängigkeit von dem schenkenden Gott, daß für die rechnende, skrupelhafte Haltung vor Gott dem Menschen kein Raum bleibt: eben der seine Geltung vor Gott durchsetzen wollende Mensch darf sich als den total Beschenkten verstehen lernen. Darum ist das jetzt in einer sekundären Legende stehende Wort von den „freien Söhnen" (Mt 17, 26) wohl doch ein altes ursprüngliches

Jesuswort. Will man all das auf eine kurze Formel bringen, so kann man sagen: die Sekte kennt nur die Verschärfung des Gesetzes, und diese Verschärfung spricht sich in erhöhter ritueller und juridischer Penibilität aus. Jesus aber verkündet eine Gesetzesverschärfung, welche den Menschen als einzelnen nimmt und ihn dann nicht in ein System hineinstellt, sondern ihm konkret das Dasein für den Nächsten und die Durchstreichung des frommen Geltenwollens zumutet. Ja, Jesus fordert eben nicht bloß, er tut Gottes souveränes Schenken. Dieses Nebeneinander, ja diese Aufeinanderbezogenheit von Gottes radikalem Fordern und Gottes radikalem Schenken unterscheidet das Lehren und Tun Jesu von dem der Sekte. Die Bedeutsamkeit der Sektentexte für das Verständnis Jesu von Nazareth liegt auf der Hand gerade auch nach diesen Ausführungen des letzten Abschnittes, der von der Diskontinuität der beiden Größen handelt. Denn wenn zwei Phänomene ein ausreichendes Maß von Verwandtschaft besitzen – und das ist bei Jesus und der Sekte durchaus der Fall –, so verhilft die detaillierte Vergleichung ausgezeichnet dazu, die Eigenständigkeit jeder dieser beiden Größen herauszuarbeiten. Gerade auch der Blick für die Gegensätze zwischen den auf gleicher Ebene liegenden Größen vermag rechtes Verstehen zu erschließen.

Aber was heißt hier nun rechtes Verstehen? Wer damals die Bedeutsamkeit der von der Sekte vertretenen Toraverschärfung recht erfaßte, wurde Essener. Wem die Verkündigung und das Tun Jesu von Nazareth bedeutsam wurde, der drückte das in den vom Osterglauben geprägten Verschlüsselungen aus, auf die hier nur generell hingewiesen werden kann: Jesus der Messias, der Menschensohn, der Gottessohn, der Herr; kurz, der wurde Christ. Rechtes Verstehen ist also verbunden mit dem praktischen Ja zu dem, was diese Phänomene wollen. Dies Ja braucht nicht die Verschlüsselung, die Ausdrucksform für die Bedeutsamkeit mit einzuschließen; im Blick auf das Zentrum des fraglichen Phänomens ist solch praktisches Ja für das Verstehen allerdings gleichwohl unabdingbar. Damit ist im Grunde auch schon die Frage beantwortet nach der letzten Wahrheit und Gültigkeit dessen, was die Sekte und was Jesus von Nazareth wollen und vertreten. Diese Frage ist objektiv, von außen, vom Standpunkt des neutralen Beobachters nicht entscheidbar und beantwortbar. Sie wird entschieden und beantwortet in der konkreten Lebenssituation und im Gewissen des einzelnen, der solchen Phänomenen wie den eben behandelten zunächst als Beobachter entgegentritt; der dann aber unter der Hand aus einem

Beobachter zu einem selber Gefragten wird. In unserem Falle zu einem, der auf die Frage Bescheid tun muß, ob er Gott sehen kann allein im Rigorismus der Forderung oder in jener Kontrapunktik, in welcher strenge Forderung und Verpflichtung mit unerwartetem und unverdientem Gehaltensein und Angenommenwerden zusammengebunden sind.

Römer 7, 7-25 und das Selbstverständnis des Qumran-Frommen*

Hans-Joachim Iwand zum 60. Geburtstage

Bald nach der ersten Veröffentlichung der Qumran-Texte, noch vor der Gesamtausgabe der Hodajot durch SUKENIK 1954, wurde die auffällige Sünden- und Gnadenlehre der Sekte und die Nähe dieser Anschauungen zur paulinischen Rechtfertigungslehre Gegenstand beobachtender Forschung [1]. Solche Beobachtungen konnten präzisiert und auf die These gebracht werden: Die Sündenbekenntnisse der Qumran-Texte und Römer 7 stellen ausdrückliche Parallelen dar [2]. Ist das religionsgeschichtliche Phänomen schon als solches interessant, so darf speziell der Neutestamentler hier Antworten erwarten, die für ihn ebenso theologisch belangvoll wie exegetisch im einzelnen weiterführend sein können. Welcher Art ist das Sündenbekenntnis und das Gnadenbewußtsein dieser jüdisch-häretischen Frommen? Ergibt sich von solchen Qumran-Texten aus vielleicht die Möglichkeit, nun unter neuen Aspekten abzuschätzen, ob es sich in Römer 7 um die Gespaltenheit des Gesetzes- oder des Geistmenschen handelt; und wenn das erstere der Fall ist, ob dem Gesetzesmenschen solche seine Gespaltenheit von seiner eigenen Basis oder erst von der christlichen Glaubensentscheidung und von der Geistmitteilung her einsichtig wird?

Die Bedeutsamkeit der Fragestellung liegt also auf der Hand. Die Antwort soll gewonnen werden, indem Römer 7 zunächst von der eigenen Textgrundlage her, ohne einen Blick auf Qumran, in seinen we-

---

* ZThK 56, 1959, 1–18.

[1] Ich nenne nur W. GROSSOUW, The Dead Sea Scrolls and the NT, Studia Catholica 27, 1952, 1–3; A. DUPONT-SOMMER, Nouveaux aperçus sur les manuscrits de la Mer Morte, 1953, 201. Weiteres s. in dem in Aussicht genommenen Forschungsbericht der ThR, in dem ich die Literatur zur Frage „Qumran – NT" zusammenhängend behandeln werde.

[2] K. G. KUHN, Πειρασμός – ἁμαρτία – σάρξ im NT, ZThK 49, 1952, 210. 213 f.; W. D. DAVIES, Paul and the Dead Sea Scrolls: Flesh and Spirit, in: K. STENDAHL, The Scrolls and the NT, 1957, 281 f.; W. NAUCK, Die Tradition und der Charakter des ersten Johannesbriefes, 1957, 106–111.

sentlichen Aussagen in Erinnerung gebracht wird – kurz, da es sich ja um bekannte und weithin diskutierte Dinge handelt. Ein zweiter Teil wird die diesbezüglichen Aussagen der Qumrantexte eingehender zu analysieren haben. Im letzten Teil soll dann das vergleichende Fazit zur Sprache kommen.

I. Römer 7, 7–25

Paulus hat bisher dargelegt, daß das Heil durch das Christusgeschehen zustande kommt für den Glaubenden. Christusgeschehen aber und Glaube bedeuten für Paulus, daß die Tora, die den Tod einträgt, als Heilsweg aufgehoben ist. So entsteht die Notwendigkeit, die Tora gegen den Verdacht zu verteidigen, sie sei Sünde. Unser Passus V. 7–25 erfüllt diese Funktion einer Apologie der Tora.

Solche Apologie macht folgendes geltend. Die Sünde stellt das Gebot in Dienst und schafft jegliche Art von Begierde, das Verlangen nach Übertretung *und* nach Befolgung der Tora. In beiden Fällen nimmt der Mensch die Gewinnung des Heils als ein sich Rühmender, als ein auf sich Vertrauender in eigene Regie. Diese Perversion wird durch das Gebot nicht gehindert, sondern gerade in Gang gebracht. So wirkt das Gebot, entgegen seiner Bestimmung, das Leben zu vermitteln, faktisch den Tod, weil es, obwohl gut und heilig, zweckwidriges Instrument der Sünde wurde. Dominant ist die Sünde, die mit Hilfe dieses an sich guten Instrumentes den Menschen betrügt. In diesem Betrug meint der Mensch, er werde, da ja das Gebot Gottes ihn leitet, das Leben gewinnen. Tatsächlich gewinnt er das Gegenteil, den Tod.

Wie kommt es zu diesem schlimmen Effekt der Tora? Er liegt am Ich. Das Ich ist fleischlich, unter die Macht der Sünde verkauft. Diese Unfreiheit wird deutlich am Widerstreit zwischen Wollen und Tun. Nicht, als hätte das Ich eine fleischliche Provinz und einen dem Guten zugewandten Teil, den „inneren Menschen"; nicht, als ginge es dabei um die allbekannte Spannung zwischen gutem Vorsatz und böser Tat. Sondern im Ich als ganzem wohnt nichts Gutes; als ganzes ist es Fleisch, von der Sünde überwältigt. Es kennt freilich als „innerer Mensch", als „Vernunft" das Ja zur Tora, es stimmt der Tora zu, es will das Leben und das Gute. Aber beim Praktisch-Werden dessen, was vorpsychologisch jeder „eigentlich" will; bei der Art, *wie* dies eigentliche Ja zum Guten realisiert wird, zeigt sich: Die Regie wird geführt von der Macht, der das Ich versklavt ist, vom Fleisch, von der Sünde. Das Ja, welches das Ich der Tora, dem Leben-Erlangen und dem Gutes-Tun gegenüber meint, ist also ein unkräftiges Ja; es ist das ohnmächtige Ja des Gefangenen, der gerade im selbstverständlichen Wunsche nach der Freiheit gegen die Wand seines Gefängnisses stößt. Der Kerker ist der Todesleib mit seinen Gliedern. So ist gerade das die Tora bejahende Ich tief gespalten: Es möchte, in ohnmächtigem Wünschen, selbstverständlich das Heil und das Leben; aber das Tun des gemeinten Guten wird ihm sozusagen unter der Hand unbegreiflicherweise eben beim Tun zum Vollbringen des Bösen. Der Mensch erwirkt sich faktisch, gerade auf dem Boden des Toragehorsams, den Tod. *In* dem Ja zum Guten, *in* dem Ja zur Tora liegt das Ja zum Bösen und so der Effekt des Todes. „Ich unglückseliger Mensch, wer wird mich aus diesem Todesleibe erretten?" Die Befreiung schafft Gott durch Jesus Christus, durch den Geist.

Meine Paraphrase der V. 7–25 hat sich leiten lassen von der heute weitgehend vertretenen, durch KÜMMEL allseitig begründeten Einsicht[3], daß der Widerstreit in Römer 7 das Leben unter der Tora, nicht etwa den Kampf zwischen Geist und Fleisch im Christen beschreibt und daß diese Gefangenschaft des Gesetzesmenschen geschildert wird von der Basis des Glaubenden aus, also nicht die Betrachtungsweise darstellt, die Paulus vor seiner Bekehrung, auf dem Boden des Judentums zur Hand gehabt hätte. Sodann scheint mir für die Auslegungsgeschichte wichtig die von mir in der Paraphrase verwertete Erkenntnis BULTMANNS[4], daß hier nicht ein Widerstreit zwischen Vorsatz und Tat gemeint ist, daß hier also nicht psychologisch argumentiert wird, daß vielmehr vom Glauben her dieses Gegeneinander von vorpsychologischer Intentio und ihrer todbringenden Realisierung aufgedeckt wird. Den V. 25 b habe ich, weil er in seiner Echtheit, zum mindesten in der Richtigkeit seiner jetzigen Stellung mir fraglich ist, bei der Analyse unberücksichtigt gelassen; der vorhergehende Text redet von dem $\sigma\upsilon\mu\varphi\acute{a}\nu\alpha\iota$ und $\sigma\upsilon\nu\acute{\eta}\delta\varepsilon\sigma\vartheta\alpha\iota$ gegenüber der Tora, und das ist weniger als $\delta\upsilon\lambda\varepsilon\acute{\upsilon}\varepsilon\iota\nu$.

Die Terminologie, die für den eben beschriebenen Gedankengang in unserem Passus benutzt wird, ist nicht mannigfaltig, sondern fast

---

[3] W. G. KÜMMEL, Römer 7 und die Bekehrung des Paulus, 1929; s. auch O. MICHEL, Der Brief an die Römer, 1955, z. St.

[4] R. BULTMANN, Römer 7 und die Anthropologie des Paulus, in: Imago Dei, 1932, 53–62; ferner: E. FUCHS; Die Freiheit des Glaubens, 1949, z. St.; G. BORNKAMM, Das Ende des Gesetzes, 1952, 51–69.

monoton[5]. V. 22f. spielen mit der Vokabel νόμος. Die von Paulus sonst z. T. in Zitaten verwendeten Ausdrücke für die kreatürliche Hinfälligkeit des Menschen[6] fehlen hier; nur σῶμα findet sich 1mal.

II. Die Qumran-Texte

Die Sündenbekenntnisse der Qumran-Frommen sollen hier nicht allgemein, sondern an Hand bestimmter Texte analysiert werden. Ich lege zugrunde aus den Hymnen[7] 1QH 1, 21–34; 3, 19–36; 4, 27–40; 6, 6–12; 7, 16–18; 9, 8–18; 10, 2–12; 12, 24–34; 13, 13–19; 16, 10–12; 18, 12–15. 22–29; aus dem Manual[8] 1QS 1, 24–2, 1; 10, 10–13; 11,7. 9–22. Diese Auswahl beansprucht nicht, erschöpfend zu sein, wohl aber, das Wesentliche zu erfassen. Die genannten Texte, deren Lektüre sich schon ästhetisch lohnt – bereits die Übersetzungen vermitteln einen Eindruck von der Gewalt und Schönheit der Sprache – werden im folgenden als dem Leser dieses Aufsatzes bekannt vorausgesetzt.

Schon ein flüchtiger Blick auf die Texte zeigt: Die Sündenbekenntnisse sind nicht Bekenntnisse eines Nur-Sünders. Sie sind ausnahmslos gemeint – sehr oft auch ausdrücklich formuliert – von der Basis der Bekehrung zur Qumran-Sekte her. Der Erleuchtete, der Befreite, der mit Wissen Versehene ist es, der die Sünde bekennt. Darum muß, nach einer Übersicht über die in den Texten verwendete Terminologie der Sünde, hier auch der Heilsweg zur Sprache kommen, wie er sich dem Qumran-Frommen darstellt: sein früherer Zustand der Sünde, die Befreiung und Erleuchtung, sein Sündersein in dem gewonnenen Heilsstand.

Die Terminologie, in der die Sünde bekannt wird, ist äußerst mannigfaltig. Der Beter spricht von seiner Sünde[9] und von seinen Sün-

---

[5] ἁμαρτία 14mal substantivisch im Singular, nie im Plural, 1mal adjektivisch, nie verbal; ἐπιθυμία 2mal; ἐπιθυμεῖν 1mal im Zitat; σάρξ 2mal substantivisch, 1mal adjektivisch; θέλειν 7mal; κατεργάζεσθαι 6mal; ποιεῖν 5mal; πράσσειν 2mal; μισεῖν 1mal; θάνατος 4mal substantivisch, ἀποθνήσκειν 1mal; ζωή und ζῆν je 1mal.
[6] πλάσμα, πηλός, χοϊκός, ψυχικός.
[7] E. L. SUKENIK 'Oṣar hammegillôth haggenûzôth, Jerusalem 1954; deutsche Übersetzung von H. BARDTKE in ThLZ 81, 1956, 149–154, 589–604, 715–724; ThLZ 82, 1957, 339–348; teilweise auch bei M. BURROWS, Die Schriftrollen vom Toten Meer 1957, 336–351.
[8] M. BURROWS, The Dead Sea Scrolls, II/2, 1951. Die Übersetzungen von H. BARDTKE und G. MOLIN sind bekannt.
[9] עון sing.: 1QH1, 22. 27; 4, 29. 37; 1QS 11, 12/חטאה sing.: 1QH 1, 22. 25; 6, 6; 1QS 11, 9. 15/פשע sing.: 1QH 3, 21; 4, 35; 6, 6; 9, 13; 1QS 10, 11.

den [10], von seiner Schuld [11] und seinen Verschuldungen [12]. Eindrücklich charakterisieren zusammengesetzte Wendungen seine Sündigkeit: Er ist ein Fundament der Schande [13], schmachvolle Schande [14] ist sein Fundament [15], er gehört zur Menge des frevelnden Fleisches [16], zur Menge des Gewürms [17], er ist eine Quelle der Unreinheit [18], ein Ofen der Sünde [19], ein Gebäude [20] der Sünde [21] und des Staubes [22], ein Irrtumsgeist [23], eine Behausung der Finsternis [24]. Er gehört zur boshaften Menschheit [25], befand sich im Gebiet der Bosheit [26], den Fangschnüren der Bosheit [27] ausgesetzt, unter viel Verwirrungen [28]. Vom Mutterleib bis zum Greisenalter lebt er in Treubruchschuld [29]. Er befindet sich in schmachvoller Schande [30] und menschlicher Unreinheit [31], mit einem Steinherz [32], in Verkehrtheiten des Herzens [33]; und das Verkehrtsein [34] ist für ihn typisch. Wie er böse handelt [35] und das beim jährlichen Bundeserneuerungsfest bekennt [36], so gilt das auch von den Vätern [37] und ihrem Treubruch [38]. Seine Verschuldung geschieht auf dem Felde der Werke [39], welche Werke des Truges [40] sind, auf dem Felde des Wandels [41], der in der Finsternis [42] sich vollzieht, so daß es zum Schwanken [43] und Straucheln [44] kommt. Kurz, dem Menschen fehlen Gerechtigkeit [45], rechte Taten [46], Vollkommenheit [47], Vergebung (Gottes) [48] und Heilswissen [49]. Er lebt im Dienst der Sünde [50]; ein verkehrter

---

[10] עון plur.: 1QH 1, 25; 1QS 11, 9. 14/ פשע plur.: 1QH 7, 30; 1QS 11, 9.
[11] אשמה sing.: 1QH 4, 30. 37; 6, 8.   [12] אשמה plur.: 1QH 4, 34; 18, 12.
[13] סוד הערוה 1QH 1, 22.   [14] ערות קלון.   [15] סודו 1QH 13, 15.
[16] סוד בשר עול 1QS 11, 9.   [17] סוד רמה 1QS 11, 10.
[18] מקור הנדה 1QH 1, 22; 12, 25.   [19] כור העוון 1QH 1, 22.
[20] מבנה.   [21] חטאה 1QH 1, 22.   [22] עפר 1QH 13, 15.
[23] רוח התועה 1QH 1, 22.   [24] מדור חושך 1QH 12, 25. 26.
[25] אדם רשעה 1QS 11, 9.   [26] גבול רשעה 1QH 3, 24.   [27] רשעה 1QH 3, 26.
[28] מהומות רבה 1QH 3, 25.   [29] אשמת מעל 1QH 4, 30.   [30] ערות קלון 1QH 12, 25.
[31] נדת אנוש 1QS 11, 14. 15.   [32] לב האבן 1QH 18, 26.
[33] נעוית לבבי 1QS 11, 9.
[34] עוה verbal und substantivisch: 1 QH 1, 22; 3, 21; 7, 27; 13, 15; 1 QS 1, 24; 10, 11.
[35] רשע 1QH 13, 16.   [36] הרשענו 1QS 1, 25.   [37] 1 QS 1, 25 z. T. konjiziert.
[38] מעל 1QH 4, 34.   [39] מעשיו 1QH 18, 13.   [40] מעשי הרמיה 1QH 1, 27.
[41] דרך: 1QH 4, 31; 1QS 11, 17/ הלך: 1QS 1, 25 konjiziert; 11, 10.
[42] חושך 1QS 11, 10.   [43] מוט 1QS 11, 12.   [44] כשל 1QS 11, 12.
[45] צדקה 1QH 4, 30.   [46] צדקות 1QH 7, 17.   [47] תום QH 4, 30.
[48] סליחה 1QH 7, 18.
[49] בין subst. und verb.: 1QH 1, 22. 23; 7, 32; 10, 2; 1QS 11, 19. 22/ השכיל 1 QS 11, 18.

Geist herrscht in ihm⁵¹. Die Sünde ist eine den Menschen knechtende Macht.

Daher kann der Mensch vor Gottes Gericht nicht bestehen. Das Gericht oder die Gerichte⁵² und die Zurechtweisung⁵³ sind innerzeitlich, aber auch endgeschichtlich (wie in dem großen mythologischen Gerichtsgemälde 1QH 3, 29–36) vorgestellt. In ihnen waltet Gottes Gerechtigkeit⁵⁴, Gottes Zorn⁵⁵, in ihnen hat *Gott* recht⁵⁶. Der Mensch dagegen kann, kommt er ins Gericht⁵⁷, nicht hintreten⁵⁸ vor den, der ihn zurechtweist⁵⁹, nicht gerecht sein⁶⁰, nichts antworten⁶¹, nichts sagen⁶², sich nicht verteidigen⁶³. Für ihn gibt es keine Errettung⁶⁴. Von den Gerichten erschreckt⁶⁵, wird er erfaßt von Grube⁶⁶, Totenreich⁶⁷ und Tod⁶⁸.

Schon die zahlreichen Singularformen in der oben dargelegten Terminologie der Sünde zeigen an: Der Qumran-Fromme bekennt nicht nur einzelne Sünden, so sehr er auch um das aktuelle Sündigen weiß; für ihn ist die Sünde primär Existenz-Sünde. Denn die Sünde hängt für ihn aufs engste zusammen mit der Hinfälligkeit seiner vergänglichen Kreatürlichkeit. Die Kreatürlichkeit wird in einer reichen, prägnanten Terminologie beschrieben. Der Mensch ist Staub⁶⁹, Lehmgebilde⁷⁰, Lehm⁷¹, vom Bildner abgekniffen⁷², Asche⁷³, ein Gebilde⁷⁴,

---

⁵⁰ עבודת העוון 1 QH 1, 27.   ⁵¹ רוח נעוה משלה בו 1 QH 13, 15. 16.

⁵² משפט sing.: 1 QH 1, 26; 3, 27; 9, 9. 15 konjiziert; 18, 25; 1 QS 1, 26; 10, 11; plur.: 1 QH 1, 23.

⁵³ תוכחת 1 QH 7, 29; 12, 31.   ⁵⁴ צדק: 1 QH 1, 23, 26.

⁵⁵ אף: 1 QH 3, 27; 12, 30 / חמה: 1 QH 3, 28; 7, 29 / חרון: 1 QH 3, 28.

⁵⁶ צדקתה 1 QH 12, 31.

⁵⁷ שפט verb.: 1 QH 7, 28; 1 QS 10, 13.

⁵⁸ התיצב: 1 QH 7, 29; 12, 28. 30.   ⁵⁹ מוכיח 1 QH 12, 28.

⁶⁰ צדק verb.: 1 QH 7, 28 konjiziert; 9, 14; 16, 11.

⁶¹ השיב: 1 QH 1, 26; 7, 29; 12, 27. 30; 1 QS 11, 18. 22.

⁶² ספר 1 QH 1, 25 / דבר 1 QH 12, 32. 33.

⁶³ הוכיח 1 QH 1, 25.   ⁶⁴ הנצל 1 QH 7, 17.   ⁶⁵ נבעתה 1 QH 1, 23.

⁶⁶ שחת 1 QH 3, 19. 26. 27; 1 QS 11, 13.   ⁶⁷ שאול אבדון 1 QH 3, 19.

⁶⁸ מות 1 QH 3, 28.

⁶⁹ עפר: 1 QH 3, 21; 10, 4. 5. 12; 12, 24. 25. 26. 27. 31; 13, 15; 18, 12. 24. 27; 1 QS 11, 21. 22.

⁷⁰ יצר [ה]חמר: 1 QH 1, 21; 3, 23. 24; 4, 29; 12, 26. 32; 18, 12.

⁷¹ חמר 1 QS 11, 22. 22.   ⁷² קורץ: 1 QH 10, 4; 1 QS 11, 22.

⁷³ אפר 1 QH 10, 5.

⁷⁴ יצר: absolut 1 QH 7, 16; 18, 13; mit verderbtem Nachwort 1 QH 9, 16; 18, 25 / יוצר יד 1 QS 11, 22.

geknetet aus (oder: im) Wasser[75] oder aus Staub[76], er ist Fleisch[77], ein Hauch[78], ein Wüstes[79], gehörig zur Menge des Gewürms und ein Fraß des Gewürms[80]. Er ist einer, der heimkehrt[81] zu seinem Staube; seine Rückkehr[82] geschieht zum Staub, von wo er genommen wurde[83]. Der Mensch ist Erde[84]. Diese Kreatürlichkeit ist nicht ein dem Menschen wider seinen Willen auferlegtes Schicksal, sie bestimmt vielmehr sein Wollen und Trachten: Seine Zuflucht[85] war Fleisch, nach Staub steht sein Verlangen[86], seine Hoffnung[87]; Staub hemmt das Ohr[88], hindert das Herz am rechten Wollen[89]. So ist die Kreatürlichkeit des Menschen gekennzeichnet durch Kraftlosigkeit[90], durch Bedeutungslosigkeit[91], ja durch Fehlen wirklichen Seins[92]. Gerechtsein[93], Weisesein[94], Geehrtwerden[95] und Starksein[96] können einem Menschen, einer Kreatur nur auf der relativen, kreatürlichen Ebene[97] zugeschrieben werden, sind aber nichts gegen Gottes Kraft[98], Ehre[99] und Weisheit[100]. Wo vor Gott schon Gottes große Wunderwerke keine Kraft zurückbehalten[101] können, wie sollte da der Staubheimkehrer dazu imstande sein[102]? Nur der höchste Gott, nicht die nichtige, sündige Kreatur hat alle Werke der Gerechtigkeit[103]. Zwar hat dieser radikale Dualismus zwischen nichtigem Geschöpf und erhabener Gottheit gewisse, hier nicht näher zu erörternde alttestamentliche Wurzeln. Aber die religionsgeschichtliche Verschiedenheit beider Aspekte – Sünde als Verfehlen rechten Tuns und Sünde als kreatürliche Nichtigkeit – liegt auf der Hand: Es ist unter diesem Gesichtspunkt aufschlußreich, daß ein Passus, der wie 1QH 10, 2–12 die kreatürliche Hinfälligkeit

[75] מגבל [במ] [ה]מים: 1 QH 1, 21; 3, 24; 12, 25 konjiziert; 13, 15.
[76] מעפר מגבלו 1 QS 11, 21.
[77] בשר 1 QH 7, 17; 9, 16; 13, 16; 18, 14. 23; 1 QS 11, 7, 9. 12; vielleicht auch 1 QH 4, 29.
[78] הבל 1 QH 7, 32; vielleicht רוח 1 QH 7, 29.
[79] תהו 1 QH 7, 32. [80] רמה 1 QS 11, 10. 21. [81] שב: 1 QH 10, 12; 12, 31.
[82] תשובתו: 1 QH 10, 4; 12, 26. [83] לקח 1 QH 12, 27.
[84] אדם אדמה 1 QH 10, 3. [85] מחסו 1 QH 7, 17. [86] תשוקתי 1 QS 11, 22.
[87] מקוי 1 QH 12, 25. [88] אוזן 1 QH, 18, 27. [89] לב 1 QH 18, 24.
[90] מה כוח לי 1 QH 3, 24. [91] למי נחשבתי 1 QH 18, 26.
[92] ואין לנגדכה 1 QH 12, 31 / vielleicht auch לא יהיה 1 QH 10, 2.
[93] צדק verb. 1 QH 9, 15. [94] השכיל 1 QH 9, 16.
[95] הכבד 1 QH 9, 16. [96] גבר 1 QH 9, 16.
[97] אנוש מאנוש 1 QH 9, 15 / גבר 1 QH 9, 15 / בשר 1 QH 9, 16 / רוח מרוח 1 QH9, 16.
[98] גבורתכה konjiziert 1 QH 9, 16. [99] כבודכה 1 QH 9, 17.
[100] חכמתכה 1 QH 9, 17. [101] עצר כוח [102] 1 QH 10, 10–12.
[103] כול מעשי צדקה 1 QH 4, 31.

des Menschen bekennt, ganz ohne die Gerichtsterminologie, also ohne die Nomenklatur der anderen Seite des Aspektes, auskommt. Das darf uns freilich nicht zu der irrigen Meinung verleiten, für den *Psalmisten* seien Sünde und Kreatürlichkeit verschiedene Dinge. Denn die Unfähigkeit zur Antwort an Gott wird bestritten dem Staub [104] und Lehm [105] wie dem Täter der Sünden [106] und dem Nicht-Gerechten [107]. Das Verstehen wird abgesprochen dem Menschen, der als Wüstes und Hauch [108], als Gebilde einer Hand [109] gilt, wie dem, der in Sünde und schuldhaftem Irrtum verkehrt ist [110]. Der Mensch ist ein Gebäude des Staubes [111] wie der Sünde [112]. Ähnliche Auswechselbarkeiten der Terminologie ließen sich vermehren. Sie zeigen an: Für die Texte selber bilden Sünde und nichtige Kreatürlichkeit eine selbstverständliche Einheit.

Diese terminologische Übersicht ergibt: Der Mensch gilt den Qumran-Frommen als Sünder in seinem Tun und in seinem Sein. Besonders zahlreich sind die Ausdrücke für den sündigen Charakter der nichtigen Kreatürlichkeit. Als dieser sündige Lehm kann der Mensch vor Gott in keiner Weise bestehen. Der Todesbezirk umfängt und bedroht den Sünder.

Wie es sich mit solchem Sündersein des Qumran-Frommen des näheren verhält, wird deutlich, wenn wir jetzt den Heilsweg des Qumran-Frommen betrachten. Wir hatten schon gesehen: Die ganze bisher entwickelte Einsicht in die Sündigkeit des Menschen steht dem Menschen zur Verfügung nicht von der Basis seines Sünderseins, sondern von dem Heile aus, das er in der Bekehrung zur Qumran-Sekte gewonnen hat.

So nimmt es nicht wunder, daß immer wieder auch die Sünden vor der Bekehrung Gegenstand des Bekenntnisses werden. Ausdrücklich ist der פשע ראשון in 1QH 9, 13 erwähnt. Aber auch ohne diese Ausdrücklichkeit wird an manchen Stellen [113] völlig deutlich: Der Blick ruht auf Sünden, welche der Bekehrung, dem Eintritt in den Heilsstand, vorausliegen. An andern Stellen [114] sind zwar nicht ausschließlich die Sünden vor der Bekehrung ins Auge gefaßt, sie sind aber in diesen Sünden-

---

[104] עפר 1 QH 12, 27.   [105] חמר 1 QS 11, 22.
[106] 1 QH 1, 25 f., wenn man schon BARDTKES Lesung עול nicht für sicher hält.
[107] 1 QH 7, 28 f.   [108] 1 QH 7, 32.   [109] 1 QS 11, 22.   [110] 1 QH 1, 22 f.
[111] עפר 1 QH 13, 15.   [112] החטאה 1 QH 1, 22.
[113] 1 QH 3, 24 f.; 4, 30; 6, 6; 7, 16–18; 18, 23 f.
[114] 1 QH 7, 27–29. 32; 18, 12 f.; 1 QS 1, 24–26.

bekenntnissen zum mindesten mitgemeint. Die Texte machen auch deutlich, wie es zu solchem Bekennen der Vergangenheitssünden kommt: Weil Gott Trost und Vergebung geschenkt hat, bereut der Fromme die vergangene Sünde [115]; weil Heilserkenntnis und Befähigung zum Lobpreis Gottes ihm verliehen sind, bekennt der Fromme sich als nichtige Kreatur, und diese Kraftlosigkeit kommt daher, daß er vor seiner Bekehrung in Bosheit und Verwirrungen lebte [116]. Zweierlei ist an diesen Bekenntnissen der Sünden aus der Zeit vor der Bekehrung bedeutsam. Sie sind, gemessen an den Bekenntnissen zur gegenwärtigen Sündigkeit des Qumran-Frommen, nicht besonders zahlreich. Sodann lassen sie erkennen: Ein Zwiespalt im Menschen wird in den Texten für die Zeit vor der Bekehrung nicht erwähnt. Ja, er ist sogar ausgeschlossen, wenn der Beter versichert: Das Staubherz lernte es, sich in acht zu nehmen, erst, als Gott es aufdeckte, also dem Menschen das Heil verlieh [117]; vorher lebte es unachtsam in der Sünde.

Bedeutsamer sind die Bekenntnisse zur *gegenwärtigen* Nichtigkeit und Sündigkeit. Um sie zu verstehen, muß man sich zunächst deutlich machen, wie Bekehrung und Heilsverleihung hier gemeint sind. Die Aussagen über die Heilsverleihung, gekennzeichnet durch eine großartige dichterische Gehobenheit, sind womöglich noch mannigfaltiger und umfassender als die Sündenbekenntnisse. Gleichwohl muß die Darstellung dieser Heilsaussagen hier, wo es uns ja um das rechte Verstehen der Sündenbekenntnisse geht, summarischer verfahren als bei der obigen Analyse der Sündenbekenntnisse; nur ausnahmsweise merke ich im folgenden Lücken und Konjekturen in den Texten an.

Das Heil ist da, ist gegenwärtig mit dem Eintritt in die Sekte. Gott hat den Sünder aus der Grube befreit [118] und wird es auch ferner tun [119]. Er hat ihn nahegebracht [120]. Er gibt ihm Anteil am Heil, das der Fromme wie einen Brunnen [121], wie eine Quelle [122] besitzt; ja, Gott selber ist ihm dieser Brunnen [123], diese Quelle [124]. Gott hat ihm den Mund [125], das Herz [126], die Quelle [127] geöffnet. Er hat ihm das Staubherz aufgedeckt [128]. So ist Heil [129], Glück [130] und Hilfe [131] gegenwärtig für den, den Gott zum Sohn seiner Treue erweckt hat [132].

---

[115] 1 QH 9, 13. [116] 1 QH 3, 22–25. [117] 1 QH 18, 24.
[118] 1 QH 3, 19. [119] 1 QS 11, 13. [120] 1 QH 16, 12; 1 QS 11, 13.
[121] 1 QH 12, 29; 18, 12. [122] 1 QS 11, 6. [123] 1 QS 10, 12.
[124] 1 QS 10, 12. [125] 1 QH 12, 33. [126] 1 QS 11, 15.
[127] 1 QH 18, 12. 13. [128] 1 QH 12, 34; 18, 24. [129] 1 QH 13, 17.
[130] 1 QS 10, 12. [131] 1 QS 11, 12. [132] 1 QS 11, 16.

Gott ist es, der den Menschen zum Heile bildet[133]. Er richtet den Menschen in Gnaden[134], er handelt[135]. Er bringt den Menschen in das Heil[136], so daß das Heil kommt[137]; er hilft dem Menschen und tröstet ihn in Anfechtung[138], er zeichnet den Geist des Gerechten vor[139], er gräbt das Heil ein in das Herz[140], er bestimmt dem Lehmgebilde Weg und Schuld[141], er gründet und lenkt in seiner Allmacht Glück und Wandel des Menschen[142]. In dieser Heilszuwendung ist also Gottes prädestinierendes Heilsschaffen am Werke[143]. Gottes gnädiger Wille und seine Planung sind Ursprung und Norm des Heils[144]. Das Heil fließt aus seinem Erbarmen[145], seinen Hulderweisungen[146], seiner treuen Wahrheit[147], seiner Gerechtigkeit[148], seiner Vergebung[149] und seiner Güte[150]. Diese seine Gnadenerweise sind groß[151], zahlreich[152] und geschehen in Menge[153]. In ihnen sind wirksam Gottes Kraft und Machttaten und Gottes Hand[154], der von ihm verliehene Geist[155], Gottes Geheimnisse[156] und Gottes Erkenntnis[157]. So bekommt der Mensch das Heil „nur"[158] durch Gott, nicht „ohne"[159] Gott und sein Wirken.

Die Verlorenheit des Menschen war uns in der Analyse der Terminologie als Sünde und als Kreatürlichkeit begegnet. So wird in Qumran nun auch das Heil gefaßt als Hilfe gegen die Sünde und als Rettung aus der Nichtigkeit. Auch hier gilt wie oben: Diese theoretisch richtige Trennung beider Aspekte liegt den Texten selber fern, wie sich jeder Leser beim Nachschlagen der folgenden Stellen selber überzeugen kann.

---

[133] 1 QH 3, 21; 4, 31.   [134] 1 QH 6, 9; 1 QS 11, 14.   [135] 1 QH 6, 10.
[136] 1 QH 7, 30; 18, 28.   [137] 1 QS 11, 13.   [138] 1 QH 9, 10–13.
[139] 1 QH 16, 10.   [140] 1 QH 18, 27.   [141] 1 QH 18, 12.
[142] 1 QS 10, 12; 11, 13, 16.
[143] 1 QH 4, 32 f. 38; 7, 29 f.; 16, 10; 1, QS 11, 10 f. 16–18.
[144] 1 QH 4, 33; 10, 2; 16, 10. 12; 18, 22; 1 QS 11, 11. 16. 17. 18.
[145] 1 QH 1, 31; 4, 32. 36. 37; 6, 9; 7, 27. 30; 13, 17; 18, 14. 25; 1 QS 2, 1; 11, 13.
[146] 1 QH 1, 32; 4, 37; 6, 9; 7, 18. 27; 9, 10. 14; 16, 12; 1 QS 2, 1; 11, 12. 13.
[147] 1 QH 6, 9. 10; 7, 26. 30; 9, 10; 18, 13. 14; 1 QS 11, 14. 16.
[148] 1 QH 4, 37; 1 QS 11, 12. 14. 16.   [149] 1 QH 6, 9.
[150] 1 QH 7, 30; 13, 16; 18, 14; 1 QS 11, 14.   [151] 1 QH 1, 32; 16, 12.
[152] 1 QH 4, 32; 6, 9; 7, 27. 30; 9, 14; 13, 17; 18, 14; 1 QS 11, 14.
[153] 1 QH 4, 36. 37; 6, 9; 7, 30.
[154] 1 QH 4, 32. 35; 9, 14; 18, 13; 1 QS 11, 10.
[155] 1 QH 4, 31; 13, 19; 16, 11. 12. Weiteres dazu s. bei A. DIETZEL, Beten im Geist, ThZ 13, 1957, 23 f.
[156] 1 QH 7, 27; 13, 13.   [157] 1 QS 11, 11.   [158] 1 QH 13, 16.
[159] 1 QH 4, 31; 10, 2. 5–7. 9; 12, 33. 34; 16, 11; 1 QS 11, 11. 17.

Das Heil ist Hilfe gegen die *Sünde*, denn es bringt die Vergebungserweise[160]. Gott sühnt[161]; der Beter kann Gott durch den Geist besänftigen[162]. Das Recht des Menschen, sein Vor-Gott-Bestehen stammt von Gott[163]; Gott schafft dem Lehmgebilde Recht[164]. Gott als der heilige Brunnquell[165] reinigt und läutert den Menschen[166] und leitet ihn an zum Sichreinigen[167]. Freude[168] und Hoffnung[169] sind nun des Menschen Teil. Gottes prädestinierendes Heilshandeln weckt die wählende Entscheidung[170] und das Ja[171] des Menschen. So kommt es durch Gott beim Menschen zu rechten Taten[172], zu rechtem, unsträflichem Wandel[173] und zu einem festen Stand in der Anfechtung[174]. Auch Qumran hat sein „Das Alte ist vergangen": Der Begnadete kehrt sich von Sünde und Missetat ab[175] und gelangt zu einem Wandel ohne Frevel[176], zur Ablehnung[177] aller Freveltat[178], zum Sichhüten vor ...[179] denn Gott hat aufhören lassen ...[180].

Das Heil errettet aus der *Nichtigkeit*. Gott macht stark[181], er beweist seine Stärke[182] und stützt das Gebilde[183]. Er lehrt als Erkenntnisquelle[184] alles Wissen[185] und öffnet das Herz für Erkenntnis[186]. So gehört der Begnadete zum Heer der Erkenntnis[187], auf die Seite der Geister der Erkenntnis[188]. Erkenntnis[189] wird sein eigen. Er kann Gott[190], seine Werke, seine Wunder und sein Tun[191], daneben seine eigene Sündigkeit[192] erkennen. Gott hat ihn zur Höhe aufsteigen lassen[193]. Ewigkeit ist ihm, dem *nichtigen* Menschen[194], zuteil gewor-

---

[160] 1 QH 7, 30; 9, 13. [161] 1 QH 4, 37; 1 QS 11, 14.
[162] 1 QH 16, 11. [163] 1 QH 13, 17; 16, 11; 1 QS 11. 12. 14.
[164] 1 QH 12, 32. [165] 1 QS 10, 12.
[166] 1 QH 3, 21; 6, 8; 16, 12; 1 QS 11, 14. [167] 1 QH 16, 10.
[168] 1 QH 9, 13; 18, 15. [169] 1 QH 3, 20; 6, 6; 9, 10. 14; 12, 29.
[170] 1 QH 16, 10; 1 QS 10, 12. [171] 1 QS 10, 13.
[172] 1 QH 6, 9; 1 QS 11, 16.
[173] 1 QH 4, 32; 6, 6. 7; 18, 12; 1 QS 11, 11. 13.
[174] 1 QH 4, 36; 6, 10; 7, 31; 9, 12. [175] 1 QH 6, 6.
[176] 1 QH 6, 7. [177] Die Vokabel ist unsicher.
[178] 1 QH 16, 11. [179] Das Folgende fehlt; 1 QH 18, 24.
[180] Das Folgende fehlt; 1 QH 18, 28. [181] 1 QH 1, 32.
[182] 1 QH 1, 34; 4, 27. 28. [183] 1 QH 18, 13. [184] 1 QS 10, 12.
[185] 1 QS 10, 13; 11, 17. 18. [186] 1 QS 11, 15.
[187] 1 QH 18, 23. [188] 1 QH 3, 23.
[189] Absolut 1 QH 7, 26. 27; 12, 29. 32. 33; vielleicht auch 1 QH 9, 9, wenn dort nicht Gottes Wahrheit Objekt ist.
[190] 1 QH, 1, 31 [191] 1 QH 4, 32; 10, 4. 5; 13, 14. 18; 16, 10.
[192] 1 QH 16, 11. [193] 1 QH 3, 20. [194] 1 QH 18, 25-27.

den; die Erlösung des Staubes zur Ewigkeit, *das* ist der Inhalt der Wunder Gottes [195]. Die Ewigkeit qualifiziert alles, was der kreatürliche Mensch als Gnade erhält. Sein wird ewige Höhe [196], ewige Gemeinschaft [197], ewiges Los [198], ewiger Friede oder Heil [199], ewige Freude [200], ewige Geschehnisse [201], ewige Zier [202] und ewiges Erbarmen [203]; er steht vor Gott an ewiger Stätte für immer [204], für die Länge der Tage [205]. Herrlichkeit ist seine Hoffnung [206], ja, Herrlichkeit gehört ihm schon jetzt [207]; es ist eine außermenschliche Herrlichkeit [208], denn *Gott* ist für ihn Herrlichkeitshöhe [209]. So steht er in immerwährendem Lichte, fern der Finsternis [210]. Auch in den Kategorien *dieses* Aspektes, auch bei der Errettung aus der Nichtigkeit, gilt wie oben bei der Hilfe gegen die Sünde: Das Alte ist vergangen.

Diese Errettung des Menschen aus Sünde und Nichtigkeit geschieht durch Eintritt in die Sekte als in die Einung [211], in den Rat [212], in den Bund [213], in die ewige Gemeinschaft [214], in das Heer der Erkenntnis [215]. Diese letzteren Formulierungen machen bereits deutlich: Es geht dabei nicht um Teilhabe an einer bloß innerweltlichen Gemeinschaft; der Eintretende gewinnt vielmehr auch Verbindung mit den himmlischen Wesen, dem Heer der Heiligen, der Gemeinde der Himmelssöhne, den Geistern der Erkenntnis [216]. Diese ganze Erlösung wurzelt in Gottes Erhabenheit [217], sie geschieht zu Gottes Ehre [218], um seinetwillen [219]. Das ist ihr alleiniger Zweck: „nur" [220]. Darum preist der Begnadete Gottes Herrlichkeitstaten [221], indem er sie rühmend und predigend weitersagt [222]. Und in solches Rühmen und Weitersagen gehört hinein auch das Bekennen der eigenen Sündigkeit und Hinfälligkeit. Wir verstehen jetzt, warum gerade beim Preise Gottes und in der Predigt der Erlösung so häufig das Bekenntnis zur

---

[195] 1 QH 3, 19–23.   [196] 1 QH 3, 20.   [197] 1 QH 3, 21.
[198] 1 QH 3, 22.   [199] 1 QH 13, 17. 18.   [200] 1 QH 18, 15.
[201] 1 QH 18, 27.   [202] 1 QS 10, 12.
[203] 1 QS 2, 1. – Das Beiwort zu Ewigkeit in 1 QH 12, 29 ist unleserlich.
[204] 1 QH 7, 31; 18, 28. 29; 1 QS 11, 16. 17.
[205] 1 QH 13, 18.   [206] 1 QH 12, 29.   [207] 1 QH 13, 17; 1 QS 11, 7.
[208] 1 QS 11, 7.   [209] 1 QS 10, 12.   [210] 1 QH 18, 29.
[211] 1 QH 3, 22.   [212] 1 QH 6, 10.   [213] 1 QH 18, 24, 28.
[214] 1 QH 3, 21.   [215] 1 QH 18, 23.   [216] 1 QH 3, 22. 23.
[217] 1 QH 13, 17.   [218] 1 QH 6, 10; 10, 12; 18, 22.
[219] 1 QH 6, 10.   [220] 1 QH 10, 12; „nur" wie oben p. 109.
[221] 1 QH 3, 23; 12, 30; 18, 14; 1 QS 11, 15.
[222] 1 QH 1, 33. 34; 3, 23; 6, 11; 18, 14. 15. 23.

eigenen Sünde und Nichtigkeit aufklingt; an jeder der behandelten Stellen bildet die Rühmung des Heils das übergeordnete Thema, dem das Sündenbekenntnis eingefügt ist. Bekenntnis zum Heil ist also wesensmäßig auch eigenes Sündenbekenntnis; nicht ohne Grund hat solch Sündenbekenntnis einen festen liturgischen Platz im jährlichen Bundeserneuerungsfest erhalten [223]. Und zwar bekennt der Begnadete nicht bloß, wie wir oben sahen, die Sünde und Nichtigkeit aus der Zeit *vor* seiner Bekehrung, sondern mehr noch seine Sündigkeit *jetzt*[224], seine nichtige Kreatürlichkeit *jetzt* [225] im Stande der Gnade. Damit sind wir zum eigentlichen Thema dieser unserer Untersuchung wieder zurückgekehrt.

Ohne Zweifel lehrt die Qumransekte die Rechtfertigung des Sünders: Der Mensch hat keine Rechttaten, um gerettet zu werden [226]. Und der durch Gott gerecht gewordene, der der Ewigkeit zugesellte Mensch bleibt Sünder, bleibt Staub. Dies betonte Simul iustus et peccator ist um so auffälliger, als die Texte von einem neuen Stand des Begnadeten durchaus wissen [227]. In welchem Sinne ist der Begnadete zugleich Sünder und Staub?

Der Weg zur rechten Antwort auf diese Frage tut sich auf, wenn wir darauf merken, welche Rolle die Tora in dem Prozeß der Heilsgewinnung spielt. Das Heilshandeln Gottes ist ein Handeln für die ganze Tora [228]. So ist der Begnadete befähigt zur Verkündigung der richtigen Satzungen [229]. Sein allmorgendliches und allabendliches Eintreten in den Bund besteht im Sprechen der Satzungen Gottes [230]. Die Gegner dagegen wollten dem Begnadeten die Tora Gottes [231] eintauschen [232], d. h. doch wohl, sie wollten als Lügenredner unter dem Einfluß Belials die strenge Observanz der Qumran-Leute laxer machen. Im Sinne dieser strengen Tora-Observanz also will es verstanden werden, wenn

---

[223] 1 QS 1, 24–2, 1.

[224] 1 QH 1, 21–27; 4, 30; 7, 27–29; 9, 14. 15; 12, 30–32; 13, 15. 16; 16, 11; 18, 12. 13. 25. 26; 1 QS 1, 24–26 (*auch* jetzt); 10, 11 (die Sünde als eingemeißeltes Gesetz!); 11, 9. 10. 12. 14. 15.

[225] 1 QH 1, 21–27; 3, 23. 24; 4, 29; 7, 29. 32; 9, 15. 16; 10, 3. 4. 12; 12, 24 bis 28. 31. 32; 13, 14. 15; 18. 12. 25. 26; 1 QS 11, 9. 10. 12. 20–22.

[226] 1 QH 7, 17.   [227] S. oben p. 110 oben bis 111 oben.

[228] 1 QH 6, 10; BARDTKES Konjektur כול zur Stelle ist glaubhaft, weil כול in der Toralehre der Sekte eine zentrale Rolle spielt. – Siehe H. BRAUN, Spätjüdisch-häretischer und frühchristlicher Radikalismus, 1957, I, S. 28 Anm. 2.

[229] חוקי נכונות 1 QH 18, 23.   [230] חוקיו 1 QS 10, 10.
[231] תורתכה.   [232] 1 QH 4, 10.

der Begnadete Gottes Wort [233] nicht übertritt [234], jedes Frevelwerk ablehnt [235], zu Gottes Lehren und Richten Ja sagt [236], auf dem Wege Gottes von Herzen ohne Frevel wandelt [237], sich an Gottes Bund hält [238] und mit dem Wissen [239] eben auch die richtigen, penibel zu haltenden Satzungen empfängt [240]. Daß der Mensch keine Rechttaten hat, die ihn vor Gott retten können [241], gilt also für die Situation des Menschen *vor* dem Heil, besagt aber nichts gegen die Tora als Heilsweg für den Begnadeten.

Das alles bedeutet für die Lage des Begnadeten: Sein Sündersein und sein Sündetun steht im Gegensatz zu seiner Torabejahung und Torabefolgung. Sünde ist das Nein zur Tora und ist Übertretung der Tora. Sie entsteht, weil die Tora zu wenig ernst genommen wird. Die Gnade dagegen schärft die Tora ein und leitet dazu an, mit der Tora ernst zu machen. Die Gnade verleiht Kraft und Willen zur Tora. In diesem Ernst, in diesem Willen zur Tora ergeht hier der Preis Gottes. Die Erlösung ist eine Erlösung *für* das ganze Ja zur verschärften Tora. Dem Begnadeten wird die Tora nun in betonter Weise der Heilsweg, zu dessen Begehung Gottes Barmherzigkeit ihn rüstet. Erst im vollen Ja zu der Tora ist der Mensch recht geborgen. Die Rechtfertigung des Sünders befreit diesen *für* den Weg der Tora.

In seinem Sündenbekenntnis aber bekennt der Begnadete: Er sagt zur Tora Ja und auch wieder nicht Ja. Mythologisch formuliert: Bis jetzt streiten die Geister der Treue und der Bosheit im Herzen eines Menschen [242]. Das Ja und das Nein geschieht im Kraftfeld des dualistischen Mächtedenkens, wie KUHN [243] schön gezeigt hat. Diese Mächte aber sind Verschlüsselungen für des Menschen Ja und Nein *zur Tora*. Es ist also nicht so, daß das Ja zur Tora unbegreiflicherweise das Nein zur Tora aus *sich* heraussetzte. Das Schlimme ist vielmehr, daß *neben* dem Ja das Nein steht. Darum besteht die Gnadenhilfe Gottes auch darin, daß er das Ja zur Tora im Menschen stärkt. Gott birgt den Menschen, indem er ihm das volle Ja zur Tora ermöglicht.

Jetzt verstehen wir auch eine Reihe durchgehender Eigentümlichkeiten dieser Sündenbekenntnisse. Nur wenn die im Bekenntnis ge-

---

[233] דברכה. [234] 1 QH 12, 24.
[235] Die Vokabel ist unsicher, 1 QH 16, 10. 11. [236] 1 QS 10, 12. 13.
[237] 1 QH 6, 6. 7. [238] 1 QH 4, 39; 18, 9. [239] S. oben p. 110 unten.
[240] Vgl. H. BRAUN, aaO I 18–24. [241] 1 QH 7, 17. [242] 1 QS 4, 23.
[243] K. G. KUHN, πειρασμός – ἁμαρτία – σάρξ, ZThK 49, 1952, 200–212; s. auch H. BRAUN, aaO I 41 f.

nannte Sünde des Begnadeten nicht *in* dem Toragehorsam und *durch* den Toragehorsam, sondern *neben* dem und *gegen* den Toragehorsam zum Zuge kommt, ist es verständlich, daß auf die Geeignetheit der Tora für den Heilsweg trotz der extrem starken Sündenbekenntnisse auch nicht der Schatten eines Verdachtes fällt; daß die Tora-Einschärfung in den Sündenbekenntnissen vielmehr als die entscheidende Rettung erscheint. Wir begreifen jetzt auch, warum die Sündenbekenntnisse diese Form haben. Nie nach dem Schema: Ich will zugleich dies und sein Gegenteil. Sondern immer in der Weise: Du, Gott, hast begnadet, aber ich (ואני) bin Sünder und Staub. Oder: Ich bin Sünder und Staub, aber Gott hat begnadet. Sündigkeit und Gottes Heilshandeln, also Nein und Ja zur Tora, betreffen zwar dasselbe Ich des Begnadeten. Aber daß es dasselbe Ich ist, können wir nur aus den nebeneinanderstehenden Texten entnehmen, welche vom Begnadeten das Sündersein und das Begnadetsein zur Torabejahung aussagen. Zwar spricht 1 QS 4, 23–25 vom Kampf im Menschen zwischen Ja und Nein zur Tora. Aber die Texte machen nicht den Versuch, zu zeigen, wie sich in der Ökonomie des Ichs diese doppelte Betroffenheit, dies Ja und dies Nein zur Tora ausnimmt. Das Ich des begnadeten Qumran-Frommen enthält also in sich zwar Ja und Nein zur Tora. Aber es ist insofern nicht zutiefst gespalten, als das Nein sich *neben*, aber eben nicht *in* diesem Ja abspielt. So wird schließlich auch der Anlaß begreiflich, der hier die Sündenbekenntnisse auslöst: Oft sind es Bedrängnisse und Anfechtungen von außen und Gottes Hilfe darin, welche zum Bekennen der früheren Sünden und der jetzigen Sündigkeit und Hinfälligkeit treiben [244]. Nie aber ist es die Not der Gespaltenheit, die als *solche* sich ausspricht und das Sündenbekenntnis hervorbrechen läßt. Denn das Ich bekennt hier seinen Willen zum Bösen neben dem Willen zum Guten. Es weiß aber nicht, daß dieser Effekt des Bösen eintritt gerade *im* Wollen der Tora, *im* Wollen des Guten.

Ehe wir die Qumran-Texte verlassen, sei wenigstens kurz eine religionsgeschichtliche Ortung versucht. Jüdisch ist natürlich die Fassung der Sünde als Übertretung der Tora, jüdisch das Verständnis der Gnade als einer Stärkung zum Tora-Gehorsam. Aber auch die Begnadigung des *Sünders* ist nicht schlechterdings unjüdisch. Zwar lehren die Rabbinen die Kooperation des Menschen mittels seiner Torawerke für das Zustandekommen seiner Annahme im Gericht [245]. Aber nicht

---

[244] 1 QH 3, 26–36; 4, 34 f.; 6, 7; 9, 8–10.   [245] H. Braun, aaO I 5–8; 10–14.

nur in IV Esra 8, 32. 36 erwägt Esra (allerdings nicht Gott!) die Annahme im Gericht durch Gott bei den Menschen, denen die opera iustitiae, die bona opera fehlen. Auch die das Gerechtigkeit-Tun des Menschen relativ optimistisch beurteilenden Salomopsalmen wissen von einer erbarmenden Treue, die Gott auch ohne menschliche Kooperation, als Gott übt [246]. Also schlechterdings unjüdisch ist die in Qumran gelehrte Rechtfertigung des Sünders nicht; sie ist nur ein Extremfall des ernsten Judentums [247]. Gnostisch modifiziert dagegen ist die Terminologie für Sünde [248] und Heil [249]. Man kommt m. E. nicht durch, wenn man versucht, diese Terminologie rein jüdisch zu interpretieren: Zu deutlich zeichnen sich in dem gelegentlichen Verständnis der Ewigkeit als der Länge der Tage [250] einerseits und in der Fassung des Heils als Aufstieg [251] andererseits die beiden religionsgeschichtlich verschiedenen, aber hier nun kontaminierten Aspekte ab. So ist der Mensch als die der sündigen Nichtigkeit unterworfene Kreatur negativer gesehen als im Alten Testament, auch als in Psalm 51 und den bekannten Hiob-Stellen. Ausgesprochen ungnostisch an dieser ganzen Konzeption ist allerdings dies, daß in der Erlösung nicht etwa ein ewiger göttlicher Kern des Menschen zu sich selber gelangt. Daß der Sünder gerecht wird und daß das Staubgebilde Anteil an der Ewigkeit bekommt, ist *Gottes* prädestinierende Wundertat, nicht ein Göttlichwerden des substantiell im Innersten schon immer göttlichen Menschen. Hier, im Zentralsten, ist Qumran alttestamentlich-jüdisch geblieben.

III. Das Verhältnis von Römer 7 zu den Qumran-Aussagen

Der abschließende Vergleich zwischen Paulus, speziell Römer 7, und Qumran kann nun kurz sein. Paulus wie Qumran lehren: Der Mensch ist extrem sündig. Beide bekennen: Das Heil erhält der Mensch nur durch Gottes gnädiges Heilstun; das „nur" findet sich in Qumran sogar explizit [252], während die Ausschließlichkeit etwa in Röm 3, 28 nur logische Konsequenz ist. Die Rechtfertigung [253] des Sünders, das

---

[246] H. Braun, Vom Erbarmen Gottes, ZNW 43, 1950/51, 10–15; in diesem Band S. 18–24.   [247] Schön W. D. Davies (Paul and the Dead Sea Scrolls, in: K. Stendahl, The Scroll and the New Testament, 1957, 282): Qumran zeigt uns ein Judentum „at boiling point".   [248] Fleisch, Finsternis, s. oben p. 106 oben und 104 unten.
[249] Erkenntnis absolut gebraucht, Höhe, Ewigkeit, Licht; s. oben p. 110–111.
[250] 1 QH 13, 18.   [251] 1 QH 3, 20.   [252] S. oben p. 109 unten.
[253] Daß Qumran nicht explizit von Gottes הצדיק redet, besagt m. E. (gegen A. Dietzel, aaO 22 Anm. 37) wenig.

Heil aus Gnade, wird also angesichts der Qumran-Texte noch weniger speziell christlich genannt werden dürfen als bisher. Beide, Paulus wie Qumran, lehren den Heilsstand als betonten Gegensatz zu der vergangenen heillosen Situation; auf alle diesbezüglichen Belege bei Paulus kann ich hier als auf etwas Allbekanntes verzichten. Beide schließlich, Paulus wie Qumran, lassen auch für den Begnadeten das Zustandekommen von Übertretung und die Existenz in hinfälliger Gebrechlichkeit andauern; Paulus zwar nicht in Röm 7, 7–25 (wo er das Leben unter dem Gesetz, nicht unter dem Geist im Auge hat), wohl aber sonst mancherorts, wie nicht nur Gal 5, 16. 17, sondern durchgehend die Notwendigkeit der Paränese ausweist.

Gleichwohl ist das Heil bei beiden etwas sehr Verschiedenes. Gottes Heilstun befreit bei Paulus *von* der Tora, die als tödlich gilt; in Qumran *zu* der Tora, die die entscheidende Hilfe darstellt. Man darf also für Qumran nicht, wie GROSSOUW[254], behaupten, das Sola gratia sei wie bei Paulus identisch mit dem Sine lege. So wird bei Paulus die Gespaltenheit des Ichs, die gerade *in* der Befolgung der Tora aufbricht, in Römer 7 zum zentralen Thema, während Qumran angesichts der von außen einbrechenden Anfechtung den Gehorsam und die Sünde, das Ja und das Nein zur Tora als *nebeneinander*liegend bekennt. Die Gespaltenheit des Menschen ist bei Paulus und Qumran eine verschiedene; sie ist bei Paulus tiefergreifend.

Daraus ergeben sich Konsequenzen für die Beurteilung der Basis, von der aus Römer 7 geschrieben ist. Wenn es sich bei Paulus um eine tiefergreifende Gespaltenheit handelt als in Qumran, so wird man mit DAVIES[255] nicht sagen dürfen, die Qumran-Texte zeigten, das Bekenntnis von Römer 7 sei dem Paulus „in his pre-Christian days" möglich gewesen.

Qumran hat das Ja und das Nein des Menschen zur Tora bekannt, und dies Bekenntnis geschieht auf der Basis des Qumran-Heils. Doch das Heil gilt dem Paulus als Befreiung *von* der Tora, dem Qumran-Frommen als Befreiung *zu* der Tora. Die auf beiden Seiten, bei Paulus und Qumran, gleiche Terminologie (Gerechtigkeit für den Sünder, Heil durch den Geist) darf also nicht wie bei NAUCK[256] dazu verführen, die beiderseitige „Gläubigkeit" formal naiv zu nehmen, gleichzuset-

---

[254] W. GROSSOUW, aaO 2: Only the grace of God and not the keeping of the Law nor any personal achievement justifies man.

[255] W. D. DAVIES, aaO 282 Anm. 36 Ende.

[256] W. NAUCK, aaO 107 Anm. 2.

zen – und zu erklären, Römer 7 beschreibe die Situation des Gläubigen, sofern er Fleisch ist und um den Widerstreit weiß. Richtig daran ist, daß im Römerbrief der Gläubige redet; richtig auch, daß Paulus zwar nicht in Römer 7, wohl aber sonst vom Widerstreit im Gläubigen weiß. Aber der Ansatz zur Urteilsbildung bei NAUCK trägt nicht, weil Paulus und Qumran unter Gläubigkeit sehr Verschiedenes verstehen: Qumran das nun betonte Ja, Paulus das nun dezidierte Nein zum Heilsweg der Tora.

Jetzt mag auch ein Urteil über die Abhängigkeit des Paulus von Qumran hinsichtlich der gemeinsamen Lehre von der Verlorenheit des Menschen gewagt werden. Neben der zentralen Verschiedenheit, nämlich der Bewertung der Tora, liegt eine weitgehende Gleichheit ja auf der Hand. Terminologisch zeigt eine solche Gleichheit sich darin an, daß für beide die Verlorenheit im sündlichen Fleisch liegt, worüber KUHNS Aufsatz[257] gut belehrt; daß für beide das Heil die gottgeschenkte Gerechtigkeit ist, die durch den Geist vermittelt wird. Zu dieser terminologischen Parallelität scheint es mir indes nötig, anzumerken: Fleisch ist in Qumran *eines* der vielen anthropologischen Negativa; bei Paulus ist es *das* Wort (wenn man für Qumran nach einer einzigen prägnanten Formel sucht, wäre Staub und Lehm typischer als Fleisch); Gerechtigkeit als Gottes Heilsschaffen ist zwar nicht häufig, aber immerhin auch sonst, in Anlehnung an alttestamentliche Redeweise, im Judentum überhaupt bezeugt, vgl. nur die Psalmen Salomos[258]; und Geist wiederum ist in Qumran *eine* der Heilsvermittlungen, bei Paulus jedoch *das* Wort für die Heilssituation. Kurz: Die Terminologie für Sünde und Heil ist in Qumran[259] reicher und mannigfaltiger als bei Paulus[260]. Eine direkte Abhängigkeit des Paulus von Qumran möchte ich daher nicht vermuten. Wohl aber zeigt Qumran, daß Paulus mit der eben genannten Terminologie aus einem Judentum schöpft, welches unter gnostischem Einfluß die Sündersituation des Menschen und sein Angewiesensein auf Gottes Gnade besonders ernst nimmt.

Abschließend mag noch die Frage durchdacht werden, was denn nun Sünde und Heil bei Paulus und in Qumran eigentlich bedeuten, wenn beide von ganz ähnlichen Prämissen her (der Mensch extrem

---

[257] K. G. KUHN, aaO 209–214.
[258] H. BRAUN, Vom Erbarmen Gottes, ZNW 43, 1950/51,25; in diesem Band S. 35.
[259] S. oben p. 103 unten bis 112.
[260] S. oben p. 102 unten bis 103 oben.

Sünder; Rettung nur durch Gottes Gnade) zu einer so verschiedenen Konsequenz, wie sich in der Bewertung der Tora zeigte, gelangen. In der Prämisse sind sich beide, Paulus und Qumran, sogar soweit einig, daß beide die Verlorenheit des Menschen und die alleinige Urheberschaft Gottes für das Heil in einem ausgesprochenen Ruhmverzicht zum Ausdruck bringen: Für Paulus ist die Ablehnung des καυχᾶσθαι und das ἐν κυρίῳ καυχᾶσθαι ja bekannt; für Qumran stellt die Selbstdemütigung im alleinigen Preise Gottes die eindrucksstärksten Partien der Hymnen dar [261]. Und doch wird man ja nicht dabei stehenbleiben können, daß gleiche Prämissen eine so verschiedene Konsequenz hervorzutreiben imstande sind. Es drängt sich vielmehr hier ja nun doch die Frage auf, in welcher Radikalität Sünde und Gnade beiderseits verstanden, in welchem Umfange also die Prämissen wirklich dieselben sind. Natürlich soll mit solcher Frage hier auch nicht von ferne ein Verdacht gegen die subjektive Ehrlichkeit der Sündenbekenntnisse und der Rühmung der Gottesgnade in Qumran angedeutet werden. Die Echtheit und Tiefe der Texte spricht ja einfach für sich. Die obige Frage ist also nicht psychologisch, sie ist theoretisch sachlich gemeint. Aber würde Paulus im Gespräch über unsere Thematik nicht doch den Qumran-Frommen fragen:

„Wenn Du Gottes Barmherzigkeit wirklich nur als Barmherzigkeit verstehst, wie Du selber sagst, wie kannst Du dann doch die Tora als Heilsweg so betont empfehlen? Sollte sich in solcher Deiner Empfehlung nicht doch anzeigen: Du siehst, trotz Deiner anderslautenden Versicherungen, die Verlorenheit und Gespaltenheit des Menschen doch nicht als so abgründig und tief, daß nicht mehr Dein Tora-Tun, sondern nur noch Gottes Ja allein helfen kann? Wir sind uns einig darin, daß Gott allein das Heil schafft. Du sagst mit Recht: Gott macht den Schwachen stark. Aber meinst Du es mit der Hilflosigkeit des Menschen so gründlich, daß Du auch sagen kannst: Stark bin ich nur als Schwacher (II Kor 12, 10)? Du sagst mit Recht: Gott befreit zu richtigem Handeln. Nimmst Du diese Versicherung, das tue *Gott*, so ernst, daß Dein Handeln im Stande der Gnade der Kasuistik der verschärften Tora entraten kann? Sollte hinter Deinem positiven Tora-Gebrauch, hinter Deinem ungebrochenen Kraftempfang und hinter Deiner verstärkten Kasuistik nicht doch die verdeckte Meinung stehen: Gottes Bundestreue schafft dem Glied des Bundes ein *Anrecht*?! Und wenn

---

[261] S. oben p. 103 unten bis 112 passim.

Du es so nicht meinst, wenn Du *Gottes* Treue, wie Du sagst, als alleinigen Grund des Heils nimmst, mußt Du dann nicht doch dahin kommen, die Tora als Heilsweg und die Kasuistik gerade abzuweisen und die rechte gottgegebene Stärke gerade *in* Deiner Schwachheit zu finden?!"

Kurz, ich meine: Paulus würde auf die Unvereinbarkeit von wirklicher Gnade und Tora-Weg [262], von wirklicher Gnade und einem ungebrochenen, undialektischen Kraftempfang, von wirklicher Gnade und kasuistischer Ausrichtung des Wandels hinweisen. *De facto* hätte er damit darauf hingewiesen, daß das Heil des Menschen nur in Jesus Christus beschlossen ist. Denn die christologische Begründung des Heils kann bei Paulus ja doch nicht, wie es in manchen Äußerungen zur Frage Paulus-Qumran aussieht [263], einen Differenzpunkt *neben* andern Unterschieden zwischen Paulus und Qumran meinen, sondern muß eine wesentliche Andersartigkeit, wenn es eine solche gibt, der beiderseitigen Konzeptionen von Verlorenheit und Heil zum Ausdruck bringen.

---

[262] Ähnliche Beobachtungen zu 1 QS s. bei H. Braun, Radikalismus I 45–47.
[263] Vgl. z. B. A. Dietzel, aaO 32 oben.

Plutarchs Kritik am Aberglauben im Lichte des Neuen Testamentes*

Die Schilderung der heidnischen Kulte als unter dem Zorn Gottes stehend (Röm 1, 18 ss.) legt den Wunsch nahe, denselben Gegenstand in nichtchristlicher Beleuchtung zu sehen. Hierfür bietet sich Plutarch von Chäronea in besonderer Weise an, sowohl wegen seiner starken zeitlichen Nähe zum Neuen Testament (er schrieb eine Generation nach Paulus), wie auch als abschließender Enzyklopädist des hellenistischen Zeitalters. Sein Traktat „Vom Aberglauben"[1]) trägt nach Schmid/Stählin[2] jugendliche Färbung, und die Frage, wie die Gedanken dieser seiner frühen Arbeit sich zu den mystischen Neigungen, zum Konservativismus und Synkretismus seiner großen späten theologischen Werke (besonders De sera numinis vindicta und De Iside et Osiride) verhalten[3], muß hier unerörtert bleiben. Wir reißen zunächst den Gedankengang des Traktats vom Aberglauben in freier Wiedergabe kurz auf:

(1–2) Die Unwissenheit und Unkenntnis gegenüber den Göttern erzeugt beim robusten Charakter den Atheismus, beim empfindsamen den Aberglauben. Der Atheismus ist eine schlechte Entscheidung, sein Inhalt ist die Bestreitung des Seligen und Unvergänglichen; er führt zur Apathie, und die Bestreitung der Existenz der Götter zielt ab auf die Befreiung von der Furcht vor ihnen. Der Aberglaube dagegen, der mit der Existenz der Götter rechnet, sie jedoch für Trübsal und Schaden bringend hält, ist ein leidenschaftsbetonter Wahn; er erzeugt eine Furcht, die den Menschen erniedrigt und zermürbt. Der Atheist ist beziehungslos gegenüber dem Göttlichen, der Abergläubische in nicht zulässiger Weise darauf bezogen. Die Unkenntnis hat

---

* Der Anfang, Heft 9, 1948, 1–26.

[1] Περὶ δεισιδαιμονίας in Plutarchi Moralia Vol. I recensuerunt et emendaverunt Paton et Wegehaupt Lipsiae 1925.

[2] Wilhelm von Christ, Geschichte der griechischen Literatur, 6. Aufl. von Stählin/Schmid München 1920 II. Teil, 1. Hälfte p. 491.

[3] Stählin/Schmid, aaO p. 512 s.

den Atheisten zum Unglauben gebracht gegenüber dem, was Nutzen trägt; den Abergläubischen darüber hinaus zu dem Wahn, das Nutzbringende sei schädlich. Also ist der Atheismus eine lügenhaltige Anschauung, der Aberglaube jedoch eine Leidenschaft, die aus einer lügenhaltigen Anschauung resultiert.

(3) Sonstige Leidenschaften drängen zum Handeln, die Furcht jedoch aktiviert nicht die ausgeschaltete Vernunft. Am stärksten tritt das in Erscheinung bei der Furcht des Abergläubischen: wer die Götter fürchtet, fürchtet alles. Bei dieser Furcht bringt der Schlaf – wie sonst gegenüber Sklaven, Gefesselten, Kranken – kein Vergessen: der erwachende Abergläubische sucht Mantiker auf und unterzieht sich abstoßender Riten. Er ist zu fragen: „Warum machst du dir das, was die Götter als Vergessen und Ruhestatt für die Übel uns verliehen haben, zu einer anhaltenden und schmerzhaften Qual, wobei die elende Seele nicht die Möglichkeit hat, in einen anderen Schlaf zu entfliehen?!" Beim Abergläubischen träumt das klare Denken, immer wach aber ist die Furcht, und es gibt kein Ausweichen und keine Veränderung.

(4) Ein Tyrannenfeind kann in eine Demokratie flüchten. „Wer aber die Herrschaft der Götter als finstere und unerbittliche Tyrannei fürchtet, wohin will er umsiedeln, wohin fliehen, was für ein götterloses Land, was für ein Meer will er finden? In welchem Teil der Welt willst du untertauchen und dich verbergen, du Unglückseliger, um dann meinen zu können, du seist dem Gott entflohen?" Ein Sklave kann den Herrn wechseln. „Der Aberglaube aber gestattet nicht, die Götter auszutauschen. Wer die heimischen und die Stammgötter fürchtet, wer vor den Herren und Gnädigen zittert", von denen wir alle irdische Förderung erbitten, „der kann keinen Gott finden, vor dem er nicht Furcht haben wird". So ist der Aberglaube eine unglückselige Sklaverei, indem er Flucht und Abfall gegenüber den Göttern ausschließt. Der Tempel ist ihm eine Stätte der Züchtigung und Strafe, und nicht einmal der Tod ist ihm das Ende des Lebens, weil er mit ihm verknüpft die Vorstellung nicht aufhörender Schrecken und Strafen, das Bild von Richtern und Rächern.

(5–6) Der Unterschied von Atheismus und Aberglaube stellt sich folgendermaßen dar: der Atheist ist blind und apathisch gegenüber den Göttern, übersieht ihre Existenz völlig, nimmt das Nutzbringende nicht wahr und hat kein Gemerk für das Gute; als diese beschwerliche Unwissenheit ist der Atheismus ein großes Übel für die Seele. Gleichwohl ist diese Blindheit der verkehrten Schau des Aberglaubens vorzuziehen. Denn der Abergläubische wähnt das Wohlwollende als schreckhaft, das Väterliche als tyrannisch, das Fürsorgliche als schadenbringend, das Zornlose als wild und tierisch; er lehnt es ab, die Heiligkeit des Gottes mit Güte, seine Hoheit mit Wohlwollen und Fürsorglichkeit zusammenzusehen. Leidenschaftsbetont verdächtigt er das Gute als schlecht, hegt er Furcht und Schrecken vor dem Nutzbringenden. Die in ihrer Entstehung von ihm angeregten anthropomorphen Götterbilder betet er an, ohne doch in seiner religiösen Praxis den Widerspruch vermeiden zu können zwischen Furcht vor den Göttern und Flucht zu den Göttern, zwischen Schmeichelei und Scheltrede, zwischen Gebet und Tadel gegenüber den Göttern.

(7–8) Im Unglück beschuldigt der Atheist, wo er nicht überhaupt schweigt, den mechanisch waltenden Zufall der Ungerechtigkeit und der fehlenden Vorsehung, die Krankheit führt er auf Lebensweise und Umwelt zurück und kämpft daher gegen Unglücksfälle und sinnt auf Auswege. Der Abergläubische dagegen sucht den Grund für das Unglück in dem Gott, so bezeichnet er sich nicht als unglücklich, sondern als Gott verhaßt und gottlos, er faßt seine Leiden als Züchtigung, als Strafe, als Schläge Gottes auf. Weil er seine Unglücksfälle von der Vorsehung und dem Befehl Gottes herleitet, unternimmt er nichts dagegen, er will ja nicht gegen Gott streiten und nicht der Züchtigung widerstreben. Sühnungen im Bußgewand und im Schlamm, Bekenntnis irgendwelcher ritueller Verfehlungen, bestenfalls Betätigung apotropäischer Zaubermittel – das ist seine Reaktion auf das Unglück. Weil der Aberglaube das Denken dort blendet und verwirrt, wo es am meisten gebraucht wird, macht er viele der kleinen Übel erst recht schlimm. Denn die rechte Haltung bestände darin, die Götter als Retter anzurufen, zu beten und dann zur Tat zu schreiten. „Ist doch der Gott eine Hoffnung für das tüchtige Verhalten, nicht ein Vorwand für die Feigheit."

(9) In der freundlichen Situation eines Kultfestes kritisiert zwar der Atheist sarkastisch die Meinung, die Kulte hätten mit den Göttern etwas zu tun, im übrigen aber ist nichts Schlechtes an ihm. Der Abergläubische hingegen bringt sich durch seine Furcht um die Freude des Festes: er betet mit schwankender Stimme und streut mit zitternden Händen Weihrauch, in seiner Praxis ist Elendestes und Schlimmstes vereint.

(10–11) Darum ist der Aberglaube eine größere Gottlosigkeit als der Atheismus. Denn seine Wahnvorstellungen, denen die Götter als strafend, treulos, wetterwendisch, rachsüchtig, roh und empfindlich gelten, erzwingen die Furcht vor den Göttern und den Haß gegen sie und treiben so den Abergläubischen in die Feindschaft gegen die Götter. Seine intensive religiöse Praxis ist nur ein Beweis dafür: auch Tyrannen werden von ihren Verehrern gehaßt: „Der Atheist bezweifelt die Existenz von Göttern; der Abergläubische wünscht sie nicht, glaubt aber gegen seinen Willen, weil er vor dem Unglauben Angst hat." Dabei würde er die Einstellung des Atheisten als Freiheit aufs stärkste begrüßen. So hat der Atheist keinen Anteil am Aberglauben; der Abergläubische dagegen ist seiner Intention nach Atheist und ist nur zu schwach, um von den Göttern die Meinung zu hegen, die seinem eigentlichen Wunsche entspricht.

(12–13) Der Aberglaube ist Grund für das Entstehen und für das scheinbar rechtmäßige Weiterbestehen des Atheismus: seine mit lächerlicher Leidenschaft durchtränkten Kulthandlungen, seine schmutzigen Sühneriten, seine abstoßenden Vergeltungsvorstellungen (Menschenopfer!) erzeugen die Devise: lieber keine Götter als so hochfahrende, kleinliche, empfindliche, die sich eine derartige Verehrung gefallen lassen!

(14) Indessen das hieße, das Kind mit dem Bade ausschütten: die wahre Gottesverehrung ist die goldene Mitte zwischen Atheismus und Aberglaube.

Plutarch geht in dieser seiner Kritik am Aberglauben, wenn er Gott und das Göttliche als nützlich [4] bezeichnet, aus von der Voraussetzung eines Göttlichen bzw. eines Gottes [5], die vom Neuen Testament aus völlig unreproduzierbar ist. Wir glauben, als Schüler des Neuen Testamentes, nicht an einen Gott, der nützt oder schadet [6], sondern an einen Gott, der rettet oder vernichtet [7], der sich erbarmt oder der verstockt [8]. Es besticht zwar auf den ersten Blick, bei Plutarch von Gott als dem

---

[4] ἡ γὰρ ἄγνοια τῷ μὲν (sc. ἀθέῳ) ἀπιστίαν τοῦ ὠφελοῦντος ἐμπεποίηκε (165 C), περίεστιν οὖν τοῖς μὲν (sc. ἀθέοις) ἀναισθησία καὶ ἀπιστία τῶν ὠφελούντων, τοῖς δὲ (sc. δεισιδαίμοσι) ταραχὴ καὶ φόβος πρὸς τὰ ὠφελοῦντα (167 E).

[5] θεῖον (165 B, 167 E); meist θεοί (passim), aber auch θεός (etwa 166 D, 168 A, 169 C).

[6] ὠφελεῖν und βλάπτειν fehlen im Neuen Testament als Prädikate Gottes; freilich nützt oder schadet auch im Neuen Testament dem Menschen die Entscheidung, die er trifft.   [7] σώζειν (Mt 19, 25 s.), ἀπολλύειν (Mt 10, 28).

[8] ἐλεεῖν, σκληρύνειν (Röm 9, 18).

Wohlwollenden, Väterlichen und Fürsorglichen⁹, von seiner Heiligkeit, die sich mit Güte, von seiner Hoheit, die sich mit Wohlwollen und Fürsorge paart¹⁰, von seiner Menschenfreundlichkeit¹¹ und von den anzurufenden Rettern¹² zu hören. Aber wir stutzen bereits, wenn wir die bei Paulus ja bekannte Güte mit dem Ernst verbunden finden¹³, wenn das Anrufen Gottes als des Vaters als untrennbar gilt von der Erinnerung an sein Richten¹⁴, kurz, wenn der gütige Gott im Neuen Testament immer ein nicht selbstverständlicher Zuspruch bleibt angesichts des richtenden und strafenden Gottes. Die Unselbstverständlichkeit dieser Freundlichkeit Gottes kommt darin zum Ausdruck, daß seine Menschenfreundlichkeit nicht einfach da ist, sondern in Erscheinung treten muß¹⁵. Bei Plutarch dagegen ist die Ablehnung des richtenden und zornigen Gottes die durchgehend vorausgesetzte Grundthese seines Traktates: die Güte Gottes steht in einer Reihe mit seiner Zornlosigkeit¹⁶; die Letho weiß nicht von Zorn und ist nicht böse¹⁷; die Götter, so wird an vielen Orten in großer Breite versichert, strafen nicht, richten nicht, bringen nicht Trübsal und Schaden¹⁸, sie sind nicht zu fürchten¹⁹, der mit ihrem Strafen rechnende Aberglaube²⁰ ist schlimmer als der Atheismus²¹ und stellt eine aus lügenhafter Anschauung resultierende Leidenschaft dar²², mit der der Abergläubische sich die kleinen Leiden erst recht schwer macht²³. Dieser nicht strafende Gott ist nun in einer Weise nur für den Menschen da, daß seine

---

⁹ τὸ εὐμενές, τὸ πατρικόν, τὸ κηδεμονικόν (167 D).
¹⁰ τὴν τοῦ θεοῦ σεμνότητα μετὰ χρηστότητος καὶ μεγαλοφροσύνης μετ' εὐμενείας καὶ κηδεμονίας (167 E).
¹¹ τῷ ῎Αιδῃ, ὃν ὁ Πλάτων φησὶν φιλάνθρωπον ὄντα (171 D).
¹² σωτῆρες, μειλίχιοι (166 D, 169 B).
¹³ χρηστότης (Röm 2, 4) verbunden mit ἀποτομία (Röm 11, 22).
¹⁴ εἰ πατέρα ἐπικαλεῖσθε τὸν ἀπροσωπολήμπτως κρίνοντα (I. Petr 1, 17).
¹⁵ - - ἡ φιλανθρωπία ἐπεφάνη (Tit 3, 4).
¹⁶ τὸ ἀμήνιτον (167 D), wenn der verbesserte Text stimmt.
¹⁷ εἰ γὰρ ἀληθῶς ἡ θεὸς χολὴν εἶχε καὶ μισοπόνηρος ἦν καὶ ἤλγει - - (170 C).
¹⁸ Es werden abgelehnt mit dem ganzen Strafapparat des Hades die δικασταί und κολασταί (167 A), das εἶναι λυπηροὺς καὶ βλαβεροὺς der Götter (165 B).
¹⁹ οἱ δὲ (sc. δεισιδαίμονες) δοξάζουσι φοβερὸν τὸ εὐμενές - - (167 D), τοῖς δὲ (sc. δεισιδαίμοσι) ταραχὴ καὶ φόβος πρὸς τὰ ὠφελοῦντα (167 E).
²⁰ cf. Anmerkung 18!
²¹ ὁ δὲ τοιούτους νομίζων (sc. θεούς) οἵους οἱ δεισιδαίμονες οὐ μακρῷ δόξαις ἀνοσιωτέραις σύνεστιν; (169 F), cf. ferner 170 A - 170 F.
²² πάθος ἐκ λόγου ψευδοῦς ἐγγεγενημένον (165 C).
²³ πολλὰ τῶν μετρίων κακῶν ὀλέθρια ποιοῦσιν αἱ δεισιδαιμονίαι (168 F).

Realität sozusagen unter den Händen zerrinnt: seine rechte Verehrung bringt Vergessen und Ruhe [24]; sie ist wichtig in dem, was sie dem Menschen nützt. Der Als-ob-Charakter dieses Gottes wird deutlich, wenn die Bestreitung seiner Existenz als Bagatelle erscheint neben der Behauptung seines Zürnens [25]. Wenn er als Hoffnung für die Tüchtigkeit bezeichnet wird [26], so legt sich die illusionistische Interpretation, bei der die elende Seele [27] schließlich doch nur mit sich allein bleibt, greifbar nahe.

Das Neue Testament kennt zwar eine Reihe von Attributen nicht, die Plutarch zur Kennzeichnung des richtenden und strafenden Gottes, natürlich fiktiv, in malam partem verwendet; es fehlen als Attribute Gottes: strafend, treulos, wetterwendisch, rachsüchtig, roh, kleinlich, reizbar, Trübsal und Schaden bringend [28]. Das Neue Testament scheut andererseits nicht vor Hassen als Prädikat Gottes [29], vor ewiger Pein [30], vor Strafe [31] und vor Plage [32], – alles Termini, die Plutarch theologisch perhorresziert. Daß im übrigen das Gericht in allen Teilen des Neuen Testamentes ausdrücklich gelehrt wird, bedarf keiner einzelnen Belege; sein Verständnis im vierten Evangelium, daß es sich gegenwärtig im Glauben oder Unglauben gegenüber dem Offenbarer vollziehe, macht den theologischen Ort nur deutlich, den es im ganzen Neuen Testament einnimmt: es ist der Ausdruck für die Unselbstverständlichkeit, für den Offenbarungs- und Ereignischarakter der Liebe Gottes. Weil das Evangelium nichts vom Menschen Ausgedachtes ist, sondern etwas, das ihm immer neu gesagt werden muß, darum erträgt es nicht nur, sondern fordert gleichsam als real bestehendes, nur in der Offenbarung überwundenes Gegengewicht, die Botschaft von dem richtenden Gott und von der Furcht Gottes, von der sehr drastisch und ungeniert im Neuen Testament geredet wird [33]. Der Offenbarungs-

---

[24] λήθην κακῶν – καὶ ἀνάπαυσιν (166 C).

[25] 169 B – 170 C.

[26] ἀρετῆς γὰρ ἐλπὶς ὁ θεός - - (169 C).

[27] ἀθλία ψυχή (165 F, 166 C).

[28] ἔμπληκτος, ἄπιστος, εὐμετάβολος, τιμωρητικός, ὠμός (170 E), μικρόλογος (171 B), μικρόλυπος (170 E, 171 B), λυπηρός (165 B) und βλαβερός (165 B, 167 D).

[29] τὸν δὲ 'Ησαῦ ἐμίσησα (Röm 9, 13, allerdings im Zitat!).

[30] κόλασις αἰώνιος (Mt 25, 46).

[31] δίκη in verschiedenen Verbindungen mit dem Sinn der Strafe (Akt 28, 4 II. Thess 1, 9 Jud 7).

[32] πληγή (besonders Apokalypse, die 7 πληγαί Apoc 15).

[33] cf. nur εἰδότες οὖν τὸν φόβον τοῦ κυρίου (II. Kor 5, 11); ὑποτασσόμενοι ἀλ-

charakter der Freundlichkeit Gottes, d. h. die Botschaft von Christus, konserviert den Gerichtsernst als sein Widerspiel; die Gerichtsbotschaft hebt den Ereignischarakter der Freundlichkeit Gottes gegenüber dem Abgleiten in die Idee hervor, d. h. sie sichert seine Realität. Jetzt müßte klar sein, warum bei Plutarch die Gerichtspredigt so leidenschaftlich verworfen wird und warum Gottes Freundlichkeit so selbstverständlich und doch so unreal erscheint: beides bedingt sich aufs tiefste. Wo Gott die Hoffnung für die *Tüchtigkeit*[34] ist, da ist er es als Vergessen und Ruhe[35], und jeder *richtende* Gott würde mit seiner brutalen Realität die Idylle der Seele stören. Die lebendige Hoffnung[36] aber wurzelt nicht in der Tüchtigkeit, sondern in dem Wiedergeborensein durch die Auferstehung Jesu Christi[37]; dafür kennt sie den, der ohne Ansehen der Person richtet[38].

Dementsprechend bringt der nicht richtende Gott des Traktates Vergessen und Ruhe analog dem Schlaf[39], der Gott des Neuen Testamentes aber fordert auf, vom Schlafe aufzustehen, weil der Tag herbeigekommen ist[40], der Tag, der eben mit dem Eschaton auch das Gericht und das Heil heraufführt[41]. So legen Neues Testament und unser Traktat gerade in ihrer Gegensätzlichkeit sich gegenseitig aus: reales Gnadenkerygma und Gerichtsernst einerseits, die zur Idee verblaßte Freundlichkeit Gottes und Gerichtsbestreitung andererseits bedingen einander. Darum ist der Zorn Gottes Röm 1, 18 ss. keine allgemeine Wahrheit, sondern, wie m. W. zuletzt G. BORNKAMM[42] nachgewiesen hat, eine Offenbarung ebenso wie die Gerechtigkeit Gottes; andererseits muß unser Traktat, der ja nicht von der Offenbarung her redet, Zorn und Gericht Gottes als fiktiv geradezu hassen. In diesem Zu-

---

λήλοις ἐν φόβῳ Χριστοῦ (Eph 5, 21); φοβεῖσθε - - τὸν δυνάμενον - - ἀπολέσαι (Mt 10, 28).

[34] cf. oben Anm. 26!   [35] cf. oben Anm. 24!

[36] ἐλπὶς ζῶσα (I. Petr 1, 3).

[37] ἀναγεννηθῆναι δι' ἀναστάσεως 'Ιησοῦ Χριστοῦ (I. Petr 1, 3).

[38] ἀπροσωπολήμπτως κρίνων (I. Petr 1, 17).

[39] ἔστι δὲ καὶ πρὸς τὸν δεισιδαίμονα εἰπεῖν,"ὅ τι τὸν ὕπνον οἱ θεοὶ λήθην κακῶν ἔδοσαν ἡμῖν καὶ ἀνάπαυσιν, τί τοῦτο κολαστήριον σεαυτῷ ποιεῖς ἐπίμονον καὶ ὀδυνηρόν, τῆς ἀθλίας ψυχῆς εἰς ἄλλον ὕπνον ἀποδρᾶναι μὴ δυναμένης;" (166 B C).

[40] ὥρα ἤδη ὑμᾶς ἐξ ὕπνου ἐγερθῆναι (Röm 13, 11), - - ἡ δὲ ἡμέρα ἤγγικεν (Röm 13, 12).

[41] ἐγγύτερον ἡμῶν ἡ σωτηρία (Röm 13, 11).

[42] GÜNTHER BORNKAMM, Die Offenbarung des Zornes Gottes, in: Das Ende des Gesetzes, 1952, 9–33.

sammenhang wäre noch ein Wort zu sagen von der Abwertung der Leidenschaften [43], die in unserm Traktat begegnet; daß der Aberglaube leidenschaftsbetont ist, einem fressenden Geschwür vergleichbar [44], fällt bei Plutarch erschwerend gegen ihn ins Gewicht. Das Neue Testament bezeichnet mit Leidenschaften [45] im wesentlichen geschlechtliche Leidenschaften und hat an dem leidenschaftslosen Zustand [46] als einem sittlichen Ideal kein Interesse. Hinter diesem Unterschied steht aber eine tiefgreifende Verschiedenheit der Gesamtschau von Gott und Mensch: der harmonische Mensch ist für den Hellenismus oberster Gesichtspunkt, von dem aus die Ablehnung eines Gerichtsernstes diktiert wird, welcher den Menschen demütigen, zermürben [47], ihn in Furcht, Feigheit und Haß [48] Gott gegenüber stürzen und so die erwünschte Harmonie stören muß. Wie wenig dabei Gott Gott ist, geht daraus hervor, daß Plutarch den Atheismus dem richtenden Gott vorzieht. Die Wahrung des leidenschaftslosen Zustandes ist ihm weit wichtiger als der real dreinfahrende Gott. Weil im Neuen Testament aber der reale Gott redet, keine Idee, darum haftet an dem leidenschaftslosen Zustand kein Interesse: Verwirrung, Furcht, Angst und Trübsal sind Kennzeichen derer, die die Botschaft hören [49], so wie über ihnen ja auch Gottes Gericht und Zorn drohen; und diese Botschaft ist in ihrem realen Zuspruch mächtig und wirklich genug, um diese vorhandenen Leidenschaften [50] jeweilig zu überwinden und sie doch nicht wegzulügen. Trübsal und Angst [51] sind in Joh 16 nicht pudenda, sondern notwendiger Durchgang zu Freude und Friede [51].

So wundert es uns nicht, wenn sich auch an unserm Traktat BORNKAMMS [52] Beobachtung bestätigt, daß der Götzendienst, also hier der Aberglaube, im Hellenismus auf die Unkenntnis des Menschen zurück-

---

[43] πάθη (passim).
[44] πᾶν γὰρ πάθος ἔοικε πληγὴ φλεγμαίνουσα εἶναι (164 E). (sc. τοιαῦται κρίσεις καὶ ὑπολήψεις) πολλὰ νοσήματα καὶ πάθη καθάπερ εὐλὰς καὶ σκώληκας (Würmer und Maden) ἐντίκτουσι ταῖς ψυχαῖς παροῦσαι (165 A). (sc. ἡ δεισιδαιμονία) πολυπαθὲς νόσημα (171 E), cf. 164 EF, 165 ABC, 167 BDEF, 171 E.
[45] πάθη, παθήματα.   [46] ἀπάθεια (167 E).
[47] τὴν δὲ δεισιδαιμονίαν μηνύει καὶ τοὔνομα δόξαν ἐμπαθῆ καὶ δέους ποιητικὴν ὑπόληψιν οὖσαν ἐκταπεινοῦντος καὶ συντρίβοντος τὸν ἄνθρωπον - - (165 B).
[48] δέος (165 B), φόβος (167 E, 168 A), φοβεῖσθαι (167 E, 168 F, 170 DEF), δεῖμα (168 A), ταραχή (167 E, 168 A), ὑποψία (168 A), δειλία (169 C), μισεῖν (170 DE).
[49] ταραχή, φόβος, θλῖψις, λύπη; Einzelbelege sind unnötig!
[50] πάθη im hellenistischen Sinne!
[51] λύπη, θλῖψις, χαρά, εἰρήνη.   [52] aaO, cf. oben Anm. 42!

geführt wird⁵³. Dem Gott des Traktats gegenüber, dessen Eigenschaften aus der Natur ablesbar sind⁵⁴ und der für die Tüchtigkeit der elenden Seele die Hoffnung ist⁵⁵, dessen reales Gegenübersein aufgesogen und verflüchtigt wird durch das Nutzenbringen⁵⁶, durch das Vergessen- und Ruhe-Bieten für den mit den Übeln kämpfenden Menschen⁵⁷ –, ihm gegenüber gibt es keine Auflehnung des Menschen, sondern nur Unkenntnis, Unwissenheit⁵⁸, Übersehen, Nichtwahrnehmen, Nichtbedenken⁵⁹, kurz Blindheit, die dem Gott nur Anlaß zum Lachen ist⁶⁰. Gegenüber diesem Alibi aus Unwissenheit hebt Paulus hervor: die Heiden haben in ihrem Götzendienst sich gegen den Gott aufgelehnt, den sie aus der Schöpfung kennen⁶¹; ihr Götzendienst ist nicht Ausfluß ihrer Unwissenheit⁶², sondern vielmehr ihres Gott-nicht-als-Gott-Ehrens und ihrer Undankbarkeit⁶³, so daß sie Gott gegenüber schuldig sind⁶⁴. Nicht die Benutzung hellenistischer Gedanken von der Erkennbarkeit Gottes ist hier das Bemerkenswerte, sondern das, was daraus bei Paulus wird: dort, wie in unserm Traktat, die Unverbindlichkeit der Unkenntnis und Unwissenheit⁶⁵ angesichts der Möglichkeit der Erkenntnis Gottes; hier die Wirklichkeit der Gotteserkenntnis, die den Menschen, der sie ausgeschlagen hat, in die Vertauschung Gottes mit den Götzen treibt. Dort ein theoretischer Irrtum, nicht für Gott, sondern bloß für den Menschen belangreich, der dadurch in die Leidenschaften des Aberglaubens⁶⁶ gerät, über die der

---

⁵³ 164 E, 167 AE, 170 C.
⁵⁴ οὐ γὰρ ἐν οὐρανῷ τι μεμπτὸν οὐδ' ἐν ἄστροις - - (sc. οἱ ἄθεοι) - - πλημμελὲς καὶ ἄτακτον ἐνιδόντες οὕτως ἀθεότητα τοῦ παντὸς κατέγνωσαν - - (171 A).
⁵⁵ cf. oben Anm. 26 und 27! ⁵⁶ cf. oben Anm. 4!
⁵⁷ cf. oben Anm. 24!
⁵⁸ τῆς περὶ θεῶν ἀμαθίας καὶ ἀγνοίας - - (164 E). ἡ μὲν γὰρ ἄγνοια χαλεπὴ καὶ τὸ παρορᾶν καὶ τυφλώττειν περὶ τηλικαῦτα συμφορὰ μεγάλη ψυχῆς (167 A).
⁵⁹ περίεστιν οὖν τοῖς μὲν ἀναισθησία καὶ ἀπιστία τῶν ὠφελούντων - -. ἡ μὲν ἀθεότης ἀπάθεια πρὸς τὸ θεῖόν ἐστι μὴ νοοῦσα τὸ ἀγαθόν - - (167 E).
⁶⁰ εἰ γὰρ ἀληθῶς ἡ θεός (sc. Ληθώ) - - μὴ κατεγέλα τῆς ἀνθρωπίνης ἀμαθίας καὶ ἀγνοίας - - (170 C).
⁶¹ τὰ γὰρ ἀόρατα αὐτοῦ - - τοῖς ποιήμασιν νοούμενα καθορᾶται (Röm 1, 20).
⁶² denn γνόντες τὸν θεόν (Röm 1, 21).
⁶³ οὐχ ὡς θεὸν ἐδόξασαν ἢ ηὐχαρίστησαν (Röm 1, 21).
⁶⁴ εἰς τὸ εἶναι αὐτοὺς ἀναπολογήτους (Röm 1, 20).
⁶⁵ der ἀμαθία und ἄγνοια, cf. oben Anm. 58-60.
⁶⁶ τὴν δὲ δεισιδαιμονίαν μηνύει καὶ τοὔνομα δόξαν ἐμπαθῆ καὶ δέους ποιητικὴν ὑπόληψιν οὖσαν ἐκταπεινοῦντος καὶ συντρίβοντος τὸν ἄνθρωπον (165 B), ἡ δὲ δεισιδαιμονία πολυπάθεια κακὸν τὸ ἀγαθὸν ὑπονοοῦσα (167 E).

Gott nur lacht; hier eine unerklärliche schuldhafte Auflehnung gegen *den* Gott, der darüber nicht lacht[67] (er ist ja nicht das Prinzip des Menschen!), sondern mit seinem Zorn, mit dem Dahingeben der Menschen[68] reagiert.

Gerade die letzten Ausführungen wandten den im wesentlichen unter uns ja längst bekannten Unterschied von hellenistischem und neutestamentlichem Gottesglauben auf unsern Traktat an und setzten antithetisch Paulus gegen Plutarch. Man kann aber m. E. über das einfache Widereinander der religiösen Betrachtung hinauskommen und zu einem wirklich fruchtbaren Gespräch zwischen Neuem Testament und dem Traktat gelangen, wie es m. W. bisher noch nicht recht versucht worden ist, wenn man nämlich bei Plutarch ansetzt an folgenden Gedankenzusammenhängen: „Das dem Abergläubischen widerfahrene Unglück ist noch das kleinste Übel, denn er sitzt da und fügt der Trübsal andere schlimme und große und schwer loszuwerdende Leidenschaften hinzu, er behaftet sich selbst mit Ängsten und Befürchtungen und Hintergedanken und Wirrnis"[69]. Wir fragen: Was ist das für ein Gefälle, dem der Abergläubische anheimfällt, wenn er sich in diese Angstpsychose selber hineinbringt?

Noch an einer andern Stelle können wir eine ähnliche Frage stellen: die Kapitel 10 und 11 des Traktats führen aus, der Aberglaube sei eine schlimmere Gottlosigkeit als der Atheismus, weil der Abergläubische seiner Intention nach, der er als Schwächling nur nicht nachzugeben wagt, Atheist ist, insofern er die Nichtexistenz der Götter wünscht. Welche Bewandtnis, so fragen wir, hat es mit diesem eigentümlichen Gefälle, das vom Aberglauben ganz zweifelsohne doch zum Atheismus hinführt, wie es ja dann in Kapitel 12 völlig deutlich wird, wo die Entstehung des Atheismus aus dem Aberglauben abgeleitet wird; diesem Gefälle vom Aberglauben hin zum Atheismus, welches doch der von Plutarch in Kapitel 10 und 11 proklamierten Rangordnung (der Aberglaube schlimmer, der Atheismus weniger schlimm!) stracks zuwiderläuft?

---

[67] γελᾶν und καταγελᾶν bilden im NT weder für Gott noch für Christus das Prädikat; auch das feinere μειδιᾶν fehlt im NT. Das καταγελᾶν wird von den Nichtverstehenden gegenüber den Taten Jesu geübt (Mk 5, 40 Parr).

[68] ἀποκαλύπτεται γὰρ ὀργὴ θεοῦ - - (Röm 1, 18). διὸ παρέδωκεν αὐτοὺς ὁ θεός (Röm 1, 24. 26. 28).

[69] μικρότατον αὐτῷ κακὸν τὸ συμπεπτωκός ἐστιν· ἄλλα γὰρ κάθηται πάθη χαλεπὰ καὶ μεγάλα καὶ δυσαπάλλακτα τῇ λύπῃ προσοικοδομῶν, καὶ προσεμφορῶν αὐτῷ δείματα καὶ φόβους καὶ ὑποψίας καὶ ταραχάς, - - (168 A).

Die Antwort auf die erste Frage, wie der Abergläubische dazu komme, sich in solche Schrecken hineinzustürzen, ist herauszulesen aus den wiederholten Schilderungen der Zustände des Abergläubischen in unserm Traktat. Die da angeführten Dinge sind im Sinne Plutarchs lediglich psychologisch zu nehmen, also fiktiv gemeint. Gleichwohl gehören sie m. E. zum Tiefsten, was dieser Traktat bietet. Denn ungeachtet des von ihm gemeinten fiktiven Sinnes gerät Plutarch hier in die Leidenschaft jener unerbittlichen Konsequenz, mit der der innere Prozeß des Aberglaubens abrollt:

Der nicht zur See Fahrende fürchtet nicht das Meer, der Zivilist nicht den Krieg, der Einhäusige nicht die Räuber, der Arme nicht den Spitzel, der Privatmann nicht den Neider, der unter den Galatern Weilende nicht das Erdbeben, der unter den Ägyptern Wohnende nicht das Gewitter: „Wer aber die Götter fürchtet, fürchtet alles"[70]. Für diese Furcht bringt der Schlaf keine Linderung, die Träume treiben den Erwachenden in die Arme der Mantiker und zu abstoßenden Riten. Wenn er sich den Götterglauben, welcher Vergessen und Ruhe bringen will, zur ständigen und trübseligen Qual gemacht hat, dann hat die elende Seele nicht die Möglichkeit, „in einen anderen Schlaf zu entrinnen; es träumt der wache Gedanke, immer wach aber ist die Furcht, und es gibt kein Entweichen und keine Veränderung"[71].

Dieser angeschlagene Ton der Unausweichlichkeit, mit der der Abergläubische sich in seine Furcht gleichsam selber einmauert, reißt im Traktat nicht mehr ab: „Wer die Herrschaft der Götter als finstere und unerbittliche Tyrannei fürchtet, wohin will er entweichen, wohin fliehen, welches götterlose Land, welches Meer will er finden? In welchem Teil der Welt willst du untertauchen und dich verbergen, o Unglückseliger, um dann meinen zu können, du seist dem Gott entflohen?"[72] Welchem Leser des Neuen Testamentes träte da nicht sofort der „elende Mensch"[73] vor Augen, der dem Gesetz der Sünde[74] nicht

---

[70] ὁ δὲ θεοὺς δεδιὼς πάντα δέδιε (165 D).

[71] - - τῆς ἀθλίας ψυχῆς εἰς ἄλλον ὕπνον ἀποδρᾶναι μὴ δυναμένης; - - ὀνειρώττει μὲν ὁ λογισμός, ἐγρήγορε δ' ὁ φόβος ἀεί, φυγὴ δ' οὐκ ἔστιν οὐδὲ μετάστασις (166 C).

[72] ὁ δὲ τὴν τῶν θεῶν ἀρχὴν ὡς τυραννίδα φοβούμενος σκυθρωπὴν καὶ ἀπαραίτητον ποῦ μεταστῇ, ποῦ φύγῃ, ποίαν γῆν ἄθεον εὕρῃ, ποίαν θάλασσαν; εἰς τί καταδὺς τοῦ κόσμου μέρος καὶ ἀποκρύψας σεαυτόν, ὦ ταλαίπωρε, πιστεύσεις ὅτι τὸν θεὸν ἀποπέφευγας; (166 D).

[73] ταλαίπωρος ἐγὼ ἄνθρωπος (Röm 7, 24).

[74] τῇ δὲ σαρκὶ (sc. δουλεύω) νόμῳ ἁμαρτίας. (Röm 7, 25).

entlaufen kann, sondern von ihm gefangengenommen wird! Das macht das Schlimme der Situation des Abergläubischen aus, daß er die Götter in ihrem Strafen für unentfliehbar und unentlaufbar [75] halten muß! Die schweren Worte gegen die Pharisäer klingen uns auf: „Wer hat euch gewiesen, dem kommenden Zorn zu entrinnen?" [76] „Wie wollt ihr dem Gericht der Gehenna entfliehen?" [77] Und wenn Plutarch uns versichert: Dieser „Anschauung hängt das Leidenschaftsverhaftete, wie gesagt, das Krankhafte und das Verwirrende und das Sklavische von Anfang an an" [78], wer hörte dabei nicht Paulus die Galater beschwören: „O ihr unverständigen Galater, wer hat euch bezaubert! Als wir unmündig waren, waren wir unter die Elementarmächte der Welt versklavt!" [79] Und wenn der Abergläubische uns abgemalt wird als einer, der sich selbst beibringt, „Befürchtungen und Schrecknisse und Hintergedanken und Verwirrungen" [80], wem käme da nicht der paulinische „Geist der Knechtschaft, der zu Furcht führt" [81], in den Sinn! In Kapitel 11 zieht Plutarch dann das Fazit aus dieser schauerlichen Konsequenz des Fürchtenmüssens: „Daraus ergibt sich mit Notwendigkeit, daß der Abergläubische die Götter haßt und fürchtet. Denn wie soll er nicht, da er die Meinung hegt, daß die schlimmsten Übel ihm um jener willen widerfahren sind und wiederum widerfahren würden? Wenn er aber die Götter haßt und fürchtet, ist er ihr Feind." [82] Wir hören förmlich: „Die Gesinnung des Fleisches ist Feindschaft gegen Gott, denn es ordnet sich dem Gesetze Gottes nicht unter", wobei das Plutarchische „daraus ergibt sich mit Notwendigkeit" im Paulinischen „denn es kann es nicht", einen unerbittlichen Abschluß

---

[75] πόσῳ δὲ δεινότερον οἴεσθαι πάσχειν ἀνεκφεύκτους ἀναποδράστους ἀναποστάτους; (166 E).

[76] τίς ὑπέδειξεν ὑμῖν φυγεῖν ἀπὸ τῆς μελλούσης ὀργῆς; (Mt 3, 7).

[77] πῶς φύγητε ἀπὸ τῆς κρίσεως τῆς γεέννης; (Mt 23, 33).

[78] τὸ δὲ ἐμπαθές, ὥσπερ εἴρηται, καὶ ἑλκῶδες καὶ ταρακτικὸν καὶ καταδεδουλωμένον εὐθὺς πρόσεστι τῇ δόξῃ (167 B), wenn nicht der von WILAMOWITZ konjizierte Text (οὐκ vor εὐθύς) der richtige ist, wodurch die ganze Aussage, negiert, sich auf die ἀθεότης bezöge, aber gleichwohl indirekt, in ihrem positiven Sinn, für die δεισιδαιμονία in Kraft bliebe.

[79] ὦ ἀνόητοι Γαλάται, τίς ὑμᾶς ἐβάσκανεν; (Gal 3, 1). ὅτε ἦμεν νήπιοι, ὑπὸ τὰ στοιχεῖα τοῦ κόσμου ἤμεθα δεδουλωμένοι (Gal 4, 3).

[80] προσεμφορῶν αὐτῷ δείματα καὶ φόβους καὶ ὑποψίας καὶ ταραχάς (168 A).

[81] πνεῦμα δουλείας - - εἰς φόβον (Röm 8, 15).

[82] ἐξ ὧν ἀνάγκη καὶ μισεῖν τὸν δεισιδαίμονα καὶ φοβεῖσθαι τοὺς θεούς. πῶς γὰρ οὐ μέλλει, τὰ μέγιστα τῶν κακῶν αὐτῷ δι' ἐκείνους οἰόμενος γεγονέναι καὶ πάλιν γενήσεσθαι; μισῶν δὲ θεοὺς καὶ φοβούμενος ἐχθρός ἐστι (170 E).

ziehend, nachklingt[83]. So fehlt denn auch in diesem Gemälde des Aberglaubens als eines knechtenden Gesetzes nicht die Aufzählung der Widersprüche, in die der Abergläubische bei seiner religiösen Praxis sich verwickeln muß: „Sie fürchten die Götter und fliehen zu den Göttern, sie schmeicheln und schelten, sie beten und schmähen"[84], so daß festgestellt werden kann: „Elendestes und Schlimmstes steckt in der Praxis des Abergläubischen"[85]. Es ist nur konsequent, wenn die Feststellung dieser Widersprüche gipfelt in der Aufdeckung der aus Charakterschwäche fließenden Heuchelei: „Der Abergläubische wünscht nicht die Existenz der Götter, glaubt aber wider seinen Willen. – Seiner Intention nach Atheist, ist er nur zu schwach, um von den Göttern die Meinung zu hegen, die seiner eigentlichen Absicht entspricht"[86]. Auch auf dem Boden der Offenbarung treibt das Gesetz, wo es seine Hand im Spiel hat, paulinisch gesprochen, wo das Fleisch im Spiel ist, jene eigentümliche Zwiespältigkeit des Menschen hervor: „Denn nicht das, was ich will, tue ich, sondern das, was ich hasse, das tue ich"[87]; „diese (Fleisch und Geist) liegen gegeneinander zu Felde, damit ihr nicht das tut, was ihr etwa wollt"[88].

Diese Schilderung des Abergläubischen in seinem blinden Geknechtetsein, in seinem sklavischen Sichfürchten und im Gotthassen, vermag einen wohl in Atem zu halten. Der von Plutarch auf die Bühne gestellte Abergläubische agiert gut. Aber nun das Spiel zu Ende ist, merken wir wieder: *wir* sind ja gar nicht die Zuschauer *erster* Hand, Plutarch selber ist der Zuschauer *erster* Hand, und wir sehen *ihm* zu, wie er den Abergläubischen agieren läßt. Der Abergläubische agiert so gut, daß wir eine Zeitlang nur *ihn* sahen und selber im Geist mitspielten und vergaßen: es war ein Spiel *Plutarchs*. Denn nun, da der Abergläubische geendet hat, steht Plutarch auf und erklärt trocken: der Mann ist ein Ideologe. Die Gefangenschaft des Abergläubischen

---

[83] τὸ φρόνημα τῆς σαρκὸς ἔχθρα εἰς θεόν· τῷ γὰρ νόμῳ τοῦ θεοῦ οὐχ ὑποτάσσεται, οὐδὲ γὰρ δύναται (Röm 8, 7); cf. zu ἐξ ὧν ἀνάγκη das οὐδὲ γὰρ δύναται!

[84] φοβοῦνται τοὺς θεοὺς καὶ καταφεύγουσιν ἐπὶ τοὺς θεούς, κολακεύουσι καὶ λοιδοροῦσιν, εὔχονται καὶ καταμέμφονται (167 E).

[85] ἀθλιώτατα καὶ κάκιστα πράττουσιν οἱ δεισιδαίμονες (169 E).

[86] ὁ δὲ δεισιδαίμων οὐ βούλεται (sc. θεοὺς εἶναι), πιστεύει δ' ἄκων· - - ὁ δὲ δεισιδαίμων τῇ προαιρέσει γ' ἄθεος ὢν ἀσθενέστερός ἐστιν ἢ τοῦ δοξάζειν περὶ θεῶν ὃ βούλεται (170 F).

[87] οὐ γὰρ ὃ θέλω τοῦτο πράσσω, ἀλλ' ὃ μισῶ τοῦτο ποιῶ (Röm 7, 15).

[88] ταῦτα (sc. πνεῦμα und σάρξ) - - ἀλλήλοις ἀντίκειται, ἵνα μὴ ἃ ἐὰν θέλητε ταῦτα ποιῆτε (Gal 5, 17).

ist eine Fiktion, und zwar eine höchst schädliche, da sie alle Tatkraft lähmt: denn der Abergläubische will ja nicht „gegen Gott streiten und der Züchtigung widerstreben"[89]; wir denken sofort an Gamaliels, im Schatten des Gesetzes erwachsenen, Rat: „Damit ihr nicht gar als Leute erfunden werdet, die gegen Gott streiten."[90]

Ja, wie denn? Wir verstehen Plutarch nicht recht! Eben war er doch imstande, uns den Abergläubischen in einer schauerlichen Konsequenz vorzuführen, die uns den Atem verschlug. Und nun soll das Ganze Illusion gewesen sein?! Wir möchten nicht aufdringlich und indiskret gegen Plutarch werden, aber wir kommen nicht um den Eindruck herum: hinter seiner Erklärung des Aberglaubens als Fiktion wittert ein tieferes Verstehen der Sache. Er will offenbar nicht von „der den Menschen erniedrigenden und zerreibenden Furcht"[91] angesteckt werden, darum sein leidenschaftlicher Ausbruch gegen den Aberglauben. Wenn es so ist, daß man von den Göttern nicht loskommt[92], dann glücklich der Atheist, der frei ist von dieser Sklaverei[93]; zu diesem Entweder-Oder meint Plutarch nicht gezwungen zu sein, aber er läßt keinen Zweifel darüber, daß er, dazu gezwungen, für den Atheismus optieren würde. Also hat er sich selbst vielleicht doch zu schlecht gemacht, wenn er die Furcht des Abergläubischen belächelte und als Fiktion hinstellte?! Hat er im Grunde doch auch von einem Winkel *seines* Herzens gesprochen, wenn er im Traktat den Atheismus aus dem Aberglauben erwachsen läßt?![94]

Wir wissen es nicht, und diese Unsicherheit ist wohl nicht nur in der historischen Mittelbarkeit begründet; sie hat einen tiefen theologischen Grund. Wo nämlich vom Gesetz und dem Zorn und all diesen schrecklichen Dingen außerhalb der Offenbarung geredet wird, da kann diesen Dingen nicht so standgehalten werden wie in Röm 1–3 und 7, da muß sich der Mensch dem Zorn schaffenden Gesetz entziehen wollen, und sei es, wie es im Traktat als Möglichkeit sich anbietet, um den Preis des Atheismus. Diese versuchliche Nähe zum

---

[89] μὴ δόξῃ θεομαχεῖν καὶ ἀντιτείνειν κολαζόμενος (168 C).

[90] μήποτε καὶ θεομάχοι εὑρεθῆτε (Act 5, 39).

[91] δέος - - ἐκταπεινοῦν καὶ συντρῖβον τὸν ἄνθρωπον (165 B).

[92] daß sie ἀναπόστατοι sind (166 E).

[93] (ὁ δεισιδαίμων) μακαρίσειε (sc. ἂν) τὴν τοῦ ἀθέου διάθεσιν ὡς ἐλευθερίαν (170 F).

[94] ἡ δὲ δεισιδαιμονία τῇ ἀθεότητι καὶ γενέσθαι παρέσχεν ἀρχὴν καὶ γενομένῃ δίδωσιν ἀπολογίαν (171 A).

Atheismus und zur Lästerung, die auf dem Boden der Offenbarung ja evident ist[95], macht dem Schüler des Neuen Testamentes gerade hier den Plutarch so liebenswert. Denn dem an dieser Stelle angefochtenen Abergläubischen, der den Atheismus als rettenden Ausweg erwägen wollte, wäre nun von der Offenbarung her ganz schlicht zu sagen:

Es gibt eine Freiheit, zu der Christus uns befreit hat[96], in der die Furcht ertragen wird und den Menschen nicht feige macht[97], in der der Blick auf das Gericht durchgehalten wird, ohne die Freudigkeit zu schwächen. Eine Freiheit, in der der Widerstreit von Fleisch, Gesetz und Mensch aufgedeckt und nicht vertuscht wird, gerade weil „das Gesetz des Lebensgeistes in Christus Jesus dich befreit hat –"[98]. Eine Freiheit, in der die rechte Überwindung der den Christen immer wieder anfechtenden Heuchelei durch das Eintreten für die Wahrheit des Evangeliums stets neu erkämpft werden muß[99], eine Freiheit, in der sich der Mensch als gottlos bekennt und gerade darin von Gott nicht gedemütigt, sondern als sich selbst Demütigender gerechtfertigt wird[100]; schließlich eine Freiheit, die das Handeln nicht lähmt, weil sie weiß, daß der Menschensohn in *jeglicher* Hinsicht ein Herr des Sabbats ist[101], und daß der Glaube seinem Wesen nach aktiv ist in der Liebe[102].

Aber solche Paraklese würde unsern historischen Plutarch, wie er sich in unserm Traktat ausspricht, nicht mit Sicherheit erreichen; denn wir haben den Versuch unternommen, den der Theologe ja um keinen Preis unterlassen darf, den Gesprächspartner besser zu verstehen, als er sich selbst versteht, und solch Versuch ist immer ein Risiko. Denn was Plutarch im Schluß des Traktats mit dürren Worten sagt, ist ein Rückzug: ein Rückzug von der gefährlichen Stelle, an welcher der

---

[95] μὴ ἄδικος ὁ θεὸς ὁ ἐπιφέρων τὴν ὀργήν; (Röm 3, 5); cf. schon Hiob.

[96] τῇ ἐλευθερίᾳ ἡμᾶς Χριστὸς ἠλευθέρωσεν (Gal 5, 1).

[97] οὐ γὰρ ἔδωκεν ἡμῖν ὁ θεὸς πνεῦμα δειλίας (II. Tim 1, 7).

[98] ὁ γὰρ νόμος τοῦ πνεύματος τῆς ζωῆς ἐν Χριστῷ Ἰησοῦ ἠλευθέρωσέν σε (Röm 8, 2).

[99] Βαρναβᾶς συναπήχθη αὐτῶν τῇ ὑποκρίσει. ἀλλ᾽ ὅτε εἶδον ὅτι οὐκ ὀρθοποδοῦσιν πρὸς τὴν ἀλήθειαν τοῦ εὐαγγελίου, εἶπον τῷ Κηφᾷ ἔμπροσθεν πάντων· -- (Gal 2, 13. 14).

[100] πιστεύοντι δὲ ἐπὶ τὸν δικαιοῦντα τὸν ἀσεβῆ (Röm 4, 5).

[101] κύριός ἐστιν ὁ υἱὸς τοῦ ἀνθρώπου καὶ τοῦ σαββάτου (Mk 2, 28 Parr.); cf. hierzu Plutarchs Empörung über den Verzicht der belagerten Juden auf Widerstand am Sabbat (169 C) wie überhaupt seine niedere Einschätzung der σαββατισμοί (166 A)!

[102] πίστις δι᾽ ἀγάπης ἐνεργουμένη (Gal 5, 6).

Aberglaube als heillos gefangen aufgedeckt wird und so in die versuchliche Nähe des Atheismus zu stehen kommt, hin zu der echt griechisch als Goldene Mitte verstandenen wahren Religion, zu der „in der Mitte liegenden Gottesverehrung"[103]. Daß die Kirche an ihrem Teil solchen Rückzug dem Plutarch nicht nachgemacht, daß sie aus der Anfechtung durch das Gesetz nicht in die Goldene Mitte des illusionären griechischen Gottesglaubens geflohen ist und daß sie so nicht das Gesetz mitsamt dem Evangelium verloren hat, hängt zusammen mit *dem* Mann, dessen Gedenken heute in besonderer Weise über dieser Stunde theologischer Besinnung steht[104].

---

[103] ἐν μέσῳ κειμένη ἡ εὐσέβεια (171 F).
[104] Dieser Vortrag wurde am 31. Oktober 1947 gehalten.

Das „Stirb und werde" in der Antike und im Neuen Testament*

Die Dialektik von Tod und Leben, in welcher Tod und Leben also nicht nur einander begrenzen, sondern aufeinander bezogen und angewiesen sind, gehört zum geistigen Bestande der Menschheit und wird demzufolge bereits auf dem Boden der Antike klar ausgesprochen. Will man die Worte des NT, die von solcher Dialektik handeln, in ihrer ihnen freilich eignenden Eigenart erfassen, so ist gerade zu diesem Zwecke ihre religionsgeschichtliche Einordnung in den antiken Gesamtzusammenhang unerläßlich. Man geht am besten aus von den dem Sinne nach weiteren Formulierungen, welche besagen, daß die Übernahme des Todes um eines wesentlichen Zieles willen das Leben einträgt. Ein zweiter Kreis von Aussagen weist an Hand von Aussaat und Wachstum der Pflanze auf die Analogie dieses Weges der Pflanze zur Auferweckung hin. Das eigentliche „Stirb und werde" aber spricht sich aus in der Erkenntnis, daß das Sterben an sich, welches also nicht um eines wesentlichen Inhaltes willen erfolgt und welches nicht nach Analogie der Pflanze auf eine Auferweckung zu blicken braucht, polar das Leben in sich bergen kann.

I

Eine anonyme Tradition im bab. Talmud[1] lautet: „Was soll ein Mensch tun, daß er lebe (ויחיה)? Sie erwiderten ihm: er töte sich selbst (ימית עצמו). Was soll ein Mensch tun, daß er sterbe (ימות)? Er belebe sich selbst (יחיה את עצמו [Hiph.])." Die Paradoxie der Formulierung ist im Gebrauch der Verben חיה und מות streng gewahrt. Das Leben gewinnt man durch Kasteiung, den Tod durch Wohlleben (das ist gemeint mit dem Sich-selber-Beleben). Auf das Martyrium um der Tora willen dagegen blickt der an drei Stellen[2] dem Rabbi Simon ben La-

---

* Libertas Christiana, Beiträge zur evangelischen Theologie 26, 1957, 9–29.
[1] Tamid IV p. 32 a.
[2] Bab. Berachot IX p. 63 b; bab. Schabbat IX 2 p. 83 b; bab. Gittin V 6 p. 57 b.

qisch (bzw. Resch Laqisch; 3. Jhdt. p.) zugeschriebene Spruch, welcher besagt, daß die Worte der Tora nur bei demjenigen Bestand haben, der, analog zu Num 19,14, sich um der Tora willen tötet. Askese und Tora-Martyrium verlangen jenes Ja zum Tode, welches das Leben einträgt. Die Torafrömmigkeit ist es, die sich hier ausspricht: das Bewahren (שמר) eines Gesetzeswortes bewahrt die Seele (נפש), das Zugrunderichten (אבד Piel) eines Gesetzeswortes richtet die Seele zugrunde³.

Anders sind die Werte gefaßt, um derentwillen der Stoiker in den Tod geht. Der wahre Freie wie Sokrates will nicht den armseligen Leib (τὸ σωμάτιον), sondern das retten (σῴζειν), was durch Gerechtigkeit wächst und gerettet, durch Ungerechtigkeit vermindert und zugrunde gerichtet wird (ἀπόλλυται). Er rettet sich (σῴζεται) nicht in schimpflicher Weise (αἰσχρῶς), nicht durch die Flucht (φεύγων), sondern durch das Sterben (ἀποθνῄσκων); wie ein guter Schauspieler seine Reputation bewahrt (σῴζεται) durch ein rechtzeitiges Aufhören, nicht durch ein überlanges Agieren⁴. Der Tod kann ein bedeutendes ὠφεληθῆναι einbringen: er erhält demjenigen, welcher in der Entscheidungsstunde ihm nicht ausbiegt, den Charakter eines Patrioten, eines Hochsinnigen, eines Zuverlässigen, eines Edlen; durch Hängen am Leben (ἐπιζήσας) dagegen würde der Betreffende dies alles verlieren und sich die entgegengesetzte Qualifikation zuziehen (περιεποιεῖτο τὰ ἐναντία), er würde den Charakter eines Feiglings, eines Unedlen, eines Vaterlandsfeindes, eines um jeden Preis am Leben Hängenden (φιλόψυχος) annehmen. Er hätte vom Weiterleben nichts (μεγάλα ὠφελήθη ζήσας;), wenn solch Weiterleben mit Schmach (ἀγεννῶς, ἀθλίως) verbunden ist. Solch Weiterleben wäre Versklavung an die materiellen Dinge und an die Menschen, durch welche solche Dinge gewährt oder genommen werden können⁵. Der Stoiker wahrt und gewinnt, gerade wenn er im Entscheidungsfalle dem Tode nicht ausbiegt, seine Eigentlichkeit, die als ethische Unabhängigkeit von Materie und Umwelt verstanden ist. Sein Sterben ist der Extrem-Fall eines ethischen per aspera ad astra⁶.

In sechsfacher Variation hebt der als Herrenwort überlieferte Ausspruch hervor: der sein Leben retten Wollende wird es verlieren; der sein Leben Verlierende wird es retten. Die Antithetik ist am besten

---

³ Aboth de Rabbi Nathan Schechter 39 a; vgl. STRACK-BILLERBECK I 588.
⁴ Epiktet Diss. IV 1, 163–165.   ⁵ Epiktet Diss. III 20, 4–8.
⁶ Vgl. dazu die schöne Traditions-Analyse von H. HOMMEL, Würzburger Jahrbücher 1949/50, Heft 1, S. 157–165.

erhalten in der Fassung von Mk 8, 35 und Lk 9, 24: beiderorts σῴζειν – ἀπολλύναι, ἀπολλύναι – σῴζειν. Auch Mt 10, 39 bietet eine korrekte Antithetik: εὑρίσκειν – ἀπολλύναι, ἀπολλύναι – εὑρίσκειν. Mt 16, 25 stellt eine aus den beiden genannten Formen kombinierte und darum aus der strengen Antithetik herausfallende Mischform dar: σῴζειν – ἀπολλύναι, ἀπολλύναι – εὑρίσκειν. Vollends zerbrochen ist die antithetische Form in Lk 17, 33 (περιποιεῖσθαι – ἀπολλύναι, ἀπολλύναι – ζῳογονεῖν) und mehr noch in Joh 12, 25 (φιλεῖν – ἀπολλύναι, μισεῖν – φυλάττειν; zudem die Zusätze ἐν τῷ κόσμῳ τούτῳ im ersten, εἰς ζωὴν αἰώνιον im zweiten Glied). Gerade die antithetisch strenge Fassung dieses Spruches erinnert an die Antithetik von מות־חיה, חיה־מות in dem oben behandelten anonymen Rabbinenspruch[7]. Aber auch in den besprochenen Epiktet-Stellen[8] hat das σῴζειν, das ἀπολλύναι, das περιποιεῖσθαι, die ψυχή und das φιλεῖν (im φιλόψυχος bei Epiktet) der Evangelienworte seine Analogien, welche bei Epiktet allerdings der synoptischen Antithetik (etwa zwischen σῴζειν – ἀπολλύναι) entbehren. Gerade der strenge Aufbau von Mk 8, 35 und Lk 9, 24 läßt – was die korrekt durchgeführte Antithetik anlangt – an palästinensisch-rabbinischen Hintergrund denken. Gleichwohl wird im ganzen Umfange der Formulierung auch diese Fassung von Mk 8, 35 – Lk 9, 24 nicht die älteste Form darstellen. Wie die Zusatzlosigkeit beim Leben-verlieren bzw. Leben-hassen in Lk 17, 33 und Joh 12, 25 zeigt, wird das ἕνεκεν ἐμοῦ von Mt 10, 39, Mt 16, 25 und Lk 9, 24 und noch besonders das ἕνεκεν ἐμοῦ καὶ τοῦ εὐαγγελίου von Mk 8, 35 sekundär sein. Diese auf die Person Jesu abhebenden Zusätze bringen jene auch sonst in den Synoptikern deutliche Tendenz zum Ausdruck, sachliche Bezüge zunehmend christologisch zu formulieren, so wie Jesus selber mit wachsender Tradition zum Menschensohn wird, während der Menschensohn ursprünglich ein anderer ist als Jesus selber (Lk 12, 8 – Mt 10, 32 und öfter). Die primäre Form unseres Wortes ist aus den überlieferten Formulierungen also lediglich zu kombinieren; zu kombinieren aus der streng antithetischen Fassung von Mk 8, 35 – Lk 9, 24 und aus der Zusatzlosigkeit von Lk 17, 33 – Joh 12, 25. Für die Interpretation des Spruches geht man am besten aus von der späteren Form, welche, vierfach bezeugt, das Verlieren des Lebens ἕνεκεν ἐμοῦ als notwendig erklärt für die Rettung des Lebens. Diese sekundäre Form ist Martyriumsparänese. Die Gemeinde spricht durch ein Wort, welches in dieser

---

[7] Tamid IV p. 32 a; vgl. oben Anm. 1.   [8] Vgl. Anm. 4–5.

Form von der Gemeinde gebildet ist und so dem erhöhten Herrn zugeschrieben wird, die Mahnung aus, das Leben, will man es im Endgericht nicht verlieren, nicht zu schonen, sondern im Bekenntnis zu Jesus einzusetzen. Dort, wo im Martyriumswort des Rabbi Laqisch [9] die Tora, wo in der Sterbens-Paränese des Epiktet [10] die Erhaltung der ethischen Persönlichkeit steht, findet sich im Evangelienwort das Bekenntnis zu Jesus. Was bekennt denn nun der in der Stunde der Entscheidung sich auf Jesus Berufende? Daß es nicht am Aussprechen oder Geltendmachen des Namens als solchem liegt, das eben wird klar an der älteren, zusatzlosen Form. (Joh 12, 25 freilich beschreibt mit unserem Wort den Lebenseinsatz nicht nur des Nachfolgers, wie Joh 12, 26 dartut, sondern auch den Lebenseinsatz Jesu selber, wie sich aus Joh 12, 23 f. ergibt.) Das, wofür das Leben eingesetzt werden muß, will es erhalten werden, ist in der älteren Form expressis verbis nicht zum Ausdruck gebracht. Es muß erhoben werden aus dem Ganzen der Verkündigung und der Taten Jesu; natürlich aus der synoptischen, nicht aus der sehr erheblich modifizierten johanneischen Gesamtkonzeption. Jesus hat die Tora radikalisiert. Wer sein Leben – im Gehorsam gegen Jesu Verkündigung – riskiert, tut das, indem er, nun ganz konkret gesprochen, dem Zorn den Abschied gibt, seine Ehe nicht auflöst, auf Schwur und Wiedervergeltung verzichtet und dem Feinde Gutes erweist (Mt 5, 21–48). Will man es für die Beschreibung dessen, wofür der Lebenseinsatz geschieht, bei den genannten und ähnlichen Worten der Tora-Verschärfung bewenden lassen, so läge unser Wort in der Linie der Rabbinensprüche und mehr noch der Qumransekte, welche auch einen den Lebenseinsatz einschließenden Toragehorsam fordern. Ja unser Wort läge grundsätzlich sogar auch in der Linie der stoischen Sterbensparänese, denn auch die von den Stoikern erstrebte Erhaltung der ethischen Persönlichkeit meint ja doch das Gewinnen der Eigentlichkeit des Menschen angesichts einer Norm, und sogar die theistische Verschlüsselung dafür kann gerade bei Epiktet auch zur Stelle sein. Unser Wort würde dann keinen speziell für Jesus typischen Inhalt haben; es wäre auch in der zusatzlosen Form als eine Gemeindebildung denkbar, welche ganz jüdisch den Ernst der Toraforderung unterstreicht. Man kann solche Interpretation immerhin für hinreichend und darum richtig halten. Man kann aber nun freilich auch in den Inhalt dessen, wofür der Lebenseinsatz erfolgen soll, noch sehr viel

---

[9] Vgl. Anm. 2.   [10] Vgl. Anm. 4–5

Prägnanteres hineinnehmen. Nämlich das konkrete Bleiben auf der Linie dessen, der in dem Schimpfwort ältester Schicht ein Fresser und Weinsäufer, ein Freund von Zöllnern und Sündern (Mt 11, 19 Par) heißt [11]. Der Lebenseinsatz, der das Leben gewinnt, würde dann die Gemeinschaft mit den seitens der Pharisäer religiös Deklassierten, die Überordnung des hilfsbedürftigen Bruders über die Sabbat-Observanz (Mk 2, 23–3, 6 Par), die Durchstreichung der menschlichen Ansprüche vor Gott (Mt 20, 1–15), kurz den Platzwechsel zwischen Ersten und Letzten (Mk 10, 31) mit verantworten wollen [12]. Die Forderung solchen Lebenseinsatzes wäre dann allerdings etwas für Jesus von Nazareth Typisches, sie würde aus der religionsgeschichtlichen Analogie heraustreten. Unser Wort wäre dann der ältesten Schicht der Tradition zuzurechnen und würde ein historisches Jesuswort sein. Aber ein letztlich sicheres Urteil ist, wie gesagt, nicht zu gewinnen.

II

Das durch die Drangabe des Lebens gewonnene Leben gilt einem Teile antiker Literatur als ein in der Auferstehung des Leibes mitgeteiltes Leben. Mit dieser Vorstellung der Auferstehung ist verbunden der antike Topos von dem in die Erde gelegten und wieder aufwachsenden Samenkorn. Man muß sich klarmachen, daß solche Verbindung von Sterben–Auferstehung einerseits und Aussaat–Wachstum andererseits eine ganz bestimmte Vorstellung vom Schicksal des Saatkorns im Schoße der Erde voraussetzt. Zwar kann vom Samenkorn gesagt werden, es werde auf Zeit „vergraben" (κατορυγῆναι) und „versteckt" (κρυφθῆναι) [13]. Es kann aber auch dort, wo man gar nicht mit einer Auferstehung des menschlichen Leibes rechnet (im Falle unseres Zitates bei Plutarch), also gar nicht einer solchen Analogie zuliebe, der naiven Meinung Ausdruck verliehen werden, das Samenkorn werde in der Erde versteckt (κρυφθῆναι) und verfaule dann (σαπῆναι); ja Plutarch kann, fernab von aller metaphysischen Begründung, für das dann erfolgende Wachstum eine „naturwissenschaftliche" Theorie ent-

---

[11] Vgl. H. BRAUN, Spätjüdisch-häretischer u. frühchristlicher Radikalismus (1957), Bd. II unter I 7.
[12] Unser Wort wäre dann so zu verstehen, wie E. DINKLER (NTliche Studien für Bultmann 1954, S. 128) das ja benachbarte σταυρός-Wort (Mk 8, 34 par) auslegt.
[13] Epiktet Diss. IV 8, 36.

wickeln, welche von solchem Verfaulen des Samenkorns ausgeht[14]. Nach dieser Betrachtung geht das Samenkorn, bevor es neu wächst, zugrunde. Und eben diese – an sich ganz profane und für uns heute biologisch ja irrige – Voraussetzung macht den Topos von Aussaat und Wachstum verwendungsfähig für die Verbindung mit dem Auferstehungsglauben. Der Topos beschränkt sich also auf das Gebiet, in welchem der Auferstehungsglaube herrscht. Der Auferstehungsglaube seinerseits ist auch nicht aus diesem Topos erwachsen. Dieser Topos kann aber mit dem Auferstehungsglauben verbunden werden dort, wo der Auferstehungsglaube an sich zuhause ist, also im Parsismus, im nachdanielischen Judentum und im Christentum.

Ahura Mazda antwortet dem Zarathustra auf die Frage nach dem Wie der Wiederherstellung des von den Elementen zerstörten Leichnams, also nach dem Wie der Auferstehung, mit dem Hinweis darauf, daß die Existenz des Himmels ohne Stützen, die der Erde ohne Haltevorrichtung und der Wandel der Gestirne in der Atmosphäre von der Gottheit herrühre. Und dann heißt es weiter: „wenn von mir (= Ahura Mazda) das Getreide geschaffen ist, welches, nachdem es in die Erde gelegt ist, wieder hervorkommt und Wachstum erlangt". All diese und noch weitere aufgezählte Unbegreiflichkeiten bilden eine Analogie zur Auferstehung: in ihnen ist etwas geworden, was vorher nicht da war; in der Auferstehung wird nur etwas wieder, was schon vorher gewesen ist[15]. Das Wiedererwachsen des Samenkorns zeigt, Seite an Seite mit anderen Unbegreiflichkeiten der Schöpfung, die gleiche Macht des Schöpfers, welche sich im Wie der Auferstehung der Leiber auswirkt.

Ähnlich verläuft der Gedankengang im I. Clemensbrief. Gott hat, Jesus von den Toten auferweckend, Jesus Christus zum Erstling der $\mu\acute{\varepsilon}\lambda\lambda o\upsilon\sigma\alpha$ $\grave{\alpha}\nu\acute{\alpha}\sigma\tau\alpha\sigma\iota\varsigma$ gemacht[16]. Aber Gott zeigt das große Verheißungsgut der Auferstehung auch mittels der Schöpfung an[17]. Der Wechsel von Tag und Nacht[18], die Metamorphose des Phönix sind solche Zeichen[19]. Zwischen beide Phänomene eingebettet, also in der Mitte als zweites Glied der Aufzählung, steht unser Topos vom Samenkorn[20]. Der Sämann ging aus (so in Analogie zu Mk 4, 3 Par)

---

[14] Plutarch Fragm XI (Ex commentariis in Hesiodum) 84.
[15] Bundehesh 31 (Übersetzung von Justi, Leipzig 1868, S. 40 f.); abgedruckt bei M. Dibelius im Handbuch zum NT, An die Thessalonicher I, Beil. zu I. Thess 4, 13.
[16] I. Cl. 24, 1.   [17] I. Cl. 26. 1.   [18] I. Cl. 24, 3.
[19] I. Cl. 25.   [20] I. Cl. 24,4–5.

und warf jedes der Samenkörner in die Erde. Sie fallen, trocken und nackt (so in Analogie zu I. Kor 15, 37), in die Erde und verwesen (διαλύεται). Nach der Verwesung ist es die erhabene Fürsorge des Herrn, welche sie auferstehen läßt (ἀνίστησιν); und zwar wachsen aus dem einen viele (ἐκ τοῦ ἑνὸς πλείονα), und sie bringen Frucht. Das Wirken der μεγαλειότης τῆς προνοίας τοῦ δεσπότου, hier in der Auferweckung des verwesten Samenkorns, zeigt den Realgrund der künftigen Auferstehung an.

Aber es bleibt nicht bloß beim Daß der Analogie zwischen der Auferweckung des Samenkorns und der der Toten. Schon der nichtmetaphysische Gebrauch des Topos bei Plutarch [21] weist darauf hin: aus einem Weizen- oder Gerstenkorn entsteht eine Vielzahl (ἐξ ἑνὸς-πλῆθος). Dieser Zug, dem Topos offenbar oftmals zugehörig, kommt nun auch in die Verbindung des Topos mit der Totenauferstehung hinein. Er braucht dabei nicht immer ausgewertet zu werden. Die eben behandelte I. Clemens-Stelle wendet die für den Samen geltende Antithese ἐκ τοῦ ἑνὸς – πλείονα nicht auf die Totenauferstehung an. Aber in Joh 12, 24 [22] gilt der betonte Gegensatz μόνος – πολὺν καρπόν nicht nur für das Weizenkorn, sondern auch für die Sachseite, d. h. für Jesus: die Antithese „wenig-viel" ist hier in die Analogie aufgenommen worden; freilich hat es dabei, wie weiter unten deutlich werden soll, mit Joh 12, 24 noch seine besondere Bewandtnis. Eine besonders reizvolle Anwendung der besagten Antithese findet sich auf rabbinischem Boden. Eine auf drei verschiedene Autoritäten zurückgeführte Tradition [23] argumentiert in gleicher Weise: das Weizenkorn wird nackt begraben und wächst in wer weiß wie vielen Bekleidungen hervor; nach dem Schluß vom Leichteren auf das Schwere, dem קל וחמר, werden die Gerechten, welche doch nicht wie das Weizenkorn nackt, sondern in ihren Kleidern begraben werden, erst recht in ihren Kleidern bei der Auferstehung hervorkommen.

Schon jetzt werden wir urteilen dürfen: die Verwendung des Topos vom sterbenden und auferstehenden Saatkorn für die Auferstehung der Toten ist, wie dies Theologumenon selber, nichts typisch Christliches. Sie ist es weder in bezug auf das Daß der Analogie noch in der Verwendung der speziellen Antithese „wenig-viel". Und doch gibt es,

---

[21] Vgl. oben Anm. 14. [22] Vgl. S. 139.
[23] R. Meir (II. Jhdt. p.) in Sanh. XI p. 90 b; R. Chijja ben Joseph (III. Jhdt. p.) in Keth. XIII 11 p. 111 b; R. Eliezer (I. Jhdt. p.) in Pirqe R. Eliezer 33 (17 c); vgl. STRACK-BILLERBECK III 475.

sehe ich recht, ein nur in christlichen Texten sich findendes Spezifikum bei der Verwendung des Topos vom Samenkorn für die Auferstehung. Paulus verwendet den Topos vom Samenkorn, um an ihm das Wie der Auferstehung, der neuen Leiblichkeit, zu erläutern [24]. Er setzt wie die Antike, z. T. in Formulierungen, welche an Plutarch anklingen [25], voraus: das Samenkorn stirbt nach der Aussaat [26]; beim Wiedererwachsen ist es Gott, der dem Samenkorn das σῶμα gibt [27]. Die Analogie zwischen dem Erwecken des Samenkorns und dem Erwecken des Toten ist das, was Paulus mit dem Parsismus und dem Judentum teilt. Er gewinnt dieser Analogie aber nun eine spezifische Seite ab. Er hebt die Notwendigkeit des Sterbens beim Samenkorn betont heraus: ἐὰν μὴ ἀποθάνῃ [28]. Das geschieht weder im Parsismus noch im Judentum. Jetzt heißt es: vorheriges Sterben ist unerläßlich. In der Auferstehung repariert Gott nicht, sondern setzt ein Neues. Altes und neues σῶμα sind qualitativ verschieden. Darum wird nun, anders als in den bisher betrachteten Verwendungsarten der Analogie, die Notwendigkeit des Sterbens für das Alte, soll das Neue werden, so ausdrücklich hervorgehoben. Der Verweis auf den Topos vom Samenkorn stellt bei Paulus heraus: nicht das gleiche σῶμα stirbt und aufersteht; sondern Gott gibt das neue σῶμα, wie er die aufwachsende Pflanze zu etwas anderem macht, als es das gestorbene Samenkorn war. (Die Identität von etwa σῖτος qua Same und qua Pflanze bleibt bei Paulus unberücksichtigt.) Die Analogie von Samenkorn und Totenauferstehung bildet das totaliter-aliter, das Zerbrechen jener Identität ab, welche im Parsismus [29] und Judentum [30] behauptet wird.

Es liegt ja auf der Hand, daß diese Wendung, welche der Analogie von Samenkorn und Auferstehung durch Paulus gegeben wird, konsequent durchdacht, den eigentlichen Gedanken der Auferstehung sprengt: das σῶμα πνευματικόν ist ja nicht das wieder zum Leben gebrachte σῶμα ψυχικόν. Paulus selber freilich hat, geleitet durch die ihm vertraute jüdische Eschatologie mit ihrem Auferstehungsgedanken, diese Konsequenz nicht gezogen. Der frühkatholische I. Clemensbrief, der für das Samenkorn nur noch die Tatsache, nicht mehr die Unerläßlich-

---

[24] I Kor 15, 36–38. 42 b–44 a.
[25] Für die Antike generell vgl. oben S. 140 f. Für Plutarch speziell vergleiche in der Anm. 14 behandelten Stelle die Worte τυχὸν πυροῦ ἢ κριθῆς mit κόκκον εἰ τύχοι σίτου ἤ τινος τῶν λοιπῶν (I Kor 15, 37).
[26] I Kor 15, 36. 42. 43.   [27] I Kor 15, 38.   [28] I Kor 15, 36.
[29] Vgl. Anm. 15.   [30] Vgl. Anm. 23.

keit der διάλυσις betont [31], noch weniger. Gleichwohl ist die Konstatierung der Sprengung des Auferstehungsgedankens durch den spezifischen Gebrauch der Saatkorn-Analogie bei Paulus keine Überinterpretation der paulinischen Intention (für Paulus persönlich wurde die Inkonsequenz ja schon zugegeben). Das wird klar am vierten Evangelium. In ihm ist die jüdische Eschatologie mit der endzeitlichen Auferstehung [32] bekanntlich ersetzt durch die hier einer weiteren Explizierung nicht bedürftige typisch johanneische Eschatologie: das Gericht, die Entscheidung zwischen Tod und Leben, geschieht jetzt in der Art der Aufnahme der Wortes Jesu. So wundert es nicht, daß das Samenkorn im vierten Evangelium [33] keine Analogie bildet zur Auferstehung und zum Schicksal des σῶμα [34] in der Auferstehung. Wie wendet der vierte Evangelist denn nun den Topos vom Samenkorn? Dieser Topos wird gebraucht im Blick auf Jesus. Der Geltungsbereich der Analogie ist also verengt (anders als das doppelt, auf Jesus und den Nachfolger, zu beziehende Wort vom Einsatz des Lebens) [35]. Aber nun heißt es nicht, daß das Samenkorn auf Jesu Auferstehung verwiese. Das Samenkorn verweist vielmehr auf die Trächtigkeit des Sterbens bei Jesus: πολὺν καρπὸν φέρει, im Gegensatz zu μόνος μένει, dieser Zug aus der Geschichte des Topos [36] wird hier als das Wesentliche der Analogie herausgestellt. Wieder begegnet hier nun das erstmalig bei Paulus uns zu Gesicht gekommene [37] ἐὰν μὴ --- ἀποθάνῃ: das Sterben des Weizenkorns ist nicht nur Tatsache, es ist unerläßliche Notwendigkeit. Aber nun nicht, wie bei Paulus, dafür, daß der Glaubende in der „Auferstehung" das σῶμα πνευματικόν bekommt; auch nicht dafür, daß hier Jesus selber – gemäß der Verengung der Analogie auf den Weg Jesu –

---

[31] Vgl. Anm. 17.

[32] Lehrreich dafür ist die spärliche Verwendung der der jüdisch-gemeinchristlichen Eschatologie angehörenden Termini ἀνάστασις, ἀνιστάναι, ἀνίστασθαι und ἐγείρειν im vierten Evangelium: wo sie nicht, wie in Joh. 11, 23–25, polemisch verwendet werden, begegnen sie in Ostertexten, welche von gemeinchristlicher Anschauung besonders geformt sind, oder in Zusätzen, welche die typisch johanneische Anschauung mit der gemeinchristlichen ausgleichen sollen (s. die Kommentare von W. Bauer und R. Bultmann).

[33] Joh. 12, 24.

[34] σῶμα ist im vierten Evangelium nie die Wesenheit der Kirche, sondern Jesu Körper in der Passion (Joh 19, 31; 20, 12), dessen Auferweckung nur in Joh 2, 19. 21 erwartet wird, und zwar eine Auferweckung durch Jesus selber!

[35] Joh 12, 25; vgl. S. 139.

[36] Vgl. S. 142.   [37] Vgl. Anm. 28.

auferweckt wird oder ein neues σῶμα bekommt. Jesus *muß* sterben, damit er Frucht bringt; damit er nicht allein bleibt, sondern Nachfolger, Glaubende findet. Die Wendung des Topos auf die Christologie (aber diese einschließlich der Ekklesiologie; nur daß Johannes weder von ἐκκλησία noch von σῶμα [38] redet) ist das, worin das vierte Evangelium von Paulus sich unterscheidet. Bei diesem Unterschied aber sind beide, Paulus und der vierte Evangelist, sich einig darin, daß sie den geläufigen Topos vom Samenkorn verstehen als Ausdruck für die Unumgänglichkeit des Sterbens, des Paradoxes. Reales Sterben ist notwendig: für die neue Existenz – nach Paulus; für das Fruchtbringen Jesu – nach dem vierten Evangelium. ’Εὰν μὴ ἀποθάνῃ – diese Unterstreichung ist das Christianum in der Verwertung des Topos vom Samenkorn.

III

Sterben als Durchgang zum Leben – nun allgemeiner genommen als in den eben besprochenen NTlichen Stellen –, damit stehen wir beim „Stirb und werde" in seinem eigentlichen Sinne. Goethe hat es in den Versen von dem „Lebend'gen, das nach Flammentod sich sehnt", von dem Falter, der, „des Lichts begierig", verbrennt, in die für uns gültige Form gebracht [39]; er greift damit mittelalterliche persische Traditionen auf [40]. Wir heute können auf Texte zurückgehen, die rund 1000 Jahre älter sind. Plutarch [41] überliefert einen griechischen Brauch, demzufolge ein irrtümlich als verstorben Geltender, aber de facto am Leben Gebliebener, ein ὑστερόποτμος, sich den an Säuglingen üblichen Praktiken, der Waschung, der Wicklung und der Milchnahrung, unterziehen muß, will er für sein weiteres Leben nicht Schaden leiden: ein fiktiver Lebens-Neubeginn (ὥσπερ ἐξ ἀρχῆς τικτόμενος) als Lebens-Sicherung. In dieser Zielsetzung wird die Wurzel liegen für jenes „Stirb und werde" [42], das jetzt an Hand zweier bedeutsamer Mysterien-Texte analysiert werden soll.

---

[38] ἐκκλησία fehlt im vierten Evangelium und im I. Joh; zu σῶμα vgl. oben Anm. 34.

[39] Goethe, Westöstlicher Divan, „Selige Sehnsucht" (letztes Gedicht im Buch des Sängers).

[40] Goethe, Westöstlicher Divan, erläutert von E. BEUTLER (Leipzig 1945) S. 381 bis 384: Traditionen von Saadi (gest. 1291) und Hafis (gest. 1389).

[41] Plutarch Quaest. Rom. 5 (264 EF 265 A).

[42] Vgl. A. DIETERICH, Eine Mithrasliturgie [3] (1923), S. 157–160.

Die Isisweihe, von der Apuleius [43] erzählt, bringt für den Initianden eine Art freiwilligen Tod und ein bittweise geschenktes Heil (ad instar voluntariae mortis et precariae salutis) mit sich [44]. Die nur formelhaft kurz erwähnten Dromena der eigentlichen nächtlichen Begehung [45] erläutern – so viel in ihnen auch von uns nicht zu letzter Klarheit gebracht werden kann – solchen Tod und solch Heil: Lucius betritt, ohne Schaden zu nehmen, die Unterwelt und betet dort die Unterweltgötter an, er durchfährt alle Elemente, er gelangt in die Himmelswelt mit der strahlenden Sonne und betet die Oberweltgötter an [46]. Tod und Heil werden hier vermittelt, zwar nicht durch eine Taufe (die findet vorher statt) [47] oder durch ein Mahl (das wird am nächsten und übernächsten Tage gehalten) [48], wohl aber durch eine nur für den von Isis dazu Bestimmten [49] vollzogene, im übrigen aber streng esoterisch gehütete [50] kultische Begehung, in welcher die Schau und das Affiziertwerden des Initianden durch die Sinnenstärke der Dromena eine bedeutsame Rolle spielen. Der Inhalt des Heils wird angedeutet schon durch die von Lucius ersehnte und von ihm erfahrene Rückverwandlung aus der Esels- in die Menschengestalt: als ein durch Isis Rückverwandelter ist er renatus quodam modo [51], seine menschliche Sprache ist restituiert (renata lingua) [52]. Auf dieser schon oben beobachteten [53] Linie der Lebenssicherung und -steigerung hält sich auch zunächst das durch die Weihe gewährte Heil: dem Lucius wird ein glückliches und ehrenvolles Leben verheißen (vives – beatus –, gloriosus) [54], Isis pflegt den Geweihten, den quodam modo renati – auch hier weist diese Wendung auf diesseitige Lebenssteigerung – das Leben über die festgesetzte Frist zu verlängern [55]. Denn die Unterstellung unter Isis, unter die Herrin der oberen, der unteren Welt und der Elemente [56], entnimmt den Initianden der *blinden* Fortuna und untergibt ihn der sehenden [57]. Aber diese

---

[43] Apuleius, Metamorphosen XI 1–26. Ich zitiere die Ausgabe von R. Helm (Leipzig 1913) sowohl nach den Kapiteln des XI. Buches wie auch nach der Zählung der Teubner-Seiten und -Zeilen.

[44] met 21 (283, 7 f.).

[45] Mit Recht nimmt M. Dibelius (Die Isisweihe; Botschaft und Geschichte II 1956, S. 45–55) reale Kultvorgänge als Hintergrund der Kultformeln an.

[46] met 23 (285, 14–17). [47] met 23 (284, 25–27).
[48] met 24 (286, 8–10). [49] met 21 (282, 25–283, 14).
[50] met 23 (285, 9–11. 18). [51] met 16 (278, 12).
[52] met 14 (276, 20). [53] Vgl. Anm. 41 und 42.
[54] met 6 (270, 30–271, 1). [55] met 6 (271, 7 f.); 21 (283, 11 f.).
[56] met 25 (286, 28–287, 1). [57] met 15 (277, 10–26).

Lebenssicherung und -steigerung ist nicht [58] das ganze Heil. Auch nach dem Tode, in der Unterwelt, wird Lucius die Göttin anbeten (ibi–me–adorabis) [59], wie er in den Dromena, ohne Schaden zu nehmen, das Todesreich betritt [60]. Ja, man muß die starken Emotionen, die unsägliche Wonne (inexplicabilis voluptas) [61] und die Schmerzlichkeit der Trennung vom Isisheiligtum (vix–abruptis ardentissimi desiderii retinaculis) [62] nach der Weihe, die Tränen beim Schlußgebet [63] und die Versicherung immerwährender innigster Herzensverbundenheit mit Isis [64], einer Verbundenheit, die auch mit tausend Münden und Zungen nicht adäquat aussprechbar ist [65] –, kurz, man muß die ganze beredt-ekstatische Gehobenheit der Situation nach der Weihe mitbedenken, um zu ermessen: das Heil bedeutet, neben der diesseitigen Lebensförderung, auch noch etwas, was über alle Zwecksetzungen hinausgeht und in sich selber ruht, nämlich innigste Verbindung mit der Gottheit, auch wenn hier nicht von solcher Schicksalsgemeinschaft die Rede ist, die, wie bei Osiris, das Mitgerettetwerden des Mysten mit der Gottheit einschließt [66], auch wenn man darauf verzichtet, die Vorstellung des Lucius als Sonnengott nach der Weihe vor dem Volke [67] als Vergöttlichung zu verstehen [68]. Der ganze weite Umfang der precaria salus [69] müßte aus alledem deutlich geworden sein. Aber was ist die voluntaria mors? [70] Wahrscheinlich klingt in dieser Wendung die Gefährlichkeit der Unterweltsnähe für den Initianden in den Dromena [71] an. Eins allerdings ist sicher: dieser freiwillige Tod meint nicht eine negative Stellung des Initianden zu sich selber. Obwohl die Barmherzigkeit der Isis stark hervorgehoben wird [72], gilt der Initiand als imstande, sich die Berufung zur Weihe durch die Unschuld seines bisherigen Lebens und durch seine Treue zu verdienen (vitae – praecedentis innocentia fideque meruerit) [73], er erhält die Lebensverlängerung, wenn er sich durch religiöse

---

[58] Wie es bei J. DEY (*ΠΑΛΙΓΓΕΝΕΣΙΑ* 1937 S. 97–100) doch scheint.

[59] met 6 (271, 2–5).   [60] Vgl. oben Anm. 46.   [61] met 24 (286, 12).

[62] met 24 (286, 16 f.).   [63] met 24 (286, 18 f.).   [64] met 25 (287, 10–12).

[65] met 25 (287, 6–9).

[66] θαρρεῖτε μύσται τοῦ θεοῦ σεσωσμένου· ἔσται γὰρ ἡμῖν ἐκ πόνων σωτηρία. (Firm Maternus De errore prof. rel. 22, 1).

[67] met 24 (285, 24–286, 7).

[68] Vgl. dazu M. P. NILSSON, Geschichte der griechischen Religion II (1950) S. 662.

[69] Vgl. oben Anm. 44.   [70] Vgl. oben Anm. 44.   [71] Vgl. oben Anm. 46.

[72] met 5 (270, 2 f.); met 15 (277, 6 f.); met 25 (286, 20–28).

[73] met 16 (278, 10 f.).

Observanz um Isis verdient gemacht hat (numen nostrum promerueris [74]). Die Weihe nimmt den Mysten in eine ausgesprochene Verpflichtung hinein (obsequia, religiosa ministeria [75]; imperia [76]; servitium [77]; militia, obsequium, ministerii iugum voluntarium, servire [78]; obsequium [79]; imperia sacra [80]; religionis obsequium [81]; caeleste praeceptum [82]). Diese Verpflichtung wird vor der Weihe von dem Initianden so stark als Hemmung empfunden, daß er mit der Weihe zunächst zögert [83]. Die Totalität der Verpflichtung ist unübersehbar (ei totum debere) [84]. Aber als konkreter Inhalt erscheint, sieht man von den vielen eben angeführten allgemeinen Wendungen des Verpflichtetseins [85] ab, nur befristetes kultisches Fasten [86] und eine nicht näher umschriebene strenge Sexualaskese [87]. Die Verpflichtung enthält also nur kultisch-rituelle Observanzen und eine Sexualaskese, die das Widerspiel zu der gesteigerten Gehobenheit der Isisbeziehung zu sein scheint. Der Nächste als Empfänger solch eines Isis-Gehorsams dagegen tritt nicht in den Blick. Schau, innere Gehobenheit, vielleicht bis zur Ekstase, Askese, das alles zum Zwecke der Lebenssteigerung, ja als religiöser Selbstzweck – dadurch ist das „Stirb und werde" der Isisweihe gekennzeichnet.

Ähnlich ist das „Stirb und werde" auch in jenem dem Pariser Zauberpapyrus zugehörigen bekannten Stücke [88] akzentuiert, hinter welchem DIETERICH eine Mithras-Liturgie sehen wollte. Der Initiand muß durch eine ihn hart anfechtende Bedrängnis ($\chi\varrho\varepsilon i\alpha$ [89]; $\dot{\alpha}\nu\dot{\alpha}\gamma\kappa\eta$ [90]) hindurch, um zur Schau zu gelangen; ja, offenbar kann auch die *ganze* Begehung, also einschließlich der verschiedenen Visionen, eine $\dot{\alpha}\nu\dot{\alpha}\gamma\kappa\eta$ und $\chi\varrho\varepsilon i\alpha$ heißen, wenn die während der ganzen Begehung ruhende menschliche Seelenkraft vom Initianden wieder aufgenommen werden soll $\mu\varepsilon\tau\dot{\alpha}\ \tau\dot{\eta}\nu\ \mathrm{-\ -}\ \dot{\alpha}\nu\dot{\alpha}\gamma\kappa\eta\nu$ [91], $\mu\varepsilon\tau\dot{\alpha}\ \tau\dot{\eta}\nu\ \chi\varrho\varepsilon i\alpha\nu$ [92]. Die Berechtigung, $\chi\varrho\varepsilon i\alpha$ und $\dot{\alpha}\nu\dot{\alpha}\gamma\kappa\eta$ nicht etwa [93] auf eine die Orakelerteilung erheischende Not-

---

[74] met 6 (271, 6 f.). [75] met 6 (271, 5 f.). [76] met 7 (271, 13).
[77] met 15 (277, 15). [78] met 15 (277. 26–278, 3). [79] met 16 (278, 13).
[80] met 19 (281, 6). [81] met 19 (281, 9 f.). [82] met 21 (283, 13 f.).
[83] met 19 (281, 7–13). [84] met 6 (270, 28–30). [85] Anm. 75–82. 84.
[86] met 21 (283, 16–18); met 23 (284, 30–285, 1).
[87] met 6 (271, 5–7); met 19 (281, 9–12).
[88] K. PREISENDANZ Papyri Graecae Magicae (Leipzig 1928) I Nr. 4 Z. 475–723.
[89] 503 f.   [90] 605 f.   [91] 525 f.   [92] 534 f.
[93] Wie NILSSON (aaO S. 659) erwägt.
[94] Wie A. DIETERICH (Eine Mithrasliturgie³ 1923, S. 60), DEY (aaO S. 109) und H. JONAS (Gnosis und spätantiker Geist II 1 1954 S. 53 Anm. 3 und 5) wollen.

lage, sondern [94] auf eine wie immer geartete Todesanalogie der Begehung zu beziehen, ergibt sich klar aus den Todesanalogien, welche das Themistios-Fragment [95] als die vor dem Licht und den Heilserweisungen zu durchmessenden Stationen für die Mysterien-Begehungen nennt: εἶτα πρὸ τοῦ τέλους αὐτοῦ τὰ δεινὰ πάντα, φρίκη καὶ τρόμος καὶ ἱδρὼς καὶ θάμβος (alles typisch für die Todessituation). Und wenn ἀνάγκη und χρεία, wie wir oben [96] sahen, an zwei Stellen die *ganze* Begehung bezeichnen können, so wird auch das berühmte und interpretatorisch so umstrittene Schlußgebet [97] nicht [98] einfach den Schluß der Ekstase, sondern [99] das Entwerden des Initianden auf dem Höhepunkt der Begehung beschreiben, obwohl in der für die Mysterien üblichen Reihenfolge das Entwerden dem Heil und dem Leben vorausgeht: sonst bliebe unerklärbar, wieso für den angeblichen Austritt aus der Ekstase diese pointierten Ausdrücke des Sterbens (ἀπογίγνομαι, τελευτῶ, ἀναλυθείς [100]) gewählt sind: es käme auch ein banaler Sinn heraus, wenn der Gehorsam gegen den Stifter der Begehung (ὡς σὺ ἔκτισας, ὡς σὺ ἐνομοθέτησας καὶ ἐποίησας μυστήριον [101]) nur für den Abtritt aus der Begehung und nicht für den Höhepunkt, das Entwerden des Initianden, vermerkt würde. Solchem Sterben korrespondiert das Heil als Leben [102]: das Leben geschieht im Aufstieg (συνανιέναι [103], ἀναβαίνειν [104]) in die Himmelswelt, dabei kommt der Wechsel der Geburt (μεταγεν[ν]ηθῆναι) [105] zustande, der Initiand wird ein Wiedergeborener (παλιγγενόμενος) [106], er empfängt die unsterbliche Geburt (ἀθάνατος γένεσις [107], vielleicht auch γένεσις ζωογόνος [108]) und die Unsterblichkeit (ἀπαθανισθῆναι [109], ἀθανασία [110]). Daß solch Sterben und solche Unsterblich-

---

[95] Plutarch Fragm VI ἐκ τοῦ περὶ ψυχῆς II. Zur Herkunft dieses Stückes von Themistios vgl. die Hinweise bei NILSSON, aaO S. 652 Anm. 3. Leider ist es mir nicht möglich, nach einer Stobäus-Ausgabe zu zitieren. Dies Fragment wird zitiert auch von DIETERICH (aaO S. 163 f.), DEY (aaO S. 93) und JONAS (aaO S. 53 Anm. 5).
[96] Anm. 91 und 92.   [97] 718–723.
[98] Wie DEY (aaO S. 105 f.) und NILSSON (aaO S. 659) wollen.
[99] Wie DIETERICH (aaO S. 166) und JONAS (aaO S. 54 f.) meinen.
[100] 719–721.   [101] 722 f.
[102] Die Korrespondenz wird deutlich aus dem Nebeneinander von ἀθάνατος γένεσις und χρεία (501, 503 f.), von συνανιέναι und χρεία (530. 534 f.), von ἀνάγκη und θέαμα samt ἀναβαίνειν (605 f. 626–628).
[103] 530.   [104] 628.   [105] 508 f. 647.   [106] 718 f.   [107] 501.
[108] 720; der Terminus könnte aber auch, statt auf das Entwerfen in der Unsterblichkeits-Verleihung (vgl. Anm. 99), auf die irdische Geburt abheben (vgl. JONAS, aaO S. 54 Anm. 3).
[109] 647 f.   [110] 477.

keitsverleihung als zustande kommend gedacht ist durch eine Fülle theurgischer Praktiken [111] und in einer Reihe von Visionen [112] (der πολεύοντες θεοί, des Aion, des Helios, der sieben Τύχαι und der sieben Polherrscher, zuletzt des Mithras) gipfelt, ergibt sich aus dem Texte zweifelsfrei.

Nicht eindeutig dagegen ist die Frage zu beantworten, ob die Praktiken und Visionen auf tatsächliche Kultvorgänge abheben [113] oder nur einen sublimierten inneren Vorgang beschreiben [114]. Jedenfalls ist an dem Erleben die menschliche Seelenkraft nicht beteiligt, sondern ausgeschaltet [115]. Auch wenn sich die DIETERICHsche These, welche in dem Text eine um Zauberformeln vermehrte Mithras-Liturgie sieht, in ihrer konsequenten Form nicht halten läßt [116], der Blick auf das, was durch solch Sterben und durch solche, die Unsterblichkeit verleihende Schau an Effekt für den Initianden erreicht wird, zeigt deutlich: der Effekt geht bei weitem über das diesseitig Zauberische hinaus. Zwar findet sich die uns schon bekannte [117] Linie der diesseitigen Lebensförderung auch hier. Der Initiand erbittet Bewahrung (φύλαξόν με) [118] in den Schrecknissen der Begehung, die Weltachsenwächter verleihen ὑγιεία, σώματος ὁλοκληρία, ἀκοῆς τε καὶ ὁράσεως εὐτονία, ἀταραξία [119], der epiphane Mithras wird um ein Orakel in einer konkreten Angelegenheit angegangen (χρημάτισον, κύριε, περὶ τοῦ δεῖνα πράγματος) [120], der ἀπαθανισμός soll dreimal im Jahr wiederholt werden [121]; eine literarische

---

[111] ἕλκειν πνεῦμα (537 f. 628 f.), ἀποδιδόναι τὸ πνεῦμα (658 f.), βασανίζειν τὴν λαγόνα (659), βασανίζειν τὴν γαστέρα (705), ἐπιτιθέναι δεξιὸν δάκτυλον ἐπὶ τὸ στόμα (557 f.), συρίζειν (561, 578), ποππύζειν (561 f., 579), μυκᾶσθαι (659. 707. 712), die σιγή-Formel (558 f. 573. 582. 623), die voces mysticae (sehr viele, passim, ich zähle im Text 49 zusammenhängende Stellen), καμμύειν τοὺς ὀφθαλμούς (586 f.), ἀτενίζειν (629. 657. 693) und καταφιλεῖν τὰ φυλακτήρια (659 f. 707 f.). Die Frage, welche dieser Praktiken bei der Bearbeitung einer früheren Textgestalt für die Verwendung im Zauber hinzugefügt wurden, darf, was das einzelne anlangt, hier unentschieden bleiben; daß aber auch eine ältere Textgestalt solche Praktiken bereits enthalten hat, scheint mir allerdings sicher.

[112] ἐποπτεύειν (504), κατοπτεύειν (516), θεᾶσθαι (512), θέαμα (626) und 15mal ὁρᾶν.

[113] Wie DIETERICH es meint.

[114] Das erwägt, neben sakramentalen Dromena, JONAS (aaO S. 54).

[115] 523–525. 528–530; vgl. oben Anm. 91 und 92.

[116] Vgl. NILSSON (aaO S. 658 Anm. 2).

[117] Vgl. oben Anm. 41 und 42, 54–57.

[118] 560. 661.   [119] 684–687.   [120] 717 f.

[121] DIETERICH, aaO S. 17 Zeile 4 f. (der Text von PREISENDANZ steht mir nur bis PREISENDANZ S. 96 zur Verfügung).

Abschiebung mindestens der ersten beiden der genannten vier Punkte auf die literarische Bearbeitung einer früheren Textform zu zauberischen Zwecken dürfte nicht möglich sein [122]. Neben dieser Linie der diesseitigen Lebensförderung aber stehen Aussagen, in welchen alle immanenten Zwecke vergessen scheinen, weil der Initiand in der Ekstase der Schau selbstvergessen aufgeht [123]: bei der Aion-Vision wird der Geist des Initianden von der Lust und Freude (ἀπὸ τῆς τοῦ θεάματος ἡδονῆς καὶ τῆς χαρᾶς) des Anblicks mitgerissen und steigt empor[124]; sinnliche Überschwenglichkeit ist es, welche die vielen Anreden an den Aion als an den Licht- und Feuer-Gott prägt [125]; „bleibe du – verlaß mich nicht", so fleht der Initiand den epiphanen Mithras an [126]; die Begehung oder die Ekstase endet mit der Entwerdung: „wiedergeboren verscheide ich, indem ich erhöht werde, und da ich erhöht bin, sterbe ich; durch die Geburt, die das Leben zeugt, geboren, werde ich in den Tod erlöst und gehe den Weg – –". [127] Das Heil ist viel mehr als bloß diesseitige Lebensförderung. Aber was ist es? Es hat eindeutig nichts damit zu tun, daß der Initiand in dem Sakrament oder in der Ekstase etwa lernte, sich selber zu verurteilen. Zwar steht der ganze Heilsweg unter dem Erbarmen (ἴλαθι) [128] und dem befehlenden Ermessen (κελεύειν [129], δοκεῖν [130], δόγμα [131], δόκησις [132]) der Gottheit. Aber das hindert den Initianden nicht, sich selber als εὐσεβής und θεοσεβής zu wissen [133]. Wenn er nur seine zum Aufstieg unfähige vergängliche Menschennatur dahintengelassen hat [134], so ist er, wesensgleich mit den kosmischen Elementen [135], zum Aufstieg geschickt: das Göttliche in ihm empfängt den ἀπαθανισμός, so wie in dem oben erwähnten [136]

---

[122] Vgl. S. 150, Anm. 111 Ende.

[123] Diese Zwecklosigkeit der Schau kommt m. E. nicht genügend zu Geltung in den Darstellungen von DEY (aaO S. 104–109) und NILSSON (aaO S. 658 f.).

[124] 626–628.

[125] 587–603; vgl. DIETERICH (aaO S. 65–67) und JONAS (aaO S. 56 Anm. 3).

[126] 709 f. Ich lasse die hinsichtlich der Buchstaben-Abteilung und daher hinsichtlich der Beziehung unsicheren Worte νέμε ἐν τῇ ψυχῇ μου weg und gebe nur die textlich eindeutigen Worte wieder: μένε σύ – μή με καταλείψῃς.

[127] 718–722; die Übersetzung nach DIETERICH (aaO S. 15). Zur Frage des Schlußgebetes s. oben S. 149, Anm. 97–99; 100 und 101; zur γένεσις ζωογόνος vgl. oben S. 149, Anm. 108.

[128] 475.   [129] 482 f.   [130] 499. 642.   [131] 527.   [132] 648.

[133] 683 f.; das sprachlich nicht sicher deutbare ἀξιῶ (477; vgl. DIETRICH, aaO S. 49–51) bringe ich nicht in Anschlag.

[134] Vgl. oben Anm. 125.   [135] 486–494.   [136] Anm. 95.

Themistios-Fragment der Tod der Aufstieg und die Veränderung hinein in das All ist (τὸ ἄνω φερόμενον καὶ θέον [137]; – – τὴν εἰς τὸ ὅλον μεταβολὴν καὶ κατακόσμησιν [138]), weil der Leib als die Fessel [139], die Seele als das immer neu Lebendige gilt [140]. Diese Deutung unseres Textes auf die Ekstase als den Höhepunkt bestätigt sich schließlich auch darin, daß hier, anders als in der Isisweihe [141], jeder Existenzbezug und jegliche Verpflichtung entfällt: ein Zusammenhang des Entwerdenden mit seiner menschlichen Natur, die er für die Dauer der Schau dahintengelassen hat und nachher natürlich wieder an sich nehmen wird, ist nirgends gesehen oder auch nur angedeutet. Schau, Ekstase und Verlust der konkreten Existenz mit ihrer Verpflichtung –, das macht den Inhalt des „Stirb und werde" im ἀπαθανισμός des Pariser Zauberpapyrus aus.

Eine Reihe paulinischer und deuteropaulinischer Texte [142] sprechen das „Stirb und werde" im NT aus. Die Herkunft dieses Topos aus dem Kreise der soeben analysierten Mysterienvorstellungen wird deutlich, wenn man sich vor Augen stellt, wie stark die Ähnlichkeit ist. Der Christ ist gestorben und tot (Röm 6, 4. 8; 7, 4; Kol 2, 20; 3, 3; II. Tim 2, 11); der Christ ist zum Leben gelangt (Röm 6, 11; Kol 3, 1) bzw. er soll und wird leben (Röm 6, 4 f.; Kol 3, 4; II. Tim 2, 11). Solch Sterben und Leben geschieht zwar in der Taufe, also nicht in schaugesättigten Vorgängen wie bei den Dromena der Isisweihe und bei dem Aufstieg zur Mithras-Ekstase; aber immerhin ebenfalls vermittels einer kultischen, sakramentalen Begehung. Auch die Gemeinschaft mit der Kultgottheit und ihrem Wege wird, wie in den Mysterien [143], durch solche Begehung vermittelt: συνετάφημεν - αὐτῷ (Röm 6, 4) ὥσπερ Χριστός - - - καὶ ἡμεῖς (Röm 6, 4), σύμφυτοι τῷ ὁμοιώματι τοῦ θανάτου αὐτοῦ, - - καὶ τῆς τῆς ἀναστάσεως [144] (Röm 6, 5), συνεσταυρώθη

---

[137] Plutarch Fragm VI ἐκ τοῦ περὶ ψυχῆς II 2.
[138] Plutarch, aaO II 5.   [139] Plutarch, aaO II 4.
[140] Plutarch, aaO II 2.   [141] Vgl. oben S. 147 f.
[142] Das vierte Evangelium und der erste Johannesbrief sprechen wohl von Wiedergeburt (vor allem Joh 3, 1 ff.) und Gotteszeugung (vor allem I. Joh 3, 9 f.), aber dem korrespondiert kein Sterben. Der θάνατος charakterisiert im wesentlichen die menschliche Existenz außerhalb der Offenbarung (Joh 5, 24; 8, 51).
[143] S. 147, Anm. 64; S. 151, Anm. 126; besonders S. 147, Anm. 66.
[144] ὁμοίωμα τοῦ θανάτου – καὶ τῆς ἀναστάσεως ist in Röm 6, 5 mit σύμφυτοι zu verbinden und unterstreicht hier nach üblicher und wahrscheinlich richtiger Exegese nicht die Analogie, sondern die Gleichheit des sakramentalen Todes beim Initianden und des Todes Christi. Wenn aber die ausdrückliche Direktheit einer

(Röm 6, 6), συζήσομεν (Röm 6, 8), ἀπεθάνετε σὺν Χριστῷ (Kol 2, 20), συνηγέρθητε τῷ Χριστῷ (Kol 3, 1), σὺν τῷ Χριστῷ (Kol 2, 3), ὁ Χριστὸς καὶ ὑμεῖς (Kol 3, 4), συναπεθάνομεν, συζήσομεν (II. Tim 2, 11). Der Effekt solchen Sterbens und Lebens ist bei der Taufe zwar keine diesseitige Lebenssteigerung (beim Herrenmahl freilich klingt auch das deutlich an [145]). Aber in der Herleitung wahren Lebens und Heils aus solcher sakramentalen Begehung sind unsere NTlichen Texte sich mit den Mysterientexten [146] offenbar einig, mag solch wahres Leben mehr jetzt schon in der Gegenwart (Röm 6, 11; Kol 3, 1), mag es mehr in der Zukunft (Kol 3, 4; II. Tim 2, 11) liegen, wobei freilich die Auferstehungs-Erwartung (Röm 6, 5) und die Gegenwart der Auferstehung (Röm 6, 4; Kol 3, 1) die speziell jüdisch-christliche Form ist, in welcher das Leben als Heil erwartet oder besessen wird. Auch die Verpflichtung, also das Verständnis solch einer engen Verbindung mit der Gottheit als Dienst, hat bis in die militanten Ausdrücke hinein bei Paulus (besonders Röm 6, 12–23; auch schon 6, 4 c) ihre Analogien speziell im Isiskult [147]. Es ist typisch, daß sich all diese der Forschung ja seit langem bekannten [148] und daher hier nur einer kurzen Erwähnung bedürftigen Berührungen erst in *hellenistisch*-christlichen Texten finden: das sakramentale „Stirb und werde" auch des NT hat seinen Ursprung im orientalischen Hellenismus.

Erst von dieser Einsicht aus vermag recht ins Licht zu treten, welche Wendung jenes hellenistisch-orientalische „Stirb und werde" speziell im NT erhalten hat. Daß das Heilsgut des Lebens nun öfter [149] als Auferstehung gefaßt ist, mag als jüdische Ausdrucksform gelten und nicht als besonderes Christianum bewertet werden. Dagegen ist es doch schon bedeutsam, daß die Begehung der Taufe, an welcher das „Stirb und werde" hängt, nie das eigene eigentliche Thema bildet, daß also

---

Formulierung wie etwa σύμφυτοι - τῷ θανάτῳ αὐτοῦ vermieden wird, so erinnert diese Vermeidung der Direktheit doch an das ὥσπερ bei Plutarch (S. 145, Anm. 41), an das ad instar und an das quodam modo bei Apuleius (S. 146, Anm. 44, 51 und 55).

[145] 1. Kor 11, 27–32; vgl. H. BRAUN, Exegetische Randglossen in Theologia viatorum 1948/49 S. 42–45; in diesem Band S. 195–198.

[146] S. 147, Anm. 59–66; S. 149, Anm. 105–110; S. 151, Anm. 124–126; S. 151, Anm. 127.

[147] S. 148f., Anm. 75–84; vgl. R. REITZENSTEIN, Die hell. Mysterienreligionen 1927, S. 192–215.

[148] S. etwa H. LIETZMANN, An die Römer⁴ 1933, S. 67 f.

[149] S. den vorigen Abschnitt.

gar nicht das arcanum als solches den jeweiligen neutestamentlichen Text interessiert, wie das doch bei der Isisweihe und beim Aufstieg in die Himmelswelt im Pariser Zauberpapyrus der Fall ist. Man vergleiche die starken Ausdrücke der Emotion[150] und die Unterstreichung der Schau[151] in den Mysterientexten mit dem Fehlen der Vokabulatur des Sehens, mit der Unakzentuiertheit des Taufaktes als solchen, mit der fehlenden Emotionalität ihm gegenüber in unsern neutestamentlichen Abschnitten! Keinerlei Beschreibungen oder gar, wie im Pariser Zauberpapyrus[152], theurgische Vorschriften, welche die Begehung selber beträfen. Gerade wenn man von den hellenistisch-orientalischen Texten herkommt, muß einem auffallen: die neutestamentlichen Stellen gehen von dem kurzen Verweis auf die Begehung selber als von dem, was vieler Worte nicht bedarf, immer gleich über zu einer wortreichen und ausgesponnenen Explikation dessen, was sich für die Angeredeten aus der Begehung ergibt. Das „Stirb und werde" der Taufe interessiert im NT ausschließlich unter dem Gesichtspunkt der Konsequenzen, welche für die Getauften aus der Taufe folgen: sie sollen sich der Sünde gegenüber für tot erachten und in Neuheit des Lebens wandeln (Röm 6, 4–11), sie sollen sich dem jüdischen Heilsweg, der Tora, gegenüber als tot und als einen Besitz Christi ansehen und für Gott Frucht bringen (Röm 7, 4), sie sollen den Dienst an den Elementarmächten und die mit ihm zusammenhängenden Speiseobservanzen nicht für heilsnotwendig erachten (Kol 2, 20), sie sollen, als Gestorbene und Erweckte, die Laster nicht tun und rechten Wandel üben (Kol 3, 1–4. 5ff.). In all dem liegt der Akzent nicht auf dem „Stirb und werde" als solchem, sondern auf der Konsequenz, die aus dem „Stirb und werde" zu ziehen ist. Der Inhalt dieser Konsequenzen aber – das braucht gar nicht im einzelnen bewiesen zu werden, so deutlich ist es – entwächst nicht etwa den mit dem „Stirb und werde" verbundenen religionsgeschichtlichen, hellenistisch-orientalischen Voraussetzungen. Die Freiheit vom νόμος als Heilsweg (Röm 7, 4) gehört der im Gegensatz zum Judentum von Paulus formulierten Rechtfertigungslehre an. Das Entsterben gegenüber den στοιχεῖα (Kol 2, 20) unterscheidet sich von der Befreiung, welche der Isismyste gegenüber der blinden Fortuna erfährt[153], dadurch, daß die Speise-Observanz und eine mit der στοιχεῖα-Vereh-

---

[150] S. 147, Anm. 61–65; S. 151, Anm. 124–127.
[151] S. 150, Anm. 112 und z. T. Anm. 111.
[152] S. 150, Anm. 111.   [153] S. 146, Anm. 57.

rung gegebene Asketik nun, anders als bei Apuleius[154], gerade dahinfällt. In Röm 6 will Paulus klarmachen, daß der Getaufte aufs stärkste in Pflicht genommen ist; insofern hat dies Nebeneinander von Begehung und Verpflichtung seine Analogie in der Isisweihe[155]. Aber Paulus geht weiter als Apuleius. Bei Paulus ist dies Verpflichtetsein offenbar polemisch gewendet gegen eine Auffassung, welche im neuen Leben eine naturhafte Gegebenheit sieht, ohne zu verstehen, daß die καινότης ζωῆς nur dann richtig als Gabe verstanden ist, wenn sie zugleich als Aufgabe für das περιπατεῖν erfaßt wird (Röm 6, 4). Daher korrespondiert dem συνετάφημεν kein συνηγέρθημεν, sondern das περιπατήσωμεν. Die hier zutage tretende Polemik richtet sich natürlich gegen eine hellenistisch-christliche Position: aber diese Einstellung, welche durch die Neigung charakterisiert wäre, das sakramentale „Stirb und werde" als Naturphänomen zu fassen, entspräche dann jener Haltung, welche uns besonders in dem Pariser Zauberpapyrus begegnet war[156]. In Kol 3, 1 ff. wäre dann diese paulinische Polemik zurückgetreten (hier unbedenklich συνηγέρθητε), aber gleichwohl der paulinische Einbau der Paränese in das sakramentale Geschehen weiter übernommen. Jetzt können wir auch ermessen, was dem Paulus an der hellenistisch-orientalischen Tradition übernehmbar und verwendungsfähig erscheinen mußte. Das sakramentale Faktum lag für ihn offenbar auf der gleichen Linie wie das Ereignis des bedingungslosen Jas Gottes zum Sünder in seiner Rechtfertigungslehre: insofern konnte er es annehmen. Weil sich für Paulus aus diesem Ja Gottes zum Sünder, aus dem Wunder der Geistverleihung im gleichen Atemzug die Verpflichtung zum Geistwandel ergibt[157], darum mußte er gegen all *die* Seiten jenes mit dem „Stirb und werde" verbundenen religionsgeschichtlichen Erbes polemisieren, welche das Geschehnis der Begehung mit seiner Emotionalität besonders akzentuieren und, gegen den naturhaften Charakter der Begehung unkritisch, die Verpflichtung bloß danebenstellen (wie die Isisweihe)[158] oder gar fortlassen (wie der Pariser Zauberpapyrus)[159]. Darum also übernimmt Paulus das „Stirb und werde"; darum aber liegt ihm nichts an einem sinnenstarken Erleben während der Begehung, sondern alles an den Konsequenzen der Begehung. So versteht man auch, daß all das bei ihm weggebro-

---

[154] S. 148, Anm. 86.   [155] S. 148, Anm. 75–84.   [156] S. oben S. 151 f.
[157] Als ein Beispiel für viele Gal 5, 25.
[158] S. oben S. 147 f.   [159] S. oben S. 152.

chen ist, was in den hellenistisch-orientalischen Texten der Mensch
an Voraussetzungen leistet [160] oder an Voraussetzungen in Gestalt seiner kosmischen Beschaffenheit mitbringt [161]. Bei Paulus ist an die Stelle
der Würdigkeit und Geeignetheit des Initianden die bekannte Konzeption der Rechtfertigungslehre getreten: der in das sakramentale
„Stirb und werde" Hineingezogene ist nicht durch das Affiziertwerden bei einem sinnenkräftigen Dromenon ausgezeichnet, sondern dadurch, daß er nun gehalten ist, das „Umsonst" des Jas Gottes anzunehmen und von da aus zu leben (Röm 6, 11; 7, 4). Und das Leben,
der Wandel, also der Inhalt der Paränese, kreist nicht um ein religiös zu
kultivierendes Ich, gemäß der Tatsache, daß der Erlebnischarakter
während der Begehung unakzentuiert ist. Also nicht nur kein Verzicht
auf die Paränese, nicht nur keine Leib-Indifferenz wie im Pariser Zauberpapyrus [162], sondern auch keine Ausrichtung der Paränese auf Speise-
Observanzen und keine Beschränkung der Paränese auf Sexualaskese
(obwohl Paulus diese kennt) wie in der Isisweihe [163]. Ja nun – ganz
anders als im Bereich des hellenistisch-orientalischen „Stirb und
werde" – ein Hineinnehmen der ganz konkreten Verpflichtungen gegenüber dem Nächsten [164] in *die* Konsequenzen, welche für Paulus sich
aus dem „Stirb und werde" ergeben.

Für die Richtigkeit der eben vorgetragenen Paulus-Interpretation
gibt es eine überraschende Bestätigung: Paulus kann das „Stirb und
werde" auch völlig ohne Bezug auf die sakramentale Begehung der
Taufe verwenden. Er kann es auch einfach direkt mit der Rechtfertigungslehre verbinden. In Gal 2, 19 f. ist das Sterben der Verzicht auf den
νόμος als Heilsweg [165]: das Leben ist das Leben Christi in dem Menschen,
der auf das Gesetz als Heilsweg verzichtet. Das naheliegende Mißverständnis aber, als gehe es um ein mystisches Einungserlebnis, wird sofort ausgeschlossen durch die von Paulus angefügte Korrektur: Christus
in mir, das heißt nicht Leib-Indifferenz, sondern Leben in der Gegenständlichkeit, also in jener Distanz, welche durch Zuspruch und Verpflichtung charakterisiert ist: Leben im Glauben. Wieder also ist das
„Stirb und werde" hineingezogen in die Konkretion des Wandels.

---

[160] S. oben S. 147 f., Anm. 73 und 74; S. 151, Anm. 133.
[161] S. 151 f., Anm. 134–140.   [162] Vgl. oben S. 151 f.
[163] S. oben S. 148, Anm. 86 und 87.
[164] Das auch nur andeutend zu entfalten, würde hier viel zu weit führen.
[165] Ich lasse die schwierige und ja verschieden beantwortbare Frage nach dem
Verständnis des διὰ νόμου Gal 2, 19 hier aus dem Spiel.

Solche Konkretion des Wandels kann Paulus gelegentlich noch mehr zuspitzen. In I. Kor 15, 31, II. Kor 4, 10 f., II. Kor 6, 9 und Phil 3, 10 geschieht das Sterben als Sterben mit Christus weder im Sakrament noch im Verzicht auf den νόμος als Heilsweg oder auf Betätigung der Laster, sondern im Martyriumsleiden. Die Konkretion ist also ganz weit vorangetrieben. Von den im ersten Abschnitt (I) bedachten Stellen sind die Aussagen dadurch unterschieden, daß nicht das Sterben um Christi willen betont, sondern die Identität des Martyriumsleidens mit dem Leiden Christi (II. Kor 4, 10; Phil 3, 10) hier herausgestellt ist. Aber eine Identität, die nicht durch Versenkung, sondern im realen Vollzug des leidenden Gehorsams gewonnen wird. Das Leben aber liegt im zeitlichen Voraus der Totenauferstehung (Phil 3, 11). Ja, es geschieht jetzt als Kraft seiner Auferstehung (Phil 3, 10); aber als eine Kraft, welche sich nicht in Erhebungen und Emotionen *neben* der Existenz, sondern paradoxerweise *im* Leiden (II. Kor 6, 9) kundtut und darum als konkretes Gehaltenwerden *im* Leiden immer wieder erwartet werden will (II. Kor 4, 11). Die Verbindung dieses „Stirb und werde" im Martyrium mit der Taufe erfolgt erst sehr viel später: II. Tim 2, 11 ist Rückgriff auf die Taufe (συναπεθάνομεν), an den sich dann im folgenden Kontext die Martyriumsparänese anschließt. Die große gemeinsame Linie in all diesen paulinischen und deuteropaulinischen Aussagen aber ist unübersehbar: das „Stirb und werde" ist aus dem Zusammenhang seiner heimischen Frömmigkeit, der zufolge das Göttliche im Menschen sich kultisch oder mystisch mit der Gottheit eint, herausgelöst und verbunden mit dem in Jesus geschehenden Ja Gottes zum Sünder sowie mit der Verpflichtung zu einem Wandel, welcher konkret den Nächsten im Blick hat, ja welcher in seinem Bedrängtsein das Sterben und Leben Jesu vollzieht.

Daß das eigentliche Christianum in der so gewendeten Interpretation liegt, welche dem „Stirb und werde" in neutestamentlichen Texten zuteil wird, mag abschließend deutlich werden durch einen Blick auf außerchristliche Interpretationen antiker Dromena. Plutarch[166] versichert, der wahre Isisverehrer begnüge sich nicht mit äußerlicher Übernahme der Riten, er erforsche das traditionell Übernommene mit der Vernunft und gehe denkend zurück auf die in den Bräuchen enthaltene Wahrheit (λόγῳ ζητῶν καὶ φιλοσοφῶν περὶ τῆς ἐν αὐτοῖς ἀληθείας). Wenn die Isis-Mysterien, deren Osiris-Mythus ja auch ein „Stirb und

---

[166] Plutarch De Iside et Osiride 3 (352 C).

werde" enthält, für den Philosophierenden auf die allgemeine Wahrheit hinauslaufen, so kann diese allgemeine Wahrheit je nach der Einstellung des Interpreten sehr verschieden gewendet sein. Dion Chrysostomus [167] z. B. liest aus den Mysterien, allerdings speziell aus dem θρονισμός und ohne Nennung des „Stirb und werde", das große allgemeine Mysterium, in welches das gesamte Menschengeschlecht eingeweiht ist, die stoische Lehre von der Lenkung des Alls durch einen weisen Leiter, heraus. Der Anwendung des „Stirb und werde" im NT auf paradoxale Widerfahrnisse des von der Botschaft Betroffenen steht hier eine rationale Erklärung gegenüber, welche allgemein menschliche Wahrheiten in der alten Kultvorstellung findet.

---

[167] Dion Chrysostomus Or XII 33–34.

Die Indifferenz gegenüber der Welt bei Paulus und bei Epiktet

I

Paulus und Epiktet mahnen zur Indifferenz gegenüber der Welt. Der paulinische Ausdruck für diese Mahnung ist das bekannte ὡς μή in I. Kor 7, 29–31. Epiktets Texte sind voll solcher Mahnung. Wir legen hier zugrunde die Weisung aus Diss. III 24, sich nicht zu engagieren in den Dingen, die nicht in unserer Macht stehen (μὴ δεῖν προσπάσχειν τοῖς οὐκ ἐφ᾽ ἡμῖν); also diejenigen Dinge, die uns fremd sind, im Blick auf die wir gehindert werden, die uns weggenommen werden, betr. deren wir gezwungen werden können, nicht als unsere eigenen anzusehen [1].

Die Termini, mittels derer Paulus wie Epiktet zur Indifferenz rufen, sind verschieden. Die Gleichheit der Grundhaltung auf beiden Seiten aber springt doch lebhaft in die Augen, sowie man sich von den Texten sagen läßt, auf welchem Gebiet denn nun die Indifferenz geboten ist.

a) Paulus kommt [2] auf das ὡς μή in einem größeren Zusammenhang, in welchem er Fragen der Ehe erörtert. Nach dem Ratschlag, eine bestehende Ehe oder ein geistliches Verlöbnis mit einer παρθένος nicht zu lösen, aber auch nicht einen etwa vorhandenen Stand der Ehelosigkeit zu verlassen und in eine Ehe oder in ein geistliches Verlöbnis einzutreten, wird das Vorzeichen genannt, unter welchem die verheirateten Männer ihre Lage ansehen sollen: so, als hätten sie keine Ehefrauen; sie sollen nicht ihr Herz an die Frau hängen [3]. Und dies ὡς μή wird dann ausgeweitet: weinen, als weine man nicht; sich freuen, als freute man sich nicht; kaufen, als hätte man das Gekaufte nicht fest in der Hand; schließlich ganz generalisierend: die Welt gebrauchen, ohne sie voll auszunutzen, also ohne festen Zugriff nach ihr; sie vielmehr

---
[1] Epiktet Diss. III 24, 37; weiterhin notiere ich nur noch die §§ aus III 24.
[2] I. Kor 7, 29–31.
[3] Paulus rät hier (gegen A. Bonhöffer Epiktet und das Neue Testament 1911 S. 173) nicht zum Verzicht auf den ehelichen Verkehr; vgl. I. Kor 7, 4 f.

leicht, nur im Als-ob handhaben. Die hier gebotene Indifferenz hat also zu gelten gegenüber der Ehefrau, dem Weinen und Lachen (beides bezogen natürlich auf weltliche Objekte, wie der Kontext zeigt), gegenüber dem Besitz, kurz gegenüber der Welt als der gottgetrennten Ansammlung von Menschen und Dingen.

b) Epiktet warnt an vielen Orten seiner Schriften vor dem Engagement an der falschen Stelle, vor dem Engagement gegenüber den Dingen, die der Mensch nicht in der Hand hat. In Diss. III 24 malt er breit die Gebiete aus, auf denen das προσπάσχειν nicht statthaben darf. Denn es bringt den Menschen ins Unglück, wozu er nicht bestimmt ist. Man soll sich nicht berühren lassen von dem naturwidrigen Verhalten eines anderen[4], von der Trauer eines anderen[5]. Die Trennung von geliebten Menschen, ihr Schicksal und ihr Tod darf einen nicht erschüttern[6]. Den Aufenthalt an einem vertrauten und beliebten Ort, das Zusammensein mit bestimmten Menschen darf man nicht als für immerdar verfügbar ansehen[7]. χαίρειν über vermeintlich immer währende Verhältnisse ist ebenso unangebracht wie κλαίειν über eingetretene Veränderungen[8]. Herakles und Odysseus sind Vorbilder dafür, daß man bei Trennung von den Angehörigen nicht seufzen, Sehnsucht haben und weinen darf[9]. Wie ein höherer Beamter soll man sich ständig reisebereit und beweglich halten[10]. Beim Antichambrieren vor Großen und Einflußreichen, soweit es im Blick auf zu unterstützende Mitmenschen überhaupt sittliche Pflicht ist, darf man sich nicht kriecherisch und schmeichlerisch engagieren, auch wenn der Erfolg der Petition dadurch in Frage gestellt wird[11]. Die zärtliche Liebe zu den Angehörigen muß der Gottheit untertan bleiben[12]. Man muß wissen, Freunde und Verwandte sind sterblich und können räumlich von einem getrennt werden[13]. Darum gilt es, bei aller Zärtlichkeit Zurückhaltung zu üben im Wissen darum, daß Besitz, liebe Menschen, mein Ruf, mein Aufenthaltsort, mein Verkehr für mich nicht verfügbare Dinge sind[14], und so muß man zum Aufenthalt an jedem beliebigen Orte bereit sein[15]. Man hat auf dem Posten, an dem Orte zu bleiben, auf den man gestellt ist, sei es ein hoher oder niedriger Posten, ein erwünschter oder widriger Ort[16]. Kurz, man hat seine Kinder für sterblich anzusehen, und man soll von sich selber wissen, man kann sterben, verreisen, ausge-

---

[4] § 1. [5] § 23. [6] § 4–8; 27–30.
[7] § 4–8; 12–21; 56; 57; 66; 72–77; 82. [8] § 5; 8.
[9] § 14; 18–20. [10] § 36. [11] § 44–53. [12] § 65.
[13] § 60. [14] § 67; 68. [15] § 66; 72–77; 82. [16] § 95–102.

wiesen, in den Kerker geworfen werden[17]. Wo lebe ich? mit wem zusammen? was redet man über mich?[18] – diese Fragen brauchen einen nicht zu bekümmern.

Epiktet geht hier nicht wie Paulus von der Ehesituation aus. An anderer Stelle behandelt er sie breit und kann dann für den Kyniker wie Paulus für die Christen insgemein von der Ehe abraten[19], weil die Ehe mit ihren Verpflichtungen den Kyniker nicht ἀπερίσπαστος[20] (vgl. I. Kor 7, 35) bleiben läßt, ihn vielmehr seinem eigentlichen Dienst entfremdet[21]. Hier dagegen, in Diss. III 24, hebt Epiktet die Notwendigkeit der Indifferenz gegenüber Angehörigen und Freunden im allgemeinen hervor, stellt das Unangebrachte von χαίρειν und κλαίειν im Blick auf Zusammenleben und Trennung, auf vertraute und ungewohnte Orte heraus. Die κτῆσις wird als unwesentlich apostrophiert. Und schließlich hat auch Epiktet wie Paulus seine Ausweitung ins Allgemeine, wenn er summarisch gegenüber den ἀλλότρια, den οὐκ ἐφ' ἡμῖν die Indifferenz gebietet. Die Bereiche, auf denen das ὡς μή, das μὴ προσπάσχειν zu gelten hat, sind bei Paulus und Epiktet weithin die gleichen.

II

In welchem Koordinatensystem der Gesamtkonzeption steht diese gebotene Indifferenz gegenüber der Welt, gegenüber den uns nicht eigenen Dingen je bei Paulus und Epiktet? Warum gilt die Indifferenz als richtig, welches ist der Weg, auf dem man sie erreicht, und zu welchem Ziele führt ihre Erreichung?

a) Warum die Indifferenz der Welt gegenüber geboten ist, sagt Paulus hier sehr deutlich. Der gleiche Grund, der das Neueingehen einer Ehe unratsam macht, fordert gebieterisch die Einhaltung des ὡς μή für den Verheirateten: die Gestalt dieser Welt vergeht[22]. Dem Ende der Welt, der damit verbundenen Parusie Jesu geht die Notzeit auf Erden voraus[23]. In ihr leben die Christen bereits jetzt. So gilt: die Zeit ist begrenzt[24]. Wie kann man sich da noch im Ernste auf ihre Inhalte einlassen? Man darf die Zeit nicht mehr als wie bisher weiterlaufend nehmen, sonst lebte man anachronistisch; also: ὡς μή.

---

[17] § 105.   [18] § 114.
[19] Diese Analogie sieht A. BONHÖFFER (aaO) S. 35; 322.
[20] Diss. III 22, 69.   [21] Diss. III 22, 67–76.
[22] I. Kor 7, 31.   [23] I. Kor 7, 26.   [24] I. Kor 7, 26; 29.

Der Weg zur Befolgung dieser gebotenen Indifferenz gegenüber der Welt ist natürlich zunächst einmal die Überzeugung, daß die Welt wirklich demnächst zu Ende gehe. Aber zu dieser apokalyptischen Grundeinstellung kommt nun noch der Ansatz hinzu, dem jeder paulinische Imperativ entwächst: der Indikativ des Christusgeschehens, d. h. des In-der-Gnadestehens, des Glaubens an die Rechtfertigung des Sünders, kurz der Glaubensgehorsam. Dieser Ansatz, auf den alle paulinische Paränese, auch hier die zur Indifferenz, zurückgeht, ist hier, im unmittelbaren Kontext von I. Kor. 7, 29-31, explizit nicht ausgesprochen, ist aber im Sinne des Paulus mitzudenken. Paulus ermahnt hier ja Menschen, von denen gilt: ihr wurdet abgewaschen, geheiligt, gerechtfertigt [25].

Ebenso bleibt hier unausgesprochen das Ziel, welches von dem solcher ὡς μή-Paränese Gehorsamen erreicht wird, auch wenn es im Sinne des Paulus nicht im mindesten zweifelhaft ist: der Gehorsame vollzieht den rechten, gebotenen Wandel, und so wird er im nahen Endgericht, bei der Parusie, mit seinem Wandel beim Endrichter Anerkennung finden und das Endheil gewinnen [26].

b) Zu all diesen Bezügen, in denen das Indifferenz-Gebot steht, äußert Epiktet sich viel eingehender und ausdrücklicher als Paulus. Wir führen uns hier die diesbez. Äußerungen Epiktets zunächst vor und stellen die Frage, wieweit die dabei zutage tretenden Unterschiede zwischen Paulus und Epiktet wirklich letzte Unterschiede sind, für später noch zurück.

Das Engagement in den äußeren Dingen ist deswegen falsch, weil in dieser Welt alles seinen Wechsel und seinen Umlauf hat zwischen Auflösung und Neuwerdung [27]. Nichts ist fest und sicher. Schon Odysseus als tugendhafter Mann wußte: alles Gewordene, auch die Menschen, vergehen [28]. Freilich handelt es sich nicht um ein wirkliches Vergehen, sondern um ein festgesetztes Regiert- und Durchwaltetwerden der Welt [29], also um einen ständigen Wandel als gottgewollten Prozeß.

Will man zu dieser gebotenen Indifferenz gegenüber den äußeren Dingen gelangen, so muß man die Einsicht gewinnen in die Unterscheidung zwischen den Dingen, über die man verfügt, und denen, bei denen die Verfügungsgewalt einem entzogen ist [30]. Diese Unter-

---

[25] I. Kor 6, 11.   [26] Röm 2, 6-10; II. Kor 5, 10.
[27] Diss. III 24 § 10.   [28] § 20.   [29] § 92.   [30] § 67-71; 106.

scheidung befreit[31] zur rechten Indifferenz, nimmt Trübsal und Furcht hinweg[32]. Denn die äußeren, dem Menschen nicht zur Verfügung stehenden Dinge soll man hinnehmen und sich schicken in die göttliche Durchwaltung der Welt[33]. Hier hat man Gehorsam zu üben gegen die Gottheit[34], hat sich dem Gesetz etwa der politischen Gemeinschaft zu fügen[35], hat seine Vernunft, den λόγος, zu betätigen[36]. Wie ein Soldat im Feldzug, wie ein Matrose auf See hat man sich den Ort und die Art seines Einsatzes nicht auszusuchen, sondern anweisen zu lassen[37]. Götter und Menschen sind einem ja freundlich gesinnt[38], niemand steht verwaist da, Zeus trägt als der Vater für alle unaufhörlich Sorge[39]. Wer sich in die von ihm her geschehende Durchwaltung der Welt und in die Unterscheidung zwischen äußeren und inneren Dingen nicht einfügt, der kämpft gegen die Gottheit[40], der schlägt sich auf die Seite der Epikuräer[41]. Für dies gebotene Sicheinfügen gibt es praktische Regeln. Man soll die Hingabe an geliebte Menschen temperiert halten[42]. Man muß seine Lieben ansehen wie zerbrechliche Gegenstände[43], wie jahreszeitlich bedingte Früchte[44]; man muß wissen, sie unterstehen der kleinen Veränderung der räumlichen Trennung und der größeren Veränderung des Sterbens[45]. In solchen Gedanken muß man sich unablässig üben, damit keine Widrigkeit einem überraschend und unerwartet begegne[46]. Die etwa nach einem Ortswechsel verlangende Fantasie muß man durch die Vernunft an der Entfaltung hindern[47]; denn Sehnsucht nach fehlenden Dingen und die dem Menschen zugedachte Glückseligkeit können nicht zusammen bestehen[48]. Es gilt also, nicht wie ein Sklave nach Dingen zu streben, die uns verwehrt sind[49], sondern seine Würde zu bewahren und sich klarzumachen, wer man ist, woher man gekommen ist und von wem man stammt[50]. Wer so seines Auftrages eingedenk ist, bedarf keines Trösters[51]; er hat von Zeus eine gewaltige Herrscherstellung empfangen[52]. So kann er das Bewußtsein haben, der Gottheit zu gehorchen und nicht mit Worten, sondern mit der Tat wie ein rechtschaffener Mann zu handeln[53], also das zu praktizieren, wovon die Philosophenschulen viel theoretisches Aufhebens machen[54]. Er kann sich als rechten Soldaten und Bürger

---

[31] § 67. [32] § 117. [33] § 43. [34] § 95; 97; 98; 101.
[35] § 107. [36] § 116. [37] § 31–35. [38] § 11.
[39] § 15; 16. [40] § 24. [41] § 37–41. [42] § 85.
[43] § 84. [44] § 86; 87; 91. [45] § 92; 93. [46] § 103; 104.
[47] § 108; 109. [48] § 17. [49] § 21. [50] § 95.
[51] § 115. [52] § 117. [53] § 110. [54] § 111.

des Zeus fühlen, als Zeugen des Zeus für die Unerheblichkeit der dem Menschen nicht zur Verfügung stehenden Dinge [55]; als seinen besten Diener [56], der ganz ausgerichtet ist auf den Gott und auf seine Gebote und Weisungen [57]. Das ist die Haltung, die zu der gebotenen Indifferenz gegenüber den äußeren Dingen befähigt.

Was gewinnt der Weise, der Kyniker durch die Übernahme der gebotenen Indifferenz? Man kann eine Reihe von Antworten geben auf Grund der Texte. Er gewinnt die Glückseligkeit, die Seelenruhe [58]. Er vermeidet Unglück und Trübsal [59] sowie die Beteiligung an dem Unglück und an der Erniedrigung anderer [60]. Sehnsucht, Träume und schlimme Nachrichten setzen sein Leben nicht mehr in Unruhe [61]. Nur muß man sich für all diese Antworten klarmachen: der hier genannte Gewinn ist nicht ein Lohn, der dem Befolger der gebotenen Indifferenz *nach* seiner Gehorsamstat gewährt wird. Der Lohn liegt vielmehr *in* der Tat. Die verlangte Indifferenz *beschafft* nicht das Glück, sie *ist* das Glück, sie *ist* der Ausschluß des Unglücks; so wie das Richtigschreiben seinen Lohn in sich trägt [62].

III

Wie verhält sich nun letztlich die von Paulus geforderte Indifferenz zu der bei Epiktet geforderten? Die Bereiche, innerhalb deren sie statthaben soll, sind, wie wir schon sahen, auf beiden Seiten weitgehend die gleichen; allerdings nicht völlig, und das wird uns noch zu beschäftigen haben. Als Grund für die Unerläßlichkeit der Indifferenz wird bei Paulus das nahe Weltende, bei Epiktet die Beständigkeit von Vergehen und Neuwerden der äußeren Dinge genannt. Beide Antworten differieren als Ausdruck der dualistisch-apokalyptischen Weltansicht hier, des monistischen Pantheismus dort. Sie stimmen aber letztlich zusammen, wenn man sich klarmacht: je in *ihrem* weltbildmäßigen Horizont bringt jede dieser Antworten zum Ausdruck, daß der Mensch über die Dinge nicht verfügt, sondern sein äußeres Leben in extremer Ungesichertheit lebt. Diese Interpretation des Paulus ist berechtigt, ja notwendig; denn wer wollte den Rahmen einer zeitlich bevorstehenden Eschatologie mit Paulus festhalten, nachdem das Wesentliche in ihr, die Naherwartung, sich als Irrtum erwies? Ähnlich steht es mit dem Ziel, zu welchem der Gehorsam gegen die gebotene Indifferenz

---

[55] § 112; 113. [56] § 113. [57] § 114. [58] § 2; 16; 17; 54.
[59] § 43; 82; 83. [60] § 1. [61] § 17; 24–30. [62] § 51.

bei Paulus und bei Epiktet führt. Bei Paulus zu dem Heil, das im Endgericht verliehen wird; bei Epiktet zu der Glückseligkeit, die dem Disengagement des Stoikers innewohnt. Wieder aber werden wir uns durch die weltbildmäßige Diskrepanz beider Antworten nicht täuschen lassen dürfen. Ungeachtet des in den Rahmen der spätjüdischen Apokalyptik gehörenden Endgerichtes und Endheils weiß auch Paulus, daß der Lohn *in* dem Tun des Guten liegt [63]; nur ist dieser Gedanke bei ihm noch nicht in seiner Konsequenz durchdacht. Einen letzten Gegensatz wird man also auch in der Antwort auf die Frage, welchem Ziel der Gehorsam gegen die gebotene Indifferenz entgegeneilt, zwischen Paulus und Epiktet nicht feststellen können.

Gilt nun das gleiche, eine letztliche Koinzidenz, auch für die Antwort, die bei Paulus und bei Epiktet erteilt wird auf die Frage, welcher Weg denn zu der gebotenen Indifferenz führt? Fast scheint es so. Denn alles rechte Handeln erwächst nach Paulus aus dem Glauben, und das heißt aus dem Gehorsam [64]. Ebenso redet auch Epiktet vom Gehorsam gegenüber der Gottheit [65], wenn er zur rechten Indifferenz ruft. Doch was ist Gehorsam hüben und drüben?

Bei Epiktet kann der Mensch den Gehorsam üben kraft seiner Vernunft [66]. Er ist, begehrt er nicht die Unvernunft, nach ihm fremden Dingen zu greifen, in seinem Willen erfolgreich, so erfolgreich, daß auch Zeus ihn nicht hindern kann [67]. So ist sein Gehorchen sein Werk, dessen er sich hochgemut rühmen darf und denn auch rühmt [68]; und je mehr er von dieser seiner Willensleistung die eitle Effekthascherei vor den Menschen fernhält [69], um so echter und berechtigter darf der Selbstruhm sein.

Bei Paulus hingegen ist der Mensch von sich her nicht frei zum Gehorsam. Er wird zum Glaubensgehorsam frei durch das ihm zugesprochene Christusgeschehen, durch das Widerfahrnis, daß er, der Übertreter, angenommen und geliebt ist. Er gehorcht glaubend als der um seinen Ungehorsam Wissende und seinen Ungehorsam Bekennende. So ist der Glaubensgehorsam bei Paulus gerade der entschlossene Verzicht auf den Selbstruhm [70]. Denn der Gehorsam ge-

---

[63] I. Kor 9, 18.   [64] Vgl. nur Röm 1, 5; 15, 18.
[65] Vgl. oben S. 163 Anm. 34.
[66] Vgl. oben S. 163 Anm. 36 und S. 163 Anm. 47.
[67] Diss. I 1, 23; I 6, 40.
[68] Vgl. oben S. 163 f. Anm. 53–57; auch Diss. III 5, 8. 9.
[69] Diss. III 24, 118.   [70] Röm 3, 27; 28.

schieht in Selbstverurteilung. Hier liegt also eine bis in die Fundamente reichende Divergenz zwischen Paulus und Epiktet vor: der Ungehorsame, der paradoxerweise gehorchen kann – der in seinem Gehorchen ungebrochene, edle Mensch.

Von dieser Diskrepanz her schauen wir noch einmal zurück auf die Bereiche, in denen bei Paulus und Epiktet das Engagement verboten wird. Die Bereiche wurden von uns als weithin die gleichen erkannt. Die Gebiete, in denen Paulus und Epiktet hinsichtlich der geforderten Indifferenz sich gleichwohl trennen, geraten nun, von dem bei beiden so verschieden verstandenen Gehorsam her, allerdings in ein bedeutsames Licht.

Epiktet ist konsequent. Er fordert die $\mathring{α}ταραξία$ grundsätzlich. So schließt er das Mitleid aus [71] und stellt das Engagement um die äußeren Nöte des Mitmenschen jedenfalls betont zurück [72].

Für Paulus ist das Mitleid etwas Positives [73]. Hier gebietet er also, anders als Epiktet, keine Indifferenz; hier verlangt er vielmehr Engagement. Paulus geht mit Epiktet konform, wenn er in I. Kor. 7, 30 das Weinen und Lachen in die Indifferenz des $ὡς\ μή$ verweist. Aber diese stoische Position wird von Paulus nicht durchgehalten. Anderen Ortes mahnt er vielmehr, sich zu freuen mit den sich Freuenden, zu weinen mit den Weinenden [74]. Ja er selber freut sich über die Anwesenheit korinthischer Gemeindeglieder [75], er weint über die Feinde des Kreuzes Christi [76]; er engagiert sich also ungeniert in Angelegenheiten, die den Mitmenschen betreffen, epiktetisch gesprochen, in den $ἀπροαίρετα$.

Welchen Grund mag diese Inkonsequenz bei Paulus haben, daß er die in I. Kor. 7, 30 bezogene stoische Position nicht durchhält? Die Antwort liegt auf der Hand. Wenn bei Paulus der Gehorsam nur möglich ist im Wissen um den eigenen Ungehorsam, nur möglich ist vom Widerfahrnis des Geliebtwerdens her, wie sollte dann der Indifferenz das geopfert werden dürfen, was die Offenheit zum Du ausmacht: Mitleid, Mitfreuen, Mitweinen? Die Inkonsequenz des Paulus im Nichtdurchhalten der stoischen Position von I. Kor. 7, 30 ist, von seinen eigenen Grundvoraussetzungen aus betrachtet, völlig konsequent. Denn Gott und Erlösung laufen bei Epiktet darauf hinaus, daß der Mensch vernunftgemäß lebt und nur Ziele, die ihm erreichbar sind,

---

[71] Diss. II 17, 26; II 21, 6; III 24, 43; IV 1, 4.
[72] Diss. III 24, 1. 22. 23. 59. 63.   [73] Röm 12, 8.
[74] Röm 12, 15.   [75] I Kor 16, 17.   [76] Phil. 3, 18.

anstrebt, d. h. die äußeren Dinge als ernsthaftes Willensziel aus dem Spiele läßt. Diese Selbstbeschränkung gewährt die Seelenruhe, verweist aber in ihrer Konsequenz auch den Mitmenschen in das Feld der gebotenen Indifferenz [77]. Gott und Erlösung dagegen heißen bei Paulus: das Wandeln in *dem πνεῦμα,* dessen Frucht an erster Stelle die Offenheit, das Dasein für den andern ist [78]. Man kann darum schon fragen, ob Paulus gut daran tat, in I. Kor. 7, 29–31 diese stoa-nahe Position zu beziehen. Denn seine Intention ist nicht die Autarkie der stoischen Indifferenz, sondern das σύν der ἀγάπη.

---

[77] Richtig R. BULTMANN (Das religiöse Moment in der ethischen Unterweisung des Epiktet und das Neue Testament. ZNW 13, 1912, S. 183): „Der Mensch soll ... sich in seinem Sein abschließen".

[78] Gal 5, 22; I. Kor 13.

Entscheidende Motive in den Berichten über die Taufe Jesu von Markus bis Justin*

Als Quelle benutze ich die vier kan. Evangelien, Ebj.- und Hebr.-Ev. (der Einfachheit halber hier als solche zitiert, ohne auf die Waitzsche Verteilung der einzelnen Stücke[1] einzugehen), Ign. Eph 18, 2, Justin dial 88 und die 24. Ode Salomos; dagegen nicht Ginza R V 4 (Lidzb. 192 f.), weil die Täuferstücke einer jüngeren Schicht der mandäischen Literatur angehören.

Wir gehen die einzelnen Motive des Taufberichts nacheinander durch.

1. Zunächst die Art und Weise, wie *Jesu Getauftwerden* formuliert ist:

Mk 1, 9 ἐβαπτίσθη.

Mt 3, 16 βαπτισθείς.

Lk 3, 21 Ἰησοῦ βαπτισθέντος.

Joh 1, 32–34 setzt Jesu βαπτισθῆναι zwar voraus, drückt es aber nicht besonders aus; derselbe Verzicht auf den Gebrauch der Vokabel liegt vor bei Justin (dial 88, 3 ἀναδύντος αὐτοῦ ἀπὸ τοῦ ὕδατος), in den allerdings nur fragmentarischen Zitaten des Hieronymus aus dem Hebr.-Ev. und in der 24. Ode Sal. Nur das Ebj.-Ev. bringt ἐβαπτίσθη ὑπὸ τοῦ Ἰωάννου, und Ignatius vermerkt (Eph 18, 2) das ἐβαπτίσθη hinter ἐγεννήθη mit einem sofort anschließenden ἵνα, also einem Hinweis auf seine Bedeutsamkeit. Das Getauftwerden Jesu tritt demnach in den Berichten zunehmend aus dem Mittelpunkt an den Rand des Interesses.

Diese Beobachtung wird bestätigt durch den bekannten Mt-Einschub (3, 14 f.), der die Betonung der Nichtangemessenheit der Taufe für Jesus in den Mund des Täufers verlegt, und durch die Fortführung dieses Motivs im Hebr.-Ev., wo Jesus selber sagt: „quid peccavi, ut vadam et baptizer ab eo". Jesu Getauftwerden entwickelt sich fast zu einem pudendum. Es liegt auf derselben Linie, wenn das gelegentlich mit dem Taufakt verbundene Lichtwunder (LA von a und g[1]

---

* ZThK 50, 1953, 39–43.

[1] H. Waitz, Neue Untersuchungen über die sogenannten judenchristlichen Evangelien ZNW 36, 60–81.

zu Mt 3, 15; Justin dial. 88, 3) den Taufakt grammatisch zum Nebensatz, sachlich zur Nebensache macht; wenn das anschließende ἵνα (Ign. Eph 18, 2) das Getauftwerden Jesu einordnet in die sakramentale Heilserlangung des Christen. Eigentlich wichtig sind der erzählenden Tradition die Ereignisse, die auf Jesu Getauftwerden folgen.

2. Das erste von diesen Ereignissen, die *Öffnung der Himmel*, wird nur von den Synoptikern und dem Ebj.-Ev. berichtet. Der Lk-Bericht hebt durch die grammatische Konstruktion die Himmelsöffnung als das erste Wesentliche, unterstrichen durch das vorbereitende, für Lk typische, προσεύχεσθαι Jesu, besonders hervor. Die Himmelsöffnung fällt dagegen fort im vierten Evangelium, wo sie (1, 51) für das *ganze* irdische Leben Jesu behauptet wird, im Hebr.-Ev., in der Justin-Darstellung und in der 24. Ode Sal. Die Frage legt sich nahe: spiegelt die Fortlassung der Himmelsöffnung nur die zunehmende Fremdheit der Tradition gegenüber diesem Topos spätjüdischer Apokalyptik oder eine gnostisierende Tendenz wider (Joh., Hebr.-Ev., Od. Sal.! Aber Justin paßt nicht!)?

3. Der *Geist als Taube* bildet ein allen Berichten gemeinsames Motiv. Bemerkenswert für die Formulierung ist lediglich das Bestreben, das hellenistische absolute τὸ πνεῦμα des Mk (1, 10) durch das biblische τὸ πνεῦμα τὸ ἅγιον (Lk, Hebr.-Ev., Justin dial. 88, 3. 8) bzw. πνεῦμα θεοῦ (Mt, Ebj.-Ev.) zu ersetzen, und die Tendenz, die Gegenständlichkeit des ὡς περιστεράν bei Mk, Lk, Mt, Joh, Justin dial. 88, 3 durch den Zusatz σωματῷ εἴδει bei Lk bzw. durch die Umschreibung ἐν εἴδει περιστερᾶς (Ebj.-Ev., Justin dial. 88, 8) zu unterstreichen.

4. Dagegen zeigt sich in der Tradition eine beachtliche Verschiedenheit in der Art, wie das *Herabkommen des Geistes* beschrieben wird. Das καταβαίνειν εἰς bzw. ἐπ᾽ αὐτόν des Mk/Lk wird erweitert und lautet bei Mt: καταβαῖνον καὶ ἐρχόμενον ἐπ᾽ αὐτόν, im Ebj.-Ev.: κατελθούσης καὶ εἰσελθούσης εἰς αὐτόν, bei Joh: καταβαῖνον - - - καὶ ἔμεινεν ἐπ᾽ αὐτόν, im Hebr.-Ev.: descendit - - - et requievit super eum. Das Bleiben des Geistes bei Jesus wird demnach zunehmend unterstrichen. Die Geistverleihung – so soll verstanden werden – hat permanente Bedeutung. Dazu gesellt sich das Motiv vom kürenden Vogel, auf das die Formulierung zum mindesten bei Justin mit dem ἐπιπτῆναι ἐπ᾽ αὐτόν bzw. αὐτῷ (dial. 88, 3. 8) und in der 24. Ode Sal. („die Taube flog auf Christus hernieder") klar hinweist, ohne daß damit hier in der religionsgeschichtlichen Fragestellung nach der „Taube" in Kürze generaliter präjudiziert sein soll.

5. Ähnlich wie auf die Himmelsöffnung verzichtet Joh, Hebr.-Ev. und 24. Ode Sal. auch auf die *Himmelsstimme*; das entscheidende, deutende Wort spricht bei Joh der Täufer, im Hebr.-Ev. redet omnis fons spiritus sancti, und in der 24. Ode Sal. bringt das Singen der Taube über Christus die entscheidende Kennzeichnung. Wieder sind es die drei gnostisierenden Darsteller, die einen Zug der älteren Tradition fortlassen; das an die Stelle des Fortgelassenen Tretende ist bei den drei Darstellern allerdings sehr verschieden: Joh vergeschichtlicht die bat qol, Hebr.-Ev. und 24. Ode Sal. mythologisieren sie.

6. Die Formulierung und der *Inhalt der Himmelsstimme* ist oft verhandelt worden und kann hier summarisch referiert werden: der Übergang von dem Jesus anredenden σύ der adoptianischen Messiasweihe (Mk, Lk, Ebj.-Ev. erste φωνή, Hebr.-Ev., Justin) zum οὗτος der Messias-Proklamation (Mt, Ebj.-Ev. zweite φωνή); vom υἱός μου des alttestamentlich-spätjüdischen Messiaskönigs zum metaphysisch-präexistenten hellenistischen υἱός, bzw. υἱὸς τοῦ θεοῦ (Joh). Wenigstens kurz eingehen will ich dagegen auf die westliche LA von Lk 3, 22, auf die betont adoptianisch gefaßte Zitierung von Psalm 2, 7. Das Ebj.-Ev. hat sie gekannt und bringt sie als erste φωνή vor der οὗτος-Fassung des Mt als der zweiten φωνή. Daß diese LA (trotz WELLHAUSEN[2] und LOHMEYER[3]) einen sehr alten Text darstellt, scheint mir aus der Art hervorzugehen, wie Justin diesen von ihm ja gebrachten Text behandelt. Wenn Justin die dem Zitat entnommene γέννησις (varia lectio γένεσις) auf das Bekanntwerden Jesu unter den Menschen umdeutet, so ist ganz klar: Justins Christologie widerstrebt dem betont adoptianischen Sinn des Zitates. Daß er es trotzdem bringt, ist nicht in dem Inhalt des Zitates begründet (der ist ihm ja schwierig!), sondern in der festen Zugehörigkeit des Zitates zu der Tradition, der Justin sich verpflichtet weiß. Mit dem Inhalt des Zitates muß Justin sich abfinden.

7. Daß das von Jesus ausgesagte εἶδεν in seinen Objekten reduziert wird (bei Mk: Himmelsspaltung und Taube; bei Mt: nur Taube), um dann bei Lk und den Späteren ganz zu verschwinden und einer objektiv referierenden Darstellung Platz zu machen, daß mithin, wie sich auch hierin bewährt, der Auffassung als Messias*weihe* die als Messias-*Proklamation* folgt, ist ebenfalls öfter dargelegt worden. Wenn

---

[2] J. WELLHAUSEN, Das Evangelium Lucae 1904, S. 6.
[3] E. LOHMEYER, Das Evangelium des Markus 1937, S. 23.

aber in diesem späteren Stadium der Tradition Messias-*Proklamation*, – Proklamation dann vor wem?

8. Die Art, wie eine *Reaktion auf die Taufe Jesu* beschrieben wird, ist für die Beantwortung dieser Frage belangvoll. Die Synoptiker schweigen von einer Reaktion auf Jesu Taufe, auf die Himmelsöffnung, auf das Kommen des Geistes und auf die bat qol völlig. Im vierten Evangelium löst das Kommen des Geistes beim vorher unterrichteten Täufer die μαρτυρία, im Ebj.-Ev. löst die mit der ersten φωνή verbundene Lichterscheinung die Frage des bisher ahnungslosen Täufers, die darauf antwortende zweite φωνή und danach die Bitte des Täufers um eigenes Getauftwerden aus. Wo also von einer Reaktion überhaupt berichtet wird, da ist sie zunächst beschränkt auf den Täufer. Erst die LA von a g¹ zu Mt 3, 15 redet von der Furcht aller Anwesenden auf die mit der Taufe verbundene Lichterscheinung (s. oben unter 1) hin, wie erst Justin die Erscheinung des Geistes in Taubengestalt mit der Rücksicht auf die Menschen (dial. 88, 8 διὰ τοὺς ἀνθρώπους) begründet, wie erst Ode Sal. 24 die Schließung, Versieglung und Vernichtung der Abgründe durch die von der Taube geübte Kürung Christi geschehen sein läßt. Der widersprüchliche, legendäre und mythologische Charakter dieser jungen Reaktions-Schilderungen macht deutlich das Fehlen einer älteren Tradition, macht deutlich aber auch die geheime Intention, in der die älteren, von einer Reaktion noch schweigenden Berichte schreiben: auch sie wollen primär nicht schildern, was sich begab, sondern welche geistliche Bedeutung das Geschehen hat: διὰ τοὺς ἀνθρώπους.

9. Das *Fazit* kann kurz sein. Gerade weil das Getauftwerden Jesu in der Tradition früh als pudendum begegnet, wird es nicht erfunden worden sein, sondern auf einen stattgehabten Vorgang zurückgehen (opp. ED. MEYER [4]). Geschildert aber wird dieser Vorgang vom Glauben der Gemeinde, d. h. vom Ostergeschehen aus, zunächst als Geistverleihung und Messiasweihe, dann als Messias-Proklamation; beides aber bestimmt für die Leser und Hörer des Evangeliums, nicht für die fiktiven Zuschauer der fiktiven damaligen Szene. Die Gründe, warum dies Bekenntnis zur Heilsbedeutsamkeit Jesu zurückgeblendet wurde in die Szene der an sich historischen Taufe Jesu, haben M. DIBELIUS [5] und BULTMANN [6] klargelegt; ersterer für den Zeitpunkt: weil das Theo-

---

[4] ED. MEYER, Ursprünge und Anfänge I, § 83 f.
[5] M. DIBELIUS, Die Formgeschichte des Evangeliums², S. 274.
[6] R. BULTMANN, Die Geschichte der synoptischen Tradition², S. 267.

logumenon der Parthenogenese jener frühen Epoche der Tradition noch nicht erschwinglich war und weil andererseits die Geistverleihung nicht später erfolgen kann als zu dem Zeitpunkt, von dem an Jesu öffentliches Wirken gerechnet wird; letzterer (BULTMANN) für den Inhalt, warum gerade die *Taufe* Jesu Anlaß bot zu diesem legendär sich aussprechenden Bekenntnis: weil der Messias als Geistträger und die Taufe nach christlich-hellenistischer Ansicht als Geistverleihung gilt. Nur eine Frage bliebe zu bedenken übrig: was besagt denn dies (nicht nur hier begegnende) Verfahren der Rückblendung und Rückdatierung des Bekenntnisses zu Jesus in eine Szene des Lebens Jesu? Dies Verfahren meint, wenn auch in legendärer und mythologischer Form, das Bekenntnis dazu, daß der erhöhte Herr des Glaubens unabtrennbar ist von dem Irdischen. Dies Verfahren bezeugt, daß das Ja des Glaubens vollzogen wird nicht unter Absehung von dem Menschen Jesus, sondern angesichts seiner. So gelesen, will die Tradition von der Taufe Jesu nicht nur den Glauben durch die berichteten prodigia sichern, so sehr auch das schon mit im Spiele sein wird; sondern sie will zugleich den Glauben fragen, ob er das Ja zu Jesu Heilsbedeutsamkeit gegenüber diesem Menschen meint.

Zur Terminologie der Acta von der Auferstehung Jesu*

Hermann Strathmann zum 70. Geburtstag

Der adoptianische, subordinatianische Charakter der Christologie in den Acta ist öfter [1] beobachtet worden. Genaueres Nachgehen gegenüber der Terminologie vermag die Einzelheiten noch stärker herauszuarbeiten und die erkannte Gesamtlinie zu bekräftigen:

Daß Gott an Jesus das ἀνιστάναι geübt hat, ist eine nur den Acta eigene Ausdrucksweise [2], die sonst im NT fehlt; vgl. das typische ἀνέστησεν ἑαυτόν Ign. Smyr. 2. Das gemeinchristliche [3] ἀναστῆναι Jesu wird dagegen in den Acta selten [4] verwendet. Ihre Vorliebe für das ἐγείρειν Gottes gegenüber Jesus [5] teilen die Acta zwar mit Paulus [6], der die Formel von Gott als dem ἐγείρας schon übernommen haben wird und sie dann an die von ihm abhängige Literatur [7] weitergibt. Es ist aber wieder sehr bezeichnend, daß das gemeinchristlich ganz breit verwendete [8] ἐγερθῆναι Jesu in den Acta völlig vermieden wird; um so auffälliger, als dies ἐγερθῆναι gerade in der für Paulus weithin notwendigen passivischen Übersetzung die Aktivität Gottes und Jesu Subordiniertsein ja durchaus unterstreicht; gleichwohl vermeiden die Acta das „Auferwecktwerden Jesu". In der gleichen Linie liegt die einmalig [9] begegnende Beschreibung des Ostergeschehens als des ὑψοῦν

---

* ThLZ 77, 1952, 533–536.

[1] Zuletzt PH. VIELHAUER, Der Paulinismus der Apostelgeschichte Ev. Th. 10 (1950/51) S. 10–12.

[2] Act 2, 24. 32; 13, 33. 34; 17, 31; 3, 26 gehört wohl nicht hierher.

[3] Mk 8, 31; 9, 9. 31; 10, 34 (= Lk 18, 33); 16, 9; Lk 24, 7. 46; Joh 20, 9; I Th 4, 14.

[4] Act 10, 41; 17, 3.

[5] Act 3, 15; 4, 10; 5, 30; 10, 40; 13, 30. 37.

[6] R 4, 24; 8, 11. 11; 10, 9; I K 6, 14; 15, 15. 15; II K 1, 9; 4, 14; G 1, 1; I Th 1, 10.

[7] E 1, 20; Kol 2, 12; I Pe 1, 21.

[8] R 4, 25; 6, 4, 9; 7, 4; 8, 34; I K 15, 4. 12. 13. 14. 16. 17. 20; II K 5, 15; II Ti 2, 8; Mk 14, 28 (= Mt 26, 32); 16, 6. 14; Mt 16, 21 (= Lk 9, 22); 17, 9. 23; 20, 19; 27, 63. 64; 28, 6. 7; Lk 24, 6. 34; Joh 21, 14.

[9] Act 5, 31.

Gottes gegenüber Jesus[10], die wohl auch frühchristlicher Tradition entstammt[11]. Auch die einmalige Bezeichnung der Himmelfahrt als des ὑψωθῆναι Jesu[12] macht durch τῇ δεξιᾷ τοῦ θεοῦ Gottes Initiative dabei deutlich. Der subordinatianische Tenor dieser Christologie ist unübersehbar; zumal die Acta das Substantiv ἀνάστασις, mit dem im gemeinchristlichen Sprachgebrauch die Auferstehung der Menschen[13] wie die Jesu[14] bezeichnet wird, ebenfalls in dieser doppelten Beziehung[15] verwenden. Im gezielten Gebrauch der Verben liegt die subordinatianisch gefüllte Explikation der ἀνάστασις. Daß Gott durch dieses sein ἀνιστάναι und ἐγείρειν Jesus zum Messias *gemacht* hat, ist oft betont worden[16] und reiht sich dem eben festgestellten archaischen Charakter der Acta-Christologie ein. Diese Christologie begegnet gleichermaßen in den Reden des Petrus wie des Paulus[17]; der Verfasser hat sie also nicht bloß bestimmten Persönlichkeiten der älteren Geschichte der Urgemeinde archaisierend in den Mund gelegt, er hat sie vielmehr sich *selber* angeeignet und benutzt sie für *alle* Reden seines Werkes.

Daß solche Christologie und speziell solche Auferstehungsterminologie selber vorpaulinisch und alt ist, darf ich als zugestanden voraussetzen. Ob sie aber in einem ähnlich alten *Rahmen* innerhalb der Acta erscheint, soll jetzt zur Frage stehen.

Zunächst fällt auf, wie sich der Verfasser die Auferstehung Jesu vermittelt denkt. Eine dem Paulus schon vorliegende und dann ausgebaute Tradition redet vom ὤφθη[18] des Auferstandenen, von ὁρᾶν[19] und ἐπιγινώσκειν[20] ihm gegenüber. Diese, einzelne Erscheinungen aufzählende, Tradition ist dem Verfasser der Acta nicht mehr wichtig:

---

[10] Von dem bewußt doppeldeutigen ὑψοῦν des vierten Evangeliums sehe ich hier ab.

[11] ὑπερυψοῦν Ph 2, 9.   [12] Act 2, 33.

[13] I K 15, 12. 13. 21. 42; II Ti 2, 18; Hebr 6, 2; 11, 35. 35; Mk 12, 18 (= Mt 22, 23; Lk 20, 27); Mk 12, 23 (= Mt 22, 28; Lk 20, 33); Mt 22, 30 (= Lk 20, 35); Mt 22, 31; Lk 14, 14; 20, 36; Joh 5, 29; 11, 24. 25; Apk 20, 5. 6.

[14] R 1, 4; 6, 5; Ph 3, 10; I Pe 1, 3; 3, 21.

[15] ἀνάστασις der Menschen: Act 4, 2; 17, 18. 32; 23, 6. 8; 24, 15. 21. ἀνάστασις Jesu: Act 1, 22; 2, 31; 4, 33; 26, 23.

[16] S. etwa R. BULTMANN, Theologie des NT 1948 S. 43 f.

[17] Vgl. die Fundorte der angeführten Acta-Belege.

[18] ὤφθη vorpaulinisch I K 15, 5–8; nachpaulinisch I Ti 3, 16; Lk 24, 34.

[19] ὁρᾶν paulinisch I K 9, 1; nachpaulinisch Mk 16, 7; Mt 28, 7. 10. 17; Lk 24, 39. 39; Joh 20, 8. 18. 25. 27. 29.

[20] ἐπιγινώσκειν Lk 24, 16. 31.

das ὤφθη[21] und das hellenistische[22] ἐμφανῆ γενέσθαι[23] kommt beim Verfasser, trotz des breiten Osterkerygmas der Reden[24], für Ostern nur je einmal[25], das ὁρᾶν gegenüber dem Auferstandenen direkt[26] überhaupt nicht zur Verwendung.

Das ὁρᾶν des einzelnen gegenüber der Auferstehung Jesu kann in den Acta so fast völlig fehlen, weil hier die Gesamtheit der Apostel als der μάρτυρες[27] im Zentrum steht. Nur ein Auferstehungszeuge kann Apostel sein[28]. So sehr die μάρτυρες gleichzeitig auch die Bedeutsamkeit des Bezeugten verkünden, so wenig darf verkannt werden: sie sagen gut für die Tatsächlichkeit des Bezeugten[29]. Zwar nicht an den Verben (μαρτύρεσθαι[30], διαμαρτύρεσθαι[31], μαρτυρεῖν[32]), wohl aber an μαρτύριον[33] und vor allem an μάρτυς[34] hängt die enge Verbindung mit der Auferstehung Jesu. Ältere, bei Paulus wahrnehmbare Ansätze[35]

---

[21] ὤφθη Act 13, 31; das ὤφθη der Damaskusvision wird unten S. 177, Anm. 55, bedacht.

[22] Vgl. Oxyrh.-Pap. Nr. 655 (Apocrypha III KLOSTERMANN² S. 23 Z. 20 f.).

[23] ἐμφανῆ γενέσθαι Act 10, 40.   [24] S. 171, Anm. 2, 4, 5.

[25] Act 1, 3 ff. mit dem παρέστησεν ἑαυτὸν ζῶντα und dem ὀπτανόμενος halte ich, mit E. NORDEN (Agnostos Theos 1923, 311–313) und E. MEYER (Ursprung und Anfänge I 1921, 35 ff.), nicht für den ursprünglichen, vom Verfasser stammenden Text.

[26] Indirekt etwa Act 4, 20.

[27] Vgl. H. STRATHMANN μάρτυς ThW IV 495–498.   [28] Act 1, 22.

[29] Vgl. Act 1, 21. 22; 10, 41 und die Vorordnung des Sehens vor dem Hören in den Act 4, 20; 22, 15; das Sehen allein in Act 26, 16.

[30] μαρτύρεσθαι ist in Act 20, 26 nicht mit Jesu Auferstehung verbunden; in Act 26, 22 nur indirekt.

[31] Auch das 9malige διαμαρτύρεσθαι erscheint in Act nicht in Verbindung mit Jesu Auferstehung; am nächsten kommen sich beide Begriffe in Act 10, 42.

[32] Auch das 11malige μαρτυρεῖν der Act inkludiert nur in 23, 11 die Auferstehung Jesu, und zwar ohne ausdrückliche Bezugnahme.

[33] τὸ μαρτύριον – τοῦ κυρίου ᾿Ιησοῦ τῆς ἀναστάσεως Act 4, 33.

[34] Von den 13 μάρτυς-Stellen der Act entfallen für unseren Gesichtspunkt von vornherein die falschen Zeugen und die Hinrichtungszeugen im Stephanus-Martyrium (6, 13; 7, 58), Stephanus als Blutzeuge (22, 20) und Paulus als Zeuge des vor Damaskus Geschauten (22, 15; 26, 16). An den übrigen 8 Stellen bezeugen die μάρτυρες einmal die Taten des irdischen Jesus (10, 39), dagegen 6mal expressis verbis (1, 22; 2, 32; 3, 15; 5, 32; 10, 41; 13, 31) und einmal unausdrücklich (1, 8) die Auferstehung Jesu.

[35] μαρτύρεσθαι und διαμαρτύρεσθαι werden bei Paulus fast nur paränetisch verwendet; sie haben jedenfalls, ebenso wie μαρτύριον, nie die Auferstehung Jesu zum Inhalt. Paulus nennt sich selber nie einen μάρτυς. Aber das ψευδομάρτυρες in I K 15, 15 inkludiert die Prediger der Auferstehung Jesu als μάρτυρες; allerdings

sind hier zum Programm erhoben worden: der nun zahlenmäßig beschränkte Kreis derer, die die Tatsache der Auferstehung sozusagen rechtlich [36] verbürgen. Paulus, obwohl im Besitz einer detaillierenden Auferstehungs-Tradition [37], läßt die Tendenz nach Sicherung des Faktischen nur mitanklingen [38]; die Acta, obwohl nicht mehr solche Tradition verwertend [39], stellen den Gesichtspunkt einer historisch korrekten Bezeugung des Faktums [40] nunmehr in den Mittelpunkt. Der Rahmen, in den die alte adoptianische, subordinatianische Christologie hier eingehängt ist, tendiert zur Anbringung jener Sicherungen, die den Frühkatholizismus einleiten; er ist also, nachpaulinisch, weit neueren Datums als jene alte vorpaulinische Christologie selber [41].

Die Feststellung der Inkongruenz zwischen alter Auferstehungs-Terminologie und einem jüngeren, sie umgebenden Rahmen bestätigt sich durch die Beobachtung weiterer ähnlicher Spannungen innerhalb der Acta auf dem Felde der Auferstehungs- und μάρτυς-Aussagen:

Jesus ist der ἅγιος [42], der δίκαιος [43], der παῖς [44], er wird durch die Auferstehung zu dem von der Schrift geweissagten [45] Messias [46]: das ist die frühchristlich-spätjüdische Komponente [47]. Die Auferstehung macht ihn zum κύριος [48], zum ἀρχηγός [49] und σωτήρ [50]: so hat die spät-

---

als μάρτυρες nicht für ein Faktum wie in Act 1, 22 (τῆς ἀναστάσεως), 2, 32 und 3, 15 (neutrisches οὗ) und 5, 32 (τῶν ῥημάτων τούτων), sondern als μάρτυρες τοῦ θεοῦ! Dem entspricht das Predigen von der Auferstehung Jesu in I K 15, 15 als μαρτυρεῖν (die 4 anderen μαρτυρεῖν-Stellen bei Paulus haben diese Verbindung nicht).

[36] Zum juristischen Hintergrund der Wortgruppe s. STRATHMANN, aaO 479 ff. Der Verfasser der Act argumentiert: Auferstehung ist theologisch möglich (26, 8); ihre Wirklichkeit verbürgen die μάρτυρες.　　[37] S. oben Anm. 18.

[38] Vgl. H. BRAUN, Exegetische Randglossen zum 1. Korintherbrief S. 45 bis 48 in Theologia viatorum 1948/49; in diesem Band S. 178-204.

[39] S. oben Anm. 21, 23, 25, 26, 35.

[40] Vgl. die Auferstehung Jesu als einen für Jesu Weltenrichter-Stellung beigebrachten Beweis (πίστις) in Act 17, 31. Auch die τεκμήρια des Einschubs Act 1, 3 weisen in diese Richtung.

[41] In dieser Linie würde ich PH. VIELHAUERS Ausführungen über die Christologie der Acta (aaO S. 10-12) ergänzen.

[42] Act 3, 14; 4, 27. 30.　　[43] Act 3, 14; 7, 52; 22, 14.　　[44] Act 3, 13. 26; 4, 27. 30.

[45] Act 2, 25-28 und passim.　　[46] Act 2, 36; 3, 20; 5, 42; 9, 22; 17, 3; 26, 23.

[47] Zu anderen Titeln Jesu in den Acta vgl. K. LAKE/H. J. CADBURY, The Beginnings of Christianity V 1933, 354-375.

[48] Act 2, 36: κύριον vor χριστόν!

[49] Act 3, 15; 5, 31; vgl. G. DELLING in ThW I s. v.; W. GRUNDMANN in ZNW 38 (1939) S. 66-71.

[50] Act 5, 31 vom Erhöhten, Act 13, 23 vom Irdischen.

jüdische Christologie der Urgemeinde sicher nicht formuliert; der hellenistische Charakter der Titel, selbst wenn man auf das in dieser Hinsicht umstrittene κύριος als Argument verzichtet, ist bei ἀρχηγός und σωτήρ eindeutig. Ja selbst innerhalb einer spätjüdischen Argumentation, der christologischen Interpretation von LXX Ps. 15, markiert die vom Verfasser hineingebrachte σάρξ Christi [51] das bekannte frühkatholische Interesse [52] am σάρξ-sein des Auferstandenen.

Auch die vom Verfasser mit der Auferstehung Jesu eng verbundene μάρτυς-Vorstellung, also ein späteres Theologumenon, wie wir oben sahen, ist nicht konsequent durchgeführt; sie wird z. T. durchkreuzt von älteren Konzeptionen. Die 3mal gebrachte, also dem Verfasser höchst wichtige Christus-Epiphanie des Paulus vor Damaskus gilt dem Verfasser, der Ostern, Himmelfahrt und Pfingsten als nacheinanderliegende Daten historisiert und für die Darstellung des Damaskus-Geschehens hellenistische Motive [53] mitbenutzt, ja in keinem Falle mehr als Ostergeschehen. Gleichwohl verwendet er für Paulus bei der Damaskus-Epiphanie den μάρτυς-Begriff [54] und das ὤφθη [55]; inkonsequenterweise, weil beide Termini sonst nur dem geschlossenen Kreise der Zwölf eignen; auch Paulus verbürgt nun eine Tatsache [56], wie er samt Barnabas gelegentlich [57] auch ἀπόστολοι heißen können. In dieser Inkonsequenz scheint die Selbsteinschätzung des historischen Paulus [58] nachzuwirken, der seine Damaskusvision als Ostergeschehen gewertet hat. Auch hier stehen also ältere Tradition und neuere Betrachtungsweise in einer spannungsreichen Verbindung.

---

[51] Act 2, 31.
[52] Gegen I K 15, 50 vgl. Lk 24, 39 und die Betonung der σάρξ des Auferstandenen in den Ignatianen.
[53] Vgl. H. WINDISCH, Die Christusepiphanie vor Damaskus und ihre religionsgeschichtlichen Parallelen ZNW 31 (1932) S. 1–23.
[54] S. S. 175, Anm. 34.
[55] ὤφθη in Act 9, 17; 26, 16. ὁρᾶν in Act 22, 14; 26, 16. ὤφθη für die Zwölf. S. S. 175, Anm. 21.
[56] Gegen STRATHMANN, aaO S. 497 f.
[57] Act 14, 4. 14.
[58] S. S. 174, Anm. 18 und 19.

Exegetische Randglossen zum I. Korintherbrief*

I. Die σοφία λόγου in 1, 17.

Paulus lehnt in den ersten Kapiteln des Briefes die σοφία λόγου als dem Evangelium nicht gemäß ab. Zur Aufhellung dessen, was er damit ablehnt, möchten nachfolgende terminologische Besinnungen mithelfen:

Die σοφία gehört auf die Seite des κόσμος; mit welcher Selbstverständlichkeit, wird klar an der Art, wie Paulus in 1, 20 die Bezugnahmen auf Texte des I. und II. Jesaja und des Hiob durch den Zusatz τοῦ αἰῶνος τούτου bzw. τοῦ κόσμου auffüllt und auch weiterhin nachdrücklich die σοφία als eine Angelegenheit des αἰὼν οὗτος und seiner dämonischen Beherrscher erklärt (2, 6). Wir fühlen uns unmittelbar erinnert an das System der Elementar-(Gestirn)-Geister, der στοιχεῖα τοῦ κόσμου, die mit φιλοσοφία und κενὴ ἀπάτη gemäß der παράδοσις τῶν ἀνθρώπων Verführung üben (Kol 2, 8) und unter die die Christen vor ihrem Gläubigwerden versklavt waren (Gal 4, 3). Sich wieder dem νόμος unterstellen, heißt, sich von neuem unter die Sklaverei dieser στοιχεῖα, des κόσμος begeben (Gal 4, 9), der der Christ durch Christus entnommen ist (Gal 1, 4). Sollte sich vielleicht, eben im Gebrauch des Zusatzes τοῦ κόσμου bzw. τοῦ αἰῶνος τούτου zu σοφία, anzeigen, daß die σοφία Seite an Seite mit diesem νόμος gehört und *eine* der Positionen, neben dem νόμος, im Mächtebereich des κόσμος darstellt?

Unbeschadet dessen, daß der νόμος als πνευματικός dem ἐγὼ σάρκινος gegenübersteht (Röm 7, 14), gilt das Vertrauen auf den νόμος-gemäßen kultischen habitus wie auf die δικαιοσύνη ἡ ἐν νόμῳ als ein πεποιθέναι ἐν σαρκί (Phil 3, 4–6). Eben diese σάρξ ist nun ein Merkmal auch der Weisheit; die σοφοί sind σοφοὶ κατὰ σάρκα (1, 26). Die oben beobachtete Verklammerung von σοφία und νόμος durch den Mittelbegriff κόσμος wird also verstärkt durch den Mittelbegriff σάρξ.

Durch die Erwählung des Törichten, Niedriggeborenen und Verachteten beschämt Gott nicht nur die entsprechenden positiven Gegen-

---

* Theologia Viatorum 1948/49, 26–50.

werte dieser Welt, sondern er übt ihnen gegenüber das καταργεῖν, das
Außer-Kurs-setzen (1, 27. 28). Unter diesen „abgetanen" gängigen
Werten, unter den ὄντα, ist, wie die Reihenfolge in 1, 30 zeigt, die
σοφία als an erster Stelle stehend zu denken, entsprechend der auf diese
konkrete Beweisführung abzielenden Gestaltung des Kontextes. Solch
καταργεῖν ist, wie der sonstige Sprachgebrauch bei Paulus zeigt, weithin eschatologisch umwittert, seine Objekte sind u. a. ἄρχοντες, ἀρχαί,
θάνατος, ἄνομος, κοιλία, βρῶμα, προφητεία, γνῶσις, τὰ ἐκ μέρους (I. Kor
2, 6; 15, 24. 26; II. Thess 2, 8; I. Kor 6, 13; 13, 8. 10); auch unser,
zunächst innerzeitlich geschehendes, καταργηθῆναι der σοφία ist als
eschatologisch qualifiziert im Sinne des Paulus zu verstehen, es geschieht in dem mit Christus angebrochenen Eschaton. Besonders lehrreich ist nun die Art, wie sich die Verwandtschaft von σοφία und νόμος
in ihrem Regiertwerden durch das Verb καταργεῖν darstellt. Nach unseren bisherigen Beobachtungen könnten wir beide Begriffe unter den
Objekten von καταργεῖν vermuten. Für solche Zuordnung liegen im
Duktus der paulinischen Gedanken offenbar auch genügend Voraussetzungen vor; nicht zufällig fragt Paulus (Röm 3, 31): νόμον οὖν
καταργοῦμεν διὰ τῆς πίστεως; die lebhafte Abwehr dieser Frage an der
gleichen Stelle hindert aber doch nicht, daß die Entwertung des νόμος,
nur unter Verschiebung des Objektes von καταργεῖν (die Christen statt
des νόμος!) vorgenommen wird: νυνὶ δὲ κατηργήθημεν ἀπὸ τοῦ νόμου
(Röm 7, 6). Was der frühere Pharisäer mit einem Rest von Konservativismus vermeidet, wagt dann der Autor ad Ephesios auch in der Terminologie: τὸν νόμον τῶν ἐντολῶν ἐν δόγμασιν καταργήσας (Eph 2, 15),
und macht so die Dynamik des paulinischen Denkens, gerade in der
Vergröberung, offenbar: σοφία wie νόμος fallen unter das καταργεῖν.

Wie wenig diese Sicht eine bloße terminologische Konstruktion ist,
wird deutlich an der Zielsetzung, mit der dies καταργεῖν Gottes gegenüber den ὄντα verbunden ist: ὅπως μὴ καυχήσηται πᾶσα σὰρξ ἐνώπιον
τοῦ θεοῦ (1, 29). Denn eben dies gleiche Ergebnis, die Ausschaltung
menschlichen Rühmens, begegnet als Folge der Ablehnung der heil-
schaffenden Funktion des νόμος (Röm 3, 27); im Römerbrief wie im
Korintherbrief negativ (διὰ ποίου νόμου; τῶν ἔργων; Röm 3, 27; τὰ
ὄντα καταργήσῃ, ὅπως μὴ καυχήσηται, I. Kor 1, 28. 29) und positiv
(οὐχί, ἀλλὰ διὰ νόμου πίστεως Röm 3, 27; [Χριστὸς] ἐγενήθη σοφία, ἵνα
καθὼς γέγραπται· ὁ καυχώμενος ἐν κυρίῳ καυχάσθω I. Kor 1, 30. 31)
begründet. Der Verzicht auf das eigene Rühmen will bewußt ergriffen
sein; er konkretisiert sich im Verzicht auf die σοφία (ἔκρινα I. Kor 2, 2)

oder auf die δικαιοσύνη ἡ ἐν νόμῳ (ἥγημαι, ἡγοῦμαι Phil 3, 7. 8), und in beiden Fällen ist Christus in seiner Heilswirklichkeit, nicht ein resignierendes Versagen angesichts der bisherigen Maßstäbe, nicht ein Ressentiment, der Grund solchen Verzichts (Χριστὸς ἐγενήθη σοφία I. Kor 1, 30 διὰ τὸ ὑπερέχον τῆς γνώσεως Χριστοῦ Ἰησοῦ Phil 3, 8). Die in beiden Fällen gewonnene neue Haltung, das καυχᾶσθαι ἐν κυρίῳ bzw. ἐν Χριστῷ Ἰησοῦ (I. Kor 1, 31; Phil 3, 3) ist in ihrer Gleichheit verständlich nur dann, wenn die jeweilig abgelehnten Werte, σοφία und ἡ δικαιοσύνη ἡ ἐν νόμῳ, in eine große Front hineingehören.

So nimmt es denn auch nicht wunder, wenn die Außerkurssetzung der σοφία genauso wie die Abschaffung des νόμος als des Heilsweges ein nicht die Griechen bzw. die Juden allein betreffendes, sondern ein den Menschen angehendes Heilsereignis ist. Der Einbeziehung der ἔθνη in die Frage des νόμος (πάντες Röm 3, 22; ἄνθρωπος Röm 3, 28; ἢ Ἰουδαίων ὁ θεὸς μόνον Röm 3, 29) entspricht das Mitangeredetsein der Juden nicht nur in der Bezeichnung der Weisheit als der σοφία ἀνθρώπων (I. Kor 2, 5), sondern in ihrer ausdrücklichen Nennung, ja Vorordnung vor die Hellenen, während beiden θεοῦ δύναμις und θεοῦ σοφία gegenübergestellt wird (I. Kor 1, 22–24). Nicht, als dächte Paulus hier, bei der Erwähnung der Ἰουδαῖοι, direkt an den νόμος; der Kontext zeigt ja vielmehr klar: die Situationsgleichheit zwischen Juden und Griechen hier besteht darin, daß das Wort vom Kreuz beiden μωρία und σκάνδαλον ist, weil beide ein direkt faßbares Heil voraussetzen, direkt nachweisbar (σημεῖον) und direkt verstehbar (σοφία). Insofern redet unser Passus nicht vom νόμος. Gleichwohl läßt sich der Eindruck nicht abweisen, die Situationsgleichheit zwischen Juden und Heiden hier und etwa in Röm 3 oder im Galaterbrief rücke die σοφία einerseits und den νόμος andererseits unter die gleiche Beleuchtung. Die bisher schon beobachtete Nachbarschaft beider Begriffe wird zwar in keinem Falle in eine Gleichheit aufzulösen sein, jeder terminus hat schon seinen eigenen Akzent. Zum mindesten ist aber festzustellen, daß die negativen Voraussetzungen der Rechtfertigungslehre, einfach der Terminologie nach, viel breiter verankert sind, als etwa *Wrede* mit seiner bekannten Prägung von der „Kampfeslehre" meinte feststellen zu können[1]; wir möchten allerdings, darin nun den scharfsinnigen Beobachtungen *Wredes* doch rechtgebend, annehmen, die Ablehnung des νόμος sei der, freilich für den früheren Pharisäer sehr typische, Spezial-

---

[1] W. WREDE, Paulus 1904, S. 72.

fall eines Denkens, welches überhaupt die gültigen religiösen Werte, hier die σοφία, in die Außerkurssetzung vom Christusgeschehen her mit einbezieht.

Den Schluß mag die exegetische Bewährung unserer Erkenntnisse an der Ausgangsstelle unserer Besinnung bilden. Die Darbietung des Evangeliums als einer σοφία λόγου würde das Kreuz des Christus entleeren (1, 17). Das heißt, gerade der Anstoßcharakter, das μωρία- und σκάνδαλον-mäßige der Botschaft würde durch die σοφία entfallen; der λόγος τοῦ σταυροῦ wäre pervertiert. Nicht nur der Blick auf die parallele Verwendung von κενοῦν und καταργεῖν in Röm 4, 14, mehr noch das exegetische Verständnis von I. Kor 1, 17 zeigt uns: ἵνα μὴ κενωθῇ ὁ σταυρὸς τοῦ Χριστοῦ faßt denselben Fall ins Auge, der mit κατήργηται τὸ σκάνδαλον τοῦ σταυροῦ bezeichnet ist (Gal 5, 11)[2]. Dies Außerkraftsetzen des Kreuzes bzw. seines σκάνδαλον ist – die Linie nach Gott zu durchgezogen – gleichbedeutend mit der Bestreitung der Gnade Gottes (Gal 2, 21); anthropologisch gesehen ist es eins mit der Flucht vor dem Leiden für das Evangelium (Gal 6, 12). Das uns Interessierende, Auffällige aber liegt darin, daß diese selbe Wirkung des κενωθῆναι bzw. des καταργηθῆναι des σταυρός mit all seinen Hintergründen und seinen Konsequenzen hier in I. Kor 1, 17 ausgelöst wird durch die σοφία λόγου, in Gal 5, 11 und 6, 12, auch in Gal 2, 21 dagegen durch die Bejahung des νόμος, konkret der Beschneidung, als des Heilsweges. Auch hier bewährt sich also unsere Beobachtung der engen Nachbarschaft von σοφία und νόμος. So gewiß von dieser Erkenntnis aus mit J. Weiss das Verständnis der σοφία als einer formalen Redetechnik als viel zu harmlos abzulehnen sein wird, so wenig werden wir andererseits imstande sein, mit ihm[3] in der paulinischen Verwerfung der σοφία das Ja zur Irrationalität zu finden. Denn der Inhalt des λόγος τοῦ σταυροῦ ist kein unsagbares Es, sondern ein in diskursivem Denken ausdrückbares Heilsgeschehen, durch welches nicht das formale Denken überhaupt, sondern ein bestimmter Denkinhalt als der Offenbarung angemessen bestritten wird; so wie auch nicht νόμος und ἐργάζεσθαι als Kategorie und Funktion überhaupt, sondern als Heilsweg durch die πίστις aufgehoben werden.

---

[2] Sicher darf hierbei, wie Bachmann (I. Kor 4. Aufl. 1936 S. 79) betont, die Schädigung psychischer Einwirkung auf den Hörer nicht getrennt gedacht werden von der Entstellung des Wesens der Botschaft.

[3] J. Weiss, I. Kor, 1925, S. 23.

II. Πάντα ὑμῶν 3, 21–23.

Die Beobachtung der Parallelität der Aussagen dieses Hymnus auf die libertas Christiana mit gewissen Gedankengängen des Spätjudentums und der stoischen Diatribe geht seit WETTSTEIN durch die Geschichte der Exegese; der letzte auf diese Parallelen in breiter Erörterung eingehende Kommentar unseres Briefes [4] stellt dann das Material beider Gedankenkreise weitgehendst zusammen. Die nachfolgende Darstellung will versuchen, an diese bereits erarbeiteten Ergebnisse anknüpfend, gerade auf dem Hintergrunde des religions- und philosophiegeschichtlichen Materials ein noch eindringenderes Verständnis des Paulustextes zu gewinnen.

Paulus kennt, wie wir aus 6, 2 zweifelsfrei wissen, das spätjüdische Theologumenon von dem eschatologischen Gericht der Heiligen über die Welt. Daniel 7, 22 bildet für diese Hoffnung den Ansatz, faßbar wird sie in der Sapientia Salomonis ebenso wie in den Jubiläen, den Bilder- und Mahnreden des Äthiopischen Henoch [5]. Die synoptischen Evangelien und die Apokalypse setzen sie voraus [6]; noch im Rabbinismus lebt sie [7]. Weil dies Richten als ausdrücklich im zeitlich bevorstehenden Eschaton erfolgend gedacht ist, wie ja auch Paulus sich auf diesen Gedankenkreis nur dort bezieht, wo er von künftigen, endzeitlichen Ereignissen redet, kann es nicht gut die Folie für unsere Aussage bilden, in der von der jetzt bereits vorhandenen Weltüberlegenheit der Christen gehandelt wird. Für die Gegenwärtigkeit der Weltüberlegenheit dagegen sind die Parallelen im Spätjudentum merkwürdig blaß: der im IV. Esra, syr. Baruch und bei R. Jehuda b. Schalom (um 370 p.) ausgesprochene Gedanke [8], die Welt sei um Israels bzw. der Gerechten willen erschaffen, trägt eigentlich mehr den Charakter eines pium desiderium, statt von einer sieghaften Wirklichkeit zu reden; auch die Äußerung des R. Meir (um 150 p.) [9], daß die ganze Welt für den Torajünger da zu sein wert sei, kommt über diese Linie dessen, was sein müßte, nicht wesentlich hinaus.

Dagegen erinnern die Aussagen der stoischen Tradition, die zeitlich z. T. vor, z. T. nach Paulus liegen, sowohl durch ihre Formulierung

---

[4] J. WEISS, aaO, S. 89 s.

[5] STRACK-BILLERBECK, Kommentar zum NT aus Talmud und Midrasch III, 1926, S. 363 zu I. Kor 6, 2.   [6] Mt 19, 28; Lk 22, 30; Apok 3, 21; 20, 4.

[7] STRACK-BILLERBECK, aaO IV/II S. 1103 m.

[8] STRACK-BILLERBECK, aaO III, S. 248/9 sub a.

[9] Abot VI, 1, trotz Anmerkung 5 zu VI, 1 in Abot von MARTI-BEER 1927, S. 160.

wie dadurch, daß sie das jetzt gegenwärtige Dasein betreffen, lebhaft an die hier von Paulus zum Ausdruck gebrachte Weltüberlegenheit: καὶ τῶν σοφῶν δὲ πάντα εἶναι [10]; πάντα ἄρα τῶν σοφῶν [11]; ἦν (scl. τὴν φρόνησιν) οἱ προσλαβόντες μόνοι γίγνονται καλοί, μόνοι πλούσιοι, σοφοὶ μόνοι [12]; recte eius (scl. sapientis) omnia dicentur, – recte etiam pulcher appellabitur, – recte solus liber, – recte invictus – [13]; unus est sapiens, cuius omnia sunt [14].

Um keinem voreiligen Kurzschluß in der Feststellung von Abhängigkeiten zu unterliegen, werden wir beide Gedankenkreise, den spätjüdischen wie den stoischen, auf ihre Hintergründe zu untersuchen haben.

Den fiktiven Charakter der spätjüdischen Weltüberlegenheit haben wir bereits beobachtet; er kann sich steigern bis zu der Klage: „Wenn aber die Welt unseretwegen geschaffen ist, warum haben wir nicht diese unsere Welt im Besitz? Wie lange soll es so bleiben?"[15]. Diese Weltüberlegenheit ist also auch politisch gefaßt, der Antritt des Erbes [16] unterliegt der Skepsis. Das Auftauchen dieser Skepsis gerade bei dem mit dem Gesetzesproblem nicht fertigwerdenden IV. Esra stößt uns förmlich auf den Zusammenhang zwischen der Überlegenheitsgewißheit und ihrer hinreichenden Begründung. Die Erwählung Israels durch Gott erklärt nur vordergründig diese Weltüberlegenheit; das eigentliche Pathos dieser spätjüdischen Aussagen liegt jedoch darin, daß es der δίκαιος ist, der das alles für sich erwartet, der δίκαιος, der die Hoffnung auf den Lohn für die Frömmigkeit festhält und in der Prüfung als Gottes würdig befunden wird [17]. Naivität oder reflektierte Zurückhaltung gegenüber dem eigenen Gerechtsein regulieren im Spätjudentum, unter mannigfachen Kombinationen, den Gewißheitsgrad der Weltüberlegenheit.

Die stoische Weltüberlegenheit dagegen beschränkt sich grundsätz-

---

[10] v. ARNIM, Stoicorum veterum fragmenta 1923, III, Nr. 590 Diogenes Laertius VII, 125.

[11] Diogenes Laertius, Paris 1878, VI, 72 (Diogenes).

[12] v. ARNIM, aaO, III, Nr. 598 Sextus adv. math. XI, 170.

[13] Cicero, De finibus bonorum et malorum III, 75/76.

[14] Seneca De beneficiis VII 3, 2 (ed. CARL HOSIUS, Leipzig 1914).

[15] IV. Esra VI, 59.

[16] Das haereditatem possidere IV. Esra VI, 59 ist gleichbedeutend mit dem paulinischen κληρονομεῖν (cf. KAUTZSCH, Die Pseudepigraphen des AT, 1900, II, S. 368 Anm. q).

[17] Sapientia Salomonis 3, 1; 2, 22; 3, 5.

lich auf das regnum sapientiae, magnum, securum [18]; wo der animus das Universum, auch seiner geographischen Ausdehnung nach, durchdringt [19], da kann die Königsstellung des Tarquinius, die Diktatorengewalt des Sulla als schädlich, die Schönheit des Körpers im Vergleich mit den animi liniamenta pulchriora, die Fesselung des Körpers gegenüber dem Unbesiegtsein des animus [20] als unwesentlich gelten. Dieser Beschränkung des Gebietes, innerhalb dessen die Weltüberlegenheit sich auswirkt, auf die Innerlichkeit und Geistigkeit entspricht die Art der Begründung: die Bezugnahme auf die Freundschaft der Götter, die die Gütergemeinschaft und demzufolge den Besitz der πάντα miteinschließt, verrät sich als nicht eigentlich religiös schon durch die eigentümlich trockene Art des Syllogismus, in dem dieser Gedanke auftritt [21]; nicht die Götter sind dabei das Wichtige, sondern das reflektierende Schlußverfahren, das in ähnlichen Zusammenhängen auch ohne jeden religiösen Nebenton angezogen werden kann [22], während der Hinweis auf die Götter in Wirklichkeit das Ethos des Weisen meint und so auch fehlen kann: quemadmodum dii immortales regnum inermes regunt, – ita hic officia sua, quamvis latissime pateant, sine tumultu obit [23]; recte solus liber, nec dominationi cuiusquam parens nec oboediens cupiditati [24]. Denn es sind an allen genannten Stellen nur die σοφοί, nur der sapiens, denen diese Weltüberlegenheit eignet; das πάντα τῶν σοφῶν gründet mithin in der philosophia und in der virtus [25].

Der gegenwärtigen, mit voller Gewißheit ausgesprochenen, auch die externa umfassenden Weltüberlegenheit des Christen bei Paulus steht also gegenüber eine für das Eschaton erhoffte Herrscherstellung der δίκαιοι und eine jetzt in der Gegenwart leider doch nur frommer Wunsch bleibende Vormachtstellung des Torajüngers im Spätjudentum, sowie die zwar mit Gewißheit verkündete, aber auf die geistige Daseinshälfte beschränkte Weltüberlegenheit des sapiens in der stoischen Tradition. Beide aber, der spätjüdische δίκαιος wie der stoische sapiens, leiten ihre Weltüberlegenheit her von ihrer eigenen ethischen Aktivität, die zwar im Spätjudentum religiösen und in der Stoa philosophischen Einschlag zeigt, aber trotz dieser klaren Herkunftsverschiedenheit doch, von dem Gewicht der gleichen Haltung aus, zu ähnlichen Erscheinungen führt: zu der Behauptung der Würdigkeit

---

[18] Seneca, aaO VII, 10, 6.
[19] Seneca, aaO VII, 3, 3.
[20] Cicero, aaO III, 75/76.
[21] Diogenes Laertius, Paris 1878, VI, 72.
[22] v. Arnim, aaO III, 598.
[23] Seneca, aaO VII, 3, 2.
[24] Cicero, aaO III, 75.
[25] Cicero, aaO III, 76.

des Menschen ([scl. Gott] εὗρεν αὐτοὺς ἀξίους ἑαυτοῦ Sap 3, 5; allein der σοφός ist, als ἀξιέραστος, καλός v. ARNIM aaO III, 598), zur Verachtung der „anderen" (für das Spätjudentum sind Belege überflüssig!; omne humanum genus potentissimus eius optimusque infra se videt Seneca aaO VII 3, 2), ja zur Erweichung und Relativierung der Norm[26]. Bei Paulus dagegen ergibt sich die Weltüberlegenheit des Christen, wie im einzelnen nachzuweisen hier nicht der Ort ist, nicht daraus, daß der Christ etwas tut oder eine bestimmte Haltung einnimmt, sondern daraus, daß das Christusgeschehen ihn ergreift; der Aktivität des Gerechten und des Weisen in Spätjudentum und Stoa steht die Passivität des κλητός gegenüber. Das ὑμεῖς δὲ Χριστοῦ (3, 23) wird eben doch nicht bloß beschränkenden[27], sondern auch stark begründenden[28] Charakter im Blick auf das πάντα ὑμῶν haben; denn auch das folgende Χριστὸς δὲ θεοῦ schränkt die Herrenstellung Christi über die Christen nicht nur (etwa in der Richtung von 15, 24. 28) ein, sondern begründet sie.

Mit der Frage nach der Stellung, die dieser Hymnus auf die libertas christiana im Kontext einnimmt, nähern wir uns auch der letzten religionsgeschichtlichen Stellungnahme. Daß der Verweis auf das πάντα ὑμῶν das καυχᾶσθαι ἐν ἀνθρώποις ausschließen soll, ist deutlich; in welchem Sinne ausschließen, ist umstritten. Die einen Erklärer[29] akzentuieren πάντα und sehen in der Parteibildung und der damit verbundenen Herausstellung führender Parteihäupter einen von den Korinthern zu überwindenen Verzicht auf das Ganze. Die anderen[30] beobachten die Umkehrung des ἐγώ εἰμι Παύλου usw. (1, 12) in das hiesige πάντα ὑμῶν, also den Übergang von der Abhängigkeit in die absolute Herrenstellung, von der aus sich jede Selbsterniedrigung mit ihrem καυχᾶσθαι ἐν ἀνθρώποις verbiete. Die eben genannte Umkehrung

---

[26] Für das Spätjudentum cf. H. BRAUN, Gerichtsgedanke und Rechtfertigungslehre bei Paulus 1930, S. 54–59; für die Stoa Diogenes Laertius, Paris 1878, VI, 72 in den Ausführungen περὶ τοῦ νόμου.

[27] J. WEISS, aaO S. 91; z. T. PH. BACHMANN, I. Kor⁴, 1936, S. 174.

[28] H. D. WENDLAND, I. Kor⁴, 1946, S. 26.

[29] G. HEINRICI, I. Kor, 1881, S. 97, unter Hinweis darauf, es hieße πάντα γὰρ ὑμῶν ἐστιν und nicht ὑμῶν γὰρ πάντα ἐστίν; so, wenngleich nicht eindeutig, auch SCHMIEDEL im I. Kor (Kommentar von H. J. HOLTZMANN), 1891, S. 85 z. St.; auch BACHMANN, aaO S. 171 z. St.

[30] J. CALVIN, Kommentar zu den Paulusbriefen, Halle 1831, S. 254 z. St; BENGEL, Gnomon, Stuttgart 1915, S. 631 z. St.; BOUSSET in Schriften des NT., Göttingen 1908, II, S. 86 z. St.; J. WEISS, aaO S. 88 z. St.; LIETZMANN, I. Kor⁴, 1931, S. 17 z. St.; WENDLAND, aaO S. 25 z. St.

scheint uns tatsächlich, mit der Mehrzahl der Erklärer, den Tenor der Stelle auszumachen, der nicht ein Zuviel an Bescheidenheit rügt, sondern plerophorisch das Ganze in Vollmacht den Christen als Besitz zuspricht. Noch etwaige Zweifel werden ausgeschlossen durch die Vorordnung von Παῦλος vor die anderen Parteihäupter in 3, 22: diese Voranstellung ist, bei dem auch sonst in unserm Briefe oft bewährten Takt [31] des Paulus, nur möglich, wenn die schlechthin dienende Stellung des Verfassers an erster Stelle zum Ausdruck kommen soll, während die Interpretation: „ihr dürft nicht nur Paulus, aber doch auch Paulus und entsprechend die andern eure Führer nennen" solche Voranstellung geradezu verbieten würde.

Es ist oft beobachtet worden, wie nun dieser Anlaß, die Ausschließung des καυχᾶσθαι ἐν ἀνθρώποις, im Hymnus auf die libertas christiana Ausführungen hervortreibt, die weit über das hinausschießen, was sie im Kontext konkret zu leisten haben. Zur Erklärung dessen einfach auf die Übernahme stoischer oder spätjüdischer Gedankengänge zu verweisen, sollte nach der obigen religionsgeschichtlichen Analyse ausgeschlossen sein; der κλητός des Paulus ist ein anderer Typus als der δίκαιος der Sapientia oder der sapiens des Cicero [32]. Ebenso klar geht aber aus der religionsgeschichtlichen Analyse auch hervor, daß die Formung des Gedankens von der libertas christiana nicht spätjüdisch, sondern stoisch-hellenistisch ist; der paulinische κλητός trägt das, auf seine Proportionen zugeschnittene, Gewand des stoischen σοφός. Die sich hier erhebende, sehr schwierige Frage, wieweit die Hereinziehung der spätjüdischen, in der Endgeschichte statthabenden Weltüberlegenheit des Gerechten in die gegenwärtige Weltüberlegenheit des Christen sich unter dem Einfluß hellenistischer Gedankenbildung vollzogen hat, wagen wir in diesem beschränkten Rahmen nicht in Angriff zu nehmen.

III. *Θέατρον ἐγενήθημεν* 4, 9.

Wie Paulus an unserer Stelle seine apostolischen Leiden als ein Schauspiel für die Welt, für Engel und Menschen bezeichnet, so beschreibt sein Zeitgenosse Seneca [33] das Ringen des Tapferen mit widrigem Ge-

---

[31] cf. 1, 12. 13; 3, 4; ἡμεῖς Gal 1, 8.

[32] So spricht J. WEISS denn auch von dem „wichtigen Unterschied" zwischen Paulus und der Stoa (aaO S. 90).

[33] *Seneca,* De providentia II, 9 (leider in der Schulausgabe Chrestomatiae von OPITZ-WEINHOLD 1911).

schick als ein Schauspiel, das die Aufmerksamkeit Gottes verdiene. Der im Vergleich mit Paulus ganz andere stolze Ton der stoischen Aussagen, die LIETZMANN kurz zusammenstellt [34], ist zwar öfter beobachtet worden [35]; eine eingehende Analyse der Seneca-Stelle, unter Mitheranziehung ihres weiteren Kontextes und ähnlicher Aussagen, dürfte aber zur schärferen Erfassung unseres Paulus-Textes von Nutzen sein.

Gott ist es, der nicht in weichlicher Mutterliebe, sondern in tapferer Vaterliebe Arbeit und Schmerzen und Verluste über die Menschen heraufführt [36]; die Richtung, aus der solche Widrigkeiten über den Menschen kommen, kann bezeichnenderweise auch „Schicksal" genannt werden [37]. Nicht schlechterdings jedem, sondern nur den Tüchtigen wendet diese Liebe Gottes sich zu [38]; nur die ihm Ebenbürtigen, besonders Tapferen sucht das Schicksal sich aus, um an ihnen seine Kraft zu erproben, andere übergeht es voller Stolz [39]. Die Tapferen sind zwar nicht unempfindlich gegenüber solchen Übeln, sie überwinden sie aber oder stemmen sich gegen sie in ruhigem und stillem Ringen [40]. Solch Kämpfen ist den Menschen objektiv und subjektiv völlig unentbehrlich: objektiv, denn ohne Gegnerschaft erschlafft jede Tüchtigkeit [41] wie man an Masttieren sieht, ein Glück ohne Narben verträgt keinen Puff [42]; subjektiv, denn der Maßstab für die eigenen Kräfte stellt sich erst bei der Notwendigkeit der Erprobung ein [43]. Darum schreckt der Tapfere vor solchen Widrigkeiten nicht nur nicht zurück und beklagt sich nicht nur nicht über sie [44], er sucht vielmehr

---

[34] LIETZMANN, aaO S. 20 z. St.
[35] ADOLF BONHÖFFER, Epiktet und das NT, 1911, S. 170; J. WEISS, aaO S. 110 z. St.
[36] *Seneca*, De prov. II. 6 Patrium deus habet adversus bonos viros animum et illos fortiter amat.
[37] *Seneca*, De prov. III, 3, 4 fortuna.
[38] cf. Anm. 36 und *Seneca*, De prov. II, 7 deus ille bonorum amantissimus.
[39] *Seneca*, De prov. III, 4 (fortuna) fortissimos sibi pares quaerit, quosdam fastidio transit, contumacissimum quemque et rectissimum adgreditur, adversus quem vim suam intendat.
[40] *Seneca*, De prov. II 2 Non hoc dico: non sentit illa, sed vincit et alioquin quietus placidusque contra incurrentia adtollitur.
[41] *Seneca*, De prov. II 3 marcet sine adversario virtus.
[42] *Seneca*, De prov. II 6 non fert ullum ictum inlaesa felicitas.
[43] *Seneca*, De prov. IV 3 nemo sciet, quid potueris, ne tu quidem ipse. Opus est enim ad notitiam sui experimento.
[44] *Seneca*, De prov. II 4 ut dura ac difficilia non reformident nec de fato querantur.

förmlich die Gelegenheit, sich zu erproben und seine Tüchtigkeit zu beweisen[45]. Untätigkeit wäre für sein Streben eine Strafe[46]. Er kann geradezu das Schicksal herausfordern[47] und sprechen: „Was zauderst du, Schicksal? Tritt zum Kampfe herzu, du siehst einen Mann, der bereit ist"[48]. Diese Bereitschaft, alle Widrigkeiten nur als Gelegenheit zur Erprobung anzusehen[49], entnimmt den Tapferen der Sphäre des Menschlichen[50] und macht seinen Kampf zu einem Schauspiel, das Gottes wert ist, seine Aufmerksamkeit verdient[51] und von ihm denn auch mit großer Freude wahrgenommen wird[52]. Nicht die religiöse Akzentuierung ist dabei das Wichtige, auf die kämpfende Haltung vielmehr kommt es an: sie wird als die Glückseligkeit des Lebens gepriesen[53], sie gilt als erhaben[54], auf sie richtet sich die Bewunderung[55]. Wie wenig mit dem beifälligen Zuschauen Gottes eine echte Transzendenz gemeint ist, wird klar, wenn der Tapfere, bei aller Hochachtung vor der wahren Glückseligkeit, ihr hoffend gegenübersteht[56] und die Verzweiflung an ihr ausschließt[57]: diese Erhabenheit ist dem Willen grundsätzlich erreichbar[58]. Die Art und Weise, wie der Tapfere sie erwirbt, ist typisch: die Lehren und Taten der großen Vorbilder in Philosophie und Geschichte sind zwar auch ergänzbar[59], warten aber vor allem auf Anwendung, auf Zurkenntnisgenommen- und Geordnetwerden[60], wie ja die ganze Epistel LXIIII in ihren Gedankengängen

---

[45] *Seneca*, Epistulae morales (ed. HENSE 1914) LXIIII 4 quaerit, ubi se experiatur, ubi virtutem suam ostendat.

[46] *Seneca*, De prov. II 2 Cui non industrio otium poena est.

[47] *Seneca*, De prov, II 9 vir fortis cum fortuna mala conpositus, utique si et provocavit.

[48] *Seneca*, Ep. LXIIII 4 quid cessas, fortuna? congredere, paratum vides.

[49] *Seneca*, De prov. II 2 Omnia adversa exercitationes putat.

[50] *Seneca*, De prov. II 10 eripe te rebus humanis.

[51] *Seneca*, De prov. II 9 ecce spectaculum dignum, ad quod respiciat intentus operi suo deus, ecce par deo dignum, vir fortis cum fortuna mala conpositus.

[52] *Seneca*, De prov. II 11 cum magno spectasse gaudio deos.

[53] *Seneca*, Ep. LXIIII 5 ostendet tibi beatae vitae magnitudinem.

[54] *Seneca*, Ep. LXIIII 5 scies esse illam in excelso.

[55] *Seneca*, Ep. LXIIII 6 ut illam admireris.

[56] *Seneca*, Ep. LXIIII 6 ut – – – tamen speres.

[57] *Seneca*, Ep. LXIIII 5 desperationem eius non faciet.

[58] *Seneca*, Ep. LXIIII 5 volenti penetrabilem.

[59] *Seneca*, Ep. LXIIII 7 nec ulli nato post mille saecula praecludetur occasio aliquid adhuc adiciendi.

[60] *Seneca*, Ep. LXIIII 8 hoc semper novum erit, usus et inventorum ab aliis scientia ac dispositio.

durch Lektüre des Quintus Sextus angeregt worden ist. Lernende und die Lehren anwendende Verehrung der Lehrer, das ist also der Weg zur Gewinnung der gottgemäßen kämpfenden Haltung. Bezeichnenderweise kann gerade bei der praktischen Paränese in der Epistel die Erwähnung Gottes ganz wegfallen: Gott stellt kein echtes Gegenüber dar, seine Bewunderung des kämpfenden Menschen besagt im Grunde die hohe Selbsteinschätzung, die der Tapfere der eigenen Haltung zollt; darum wird diese eigene Haltung so sehr ernst genommen und gegen jedes kokettierende Posieren deutlich abgegrenzt[61]. So ist es nur folgerichtig, wenn diese Dialektik im Dasein des Tapferen sich nicht erst von einer Transzendenz oder Offenbarung her auflöst, sondern ihren Sinn und ihre Auflösung in sich selber hat: der nicht Kämpfende ist der wahrhaft Elende[62]. Mit dieser immanent gelösten Dialektik hängt zusammen die dogmatische These von der Unbesiegbarkeit des Tapferen, gleichzeitig aber auch die Beschränkung seiner Unbesiegbarkeit auf das Gebiet der Haltung, der Innerlichkeit[63]; auch im Untergange bleibt der Tapfere der Starke und Weise. Der dogmatische Charakter dieser These wird klar an ihrer Ableitung aus dem Monismus: einem guten Mann kann nichts Schlechtes widerfahren, denn gegensätzliche Prinzipien vermischen sich nicht[64].

Auch bei Paulus ist es Gott, auf den das Schauspiel zurückgeht, das die Apostel der Welt, den Engeln und Menschen, bieten; er hat die Apostel auf den letzten Platz gestellt, wie Todgeweihte[65]. Kein Wort fällt hier über die Notwendigkeit dieses Leidens; wenn wir ihr, im Rahmen der gesamtpaulinischen Aussagen, nachdenken, gelangen wir jedenfalls nicht zu einer Tüchtigkeit oder Tapferkeit des Menschen, die es zu üben gälte, sondern nehmen wahr, wie in diesem Leiden das Wort vom Kreuz die apostolische Wirksamkeit seiner Verkünder exi-

---

[61] cf. Epiktet Dissert. (ed. SCHENKL 1916) III 22 § 59 ταχύ γ' ἂν ὁ τοιοῦτος ἐνεκάλεσεν τῷ θεῷ καταπεπομφότι αὐτὸν ὡς παρ' ἀξίαν αὐτῷ χρωμένῳ, ὅς γε ἐνεκαλλωπίζετο ταῖς περιστάσεσι καὶ θέαμα εἶναι ἠξίου τῶν παριόντων. ἐπὶ τίνι γὰρ ἐγκαλέσει; ὅτι εὐσχημονεῖ;

[62] Seneca, De prov. IV 3 miserum te iudico, quod numquam fuisti miser.

[63] Seneca, De prov. II 1 ita adversarum inpetus rerum viri fortis non vertit animum: manet in statu et quicquid evenit, in suum colorem trahit; est enim omnibus externis potentior.

[64] Seneca, De prov. II 1 Nihil accidere bono viro mali potest: non miscentur contraria.

[65] I. Kor 4, 9 θεὸς ἡμᾶς τοὺς ἀποστόλους ἐσχάτους ἀπέδειξεν ὡς ἐπιθανατίους, ὅτι θέατρον ἐγενήθημεν τῷ κόσμῳ καὶ ἀγγέλοις καὶ ἀνθρώποις.

stential regiert und die Verkünder so in Schwachheit, Furcht und viel Zittern hineinstößt [66], in Bedrängnisse, die allein durch Verzicht auf eben dies Wort vom Kreuz vermieden werden könnten [67]. Wo aber im einzelnen doch auf die Notwendigkeit der Trübsale reflektiert wird, da wird auf die durch sie zustandekommende Stärkung und charakteristische Herausarbeitung von ὑπομονή und ἐλπίς verwiesen [68], also auf die Förderung gerade nicht des im Menschen Vorhandenen, sondern der mit dem Christusgeschehen gegebenen neuen Seinsweise. Denn die Apostelstellung gründet nicht, wie bei Senecas boni viri, in einer irgendwie hervorragenden Qualität ihrer Vertreter, sondern, menschlich gesprochen, in nichts Positivem weder beim Apostel [69] noch bei den Christen [70], theologisch gesprochen, in Gottes Auswahl bei beiden [71]. Wie unbetont die Leiden des Christen an und für sich sind, wie sehr sie nur die Form darstellen, in der das Christusgeschehen, der σταυρός, sich an den Christen ereignet, wird deutlich an dem Fehlen jedes krampfhaften Eilens zur Gelegenheit der Bewährung: kein Drängen und kein Gefälle zur Tragik; Mangel und Überfluß gelten gleich viel [72]. Die Haltung des Leidenden als solche, sein Ringen, interessiert nicht, ist vielmehr gekennzeichnet durch echte Kläglichkeit; der Leidende besitzt, anders als Senecas vir fortis, nach den gängigen Maßstäben weder Weisheit noch Stärke noch Ehre [73]. Sofern seine Existenz mehr ist als kläglich – und sie ist viel mehr! –, sofern sie also dialektisch bestimmt ist, so gilt das gerade nicht um dessentwillen, was er aus seinen Widerfahrnissen macht, sondern um dessentwillen, was ihm eben in seiner Kläglichkeit begegnet: ἐν παντὶ θλιβόμενοι, ἀλλ' οὐ στενοχωρούμενοι, ἀπορούμενοι ἀλλ' οὐκ ἐξαπορούμενοι, διωκόμενοι ἀλλ' οὐκ ἐγκαταλειπόμενοι, καταβαλλόμενοι ἀλλ' οὐκ ἀπολλύμενοι, πάντοτε τὴν νέκρωσιν τοῦ Ἰησοῦ ἐν τῷ σώματι περιφέροντες, ἵνα καὶ ἡ ζωὴ τοῦ Ἰησοῦ ἐν τῷ σώματι ἡμῶν φανερωθῇ [74]. Die jeweilig zweiten Partizipien und Wendungen bringen nicht die Aktivität des Beteiligten zum Ausdruck, sondern zeigen an, daß die Auflösung dieser Dialektik nicht immanent, nicht durch die Haltung des Menschen, sondern vom Offenbarungsgeschehen her erfolgt. Ohne dies Heilsgeschehen bliebe nur die Feststellung, daß nichts als Kläglichkeit da sei: ἐλεεινότεροι πάντων ἀνθρώπων ἐσμέν [75]. Daß diese Antinomien, mit denen Paulus die

---

[66] I. Kor 2, 3. [67] Gal 6, 12. [68] Röm 5, 3–5; 8, 24 s.
[69] I. Kor 15, 8 s. [70] I. Kor 1, 26–29.
[71] Gal 1, 15; I. Kor 1, 27 s.; Röm 8, 28–30. [72] Phil 4, 12.
[73] I. Kor 4, 10. [74] II. Kor 4, 8–10. [75] I. Kor 15, 19.

christliche, speziell die apostolische Existenz beschreibt, nicht durch die immanente Haltung der Betroffenen zustande kommen, sondern nur von dem streng transzendenten Christusgeschehen an den Betroffenen verständlich sind, wird an zwei Beobachtungen vollends deutlich:

Gerade der in echte Kläglichkeit Gestoßene erwartet nun den Sieg keineswegs, wie der fortis Senecas, bloß auf dem beschränkten Raume des animus; sein σῶμα wird Schauplatz dieses Sieges [76]; der Tod hört auf, tragische Schranke zu sein [77]. Und sodann: das echte Gegenüber Gottes in den Leiden des Apostels bewährt sich darin, daß gerade dem Leidenden, statt seiner eigenen Bewährung, der Bruder und *dessen* Förderung in den Gesichtskreis tritt. λοιδορούμενοι εὐλογοῦμεν, διωκόμενοι ἀνεχόμεθα, δυσφημούμενοι παρακαλοῦμεν [78]: die Verba finita beschreiben nicht bewundernswerte Leistungen des leidenden Apostels [79], sondern zeigen auf, wie gerade im Bedrängtsein die Offenheit für den andern aufbricht [80].

Aber auch dies letztere, die Fähigkeit, gerade als Leidender trösten zu können, wird nicht zu einer Begründung für die Notwendigkeit der Trübsal durchsystematisiert; das letzte Wort bleibt hier die in περικαθάρματα und περίψημα, gängigen Schimpfworten, sich aussprechende echte Kläglichkeit, von deren nicht immanenter Auflösung nur der etwas begreift, der im existential verstandenen λόγος τοῦ σταυροῦ glaubend die transzendente θεοῦ δύναμις weiß. Es ist sehr bezeichnend, daß Senecas Gott dem tragischen Ringen des Tapferen freudig zuschaut, damit dessen Selbsteinschätzung anzeigend; daß aber der Gott des Paulus aus dem Sterben rettet [81], während das – sicher nicht bewundernde – Zuschauen bei dem kläglichen Schauspiel der Welt, den Engeln und Menschen, überlassen bleibt.

IV. ἡγίασται 7, 14.

Der hier von Paulus zum Ausdruck gebrachte Gedanke ist, zumal in der trefflichen Analyse von J. Weiss [82], zunächst völlig deutlich: der jeweilig christliche Ehegatte „heiligt" den nicht-christlichen, und es kann offenbleiben, ob dies „Heiligen" durch das gesamte Zusammen-

---

[76] II. Kor 4, 10 s.   [77] Phil 1, 21.   [78] I. Kor 4, 12, 13.
[79] Wir würden zögern, mit J. Weiss (aaO S. 110 z. St.) hier auch nur von einem „Ringen" des Paulus mit seinem Geschick zu sprechen.
[80] cf. auch II. Kor 1, 6; Phil 1, 24 s.   [81] II. Kor 1, 9 s.
[82] J. Weiss, aaO S. 180–182 z. St.

leben[83] oder speziell durch den geschlechtlichen Verkehr[84] erfolgend gedacht ist. Auch der Inhalt dieses ἡγίασται sollte an unserer Stelle nicht zur Debatte stehen können: er bezeichnet schon gar nicht einen ethischen Fortschritt, er blickt aber auch nicht auf das Christwerden und das persönliche Zum-Glauben-Kommen des nichtchristlichen Eheteils, welches vielmehr gleich danach (7, 16) als durchaus fraglich bezeichnet wird; sondern mit ἡγίασται muß hier eine objektive Sphäre der „Heiligkeit" gemeint sein, an der der nichtchristliche Gatte durch die Ehe mit dem Christen Anteil bekommt. Paulus wendet mithin eine bei den Rabbinen übliche Betrachtungsweise[85], nach der die „Heiligkeit" der Proselytin-Mutter auch für das nach ihrem Übertritt empfangene und geborene Kind gilt, auf das Verhältnis der Gatten untereinander und der Kinder zu ihnen in Ehen zwischen Christen und Nichtchristen an. Soweit ist formal alles klar.

Die eigentliche Schwierigkeit des Verstehens beginnt aber eben erst jetzt. Sie ist nicht erst gegeben durch die Schranke, daß *wir* uns unter solcher objektiv-dinglichen Heiligkeit schwer etwas vorstellen können. Welche Stellung nimmt diese Betrachtungsweise denn schon bei *Paulus* selber im Rahmen *seiner* Gesamtaussagen ein?

Die zweifelsfrei paulinischen Texte[86] reden, einschließlich unserer Stelle, nur fünfmal von ἁγιάζειν[87]. Einmal ist Gott auch das grammatische[88], dreimal das logische Subjekt der Aussage[89]; nur hier in 7, 14 bleibt Gott auch logisch als Täter vom Ereignis des ἁγιασθῆναι distanziert, während allein hier dies ἁγιασθῆναι durch den Christen in einer gewissen Gelöstheit von Gott geübt wird. An allen anderen Stellen außer unserer „heiligt" Gott, indem er durch die Evangeliumsbotschaft Menschen zum Glauben kommen läßt, sie rechtfertigt und sie mit Beschlag belegt als die ἡγιασμένοι (I. Kor 1, 2); diese Übernahme der ursprünglich kultischen Terminologie in das Gebiet des existentialen Geschehens wird besonders deutlich an Röm 15, 16, wo kultische Ausdrücke (ἱερουργεῖν, προσφορά, εὐπρόσδεκτος, ἁγιάζειν) übertragen werden auf den persönlichen Glaubensstand der Heiden, den die Predigt des Paulus wirkt. Es liegt ganz in der Linie dieses beobachteten paulinischen Sprachgebrauchs, wenn das Analogon zur ob-

---

[83] J. WEISS, aaO S. 181. [84] LIETZMANN, aaO S. 31.
[85] cf. STRACK-BILLERBECK, aaO III S. 374 z. St.; LIETZMANN, aaO S. 31 z. St.
[86] Ohne den Epheserbrief und die Pastoralbriefe.
[87] Röm 15, 16; I. Kor 1, 2; 6, 11; 7, 14; I. Thess 5, 23.
[88] I. Thess 5, 23. [89] Röm 15, 16; I. Kor 1, 2; 6, 11.

jektiv-dinglichen Bedeutung von ἁγιάζειν und seiner Derivate, nämlich die Wortgruppe der kultischen „Reinheit", bei Paulus entweder ganz fehlt [90] oder aber in einer Problematik auftritt [91], die wir sofort näher zu untersuchen haben werden.

Denn in Röm 14, 14. 20 wird uns von Paulus als seine feste, gerade vom Christusglauben her gewonnene Überzeugung versichert: an sich, „objektiv", ist nichts gemein und unrein; unrein ist das Betreffende vielmehr nur für den, der es dafür hält und unter Gewissensbedenken benutzt. Gilt diese Aussage dem Kontext nach zunächst für die Fragen der Diät, so wird doch das Recht, sie allgemein und grundsätzlich zu nehmen, aus ihrer programmatischen Formulierung ebenso klar wie aus der Parallelität eines ähnlichen Gedankens in Act. 10, 28, wo sogar nicht nur von Dingen, sondern von Menschen die Bezeichnung κοινός und ἀκάθαρτος ausdrücklich abgewehrt wird. Welcher Platz bleibt bei solcher Betrachtungsweise eigentlich noch für die Konstatierung einer objektiven Unreinheit und Unheiligkeit, die, wie hier, durch objektive Gegenmaßnahmen aufgehoben werden könnte?

Der mögliche Gegeneinwand, das Gesamtgefüge des paulinischen Denkens setze voraus, daß der natürliche Mensch erst durch Christus geheiligt werden müsse und nur als solch Geheiligter vor Gott bestehe, führt hier nicht zum Ziel: denn der Mensch, der der Rechtfertigung durch Christus bedarf, ist der ἁμαρτωλός, er steht unter der ἁμαρτία, er ist nicht primär der ἀκάθαρτος, wie auch ἀκαθαρσία nicht die ἁμαρτία schlechthin, sondern, analog spätjüdischem Sprachgebrauch, die sexuelle Spielart der ἁμαρτία bezeichnet [92]. Vor allem aber: die Heiligkeit, die im Christusgeschehen dem Menschen zukommt, ist keine Sache, sie ist ein im-Glauben-auf-Gott-Bezogensein. Seiner sonstigen Terminologie nach kennt Paulus kein umfassendes objektives Unheilig- oder Unreinsein, wohl aber ein objektives Sündersein, und dies objektive Sündersein wird aufgehoben, indem das Christusgeschehen sich am Sünder ereignet, also gerade nicht dinglich-objektiv.

Nur eine Analogie zu der Betrachtungsweise unserer 7, 14-Stelle läßt sich, soweit wir sehen, aus den Paulinen beibringen: auch in II. Kor 6, 14–7, 1 herrscht die Meinung, der Ungläubige als dämonisch Infizierter gehöre auf die Seite der ἀκάθαρτα; will man also Leib und Seele von dieser Infektion unbefleckt erhalten, will man die Heiligung voll

---

[90] Wie καθαίρειν, καθαρισμός, καθαρότης.

[91] καθαρός Röm 14, 20; καθαρίζειν II. Kor 7, 1.

[92] Röm 1, 24; 6, 19; II. Kor 12, 21; Gal 5, 19; Kol 3, 5; I. Thess 2, 3; 4, 7.

zu Ende führen, so ist das möglich nur durch eine rigorose Trennung von diesen Infektionsträgern. An beiden Stellen gilt der Ungläubige als verunreinigend; der Glaube des Christen als das die üblichen Maßstäbe Außerkurssetzende bleibt an beiden Stellen außer Betracht; die Lösung erfolgt vielmehr auf derselben Ebene, wenn auch mit verschiedenem Ausgang: die Heiligung des Christen kommt in II. Kor 6 zustande durch Trennung, die Heiligung des Nichtchristen hier durch Zusammenleben mit dem christlichen Ehegatten. Der religionsgeschichtliche Hintergrund, von dem wir bisher kaum gesprochen haben, wird in II. Kor 6 unübersehbar deutlich: der frühere Pharisäer wendet seine religiöse Regel, das ἀφορισθῆναι, nur unter Fortlassung der für ihn als Christen erledigten kultischen Voraussetzungen, auf die Frage des Verhältnisses zwischen dem Christen und dem Heiden [93] an.

Die Konsequenz unserer bisherigen Beobachtungen ist einfach: die paulinischen Texte reden von dem ἁγιασθῆναι unkonform. Auch die Unechtheitserklärung von II. Kor 6, 14–7, 1 würde uns der Verlegenheit, diese Feststellung treffen zu müssen, an unserer Stelle nicht überheben. Nur kann solche Feststellung einer uneinheitlichen Formulierung, ja einer disparaten Sachbehandlung nicht das Ende, sondern gerade erst den Ausgangspunkt echten Verstehens bedeuten. Was meinte Paulus eigentlich, und woher stammen die Aussagen, die diesem Eigentlichen widersprechen?

Für 7, 14 scheint uns die Antwort hierauf einfach. Die Analyse des Gebrauchs von ἁγιάζειν macht deutlich: wirklich „geheiligt" wird der Mensch durch sein Einbezogenwerden in das Christusgeschehen, durch den Glauben; von daher ist ihm nichts unrein, wie umgekehrt außerhalb des Glaubens alles Sünde ist (Röm 14, 23). Das ist der eigentliche Paulus. Die spätjüdische Herkunft der dieser Betrachtungsweise widersprechenden dinglich-objektiven Heiligkeit und ihr Zustandekommen durch Teilhaben (I. Kor 7) oder durch Sichabsondern (II. Kor 6) liegt gleichfalls auf der Hand. Nicht mehr einsichtig ist uns jedoch die psychologische Möglichkeit bei Paulus, diese spätjüdischen „Reste" mit dem neuen Gedankengut gleichzeitig nebeneinander zu vertreten. Daß gleichwohl diese unsere Erklärung die rechte Richtung einschlägt, scheint uns deutlich zu sein an der Bereitschaft, mit welcher der Frühkatholizismus die nicht originalpaulinische Linie von der

---

[93] Der ja auch dem Spätjudentum als ein mit den Dämonen Befaßter gilt, cf. STRACK-BILLERBECK, aaO III S. 51 s.

dinglich-objektiven Heiligkeit und ihrer Übertragbarkeit im Zusammenleben aufgenommen hat [94].

V. εἰ δὲ ἑαυτοὺς διεκρίνομεν, οὐκ ἂν ἐκρινόμεθα 11, 31.

Nach der neusten Arbeit über diesen ganzen Passus [95] wird es vorerst einmal gelten, den Sinn unserer Stelle eindeutig festzustellen.

Denn EHRHARDTS Interpretation findet den Sinn der Verse 27–32 in einer der bisherigen Auslegung völlig entgegengesetzten Richtung, die zunächst kurz dargestellt sein soll: Gerade der rechte Genuß des Sakraments besteht in der Übernahme des Gerichtes, durch die der Kommunizierende seine Mitschuld am Tode Christi zugibt. Auf die Erweckung der Bereitschaft dazu zielt die noch der Vorbereitung angehörende Selbstprüfung (V. 28). Der Vollzug des Mahles selber wird dann in V. 29 beschrieben: das rechte Essen und Trinken geschieht dort, wo der Christ sich selber vom Gerichte nicht ausnimmt (μὴ διακρίνων τὸ σῶμα). Als Folge dieser rechten Leidensverbundenheit mit Christus sind Krankheit und Tod zu werten (V. 30). Das Sichausnehmen von dieser im Sakrament geschehenden Leidensgemeinschaft würde auch die Trennung von solchem rettenden Gericht bedeuten (V. 31); das Übernehmen des Gerichtes dagegen wirkt sich als heilsame Züchtigung aus und bewahrt vor der endgültigen Verdammnis (V. 32).

Welche schwere Bedenken dieser mit Konsequenz vorgetragenen und mit geistreichen Einfällen durchsetzten Interpretation von einer sorgsamen Begriffsanalyse und einer wirklichen Zusammenhangsexegese aus entgegenstehen, kann im folgenden nur kurz und keineswegs erschöpfend angedeutet werden:

διακρίνειν kann tatsächlich, wie J. WEISS am Sprachgebrauch von Hiob LXX nachweist [96], synonym mit δοκιμάζειν gebraucht werden. Dagegen findet sich bei Paulus schlechterdings nicht der Sinn von κρίνειν und κρίμα als einer dialektischen Bezeichnung der Gnade Gottes; so sehr Luther und die dialektische Theologie mit ihrer durchreflektierten Wiedergabe paulinischer Formeln letztlich die Intention des Paulus profiliert erfaßt haben, so wenig ist es methodisch angängig, solche Erkenntnisse (also etwa: das der Gnade innewohnende Gericht)

---

[94] cf. I. Cl. 46, 2; Past. Herm. Vis. III 6, 2; Sim. VIII 8, 1; 9, 1; IX 20, 2; 26, 3.
[95] ARNOLD EHRHARDT, Sakrament und Leiden, Ev. Theol. 1947, Heft 3/6, S. 99–115.
[96] J. WEISS, aaO S. 291.

kurzschlüssig in die Terminologie der paulinischen Texte zurückzudatieren. Das ἀναξίως in V. 27 (nicht V. 29!) muß bei EHRHARDT unerklärt bleiben. Die Übersetzung von μὴ διακρίνων τὸ σῶμα untersteht dem Verdacht gesuchter Künstlichkeit.

Beim Versuch der Zusammenhangsexegese von EHRHARDTS Interpretation aus vollends türmen sich die Schwierigkeiten: wo ist denn die Gemeinde, der Paulus, nach EHRHARDTS Exegese von V. 30, bescheinigen könnte, ihre Leiden seien die tröstliche Folge des rechten Herrenmahlgenusses? In der Einleitung V. 22 versagt Paulus der Abendmahlspraxis der Korinther doch sein Lob! Nach EHRHARDTS Darstellung müßten wir erwarten, Paulus werde die Korinther tadelnd auf das Fehlen von Krankheit und Tod in ihrer Mitte hinweisen.

Es bleibt also bei dem von der bisherigen Exegese erarbeiteten Verständnis unseres Verses: „wenn wir uns selber prüften, würden wir nicht gerichtet". Die Selbstprüfung meint die Ermöglichung der Mahlzeit als eines gemeinsamen κυριακὸν δεῖπνον (V. 20), meint die Unterscheidungsfähigkeit zwischen profaner Speise und dem σῶμα (τοῦ κυρίου) (V. 29). Solche Selbstprüfung, die ja im vorliegenden konkreten Falle nicht trennbar wäre vom Selbstgericht (denn sie *haben* ja ἀναξίως gegessen und getrunken!), würde vom Gerichte befreien. Von dem Gericht, das sich, nach V. 30, in allerlei Krankheit und Schwäche und Sterben bereits an den Korinthern vollzieht. Das „Gericht" hat hier also den Sinn einer Strafe, die nicht eschatologisch erfolgt, sondern immanent geschieht und in V. 32 als Erziehung verstanden wird.

Das Befremdliche und Einmalige dieses paulinischen Gedankens verdient festgehalten zu werden. Es liegt nicht daran, daß Paulus hier eine ethische Tat, die Selbstbeurteilung, als Mittel zum Vermeiden des göttlichen Gerichtes vorschlüge; so allein meint EHRHARDT, von den Voraussetzungen der üblichen, auch von uns geteilten Exegese aus, unsere Stelle verstehen und damit diese Voraussetzungen ad absurdum führen zu dürfen. Denn EHRHARDTS Weigerung, dem Paulus irgendwelchen Moralismus zuzutrauen, bildet das eigentliche Pathos seiner Arbeit. Tatsächlich setzt aber dies ἑαυτοὺς διακρίνειν das Verstehen des κυριακὸν δεῖπνον als einer Verkündigung des für uns erfolgten Todes des Herrn voraus, schließt die Anerkennung des bisherigen ἀναξίως ἐσθίειν und πίνειν ein und ist mithin von der πίστις Ἰησοῦ, innerhalb deren es erfolgt, gar nicht zu trennen. Das vielmehr ist das Einmalige und Befremdliche dieses glaubenden Selbstgerichtes, daß es das Gericht Gottes aufhebt. Zwar ist mit diesem aufgehobenen Gericht Gottes nicht ausdrücklich das endzeitlich erfolgende Gericht gemeint; aber da Paulus zwischen immanentem und eschatologischem Gericht nicht sorgsam trennt, bleibt diese Bedeutsamkeit bestehen: das Gericht, welches sonst eschatologisch dem Glaubenden bevorsteht[97], gilt hier als durch die Selbstbeurteilung des Glaubens abgewendet.

Durch Gegenüberstellung mit einer scheinbar entgegengesetzten Römer-Stelle läßt sich unser paulinischer Gedanke noch schärfer erfassen. Röm 14, 22 preist den glücklich, der bei seinen Entscheidungen sich selbst nicht das Urteil zu sprechen braucht[98]. Gemeint sind die Entscheidungen zwischen der Betätigung der Freiheit in der Diät und zwischen der in ihr gebotenen Rücksichtnahme auf den durch solche Freiheitsbetätigung im Glauben bedrohten Bruder. Der Sinn dieser Glücklichpreisung erhellt aus ihrem Widerspiel: der bei der Betätigung der Freiheit Bedenkliche, Zweifelnde tut Sünde, weil sein Handeln nicht aus Glauben fließt (das zeigt sich eben in seinem Zweifeln an), und hat damit schon sein Verdammungsurteil empfangen. Die Glücklichpreisung will also nicht hervorheben, wie leicht und bequem es doch der bedenkenlos Handelnde habe, sie gilt dem Gegensatz zum Zweifeln, dem gläubigen Handeln, das sich hier im Unterlassen der Selbstverurteilung anzeigt, vielmehr deshalb, weil solchem Handeln keine Verdammnis anhaftet, weil es mithin von Gott angenommen ist und das Gericht mit positivem Ausgang hinter sich gebracht hat.

Der vordergründige Gegensatz zu I. Kor 11, 31 liegt ja auf der Hand: in I. Kor 11 ist es die Selbstbeurteilung, in Röm 14 gerade die Unterlassung des Selbstgerichtes, die dem Gericht Gottes entnimmt. Aber beide Betrachtungsweisen fließen aus ein und demselben Glauben, der die in Christus gegebene Freiheit mit der rechten Rücksichtnahme auf den schwachen Bruder zu einen weiß (Röm 14) und der die religiöse Naivität eines Kultmahles unter die Botschaft von der somatischen Gegenwart des für uns gestorbenen Herrn beugen läßt (I. Kor 11). Darin also hat EHRHARDT, zusammen mit der reformatorischen Paulus-Interpretation, schon völlig recht, daß unseren Texten der Moralismus durchaus fernliegt. Der gemeinsame sehr auffällige Hintergrund beider Stellen besteht darin, daß hier – für Paulus ausnahmsweise – der Vollzug des Glaubens das sonst im eschatologischen Gericht erfolgende Ja Gottes vorwegnimmt (beachte das Perfekt κατακέκριται

---

[97] cf. nur II. Kor 5, 10; Röm 14, 10.
[98] Röm 14, 22 b: $\mu\alpha\kappa\acute{\alpha}\varrho\iota\sigma\varsigma\ \acute{o}\ \mu\grave{\eta}\ \kappa\varrho\acute{\iota}\nu\omega\nu\ \acute{\epsilon}\alpha\upsilon\tau\grave{o}\nu\ \acute{\epsilon}\nu\ \ddot{\omega}\ \delta\sigma\kappa\iota\mu\acute{\alpha}\zeta\epsilon\iota$.

Röm 14, 23!), daß hier also eine größtmögliche Nähe zu der gleichen bekannten johanneischen Anschauung [99] gewonnen wird. Wenn man will, mag man sagen, Paulus rede hier vom Gericht rein existential, ohne die sonst üblichen apokalyptisch-spätjüdischen Kulissen, also unmythologisch. Man wird sich nur hüten müssen, diese Verständnismöglichkeit, die uns selber durchaus zu einem Schlüssel für die gemeinte Sache werden mag, bei Paulus jedoch nur in flüchtiger Skizzierung hingeworfen erscheint, in das Bewußtsein des Paulus zurückzudatieren und sie dort mit seinen dominierenden eschatologischen Gerichtsbildern in irgendeinen Ausgleich zu bringen.

VI. *ὃν οὐκ ἤγειρεν, εἴπερ ἄρα νεκροὶ οὐκ ἐγείρονται* 15, 15.

BULTMANN analysiert in seiner Besprechung von BARTHS „Auferstehung der Toten"[100] den Anfang von I. Kor 15 dahin, daß der historische Nachweis der Auferweckung Christi, den die Verse 1–11 durch Anführung bekannter und z. T. noch kontrollierbarer Zeugen zu führen versuchen, sich der von Paulus in Wirklichkeit gemeinten Sache gegenüber insofern als indäquat und inkommensurabel erweist, als im folgenden, besonders den Versen 20–22, die Auferweckung Christi nicht als innerzeitliches, sondern als eschatologisches Ereignis verstanden wird. Zur Beantwortung der hiermit aufgeworfenen Fragestellung, deren Weitschichtigkeit und Bedeutungsschwere in diesem beschränkten Rahmen nicht einmal skizziert werden kann, will nachfolgende kurze Untersuchung über die Logik der oben in der Überschrift aus 15, 15 zitierten Worte einen kleinen Beitrag zu liefern versuchen. Von den Korinthern wird nicht die Auferweckung Christi, sondern die Auferweckung der Toten bestritten (V. 12). Demgegenüber stellt Paulus fest: die Bestreitung der Auferweckung der Toten trifft in Wirklichkeit auch die Auferweckung Christi (V. 13). In welchem Sinne gilt diese Verklammerung? Nicht nach dem formal-logischen Gesetz, daß die allgemeine Negation jede, auch vereinzelte, positive Ausnahme ausschließt[101]; sondern, wie der ganze weitere Text zeigt, der in syllogistischer Form inhaltliche Notwendigkeiten geltend macht, nach dem Gesetz der Sache, die da verbietet, von Christi Auferweckung zu reden, wo man die Totenauferweckung bestreitet. Des

---

[99] cf. Joh 3, 18; 5, 24.
[100] R. BULTMANN, Glauben und Verstehen, Bd. I, 1954², Aufsatz „Karl Barth, Die Auferstehung der Toten", S. 54 s.
[101] Wie J. WEISS will, aaO S. 353.

weiteren (V. 14–15) wird nun aufgezeigt, wie die Bestreitung der allgemeinen Totenauferstehung, infolge ihrer Verklammerung mit der Auferweckung Christi, die Sinnerfülltheit von Kerygma und Glaubensinhalt aufhebt und die Apostel als falsche Zeugen hinstellt, die von Gott Zeugnis ablegend behauptet haben, er habe Christus auferweckt, ὃν οὐκ ἤγειρεν, εἴπερ ἄρα νεκροὶ οὐκ ἐγείρονται. Nicht als ein argumentum ad hominem sind diese Deduktionen gemeint [102], welches nahelegen möchte, von der realen Erfahrung der Erlösung aus die Unmöglichkeit jener Zweifelsprämisse, die Unmöglichkeit der Bestreitung der Totenerweckung und der mit ihr verklammerten Auferweckung Christi, eudämonistisch zu postulieren; V. 20 zeigt ja klar: der archimedische Punkt, der den bedrohten Sinn von Kerygma und Glauben garantiert, ist die Auferweckung Christi und die mit ihr gesetzte Totenauferstehung. Soweit ist die Intention des Textes klar.

Aber eben bei der bereits beobachteten Verklammerung, die in den beiden als Überschrift vorangestellten Sätzchen besonders präzise zum Ausdruck kommt, muß nun das weitere Fragen ansetzen. Warum kann denn Christi Auferweckung nicht als Einzelfall, als Ausnahme übrigbleiben, auch wenn die allgemeine Totenauferweckung entfällt? Die V. 20–22 geben, in dem bei den Zeitgenossen als selbstverständlich und unbestritten vorausgesetzten (ἐπειδή V. 21) Gewande der spätjüdischen Adam-Spekulation [103] und des gnostischen Anthropos-Mythus [104], die Lösung: weil der Christus seinem Wesen nach ein alle einbegreifendes Geschehen darstellt, weil ein Einzelgeschehen, das sich auf die Person des Christus beschränkte, eben nicht mehr das *Christus*-Geschehen wäre, weil er nur als ἀπαρχὴ τῶν κεκοιμημένων Christus ist. Darum gilt nicht nur: ohne Christi Auferweckung gibt es keine allgemeine Totenauferweckung, sondern auch das Gegenteil: bei Fortfall der allgemeinen Totenauferweckung hat Christi Auferweckung nicht stattgefunden; darum ist die Verklammerung eine doppelseitige, eine in beiden Richtungen anwendbare. Darum also kann Paulus nicht sagen: wenn schon die allgemeine Totenauferweckung, d. h. die uns zugewandte Seite von Christi Auferweckung, fortfällt, so bleibt dennoch das Faktum von Christi Auferstehung als solches bestehen. Ein für sich allein übrigbleibendes Heilsfaktum, welches nicht das allgemeine Heil

---

[102] So J. WEISS, aaO S. 354 s.
[103] cf. IV. Esra 3, 7; 7, 118 syr. Baruch 23, 4.
[104] REITZENSTEIN, Die hell. Mysterienrel.³ S. 342 s. BULTMANN, Das Johannes-Evangelium 1941 S. 9–12.

einleitete, d. h. ein innerzeitliches, nicht eschatologisches Heilsfaktum gibt es nach der Logik dieses Passus nicht. Denn Christus ist der Anthropos-Erlöser, ὃν οὐκ ἤγειρεν, εἴπερ ἄρα νεκροὶ οὐκ ἐγείρονται [105].

Dieser, zwar nicht von der formalen Logik, aber vom Inhalt her gesehen, irreale Fall wird nun, wie schon erwähnt, richtiggestellt durch den Hinweis (V. 20–22): Christus ist auferweckt; auferweckt in dem Sinn, daß damit das Eschaton begonnen hat. Diese Richtigstellung paßt zu unserm V. 15, weil in ihr der in V. 15 enthaltenen doppelten Verklammerung Rechnung getragen wird. Der irreale Fall von V. 15 ist ja aber schon vorher, in den Versen 1–11 mit dem Geschichtsbeweis für Christi Auferweckung, sozusagen a priori richtiggestellt worden. Und diese Richtigstellung in V. 1–11 paßt nicht zu der in V. 15 beobachteten Auffassung: denn ein Faktum, das grundsätzlich, wie in V. 1–11 angenommen, als historisch beweisbar gilt [106], brauchte in seiner historischen Tatsächlichkeit nicht dadurch als hypothetisch aufgehoben erklärt zu werden (V. 15), daß seine Folge, die allgemeine Totenauferweckung, ausbleibt. Mit anderen Worten: für die doppelte Verklammerung von Christi Auferweckung und allgemeiner Totenauferweckung (V. 15) eignet sich nicht die Fassung der Auferweckung Christi als eines historisch feststellbaren Faktums, wie sie V. 1–11 vorliegt; denn solch ein historisch feststellbares Faktum müßte ja übrig bleiben können als Einzelgeschehnis, auch wenn seine, die allgemeine Totenauferweckung einleitende Bedeutsamkeit abgestritten würde. Der Umstand, daß Paulus so nicht denkt, daß er mit der Bestreitung der allgemeinen Totenerweckung sofort auch Christi Auferweckung bestritten sieht und sie nicht etwa isoliert übrig behält, zeigt deutlich: Christi Auferweckung ist ihm ein Geschehen, das mit seinem eschatologischen Sinn steht und fällt. Darum ist sie ihm grundsätzlich nicht gegeben, nicht schaubar, nicht beweisbar; ihre Schaubarkeit und Beweisbarkeit würde sie geradezu unter die 1, 22 vom λόγος τοῦ σταυροῦ her abgelehnten σημεῖα rücken. Darum sind die Ausführungen V. 1–11, deren auf einen historischen Beweis hinauslaufende Intention von dieser gesamtpaulinischen Linie nicht bestritten werden darf, dem von Paulus eigentlich Gemeinten inadäquat, fassen sie doch die Aufer-

---

[105] Der Fortfall des εἴπερ-Sätzchens im westl. Text ist ein Versehen per homoioteleuton.

[106] Wir meinen unterstellen zu dürfen, daß in dieser Auffassung BULTMANN (Glauben und Verstehen Bd. 1, 1954², S. 54 f) mit LIETZMANN (aaO S. 72) gegen BARTH (Auferstehung der Toten 1924 S. 70–82) exegetisch recht hat.

weckung Christi als ein auch ohne Glauben nachweisbares Geschehen. Die Tatsächlichkeit der Auferweckung Christi, mit der allerdings der Sinn der Kerygmas und Glaubens steht und fällt, darf aber, der Tendenz der Verse 12–22 nach, keine historisch nachweisbare sein[107], eben weil sie Offenbarung ist; mit Recht nimmt hier (V. 20 ss.) die andere Hand des Paulus wieder, was vorhin (V. 1–11) die eine gegeben. Nach V. 1–11 hätte die Offenbarung die Verhüllung der Geschichte nachweisbar durchbrochen; nach V. 12 ss. wäre ohne den Miteinschluß der Menschen, d. h. ohne die allgemeine Totenauferweckung, die Offenbarung gar nicht erfolgt. Mit ihrem historischen Beweis zu erreichen vermögen V. 1–11 also bestenfalls ein Einzelfaktum, und als Einzelfaktum lehnt Paulus ja im folgenden Christi Auferweckung gerade ab. Denn V. 22 redet von der Auferweckung Christi als einem uns unmittelbar umschließenden Heilsgeschehen, dessen Projektion auf die Ebene historischer Beweisbarkeit (V. 1–11) der eigentlichen theologischen Intention des Paulus widerspricht.

Man kann von diesen Dingen sehr viel unkritischer reden, kann alle Momente der paulinischen Texte, also den Geschichtsbeweis (V. 1–11) und den Glaubenscharakter der Aussagen (V. 12 ss.) als auf Einer Ebene liegend deskriptiv schildern[108], aber wir wären in Sorge, gerade bei solcher deskriptiven Treue möchte das Bemühen um ein wirkliches Verstehen der Texte versäumt werden.

VII. ἔτι ἐστὲ ἐν ταῖς ἁμαρτίαις ὑμῶν 15, 17.

Die Pluralform ἁμαρτίαις ist in der Exegesegeschichte der letzten Jahrzehnte nicht stark aufgefallen; nur J. WEISS und BACHMANN[109] weisen besonders auf sie hin. Ihre textliche Überlieferung ist völlig unumstritten[110]. Auf ein wie starkes Interesse sie Anspruch hat, mag folgende statistische Übersicht dartun:

In den Paulinen (einschließlich des Epheserbriefs, ohne die Pastoralbriefe) wird das Wort ἁμαρτία im ganzen 61mal gebraucht[111]. In dieser Gesamtzahl sind 52 singularische und 9 pluralische Formen des Wortes

---

[107] cf. die berechtigte drastische Ad-absurdum-Führung der historischen Beweisbarkeit bei BARTH (aaO S. 76 s.): „daß es nie und nimmer, wie daß es immer und überall möglich war, ist und sein wird".
[108] cf. etwa WENDLAND aaO S. 93.
[109] J. WEISS, aaO z. St. S. 354. BACHMANN, aaO z. St. S. 437 s.
[110] TISCHENDORFS Editio octava verzeichnet für ἁμαρτίαις keinerlei Varianten.
[111] Alle Zählungen nach A. SCHMOLLER, Handkonkordanz⁵, 1923.

enthalten. Von den neun Pluralformen sind drei durch Zitate bedingt (Röm 4, 7; 11, 27; I. Thess 2, 16); drei weitere finden sich in Wendungen, die entweder ausdrücklich sich von der gemeinchristlichen Paradosis herleiten (I. Kor 15, 3) oder nachweisbar ihr nahestehen (Gal 1, 4, Kol 1, 14); von den drei übrigbleibenden Pluralformen [112] steht die eine in dem bezüglich seiner paulinischen Herkunft fraglichen Epheserbrief (2, 1), die zweite begegnet im Römerbrief (7, 5) und die dritte an unserer Stelle. Unter den 52 singularischen Formen hat nur einmal die Zitierung die Formulierung beeinflußt (Röm 4, 8). Der erste zahlenmäßige Eindruck (52mal singularisch, 9mal pluralisch) verschiebt sich also bei näherer Untersuchung noch ganz beträchtlich zugunsten des völligen Übergewichtes der singularischen Formen.

Daß diese Eindeutigkeit kein Zufall ist, lehrt ein vergleichender Blick in den diesbezüglichen Sprachgebrauch anderer neutestamentlicher Autoren. Im Hebräerbrief überwiegen die Pluralformen von ἁμαρτία bereits um ein geringes (14mal Plural gegen 11mal Singular, darunter auf beiden Seiten je drei Zitate); in den Pastoralbriefen (dreimal) und in den Acta (sechsmal) [113] beherrschen sie allein das Feld.

Die Regel ist also bei Paulus der Gebrauch der Singularform; mit einer solchen Ausnahmslosigkeit, daß die Frage sich förmlich aufdrängt, warum er hier den Plural gewählt hat. Denn daß er bewußt gewählt hat, steht nun, nach der obigen Statistik, außer Zweifel. Den Hintergrund dieser Wortwahl entnehmen wir am besten der einzigen schon oben genannten Stelle, an der Paulus, unbeeinflußt durch einen zitierten Schrifttext oder durch bestimmte in der christlichen Paradosis vorgebildete Wendungen, also von sich aus, den Plural für angemessen hält, Röm 7, 5. Die Wirksamkeit der Leidenschaften der einzelnen Sünden, auf die dort zurückgeblickt wird, fand statt, so lange wir im Fleische waren, wie sie ja auch durch das Gesetz entscheidend ermöglicht wurde, dem die jetzigen Christen entstorben sind. Die Tatsünden, die ἁμαρτίαι, charakterisieren also den vorchristlichen, den heidnischen Zustand. Wir werden gut tun, in diesem Sinne auch unsere Stelle zu verstehen [114]. Die durch konkrete Sünden gekennzeichnete Vergangenheit, die Unzucht, der Götzendienst, das Stehlen, die Hab-

---

[112] Die westl. und Koine-Lesart ὁ ἄνθρωπος τῆς ἁμαρτίας II. Thess 2, 3 ist in der 9-Zahl der Pluralformen nicht mitgezählt!

[113] Denn Act 7, 60 redet von einer Einzelsünde (ταύτην)!

[114] So BENGEL, aaO S. 676; HEINRICI, aaO S. 409; SCHMIEDEL, aaO S. 159; J. WEISS, aaO S. 354.

gier, das Rauben, die Trunkenheit, das Lästern, von dem allen gilt, wenn Gottes eschatologische uns einbeschließende Tat nicht erfolgt ist, eben nicht: so etwas wart ihr zum Teil[115]. Sondern dann muß es heißen: ihr seid das noch immer; es hat sich, selbst, wo ihr euch ethisch geändert habt, in Wirklichkeit nichts geändert: $ἔτι\ ἐστὲ\ ἐν\ ταῖς\ ἁμαρτίαις\ ὑμῶν$, eben in dieser eurer konkret sündigen Vergangenheit. Wir merken, der Rückgriff auf den vorchristlichen status beabsichtigt und erreicht die Massivierung der Vorstellung: nicht nur die Sünde als Grundzug des Wesens, als Prinzip, als Macht bleibt, nicht nur die $ἁμαρτία$, die ja auch beim Christen nicht weggedacht werden kann, gerade weil die Christen zur Realisierung des Geisteswandels (Gal 5, 25) und des Gerechtigkeitsgehorsams (Röm 6, 15 ss.) immer noch aufgefordert werden müssen[116], nicht nur sie bleibt; die ganz konkreten, handgreiflichen Tätlichkeiten der Sünde bleiben, die ganze, durch sie bestimmte Vergangenheit bleibt, – wofern Gottes eschatologische Tat nicht erfolgt ist. Das alles zeigt sich in der Wahl des Plurals $ἁμαρτίαι$ statt des Singulars $ἁμαρτία$ an.

Damit wäre dann allerdings gemeint: diese eure z. T. häßliche, in jedem Falle aber konkret sündige Vergangenheit (es ist ja die Vergangenheit der früheren *Heiden*! Beachte die 2. Person Pluralis, „ihr", bevor in V. 19 Paulus sich mit „wir" in die katastrophalen Folgen des Fortfalls der eschatologischen Offenbarung miteinbeschließt!) ist nicht vergeben. Eure Annahme, sie sei es, ist unbegründet, $ματαία\ ἡ\ πίστις\ ὑμῶν$[117]. Dann zeigen die Paränesen, auch die dieses Briefes (jeder Gedankenkomplex unseres Briefes hat ja seine paränetischen Spitzen), jedenfalls keinen Weg auf, um das alltägliche Leben unter das Christusgeschehen zu stellen; die konkreten Schäden, die vom Indikativ des Heils aus überwindbar sind ($λογίζεσθε$ Röm 6, 11), sind nun irreparabel; die Paränese würde nun dem Angeredeten ein Abenteuer auf eigene Faust zumuten. Die Streichung Christi als einer besonderen Kategorie[118] macht den Vergebungsglauben und den Lebensversuch unter ihm zu einer immanenten Angelegenheit, d. h. aber zu einer

---

[115] 6, 9–11.

[116] cf. BULTMANN, Christus des Gesetzes Ende (Beiträge zur Ev. Theol. Bd. I) S. 24–26.

[117] f vg Orig. partim und Ambrst. verknüpfen denn auch mit adhuc enim die Unbegründetheit des Glaubens und das Sein in den Sünden, ähnlich Irenaeus, Tertullian und einige Minuskeln, letztere unter Weglassung des $ἔτι$.

[118] Wie K. BARTH (aaO S. 88) es zutreffend formuliert.

Utopie sowohl im Glauben wie im Leben: ἔτι ἐστὲ ἐν ταῖς ἁμαρτίαις ὑμῶν. Die Schuld ist nicht vergeben, die Macht der Sünde nicht gebrochen. Dann will dieser Satz aber nicht an die Realität der Erlösungs*erfahrung* appellieren, um von ihr aus, weil sie nicht Illusion sein könne, die Tatsächlichkeit der Auferweckung Christi und der in ihr mitgesetzten Totenauferweckung zu postulieren[119]; er hat vielmehr das Ziel, die Korinther zur kritischen Besinnung auf die Voraussetzungen ihres Vergebungsglaubens aufzurufen: stellt dieser Glaube nur eine Erfahrung, nur einen seelischen Besitz dar (cf. 4, 8), so ist er Selbsttäuschung; allein sein im eschatologischen Christusgeschehen begründetes Wesen macht ihn zu dem, was als reine Erfahrung zu sein er vergeblich vorgibt. Nicht die Sentimentalität des Erfahrungstheologen, sondern die erschreckend kritische Konsequenz des Offenbarungsdenkers spricht sich in unserm Sätzchen aus.

---

[119] So versteht es J. WEISS, aaO S. 355.

Zur nachpaulinischen Herkunft des zweiten Thessalonicherbriefes*

In der Frage nach der Unechtheit des II. Thessalonicherbriefs ist, nachdem anfänglich der unpaulinische Charakter der Eschatologie in 2, 1 ff. das Hauptargument gegen die paulinische Herkunft bildete, seit W. WREDE immer mehr die literarische Abhängigkeit von II gegenüber I beobachtet und als Indiz verwertet worden. Nachfolgende Besinnungen wollen die gleiche Frage von seiten der theologischen Begriffswelt aufhellen.

I

Die δικαία κρίσις steht bevor (1, 5). Nicht wie die δικαιοκρισία (Röm 2, 5), in der *jeglichem* Menschen sein ἔργον ἀγαθόν vergolten wird (Röm 2, 6–11); nicht die Szene vor dem βῆμα θεοῦ oder Χριστοῦ, in der jeder *Christ* („wir" Röm 14, 10–12 II. Cor 5, 10; με I. Cor 4, 4 f.) über sein vollbrachtes ἀγαθόν oder φαῦλον Rechenschaft ablegen wird; auch nicht bloß das κρίμα über die *Irrlehrer* (Gal 5, 10 II. Cor 11, 15). Die hier im II. Thessalonicherbrief ergehende κρίσις wird danach befinden, je nachdem ob jemand zu der bedrängten Gemeinde oder zu ihren Bedrängern gehört. a) Die θλιβόμενοι werden im Gericht der eschatologischen βασιλεία für würdig erachtet. b) Die θλίβοντες erhalten Strafe für ihre Gottes-Unkenntnis und für ihren Ungehorsam gegenüber dem Evangelium. c) In beidem stellt sich die δικαία κρίσις dar.

a) Die βασιλεία, deren die Christen für würdig erachtet werden sollen, ist eindeutig etwas *Zukünftiges*; vielleicht, wenn 1, 11 nach 1, 5 und nicht nach dem üblichen paulinischen Sprachgebrauch ausgelegt werden muß, auch die κλῆσις. Bei Paulus dagegen steht ἀξίως stets in Beziehung auf das *gegenwärtige, bereits erfolgte* Wunder des Christseins in seiner objektiven (I. Thess 2, 12 τοῦ θεοῦ καλοῦντος; Phil 1, 27 τοῦ εὐαγγελίου) oder subjektiven (Röm 16, 2 τῶν ἁγίων) Gestalt; auch im

---

* ZNW 44, 1952/53, 152–156.

Epheser- (4, 1) und Kolosserbrief (1, 10) verhält es sich ähnlich. An all diesen Stellen wird ἀξίως paränetisch verwendet: das Widerfahrnis des Christseins, das die eschatologische Errettung einschließt, verpflichtet; das Glauben des Christen unterliegt nach keiner paulinischen Äußerung dem Gericht. Hier dagegen wird konstatiert: Leiden für die βασιλεία (1, 5) und Annahme des Glaubenszeugnisses (1, 10; ὅτι kausal) lassen für die zu erwartende βασιλεία als würdig gelten. Zwar nicht die παθήματα haben eine direkte Entsprechung zur βασιλεία (der *terminologische* Gegensatz zu Röm 8, 18 ist zwar noch vermieden), wohl aber die θλιβόμενοι als Anwärter auf die ἄνεσις (1, 7).

b) Im Mittelpunkt des Interesses stehen beim Gericht aber die θλίβοντες (1, 6. 8. 9). Der Ausgang bleibt für sie vom gegenwärtigen Standpunkt aus nicht wie in Röm 2, 6 ff., weil abhängig von ihren ἔργα, in der Schwebe. Sie als θλίβοντες empfangen, analog der streng durchgeführten spätjüdischen Kompensation[1], θλῖψις, wie vorher die θλιβόμενοι ἄνεσις; solche Kompensation ist nicht unpaulinisch (siehe die Gleichheit von Verhalten des Menschen und Belohnung in Röm 2, 7. 10). Diese Strafe trifft ihre Gottes-Unkenntnis und ihren Ungehorsam gegen das Evangelium von unserm Herrn Jesus (1, 8), ihre Ablehnung der Wahrheit, ihr Ausschlagen der Errettung (2, 10). *Paulus* kennt wohl die, wie hier an LXX-Wendungen angelehnte, Bezeichnung der Heiden als der μὴ εἰδότες τὸν θεόν (I. Thess 4, 5 Gal 4, 8), er beschreibt ihren Glauben als Gehorsam gegenüber dem Evangelium (Röm 1, 5; 15, 18; 16, 19, vgl. mit Röm 1, 9), wie ja auch das glaubende Leben der Christen ein Gehorchen ist (ὑπακούειν Röm 6, 12. 16. 17 Phil 2, 12; hier 3, 14; ὑπακοή Röm 6, 16 II. Cor 7, 15; 10, 5 f. Phlm 21; ὑπήκοος II. Cor 2, 9). Und doch setzt Paulus die Akzente typisch anders als der II. Thessalonicherbrief. Die Gottes-Unkenntnis ist auch ihm zwar höchst schuldhaft – stärker als etwa der Sap. Sal.[2] – und unterliegt dem Strafen Gottes (Röm 1, 18–32), aber die in Röm 1, 18. 25; 2, 8; 3, 7 begegnende ἀλήθεια meint das vom Menschen mißachtete Offenbarsein der Wirklichkeit und der Forderung Gottes[3]; sie meint nicht das Evangelium, dessen Ablehnung bei dem in Röm 1, 18 ff. erörterten Nein des Menschen noch gar nicht zur Debatte steht. Ebenso ist das ἀπειθεῖν τῇ ἀληθείᾳ in Röm 2, 8 als das κατεργάζεσθαι τὸ κακόν der Un-

---

[1] Abot 2, 6.
[2] Sap. Sal. 13, 6 f.
[3] R. BULTMANN ἀλήθεια ThW I 242 ff.

gehorsam gegen die Forderung Gottes, die den Juden aus der Tora, den Heiden aus der συνείδησις bekannt ist. Wo dagegen bei Paulus der Ungehorsam speziell auf das Evangelium bezogen ist (fast immer in Aussagen über die Juden, die Christus ablehnen), da fällt, sowie die Aussagen über die Reproduktion der Formel (wie in Röm 15, 31) hinausgehen, auf: das Urteil ergeht nicht vage über eine Gruppe schlechthin, sondern setzt die Bekanntschaft der Beurteilten mit der ἀκοὴ πίστεως voraus (Röm 10, 16; Gal 5, 7). Ebenso sind die oben genannten Gerichtsdrohungen gegen die Irrlehrer bei Paulus genau wie etwa Lc 6, 20 ff. Mc 10, 31 ursprünglich *aktuelle* Anreden an Bestimmte nicht aber wie im II. Thessalonicherbrief schematische Deklassierungen eines ganzen Kreises. Typischerweise redet die Juden-Polemik des *Paulus* (I. Thess 2, 15 f.), wo sie christlich redet, konkret (ἀποκτείνειν, ἐκδιώκειν, κωλύειν) und nicht allgemein-dogmatisch; wo sie dagegen grundsätzlich formuliert (μὴ ἀρέσκειν, ἐναντίος), verwendet sie wahrscheinlich zeitgenössisch-übliche, nicht speziell christliche Wendungen einer bereits vorliegenden Judenpolemik (siehe M. Dibelius, Exkurs im Handbuch). Sollte es Zufall sein, daß wohl πείθεσθαι τῇ ἀληθείᾳ (Gal 5, 7) und ὑπακούειν τῷ εὐαγγελίῳ (Röm 10, 16), beides in *konkret-aktuellen* Situationen, aber eben noch nicht πίστις τῆς ἀληθείας (II. 2, 13) und πιστεύειν τῇ ἀληθείᾳ (II. 2, 12) bei Paulus belegbar sind? Sodann: hinter solchem Ausschlagen der Botschaft durch die Juden (Röm 10, 21; 11, 31) und hinter dem Abschluß der heidnischen Periode als der Zeit des ἀπειθεῖν bei den Heiden (Röm 11, 30; Gegensatz: ἀπειθεῖν – ἐλεηθῆναι) steht die Prädestination. Angesichts der christlichen Botschaft (φανέρωσις τῆς ἀληθείας II. Cor 4, 2) wird betont: Gott ist es, der, entgegen der verblendenden Tätigkeit des Welt-Gottes, in einem Schöpfungsakt das Aufleuchten der Glaubens-Gnosis schafft (II. Cor 4, 3–6). Paulus kombiniert also den Ungehorsam gegen die einsichtige Forderung des Schöpfers nicht mit dem allermeist prädestinatianisch gefaßten Ungehorsam gegenüber dem Evangelium. Kurz: bei Paulus sind die ἀπολλύμενοι ungehorsam; im II. Thessalonicherbrief empfängt Gottes-Unkenntnis und Ungehorsam ὄλεθρος αἰώνιος. Die Verschiebung auf das Moralische hin im II. Thessalonicherbrief ist unübersehbar.

c) Solche gegen θλίβοντες und θλιβόμενοι verschieden verfahrende Kompensation gilt als δίκαιον παρὰ θεῷ (1, 6); die κρίσις, in der sie erfolgt, ist eine δικαία κρίσις (1, 5). *Paulus* braucht für Gott das Attribut δίκαιος nur einmal (Röm 3, 26), und dort im Rahmen seiner bekannten, hier in ihrer Vielfalt nicht näher zu belegenden Rechtfertigungslehre, der die meisten Verwendungen der von ihm benutzten δίκαιος-Stämme angehören. Im Sinne der Vergeltung wie in II. 1, 5 f. findet sich an δίκαιος-Stämmen bei Paulus nur das κρίμα ἔνδικον (Röm 3, 8), unprogrammatisch im Affekt gegen Lästerer, ferner die δικαιοκρισία (Röm 2, 5), die über die ἔργα ohne Blick auf den Glauben befindet, schließlich die erste ἔνδειξις τῆς δικαιοσύνης (Röm 3, 25), die, vielleicht eine vorpaulinische Formel[4], eine Kompensation der göttlichen Strafgerechtigkeit durch das ἱλαστήριον Christi meint. Sonst gehört durchgehend die δικαιοσύνη τοῦ θεοῦ, ganz gleich wie man sie interpretiert, jedenfalls in das schenkende und nicht in das vergeltende Handeln Gottes. Ist es Zufall, daß beide Stellen des II. Thessalonicherbriefes, in terminologischer Verwandtschaft mit Apc 16, 7 und 19, 2, dieser paulinischen Grundkonzeption widersprechen?

II

Auf dem Hintergrund dieser theologischen Akzentverschiebung im II. Thessalonicherbrief nach der Seite des Moralismus[5] für die Stämme von ἄξιος, für ὑπακούειν, ἀλήθεια und für δίκαιος gewinnen manche zunächst nur sprachlich scheinenden Besonderheiten des II. Thessalonicherbriefs (1, 5 κρίσις gegen das bei Paulus ausschließlich gebrauchte κρίμα), so wenig die Hapax-legomena an und für sich schon besagen[6], doch theologisches Gewicht:

Es fällt auf, daß in II die Vokabel παρουσία nur noch in einem die Naherwartung kritisierenden Zusammenhang (2, 1. 8. 9), die ἡμέρα ebenso (2, 2) und dann noch in dem alttestamentlichen Gerichtszitat (1, 10) begegnen. Die Fürbitte in II für die Gemeinde blickt durchgehend nicht auf das eschatologische Bestehen im Gericht (2, 16 f.; 3, 16; wohl auch 1, 12 mit v. DOBSCHÜTZ gegen DIBELIUS). Der Unterschied wird deutlich, wenn man daneben die auf die klare Naherwartung abhebende Fürbitte in I (1, 10; 2, 12. 19; 3, 13; 5, 23) und entsprechende Äußerungen der anderen Paulinen (I. Cor 1, 8 II. Cor 1, 14 Phil 1, 6; 2, 16 Röm 13, 12) stellt. Die Parusie ist im II. Thessalonicherbrief an ein ferneres Ende gerückt; so wird es allerdings ver-

---

[4] R. BULTMANN Theologie des NT 1949, I. S. 47.

[5] JÜLICHER-FASCHER, Einleitung in das NT⁷ 1931, S. 63: „die atliche, beinahe jüdische Haltung".

[6] v. DOBSCHÜTZ, Die Thessalonicherbriefe 1909, S. 39 f.

ständlich, daß ihre Nähe, wenn sie tatsächlich gelten sollte, unvernünftige (ἀπὸ τοῦ νοός) Erschütterung und Schrecken hervorrufen müßte und daß demgegenüber argumentiert werden kann: so weit ist es ja noch gar nicht (2, 1 ff.). Wie anders klingt ὁ κύριος ἐγγύς (Phil 4, 5)!

Schließlich sei noch der Ersetzung des θεός in I durch κύριος in II gedacht! Die im Sinne der LXX-Zitierung korrektere Formel ἠγαπημένοι ὑπὸ κυρίου (II. 2, 13) braucht zwar, verglichen mit I. 1, 4 (ἠγαπημένοι ὑπὸ θεοῦ) nicht überbewertet zu werden, wenngleich auch der engere Anschluß an den LXX-Text für spätere Zeit spricht[7]. Das zweimalige κύριος hingegen (II. 2, 16; 3, 5), dem an erstgenannter Stelle θεός nur nachfolgt, während in I θεός in Führung steht und κύριος nachfolgt (I. 3, 11 f.); die ausdrückliche Beziehung des πιστός auf κύριος (II. 3, 3) entgegen dem Sprachgebrauch des Paulus (I. 5, 24 I. Cor 1, 9; 10, 13); die betonte, bei Paulus sonst nicht übliche (Röm 15, 33 und die dort am Nestle-Rand genannten Parallelen) Verbindung der εἰρήνη mit κύριος (II. 3, 16): all diese Beobachtungen weisen nicht auf einen Stimmungswechsel[8], sondern auf eine der Änderung innewohnende Logik. Die für die zweite Generation und für die Folgezeit typische[9] Übertragung der ursprünglich Gott meinenden Attribute auf Christus kommt in dem beobachteten Wechsel zutage.

Darum möchte ich für die Abfassung des II. Thessalonicherbriefes doch gegen DIBELIUS die Zeit der Generation nach Paulus vermuten; sehr viele Jahrzehnte als Abstand von I anzunehmen wird sich freilich verbieten, sowohl im Blick auf die in der Gemeinde noch vorhandene Naherwartung (II. 2, 2) als auch wegen der vermutbaren Bekanntschaft des Polykarp (11, 4; also in den Jahren 107–117) mit II. 3, 15.

(Abgeschlossen am 6. Dez. 1950)

---

[7] JÜLICHER-FASCHER, aaO S. 460.
[8] v. DOBSCHÜTZ, aaO S. 46.
[9] R. BULTMANN, Theologie des NT I, 1949, S. 128.

Literar-Analyse und theologische Schichtung im ersten Johannesbrief*

I

Wer sich mit der Theologie des I. Joh. beschäftigen will, kommt an der Quellenfrage nicht vorbei. Denn die Annahme von literarisch präformierten, dem heutigen Brief zugrunde liegenden Quellenschriften stellt nicht nur die literarische, sondern auch die theologische Einheitlichkeit des I. Joh. in Frage; die verschiedenen Quellen werden von den Vertretern der Quellenteilung verschiedenen theologischen Ebenen zugewiesen. Andererseits meint die Bestreitung von zugrunde liegenden Quellen die Behauptung theologischer Einheitlichkeit. Ich beginne daher, indem ich mich mit drei markanten Äußerungen zur Literar-Analyse auseinandersetze.

a

1. v. DOBSCHÜTZ gibt eine Analyse von 2, 28–3, 12 [1] mit dem Ergebnis, daß sich in diesem Abschnitt eine Grundschrift von einer Bearbeitung sondern läßt. Die Grundschrift besteht aus acht Thesen: 2, 29 (πᾶς – γεγέννηται); 3, 4 (πᾶς – ποιεῖ); 3, 6 (ganz; zwei Thesen); 3, 7 (ὁ ποιῶν – erstes δίκαιός ἐστιν); 3, 8 (ὁ ποιῶν – διαβόλου ἐστίν); 3, 9 (πᾶς – ποιεῖ); 3, 10 (πᾶς – τοῦ θεοῦ). Unter diesen acht Sätzen findet eine mannigfaltige Korrespondenz statt. Formal sind sie charakterisiert durch ihren thetischen Charakter, ihre Artikellosigkeit und ihren ungriechischen LXX-Stil; inhaltlich durch den ethischen Charakter der Begriffe, die das religiös-sittliche Empfinden von Propheten, Gesetz und Weisheitslehre wiedergeben, wobei das „Nichtsündigen" des Textes den Sinn der ethischen Unzulässigkeit, nicht der physischen Unmöglichkeit hat. In den kunstvollen Aufbau dieser acht Sätze schiebt sich störend die Paraphrase des übrigen Textes, der Bearbeitung; diese Art

---

* ZThK 48, 1951, 262–292.
[1] E. v. DOBSCHÜTZ, Johanneische Studien ZNW 8, 1–8.

der in den Text gleich eingefügten Kommentierung entspricht einem häufiger belegbaren Brauch. Die Bearbeitung zeigt, im Unterschied zur Grundschrift, formal Ansätze zu Perioden, sie argumentiert, sie motiviert häufig, sie bringt sogar eine rhetorische Frage; inhaltlich arbeitet sie mit physischen, der Gnosis entstammenden und mit asketisch-negativen Begriffen, ihr „Nichtsündigen" geht auf die physische Unmöglichkeit. Letztlich aber meint auch die Bearbeitung, wenngleich in inadäquaten Formulierungen, das praktische Christentum.

2. Die stilistischen Beobachtungen v. Dobschützs treffen zu; die genannten Thesen heben sich in der Tat formal aus der Umgebung heraus. Man möchte nur fragen, warum 3, 3 ($\pi\tilde{\alpha}\varsigma$ – $\dot{\varepsilon}\alpha\upsilon\tau\acute{o}\nu$) nicht zur Grundschrift gehören soll. Der Verweis auf die LXX für den Stil der Grundschrift geht nicht an; das $\delta\acute{\varepsilon}$ der LXX-Antithesen (vgl. nur Prov.) hat hier in den Antithesen des I. Joh. keine Entsprechung. Auch die Bearbeitung ist stilistisch richtig charakterisiert; die v. Dobschützschen Parallelen zu dieser Art der eingefügten Kommentierung könnte man auch aus dem NT selber ergänzen, etwa aus Eph 2, 1–10 [2]. Daß der Aufbau der Thesen durch die Bearbeitung gestört wird, scheint mir unbestreitbar. Die inhaltliche Beschreibung von Grundschrift und Bearbeitung bei v. Dobschütz läßt sich dagegen nicht halten: auch wenn in den acht Thesen $\pi o\iota\varepsilon\tilde{\iota}\nu$ ($\tau\grave{\eta}\nu$ $\delta\iota\varkappa\alpha\iota o\sigma\acute{\upsilon}\nu\eta\nu$ oder $\tau\grave{\eta}\nu$ $\dot{\alpha}\mu\alpha\varrho\tau\acute{\iota}\alpha\nu$) siebenmal, $\dot{\alpha}\mu\alpha\varrho\tau\acute{\alpha}\nu\varepsilon\iota\nu$ zweimal begegnet, kann von „ethischer" Betrachtung in der Grundschrift doch keine Rede sein, da Subjekte (3, 6 a; 3, 9) wie Prädikate (2, 29; 3, 6 b; 3, 8; 3, 10) metaphysischen Charakter tragen und – in denkbar unjüdischen Formulierungen – auf den Zusammenhang von Verhalten und Heilsgeschehen hinweisen. Wenn das Nichtsündigen der Thesen, wie v. Dobschütz will, einfach die ethische Unzulässigkeit bezeichnete, welchen Sinn hätte dann die ständige eben beobachtete Verbindung des Verhaltens mit dem Heilsgeschehen? Die Kategorien „ethisch" und „physisch" sind eben schief und erfassen nicht den genannten Tatbestand. Die Grundschrift redet vom Verhalten so, daß sie es auf die Gotteszeugung, das Aus-Gott- oder Aus-dem-Teufel-Sein, auf die Gottesschau und das In-ihm-Bleiben, kurz auf das Heilsgeschehen bezieht. Die Bearbeitung argumentiert in 3, 9 b. c. d zwar ausgesprochen physisch-dualistisch; aber da ihre Aussagen – auch ohne die grammatische Form des Imperativs – de facto paränetisch gezielt sind, verbietet sich auch

---

[2] H. Schlier, Christus und die Kirche im Epheserbrief 1930, S. 74.

von seiten der Bearbeitung die Charakterisierung der Grundschrift als speziell ethisch. Es ist nichts mit dem Gefälle von dem Ethos der Grundschrift in den Supranaturalismus der Bearbeitung. Die theologische Grenzziehung zwischen den Schichten bei v. DOBSCHÜTZ verzeichnet den Tatbestand. Aber die Frage ist aufgeworfen: wie verhalten sich Nicht-sündigen-dürfen und Nicht-sündigen-können zueinander?

b

1. BULTMANN[3], anhebend bei einer Analyse von 1, 5 b–10, geht den von v. DOBSCHÜTZ gerade erst begonnenen Weg zu Ende. Extensiv: alle fünf Kapitel werden nun, größtenteils laufend, befragt. Intensiv: was an Stilkriterien bei v. DOBSCHÜTZ noch als Zufall erscheinen konnte, ist nun durch eine sämtliche Texte berücksichtigende, dabei knapp formulierte Aufarbeitung des Materials in den Rang einer einsichtigen Notwendigkeit erhoben. BULTMANN unterscheidet eine Vorlage vom Verfasser. Seine Vorlage umfaßt 32 ganze oder teilweise benutzte, gelegentlich von BULTMANN auch gegen den jetzigen Text rekonstruierte Verse des Briefes. Ihr Stil ist charakteristisch: parallele Glieder zu je zweien; Antithesen in einfacher Umkehrung zum Vorhergehenden oder Folgenden; ἐάν-Sätze, ὁ mit dem Nominativ des Partizips oder Relativsätze wechseln. Der Inhalt der Vorlage beschreibt die Seinsweise des Menschen unter der Offenbarung; die strukturelle Einheit solches Seins wird klar an der Auswechselbarkeit der Begriffe. Durchgehend wird die Notwendigkeit der Einheit von Heilsbesitz und Verhalten unterstrichen. Kosmologischer und religiöser Dualismus, wenn auch nicht mehr in spekulativer Form, stehen hinter der Vorlage und machen sie zum „reinen Ausdruck des Offenbarungsglaubens". Den Stil des Verfassers kennzeichnen, im Unterschied zur Vorlage, eine Reihe charakteristischer Eigenheiten: homiletische Anrede, explizierendes und applizierendes καί, Explikation durch demonstrative Wendungen mit nachfolgenden verschiedenen Konjunktionen, durch einen Hauptsatz oder ein Substantiv, Voranstellung des negierten Gegenteils; inhaltlich wird der Verfasser erkannt an seiner Berufung auf den Glauben der Gemeinde, an seinem Interesse an der Paränese, die öfter mit dem Hinweis auf Jesus als den ἐκεῖνος verbunden ist, kurz an seiner homiletischen Schreibweise. In dieser Konzeption meint das Sündigen

---

[3] R. BULTMANN, Analyse des ersten Johannesbriefes in Festgabe für ADOLF JÜLICHER 1927, S. 138–158.

und Nichtsündigen der Vorlage einen dualistisch-festgelegten unentrinnbaren Weg; der Verfasser dagegen durchbricht diese Unentrinnbarkeit mit dem tröstenden Hinweis auf das Jesus-Geschehen.

Dies nur andeutende Referat der BULTMANNschen Analyse vermittelt auch nicht annähernd den zwingenden Eindruck, der durch die erschöpfende Aufarbeitung des Materials entsteht. Viele der BULTMANNschen Beobachtungen werden in die Stilgeschichte des I. Joh. eingehen; H. WINDISCH und H. PREISKER im Handbuch arbeiten bereits mit ihnen. Meine nachfolgende Auseinandersetzung geschieht auf dem Hintergrunde eines grundsätzlichen Ja zu dieser Methode und zu vielen ihrer Ergebnisse.

2. Zu 1, 5–10. Dieser Passus gehört, unter Abstrich von 1, 5 a. 7 c. 9 d, nach BULTMANN zur Vorlage. Danach würde in 1, 9 die Vorlage zweimal Pluralformen von $\dot{\alpha}\mu\alpha\varrho\tau\acute{\iota}\alpha$ verwendet haben. Das ist auffällig; denn alle anderen Pluralformen von $\dot{\alpha}\mu\alpha\varrho\tau\acute{\iota}\alpha$ im I. Joh. (2, 2. 12; 3, 5; 4, 10; als sinngemäße Plurale auch die grammatischen Singulare 1, 7 c; 5, 16. 17) würden nach BULTMANNS Einteilung dem Verfasser zufallen. Auch das Evangelium kennt nur den Gebrauch des Singulars; 20, 23 bildet die einzige Ausnahme. Der Gebrauch des Singulars im Brief verteilt sich auf Vorlage (1, 8; 3, 4. 8) und Verfasser (3, 4. 5. 9). Das der LXX entstammende, spätjüdisch-gemeinchristliche $\dot{\alpha}\varphi\iota\acute{\epsilon}\nu\alpha\iota$, das im I. Joh. nur noch 2, 12 (nach BULTMANN Verfasser!) und im Evangelium nur 20, 23, also außerhalb der gnostischen Redequelle, begegnet, wird die Wahl des Plurals veranlaßt haben; auch das $\dot{\delta}\mu o\lambda o\gamma \epsilon \tilde{\iota}\nu$ wird in gleicher Richtung gewirkt haben. Der Plural „Sünden" paßt ebensowenig wie die „Vergebung" in die von BULTMANN angenommene dualistisch-gnostische Art der Vorlage; vgl. nur die Singularformen und das Fehlen des Terminus „Vergebung" im mandäischen Sündenbekenntnis (LIDZBARSKI, Ginza S. 54–57), die überwiegenden Singulare (1, 8; 2, 5; 3, 17 f.) neben dem Plural (4, 10) in der Damaskusschrift (ed. ROST, Zählung SCHECHTER). Daß der Plural eine Ausnahme bereits in der Vorlage (wie der *eine* Plural in der Damaskusschrift) dargestellt habe und von dort übernommen sei, ist unwahrscheinlich; sein direkter Zusammenhang mit der spätjüdisch-gemeinschaftlichen Tradition ist vielmehr – angesichts des sonstigen Sprachgebrauchs im I. Joh. und im Evangelium – äußerst wahrscheinlich. Entfiele aber V. 9 für eine dualistisch geartete Vorlage, so wäre der kunstvolle Aufbau V. 8–10 (negativ-positiv-negativ) gestört, und der ganze Abschnitt V. 8–10 müßte für die Vorlage außer Betracht bleiben.

Der Tenor von 1, 8–10 wird von BULTMANN zutreffend als Warnung beschrieben. Aber die Warnung geht nicht daraufhin, wie BULTMANN sagt, sich als Sünder zu wissen, sondern daraufhin, die Sünden zu bekennen. Das Mittelstück zeigt: die Warnung vor der Behauptung der eigenen Sündlosigkeit ist gemeint als Warnung davor, den Halt und Trost in etwas anderem als in der an das Bekennen geknüpften Vergebung zu suchen. Das Positivum des Zuspruchs ist also in die Warnung eingebettet; letztere lebt von ersterem, wie die Behauptung der eigenen Sündlosigkeit erst dadurch zum Frevel wird, daß sie das richtende Heilshandeln Gottes Lügen straft (1, 10; vgl. als Analogie Gal 2, 21). Die Ausklammerung des Trostes, die BULTMANN für die Warnung 1, 8–10 vornimmt, besteht also nicht zu Recht.

Der Passus 1, 5–10 bindet mithin paradoxerweise den Lichtwandel und den Verzicht auf die Behauptung der eigenen Sündlosigkeit als das rechte Christsein aneinander. BULTMANN selber nennt (S. 139) diese Paradoxie christlich; sie ist in der Tat außerchristlich-gnostisch kaum denkbar. Auch die Formulierungen von 1, 9 weisen auf spätjüdisch-gemeinchristlichen, nicht auf dualistisch-gnostischen Hintergrund. 1, 5–10, als Einheit genommen, kann unmittelbar nur einer christlichen Quelle entstammen; die Behauptung unmittelbar gnostischen Charakters für die Vorlage würde die Einheit von 1, 5–10 sprengen. Welche der beiden Möglichkeiten näher liegt, mag aus der weiteren Auseinandersetzung hervorgehen.

3. Zu 2, 1–2. Nach der BULTMANNschen Analyse der Stelle bedarf es keines weiteren Wortes mehr dafür, daß hier in einem gänzlich anderen Stil die Intentionen des bisherigen Abschnittes homiletisch aufgenommen werden. Ein anderer Schreiber – BULTMANN sagt: der die benutzte Vorlage kommentierende Verfasser – ist also durchaus wahrscheinlich. Nachzudenken aber wird m. E. sein über die Art dieser Aufnahme. Die in 1, 5–10 behauptete paradoxe Einheit von Lichtwandel und von Aus-der-Vergebung-leben meint natürlich schon dort den Vollzug dieser Einheit in der Praxis; die homiletisch-paränetische Aufnahme in 2, 1 a zieht nur die Konsequenz aus dem Vorigen, wie das in den Paränesen der Briefliteratur des NT häufig geschieht. Für sich genommen, wäre diese Paränese in 2, 1 a durchaus im Rahmen der in 1, 5–10 gezeichneten paradoxen christlichen Existenz verständlich. Erst mit 2, 1 b, mit dem καὶ ἐάν-Satz, wird die Konzeption von 1, 5–10 gesprengt: wo der Christ das Vermeiden der Sünde nicht schafft, wo das Nichtsündigen leider aufhören muß, da tritt der Paraklet Christus mit

seiner Versöhnung ein. Das Neue ist hier nicht, wie Bultmann analysiert, das Hinzukommen des Trostes, in den die Warnung 1, 8–10 umgebogen sei; schon 1, 9 enthält, wie wir sahen, das Positivum der Sündenvergebung, auf die hin die Fiktion der Sündlosigkeit aufzugeben ist. Das Neue liegt in der Rolle, die der Trost des Heilsgeschehens nun spielt: trägt er in 1, 5–10 die *ganze* Existenz in ihrer Einheit von Lichtwandel und Aus-der-Vergebung-leben, so gilt er jetzt nur für *die* Abschnitte des Lebens, in denen das Nichtsündigen durch das Sündigen verdrängt ist. Der paradoxe, radikale Begriff von Sünde und Nichtsünde aus 1, 5–10 hat seit 2, 1 b einer moralisierenden, frühkatholischen Betrachtung Platz gemacht. Nicht vorchristlicher und christlicher, sondern genuin-christlicher und frühkatholischer Standpunkt haben sich abgelöst. Die von Bultmann für 2, 1–2 mit Recht konstatierte falsche Exegese von 1, 8–10 ist das die Paradoxie erweichende Mißverständnis des Frühkatholizismus.

4. Zu 2, 5 c. 6. Bultmann erklärt, der Verfasser habe sich hier dem Stil der Vorlage angepaßt, vielleicht sogar ein Stück der Vorlage benutzt. Einmal auf das Problem der Stil-Mischung in kleinem Raum, also etwa einem Vers, aufmerksam geworden, entdeckt man, daß in viele Stücke der von Bultmann angenommenen Vorlage der Stil des Verfassers, in Art von einleitenden Wendungen oder Zusätzen, hineinragt (1, 5. 7. 9; 2, 5. 11. 29; 3, 4. 7. 8. 9. 10. 14. 15. 24; 4, 5. 6. 7. 12. 16; 5, 1. 4. 10). Umgekehrt gibt es eine Reihe Verfasser-Stücke, deren stilistische Eigenart nur mit einer Einwirkung des Vorlage-Stils auf den Verfasser erklärt werden kann (2, 6. 21; 3, 3. 20. 21; 4, 2. 3. 15. 18. 20; 5, 17. 18; II 9). Bei der letzten Gattung handelt es sich nicht um die ja leicht verständliche Erscheinung, daß der Verfasser einige wenige Termini der Vorlage in seine Ausführungen übernommen hätte (wie etwa 3, 1 bc. 13 b. 19 a; 4, 7 b). Bei der Einwirkung des Vorlage-Stils auf den Verfasser geht es vielmehr darum, daß die gesamte Satzbildung, oft einschließlich von These und Antithese, doch nicht der Vorlage, sondern dem von der Vorlage beeinflußten Verfasser zugehören soll. Hier erhebt sich die Frage, ob Vorlage und Verfasser, über die Stil-Indizien hinaus, nach inhaltlichen Gesichtspunkten getrennt werden können.

Mit der Antwort Bultmanns auf diesen Fragen-Komplex komme ich nicht klar. Bultmann sieht natürlich die aus der Stil-Mischung resultierende relative Unsicherheit der Rekonstruktion. Seine Absage an die Resignation (S. 139) könnte man doch aber nur dann teilen, wenn *inhaltlich* deutlich auszumachen wäre, wo die Vorlage und wo der Verfasser spricht. Für 1, 5–10 scheint auch BULTMANN der Vorlage unmittelbar christlichen Charakter zuzubilligen; aber ist seine maßgebliche Anschauung vom Inhalt der Vorlage nachher nicht doch eine andere?

5. Zu 2, 9–11. Die betonte Gleichsetzung des Lichtwandels mit der Bruderliebe macht die unmittelbare Herkunft auch dieses Vorlage-Stückes von gnostisch-dualistischen Anschauungen unwahrscheinlich. Weder spielt der Terminus „Bruder" etwa in den Oden Salomos oder bei den Mandäern eine nennenswerte Rolle (SCOTTS Register zu den Hermetica verzeichnet für den Glaubensgenossen nicht *ein ἀδελφός*!); noch ist in diesen Texten der Nächste irgendwie wesentlich in den religiösen Akt einbezogen. Die genannte Gleichsetzung hier und in 3, 14. 15, zumal die Radikalisierung durch die Alternative von $\dot{α}γαπᾶν$ und $μισεῖν$, scheint mir hier den christlichen Charakter der Vorlage anzuzeigen.

6. Zu 3, 7–10. Daß die diese Verse beherrschende „Gotteszeugung" eine typisch dualistisch-gnostische Konzeption ist, bedarf keines Beleges. BULTMANNS Eruierung der Vorlage aus diesen vier Versen überzeugt durch die klaren stilistischen Indizien. Daher ist auch BULTMANNS Erklärung des Sündigens und Nichtsündigens für die Vorlage als eines supranatural-dualistischen Festgelegtseins durchaus wahrscheinlich. Der kommentierende Verfasser erklärt in 3, 8 cd den Fatalismus des Sündigen-müssens durch das Kommen des Gottessohns zwar als durchbrochen; das hindert ihn aber nicht, in 3, 9 bcd, im Kommentar zum Nichtsündigen des Gottgezeugten, durch die Einführung des $σπέρμα$ und durch das $οὐ\ δύναται$ den supranatural-dualistischen Grundzug noch zu bestärken, statt ihn abzuschwächen. Enthielt in 1, 5–10 und 2, 9–11 die Vorlage christliche Elemente, so übernimmt hier der doch eindeutig christliche Verfasser supranatural-dualistische Elemente der Vorlage. In Konsequenz dessen ist mir grundsätzlich die Scheidbarkeit von Quelle und Verfasser zwar nicht fraglich geworden, mag die Grenzziehung auch in manchen Stellen offenbleiben; dazu sind BULTMANNS Stilkriterien viel zu sauber und scharf beobachtet. Ich bezweifle aber, ob die stilistisch eruierten Quellen-Stücke auf eine inhaltliche Einheitlichkeit gebracht werden können. Soweit ich sehe, werden sie christliche [4], d. h. nur mittelbar gnostische, aber auch unmittelbar dualistisch-gnostische Tradition enthalten.

---

[4] Vgl. auch H. PREISKER (Die Kath. Briefe³ 1951, S. 168–171), dessen Thesen mir erst beim Schreiben des Aufsatzes zu Gesicht kommen.

7. Zu 4, 2. 3. Die in diesen beiden Versen enthaltene These und Antithese wird von BULTMANN, entgegen seinen eigenen Stilkriterien, der Vorlage vorenthalten und damit dem Verfasser zugewiesen. Die Gründe dafür werden klar an BULTMANNS Behandlung von II. 9 und 5, 1. II. 9 formuliert ähnlich antithetisch wie 4, 2. 3; 5, 1 formuliert synthetisch; die Stilindizien treffen also zu. Aber alle drei Thesenpaare reden christologisch, unter Gebrauch der Namen Jesus und Christus. BULTMANN bringt die Thesen in 4, 2. 3 für die Vorlage gar nicht in Ansatz; die Thesen aus II. 9 und 5, 1 formuliert er so um, daß die christliche Nomenklatur verschwindet. Eine ähnliche Umformung beseitigt in dem antithetischen Paar in 4, 6 das auf die Verkündigung der Gemeinde verweisende ἡμῶν. Die drei antithetischen Paare 2, 23; 5, 10 und 5, 12 werden der Vorlage belassen, weil υἱός als Formulierung auch eines vorchristlichen Erlöserglaubens denkbar sei. BULTMANN benutzt hier also als Kriterium die Annahme eines vorchristlich-gnostischen Charakters der Vorlage; soweit ich sehe, in Gegensatz zu dem Bild, das er selber bei 1, 5–10 vom Inhalt der Vorlage entwirft.

Die Annahme BULTMANNS, daß eine außerchristliche Quelle vom „Sohn" als dem Erlöser reden könne, ist angesichts des Sprachgebrauchs der Oden Salomos und der Mandaica ohne weiteres zuzugestehen. BULTMANNS Versuch, den Weg der Entwicklung, der zum jetzigen Text geführt haben soll, rückwärts zu gehen und die speziell christlichen Formulierungen durch gnostisch-religiöse zu ersetzen, ist sprachlich und sachlich imposant. Gleichwohl scheint er mir durch das Material verboten zu sein. Er steht und fällt mit BULTMANNS Voraussetzung, daß die Vorlage vorchristlich-gnostisch, die Verfasser-Bearbeitung christlich sei. Aus 1, 5–10 und 2, 9–11 aber ergab sich, daß auch der Vorlage genuin-christliches Gepräge eignet; aus 3, 7–10, daß auch der Verfasser gewagt dualistisch formuliert. Die Alternative vorchristlich-christlich ist also nicht geeignet als Kriterium zwischen Vorlage und Verfasser, wofern im übrigen die von BULTMANN selber so klar herausgearbeiteten Stilindizien zutreffen. Die behandelten prononziert christologischen Stücke 4, 2. 3; II. 9; 5, 1; 4, 6 werden also der Vorlage nicht abgesprochen werden können. Damit ist allerdings für die Vorlage der Charakter der Einheitlichkeit, zwar nicht in stilistischer, aber in inhaltlicher Hinsicht, preisgegeben. Daß das notwendig ist, bestätigt sich mir aus dem Inhalt der mehr oder weniger umfangreichen Torsen, die stilistisch und ausdrucksmäßig das Gepräge der Vorlage tragen und jetzt den Verfasser-Stücken eingesprengt sind. Ihr Inhalt wechselt zwischen Dualismen (2, 6. 21; 5, 18), Definition (5, 17), Herausstellung der Bruderliebe (4, 20), Eschatologie (3, 3) und Christologie (4, 15); es wird auch in ihnen keineswegs klar, daß der Verfasser etwa bei den Dualismen einen Vorlage-Torso zitiert, bei der Christologie dagegen in eine der Vorlage nachgemachte Stilform einen christlichen, vorlagefremden Inhalt kleidet. Vorlage wie Vorlage-Torsen können eben auch christlich formulieren.

Abschließend sei festgestellt: die Tatsache einer Quellenbenutzung im I. Joh. ist mir sicher; 2, 29 etwa mit der doppeldeutigen Beziehung des ἐξ αὐτοῦ (auf Christus dem Kontext, auf Gott der Sache nach) beseitigt jeden Zweifel. Die BULTMANNschen Stilkriterien leisten für die Auffindung der Quelle vorzügliche Dienste. Aber der Inhalt der Vorlage ist vielschichtig; insgesamt ist er keineswegs vor- oder außerchristlich, die Grenzen der Quelle werden daher öfter nicht genau abgesteckt werden können.

c

1. LOHMEYER[5] bestreitet eine literarische Schichtung im I. Joh. Sein Hauptargument für die Einheitlichkeit des Briefes besteht in dem Versuch, das Siebener-Schema als formgestaltend für den ganzen Brief nachzuweisen: ihm teilt sich der Brief in sieben Hauptabschnitte, deren jeder (bis auf den ersten) in sieben Unterabschnitte zerfällt; von den letzteren gliedern sich manche noch in sieben Kleinstabschnitte. Dem Einwand von der Verschiedenheit der Stile her begegnet LOHMEYERS Auskunft, diese Verschiedenheit habe darin ihren Grund, daß ein und derselbe Verfasser in dreifacher Abzweckung und Funktion rede: prophetisch als Augenzeuge, dialektisch-apodiktisch als Nomothet, seelsorgerlich-vertraut als Homilet.

2. Gegen das *Siebener-Schema* spricht auf den ersten Blick die völlig verschiedene Größe der Hauptabschnitte, die ja doch das Ergebnis bewußter Planung seitens des Verfassers – so meint das auch LOHMEYER – gewesen sein müßten: Abschnitt I. 4 Verse, Abschnitt II, III, VI und VII je eine Nestle-Seite, Abschnitt V 2, Abschnitt IV 3 Nestle-Seiten! (vgl. die Tabelle in LOHMEYERS Aufsatz S. 254 f.). Auch die Größe der Unterabschnitte schwankt zwischen 10 (2, 18–27) und 1 (in den Hauptabschnitten VI und VII) Vers; Unterabschnitte und Kleinstabschnitte haben so oft (passim im IV und V) die gleiche Größe. Das

---

[5] E. LOHMEYER, Über Aufbau und Gliederung des ersten Johannesbriefes ZNW 27, 225-263.

alles sieht sehr wenig nach berechnender Planung seitens eines Verfassers aus. Und dann soll erkennbar sein, daß es rhythmische Gründe waren, die den Verfasser zur Einführung von zwei Versen (2, 26 f.; s. S. 239), ja von drei Worten (τοῖς ὀφθαλμοῖς ἡμῶν in 1, 1; s. S. 226 Anm. 1) veranlaßt haben! Der Eindruck der Willkür in Lohmeyers Art, das Siebener-Schema zu gewinnen, läßt sich schwer zurückdrängen. Dieser Eindruck bestätigt sich als zutreffend durch die Beobachtung, daß das Siebener-Schema Unzusammenhängendes zusammenbindet und Zusammenhängendes zerreißt: z. B. wird der Absatz hinter 3, 3 mißachtet, und das apokalyptische Vorzeichen wird auch für 3, 4–6, unter Verkennung von ἀνομία und φανερωθῆναι, behauptet; die unzutreffende Zusammenkoppelung von 3, 2–6 zieht die unerlaubte Zerreißung von 3, 4–10 nach sich.

3. Zu den von Lohmeyer konstatierten *drei Stilarten* ist festzustellen, daß der prophetische Stil des Augenzeugen sich nicht stilistisch, sondern nur inhaltlich von andern Aussagen unterscheidet. So wird z. B. von zwei stilistisch ganz ähnlich gebauten Antithesen-Paaren das eine, stilmäßig korrekt, der didaktischen (4, 7 b. 8 a), das andere, um des ἡμῶν willen, der prophetischen (4, 6 b c) Schreibart zugewiesen; das gleiche ἐν τούτῳ ὅτι repräsentiert einmal, stilistisch korrekt, homiletische (4, 10), daneben, um des ἡμῖν willen, prophetische (4, 9) Schreibweise. Um zwei stilistisch unterscheidbare Stile handelt es sich also in keinem Falle. Das „Wir" der Augenzeugen gilt vielmehr als so gewichtig, daß es, über die vorhandenen formalen Indizien hinweg, dazu benutzt wird, eine dritte Stilart, die durch den Inhalt des „Wir" charakterisiert ist, zu postulieren. Wer für den Verfasser des I. Joh. aus den bekannten Gründen die Annahme der Augenzeugenschaft nicht vollziehen kann, hat für diesen prophetischen Stil keine nur ihm eignenden stilistischen Indizien in der Hand. Im Sinne einer formal-stilistischen Unterscheidbarkeit kommt Lohmeyer über die schon bei Bultmann schärfer erfaßten beiden Stilarten nicht hinaus. Daß zwei deutlich unterscheidbare Schreibweisen auf verschiedene Verfasser gehen und, wo sie in *einer* Schrift begegnen, benutzte Quelle und Benutzer dieser Quelle darstellen, wird immer glaubhafter bleiben als die Annahme Lohmeyers, ein und derselbe Verfasser rede, gemäß verschiedener Intention, in verschiedenen Stilen. Diese Annahme wird noch undurchführbarer angesichts der oben (I b 4) beobachteten Stilmischung. Auf dem Boden der Quellen-Hypothese würde die innerhalb eines Verses begegnende Stilmischung besagen: hier hat der Ver-

fasser ein Stückchen Quelle zitiert oder seine Schreibart der Quelle angepaßt. Beides ist eine denkbare Annahme; der präzise Grenz-Verlauf der Quelle wird dann zwar an diesem Punkte unsicher, aber die Indizien für Quellen- und Verfasser-Stil bleiben erkennbar. Auf dem Boden der LOHMEYERschen Hypothese müßte man hingegen annehmen, in 2, 17 etwa, wo LOHMEYER alle drei Stile konstatiert (S. 236), habe der Verfasser dreimal, wenn auch unbewußt (aber wäre das denkbar?!), umgeschaltet, um durch das entsprechende Stil-Teilchen sein Schreiben als Prophet, als Nomothet und als Homilet deutlich zu machen, – eine mir absurd scheinende Annahme.

II

Die Quellen-Hypothese in der eben umrissenen Weise voraussetzend, gehe ich nun die eigentlichen theologischen Fragestellungen des Schreibens an. Die praktische Ausrichtung dominiert in ihnen; entsprechend wird man zu ordnen haben.

a) Der Christ, die Gebote und die Sünde

1. Mit diesem Thema stehen wir offenbar im Zentralanliegen des Briefes. Jesus, das ewige Leben (1, 2; 5, 20), das ist eine den Wandel betreffende Aussage, wie es vom ersten großen Eingangsabschnitt an (1, 5–10) immer wieder deutlich wird und am Schluß noch einmal aufklingt (5, 18).

Die Texte reden von ἐντολή im Plural (2, 3. 4; 3, 22. 24; 5, 2. 3 [zweimal]; II. 6) und im Singular (2, 7 [dreimal]. 8; 3, 23 [zweimal]; 4, 21; II. 4. 5. 6). In gleichen Verbindungen, also synonym, begegnet ὁ λόγος (αὐτοῦ) (1, 10; 2, 5. 7. 14). Die Singulare von ἐντολή finden sich zwar nur außerhalb, ὁ λόγος dagegen auch innerhalb der apodiktisch-thetischen, als Quelle vermutbaren Stücke; ebenso verteilen sich die Plurale von ἐντολή auf Quelle und Verfasser. Eine Aufteilung der Singulare und Plurale zwischen Quelle und Verfasser scheitert also. Der Wechsel der Numeri zeigt von vornherein an: man darf den Verfasser auf den Plural nicht im Sinne einer atomistischen Ethik festlegen; „die Gebote" sind „das Gebot", „das Wort". Andererseits liegt dem Verfasser die Sorgfalt fern, mit der Paulus [6] auf eine singularische Fassung des christlichen Werkes aus ist; unser Verfasser sieht sich nicht veran-

---

[6] Vgl. H. BRAUN, Gerichtsgedanke und Rechtfertigungslehre bei Paulus 1930, S. 51 f.

laßt, ein Mißverständnis abzuwehren, „das Gebot" und „die Gebote" gelten ihm gleich.

2. Der Inhalt der Gebote wird selten in negativen Wendungen angegeben: οὐχ ἁμαρτάνειν (2, 1; 3, 6. 9; 5, 18), ἁγνίζειν ἑαυτόν (3, 3), μὴ ἀγαπᾶν τὸν κόσμον (2, 15. 16). Die positiven Aussagen umfassen eine ganze Skala von Wendungen, die füreinander eintreten und sich so als synonym erweisen. Das ἐν φωτὶ περιπατεῖν (1, 7) des Eingangs-Passus, das τηρεῖν τὰς ἐντολάς bzw. τὸν λόγον (2, 3–5), das 3, 22, kombiniert mit τὰ ἀρεστὰ ποιεῖν, und 3, 24 wiederkehrt, das vielfache ἀγαπᾶν τὸν ἀδελφόν bzw. ἀλλήλους (2, 9–11; 3, 10–18; 4, 7–21), – all das bezeichnet positiv den Inhalt der Gebote bzw. des Gebotes. Besonders unterstrichen ist der konkrete Tatcharakter der Bruderliebe, der jede Flucht ins Unkonkrete, auch religiös Allgemeine verbietet: es kommt an auf das ποιεῖν der δικαιοσύνη (2, 29; 3, 7. 10), des θέλημα (2, 17) und der ἐντολαί (5, 2) Gottes, wie auch das Sündigen ein ποιεῖν (3, 4. 8. 9) ist; es gilt, helfend vom eigenen irdischen Besitz abzugeben (3, 17. 18) und mit der Bruderliebe im Sichtbaren zu bleiben, statt unter Berufung auf Gott ins Unsichtbare zu echappieren (4, 12. 20); so wie der Wandel Jesu mit seinen mancherlei Verhaltungen (2, 6; 3, 3. 7. 16) das Vorbild eines konkreten Menschen ist. Unterbleibt die Bruderliebe, so steht an ihrer Stelle nicht ein indifferentes Verhalten, sondern der Bruder-Haß (2, 9. 11; 3, 15; 4, 20). Im Gebot ist die Bruderliebe mit der Liebe zu Gott so kombiniert, daß diese unglaubhaft, ja wesenhaft undenkbar ist, wo jene fehlt (4, 21; 5, 1). So kann es in Umkehrung der Formulierungen, die bisher begegnet waren, auch heißen: die Liebe zu Gott besteht im Bewahren seiner Gebote (5, 3). Es nimmt daher nicht wunder, daß für den Inhalt des Gebotes Glaube an den Namen seines Sohnes Jesu Christi und Liebe untereinander (3, 23) zusammengefaßt werden. Diesem Nebeneinander von Glaube und Liebe entspricht die Doppelsinnigkeit des καθώς in den oben angeführten Stellen von der Vorbildlichkeit Jesu: Jesus zeigt nicht bloß an, wie man wandeln soll; Jesus begründet auch, nicht durch den Eindruck seiner sündlosen Persönlichkeit (WINDISCH zu 3, 6), sondern durch das in seinem Namen zusammengefaßte Heilsgeschehen, diesen Wandel. Zum Inhalt der Gebote gehört also, neben dem Interesse am konkreten Üben der Bruderliebe, der Heilsglaube. Keine Sorge um ein nomistisches Mißverständnis hemmt mehr diese Formulierungen. Wie ist denn nun die Verklammerung der Gebote mit dem Heil, das in jenen ja einen Teil des Inhaltes bildet, genauer zu beschreiben?

3. Soweit das Bewahren der Gebote den Wandel, besonders die Bruderliebe betrifft, bildet das Heil den Ermöglichungsgrund des Gebotebewahrens. Der rechte Wandel der Bruderliebe vollzieht sich ja in dem Jetzt, das durch das Vergehen der Finsternis und durch das bereits vorhandene Leuchten des wahren Lichtes, also durch das gegenwärtige Jesus-Geschehen, eschatologisch qualifiziert ist (2, 8). Ebenso motiviert die Hoffnung auf das Gleichwerden mit „ihm" bei der Parusie den Wandel in der asketischen Heiligung (3, 3). „Sein" Gekommensein zum Zwecke der Sünden-Wegnahme (3, 5), zum Zwecke der Auflösung der Teufelswerke (3, 8) ermöglicht das Nichtsündigen, „sein" Gesandtsein als Sühne und Retter, hinter dem Gottes Liebe steht (4, 9. 10. 14), „sein" gegenwärtiges Dasein als Paraklet und Versöhnung (2, 1. 2. 12) ermöglicht die rechte Bruderliebe (4, 11. 12) und das Gemahntwerden (2, 12), auch für den Fall, daß das Sündigen jemandem doch passiert ist (2, 1. 2). So ist „sein" Wandel (2, 6) und „seine" Selbsthingabe (3, 16), aber auch „sein" gegenwärtiges Heiligund Gerechtsein (3, 3. 7) der Ermöglichungsgrund für ein entsprechendes Verhalten der Christen. Die Gebote leben vom Jesus-Geschehen, in dem Gottes Liebe am Werke ist. Dies Geschehen kommt auf uns zu in der ἀγγελία (1, 5; 3, 11), in der Botschaft, die zum entsprechenden Verhalten ruft. Solch Ruf gewinnt seine Dringlichkeit dadurch, daß er Heilsbesitz und unrechten Wandel für unvereinbar erklärt. Hier scheint Polemik am Werke zu sein (beachte die Berücksichtigung von Einreden 1, 6. 8; 2, 4. 9; 4, 20) gegen die Neigung, beides für vereinbar zu halten (vgl. unten II. d 3). Solche Neigung müßte also neueren Datums sein. Die gegen diese Neigung gerichteten Unvereinbarkeits-Erklärungen werden ihrerseits nicht weiter begründet; für sie wird diskussionslose Anerkennung vorausgesetzt. Darum ist es sehr wahrscheinlich, daß sie Traditionsgut enthalten; sicher auch zu gutem Teil unmittelbar christliches, wie in der Auseinandersetzung mit BULTMANNS Analyse oben klar wurde. Denn diese Unvereinbarkeits-Erklärungen stellen einen beträchtlichen Teil jener apodiktisch-antithetischen Quellenstücke dar, deren Stil in BULTMANNS Analyse so klar beschrieben wird. In ihnen wird für unvereinbar erklärt: Gemeinschaft mit Gott und Wandel in der Finsternis (1, 5–7); Behauptung der eigenen Sündlosigkeit und Anwesenheit der Wahrheit in uns (1, 8–10); ihn erkennen und seine Gebote nicht bewahren (2, 4. 5); im Lichte sein und den Bruder hassen (2, 9–11); vom Vater geliebt werden und die Welt lieben (2, 15. 16); von Gott ge-

zeugt sein, Leben haben und nicht die Gerechtigkeit tun (2, 29), und Sünde tun (3, 6–10; 5, 18), und nicht den Bruder lieben (3, 10. 15; 4, 7. 8. 20; 5, 1), und nicht den Sieg gewinnen, der das Gebotebewahren leicht macht und im Glaubensvollzug besteht (5, 4. 5). Die in diesen Abschnitten ausgesprochene Unmöglichkeit des Zusammenbestehens von Heilsbesitz und unrechtem Wandel meint nicht, der Christ sei über die Neigung etwa zum Bruder-Haß hinausgewachsen und brauche sich für den rechten Wandel gar nicht mehr zu entscheiden; das ὀφείλειν des Christen, gerade nach diesen Unvereinbarkeits-Erklärungen (2, 6; 3, 16; 4, 11), bezeugt zu deutlich das Gegenteil: gerade nun ist der Christ zum rechten Wandel verpflichtet, kann allerdings auch nun erst, eben auf Grund dieser Unvereinbarkeiten, recht in Pflicht genommen werden. In diesen Unvereinbarkeits-Thesen, die die Paränese zum Gebotebewahren begründen und in sich schließen, schwingt das ganze Pathos des Briefes.

Weil das Heilsgeschehen notwendig das Bewahren der Gebote fordert, kann der Wandel als Bewahren der Gebote zum Kennzeichen dafür werden, daß der Mensch am Heile teilhat. So erkennt man am Lichtwandel die Gemeinschaft des Menschen mit Gott (1, 5–7), am Sündenbekenntnis das Sein der Wahrheit im Menschen (1, 8–10), am Bewahren der Gebote sein Gott-Erkannthaben (2, 4. 5), an der Bruderliebe sein Im-Lichte-Sein (2, 9–11), am Gerechtigkeitstun und an der Bruderliebe sein Aus-Gott-Gezeugtsein und seinen Lebensbesitz (2, 29; 3, 10. 14).

Bei genauerer Untersuchung der eben genannten Stellen aber tritt zutage: das Bewahren der Gebote ist nicht nur der Erkenntnisgrund, sondern auch der Realgrund für die Teilhabe am Heil. Man *gewinnt* auch durch den Lichtwandel die Gemeinschaft mit Gott (1, 7; ich lese μετ' αὐτοῦ), *gewinnt* durch das Sündenbekenntnis die Vergebung (1, 9), durch das Bewahren seines Wortes das Vollendetsein der Liebe im Menschen (2, 5), durch die Bruderliebe das Bleiben im Lichte (2, 10). Schon das „Vollendetsein" und das „Bleiben" machen freilich klar, es geht hier nicht um ein nomistisches do ut des. Es wird hier vielmehr deutlich; der Inhalt der Gebote umfaßt neben dem Wandel und der Bruderliebe auch den Glauben (s. oben II a 2). Der Wandel und das Bewahren der Gebote gewinnt das Heil, weil Wandel und Gebote nicht außerhalb des Glaubens, als rein ethisches Geschehen, sondern innerhalb des Glaubens ins Auge gefaßt sind; es liegt eben eine andere Nomenklatur vor als in der paulinischen Entgegensetzung von ἔργα νόμον bzw. νόμος und πίστις. So ist es verständlich, daß neben dem Wandel auch das Glaubensbekenntnis zum Erkenntnisgrund für den Heilsbesitz werden kann: Glaube an Jesus als an den Christus und Bruderliebe zeigen das Aus-Gott-Gezeugtsein an (5, 1); das Bekenntnis zum im Fleisch gekommenen Jesus Christus erweist das Aus-Gott-Sein des Bekennenden (4, 2. 3); das Hören der Gemeindeverkündigung gibt das Kriterium ab für den Geist der Wahrheit und des Irrtums (4, 6). Auch von der Sache her bestätigt sich die oben (I b 7) unter formal stilkritischen Gesichtspunkten gewonnene Vermutung, daß die Antithesen zusammengehören und nicht nach ihren Inhalten zu scheiden sind. Neben den Erkenntnisgrund vermag der Realgrund zu treten, weil das Nicht-Teilhaben am Heil ja kein fatalistisches Definitivum ist, sondern durch die Glaubensentscheidung aufgehoben werden kann, die sich im Bewahren des Wortes und im Wandel konkretisiert.

Das Bewahren der Gebote und der Wandel, speziell die Bruderliebe, dürfen als Kriterium für den Heilsbesitz nun aber nicht so verstanden werden, als sei eine außerhalb des Glaubens geltende humanistische Norm damit aufgerichtet. Aus einem Vergleich von 1, 5–7 und 2, 9–11 geht hervor: der Lichtwandel als Kriterium (1, 5–7) ist nichts derart Eindeutiges, daß nicht er seinerseits wieder des Kriteriums, eben der Bruderliebe, bedürfe (2, 9–11). Auch die Bruderliebe gilt offenbar nicht als letztlich eindeutig. Darum begegnet ein Kreis von Aussagen, in denen, entgegengesetzt dem bisher beobachteten Schema, das Beteiligtsein am Heil nun den Erkenntnisgrund für die rechte Liebe abgibt. Der Geistempfang (ganz gleich, ob dabei speziell an die Taufe gedacht ist) ist es, der die Verbundenheit mit Gott (4, 13), damit aber auch das rechte Bewahren der Gebote (3, 24) bestätigt. Was Liebe heißt, wird erkennbar an „seiner" Selbsthingabe (3, 16), an der Sendung des Sohnes, hinter der Gottes Liebe steht (4, 9. 10). Natürlich ist Christus hier keine den Glaubensvollzug von außen her stützende, historisch objektivierbare Versicherung. Von innen her trägt Christus das Lieben; genauso, wie die Liebe nicht durch eine atomistisch aufzählbare Summe von Handlungen, sondern in ihrer Vollkommenheit durch die Gerichtszuversicht (4, 17. 18), also durch einen unkontrollierbaren inneren Vorgang ausgewiesen wird. So kann denn auch als Erkenntnisgrund für die Bruderliebe die Liebe zu Gott und das mit ihr identische Bewahren seiner Gebote genannt werden (5, 2). Aus alledem wird klar: das Üben der Liebe erfolgt nicht außerhalb des Heilsgeschehens; das Heilsgeschehen wiederum spielt sich nicht in einer metaphysischen Sphäre ab, in der das Lieben keinen Platz fände. Darum umfaßt das Gebot beides, Liebe und Glaube. Wie streng aktual dabei auch das Heil gefaßt ist, mag noch einmal aus 2, 1 klarwerden: das Bekenntnis zum Sündersein (= ταῦτα) stellt in dem Sinne in die Wahrheit (1, 8), daß es auf das μὴ ἁμαρτάνειν abzielt (ἵνα). Es ist also unerlaubt, die „Wahrheit" von 1, 8 in eine göttliche Seins-Sphäre zu verlegen, von der die Tat-Sphäre der Ethik getrennt wäre. Auch das Heil ist aktual verstanden.

4. Wenn die Gebote Wandel und Heilsbesitz umfassen, wie steht es mit ihrer Erfüllbarkeit? Wie verhalten sich Heilsbesitz und Sündetun?

„Gottes Gebote sind nicht schwer", weil das aus Gott Gezeugte, d. i. der Glaube als Teilhabe am eschatologischen Siege Jesu, die Welt besiegt, ja besiegt hat (5, 3. 4). Die Gebote sind erfüllbar, denn die Glaubensentscheidung ist möglich. Heilsteilhabe und Sündigen schließen sich aus. Die Unvereinbarkeits-Erklärungen aus II a 3 lassen darüber keinen Zweifel.

Aber eben zu dieser Heilsteilhabe, zum Sein der Wahrheit im Menschen, gehört das Sündenbekenntnis (1, 8–10). Nicht nur die vergangenen Sünden sind vergeben (2, 12) nicht nur für sie ist der Sohn die Sühne (4, 10); auch im Blick auf die jetzt geschehene Sünde ist er der Fürsprecher (2, 1) und die Sühne (2, 2), dessen Blut reinmacht (1, 7), ist Gott der Vergebende und Reinigende (1, 9).

Der Versuch, diese einander entgegengesetzten Aussage-Gruppen auf zwei Schichten, also etwa Quelle und Verfasser, zu verteilen, versagt restlos. Die am stärksten einander widersprechenden Passus 1, 8–10 und 3, 6–10 gehören ihrer formalen Struktur nach der gleichen Quellenschrift an (vgl. BULTMANNS Analyse). Aber auch in 1, 5–10, an dessen formaler Einheitlichkeit im großen und ganzen nicht zu zweifeln sein wird, ist die gleiche Spannung schon enthalten: als unvereinbar gelten Gemeinschaft mit Gott und Wandel in der Finsternis ebenso wie Behauptung der eigenen Sündlosigkeit und Sein der Wahrheit in uns. Das Paradox scheint beabsichtigt und darf nicht abgeschwächt werden. Um es sachlich zu verstehen, muß man es eher zuspitzen und formulieren: um zum aktualen (beachte die Herausstellung des ποιεῖν, vgl. II a 2) Nichtsündigen zu gelangen, bedarf es des Bekenntnisses, Sünder zu sein (und damit natürlich auch, aktuale Sünde getan zu haben). Gemeint ist also die Paradoxie, daß der Christ als Sünder (beachte den Singular ἁμαρτία 1, 8!) unter der Vergebung lebt, am Heile teilhat und gerade so das Sündigen (2, 1 a) überwindet.

5. Es ist aber begründet, daß der Text selber diese Paradoxie nicht scharf erfaßt und formuliert. Denn der Plural ἁμαρτίαι (1, 9; 2, 2) zeigt an: das Paradox des unter der Vergebung lebenden Sünders ist abgeschwächt und nur so ins Auge gefaßt, daß es nicht mehr in der gesamten Existenz, sondern nur noch in bezeichenbaren und darum vom rechten Wandel abgrenzbaren Einzelsünden in Erscheinung tritt. Das spätjüdisch-gemeinchristliche ἁμαρτίας ἀφιέναι hat eine abschwächende, frühkatholisierende Interpretation erfahren (s. oben I b 2 und 3). Ähnliche Symptome treten dieser Beobachtung zur Seite. Der Text kennt verschiedenwertige Sünden, für die Fürbitte geraten oder nicht geraten ist (5, 16. 17). Er redet überhaupt öfter [7] von Sünden im Plural. In der negativen Definition der Sünde (s. oben II a 2) fällt in 2, 16. 17 die betonte Abwertung der ἐπιθυμία auf, die, bei Paulus relativ spärlich (neunmal) verwendet, in spätere Zeit verweist (Deuteropaulinen und kath. Briefe, ohne I. Joh., 21mal). Und schließlich: der Rekurs des sich selbst verurteilenden Herzens auf Gottes gnädiges Alles-Wissen (3, 19. 20) ist nur die *eine* Möglichkeit; daneben steht die andere: die Erhörungsgewißheit wird gewonnen aus dem Bewahren der Gebote (3, 21. 22). Die oben (II a 2) beobachtete Gleichsetzung des Bewahrens der Gebote mit dem Glauben ist mir für diese Stelle doch fraglich; ob der der LXX und der Welt des Spätjudentums entstammende Zusatz τὰ ἀρεστὰ ποιεῖν ἐνώπιον hier nicht doch darauf hinweist, daß ein für den Frühkatholizismus typischer, bezeichnenderweise in spätjüdischer Terminologie erfolgender Rückfall in spätjüdischen Nomismus vorliegt, etwa analog der Begründung der Erhörungsgewißheit in den Psalmen Salomos 1, 2: ὅτι ἐπλήσθην δικαιοσύνης?! Die Vermutung, in all den genannten Symptomen die Nähe des Frühkatholizismus zu spüren, bestätigt sich durch die Feststellung, daß alle diese Stellen formal stilkritisch nicht der vermutbaren Quelle angehören (s. oben I und BULTMANNS Analyse), im einzelnen ihr sogar widersprechen, wie etwa 5, 16. 17 und 3, 4 b in Spannung stehen. Die Quelle selber ist also noch frei von der abschwächenden Betrachtung christlicher Paradoxie.

---

[7] Zum diesbez. Sprachgebrauch der Paulinen und Nachpaulinen vgl. H. BRAUN, Exegetische Randglossen zum ersten Korintherbrief, in Theologia viatorum 1948 bis 1949, S. 48 f. In diesem Band S. 201 ff.

b) Die Gotteszeugung

1. An sechs Stellen (2, 29; 3, 9; 4, 7; 5, 1. 4. 18) gebraucht der I. Joh. die Wendung γεγεννῆσθαι ἐκ τοῦ θεοῦ. Die Übersetzung „aus Gott gezeugt sein" ist sichergestellt durch die betonte Verbindung mit σπέρμα (3, 9); es liegt hier also dieselbe Bedeutung wie Joh. 1, 13 vor. Das ἐκ τοῦ θεοῦ fehlt bei keiner Wendung; es wechselt nicht mit dem ἄνωθεν oder mit dem ἐκ τοῦ πνεύματος aus Joh. 3, 3. 5–8. Dies ἐκ τοῦ θεοῦ hat seinen Gegensatz in dem mit synonymen Wendungen verknüpften ἐκ τοῦ διαβόλου (3, 8. 10). Gott oder der Teufel sind als Vater genannt. Einen weiteren Gegensatz zum ἐκ τοῦ θεοῦ stellt das, ebenfalls in synonymen Wendungen begegnende, ἐκ τοῦ κόσμου dar (4, 4. 5); der Gottgezeugte steht im Gegensatz zu dem der Welt-Sphäre Entstammenden (2, 16; 3, 1. 13; 5, 4. 19). Dies Gezeugtsein aus Gott wird gebraucht im Blick auf die Christen; nur die einmal (5, 18 b) vorkommende Aoristform geht nach wahrscheinlicher Exegese, wenn man nicht die LA ἡ γέννησις bevorzugt, auf Christus. In den von den Christen handelnden perfektischen Stellen ist der Gottgezeugte dreimal Subjekt (3, 9; 5, 4. 18); viermal steht der Terminus als Prädikat (2, 29; 3, 9; 4, 7; 5, 1).

Die Gotteszeugung wird also im I. Joh. nicht ganz selten verwendet. Ihre zentrale Bedeutung tritt aber erst richtig ins Licht, wenn man ihre Synonyma ins Auge faßt. Deren Kennzeichnung als Synonyma geschieht nur einmal (4, 7) durch ein angliederndes καί; in allen andern Fällen dadurch, daß das von der Gotteszeugung bzw. von dem Gottgezeugten Ausgesagte auch mit einem andern Ausdruck verbunden wird, dessen synonyme Bedeutung eben durch diesen Wechsel erwiesen ist. Die aus Gott Gezeugten sind Kinder Gottes (3, 1. 10; 5, 2), wie die dem Teufel Entstammenden Teufels-Kinder (3, 10) sind. Der Gottgezeugte erkennt Gott (4, 7; 5, 20), der Sünde Tuende, der nicht Liebe Übende hat Gott nicht erkannt (3, 6; 4, 8); die letztgenannte Perfekt- und Aoristform macht die Nähe zum perfektischen Aus-Gott-Gezeugtsein noch deutlicher. Auch das Gott-nicht-Gesehenhaben beim Sünder und Übeltäter (3, 6; III 11) ist solch ein perfektisches Synonym. Das präsentische „Sein aus" zeigt in gleicher Weise das Festgelegtsein des Menschen durch die Herkunft aus Gott (3, 10; 4, 4; 5, 19; III 11), aus dem Teufel (3, 8), aus der Welt (4, 5) an, während das „Bleiben in Gott" (3, 6) das Verharren in der Sphäre des Aus-Gott-Gezeugtseins zum Ausdruck bringt. Nur über das letztere Synonym, das μένειν ἐν, also indirekt, ist auch der Geist (2, 27; 3, 24; 4, 13) mit der Gotteszeugung verbunden; man kann darum fragen, ob der Geist oder das Wort (wie I. Petr. 1, 23; vgl. I. Joh. 1, 10) mit dem Samen in 3, 9 gemeint ist.

2. Die bisherige Darlegung der Terminologie hat klargemacht: wir haben es bei der Gotteszeugung mit einer völlig gängigen Vorstellung zu tun. Die Herkunft des Terminus aus einem supranaturalen Dualismus leuchtet, auch ohne den später nachzuholenden religionsgeschichtlichen Rahmen, auf den ersten Blick ein. Um so wichtiger ist es zu beobachten, wie von der Gotteszeugung inhaltlich geredet wird. Nie in der Form: „wir" oder „ihr" oder „sie sind aus Gott gezeugt". Sondern immer in einer doppelten Weise. Entweder: „der Gottgezeugte tut das und das." Oder: „der das und das Tuende ist aus Gott gezeugt." Der Terminus begegnet also nie naiv; nie so, als verstünde sich sein Inhalt von selber. Sondern immer ist entweder das perfektische Partizip definiert durch ein bestimmtes Tun, oder ein bestimmtes Tun wird durch das verbale Aus-Gott-Gezeugtsein interpretiert. Diese Definitionen und Interpretationen haben meist (2, 29; 3, 9; 4, 7; 5, 18) antithetische, seltener (5, 1. 4) thetische Form, gehören also stilistisch zu der oben besprochenen Quelle. Aus alledem legt sich die Vermutung nahe, ein vorgegebenes naives Verständnis der Gotteszeugung möchte in einer bestimmten Richtung, vielleicht sogar in kritischem Gegensatz (vgl. unten II d 3), interpretiert sein.

Welches sind denn nun die Inhalte der Definitionen und Interpretationen? Der Gottgezeugte tut die Gerechtigkeit (2, 29), während der nicht aus Gott, der aus dem Teufel Stammende solch Tun unterläßt (3, 10). Der Gottgezeugte tut nicht Sünde (3, 9; 5, 18). Der Gottgezeugte übt Liebe (4, 7), gegenüber dem Erzeuger und den aus letzterem Erzeugten (5, 1); der nicht aus Gott Stammende unterläßt die Bruderliebe (3, 10). Der Gottgezeugte glaubt, daß Jesus der Christus ist (5, 1) und besiegt eben in diesem Glauben die Welt, nein hat sie bereits besiegt (5, 4). Zu der letzteren christologischen Stelle wäre, zwar nicht für den Terminus der Gotteszeugung, aber für das synonyme „Aus-Gott-Sein", die christologische Definition aus 4, 2 b. 3 a und die vom Hören der Gemeindeverkündigung handelnde aus 4, 6 anzufügen.

Diese Definitionen haben also zwei unterscheidbare Inhalte: sie reden vom Verhalten des Christen und von dem, woran er glaubt. Für das Verhalten fällt die häufige Verwendung von $\pi o\iota\varepsilon\tilde{\iota}\nu$ auf: Aus-Gott-Gezeugtsein ist nicht Zustand, sondern Aktion im Konkreten (vgl.

oben II a 2); auch das *οὐ δύναται* und das *μένειν* des Samens hebt nicht die Verpflichtung zu solcher Aktion auf (vgl. oben II a 3). Wo das Glauben des Christen mit der Gotteszeugung interpretiert wird, ist im Glaubensinhalt das Menschsein Jesu unterstrichen; aber auch dieser Glaube ist Aktion, wie sein Siegen hervorhebt (5, 4), und ist dem Lieben benachbart (5, 1 b). In diesem Glauben läßt der Mensch sein Gottesverhältnis durch das in der Gemeindeverkündigung auf ihn zukommende Jesus-Geschehen bestimmt sein (4, 6). Es ist also letztlich doch nur *ein* Inhalt (vgl. oben II a 2 und 3), der das aktuelle Verhalten des Gottesgezeugten kennzeichnet: Tun der Gerechtigkeit, Unterlassen der Sünde, Üben der Liebe, siegendes Glauben.

3. Worauf diese Definitionen und Interpretationen hinauswollen, wird klarer aus einem Blick auf den religionsgeschichtlichen Rahmen. Ich verzichte hier darauf, das allgemein übliche Material[8] für die Herleitung der Gotteszeugung aus der hellenistisch-orientalischen Mysterienwelt zu wiederholen; es sei nur ergänzt durch einige hier speziell interessierende Hinweise. Wie im I. Joh. ist im Corpus Hermeticum[9] das Gott-Erkennen volles Synonym zur Gotteszeugung; ihr Widerfahrnis wird beschrieben mit ἦλθεν ἡμῖν γνῶσις θεοῦ (C. H. 13, 8 b); ὁ γὰρ γνοὺς καὶ ἀγαθὸς καὶ εὐσεβής, καὶ ἤδη θεῖος (C. H. 10, 9), wie das Erkennen Gottes denn auch überhaupt im C. H. eine bedeutsame Rolle spielt (s. noch C. H. 1, 3. 31; 10, 19 a; 11, 21 b). Auch das Sehen, nun allerdings nicht Gottes, sondern des Alls begegnet im Zusammenhange mit der παλιγγενεσία (C. H. 13, 13 a. 15). Der hellenistisch-mystische Hintergrund auch für die Synonyma der Gotteszeugung ist also durchaus belegbar. Gerade C. H. 13, der λόγος περὶ παλιγγενεσίας, ist auch weiterhin lehrreich. Der Wille Gottes als der Säende qua Zeugende, die Weisheit als die Gebärmutter, das wahrhaft Gute als der Same (C. H. 13, 2), – aus alledem wird klar: die massive Vorstellung einer mythischen Zeugung ist, wie im I. Joh., aufgegeben und vergeistigt. Die sehr aufschlußreichen Differenzen zwischen beiden Texten beginnen damit, daß im I. Joh. die Gotteszeugung in der glaubenden Begegnung mit der Verkündigung, im C. H. in der Rückerinnerung des Menschen an sein wahres Sein sich realisiert: τοῦτο τὸ γένος – οὐ διδάσκεται, ἀλλ' ὅταν θέλῃ ὑπὸ τοῦ θεοῦ ἀναμιμνήσκεται (C. H. 13, 2). Definiert der I. Joh. den Gottgezeugten als den aktual

---

[8] Siehe etwa den Exkurs zu I. Joh 3, 9 bei WINDISCH/PREISKER 1951.
[9] Ed. W. SCOTT 1924 ff.

Liebenden, so entfällt dagegen eine konkrete Ethik hier in C. H. 13 schon deswegen, weil die Identität des Wiedergeborenen (Gotteszeugung und Wiedergeburt stehen in C. H. 13 promiscue) mit seiner früheren Existenz unterbrochen ist: καί εἰμι νῦν οὐχ ὁ πρίν (C. H. 13, 3). Diese Nicht-Identität des Wiedergeborenen mit dem alten Menschen meint nicht die Möglichkeit eines qualitativ neuen Verhaltens in der geschichtlichen Existenz, sondern ist die Aufhebung des irdischen, dreidimensionalen Leibes (C. H. 13, 3. 13 a), des Gefängnisses (C. H. 13, 7 b), dessen Sinnesfunktionen und Affekte es abzulegen gilt (C. H. 13, 7 a. 7 b), um zum Ziel der Vergottung (C. H. 13, 7 a. 10. 14), der ekstatischen, nichtgegenständlichen Schau des Alls (C. H. 13, 13 a) zu gelangen. Selbst wenn die Liste der sieben δυνάμεις in C. H. 13, 9 zum ursprünglichen Texte gehörte [10], wäre damit doch nur eine asketische, die eigene geistige Persönlichkeit kultivierende Ethik gegeben. Das Du, der Bruder, bleibt in C. H. 13 der ganzen Struktur der Wiedergeburt nach aus dem Spiel. Hier liegt der große Unterschied zum konkret-aktualen Interesse des I. Joh., während die grundsätzliche Askese der Hermetik in I. Joh. 2, 16. 17 eine entfernte Parallele findet. Von der religionsgeschichtlichen Vergleichung her verstärkt sich der schon oben (I a 5) ausgesprochene Zweifel, ob sämtliche zur Quelle gehörenden Definitionen der Gotteszeugung im I. Joh. außerchristlich-gnostisches Gepräge tragen können. Für die engere Terminologie der Gotteszeugung scheint mir an der hellenistisch-orientalischen Herkunft kein Zweifel möglich. Aber für die Interpretation dieser Terminologie durch die Bruderliebe möchte ich christlichen Einfluß vermuten; für die christologischen Definitionen versteht sich das ja von selbst.

4. Der Versuch, das mit der Gotteszeugung im I. Joh. Gemeinte herauszustellen, kann nach alledem kurz sein. Die mythisch-supranaturale Vorstellung ist, wie in C. H. 13, abgestreift. Aber nicht ein rückerinnerbares Sein, sondern Gottes Handeln in Jesus Christus rettet den Menschen, so sehr es auf beiden Seiten um Soteriologie geht. Die Abhängigkeit des Menschen von diesem Handeln spricht sich in der Übernahme der hellenistisch-orientalischen Gotteszeugungs-Terminologie aus. Im Gegensatz zu ihrer ekstatisch-mystischen Herkunfts-Sphäre aber wird diese Terminologie hier nun interpretiert mit dem aktualen Liebe-Üben am konkreten Bruder, das Hand in Hand geht mit dem Sichbestimmtwissen des Menschen vom Jesus-Geschehen

---

[10] Vgl. W. Scott II 388 f.

her, also mit dem Glauben. So ist die Gotteszeugung nur ein anderer Ausdruck dafür geworden, daß der Glaubende in der neuen, eschatologischen Situation steht (2, 8).

c) Die Christologie

1. Schon der solenne christologische Eingang des Schreibens ist geeignet, den Kanon deutlich zu machen, unter dem alle Aussagen über Christus stehen werden. Das zweimalige ἵνα (1, 3. 4) bestimmt den Zweck des eben betätigten christologischen Verkündigens und Schreibens: die Gemeinschaft der Christen untereinander und mit Gott soll zustande gebracht, die Freude soll erfüllt werden. Ebensowenig trägt das Erkennen des Uranfänglichen (d. i. Christi) bei den Vätern theoretischen Charakter (2, 13. 14); zu deutlich spricht dagegen die Parallele von den Jünglingen und deren konkret-praktischer Siegerstellung gegenüber der Welt (2, 13. 14). Es werden also keine Aussagen über Christus „an sich" gemacht; der Ertrag dessen, was er war und ist, ist ständig mitbedacht und mitgenannt. Darum ist es methodisch ratsam, von diesem Ertrage auszugehen.

Man stellt dabei überrascht fest, einen wie breiten Kreis die Aussagen einnehmen, die davon Zeugnis geben, was Christus gegenwärtig *ist*. Jener – eine der gängigsten Bezeichnungen für Christus im I. Joh. – ist gerecht (2, 29; 3, 7), heilig (3, 3), sündlos (3, 5), sein Blut macht rein (1, 7), er ist die Sühne für die Sünden der Christen und der ganzen Welt (2, 2), er ist der Fürsprecher (2, 1). Indem sein λόγος, seine ἐντολή gegenwärtig ist, ist das eschatologisch Neue da, die Finsternis ist im Vergehen, das wahre Licht leuchtet bereits (2, 8). So können die Menschen durch ihn „leben" (4, 9), man kann ihn jetzt „haben" (5, 12), und damit „hat" man das Leben (5, 12. 13). Der Glaube an seinen Namen ist der Vorgang, in dem man das Leben (5, 13), die Sündenvergebung (2, 12) hat. Kurz: ὁ υἱὸς τοῦ θεοῦ ἥκει (5, 20), der Sohn Gottes ist so gekommen, daß er jetzt da ist. Diese Präsenz Christi ist eingebettet in eine Vergangenheit, die, wie die Perfekta (4, 9. 14) bei der Sendung Christi ausweisen, ihre dauernde Wirksamkeit und Gültigkeit behält.

2. Die Heilspräsenz Christi setzt also eine Vergangenheit fort. Diese Vergangenheit hat zwei Stadien: das geschichtliche Gekommensein und die diesem Gekommensein vorgelagerte Präexistenz. Beide Aussagenkreise sind in Dienst genommen, um zu bezeugen: in „ihm" begegnet jetzt der sich offenbarende Gott. Die Präexistenz-Aussagen des

I. Joh. gehören jener großen, allerdings nicht das Ganze umfassenden Sparte neutestamentlicher Christologie an, in der die Bedeutung Christi, analog dem für die Christologie in Dienst genommenen gnostischen Erlöser-Mythus, durch die Betonung seiner vorgeschichtlichen, himmlischen Herkunft unterstrichen wird. So ist er „der von Anfang her" (2, 13. 14), vielleicht (s. oben II b 1) auch der aus Gott Gezeugte (5, 18). Wie schon beobachtet (II c 1), interessiert auch den Text selber an diesen Vorstellungen nicht das vorzeitliche Sein des Sohnes; jegliche naive Ausmalung eines vorgeschichtlichen himmlischen Geschehens, wie etwa P. GERHARDT im Passionslied („Geh hin, mein Kind" – „Ja, Vater, ja" –) sie zu bringen kein Bedenken trägt, ist hier im I. Joh. unterblieben. Es handelt sich nicht um eine Person an und für sich, sondern um die mit dieser Person verknüpfte Sache, wie BULTMANN zu dem Neutrum ὅ 1, 1. 3 anmerkt[11]; und diese Sache ist das in der Gegenwart den Menschen betreffende Heil. Die Präexistenz drückt die Gültigkeit, das Von-Gott-Her des in Jesus beschlossenen Heilsgeschehens aus.

Im Rahmen dieses bekannten Präexistenz-Schemas wird Jesu geschichtliches Auftreten zum Gekommensein (4, 2; 5, 6), zum Gesandtsein (4, 9. 10. 14), zum Offenbargewordensein, bei dem, eben im Auftreten Jesu, das Leben (1, 2), Gottes Liebe (4, 9) an den Tag gekommen ist. Als Mensch übte (beachte hier und im folgenden die Aoriste!) „jener" das Fortschaffen der Sünde (3, 5), das bei Joh. kaum auf das Sühnopfer des Todes spezialisiert werden darf; er löste die Teufelswerke auf (3, 8), die aber laut dem Kontext nicht mehr gemeinchristlich (Luk 13, 16; Act 10, 38) als Krankheits-Besessenheit verstanden werden dürfen; „jener" gab für uns sein Leben hin (3, 16), und sein geschichtlicher Wandel (2, 6) wie seine Selbsthingabe (3, 16) sind Begründung und Vorbild für das Verhalten der Christen.

Für alle diese Beschreibungen der Tätigkeit des geschichtlichen Jesus fällt auf: sie entbehren der Anschaulichkeit. Statt dessen verbinden sie den Ertrag des geschichtlichen Lebens Jesu direkt mit der glaubenden Annahme seitens der in der Gegenwart angeredeten Christen. So realisiert sich das Fortschaffen der Sünde, das „jener" geübt hat (3, 5), darin, daß der jetzt in ihm Bleibende nicht sündigt (3, 6); das von Jesus geübte Auflösen der Teufelswerke realisiert sich im Aus-Gott-Gezeugtsein mit seinem Nichtsündigen (3, 8. 9). Die Gegenwarts-

---

[11] Theologie des Neuen Testaments 1951, S. 380.

bezogenheit des geschichtlichen Verhaltens Jesu springt dadurch besonders in die Augen, daß ebenso Jesu geschichtlicher Wandel (2, 6; 3, 16) wie sein gegenwärtiges Sein (2, 29; 3, 3. 7; 4, 17) als Begründung und Vorbild christlichen Verhaltens genannt werden kann. Auf historische Treue in der Darbietung der Form und des Zusammenhanges, also auf historische Betrachtung im modernen Sinne, ist in den genannten Rückbezügen auf das geschichtliche Verhalten Jesu offenbar weitgehend verzichtet. So wird denn von der auf „ihn", auf den „Anfang" des Christentums zurückgehenden Verkündigung (1, 5; 3, 11), von der durch ihn ausgesprochenen Verheißung (2, 25), von seinen Geboten, seinem Gebot und seinem Wort (2, 3. 4. 5. 7. 8; 4, 21) geredet; und doch ist es für eine Betrachtung, die in der ältesten synoptischen Schicht mit ihrem spätjüdisch-palästinensischen Kolorit ein historisch zuverlässiges, wenn auch unter mancherlei Gesichtspunkten aktualisiertes Beispiel für das Reden des geschichtlichen Jesus sieht, völlig klar, daß so, wie in den eben genannten ἀγγελία- und ἐντολή-Worten, der Irdische nicht formuliert hat. Diese Freiheit des I. Joh. in der Art, sich auf den geschichtlichen Jesus zurückzubeziehen, resultiert offenbar aus der schon für die Synoptiker[12] und dann besonders für das vierte Evangelium typischen Überzeugung, es sei geistlich irrelevant, ob ein Herrenwort auf den Irdischen oder den Erhöhten zurückgeht. Es sind „seine" Gebote, „seine" Verkündigung also nicht, weil der geschichtliche Jesus das gesagt hätte; der Ertrag seines geschichtlichen Lebens ist vielmehr in diesen johanneischen Wendungen eingefangen: sein irdisches Auftreten, seine Selbsthingabe sind Betätigung von Gottes ἀγαπᾶν (4, 9–11) und vermitteln das Heil, sind also nie bloß geschichtlich. Der Verfasser hat die Freiheit, das geschichtliche Auftreten Jesu nicht in der original-historischen, d. h. der palästinensisch-jüdischen Gewandung, sondern in seiner, des Verfassers, hellenistisch-gnostischen Begrifflichkeit vorzuführen. Die Geschichte Jesu interessiert nicht als solche: sie ist bedeutsam für das Heil.

3. Um so auffälliger ist es, daß die tatsächliche Geschichtlichkeit des Auftretens Jesu unübersehbar stark unterstrichen wird. Es ist ja klar, daß hier Polemik vorliegt. Was für eine Christologie hier bekämpft wird, soll im nächsten Abschnitt zur Verhandlung stehen. Hier genügt die Beobachtung, daß solch Kampf mit dem wiederholten Hinweis

---

[12] Vgl. J. SCHNIEWIND, Zur Synoptiker-Exegese, Theol. Rundsch. N. F. 2 (1930), S. 142.

darauf geführt wird: der Heilbringer war ein wirklicher, richtiger Mensch. Der ganze Ton liegt auf dem Menschennamen Jesus. Er, Jesus, ist der Christus (2, 22; 5, 1), der Sohn Gottes (4, 15; 5, 5); von Jesus Christus gilt darum: er ist im Fleische gekommen (4, 2), und zwar durch Wasser und Blut, d. h. charakterisiert nicht nur durch sein Getauftwerden, sondern auch durch sein Sterben (5, 6), kurz als wirklicher Mensch einschließlich des Todesloses. Das gilt es zu glauben (5, 1. 5), zu bekennen (4, 2. 3. 15) und nicht zu leugnen (2, 22).

Zweifellos liegen in den genannten Wendungen Beispiele aus der reichen Mannigfaltigkeit [13] von Bekenntnisformulierungen der apostolischen und nachapostolischen Zeit vor. Gleichwohl zeigt der Kontext klar: es geht in diesem Glauben und Bekennen zu „Jesus" nicht um die Anerkenntnis eines für sich betrachtbaren historischen Sachverhaltes. Denn die gegnerische Ansicht bestreitet nicht, daß Jesus gelebt hat; die Existenz eines Menschen Jesus wird naiv als unbezweifelbar von beiden Seiten angenommen. Beide Seiten sind offenbar einig auch in der Bejahung der Gestalt eines Heilsträgers, des Sohnes Gottes (4, 15; 5, 5). Die in Frage stehenden Formulierungen des I. Joh. wollen vielmehr hervorheben: der Heilsträger ist dieser konkrete Mensch, dessen Gelebthaben an sich von keiner Seite bestritten ist (vgl. unten II d 2). Das Bekenntnis und der Glaube, daß dieser Jesus das Heil ist, postuliert also keinen historischen Sachverhalt, sondern legt einen historischen Sachverhalt, im Gegensatz zu dessen Augenschein, aus. Solche Auslegung ist aber nicht möglich von einem neutralen Standpunkt aus; sie fällt zusammen mit der Heilsteilhabe, mit dem Haben des Vaters (2, 23), mit dem Aus-Gott-Sein (4, 2. 3) und dem Aus-Gott-Gezeugtsein (5, 1), mit dem In-Gott-Bleiben (4, 15), mit dem Empfang ewigen Lebens (5, 11) und dem Sieg über die Welt (5, 5). Dabei wird aus den Formulierungen ganz deutlich: solch Glauben und Bekennen zu Jesus als dem Heil ist nicht etwa, in der Art eines sacrificium intellectus, ein intellektuelles Werk, dessen Vollzug vor der Heilsteilhabe geschähe und dann das Heil zur Folge hätte. Denn in solchem Glauben und Bekennen hat man (Präsens, nicht Futur!) den Vater (2, 23) und das Leben (5, 13); ja noch deutlicher: man erweist durch solch Glauben und Bekennen, daß man aus Gott stammt (4, 2. 3; 5, 1) und in ihm bleibt (4, 15). Das Bekenntnis zu Jesus als dem Heil liegt also nicht vor der Heilsteilhabe; beide fallen streng zusammen. In diesem

---

[13] Vgl. etwa H. LIETZMANN, Symbolstudien ZNW 22, S. 262 ff.

Bekenntnis überwindet der Glaube den Anstoß an der Niedrigkeit der Offenbarung; ich verzichte hier auf die Auseinanderlegung dieses im vierten Evangelium wurzelnden Theologumenons. So erhellt, warum Jesu Menschheit und seine σάρξ unterstrichen werden müssen; mit ihr würde die Konkretheit und Niedrigkeit der Offenbarung preisgegeben. Es wird andererseits klar, warum auf die historisch getreue Gewandung dieses Menschseins (vgl. oben II c 2) verzichtet werden kann: ist nur die Tatsache der Menschheit Jesu festgehalten, so interessieren ihre historisch getreuen Einzelheiten mitnichten. Denn nicht aus ihnen erwächst der Glaube, die Überwindung des Anstoßes der σάρξ. Die Entscheidung des Menschen vollzieht sich vielmehr gegenüber dem tradierten Kerygma (2, 24; 4, 6), das den Namen des geschichtlichen Jesus an das Heilsgeschehen heftet und somit den Anstoß konserviert. In dieser Entscheidung fällt der Mensch keine historisch einsichtigen Urteile, sondern befindet, indem er die konkrete Paradoxie der Offenbarung glaubt, über sein eigenes Gottesverhältnis. Nur so scheint mir beides verständlich, die starke Betonung des Menschseins Jesu und dabei doch die völlige Sorglosigkeit hinsichtlich des Details und der historisch-getreuen Form seiner Worte: das im engeren Sinne Historische begründet nicht, es liefert das notwendige, aber im Glauben jeweils zu überwindende Paradox des Konkreten. So setzt das ὁρᾶν (1, 1. 2. 3), das θεᾶσθαι (1, 1; 4, 14) und das ψηλαφᾶν (1, 1) etwas Sinnfälliges als Objekt voraus und macht über diese Gegebenheit doch Aussagen, die gerade nicht objektiv-historisch zu sehen und zu ertasten waren, so daß „Sehen" und „Nichtsehen" „ihm" gegenüber auch für den Nicht-Zeitgenossen des Irdischen als Entscheidung möglich ist (3, 6). Diese Verben der sinnlichen Funktionen meinen also schon die Augenzeugenschaft, ohne welche es kein Zeugnis gäbe; in der Kontinuität der Tradition, an deren Anfang Augenzeugen standen, redet der Verfasser, der selber kein Augenzeuge ist, als „wir". Mit der Tradition, die von den Augenzeugen herkommend sich zu Jesus als dem Heil bekennt, wird also der Stachel des Anstoßes überliefert, ja die Tradition ist in ihrer Niedrigkeit selber der Anstoß. Daß die Augenzeugen und ihnen nach die Tradition, diesen Anstoß überwindend, glaubten, garantiert zwar keineswegs die Begründetheit unseres Glaubens, vermag uns aber zu ermutigen, daß wir, in unserm hic et nunc den Anstoß überwindend, gleichfalls Jesus als das Heil bekennen.

Daß das Wertlegen auf das wirkliche Menschsein Jesu, also auf die

Tradition in weitestem Sinne, immer auch Garantien und Sicherungen erstreben wird, ist eine Tatsache, von der die Texte des NT generell nicht auszunehmen sind; ja daß neben der eben vorgetragenen christologischen Interpretation, also neben dem Wissen um das Paradox, auch im I. Joh. diese Tendenz zur Sicherung durch die Tradition im Spiele ist, halte ich für so sicher, daß es merkwürdig wäre, wenn es sich anders verhielte. Der Frühkatholizismus begann ja nicht abrupt, nicht mit einem Schlage. Historische Phänomene sind fließend. Man kann einer Erscheinung, die noch an den einen Ort gehört, gleichwohl abspüren, daß sie sich im Aufbruch nach einem andern Ort befindet.

4. Das also meint unser Text: Jesus bekennen, haben, an ihn glauben heißt das Leben, das Licht, den Vater haben, in der ganzen Hintergründigkeit der johanneischen Paradoxie, die aus dem Evangelium auch nur annähernd zu entwickeln hier zu weit führen würde. Im Jesus-Geschehen, das mit Jesu Menschsein in die Welt tritt und in der ἀγγελία seine sachliche legitime Fortsetzung erfährt, begegnet Gott, ereignet sich das Heil. Darum kann das γινώσκειν αὐτόν und das μένειν ἐν αὐτῷ von Christus (2, 3. 4. 13. 14; 3, 6 / 2, 6. 24. 27. 28; 3, 6. 24) wie auch von Gott (4, 6. 7 / 2, 10. 24) ausgesagt werden; diese Christologie gibt dem Verfasser die Möglichkeit, soweit er unmittelbargnostische, also nichtchristliche Quellen-Stücke benutzt (vgl. I b 7 und II b 3), deren auf Gott gehende αὐτός-Formen legitim auf Jesus zu beziehen. Darum kann „er" (2, 27; 3, 24) ebenso wie Gott (4, 13) als der Geist-Geber gelten; die ἐντολή oder ἐντολαὶ αὐτοῦ können „seine" (2. 3. 4. 7. 8; 3, 24; 4, 21) wie auch Gottes (3, 22. 23; 5, 2. 3) Gebote z. T. in nicht klar festlegbarer Abgrenzung (wie 3, 22–24), sein. So sammeln sich auf den Heilsträger die älteren judenchristlichen und die neueren hellenistischen Titel: neben dem am meisten verwendeten, dem υἱὸς τοῦ θεοῦ (1, 3. 7; 2, 22–24; 3, 8. 23; 4, 9. 10. 14. 15; 5, 5. 9. 10. 11. 12. 13. 20), steht ὁ χριστός (2, 22; 5, 1), ὁ λόγος τῆς ζωῆς (1, 1), ὁ σωτὴρ τοῦ κόσμου (4, 14), ὁ ἀπ' ἀρχῆς (2, 13. 14), vielleicht auch ὁ γεννηθεὶς ἐκ τοῦ θεοῦ (5, 18) und ὁ ἅγιος (2, 20). Gemeint sind sie, um es gerade am υἱός-Titel noch einmal herauszustellen, so, daß das Bleiben im Vater das Bleiben im Sohne ist, daß das Bleiben im Sohne wiederum sich aktualisiert im Bleiben in der Tradition, die, am Menschen Jesus anhebend, immer neu zur Überwindung des Anstoßes der Niedrigkeit und Konkretheit der Offenbarung einlädt (2, 24). In diesem paradoxalen Sinne besteht für den Verfasser m. E. durchaus die theologische Möglichkeit, Jesus Christus als ἀληθινὸς θεός (5, 20) zu

bezeichnen, wenngleich an dieser Stelle über die Beziehung auf Gott oder auf Christus mit wirklicher Sicherheit nichts auszumachen sein wird.

Bewußt habe ich darauf verzichtet, dieser christologischen Skizze des I. Joh. mit den Farben des vierten Evangeliums die volle Plastik zu verleihen; es würde zu weit führen und doch nur weithin die Bestätigung liefern. An einer Stelle allerdings scheint mir ein Bruch zwischen I. Joh. und viertem Evangelium vorzuliegen (ich übergehe hier alle sonstigen christologischen Akzentverschiebungen): hinter dem Verzicht auf die realistisch-spätjüdisch-gemeinchristliche Eschatologie, wie sie im vierten Evangelium geübt wird (die wenigen massiven Stellen im vierten Evangelium werden kirchliche Redaktion sein), bleibt die Eschatologie des I. Joh. zurück. Für I. Joh. 2, 28; 3, 2 und 4, 17 glaube ich weder an eine kirchliche Redaktion noch an die Möglichkeit, diese gemeinchristlichen Parusie-Aussagen im Sinne des Verfassers nach Joh. 14, 3 zu interpretieren [14]. Hat sich der Verfasser von Evangelium und Epistel doch entwickelt? Etwa so, daß er zunächst oder auch später urchristliche Apokalyptik übernahm, vielleicht aus einer christlichen Vorlage (vgl. WINDISCH/PREISKER S. 168–171)? Oder waren es doch mehrere, im wesentlichen gleichen Geistes und gleicher Herkunft, aber mit feineren Nuancen?

d) Die Irrlehrer

1. Die Terminologie läßt sich aus den beiden Abschnitten 2, 18–27 und 4, 1–6, die auf den ersten Blick als Irrlehrer-Polemik erkennbar sind, leicht erheben. Es gibt Leute, in großer Zahl (2, 18; 4, 1; II 7), die die Gläubigen irreführen (2, 26); sie sind die Verführer (II 7), die falschen Propheten (4, 1), die Antichristen (2, 18. 22; 4, 3; II 7). In ihrer Person sind Geister des Irrtums aufgetreten (4, 6). Wer zu ihnen gehört, ist ein Lügner (2, 22). Diese ihre Charakterisierung durch alttestamentliche und spätjüdisch-apokalyptische Termini wird ergänzt in der Sprache des gnostischen Dualismus: die Irrlehrer repräsentieren die Lüge (2, 21 f.), sie entstammen der Welt (4, 5), nicht Gott (4, 3) und nicht dem Kreis der Gläubigen (2, 19), auch wenn sie letzterem, historisch gesehen, entwuchsen; die Gläubigen dagegen stehen auf seiten der Wahrheit (2, 21. 27), sie sind aus Gott (4, 4. 6).

---

[14] Wie R. BULTMANN (Theologie des Neuen Testaments 1951, S. 432, Anm. 1) vorschlägt.

Die Irrlehrer treten in der „letzten Stunde" auf (2, 18), sie sind ein eschatologisches Phänomen. Ihre Bezeichnung als „Antichristen" (2, 18. 22; 4, 3; II 7) läßt darüber keinen Zweifel; auch die verwendete Wortgruppe πλανᾶν trägt eschatologischen Akzent[15]. Die Gläubigen werden auf ihre Bekanntschaft mit dem Dogma vom bevorstehenden Kommen des Antichrist hingewiesen (2, 18; 4, 3), und dann heißt es plötzlich: der Geist des Antichrist ist bereits in der Welt (4, 3). Die Irrlehrer, die Verführer sind es, *das* ist der Antichrist (2, 22; II 7); darum muß man sagen: die Antichristen (2, 18). Die eschatologische Perspektive verleiht dem Treiben der Irrlehrer die Hintergründigkeit; aber eben diese Gleichsetzung verlegt nun auch die ursprünglich streng endzeitlich gedachte Gestalt des Antichrist, ihn zugleich zur Mehrzahl erhebend, in den Geschichtsverlauf hinein, jedenfalls für unsern heutigen rückschauenden Blick. Die Irrlehrer sind vergeschichtlichte eschatologische Gestalten.

2. Die Irrlehre besteht in einer falschen Christologie. Deren Bekämpfung macht zweifellos das zweite wichtige Anliegen des Briefes aus, neben der Einschärfung des rechten Wandels (s. oben II a 1 und 3); wie wichtig auch dies zweite Anliegen ist, scheint mir noch aus der letzten Warnung vor den Götzen (5, 21) hervorzugehen. Denn daß hier an dieser einzigen Stelle des Briefes eine Gemeinde der 2. und 3. Generation vor dem Rückfall ins Heidentum gewarnt würde, ist mir unwahrscheinlicher als eine Rückbeziehung dieser Schlußmahnung auf die Irrlehrer-Passus. Ob die „Götzen" dabei auf Götzenopfermahlzeiten hinweisen sollen, zu denen eine libertinistische Irrlehre die Gläubigen verführen will, oder ob sie eine stereotype Wiedergabe speziell alttestamentlicher Irrlehre darstellen (vgl. auch das alttestamentlich-spätjüdische ψευδοπροφήτης) und daher hier übertragen zu verstehen sind, mag offenbleiben.

Was für eine Christologie ist aus der Polemik für die Irrlehrer zu erschließen? Die Antwort wird leichter, wenn die beiden Abschnitte 2, 18—27 und 4, 1—6 als gegen die gleichen Irrlehrer gerichtet zu denken sind. Diese Voraussetzung legt sich durchaus nahe infolge der gleichen Terminologie in beiden Abschnitten: ἀντίχριστος 2, 18. 22/ 4, 3; II 7; ἀλήθεια 2, 21. (27) / 4, 6; ψεῦδος 2, 21. 27 / ψευδοπροφήτης 4, 1; πλανάω 2, 26 / πλάνη 4, 6.

Die Irrlehrer bestreiten, daß Jesus Christus im Fleische gekommen

---

[15] Siehe KITTEL, Theol. Wörterbuch, s. v.

ist (4, 2); sie lösen damit, nach der wahrscheinlichen LA [16], Jesus auf, d. h. sie machen rechtes Glauben und Bekennen gegenüber Jesus unmöglich (4, 3); das λύει besagt nicht eine Trennung zwischen Jesus und Christus. Fast klingt es in 4, 2. 3 und II 7 so, als ob die Irrlehrer von einer menschlichen Existenz Jesu überhaupt nichts wissen wollten. Wenn aber, wie eben festgestellt, die gleichen Irrlehrer auch in 2, 18–27 ins Auge gefaßt sind, dann haben sie die Leugnung des Menschseins Jesu Christi nicht als Bestreitung der Existenz des Menschen Jesus überhaupt vertreten, sie haben vielmehr dem Menschen Jesus die Christuswürde (2, 22; 5, 1) und die Gottessohnschaft (4, 15; 5, 5) abgesprochen. Sie haben eben doch (ohne daß das exegetisch mit λύει in Zusammenhang gebracht werden dürfte!) eine Zerreißung zwischen Jesus und dem Sohn Gottes vorgenommen (s. oben II c 3). Wahrscheinlich nicht vollständig; daß Jesus Christus, der Sohn Gottes, durch Wasser gekommen ist, d. h. daß der Sohn Gottes in der Taufe sich mit Jesus vereinigt habe, scheint seitens der Irrlehrer angenommen zu werden; daß er aber auch gelitten habe und gestorben sei, also auch durch Blut gekommen ist, muß ihnen gegenüber besonders unterstrichen werden (5, 6). Die christologisch-polemischen Abschnitte des Briefes legen sich mithin gegenseitig aus: die Leugnung der Messianität und Gottessohnschaft Jesu (2, 22; 5, 1; 4, 15; 5, 5) meint nicht die Bestreitung der Präexistenz und das ebjonitische Wertlegen auf das Menschsein Jesu, sondern ist, gemäß 4, 2. 3, zu verstehen als die Ablehnung des wirklichen Menschseins Jesu Christi. Die Polemik ist antidoketisch, nicht antijüdisch; auch der Rückgriff auf die ἀνομία (3, 4) argumentiert kaum in speziell jüdischen Kategorien. Umgekehrt darf der Doketismus der Irrlehrer auf Grund von 4, 2. 3 nicht derart radikal verstanden werden, daß für Aussagen der Irrlehrer über den Menschen Jesus (2, 22; 5, 1; 4, 15; 5, 5), ja über dessen zeit- und teilweise Gottessohnschaft (5, 6) kein Platz bleibt [17].

Dem Doketismus der Irrlehrer wird, in verschiedenen Formulierungen, entgegengehalten: mit Christus verliert man Gott (2, 22. 23; 4, 2. 3. 15; 5, 1). Die Irrlehrer müssen also behauptet haben, von Gott nicht getrennt zu sein, den „Vater zu haben" (2, 23) [18]. Der Verfasser wider-

---

[16] Zu der bei WINDISCH/PREISKER verzeichneten textkritischen Literatur vgl. noch E. v. DOBSCHÜTZ, EBERHARD NESTLES Einführung in das Griechische Neue Testament 1923, S. 39/40.

[17] Vgl. den Exkurs bei WINDISCH/PREISKER zu 4, 3.

[18] Siehe KITTEL, Theol. Wörterbuch II 824.

legt solche ihre Behauptung in 2, 23 mit einem Thesen-Paar, dessen Formung BULTMANN mit Recht eine Vorlage vermuten ließ (s. oben Ib 7). Daß aber diese Quelle, deren Zitierung hier zur Widerlegung der gnostisch-doketischen Position dient, selber gnostischer Herkunft sei, ist für 2, 23, eben auf Grund des Kontextes der Irrlehrer-Polemik, unwahrscheinlich. Im übrigen bringt diese ganze Art der Polemik gegen die Irrlehrer zutage, was schon oben (II c 3) klar wurde: rechtes und falsches christologisches Bekenntnis ist keine Frage des Intellekts, sondern der konkreten Entscheidung.

Eine präzise geschichtliche Einordnung dieser christologischen Irrlehre in eine uns sonst bekannte Gruppe will kaum gelingen. Die in den Ignatianen bekämpften Doketen bestreiten zwar auch, wie die Irrlehrer des I. Joh., das Leiden an Christus (Trall. 10; Smyrn. 2), und die Polemik gegen sie trägt auch einen ähnlich unintellektuellen Entscheidungscharakter (Smyrn. 4, 2). Aber sie scheinen viel mehr als nur das Leiden an Christus zu bestreiten, wie die eingehende Aufzählung der menschlichen Daten Christi gegen sie (Trall. 9; Smyrn. 4, 2) vermuten läßt; ihr Doketismus ist offenbar grundsätzlicher und radikaler als der der Irrlehrer im I. Joh. Und wiederum jene mit der christologischen Irrlehre des I. Joh. sachlich gut zusammenpassende KERINTHsche Konzeption (Irenaeus adv. haer. I 26, 1; vgl. ED. MEYER, Ursprung und Anfänge des Christentums III S. 630 f.) wird von dem einen häretischen Führer vertreten, im Unterschied zu der Vielzahl der Pseudopropheten und Antichristen des I. Joh.

3. Die Irrlehre besteht aber nicht nur in einer falschen Christologie. Daß, im Gegensatz zu WINDISCHS Zögern[19], die Polemik auch außerhalb der beiden eben behandelten christologischen Abschnitte für das Portrait der Irrlehrer heranzuziehen ist, scheint mir unter zwei Gesichtspunkten richtig.

Die aus den beiden Abschnitten 2, 18–27 und 4, 1–6 gewonnene, oben (II d 1) entwickelte Terminologie beschränkt sich keineswegs auf diese Abschnitte. Das dort beobachtete πλανᾶν geschieht auch, wenn „wir" von uns Sündlosigkeit behaupten, statt die Sünden zu bekennen (1, 8. 9); auch, wenn jemand das Tun der Gerechtigkeit und der Sünde, also ihren aktualen Charakter, bagatellisiert (3, 7. 8). Wie der christologische Irrlehrer (2, 22), so ist auch derjenige ein ψεύστης, der bei sich Gotteserkenntnis behauptet, ohne die Gebote zu bewahren

---

[19] Im Exkurs zu 4, 3.

(2, 4), der bei sich von Liebe zu Gott spricht, wenn er gleichzeitig den Bruder haßt (4, 20). Das Erkennen Gottes (2, 4; 4, 8), die Schau Gottes (4, 12), die Liebe zu Gott (4, 20) wäre also das, was die Irrlehrer von sich behaupten; dieser Behauptung der Häretiker würde dann, gerade in den antithetischen Formulierungen, entgegengetreten mit der Feststellung: wirkliche Heilsteilhabe gibt es nur in Verbindung mit dem Lichtwandel und Sündenbekenntnis (1, 5–10), mit dem Bewahren der Gebote (2, 4–6), mit der Bruderliebe (2, 9–11; 3, 14–18), die nicht Aktion, sondern Reaktion auf Gottes Heilshandeln, aber in ganz konkreter Weise, ist (4, 7–21), nur in Verbindung mit dem Tun der Gerechtigkeit und dem Nichttun der Sünde (3, 4–10) (vgl. oben II a 3 und II b 2). Es wäre also im Grunde eine häretische Mentalität, die in all diesen Antithesen getroffen werden soll; gerade so erklärt sich andererseits der praktische Entscheidungscharakter rechten christologischen Glaubens und Bekennens (s. oben II c 3). Da aber diese Antithesen infolge ihrer Formung weitgehend als Quelle vermutbar sind, wäre auch von dieser ihrer Abzielung her zum mindesten für einen Teil von ihnen die unmittelbar christliche und nur mittelbar gnostisch-heidnische Herkunft (s. oben I b 7) wahrscheinlich gemacht.

Daß es aber solche Kreise gab, in denen christologischer Doketismus und Verachtung des konkreten auf den Bruder gerichteten Entscheidungscharakters christlicher Existenz Hand in Hand ging, erhellt aus dem Schreiben des IGNATIUS an die Smyrner; und das ist der zweite Grund dafür, sich den Einfluß der Irrlehrer nicht bloß speziell auf christologischem Gebiete vorzustellen. Zwar darf man nicht die Eucharistie- und Gebets-Verachtung der Häretiker in Smyrn. 7, 1 mit dem Blut I. Joh. 5, 6 in Parallele stellen; denn letzteres meint Jesu Leiden, die Beziehung auf die Eucharistie ist unwahrscheinlich. Um so auffälliger ist aber im Schreiben an die Smyrner das Nebeneinander von christologischem Doketismus (2–5) und fehlender Liebe (6, 2)[20]. Nicht nur allgemeine Gleichgültigkeit gegen das Liebeüben wird dort den Häretikern vorgeworfen; ähnlich konkret wie in I. Joh. 3, 17 und 4, 20 begegnet auch bei IGNATIUS unter anderen der Hungernde und der Dürstende als des Liebeserweises bedürftig. WINDISCH hat gegen diese Zeichnung der Häretiker als der Verächter des Liebesgebotes das Bedenken erhoben[21], es fehle gerade im I. Joh. die dann doch dafür

---

[20] Den Hinweis auf Smyrn. 6, 2 verdanke ich meiner Seminar-Teilnehmerin, Frl. Dr. VON LOEWENCLAU.
[21] Im Exkurs zu 4, 3.

zu erwartende antilibertinistische Polemik. In der Tat kennt der I. Joh., höchstens abgesehen von 2, 15–17, diese Frontstellung nicht. Aber WINDISCHS Einwand geht von einem Bilde gnostischen Gemeinschaftslebens aus, bei dem es, gerade wenn man die Arbeit KRAFTS [22] bedenkt, fraglich ist, ob die Bedeutung des Libertinismus für die Praxis der Gnostiker, auf Grund der antilibertinistischen Polemik in II. Petr., Jud., Apk. 2 und den Vätern [23], nicht doch überschätzt worden ist.

4. Mögen die Gläubigen es auch nötig haben, von einer letztlich häretischen Verachtung des konkreten Liebeserweises zurückgerufen zu werden (II d 3), hoffnungslos gefährdet scheinen sie nicht. Die Irrlehrer sind offenbar von der Gemeinde bereits äußerlich getrennt (2, 19). Jetzt gilt es zwar, die Geister zu prüfen (4, 1). Aber die Gläubigen sind gefeit durch das $\chi\varrho\tilde{\iota}\sigma\mu\alpha$ des Geistes, in welchem sie die Wahrheit und „alles" [24] wissen (2, 20. 21. 27); gefeit durch die zu hörende Verkündigung (4, 6), durch die tradierte Verkündigung, die in ihnen bleiben muß, wodurch der Sohn und der Vater in ihnen bleiben (2, 24). Durch dieses Bleiben Gottes in ihnen ist der über die Irrlehrer bereits errungene Sieg begründet (4, 4). So nahe also steht der I. Joh. noch nicht am Frühkatholizismus, daß, wie in Trall. 7, 2, Altar, Bischof, Presbyterium und Diakon, also Kult und kirchliches Amt, als der rechte Schutz gelten.

---

[22] HEINZ KRAFT, Gnostisches Gemeinschaftsleben, Dissertation in Maschinenschrift Heidelberg 1950, vgl. Th. Ltztg. 1950/10/628.

[23] Auch in den Ignatianen ist antilibertinistische Polemik selten.

[24] Ich lese in 2, 20 πάντα, wie auch in 2, 27 das Neutrum Pluralis steht. Die Mahnung ist nicht deswegen überflüssig, weil die Leser ausnahmslos Wissende sind, sondern weil sie umfassend Wissende sind. Die Schrankenlosigkeit gab den Anstoß zur Korrektur.

Der Sinn der neutestamentlichen Christologie*

Zwei im Neuen Testament selber breit verankerte Tatbestände machen die Frage nach dem Sinn der neutestamentlichen Christologie dringlich. In der Briefliteratur erscheinen die Aussagen über Christus meist nicht programmatisch, also nicht als eigener Lehrpunkt, der einen Selbstzweck darstellt; sie sind vielmehr der belehrenden Anrede eingefügt, welche die Leser über das Heil und über das gebotene Handeln unterrichtet (z. B. Röm 4, 23–25; I. Kor. 15, 1 ff.; Phil 2, 1 ff.; Röm 15, 7 ff.). Wo aber, wie in den Evangelien, über Jesus programmatisch und planmäßig gehandelt wird, da läßt sich – das ist der zweite der beiden Tatbestände – deutlich erkennen, daß die Hoheitsaussagen über Jesus im Laufe der Entwicklung anwachsen: das gilt nicht nur für das auf die Synoptiker zeitlich folgende vierte Evangelium insgesamt, sondern auch für die verschieden alten Schichten, welche in der jetzigen Form der synoptischen Evangelien zu einem spannungsreichen Ganzen vereinigt sind. Beide Tatbestände, der meist dienende Charakter der Christologie im Apostolos und der Blick auf ihr Wachstum innerhalb der Evangelien-Stoffe, legen die Frage nahe: welchen Sinn hat denn nun die Christologie?[1]

I. Paulus

Sehr deutlich läßt sich die Antwort für Paulus geben; wir beginnen daher mit einigen paulinischen Aussagen, die für die Beantwortung unserer Fragestellung belangvoll sind. Jesus Christus ist für Paulus der präexistente Gottessohn, der Mensch wird und durch Kreuzestod und Auferstehung bzw. Erhöhung, die Kyrioswürde gewinnend, das

---

* ZThK 54, 1957, 341–377.
[1] Dieser Aufsatz wurde im Juni 1956 abgeschlossen und danach einem Kolleg zugrunde gelegt. Auf das Jesusbuch von G. BORNKAMM (1956) und auf die Christologie des NT von O. CULLMANN (1957) kann daher im wesentlichen hier nur summarisch verwiesen werden, während eine explizite Auseinandersetzung gerade mit O. CULLMANN den geplanten Rahmen sprengen würde.

Heil beschafft, dadurch das baldige Weltende anzeigend (Phil 2, 6–11; Röm 1, 3–5; Gal 4, 4. 5); die beiden ersten der eben angeführten drei Stellen machen deutlich: Paulus redet hier über Christus in christlich vorgeprägten, also von ihm bereits übernommenen Formeln. Der Glaube an dies Heilsgeschehen und an den Heilsträger Jesus besteht für Paulus nun aber nicht in einem einfachen Fürwahrhalten der genannten Heilsbeschaffung, so daß das Heil wie ein naturhaftes, objektives Geschehen seit Jesu Kommen einfach als „vorhanden" gelten dürfte. An dies von Jesus beschaffte Heil, also an ihn als Kyrios und Gottessohn glauben heißt für Paulus vielmehr, an die Gottesgerechtigkeit glauben (Röm 3, 21–26; 2. Kor 5, 20. 21). Im Glauben an die Gottesgerechtigkeit aber gibt der Mensch dem Urteil Gottes recht, welches besagt: der Mensch kann sich vor dem Gericht Gottes nicht selber helfen, weil er nicht nur quantitativ, sondern qualitativ nicht die Taten und die Haltung hat, die Gott von ihm erwartet. Gott aber sagt zu diesem Menschen unbegreiflicherweise Ja, er rechtfertigt den Gottlosen (Röm 4, 5). Wer diese Botschaft der Glaubensgerechtigkeit annimmt, dem wird sein Bestreben, vor Gott etwas zu gelten, radikal zerbrochen (Röm 3, 27. 28); ja, das Annehmen dieser Botschaft ist eben der gehorsame Verzicht auf solch Geltenwollen (Phil 3, 7–10), und solch Verzicht will offenbar immer neu (1. Kor 1, 30 f.; 2. Kor 12, 9 f.; Gal 2, 21) in den verschiedenen Situationen durchgehalten werden. Glaube an Jesus und an das von ihm beschaffte Heil fällt für Paulus zusammen mit dem Ruhmverzicht vor Gott. Es geht also nicht um ein Verhältnis zwischen zwei Personen, der Jesu und der des Glaubenden. Jesus bzw. das von ihm beschaffte Heil *geschieht* vielmehr im Ruhmverzicht des Glaubenden; das Verhältnis ist nicht persönlich, sondern dynamisch. Daher gehört der so Glaubende zum σῶμα Χριστοῦ, er ist ἐν Χριστῷ (Röm 12, 5; 2. Kor 5, 17–21). Solch Geschehen ist ein Geschehen der Endzeit, wie das rechtfertigende Ja Gottes eben das den Sünder annehmende Ja des Richters ist.

Es dürfte klargeworden sein, daß der Glaube an Christus und an das Heilsgeschehen für Paulus nicht schon dort vorliegt, wo Christi Präexistenz, Sühnetod und Erhöhung als Fakten für wahr gehalten werden, sondern erst dort, wo es zu diesem Ruhmverzicht, zu diesem Rechnen mit dem paradoxen Ja Gottes gegenüber dem Sünder kommt. Soweit dürfte unter allen Paulus-Erklärern auch Einhelligkeit bestehen. Kann man nun aber im Sinne des Paulus auch sagen: wo dieser Ruhmverzicht, dies Wissen um den paradoxen Gnadenerweis Gottes vorliegt, da ist rechter Glaube, auch wenn solch Glaube auf die metaphysischen Daten der Christologie verzichtet? Oder anders gewendet: ist die Frage nach der Anerkennung Christi als Gottessohn und Kyrios und die Frage nach der paradoxen Gnade so sehr ein und dieselbe Frage[2], daß das Ja des Menschen zum paradoxen Gnadenerweis im Sinne des Paulus ein voller Glaube ist und alles mit der Christologie Gemeinte mitenthält, auch wenn das Ja zur expliziten Christologie selber ausbleibt?

Man darf diese Frage nicht direkt, nicht mit Paulus-Texten selber beantworten wollen, denn solche Texte gibt es nicht. Zwar kann Paulus gelegentlich den Ton so stark auf die Auferstehung der Christen legen, daß, wird dieser Glaube verweigert, auch die die allgemeine Auferstehung nach sich ziehende Auferweckung Christi nicht etwa als ein Spezialfall übrigbleibt (1. Kor 15, 15. 16[3]). Aber ein anderes ist der Grenzfall solcher Aussage, ein anderes das explizite Durchdenken der oben formulierten Frage. Solch ein Durchdenken liegt bei Paulus eben nicht vor. Man kann also nur versuchen, im Sinne der von ihm vertretenen und gemeinten Sache jene Frage zu beantworten. Die Antwort wird zweischichtig sein müssen, weil die in Frage stehende Sache zweischichtig ist.

Das Ja zur Christologie und das Ja zur paradoxen Gnade Gottes sind untrennbar. Denn der auf alles Rühmen Verzichtende meint mit solchem Verzicht ja nicht eine andere, bessere Leistung, als es die von der Tora geforderten Verhaltungsweisen sind, Gott darzubringen und dadurch nun vor Gott zu bestehen. Das wäre ja nur wieder der von Paulus für die Heilserlangung abgewiesene Weg des Gesetzes. Der auf das Rühmen Verzichtende akzeptiert vielmehr nur das Geschehnis der unerwartbaren gnädigen Zuwendung des Richters zu *dem* Menschen, der als ganzer gottlos, weil aus sich selber existieren wollend, ist. Dies Geschehnis der gnädigen Zuwendung Gottes heißt Jesus Christus. Durch ihn wird signalisiert, daß der auf das Rühmen Verzichtende die Gnade Gottes nicht *schafft*, sondern *annimmt*. *Insofern* sind Christologie und existentieller Glaube bei Paulus und der Sache nach untrennbar.

Gleichwohl muß das Ja zur Christologie und das Ja zur paradox Gnade Gottes in gewissem Sinne getrennt werden: und zwar sowohl im Sinne des Paulus wie auch noch mehr vom Gesamtaspekt des

---

[2] R. BULTMANN, Theologie des NT, 1948 ff., S. 296.
[3] H. BRAUN, Exegetische Randglossen zum 1. Korintherbrief in: Theol. viator., 1948/49, S. 45–48; in diesem Band S. 198–201.

Neuen Testaments her. Im Sinne des Paulus: Paulus kann z. B. das Erlösungswerk Christi in so verschiedenen Weisen (um nur die beiden Hauptkategorien, die jüdisch-juristische und die gnostische, den Menschen einbeziehende Betrachtungsweise zu nennen [4]) aussagen, daß die Notwendigkeit der Unterscheidung zwischen Christologie als Anrede und zwischen expliziter Christologie [5] auf der Hand liegt. Aber man wird vom Gesamtaspekt des Neuen Testaments her noch weiter gehen müssen. Zwar signalisiert das Phänomen einer wie stark oder gering auch immer ausgeführten Christologie das extra nos des Gnadenerweises Gottes. Aber es gibt eine ganze Schicht im Neuen Testament, die älteste Etappe der synoptischen Materialien, in welcher dieses extra nos, dieser Geschehnischarakter der Gnade Gottes nur eben dadurch zum Ausdruck kommt, daß Jesus von Nazareth so spricht und so handelt, ohne daß solch Sprechen und Handeln durch bestimmte christologische Aussagen im engeren Sinne (Präexistenz, Sühnetod, Erhöhung) autorisiert wäre. Die Frage der Unterscheidbarkeit von Christologie und Gnadenlehre führt also zur Frage nach der Christologie der Synoptiker.

II. Die Synoptiker und der historische Jesus

Die Synoptiker verdanken ihre jetzige Gestalt der Überzeugung, daß Jesus der entscheidende Heilsträger ist: ja, dieser Glaube ist es gewesen, der zur Aufzeichnung auch der Fassungen geführt hat, welche der jetzigen Endform der Synoptiker zeitlich vorausgehen. Es braucht seit Bousset[6] nicht mehr bewiesen zu werden, daß das Verständnis Jesu als des Messias, als des Gottessohnes, als des Menschensohnes und besonders als des Kyrios sich, aufs Ganze gesehen, nur in wenigen, programmatischen Charakter tragenden Stücken der Synoptiker findet: in den Vorgeschichten, der Taufe und Versuchung, in der Cäsarea-Philippi-Perikope, in der Verklärung, in der Passion mit ihren Voraussagen und in der Auferstehung. Aus Röm 1, 4 und Act 2, 36 aber ergibt sich, daß die ältere Urgemeinde an Jesu Messianität glaubte, seit sie ihn als den nicht im Tode Gebliebenen glaubte. Wir müssen also, fragen wir nach der Christologie für die Periode des irdischen Jesus,

---

[4] R. Bultmann, Theologie des NT, S. 290–292, 293–295.
[5] R. Bultmann, Glauben und Verstehen I, ²1954, S. 260–263.
[6] W. Bousset, Kyrios Christos, ⁴1935, S. 33–80; s. auch G. Bornkamm, aaO S. 155–165, 204–208.

jene vom Osterglauben geprägten, oben genannten Stücke vom Ganzen des synoptischen Stoffes subtrahieren (mit welchem theologischen Recht diese nachösterliche christologische Betrachtung des Lebens Jesu durch die Urgemeinde vorgenommen wurde, welchen Sinn sie hat, das soll später, in Teil III, gefragt und beantwortet werden). Aber auch nach der Subtraktion der ausgesprochen christologischen Stücke muß in dem verbleibenden Material mittels synoptischer Vergleichung unterschieden werden. Die ältere Form der Sprüche unterscheidet zwischen Jesus und dem Menschensohn (Mk 8, 38; Lk 9, 26; 12, 8 f.; 6, 22); erst die jüngere (Mt 10, 32 f.; 5, 11) setzt Jesu „Ich" an die Stelle des Menschensohnes. Auch diese Gleichsetzung geht auf den christologischen, den Oster-Glauben, sie ist mithin von dem historischen Jesus fernzuhalten. Das „um meinetwegen" in der Drangabe des Lebens beim Jünger (Mk 8, 35 par.; Mt 10, 39) wird die jüngere Form sein neben einer älteren, nicht auf Jesu Person abhebenden Formulierung (Lk 17, 33; Joh 12, 25); auch hier wird also eine die Person Jesu aus dem Spiel lassende Formulierung ursprünglicher sein. Für Mt 11, 27 par. zeigt der gnostische Hintergrund die spätere, nicht-palästinensische Entstehung an. Die Bedeutsamkeit der Exorzismen Jesu für das Vor-der-Tür-Stehen der Basileia (Lk 11, 20 par.) unterstreicht den Zusammenhang zwischen Jesu Tätigkeit und dem baldigen Weltende, impliziert aber nicht eine Heilsbedeutsamkeit seiner Person (das ἐγώ in Mt 12, 28 fehlt in der ursprünglichen Fassung Lk 11, 20, hat also in diesem vermutlichen verbum ipsissimum Jesu keinen Ton). Die ja häufigeren synoptischen ἦλθον-Worte (bzw. ὁ υἱὸς τοῦ ἀνθρώπου ἦλθεν) werden eben wegen ihrer Programmatik eine jüngere Schicht sein und besagen daher jedenfalls nicht durchweg etwas für den Anspruch des historischen Jesus. Kurz: die älteste Schicht der Synoptiker, die die Anschauungen aus der Periode des historischen Jesus am treuesten spiegelt, entbehrt einer expliziten Christologie.

Der irdische Jesus hat gepredigt. Das heißt aber auf jüdischem Boden: er hat nicht theoretisch belehren wollen, sondern es kam ihm darauf an, daß die Hörer seine Predigt annehmen und ihr gehorchen. Auch wenn Mt 10, 32 f. wegen der Gleichsetzung mit dem Menschensohn, Mk 13, 31 par. wegen seiner christlichen Programmatik sekundär sind, Jesu „Worte" sind gleichwohl auch für die älteste Schicht das Entscheidende. Sie gilt es zu tun (Mt 7, 24. 26; Lk 6, 46. 47), ihrer darf sich der Hörer nicht schämen (Mk 8, 38; Lk 9, 26); darum soll der Hörer, will er im nahen Endgericht vor dem Menschensohn bestehen, Jesus bekennen (Lk 12, 8), ihn nicht verleugnen (Lk 12, 9) und an ihm keinen Anstoß nehmen (Mt 11, 6; Lk 7, 23). In welchem Sinne ist dies Bekennen zu Jesus, dies Annehmen seiner Worte in der ältesten Schicht gemeint? Daß das Bekenntnis zu Jesus während des Lebens Jesu nicht das Ja zu einer Christologie, also zu den christlichen Hoheitstiteln ist, bedarf nach den obigen Ausführungen keines Beweises[7]. Um den rechten Sinn des den Worten Jesu gegenüber gebotenen Jas zu erfassen, muß man das Ganze der Verkündigung Jesu bedenken. Drei Tatbestände fallen dabei besonders ins Auge[8]. Einmal: Jesus verschärft die Forderung Gottes, wenn er die Ehescheidung (Lk 16, 18 par.), den Schwur (Mt 5, 34), die Wiedervergeltung (Mt 5, 39-41 par.), das Richten (Mt 7, 1) verbietet und die Feindesliebe (Mt 5, 44 f. par.) sowie gelegentlich den Besitzverzicht (Mk 10, 17-22 par.) fordert. Das sehr nahe Weltende und Gericht bestimmt die erhöhte Andringlichkeit der Umkehrforderung Jesu zum mindesten stark mit. Diese Verschärfung geht über das Maß der offiziellen jüdischen Forderung hinaus und steht damit in Analogie zu den Forderungen der essenischen Qumransekte; aber auch deren Forderungen werden durch die Forderungen Jesu z. T. noch übertroffen. Sodann: trotz dieser bis zur Undurchführbarkeit gehenden rigorosen Steigerung der Toraforderungen streicht Jesus das mit der Tora-Erfüllung im Judentum praktisch verbundene Lohnstreben und Anspruchsheben durch (Mt 20, 1-15; Lk 17, 7-10), ja, er warnt vor der Gefährlichkeit der Tora-Korrektheit (Lk 15, 1-32) und spricht das Heil den amme ha ares zu (Mt 11, 19 b par. ist sicher primär; daher gibt die literarisch sekundäre Szene Mk 2, 15-17 par. sicher etwas historisch Zutreffendes wieder). Paradoxerweise steht also neben der radikalisierten Tora eine dem offiziellen wie dem häretischen Judentum gleicherweise anstößige radikalisierte Gnade: Gott freut sich über die Umkehr gerade des Verlorenen. Diese Paradoxie ist theologisch nicht durchreflektiert. Sie ist gleichwohl nicht das zufällige Ergebnis des Zusammentreffens zweier ursprünglich nicht aufeinander bezogener Traditionsschichten, sondern gehört als typisch in das Leben des historischen Jesus. Beide Seiten, die radikalisierte Tora und die radikalisierte Gnade, bilden eine Einheit dadurch, daß – und das ist der dritte

---

[7] Siehe auch M. DIBELIUS, Jesus, ²1947, S. 91.

[8] Für die Einzelheiten der folgenden Ausführungen vgl. H. BRAUN, Spätjüdischhäretischer und frühchristlicher Radikalismus. Jesus von Nazareth und die essenische Qumransekte, 1957, Bd. II passim.

der drei oben erwähnten Tatbestände – weder die Tora-Verschärfung zu einem System von Vorschriften noch die Annahme der Sünder zu einer durchsystematisierten Gnadenlehre geworden ist. (Z. B. wird der Besitzverzicht nicht von jedem grundsätzlich gefordert.) Ebenso ist die Annahme des Sünders nicht eine allgemeine Lehre, sondern *geschieht* den Menschen in der Umgebung Jesu. Die Systemlosigkeit der Forderungen Jesu (z. B. daß der Lohngedanke auch bei Jesus selber nicht fehlt, s. etwa Mt 5, 46) und die typisierten Berichte über seinen Umgang mit den Menschen, das sind die Signalements, welche deutlich machen sollen: die von Jesus ausgesprochene Forderung ebenso wie die von ihm zugesprochene Gnade Gottes sind Erweisungen, die nicht eine allgemeine Wahrheit aussprechen, sondern je dem einzelnen zugewendet werden. Das Annehmen der Worte Jesu, das Bekenntnis zu ihm bedeutet auf dem Boden des Lebens Jesu also das Ja zu den soeben gezeichneten drei Tatbeständen: das Gehorchen gegenüber der Forderung, die Jesus je an den Betroffenen richtet; das Sichverstehen unter der radikalen Gnade Gottes, die Jesus je dem Betroffenen zuspricht. All das ist noch keine explizite Christologie; es zeigt aber an, inwiefern schon der irdische Jesus in das Evangelium hinein gehört: insofern, als Jesu Lehren und Tun ein je dem einzelnen zugewendetes *Geschehen* ist.

III. Die palästinensische Urgemeinde

Die erste Gemeinde hat den am Kreuze hingerichteten Jesus von Nazareth als nicht im Tode geblieben bekannt. Es ist von vornherein zu vermuten, daß sie damit die Bedeutsamkeit und weiterbestehende, ja, die trotz der Katastrophe nun erst recht bestehende Gültigkeit dessen, was Jesus von Nazareth vertrat, also die paradoxe, ereignishafte Einheit von radikalisierter Forderung und schrankenloser Annahme zum Ausdruck bringen wollte [9]. Wir besitzen zwar keine theologischen Explikationen, welche uns über das diesbezügliche Denken der Urgemeinde unterrichten. Wir können sogar feststellen: die torakritische Linie des Denkens Jesu muß in der Urgemeinde zu der Zeit, da Paulus seine Kontroversen mit den Judaisten hatte, zurückgetreten

---

[9] Ich freue mich der Gemeinsamkeit der Fragestellung und weithin der Beantwortung, nun ich hinterher die Aufsätze von E. Heitsch, Die Aporie des historischen Jesus (ZThK 53 [1956], S. 192–210) und E. Fuchs, Die Frage nach dem historischen Jesus (ZThK 53 [1956], S. 210–229) zu Gesicht bekomme.

sein. Aber was sollte denn jedenfalls zunächst durch die österlichen Hoheitstitel Jesu seitens der Anhänger in Kraft und Geltung gesetzt worden sein, wenn nicht das, was seine Anhänger als das Wesentliche an ihm erfaßten?

Die Urgemeinde bekennt Jesus als durch die Auferstehung von Gott zum Messias [10] gemacht (Act 2, 36). „Messias" ist hier (in der Urgemeinde; nicht in der theologischen Konzeption des Schriftstellers, der Act 2, 36 formuliert hat) noch nicht – wie später „Christus" bei Paulus – zum Eigennamen geworden, sondern bezeichnet den Heilsträger, dessen baldige Ankunft das Weltende, das Endgericht und das Endheil heraufführen wird, so daß die Gegenwart schon als Anbruch der Endzeit, die Schar der ihn Bekennenden als Endzeit-Gemeinde verstanden ist. Der Messiastitel ist jüdisch und hat von Haus aus weder etwas mit Torą-Verschärfung noch mit paradoxem Heil zu tun; insofern ist die Bezeichnung Jesu als Messias zur Hervorhebung dessen, was er vertrat, untypisch, zumal von einer gezielten Umbildung des Messiasbegriffs auf dem Boden der Urgemeinde uns nichts bekannt ist. Ein weiträumiger Titel wurde vielmehr Behältnis und Aussageform für etwas sehr Spezielles. Aber *ein* wesentliches Mißverständnis betr. der Bedeutsamkeit Jesu konnte durch die Übernahme dieses Titels doch ausgeschaltet werden: seine Lehre und sein Tun sind nun nicht als Ausdruck einer allgemeinen Wahrheit mißzuverstehen. Es mußte vielmehr deutlich werden: so fordert und handelt Gott am Menschen in konkreter Individuierung am Ende der Zeiten. Der Geschehnischarakter des Auftretens Jesu von Nazareth war in diesen Titeln festgehalten.

Die Urgemeinde bezeichnet Jesus als den Menschensohn [11] (z. B. Mt 10, 32 f. gegen Lk 12, 8 f.). Vielleicht ist auch das Prädikat „Gottessohn" [12] (Taufe, Versuchung, Verklärung) bereits palästinensisch [13]. Beide Termini meinen, wie die Messias-Prädizierung, den Träger des Endheils und blicken nicht auf eine besondere metaphysische Präexistenz. Bei der Übernahme des Menschensohn-Titels aus der Apoka-

---

[10] Vgl. O. CULLMANN, aaO S. 111–137.
[11] Vgl. O. CULLMANN, aaO S. 138–198.
[12] Vgl. O. CULLMANN, aaO S. 276–313. Gegen die Zurückführung des Sohnestitels auf Jesu persönliches Verhältnis zum Vater (neuerlich bei W. GRUNDMANN, Sohn Gottes, ZNW 47 [1956], S. 113 ff.) s. H. BRAUN, Spätjüdisch-häretischer und frühchristlicher Radikalismus II, S. 127 f.
[13] P. VOLZ, Die Eschatologie der jüdischen Gemeinde, 1934, S. 174.

lyptik wurde der dort mit diesem Titel verbundene Präexistenzgedanke[14] durch die Urgemeinde nicht mitübernommen. Der Gottessohn-Titel der Taufe Jesu hatte ursprünglich adoptianischen Sinn[15]. Beide Titel einschließlich ihrer eschatologischen Füllung können also im Sinne der Urgemeinde nur sagen wollen: das in Jesu Auftreten enthaltene Paradox von radikalem Ernst und schrankenloser Offenheit gilt; so handelt Gott am Menschen, und dies sein Handeln ist ein endzeitliches Handeln.

Ich verzichte auf eine Erörterung der selteneren jüdischen Titel „Davidssohn" und „Gottesknecht", in deren Anwendung auf Jesus die Beziehung alttestamentlicher Texte auf Jesus sich spiegelt. Mit dieser Beziehung hat es eine besondere Bewandtnis. Der Glaube an Jesus als an den Träger des Endheils setzt voraus, daß Jesus, obwohl am Kreuze gestorben, lebt; solch Glaube ist also möglich nur in Überwindung des im Kreuze enthaltenen Anstoßes. Eben die Anwendung alttestamentlicher Texte auf den Weg, speziell auf die Passion Jesu war eines der wichtigsten Mittel, um diesen Anstoß zu überwinden (das κατὰ τὰς γραφάς 1. Kor 15, 3 f. kann gut schon auf die Urgemeinde gehen). Ein anderes Mittel war das jüdischem Denken naheliegende[16] Verständnis des Todes Jesu als eines sühnenden und stellvertretenden Todes (Röm 3, 25 und 4, 25 z. B. werden Theologumena der Urgemeinde enthalten[17]): statt pudendum zu sein, ist Jesu Tod das für das Heil nun eigentlich Wichtige.

All diese verschiedenen Ausdrucksmittel (Jesus als Messias, als Menschensohn usw.; die Sühnebedeutung seines Todes) signalisieren das *eine* Grundphänomen, welches für das Wirken des irdischen Jesus typisch ist, das paradoxale Geschehen von radikaler Forderung und schrankenloser Annahme. Freilich ist dies Geschehen beim irdischen Jesus wie auch in der Urgemeinde, der palästinensischen und der hellenistischen, als eschatologisches Geschehen verstanden. Aber nicht dies eschatologische Daß ist das Entscheidende an der Verkündigung Jesu[18]. An eschatologischer Geladenheit steht etwa der Habakuk-

---

[14] P. Volz, aaO S. 190.

[15] H. Braun, Entscheidende Motive in den Berichten über die Taufe Jesu ZThK 50 (1953), S. 41; in diesem Band S. 170.

[16] E. Lohse, Märtyrer und Gottesknecht, 1955, S. 64–104.

[17] R. Bultmann, Theologie des NT, S. 47.

[18] Gegen: R. Bultmann, Glauben und Verstehen I, ²1954, S. 266; ders., Urchristentum und Religionsgeschichte, ThR 4 (1932), S. 17 f.; ders., Theologie des NT, S. 44.

Kommentar der Qumransekte der Haltung des irdischen Jesus und der der Urgemeinde nicht wesentlich nach [19]. Die eschatologischen Hoheitstitel, welche in der Urgemeinde auf Jesus gelegt werden, und die bei Jesus selber wie in der Urgemeinde vorliegende hocheschatologische Fassung des Heils sind vielmehr nur jüdisch-apokalyptische, also zeitgenössisch bedingte Ausdrucksmittel, von denen die Naherwartung sich dann ja auch als Irrtum erwiesen hat; Ausdrucksmittel für einen Inhalt, der, im Kontrast zu den für ihn verwendeten Ausdrucksmitteln, sehr unjüdisch ist: für das bei Jesus selber schon vorliegende Paradox von radikaler Forderung und radikaler Gnade. Das Entscheidende an der Verkündigung Jesu ist dieser ihr Inhalt, ihr Was. Dieser Inhalt wird geglaubt und angenommen, wo die jüdischen Hoheitstitel Jesu, wo die eschatologische Andringlichkeit in ihrem eigentlichen Sinne erfaßt und bejaht werden.

IV. Die hellenistische Gemeinde

Daß die Titel Jesu ein Signalement sind, welches auf das damit Gemeinte verweist, wird deutlich an der Auswechselbarkeit der Titel. Diese Auswechselbarkeit fällt besonders auf, wenn man den Zeitpunkt ins Auge faßt, in welchem das Evangelium in größerem Umfange von nicht-jüdischen, hellenistischen Menschen, also auf außer-palästinensischen Boden, angenommen wird. In dieser Welt sind die jüdischen Titel, welche die Heilsbedeutsamkeit des Lehrens und Tuns Jesu aussagen, also Messias und Menschensohn, unverständlich, zum mindesten fremd. So werden sie entweder fortgelassen: der „Menschensohn" ist z. B. in den paulinischen Gemeinden verschwunden. Oder sie werden umgebildet: „Messias" wird in der griechischen Form „Christus" zum Eigennamen; „Gottessohn" bekommt einen sogleich zu erörternden neuen Sinn. Statt der jüdischen treten also neue Titel auf den Plan. Nur die wichtigsten von ihnen sollen hier zu Sprache kommen: $\kappa\acute{u}\varrho\iota o\varsigma$, $\acute{o}$ $\upsilon\acute{\iota}\grave{o}\varsigma$ $\tau o\tilde{u}$ $\vartheta\varepsilon o\tilde{u}$. Vor aller Einzelerörterung ist ein Doppeltes im Blick auf sie festzustellen. *Einmal:* es sind gottheitliche Titel. Anders als im Judentum, wo der Messias, auch der präexistente Menschensohn der Apokalyptik, auf die Seite der Geschöpfe gehört, wird Jesus nun, im Hellenismus, durch die Verleihung dieser Titel auf die Seite

---

[19] H. BRAUN, Spätjüdisch-häretischer und frühchristlicher Radikalismus, 1957, I, S. 51–53; II, S. 46 bis 53.

Gottes gestellt. Seine Präexistenz mitsamt seiner Beteiligung bei der Weltschöpfung, sein wunderbarer Eintritt in die Welt, sein Aufstieg zur Himmelswelt nach dem Tode gewinnen nun Bedeutung. Freilich wirkt der jüdische Ursprung darin nach, daß die im außerchristlichen Hellenismus sehr übliche Titulierung ϑεός oder ϑεῖος [20] bei Jesus zunächst noch unterbleibt [21]; erst bei Ignatius von Antiochien ist diese Hemmung wirklich gefallen. Sodann – und das ist das *Zweite* –: die genannten Titel, welche der hellenistische Christ auf Jesus legt, sind – wie Jesu jüdische Titel – keine Neuschöpfung; sie boten sich vielmehr aus der religiösen Umwelt an. Ein Überblick mag diesen ja bekannten Tatbestand verdeutlichen.

Zu κύριος soll die seit Bousset nie ganz zur Ruhe gekommene Debatte [22] hier nicht planmäßig weitergeführt werden. Nur ein weniges sei hier angemerkt. Selbst wenn das μαράνα θά (1. Kor 16, 22) auf Jesus zu beziehen und außerdem nicht auf zweisprachigem Boden, sondern in Palästina entstanden ist, und selbst wenn das suffixlose hellenistische κύριος in Apk 22, 20 die Wiedergabe einer im Aramäischen stets suffigierten, auf Jesus bezogenen Form ist: die palästinensische Höflichkeitsanrede מרנא ist eben keine gottheitliche Titulatur, wie sie in der hellenistischen Gemeinde bei einem dem hellenistisch-orientalischen Kultbrauch entstammenden [23] κύριος vorliegt, das in seiner Bedeutung durch die gleiche Bezeichnung der LXX für Gott dann freilich noch vertieft wurde. Selbst wenn eine nach Palästina weisende sprachliche Brücke für das hellenistisch-orientalische κύριος also vorhanden ist: die ungleich höhere Titulierung Jesu auf hellenistischem Boden (verglichen mit dem an den Lehrer gerichteten höflichen מרנא) ist unübersehbar [24]. Dieser auf hellenistischem Boden

---

[20] Siehe L. Bieler, ϑεῖος ἀνήρ I, 1935, passim, besonders S. 134–140.

[21] Eingehender darüber R. Bultmann, Theologie des NT, S. 128 und O. Cullmann, aaO S. 314–323.

[22] Siehe die Literatur bei R. Bultmann, Theologie des NT, S. 53, und bei O. Cullmann, aaO S. 199–244.

[23] ThW III, S. 1047–1052.

[24] Diesen Unterschied scheint mir E. Schweizer (Der Glaube an Jesus den Herrn, EvTh 17 [1957], S. 10–12) zu stark einzuebnen. Mit der These, daß die Einzigartigkeit Jesu der Urgemeinde mit der Entstehung des Osterglaubens gegeben war, hat Schweizer natürlich recht. Aber ob diese Einzigartigkeit bereits auf palästinensischem Boden durch ein gottheitlich verstandenes מרנא (wie es das hellenistische κύριος ist) ausgedrückt wurde, das ist die m. E. zu verneinende Frage. – Ähnlich ist mein Einwand gegen O. Cullmann (aaO S. 209–221). Die

eingetretene wahrnehmbare Würdezuwachs kann nicht bestritten werden durch einen Verweis auf den dem werdenden Christentum mit auf den Weg gegebenen jüdischen Monotheismus, welcher das Fürgöttlich-Erklären eines Menschen verbiete. Denn auch abgesehen von der sprachlich besonders komplizierten Problematik um den κύριος-Titel ist das Gefälle der historischen Entwicklung deutlich: auf hellenistischem Boden wird Jesus nun als das Gottwesen beschrieben, dessen Tod und Erstehen, wie bei Attis[25], Osiris[26] und Adonis[27], dem Mysten, welcher diesen Weg des Kyrios sakramental nachvollzieht, das Heil bringt (siehe z. B. die in Röm 6, 3 ff. vorausgesetzte orientalische Vorstellung von der Teilhabe am Schicksal der Gottheit

---

palästinensische Anrufung Jesu als מרנא, die ich wie er annehme, hebt m. E. weder auf Jesu kultische Gegenwart noch auf seine göttliche Würde ab. Die Urgemeinde wird eine gewisse Gegenwart Jesu im Kult freilich angenommen haben, wie das auf palästinensischem Boden entstandene Wort Mt 18, 20 zeigt. Aber man darf dafür, scheint mir, weder auf die Gegenwart des Messias beim messianischen Mahl verweisen, denn da ist der Messias als menschliche Person sichtbar gegenwärtig, wenn er – was auch vorkommt – in der betr. apokalyptischen Konzeption nicht überhaupt fehlt (s. STRACK-BILLERBECK IV, S. 1154–1159); noch darf man die Ostererscheinungen dafür nennen, denn sie machen ja deutlich (s. nur 1. Kor 15, 5–7), daß Jesu Gegenwart die zählbare und tradierte Ausnahme war. Die Bezeichnungen Jesu als Messias und Menschensohn zeigen vielmehr an: der ganze Ton liegt in diesem Stadium doch auf seinem baldigen Kommen. Seine Bezeichnung als מרנא darf dann auf palästinensischem Boden aber nur analog der Messianität gedeutet werden, und diese impliziert wohl die Würde des Herrschers, aber nicht die des „göttlichen" Herrschers; wie in Targ. Hohes Lied 8, 2 (STRACK-BILLERBECK IV, S. 1148) der dem messianischen Livjathan-Mahl beiwohnende Messias denn auch angeredet wird: „König Messias". Eben dieser Staffelung der Würdetitel auf dem Wege vom palästinensischen zum hellenistischen Boden entspricht das bekannte Anwachsen der κύριος-Titulatur in den Synoptikern. Eine sprachliche Brücke vom מרנא zum absoluten κύριος wird also gegeben sein (wenn man vom Suffix absieht), eine theologisch-inhaltliche kaum.

[25] λέγουσι δὲ οἱ Φρύγες τὸν αὐτὸν τοῦτον (scl. der πολύμορφος Ἄττις) καὶ νέκυν, οἱονεὶ ἐν μνήματι καὶ τάφῳ ἐγκατωρυγμένον ἐν τῷ σώματι (Hippol., Elenchos V 8, 22). οἱ δὲ αὐτοί, φησί, Φρύγες τὸν αὐτὸν τοῦτον πάλιν ἐκ μεταβολῆς λέγουσι θεόν. γίνεται γάρ, φησί, θεός, ὅταν ἐκ νεκρῶν ἀναστὰς διὰ τῆς τοιαύτης πύλης (scl. die ἀνάστασις) εἰσελεύσεται εἰς τὸν οὐρανόν (Hippol., aaO V 8, 24).

[26] Plutarch spricht von den διασπασμοί, den ἀναβιώσεις und παλιγγενεσίαι des Osiris (De Iside 35 [364 F]), Firmicus Maternus vom θεὸς σεσωσμένος in der von ihm referierten, auf Osiris bezüglichen Kultformel (De errore 22, 1).

[27] ἐπεὰν δὲ ἀποτύψωνταί τε καὶ ἀποκλαύσωνται, πρῶτα μὲν καταγίζουσι τῷ Ἀδώνιδι ὅκως ἐόντι νέκυι, μετὰ δὲ τῇ ἑτέρῃ ἡμέρῃ ζώειν τέ μιν μυθολογέουσι καὶ ἐς τὸν ἠέρα πέμπουσι (Ps. Lukian, De Syria Dea 6).

auf sakramentalem Wege[28]). Oder Jesu Weg gilt als der Abstieg und Aufstieg nach Art der gnostischen Erlösergestalt (Phil 2, 6 ff.; Eph 4, 8–10; Joh 3, 13; 12, 32 f.). Daß dieser Mythus ebenfalls außerchristlich begründet ist, braucht des einzelnen nicht mehr dargetan zu werden[29].

Man kann sich diese Anwendung hellenistisch-orientalischer Kategorien am Titel ὁ υἱὸς τοῦ θεοῦ[30] besonders einfach klarmachen. Datiert in einer von Paulus benutzten judenchristlichen Tradition (Röm 1, 3 f.) Jesu Gottessohnschaft seit seiner Auferstehung, so ist für Paulus selber, der darin hellenistischer Vorstellung folgen wird (Phil 2, 6 ff. wird hellenistisch-vorpaulinisch sein; die Präexistenz ist dort allerdings nicht vom Gottessohn, sondern vom Kyrios ausgesagt), Jesus als Gottessohn präexistent (z. B. Gal 4, 4). Im Mk-Evangelium, dem „Buch der geheimen Epiphanien"[31], tritt Jesus als Gottessohn im Sinne des hellenistisch-orientalischen Thaumaturgen, des θεῖος ἀνήρ, auf. Gelegentlich kann, wie in den Anfängen des Mt- und Lk-Evangeliums, die wunderhafte Weise seiner Zeugung und Geburt dabei besonders unterstrichen werden. Beiden Vorstellungen, der paulinischen, die an Jesu Erdenleben abgesehen von dem Tode wenig interessiert ist, wie der marcinischen und von daher synoptischen und johanneischen θεῖος ἀνήρ-Vorstellung ist eines gemeinsam: der Gottessohn besiegt in seiner Auferstehung bzw. Auffahrt den Tod.

Eben dieser Titel „Gottessohn" findet sich nun in der hellenisti-

---

[28] Siehe H. BRAUN, Das „Stirb und Werde" in: Libertas Christiana, 1957, S. 17 bis 29; in diesem Band S. 145–158.

[29] Daß hinter den genannten (S. 254 Anm. 25–27) orientalischen Gottheiten Naturmythen stehen und daß daher ihr Sterben und Erstehen sich analog dem Jahreslauf in der Natur zyklisch wiederholt, widerspricht nicht der Anwendung dieses Topos auf das als einmalig verstandene Jesusgeschehen. Hätten die altkirchlichen Schriftsteller hier keine Analogie empfunden, so würde ihre seit Justin (Dial. 70, 5; Apol 54, 4. 6; 66, 4) ständig wiederholte, uns freilich nicht mehr reproduzierbare Anklage ins Leere treffen, welche den Dämonen und der Verführer-Schlange die Nachäffung der christlichen Heilsbegebenheiten vorwirft. Für das Vorgegebensein des gnostischen Mythus im Verhältnis zum Neuen Testament s. R. BULTMANN, Die Bedeutung der neuerschlossenen mandäischen und manichäischen Quellen (ZNW 24 [1925], S. 100–146); H. SCHLIER, Christus und die Kirche im Epheserbrief, 1930; E. KÄSEMANN, Das wandernde Gottesvolk, 1939; ferner die schon weiter zurückliegenden Arbeiten von R. REITZENSTEIN.

[30] Siehe L. BIELER, aaO S. 134–140.

[31] M. DIBELIUS, Die Formgeschichte des Evangeliums, ²1933, S. 232.

schen Welt als Bezeichnung für Heroen wie Herakles[32], für Philosophen wie Pythagoras[33] und Plato[34], für θεῖοι ἄνδρες wie Apollonius von Tyana[35], für Herrscher wie die Pharaonen[36], Alexander[37], Ptolemäus Epiphanes[38], den jüngeren Dionysius von Syrakus[39], Scipio Africanus maior[40] und Augustus[41]. Daß mit der Bezeichnung Jesu als „Gottessohn" in der hellenistischen Gemeinde auf eben diese religiös-orientalische Titulatur zurückgegriffen wird, zeigt sich an den mit diesem Titel verknüpften Vorstellungen: die Zeugung durch den Gott in massivem, aber auch in sublimerem Sinne[42], u. U. verbunden mit

---

[32] Z. B. Διὸς υἱός (Epikt., Diss. II 16, 44); Gott gewährte τῷ Ἡρακλεῖ ... τῷ υἱῷ τῷ ἑαυτοῦ keinen Überfluß (Epikt. Diss. III 26, 31). Auch Seneca, Hercules furens passim.

[33] τινὰς δὲ Ἀπόλλωνος αὐτὸν (scl. Πυθαγόραν) ἱστορεῖν καὶ Πυθαΐδος τῷ γόνῳ, λόγῳ δὲ Μνησάρχου φησὶν Ἀπολλώνιος (Porphyrius, Vit. Pyth. 2). θεοῦ παῖδα αὐτὸν (scl. Πυθ.) εἶναι (Jamblichus, De vit. Pyth. 10).

[34] Platonem augustiore conceptu prosatum (Apuleius, De Platone I 180). Ἀπόλλωνι τὴν Πλάτωνος τέκνωσιν ἀνατιθέντες (Plutarch, Quaest. conviv. VIII 1, 2 [717 E]). τὸν ἐξ Ἀπόλλωνος σπαρέντα (Origenes, Contra Cels. I 37).

[35] παῖδα τοῦ Διὸς τὸν Ἀπολλώνιον γεγονέναι (Philostr., Vit. Ap. I 6).

[36] Siehe das Material bei E. NORDEN, Die Geburt des Kindes, 1924, S. 75 f.

[37] δράκοντος υἱός (Lukian, Dial. mortuorum 13, 2).

[38] ἠγαπημένος ὑπὸ τοῦ Φθᾶ (Rosette-Inschrift, s. P. WENDLAND, Die hellenistisch-römische Kultur, 1912, S. 407).

[39] Ἀπόλλωνος υἱὸν ἑαυτὸν ὠνόμασεν (Plutarch, De Alexandri fortuna or. II 5 [338 B]).

[40] Stirpis eum divinae virum esse (Livius XXVI 19, 6).

[41] Apollinis filium existimatum (Sueton, Augustus 94, 4).

[42] Sinnlich ist vorgestellt die Erzeugung des Horus durch Amon-Re (s. E. NORDEN, aaO S. 75), des Osiris durch Kronos (Plutarch, De Iside 12 [355 D]), des Asclepius durch Apollon (Lukian, Alex. 38), des Herakles durch Zeus (s. die Quellenverweise bei F. PFISTER, Herakles und Christus, ARW 34 [1937], S. 46 f.), des Pythagoras durch Apollon (Porphyrius, Vit. Pyth. 2), des Plato durch Apollon (Diog. Laert. III 2; Apuleius, De Platone I 180; Origenes, Contra Cels. I 37) und des Alexander durch Zeus (Plutarch, Alex. 2. 3; Lukian, Alex. 7; Dial. mortuorum 13, 1).

Sublimer aber ist die Vorstellung, wenn Plutarch vielleicht ägyptischer Theologie zufolge das πνεῦμα eines Gottes sich einer menschlichen Frau nähern läßt (Vit. Numae 4, 4, wobei Plutarch selber die Vorstellung auf eine ethisch abgezweckte φιλία der Gottheit zum Menschen reduziert), wenn nach ihm die Zeugung des Plato durch Apollon nicht physisch, sondern δυνάμει τοῦ θεοῦ vor sich ging (Quaest. conviv. VIII 1, 3 [717 F–718 B]); wenn bei Philo (De cherubim 40–52) die als ἀρεταί symbolisierten Patriarchenfrauen ihre als τὰ καλά symbolisierten Söhne von Gott durch ἐπίσκεψις empfangen und dadurch zu παρθένοι werden; wenn Jamblichus (De vit. Pyth. 7–8) die Zeugung des Pythagoras durch Apollon

der Vorstellung von der Zeugung aus der Jungfrau[43]; die wunderbaren Umstände der Geburt[44]; u. U. die Mühsale des Gottessohnes[45];

in eine Herabsendung der Seele des Pythagoras unter die Menschen seitens der ἡγεμονία des Apollon umdeutet. Den *jüdisch*-hellenistischen Ursprung dieser sublimeren Vorstellung scheint mir M. DIBELIUS (Jungfrauensohn in: Botschaft und Geschichte I, 1953, S. 27–35) nicht erwiesen zu haben.

[43] Siehe den Philo-Text aus De cherubim auf S. 256 Anm. 42 sowie den Text von den Aion-Mysterien und von Simon Magus in folg. Anm. 44. Zur Frage des ägyptischen oder hellenistischen Ursprungs dieser Vorstellung vgl. K. HOLL, Der Ursprung des Epiphanienfestes (Ges. Aufsätze II [1928], S. 144–146); E. NORDEN, aaO S. 76–82; R. BULTMANN zu NORDEN, ThLZ 49 (1924), Sp. 319–323; M. DIBELIUS, Jungfrauensohn in: Botschaft und Geschichte I, S. 41 f.

[44] *Osiris:* φωνὴν αὐτῷ τεχθέντι συνεκπεσεῖν, ὡς ὁ πάντων κύριος εἰς φῶς πρόεισιν. Die Stimme aus dem Zeus-Tempel in Theben an den Wasserträger Pamyles, die Botschaft laut weiterzusagen, ὅτι μέγας βασιλεὺς εὐεργέτης ῎Οσιρις γέγονε (Plutarch, De Iside 12 [355 E]).

Aion: die am 5./6. Januar begangenen Mysterien im alexandrinischen Koraion, in deren Mittelpunkt das hölzerne Schnitzbild steht, haben den Sinn: ταύτῃ τῇ ὥρᾳ σήμερον ἡ κόρη (τουτέστιν ἡ παρθένος) ἐγέννησε τὸν Αἰῶνα (Epiphanius, Panarion, haer. LI 22, 10).

Herakles: Zeus zeugt mit Alkmene den Herakles; die Zurückhaltung des Amphitryon gegenüber der Alkmene; die Verfolgung des Herakles durch Hera; seine Aussetzung; die Erwürgung der beiden Schlangen durch ihn (s. die Quellenverweise für Hesiod, Pindar, Apollodor und Diodor bei F. PFISTER, aaO S. 46 f.).

Pythagoras: die wunderbare Auffindung des Astraios-Kindes (Porphyrius, Vit. Pyth. 10); der Respekt vor dem jungen Pythagoras seitens der Alten (Jamblichus, De vit. Pyth. 10).

Plato: die Zurückhaltung des Ariston gegenüber seiner Gemahlin Periktione (Plutarch, Quaest. conviv. VIII 1, 2 [717 E]; Diog. Laert. III 2; Origenes, Contra Cels. I 37); Platos Geburt am 7. Thargelion, dem Geburtstage Apollons (Plutarch, Quaest. conviv. VIII 1, 2 [717 D]; Diog. Laert. III 2; Apuleius, De Platone I 181); der Traum des Sokrates über die Bedeutung Platos (Apuleius, De Platone I 182 f.).

Apollonius von Tyana: die Erscheinung des Proteus vor seiner schwangeren Mutter; der Schwanenchor und der nieder- und auffahrende Blitz bei seiner Geburt (Philostr., Vit. Ap. I 4 f.).

Simon Magus: πρὸ γὰρ τοῦ αὐτῷ (scl. mit ihrem Mann Antonius) συγγίγνεσθαι ἡ μήτηρ μου Ραχὴλ παρθένος οὖσα συνέλαβεν (Clemens, Recogn. II 14, 2).

Alexander Magnus: der Traum der Olympias vom Blitzschlag in ihren Schoß, der Traum des Philippus vom Löwensiegel; Olympias und die Schlange; des Philippus Zurückhaltung gegenüber der Olympias; Olympias als Bacchantin und die Schlangen (Plutarch, Alex. 2; Lukian, Dial. mortuorum 13, 1; Alex. 7); der Brand des Artemis-Tempels in Ephesus am Tage der Geburt Alexanders (Plutarch, Alex. 3). Zum Ganzen s. L. BIELER, aaO S. 22–30.

[45] Die zehn Arbeiten des Herakles (die Quellennachweise hauptsächlich für Apollodor, Dion. Chrysostomus, Diodor und Epiktet s. bei F. PFISTER, aaO S. 48f.) Vgl. die ἆθλοι und ἀγῶνες der Isis (Plutarch, De Iside 27 [361 D]).

sein Tod und, trotz des Todes, sein Weiterleben, seine Erweckung bzw. sein Aufstieg[46]. An den allerdings selteneren außerchristlichen Gottessohn-Stellen, an welchen auch von der Präexistenz bzw. von

---

[46] Gewaltsam und z. T. von wunderhaften Umständen begleitet ist der Tod der Naturgottheiten Osiris (διασπασμοί: Plutarch, De Iside 35 [364 F]; kultisch begangen: Firmicus Maternus, De errore 22, 1), Adonis (kultisch begangen: Ps. Lukian, De Syria Dea 6) und Attis (Hippol., Elenchos V 8; zur Todesart aller drei s. RAC I, Sp. 921–925), der Tod der Heroen Herakles (Selbstverbrennung; die Quellenverweise hauptsächlich für Apollodor II 160, Diodor IV 38 und die beiden Herakles-Dramen Senecas s. bei F. Pfister, aaO S. 51–55) und Asclepius (von Zeus erschlagen: Apollodor III 122; Theophilus, Ad Autol. I 9 [41], 13 [53]; weiteres RAC I, Sp. 795–797), der Tod des Pythagoras (nach 40 Tagen verhungert oder aus Vereinsamung sich das Leben genommen: Porphyrius, Vit. Pyth. 57), der Tod der θεῖοι ἄνδρες: Apollonius (für verschiedene Orte berichtet, Philostr., Vit. Ap. VIII 30) und Peregrinus (Selbstverbrennung; dazu Lukian fiktiv: Erdbeben; Lukian, De mort. Per. 36. 39) und der Tod des Romulus (Nacht, Donner, Sturm, plötzliches Verschwinden: Plutarch, Vit. Romul. 27; weitere Verweise bei J. Leipoldt, Zu den Auferstehungsgeschichten, ThLZ 73 [1948], Sp. 740).

Einer beträchtlichen Zahl der zuletzt (S. 254–256) genannten Gottheiten, Heroen, θεῖοι ἄνδρες und Herrscher wird ein Weiterleben nach dem Tode zugeschrieben. Solche Annahme kann sich aussprechen in Wendungen, welche ganz allgemein vom Leben oder Wiederaufleben handeln: Adonis (S. 254 Anm. 27), Osiris (S. 254 Anm. 26) und Herakles (die Prodikus-Legende nur: μακαριστοτάτη εὐδαιμονία; Xenoph., Mem. II 1, 33; dagegen Apollodor II 73: ἀθάνατον αὐτὸν ἔσεσθαι; Diodor IV 10, 7: τεύξασθαι τῆς ἀθανασίας; Theophilus, Ad Autol. I 13 [53]: ζῆν).

Das Leben nach dem Tode kann aber auch in spezielleren Vorstellungen seinen Ausdruck finden. *Auferweckung* bzw. *Auferstehung:* Attis (s. S. 254 Anm. 25), Adonis (Belege s. RAC I, Sp. 924 unten), Dionysus (Plutarch, De Iside 35 [365 A]: ἐγείρωσι τὸν Λικνίτην dazu G. van Hoorn, La résurrection de Dionysus Liknitès, Bulletin van de Vereniging tot Bevordering der Kennis van de Antieke Beschaving te's Gravenhage, Jaargang XXIV, XXV, XXVI, Leiden 1951, S. 7–10), Herakles (Josephus, Ant. VIII 146 [= 5, 3] und Contra Ap. I 119 [= 18]: τοῦ Ἡρακλέους ἐγέρσιν; dazu ThW II, S. 336, 38f.) und Asclepius (Theophilus, Ad Autol. I 13 [53]: ἐγηγέρθαι).

Auffahrt aus dem Hades in die Oberwelt bzw. aus dem Tode in die Himmelswelt: Adonis (s. S. 254 Anm. 27), Herakles (Wolke, Donner, keine Relikte der Selbstverbrennung: Apollodor II 160: εἰς οὐρανὸν ἀναπέμψαι; Diodor IV 38, 5: ἐξ ἀνθρώπων εἰς θεοὺς μεθεστᾶσθαι; weiteres bei F. Pfister, aaO S. 51–55), Apollonius von Tyana (sein wunderbares Betreten des Kretischen Artemis-Tempels begleitet vom Jungfrauenchor: στεῖχε γᾶς, στεῖχε ἐς οὐρανόν, στεῖχε; Philostr., Vit. Ap. VIII 30), Peregrinus (der Gesang des aus dem Scheiterhaufen auffliegenden Geiers: ἔλιπον γᾶν, βαίνω δ' ἐς Ὄλυμπον; fiktiv berichtet von Lukian, De mort. Per. 39), Romulus (Cicero, De nat. deorum III 15 [39]: Romulum nostrum aliosque compluris, quos quasi novos et adscripticios civis in caelum receptos putant; Plu-

dem Herabstieg des Gotteswesens die Rede ist [47], wird deutlich: die eben umrissene Vorstellung vom Gottessohn ist verwandt mit der oben genannten gnostischen Vorstellung vom Abstieg und Aufstieg des Erlösers. Solche Gottwesen gelten öfter als mit der Weltschöpfung und Weltordnung betraut; meist sind es allerdings demzufolge (wo nämlich der Dualismus strenger durchgeführt ist) inferiore Gottheiten [48].

Was soll mit der Anwendung der genannten gottheitlichen Titulaturen und Vorstellungsweisen auf die verschiedenen Gottheiten, Heroen und Philosophen, Thaumaturgen und Herrscher von eben diesen Gestalten gesagt werden? Auf den ersten Blick ist klar, sie sollen als überdimensional, als übermenschlich, als ein Höherer [49] bezeichnet werden. Solch Urteil wird gewonnen auf Grund ihrer überdimensionalen Taten. Die Pythagoras-Viten heben des Pythagoras wunderhafte Erweisungen [50] ebenso wie die Überzeugungskraft und gewinnende Art seines Lehrens [51] als Begründung für seine Göttlichkeit [52]

---

tarch, Vit. Romul. 27: ὡς ἀνηρπασμένον εἰς θεούς) und Augustus (Horaz, Carm. I 2, 45: serus in caelum redeas; weiteres bei J. LEIPOLDT, aaO Sp. 740).

Erscheinungen vor Lebenden: Apollonius von Tyana (im jetzigen Duktus des Romans erscheint er nach seinem wunderhaften Fortgehen aus dem Prozeß unter wunderhafter Überwindung der Entfernung den Freunden in Dikaiarchia: Philostr., Vit. Ap. VIII 10–13; nach seiner Auffahrt sieht ihn ein an der Unsterblichkeit der Seele zweifelnder Jüngling und wird überzeugt: Philostr., Vit. Ap. VIII 31), Peregrinus (ein Ungenannter berichtet, daß er μετὰ τὸ καυθῆναι θεάσαιτο αὐτόν ... καὶ νῦν ἀπολίποι περιπατοῦντα: Lukian, De mort. Per. 40; fiktiv) und Romulus (Proklus versichert eidlich, ὡς ... αὐτῷ ... Ῥωμύλος ... φανείη: Plutarch, Vit. Romul. 28). Zum Ganzen s. L. BIELER, aaO S. 44–49.

[47] τὴν Πυθαγόρου ψυχὴν ἀπὸ τῆς Ἀπόλλωνος ἡγεμονίας ... καταπεπέμφθαι εἰς ἀνθρώπους: Jamblichus, De vit. Pyth. 8. ἡμᾶς (= Romulus) ἐκεῖθεν ὄντας ... αὖθις οἰκεῖν οὐρανόν; Plutarch, Vit. Romul. 28; serus in caelum redeas (betr. Augustus): Horaz, Carm. I 2, 45.

[48] Für Hephaistos, Prometheus und für Platos „sichtbare Götter" s. H. BRAUN (ThW VI, S. 255), für die jüdische Weisheit (die im jüdischen Monotheismus natürlich nur eine Hypostase, kein Gottwesen sein kann), für Athene, Vohu Mano, Mithra, Hibil-Ziwa, Thot und Hermes s. W. BAUER (Johannesevangelium, ²1925, zu Joh 1, 3). Das im Blick auf Isis bekannte „Tu ... regis mundum" (Apuleius, Met. XI 25) ist typisch.

[49] ὅτι ὡς παρὰ κρείττονος ἀποδέχεσθαι χρὴ τὰ παρ' ἐκείνου λεχθέντα καὶ οὐχὶ ἀνθρώπου: Jamblichus, De vit. Pyth. 143.

[50] μυρία δ' ἕτερα θαυμαστότερα καὶ θειότερα: Porphyrius, Vit. Pyth. 28.

[51] τοσαύτη δ' ἦν ἐν τοῖς αὐτοῦ λόγοις πειθὼ καὶ χάρις: Diodor X 3, 2 (ed. OLD-FATHER 1946).

[52] ὡσπερεὶ πρός τινος θεοῦ παρουσίαν: Diodor X 3, 2; ἴσα θεοῖς ... ἐτιμᾶτο: Diodor X 9, 9.

hervor. Simon Magus macht seine jungfräuliche Geburt glaubhaft durch den Verweis auf seine Wunderkraft [53]. Olympias ermahnt ihren Sohn Alexander Magnus bei seinem kriegerischen Aufbruch in den Orient, sich seiner Zeugung durch Zeus würdig zu erweisen [54]. Caesar bekam den Beinamen „Gott" wegen seiner Taten [55].

Diese Begründung kann spezialisiert werden. Vermittels ihrer ἀρετή werden Isis und Osiris zu Göttern [56], wegen seiner gehorsamen Gottesliebe wird Herakles zum Zeussohn [57] und erlangt die Unsterblichkeit [58], als ein zur Herrschaft über das gesamte Menschengeschlecht Geeigneter [59]. Die Spezialisierung der Begründung kann noch konkreter werden. Die mit den gottheitlichen Titulaturen und Verhaltungsweisen Bedachten sind gekennzeichnet vor allem durch ein Zwiefaches: sie helfen den Menschen, und sie gebieten den Menschen. Beide Funktionen können als Einheit formuliert werden: μέγας βασιλεὺς εὐεργέτης Ὄσιρις [60]; Romulus wurde ein gnädiger Gott ἐκ χρηστοῦ βασιλέως [61]; auch der einen gottheitlichen Kyrios Verehrende weiß sich ebenso unter dem Befehl dieser Gottheit stehend, wie er an diese Gottheit sein Bittgebet um σωτηρία richten, ihr danken und Weihdenkmäler errichten kann [62]. Aber je eine der beiden Funktionen, das Helfen oder das Gebieten, kann auch jeweils in den Vordergrund treten. Von Pythagoras [63] wie von Empedokles [64] und Asclepius [65] berichtet man, daß

---

[53] ἐπεὶ δύναμαι μέγας γενέσθαι ἢ μικρὸς καθὼς θέλω: Clemens, Recogn. II 14, 2.
[54] ἐκέλευεν ἄξια φρονεῖν τῆς γενέσεως: Plutarch, Alex 3.
[55] Γάιος καῖσαρ, ὁ διὰ τὰς πράξεις ἐπονομασθεὶς θεός: Diodor V 21.
[56] ἐκ δαιμόνων ἀγαθῶν δι' ἀρετῆς εἰς θεοὺς μεταβαλόντες: Plutarch, De Iside 27 (361 E). Das ist freilich hellenistische Theologie, nicht original ägyptisch, s. M. P. Nilsson, Geschichte der griechischen Religion II, 1950, S. 603 f.
[57] οὐδὲν φίλτερον τοῦ θεοῦ . διὰ τοῦτο ἐπιστεύθη Διὸς υἱὸς εἶναι καὶ ἦν: Epikt., Diss. II 16, 44. διὰ τοῦτο (wegen des Kampfes gegen die Tyrannis und wegen des Eintretens für wahres Königtum) τῆς γῆς καὶ τῶν ἀνθρώπων σωτῆρα εἶναι: Dion. Chrys., Or. I 84 (p. 71 R I).
[58] καὶ οὕτως ἔφη (scl. Pythia), τῶν ἄθλων συντελεσθέντων, ἀθάνατον αὐτὸν ἔσεσθαι: Apollodor II 73. καὶ τοῦτο πράξαντα τεύξασθαι τῆς ἀθανασίας: Diodor IV 10, 7.
[59] Zeus ἐπέτρεψεν αὐτῷ βασιλεύειν τοῦ σύμπαντος ἀνθρώπων γένους, ὡς ὄντι ἱκανῷ: Dion. Chrys., Or I 84 (p. 71 R I).
[60] Plutarch, De Iside 12 (355 E). Auch an die bekannte, beide Seiten spiegelnde ptolemäische Königstitulatur ist hier zu erinnern.
[61] Plutarch, Vit. Romul. 27.   [62] ThW III, S. 1050 f.
[63] κάμνοντας δὲ τὰ σώματα ἐθεράπευε: Porphyrius, Vit. Pyth. 33. ὅτι ἐπὶ θεραπείᾳ καὶ εὐεργεσίᾳ τῶν ἀνθρώπων ἥκοι: Jamblichus, De vit. Pyth. 92.

sie Kranke heilen. Empedokles [66] und Pythagoras [67] wenden die Pest ab. Pythagoras gebietet den Wetterkatastrophen Einhalt [68]. Der Kyrios Serapis errettet aus Seenot [69]. Isis spendet durch Einsetzung der Weihen belehrenden Trost an die von Unglücksfällen bedrohten Menschen [70]. Herakles befehdet die politische Ungerechtigkeit und fördert die politische Gerechtigkeit [71]. Asclepius [72] und Empedokles [73], Apollonius [74] und Alexander von Abonuteichos [75] erwecken vom Tode. Isis [76] und Herakles [77] besiegen den Tod als Macht und beseitigen damit die

[64] Πάνθειάν τινα Ἀκραγαντίνην, ἀπηλπισμένην ὑπὸ τῶν ἰατρῶν, θεραπεῦσαι αὐτόν: Diog. Laert. VIII 69.

[65] οὐ μόνον ἐκώλυέ τινας ἀποθνῄσκειν: Apollodor III 120. ὥστε πολλοὺς τῶν ἀπεγνωσμένων ἀρρώστων παραδόξως θεραπεύειν! Diodor IV 71.

[66] οὕτω δὴ λήξαντος τοῦ λοιμοῦ: Diog. Laert. VIII 70.

[67] λοιμῶν ἀποτροπαὶ σὺν τάχει: Porphyrius, Vit. Pyth. 29; Jamblichus, De vit. Pyth. 135. λοιμοὺς ἀπεδίωκε Jamblichus, De vit. Pyth. 91.

[68] ἀνέμων βιαίων χαλαζῶν τ᾽ ἐκχύσεως καταστολαὶ καὶ κυμάτων ποταμίων τε καὶ θαλαττίων ἀπευδιασμοὶ πρὸς εὐμαρῆ τῶν ἑταίρων διάβασιν: Porphyrius, Vit. Pyth. 29; Jamblichus, De vit. Pyth. 135.

[69] εὐχαριστῶ τῷ κυρίῳ Σεράπιδι, ὅτι μου κινδυνεύσαντος εἰς θάλασσαν ἔσωσε εὐθέως: (ägyptischer Brief, II. Jhrhdt. a., s. A. Deissmann, Licht vom Osten, ²1909 S. 122).

[70] εὐσεβείας ὁμοῦ δίδαγμα καὶ παραμύθιον ἀνδράσι καὶ γυναιξὶν ὑπὸ συμφορῶν ἐχομένοις ὁμοίων: Plutarch, De Iside 27 (361 DE).

[71] ὅπου μὲν ἴδοι τυραννίδα καὶ τύραννον, ἐκόλαζε καὶ ἀνῄρει παρά τε Ἕλλησι καὶ βαρβάροις. ὅπου δὲ βασιλείαν καὶ βασιλέα, ἐτίμα καὶ ἐφύλαττεν: Dion. Chrys., Or. I 84 (p. 71 R I). καθαρτὴς ἀδικίας καὶ ἀνομίας, εἰσαγωγεὺς δὲ δικαιοσύνης καὶ ὁσιότητος: Epikt., Diss. III 26, 32.

[72] τοὺς τεθνηκότας ἀνήγειρεν: Apollodor III 120. πολλοὺς δοκεῖν τῶν τετελευτηκότων ποιεῖν πάλιν ζῶντας: Diodor IV 71.

[73] ἀποστείλας τὴν νεκρὰν ἄνθρωπον ζῶον: Diog. Laert. VIII 67.

[74] ἀφύπνισε τὴν κόρην (eine römische Konsul-Tochter) τοῦ δοκοῦντος θανάτου (also Scheintod, der aber wohl auf Kosten Philostrats geht: Vit. Ap. IV 45).

[75] ἐνίους δὲ καὶ ἤδη ἀποθανόντας ἀναστήσειε: Lukian, Alex. 24.

[76] ... te ... observant inferi, tu ... calcas Tartarum: Apuleius, Met. XI 25.

[77] ... et tristes deos et fata vici (Seneca, Hercules furens 611 f.).
Transvectus vada Tartari,
pacatis redit infernis.
Iam nullus superest timor
Nil ultra iacet inferos (Seneca, Hercules furens 889–892).
... victum est Chaos.
A Styge, nate, redis iterum mihi
Fractaque non semel est mors horrida?
Vicisti rursus mortis loca,
Puppis et infernae vada tristia (Seneca, Hercules Oetaeus 1946–1950). Weiteres s. F. Pfister, aaO S. 51 f.

Unterweltsfurcht des Menschen. Kurz: die Gottwesen und Heroen bereiten dem Menschen eine σωτηρία, deren Verständnis von der äußerlichen Lebenserleichterung bis in die geistigen und religiösen Werte hineinreicht und in gängigen, auch allgemeiner gehaltenen Formulierungen [78] ihren Ausdruck findet. Auch das Befehlen kann bei den mit den gottheitlichen Titulaturen und Verhaltungsweisen Bedachten in den Vordergrund treten. Für die vergotteten Herrscher [79] ist das ja eine Selbstverständlichkeit; der dem Proklus epiphan werdende Romulus hinterläßt der von ihm gegründeten Stadt eine ausdrückliche Weisung [80], und Alexander braucht als *der* große Souverän nicht erst belegt zu werden. Das gleiche gilt für die Kyrios-Titulatur der kleineren Gottheiten [81]. Ein Heros wie Herakles stellt ein ausgesprochen gebietendes Vorbild dar: der Gebieter über die ganze Erde und über alle Menschen [82] ist durch sein Vorbild das Muster eines durch die Philosophie bestimmten Lebens [83], er lehrt Gehorsam [84] und Vertrauen [85] gegen Zeus, er verweist auf die Unerläßlichkeit der Selbstbeherrschung [86]. Ebenso sind die Philosophen ja gerade deswegen vergottet

---

[78] Osiris als εὐεργέτης (s. oben S. 260 Anm. 60) und ἀγαθοποιός (Plutarch, De Iside 42 [368 B 7]); die Verbindung seiner σωτηρία mit der des Mysten: θαρρεῖτε μύσται τοῦ θεοῦ σεσωσμένου. ἔσται γὰρ ἡμῖν ἐκ πόνων σωτηρία (Firmicus Maternus, De errore 22, 1). Den Herakles ὁ μέγας Ζεύς ... τῷ κόσμῳ σωτῆρα ἐφύτευσεν (Iulian, Or. VII 220 A). Der λόγος, den Cornutus (31 [p. 62]) mit Herakles identifiziert, οὐ ... πρὸς τὸ κακοῦν καὶ βλάπτειν, ἀλλὰ πρὸς τὸ σῴζειν μᾶλλον γέγονεν (Cornutus 16 [p. 21]). Oder noch allgemeiner: die Christen wollen die Dioskuren, den Herakles, den Asclepius und den Dionysus nicht für θεοί halten, weil diese ursprünglich Menschen waren, καίτοι πολλὰ ἐπιδειξαμένους καὶ γενναῖα ὑπὲρ ἀνθρώπων (Celsus, Ἀληθὴς λόγος III 22 ed. Glöckner).

[79] Siehe S. 256 Anm. 36–39 und S. 256 Anm. 40–41.

[80] Romulus zu Proklus: φράζε‘ Ῥωμαίοις ...: Plutarch, Vit. Romul. 28.

[81] ThW III, S. 1050 f.

[82] πάσης ἦρχε γῆς καὶ τῶν ἀνθρώπων ἁπάντων: Dion. Chrys., Or. I 60 (p. 63 R I). ἁπάσης γῆς καὶ θαλάττης ἄρχων καὶ ἡγεμών Epikt., Diss. III 26, 32.

[83] Schon der Kyniker Antisthenes macht den Herakles zu solchem Muster, s. F. Pfister, aaO S. 43.

[84] τό τε τῷ Διὶ καὶ πατρὶ μὴ πείθεσθαι καὶ ἀσύμφορον ἐφαίνετο καὶ ἀδύνατον: Diodor IV 11, 1. ἐκείνῳ τοίνυν πειθόμενος Epikt., Diss. II 16, 44; Fortsetzung des Zitates aus S. 260 Anm. 57.

[85] ᾔδει γὰρ ὅτι οὐδείς ἐστιν ἄνθρωπος ὀρφανός, ἀλλὰ πάντων ἀ[ι]εὶ καὶ διηνεκῶς ὁ πατήρ ἐστιν ὁ κηδόμενος. οὐ γὰρ μέχρι λόγου ἠκηκόει, ὅτι πατήρ ἐστιν ὁ Ζεὺς τῶν ἀνθρώπων, ὅς γε καὶ αὐτοῦ πατέρα ᾤετο αὐτὸν καὶ ἐκάλει καὶ πρὸς ἐκεῖνον ἀφορῶν ἔπραττεν ἃ ἔπραττεν: Epikt., Diss. III 24, 15–16.

[86] καὶ ἦν Εὐρυσθεὺς μέν, ὃς ἦν, οὔτε Ἄργους οὔτε Μυκηνῶν βασιλεύς, ὅς γ᾿ οὐδ᾿ αὐτὸς ἑαυτοῦ (im Gegensatz zu Herakles; Epikt., Diss. III 26, 32).

worden, weil ihr gebietender Einfluß so übermächtig war. Pythagoras will mit der Überzeugungskraft seiner Rede [87] ja doch Weisheit, Tapferkeit, Selbstbeherrschung und die anderen Tugenden bei den Hörern wecken [88]. Er selber ist als Muster der Selbstbeherrschung gezeichnet [89]. Seine Gebote der Nahrungsaskese [90] brauchen in diesem Zusammenhange nur eben erwähnt zu werden. Einer seiner Schüler läßt sich die Beobachtung des Schwur-Verbots seines Meisters wirklich etwas kosten [91]. Der nach seiner Selbstverbrennung vergottete [92] Peregrinus Proteus hat fast sämtlichen berühmten Städten briefliche Weisungen zukommen lassen [93]. Ein über das übliche Maß hinausgehendes Helfen und Befehlen ist also ins Auge gefaßt, wenn die verschiedenen Gottheiten, Heroen, Philosophen, Thaumaturgen und Herrscher mit gottheitlichen Titulaturen und Verhaltensweisen bedacht werden.

Diese in der hellenistisch-orientalischen Umwelt gängigen gottheitlichen Titulaturen werden nun auf hellenistischem Boden vor Paulus und neben Paulus auf Jesus übertragen. Der Übertragungsvorgang ist als solcher nicht befremdlich. Hat die Urgemeinde die Bedeutsamkeit Jesu in jüdischer Terminologie ausgesagt, so werden jetzt die vorgegebenen Titel z. T. hellenistisch gefüllt, z. T. kommen neue Titel hinzu. Was bei der Entstehung des Osterglaubens geschah, diese Verschlüsselung des im Leben Jesu enthaltenen Novums [94] mittels einer vorgegebenen Terminologie [95], vollzieht sich jetzt von neuem auf hellenistisch-orientalischem Boden; der gleiche Prozeß schreitet also nur weiter. Auch die Inhalte, die den neuen oder neugefaßten hellenistischen Titeln innewohnen, machen die Übertragung dieser Titel auf Jesus nur verständlich. Die radikale Toraforderung und das radikale

---

[87] S. 259 Anm. 51.

[88] πρὸς βίου σώφρονος ζῆλον καὶ πρὸς ἀνδρείαν τε καὶ καρτερίαν, ἔτι δὲ τὰς ἄλλας ἀρετάς: Diodor X 9, 9 (ed. OLDFATHER).

[89] Für das Reden und Handeln des Pythagoras war bezeichnend εὐδία und ἀμίμητός τις γαλήνη; nie wurde er erfaßt von ὀργή, γέλως, ζῆλος, φιλονεικεία, ταραχή, προπέτεια: Jamblichus, De vit. Pyth. 10.

[90] Siehe die Pythagoras-Viten des Porphyrius und Jamblichus passim.

[91] Ein Pythagoräer läßt sich ὑπὲρ τοῦ διαφυλάξαι τὸ δόγμα (scl. das Schwurverbot) mit drei Talenten für die Schwur-Verweigerung bestrafen (Jamblichus, De vit. Pyth. 144).

[92] Siehe S. 258 f. Anm. 46.

[93] διαθήκας τινὰς καὶ παραινέσεις καὶ νόμους (Lukian, De mort. Per. 41).

[94] Siehe oben Teil II.   [95] Siehe oben Teil III.

Ja zum Sünder: das war der Inhalt, den schon die palästinensische, auf Jesus angewandte Messias- und Menschensohn-Terminologie eschatologisch verschlüsselte. Diese christologisch-eschatologische Verschlüsselung des Paradoxes aus dem Leben Jesu, nicht einfach ein Bericht von Jesu Tun und Lehren, wird immer das Erste gewesen sein, was an christlicher Predigt den Heiden zu Ohren kam. Also: Jesus als der Erretter aus dem Zorngericht des baldigen Weltendes; daneben ein vom Polytheismus zum Monotheismus sich wendender Wandel (1. Thess 1, 9 f. wird nicht nur speziell für die paulinische Missionspredigt typisch gewesen sein). Schon hier wird deutlich, wie leicht das in den hellenistisch-orientalischen Titulaturen Gemeinte, das überdimensionale Gebieten und Helfen, als Ausdruck für das in der palästinensisch-jüdischen Verschlüsselung ins Auge Gefaßte genommen werden konnte. Der Gottessohn, der Kyrios Jesus wird erretten, indem er die σωτηρία heraufführt (Röm 5, 10). Der Gottessohn, der Kyrios Jesus gebietet: das gilt im Blick auf die Worte des Irdischen (1. Kor 7, 10. 12; 1. Thess 4, 15), das gilt für alle Paränese im Blick auf den Erhöhten (1. Thess 4, 1), der ja für Paulus neben Gott das Gericht übt (2. Kor 5, 10). Die speziell jüdische Fragestellung bzw. antijüdische Ausrichtung der Verkündigung Jesu, also seine Stellung zum Sabbat, zur kultischen Reinheit, sein Ja zum am ha ares, konnte in dieser hellenistisch-orientalischen Nomenklatur, die ihn als Helfer und Gebieter versteht, natürlich nicht mehr eingefangen werden. Nur *ein* Wesenszug der älteren jüdischen Verschlüsselung geht mit den älteren jüdischen Titeln nicht verloren, sondern wird zunächst in die neue bzw. in die umgedachte alte Terminologie mit hineingenommen: die Eschatologie. Auch die hellenistischen Gemeinden erwarten den Gottessohn in Bälde (1. Thess 1, 10), auch sie reden von der sehr bald bevorstehenden Parusie des Kyrios (z. B. 1. Thess 4, 15). Ja, die Sendung des Gottessohnes hat das Weltende de facto bereits eingeleitet (z. B. Gal 4, 4). Die hellenistisch-orientalischen gottheitlichen Titulaturen nehmen die ihnen von Haus aus fremde Eschatologie also in sich hinein. Freilich nur zunächst; denn bald wird ein Stadium christologischer Entwicklung erreicht sein (Teil VI), in welchem die Eschatologie als Erwartung des *künftigen* Weltendes verschwunden ist. Der erste Schritt auf diesem Wege besteht darin, daß Jesus nicht bloß als der Kommende gilt, sondern – wie es der Sinn jener hellenistisch-orientalischen gottheitlichen Titulaturen ist – in der Gemeinde kultisch gegenwärtig ist (1. Kor 5, 4). An der Verleihung der Kyrioswürde an Jesus, die als himmlische Inthronisation von den Mächten begangen wird, nimmt die Gemeinde bekennend teil; für sie *ist* Jesus, wie KÄSEMANN [96] schön formuliert, an die Stelle der Ananke getreten (Phil 2, 6–11). Solch Bekenntnis setzt eine sehr präzise Frage voraus, nämlich die Frage nach dem Heil als der Wirklichkeit wahren Lebens. Die gleiche Frage nach der Überwindung der durch den Tod angezeigten Uneigentlichkeit des Lebens, wie sie z. T. hinter der oben beobachteten hellenistisch-orientalischen gottheitlichen Titulatur steht [97], wird also auch in den hellenistisch-christlichen Bekenntnissen vorausgesetzt und nun christlich beantwortet: der Helfer gegen den Tod, der Geber der $\zeta\omega\acute{\eta}$ ist Jesus. Demgemäß gilt Jesus nun als an der Erschaffung der Welt und am Regiment über die Welt beteiligt [98].

Wodurch unterscheidet sich dies hellenistisch-christliche Bekenntnis von ähnlichen hellenistisch-nichtchristlichen Bekenntnissen, also etwa vom Bekenntnis zu Herakles als dem Todesüberwinder [99]? Man kann natürlich – unter Verweis auf die Verkündigung der Kirche seit ihren heidenchristlichen Anfängen – antworten: allein dadurch, daß es eben Jesus ist, der als Geber des Lebens und als Besieger des Todes bekannt wird. Aber diese Antwort wirkt zufriedenstellend allermeist doch nur deswegen, weil in ihr – dem Antwortenden und dem Fragenden gewöhnlich unbewußt, aber doch sehr real – der angebliche Sieg des Christentums über die konkurrierende religiöse Umwelt als beträchtliches Gewicht mitwiegt. Wer diese stillschweigende Voraussetzung als theologisches Argument nicht mehr zu benutzen vermag, müßte in jenem Verweis auf den Namen Jesus als auf das entscheidende Christianum die Nennung eines unbegründbaren göttlichen hoc volo, sic iubeo, also die Geltendmachung einer uneinsichtigen göttlichen Setzung sehen. Nun unterliegt es gar keinem Zweifel, daß die in Röm 1, 3 vorliegende judenchristliche Tradition die Einsetzung

---

[96] Kritische Analyse von Phil 2, 5–11, ZThK 47 (1950), S. 350–352.
[97] Siehe S. 261 Anm. 70–77.
[98] Auch außerpaulinische, hellenistisch-christliche Texte (Hebr 1, 2 f.; Joh 1, 1–4) bezeugen des Präexistenten Mitwirkung bei der Erschaffung und Erhaltung der Welt so deutlich, daß die diesbezüglichen paulinischen (1. Kor 8, 6; 2. Kor 4, 4: $\varepsilon\grave{\iota}\varkappa\acute{\omega}\nu$) und deuteropaulinischen (Kol 1, 16–18) Aussagen eine Anschauung des allgemeinen hellenistischen, nicht des speziellen paulinischen Christentums wiedergeben werden. Für den hellenistisch-orientalischen Charakter dieser Anschauung s. S. 259 Anm. 48.
[99] Siehe S. 261 Anm. 77.

Jesu zum Gottessohn in Kraft als solchen göttlichen Souveränitätsakt darstellt; die gleiche Souveränität Gottes spricht aus der Sendung des Gottessohnes in die Welt (Gal 4, 4).

Aber ebenso sicher ist es, daß man solche und ähnliche Stellen nach der Seite der paradoxen Souveränität Gottes überinterpretiert, wenn man nicht im Auge behält: ganz wie im Hellenismus bekommt auch Jesus seine Würde eben wegen seiner allerdings bereits in der Präexistenz liegenden gehorsamen Selbsterniedrigung; das $διό$ aus Phil 2, 9 hat hier seine sehr beredten Parallelen [100] gerade im Herakles-Mythus. Ja, auch die Sendung des zum Gottessohn Werdenden in die Welt durch den souveränen Gott ist im Hellenismus bekannt [101]. Vor allem aber ist die Berufung auf die souveräne göttliche Setzung als auf das unterscheidende Christianum bei der Gottessohn-Werdung deswegen verboten, weil dieser Vorgang der Gottessohn-Werdung ja auf beiden Seiten – im nichtchristlichen Hellenismus wie im hellenistischen Christentum – das Signalement ist für das, was dem Bekenner eben dieser Gottessohn bedeutet [102]. Die Gabe, dies Helfen und Gebieten, speziell das Verhelfen zum wahren Leben, ist dabei im christlichen wie im außerchristlichen Bereich, was die Frage anlangt, weitgehend die gleiche. Die Frage nach der Begründbarkeit der Unterscheidung etwa zwischen Jesus und Herakles ist also unausweichlich. Ihre Beantwortung bereitet auf den ersten Blick freilich beträchtliche Schwierigkeiten. Man darf sich diesen Schwierigkeiten nicht entziehen durch einen Verweis auf die in die hellenistische Titulatur eingebrachte Eschatologie als auf das eigentliche Christianum; denn sehr bald im Laufe der weiteren christlichen Entwicklung überflügelt der Christus praesens den Kommenden an Bedeutung. Weiter kommt man nur, wenn man erwägt, wie sich der Verehrer der verschiedenen hellenistischen Gottessöhne und Kyrioi und wie sich der hellenistische Christ in seiner Situation vor Gott versteht.

So exakt, wenn auch für die einzelnen Bereiche differenziert, hierauf für die außerchristliche hellenistisch-orientalische Welt geantwortet werden kann [103], für das hellenistische Christentum vor Paulus fehlen die hinreichenden Unterlagen. Denn die wenigen aus den Pau-

---

[100] Siehe S. 259 Anm. 47.   [101] Siehe S. 260 Anm. 55, 57–59.
[102] Siehe S. 259–265.
[103] Das Selbstverständnis des außerchristlichen hellenistischen Frommen kommt S. 269–271 zur Sprache.

lus-Texten erhebbaren hellenistisch-christlichen Traditionsstücke, mit denen wir für die Frage der christologischen Titulatur gearbeitet haben, geben für das ja viel weitergehende Problem, wie der hellenistische vorpaulinische Christ seine Situation vor Gott versteht, auch nicht annähernd genug aus. Nur indirekt können wir für diese Frage einiges aus Paulus entnehmen. Paulus verlegt die Teilhabe des Christen an der Auferweckung Christi in die dem Christen obliegende Aufgabe des Wandels, der in der καινότης ζωῆς zu erfolgen hat (Röm 6, 4), in die vom hoffenden Glauben zu ergreifende Zukunft des συζῆν αὐτῷ (Röm 6, 8). Nimmt man das zusammen mit den Stellen, in welchen durch Paulus betont wird, Christus als der Anthropos, d. h. als der Initiator des Heils-Äons, bedeute das Heil nur für diejenigen, welche diese Gabe annehmen (Röm 5, 17; 1. Kor 15, 23)[104], so beginnt sich für solche Äußerungen eine ganz bestimmte Front abzuzeichnen, gegen die Paulus angeht. Paulus will offenbar unterstreichen, daß nicht die sakramentale Teilhabe als solche das Leben bringt (Röm 6, 4. 8), daß nicht das Christus-Ereignis an sich, getrennt von der Stellungnahme des Menschen dazu, das Heil verleiht (Röm 5, 17; 1. Kor 15, 23); kurz, daß das Heil nicht als physische Gegebenheit dem Menschen zufällt. Solch Verständnis des Heils muß aber den Adressaten, also seinen hellenistischen Gemeinden, nahegelegen haben. Es ist das gleiche Verständnis vom magisch vermittelten oder naturhaft gegebenen Heil, wie es auch der außerchristliche hellenistische Mensch hat[105]. Freilich kommt bei den hellenistisch-christlichen außerpaulinischen Gemeinden zu solchem Heilsverständnis nun noch ein starker paränetischer Impuls hinzu, welcher so zum mindesten nicht in allen Stadien etwa der Mysterienreligionen vorausgesetzt werden kann[106]. Aber als Endergebnis bleibt auf die obige Frage, wie der hellenistisch-vorpaulinische Christ und der außerchristliche Verehrer der hellenistisch-orientalischen Gottessöhne und Kyrioi sich in dem Verständnis ihrer Situation vor Gott unterschieden haben mögen, eben doch nur, will man vorsichtig sein, die Auskunft, daß, abgesehen von den verschiedenen Namen eben der Kyrioi, das Heilsverständnis auf beiden Seiten ein weithin ähnliches gewesen sein wird.

---

[104] Siehe dazu R. BULTMANN, Theologie des NT, S. 298.
[105] Siehe S. 253–255 und S. 254f. Anm. 25–29.
[106] Für das wandelbare ethische Niveau der Isis-Religion s. etwa F. CUMONT, Die orientalischen Religionen im römischen Heidentum, ²1914, S. 105–109.

V. Noch einmal Paulus

Für Paulus selber dagegen kann die Antwort auf die gleiche Frage viel klarer und differenzierter gegeben werden. Daß Paulus dem naturhaften Heilsverständnis seiner Gemeinden und eben damit auch dem Heilsverständnis des außerchristlichen hellenistischen Menschen entgegentritt, war uns schon am Ende des vorigen Abschnittes [107] zu Gesicht gekommen. Wichtiger noch als diese antignostische ist die antijüdische Frontstellung bei Paulus. An Jesus glauben heißt, auf die Werke als auf den Heilsweg, also auf das Geltenwollen, verzichten, wie ja oben [108] eingehender entwickelt worden war. Dies Verständnis der eigenen Situation vor Gott bei Paulus ist eng verwandt mit der nur eben theologisch nicht durchreflektierten Art, wie die älteste Schicht der Jesusworte die Stellung des Menschen vor Gott versteht [109]. Für die ältere Urgemeinde wird es zum mindesten ein kräftiger Abglanz dieser paradoxen Stellung des Menschen vor Gott gewesen sein, der zur ersten christologischen Verschlüsselung dieser Lehre, besser: dieses Geschehens geführt hat. Was aus dieser paradoxen Stellung des Menschen vor Gott unter den neuen christologischen Verschlüsselungen der vorpaulinischen hellenistischen Christen geworden ist, wissen wir nicht genau; vermutlich hat ein mehr vages als paradoxes Nebeneinander des durch Jesus vermittelten Heils und der im Grundstock jüdischen, diatribe-mäßig dann angefüllten Paränese vorgelegen [110]. Bei Paulus ist das aus den Anfängen der Jesus-Bewegung bekannte Paradox auf einmal wieder da. Es ist dem Paulus bestimmt nicht vom historischen Jesus her vermittelt [111]. Denn die theologische Nomenklatur bei Paulus dafür ist eine ganz andere als die des historischen Jesus. Dies Paradox ist zudem jetzt bei Paulus – anders als beim historischen Jesus – theologisch durchreflektiert; die Absage an den jüdischen Heilsweg ist nun auf konsequente Formeln gebracht. Hier, im Verständnis der Situation des Menschen vor Gott, haben wir also eine Analogie zwischen Jesus und Paulus; eine zwar nicht historisch vermittelte, aber eine faktische. Die Christologie dagegen hat sich

---

[107] Siehe S. 267.   [108] Siehe unter Teil I.
[109] Siehe S. 248 f.   [110] Siehe S. 266 f.
[111] Paulus ist sich bei der von ihm gegebenen Interpretation seiner Christologie nicht bewußt, das Phänomen des irdischen Jesus auszulegen. Jesu χάρις (2. Kor 8, 9), Jesu διακονεῖν (Röm 15, 8) wird exemplifiziert am Armwerden, an der Sendung des *Präexistenten:* nur in Röm 15, 3 klingt die Passion Jesu als Beispiel für das Auferbauen des Bruders an.

verändert: das vorchristologische Stadium der ältesten Jesus-Tradition ist der christologischen Verschlüsselung gewichen, die zunächst in jüdischer, dann in hellenistischer Chiffre erfolgte.

Daß dies Selbstverständnis des Menschen vor Gott die entscheidende Konstante darstellt, wird besonders deutlich, wenn man sich die Frage vorlegt, ob mit der Terminologie und der Vorstellungsweise, die das hellenistische Christentum und mit ihm Paulus aus der hellenistisch-orientalischen Welt für den Bau der Christologie übernahm, gleichzeitig auch die Art und Weise rezipiert wurde, wie der Mensch vor Gott seine Existenz versteht. Das Selbstverständnis, welches der hellenistisch-orientalische außerchristliche Mensch mit der Anwendung jener gottheitlichen Titulaturen und Vorstellungsweisen verband, liegt für uns völlig offen zutage. Es läßt sich im wesentlichen in zwei Aussagen zusammenfassen: der Mensch ist göttlich; und: der Mensch soll die Tugend üben.

Die gottheitlichen Titulaturen und Vorstellungsweisen besagen auf hellenistisch-orientalischem Boden: *der Mensch ist göttlich*. Das kann vom Menschen schlechthin behauptet werden. Die Seele gilt als von Natur göttlich, sie kommt von den Göttern und geht zu den Göttern[112]. Der nach seinem Tode erschienene Apollonius belehrt den zweifelnden Jüngling über die Unsterblichkeit der Seele[113], wie die Lehre dieses θεῖος ἀνήρ nach Philostrat überhaupt das Ziel verfolgt, die Menschen auf ihrem vom Schicksal bestimmten Wege getrost und ihrer Natur, nämlich der Unsterblichkeit der Seele, bewußt zu machen[114]. Diese Göttlichkeit kann aber auch der Gesamtheit abgesprochen und nur einigen wenigen Pneumatikern zuerkannt werden, wie das im Denken der hellenistisch-orientalischen Gnosis geschieht[115]. Von diesen Pneu-

---

[112] Die ψυχαί steigen leiblos κατὰ φύσιν καὶ δίκην θείαν empor von einer je niederen zu einer je höheren Stufe im Rahmen jener Rangfolge, welche von Menschen über Heroen und Dämonen zu Göttern führt (Plutarch, Vit. Romul. 28). ἥκει (scl. die Seele als αἰῶνος εἴδωλον) γὰρ ἐκεῖθεν (scl. ἐκ θεῶν), ἐκεῖ δ' ἄνεισιν (Plutarch, Vit. Romul. 28; s. auch S. 270 Anm. 120).

[113] περὶ ψυχῆς δὲ, ὡς ἀθάνατος εἴη, ... τὸ δὲ μειράκιον οὐδαμῶς τῇ τῆς ψυχῆς ἀθανασίᾳ ξυντιθέμενον ... ἀναφῆναί μοι τὸν ὑπὲρ ψυχῆς λόγον ... (Der erscheinende Apollonuis) περὶ ψυχῆς ῥαψῳδεῖ θαυμάσια ... ἔοικεν ἐμοὶ μόνῳ διαλεξόμενος ἥκειν, ὑπὲρ ὧν μὴ ἐπίστευον (Philostr., Vit. Ap. VIII 31).

[114] ἵν' εὔθυμοί τε καὶ τὴν αὑτῶν φύσιν εἰδότες, οἱ τάττουσι Μοῖραι, πορευοίμεθα (Philostr., Vit. Ap. VIII 31).

[115] Vgl. die „Perle" im Seelenhymnus der Thom. Akt. 108–113; s. auch das Material bei R. BULTMANN, Die Bedeutung der neuerschlossenen mandäischen und manichäischen Quellen, ZNW 24 (1925), S. 131-133.

matikern speziell gilt dann, was der Apollonius des Philostrat über sich gelehrt zu haben abstreitet, die göttliche Herkunft und nach dem Tode der Wiederaufstieg der Seele [116]; sie gehören von Natur zu Gott[117].

Die gottheitlichen Titulaturen und Vorstellungsweisen besagen auf hellenistisch-orientalischem Boden: *der Mensch soll die Tugend üben*. Der dem Proklus erscheinende Romulus läßt die Stadt nicht verwaist zurück, sondern ermahnt als gnädiger Quirinischer Gott, wie seine dem Proklus aufgetragene Botschaft besagt, die Römer zu σωφροσύνη und ἀνδρεία [118]; neben den Seelen gewinnen, so versichert Plutarch, die ἀρεταί in jener oben genannten Rangfolge [119] die nächsthöhere Stufe[120], so daß also der Besitz der Seele und die Güte des Handelns als Begründung für die Göttlichkeit des Menschen Hand in Hand gehen. Pythagoras gilt den Krotoniaten als göttergleich, weil seine Reden den Eifer für ein weises Leben, die Tapferkeit, die Beharrlichkeit und die andern Tugenden wecken wollen [121]. Die Übernahme der Arbeiten durch Herakles, den Zeus-Sohn [122], ist beispielhaft, weil Herakles dabei ohne Besitz und ein Alleingänger war [123]; von ihm gilt in gleicher Weise, was Epiktet an Odysseus veranschaulicht: er leitet an zum Vertrauen auf die eigene ἀλκή, die darin besteht, daß der Mensch zwischen den Dingen, die in seine Hand gegeben sind, und denen, bei welchen das nicht der Fall ist, zu scheiden weiß [124]. Die durch Herakles vollbrachte Todesüberwindung [125] gilt der ungebeugten Mannhaftigkeit und ruft die

---

[116] οὔτε γάρ, ἐς ὅ τι ἢ ἐξ ὅτου μετέβαλον ἢ μεταβαλεῖ μοι ἡ ψυχή, διελέχθην ἐν Ἕλλησι (Philostr., Vit. Ap. VIII 7, 7).

[117] τὸ μὲν οὖν πνευματικὸν φύσει σῳζόμενον (Clemens, Excerpta ex Theodoto 56, 3).

[118] ὅτι σωφροσύνην μετ' ἀνδρείας ἀσκοῦντες, ἐπὶ πλεῖστον ἀνθρωπίνης ἀφίξονται δυνάμεως. ἐγὼ δ' ὑμῖν εὐμενὴς ἔσομαι δαίμων Κυρῖνος (Plutarch, Vit. Romul. 28).

[119] Siehe S. 269 Anm. 112.

[120] ... τὰς ἀρετὰς καὶ τὰς ψυχὰς ... ἐκ μὲν ἀνθρώπων εἰς ἥρωας, ἐκ δ' ἡρώων εἰς δαίμονας, ἐκ δὲ δαιμόνων ... εἰς θεοὺς ἀναφέρεσθαι (Plutarch, Vit. Romul. 28).

[121] ὅτι ὁ αὐτὸς (scl. Pythagoras) πολλὰ καὶ ἄλλα διαλεγόμενος πρὸς βίον σώφρονος ζῆλον καὶ πρὸς ἀνδρείαν τε καὶ καρτερίαν, ἔτι δὲ ἄλλας ἀρετάς, ἴσα θεοῖς παρὰ τοῖς Κροτωνιάταις ἐτιμᾶτο (Diodor X 9, 9 [ed. OLDFATHER]).

[122] Siehe S. 256 Anm. 32.

[123] καὶ ταῦτα ἐποίει καὶ γυμνὸς καὶ μόνος (Epikt., Diss. III 26, 32).

[124] τίνι πεποιθώς; ... ἀλκῇ τῇ ἑαυτοῦ, τοῦτ' ἔστι δόγμασι (περὶ) τῶν ἐφ' ἡμῖν καὶ οὐκ ἐφ' ἡμῖν (Epikt., Diss. III 26, 34). Vgl. F. PFISTER, Herakles und Christus (aaO S. 43): schon der Kyniker Antisthenes machte Herakles zum Muster eines von der Philosophie bestimmten Lebens.

[125] Siehe S. 261 Anm. 77.

Tapferen auf[126]. Der ϑεῖος ἀνήρ Apollonius spricht die ethische Norm direkt aus: als götternah und göttlich gelten die Besitzer der von der Gottheit stammenden Tugenden[127]; die Guten, d. h. im Zusammenhange die die andern zum rechten Tun Anleitenden unter den Menschen haben etwas Gotthaftes an sich, wie Lykurg, weil er ein tüchtiger Mann ist, von Apoll Gott genannt wird[128]. Zwar weiß man, daß der Mensch nicht ohne Fehl sein kann[129]. Angesichts dessen bewahrt die Tugendlehre sich ihr Konzept, indem man das Streben nach der Fehllosigkeit für ausreichend erklärt[130]. Wo die Hoffnung auf Heilung, auf Besserung des Wandels nicht gegeben ist, da zieht der die Tugend lehrende Philosoph sich zurück[131]. Die Göttlichkeit des Menschen als Qualität seines inneren Wesens und als Aufgegebensein der Tugend, dies Selbstverständnis des Menschen steht hinter dem Gebrauch gottheitlicher Titulaturen und Vorstellungsweisen auf hellenistisch-orientalischem Boden.

Daß das alles mit Paulus nichts zu tun hat, braucht hier – nachdem das der paulinischen Christologie korrespondierende Selbstverständnis des Menschen bereits oben[132] entwickelt wurde – nur eben noch gesagt zu werden. Der Mensch gilt für Paulus als verloren unbeschadet seiner Innerlichkeit, die von Paulus denn auch nicht als göttlich, sondern als sarkisch verstanden wird. Auch das neue Leben, das Heil, ist nicht eine göttliche Gegebenheit, an welcher er sakramental-dinghaft Anteil bekäme[133]. Die Entscheidung hinwiederum, welche dem Menschen,

---

[126] Typischerweise in dem das Wesentliche resümierenden Schlußchor:
Nunquam Stygias fertur ad umbras
Inclita virtus. Vivite, fortes! (Seneca, Hercules Oetaeus 1983 f.)

[127] τάς τε ἀρετὰς θεόθεν ἥκειν . . ., καὶ τοὺς μετέχοντας αὐτῶν ἀγχιθέους τε εἶναι καὶ θείους (Philostr., Vit. Ap. VIII 7, 7).

[128] τοὺς ἀγαθοὺς τῶν ἀνθρώπων θεοῦ τι ἔχειν . . . ψηφίζεται (scl. Apoll dem Lykurg) τὴν ἐπωνυμίαν ταύτην (scl. θεός), ὡς ἀνδρὶ ἀγαθῷ Philostr., Vit. Ap. VIII 7, 7).

[129] ἀναμάρτητον ἤδη εἶναι; ἀμήχανον (Epikt., Diss. IV 12. 19). Demonax ἡγεῖτο γὰρ ἀνθρώπου μὲν εἶναι τὸ ἁμαρτάνειν (Lukian, Demonax 7).

[130] ἐκεῖνο δυνατὸν πρὸς τὸ μὴ ἁμαρτάνειν τετάσθαι διηνεκῶς . . . μηδέποτ' ἀνιέντες ταύτην τὴν προσοχὴν ὀλίγων ἁμαρτημάτων ἐκτὸς ἐσόμεθα (Epikt., Diss. IV 12, 19).

[131] μόνοις ἐξιστάμενος (scl. Demonax) ὁπόσοι ἂν ἐδόκουν αὐτῷ ὑπὲρ τὴν τῆς θεραπείας ἐλπίδα διαμαρτάνειν (Lukian, Demonax 10; auf diese und die vorherige Demonax-Stelle wurde ich hingewiesen durch die Dissertation von DIETER BETZ: Lukian von Samosata und das NT, 1961, S. 137).

[132] Siehe unter Teil I.   [133] Siehe oben S. 267.

der das Heil gewinnen will, abverlangt wird, ist bei Paulus nicht das Ja zum Praktizieren der Tugend und der tapferen oder asketischen Lebenshaltung. Sie ist vielmehr die Anerkenntnis dessen, daß der in Auflehnung gegen Gott befindliche Mensch der von Gott Angenommene und Beschenkte ist, und erst auf der Basis dieses dem Menschen verwehrten ethischen Geltenwollens erhebt sich bei Paulus die Paränese[134]. Für Paulus jedenfalls wird man eindeutig sagen können: die christologische Vorstellungsweise hat er, in Anlehnung an die hellenistische Gemeinde, der hellenistisch-orientalischen Umwelt entnommen; das mit solcher Ausdrucksweise im außerchristlichen Hellenismus verbundene Selbstverständnis des Menschen vor Gott aber hat er dabei ganz sicher nicht in gleicher Weise rezipiert. Darum wird man, faßt man die Stellung des Menschen vor Gott beim historischen Jesus ins Auge[135], formulieren dürfen: die Anthropologie ist – obwohl dem Paulus nicht historisch durch Mitteilung der Predigt Jesu vermittelt[136] – die Konstante; die Christologie dagegen ist die Variable.

VI. Johannes

Die johanneische Christologie liefert den Beweis für beide Seiten der These. Die Titulatur für Jesus ist nun teils neu (Jesus als ὁ λόγος) – gemessen am bisherigen hellenistischen Status und an Paulus –, teils, soweit sie an bisher Gebräuchliches anknüpft, beträchtlich erweitert (z. B. Jesus als ὁ υἱὸς τοῦ ἀνθρώπου[137]). Ebenso hat sich die Anwendung der Vorstellungen des gnostischen Erlösermythus auf Jesus, die in den Grundzügen im vorpaulinischen christlichen Hellenismus vorliegen[138], nun dem Umfange nach beträchtlich erweitert[139]. Das programmatische Ich-bin-Wort ist zu *der* Redeweise des johanneischen Jesus geworden; das Glauben an Jesus ist nun bei Johannes *die* sachgemäße Antwort auf das christologische Kerygma[140]. Die hellenistisch-gnostische Herkunft dieser neuen und erweiterten Titulaturen braucht

---

[134] Vgl. H. BRAUN, Exegetische Randglossen zum 1. Korintherbrief in: Theol. viator., 1948/49, S. 34–39; in diesem Band S. 186–192.

[135] Siehe unter Teil II.   [136] Siehe oben S. 268 Anm. 111.

[137] Siehe R. BULTMANN, Die Bedeutung der neuerschlossenen mandäischen und manichäischen Quellen, ZNW 24 (1925), S. 138 f.

[138] Siehe S. 255 Anm. 29.

[139] Siehe R. BULTMANN, ZNW 24 (1925), S. 104–138.

[140] Vgl. R. BULTMANN, ThW VI, S. 224 unten.

nach der Forschungsgeschichte der letzten 40 Jahre nicht nochmals bewiesen zu werden [141]. Die Christologie ist die Variable.

Wie versteht der Fromme der außerchristlich-gnostischen Konzeption seine eigene Situation vor der Gottheit? Ohne die erlösende Wiedergeburt weiß er sich verloren. Seine Verlorenheit ist das Verhaftetsein seines unweltlichen Ichs an die materielle Welt, an den dreidimensionalen Leib. Dieser Verhaftung wird er entrissen nicht durch diskursives Denken, sondern durch die Ekstase. Sie bringt den Eintritt in das wahre Sein, das nicht lehrbar, sondern nur durch Rückerinnerung andeutbar ist. Dies wahre Sein ist die Aufhebung der konkreten Existenz mit ihren Sinnesfunktionen; die Kontinuität zwischen welthaftem und neuem Sein entfällt. Das neue Sein greift vielmehr über die Episode der Körperlichkeit zurück. Der Fromme wird Gott, weil er das Göttliche, wenn auch als schlafendes und verdecktes, in sich trug [142].

Wieder wird deutlich, daß das vierte Evangelium bei aller Anlehnung an die Vorstellungen von der gnostischen Erlösergestalt weit davon entfernt ist, für den johanneischen Glaubenden das gnostische Selbstverständnis einfach mit zu übernehmen. Dieser Tatbestand ist um so beachtlicher, als auch im Selbstverständnis der johanneische Kreis eine gute Wegstrecke mit der Gnosis zusammengeht. Die Verfallenheit des Seins, die Unerläßlichkeit der Wiedergeburt für das auch als γινώσκειν bezeichnete Heil, das dualistische Schema, das sind die den beiden Seiten gemeinsamen Termini und Aussagen. Aber was heißt bei Johannes an Jesus glauben? Doch das Annehmen des ἐγώ εἰμι des Offenbarers in einem sehr pointierten Sinne: der Verzicht auf das Leben aus dem Gegebenen (Joh 2, 23 f.; 4, 15; 6, 26), die Anerkenntnis, daß nur das Wunder die neue Existenz begründet (Joh 3, 8. 14–16), die Einsicht [143], daß der Offenbarer es ist, der allein das Heil, die Gotteswirklichkeit schenkt (Joh 11, 25; 14, 6; 15, 1). Das Ja zu solcher Christologie meint aber gerade nicht das Ja zu einer Göttlich-

---

[141] Siehe S. 255 Anm. 29; S. 272 Anm. 137 und 139.

[142] Siehe S. 270 Anm. 117. Ferner das Perlenlied: Thom. Akt. 112–113; weiteres bei R. BULTMANN, ZNW 24 (1925), S. 140. Das Selbstverständnis des Gnostikers wurde oben mit Aussagen des 1. und 13. Traktates aus dem Corpus Hermeticum beschrieben; das Fehlen einer geschichtlichen Erlösergestalt in diesen Traktaten braucht kein Hinderungsgrund zu sein, ihnen das typisch gnostische Selbstverständnis zu entnehmen. Für die Einzelbelege s. H. BRAUN, Literaranalyse und theolog. Schichtung im 1. Johannesbrief, ZThK 48 (1951), S. 280 f; in diesem Band S. 229 f.

[143] Das Glauben ist bei Joh. ein erkennendes Glauben, s. R. BULTMANN, Das Evangelium des Johannes, 1937 ff., S. 333 Anm. 6.

keit des Menschen, durch welche als durch eine physische Gegebenheit [144] die Erlösung ermöglicht wird. An Jesus im Sinne des vierten Evangeliums glauben heißt vielmehr, sich ohne Vorbehalt als blind wissen (Joh 9, 40 f.). Die Wiedergeburt ist nicht bezogen auf die Göttlichkeit des Menschen, sondern auf die Liebestat Gottes, die in der Sendung Jesu besteht und sich an den κόσμος als an die *abgefallenen* Menschen wendet (Joh 3, 16). Diese Sendung Jesu ist die Zumutung des Paradoxes für den Menschen [145]. Denn der im Sinne der Gnosis als herabgestiegener und wieder aufsteigender Erlöser beschriebene Jesus ist gerade nach dem vierten Evangelium der „pure Mensch" [146]. An ihn glauben heißt zwar nicht, die gnostische Metaphysik dieser Christologie notwendigerweise übernehmen; es heißt aber, die Gegenständlichkeit des mitgebrachten Wissens um Gott sich zerbrechen zu lassen, also nicht mehr sich als von Natur in der Wahrheit und im Lichte und im Leben existierend zu verstehen. Das Ja zur paradoxen johanneischen Christologie (der σὰρξ γενόμενος, der pure Mensch, als die ausschließliche Gotteswirklichkeit) ist also nicht das Ja zu einem logischen „credo, quia absurdum"; es ist das Ja zu der nur durch das Jenseits von mir wendbaren eigenen Verlorenheit. Und damit geht Hand in Hand ein Offensein für den Bruder im jeweiligen Akt der Liebe (Joh 13, 34 f. und der 1. Joh [147]). Diese nur auf den Offenbarer angewiesene Verlorenheit des Glaubenden bei Johannes und sein konkretes ἀγαπᾶν gegenüber dem Bruder hat mit dem Selbstverständnis des gnostischen Wiedergeborenen, der ein φύσει σῳζόμενον ist und für den mit der gegenständlichen Existenz auch der Bruder die Bedeutung verloren hat, nichts zu tun.

Aber ist mit der Konstatierung dieser wesentlichen Differenz zwischen dem johanneischen Glaubenden und dem gnostischen Wiedergeborenen denn nun schon gesagt, daß das johanneische Selbstverständnis mit dem für den irdischen Jesus und für Paulus festgestellten konform geht? Darf man denn im Blick auf diese drei zentralen Komplexe des Neuen Testaments (Synoptiker, Paulus, Johannes) vom Selbstverständnis des Menschen als von der Konstanten – im Unter-

---

[144] Siehe S. 273 Anm. 142.
[145] Daher die für das Joh. Evangelium typischen Mißverständnisse der Umwelt und der Jünger gegenüber Jesus.
[146] Siehe R. BULTMANN, Das Evangelium des Johannes, S. 40 f.
[147] Vgl. H. BRAUN, Literaranalyse, ZThK 48 (1951), S. 274. 291; in diesem Band S. 222 f. 241 f.

schied zu der Variablen der Christologie – sprechen? Das Verständnis des Eschatons als des zeitlich in Bälde bevorstehenden Endgerichts und Endheils, wie es für Jesus, für die ältere palästinensische und hellenistische Gemeinde und für Paulus selbstverständlich war, ist für das johanneische Schrifttum doch dahin; Joh 3, 17–21, Joh 5, 24 und Joh 11, 25 zeigen an, wie stark der Ton jetzt auf *dem* Gericht liegt, welches in der Stellungnahme zur Verkündigung sich abspielt[148]. Die den historischen Jesus bewegenden Fragen nach der Tora-Verschärfung und sein Ja zum am ha ares[149], also all das, was in den Synoptikern noch deutlich aus der Periode des historischen Jesus nachklingt[150], ist hier bei Johannes ebenso verschwunden wie die explizite paulinische Konzeption von der Aufhebung der Tora als des Heilsweges und von dem gebotenen Verzicht auf das Geltenwollen[151]. Ist das Selbstverständnis des Glaubenden im Neuen Testament wirklich die Konstante?

VII. Das glaubende Selbstverständnis und die Geschichte

Mir scheint diese Frage eindeutig bejaht werden zu müssen, wenn man von der in allen drei Blöcken (Synoptiker, Paulus, Johannes) – zugegebenermaßen – differierenden Terminologie zurückfragt nach der dahinterliegenden Intention. Alle drei denken gerade über die intensiveren religiösen Möglichkeiten des Menschen sehr kritisch; die Nomenklatur dafür geht zwar bei den genannten drei Kreisen beträchtlich auseinander, aber typischerweise hat die Umformung den Gerichtsgedanken, den apokalyptischen Ausdruck für die Kritik an der menschlichen Möglichkeit, bei aller Entmythisierung im vierten Evangelium gerade radikalisiert[152]. Und alle drei lassen das Heil zustande kommen nur durch das Jenseits des Menschen, durch das streng als solches genommene unerwartbare Geschehen. Dies den Menschen haltende Geschehen ist auf dem Boden der ältesten synoptischen Schicht das Ja Gottes, das Jesus von Nazareth mit den Menschen lebt; dies Ja ist in den weiteren Etappen der Entwicklung zwar christologisch-metaphysisch in zunehmendem Umfange verschlüsselt, ist aber immer gemeint, wenn vom Glauben an Jesus in den verschiedenen Etappen der christologischen Entwicklung die Rede ist.

---

[148] Selbst wer Joh. 5, 28 f. und 12, 48, die wenigen von einer im zeitlichen Voraus liegenden Eschatologie handelnden Stellen, literarisch für primär halten wollte, müßte die starke Aktualisierung der johanneischen Eschatologie zugeben.

[149] Gerade noch nachhallend in Joh 7, 49.   [150] Siehe oben unter Teil II.
[151] Siehe oben unter Teil I.   [152] Siehe S. 275 oben.

Natürlich ist es auch für das johanneische Schrifttum abwegig, diese Konstanz des neutestamentlichen glaubenden Selbstverständnisses durch eine historisch kontinuierliche Tradition vom irdischen Jesus her vermittelt sein zu lassen; der johanneische Befund [153] steht all solchen Versuchen deutlich entgegen. Schon für den historischen Jesus und Paulus war ja oben [154] im glaubenden Selbstverständnis eine Konstanz zu konstatieren, welche sich gerade nicht aus historischer Kontinuität erklärt. Ist dann das wesentliche Christianum, die neutestamentliche Konstante des glaubenden Selbstverständnisses, vielleicht doch eine Idee? Wird diese Lösung nicht nahegelegt gerade dann, wenn die unerläßliche kritische Betrachtung die Annahme einer gleichbleibenden Lehrausprägung verbietet, welche vom historischen Jesus her über Mittelglieder zu Paulus und dann zum johanneischen Schrifttum vermittelt worden wäre? In einer solchen Lösung, in der Annahme einer sich durchhaltenden Idee, würde sich dann wie in einem Brennpunkt ja auch gleich all das an Vorwürfen sammeln, was immer wieder gegen die historisch-kritische Betrachtung und gegen eine Interpretation mit Hilfe des Begriffs des glaubenden Selbstverständnisses eingewendet wird: das Endergebnis ist „nur" die Idee! Läuft die neutestamentliche Konstante des glaubenden Selbstverständnisses auf die *Idee* der Verlorenheit des Menschen, auf die *Idee* seines Gehaltenseins durch das jenseitige Wunder hinaus?

Für den Begriff der Idee ist konstitutiv, daß etwas für alle gilt und ihnen nur zum Bewußtsein gebracht zu werden braucht. Die Gültigkeit hat dann statt, ohne daß die Vermittlung dieses Inhaltes für seine Gültigkeit eine Bedeutung besitzt. Geht es in der Idee um Fragen des Ethos, so besteht die Teilhabe des Menschen an solcher Idee in einer schrittweisen Annäherung an das als Idee erfaßte Soll [155].

Daß, an den genannten beiden Testen gemessen, das mit den christologischen Aussagen verbundene glaubende Selbstverständnis im Neuen Testament keine Idee ist, liegt auf der Hand. Die Verlorenheit des Menschen wird bei Jesus, bei Paulus und im vierten Evangelium auf der Basis des wahren bzw. des gegenwärtigen Heils *gepredigt*; der diese Predigt Annehmende nimmt sie nicht als allgemeine Wahrheit, sondern als richtende Wahrheit über *sein* Leben an. Das Heil,

---

[153] Siehe S. 273 f.   [154] Siehe S. 267 f.
[155] Typisch dafür die schon oben (S. 271 Anm. 129, 130) zitierte Epiktet-Stelle: δυνατὸν ἀναμάρτητον ἤδη εἶναι; ἀμήχανον, ἀλλ' ἐκεῖνο δυνατὸν πρὸς τὸ μὴ ἁμαρτάνειν τετάσθαι διηνεκῶς (Diss. IV 12, 19).

also Jesu Gemeinschaft mit den Sündern, die Rechtfertigung des Gottlosen bei Paulus, die radikale Veränderung des Woher der Existenz im vierten Evangelium würden geradezu in ihr Gegenteil verkehrt, nähme man ihnen ihren je und je sich vollziehenden Ereignis-Charakter und machte man sie zu allgemeinen Wahrheiten. Es handelt sich bei diesen Aussagen gerade nicht um ewige Wahrheiten, welche, einmal zur Kenntnis gebracht, des weiteren theoretisch einleuchten. Ihr lebendiges Erfassen bleibt gebunden an den immer neuen Vollzug ihres Verkündetwerdens. Auch das trifft für das glaubende Selbstverständnis des Menschen keineswegs zu, daß der Glaubende sich dem Heil in einem schrittweisen Prozeß nähere. Das Ja Gottes zum am ha ares, in den Synoptikern durch Jesu Tun und Reden signalisiert, die Rechtfertigung des Sünders bei Paulus, das Haben des Lebens bei Johannes, – das sind nicht Annäherungswerte, sondern die tragende Basis, auf der danach die Paränese und die dann allerdings relative ethische Praxis ruhen. Eine Idee – das wird man mit Sicherheit sagen können – ist das glaubende Selbstverständnis im Neuen Testament nicht; es müßte denn aufhören zu sein, was es seinem Wesen nach ist.

Aber historisch vermittelt ist dies Selbstverständnis doch auch nicht, wie wir für Paulus und das vierte Evangelium in ihrem Verhältnis zum historischen Jesus oben doch unausweichbar feststellen mußten. Die hier sich ergebende Verlegenheit, welche denn auch immer wieder zu der von uns jetzt als Fehllösung erkannten Auskunft führt, es handle sich hier um eine Idee, ist eine Schein-Aporie. Sie lebt von der verkehrten Voraussetzung, es gebe hier nur zwei Möglichkeiten, das historische Tradiert- und Vermitteltsein einerseits und die Idee andererseits. Das glaubende Selbstverständnis des Neuen Testaments dagegen gehört jener dritten Kategorie von Phänomenen an, welche, wie mein Verhältnis zu meinem Vater, zu meiner Frau, zu meinem Freund, weder unter die Idee noch unter das Tradierte fallen: es sind Phänomene, die sich begeben und erst in ihrem Sichbegeben gültig und bindend werden. Das glaubende Selbstverständnis des Neuen Testaments ist ein je und je sich vollziehendes Begebnis und Ereignis.

Welches ist das hic et nunc, in welchem das glaubende Selbstverständnis des Menschen, wie es im Neuen Testament die Konstante bildet, sich vollzieht? Es kann kein Zweifel bestehen, daß dies ereignishafte Selbstverständnis an den Namen Jesu von Nazareth als eines wirklichen Menschen geheftet ist. Das Christus- und Kyrios-Bekenntnis der paulinischen Gemeinden, so wenig konkrete Züge aus der evangelienmäßigen vita Jesu darin enthalten sein mögen, richtet sich auf das Leben und Sterben (Röm 1, 1–4; 1. Kor 12, 3; 11, 23–26) dieses konkreten Ἰησοῦς. Von daher kommt das Moment der Tradition in die neutestamentliche Verkündigung und hat auch sein Recht. Eben dieser Jesus wird in den Synoptikern und im vierten Evangelium als redend und handelnd, also sehr konkret als Mensch, im vierten Evangelium ausdrücklich als der σὰρξ γενόμενος (Joh 1, 14) dargestellt. Aber in eben dieser Darstellung wird die Tradition nun in einer sehr freien Weise modifiziert. Der Osterglaube bestimmt die Prädizierung Jesu und die Darstellung seines Lebens in steigendem Maße; die Tradition von dem Menschen Jesus und die religionsgeschichtlich vorgegebenen Aussageweisen schießen nun zusammen. Der Erhöhte, mit dem der Vollzug des dem Neuen Testament eigenen menschlichen Selbstverständnisses verbunden ist, gilt als der Historische. Was ist zu dieser Gleichung zu sagen? Hier schürzt sich denkerisch der Knoten des christologischen Problems.

Die Gleichsetzung des Erhöhten mit Jesus erwächst aus einem doppelten Aspekt. Man wird nicht bestreiten dürfen, daß in ihr auch das Bestreben zum Zuge kommt, die Tatsächlichkeit des Glaubens an den Erhöhten zu sichern und damit das qualifizierte Selbstverständnis des Glaubenden zu fundieren. Dies Interesse ist im Spiel, wenn Paulus auf die Befragbarkeit der Empfänger der Ostervisionen verweist (1. Kor 15, 6)[156], wenn die späteren Zusätze zum vierten Evangelium (Joh 19, 34 f.; 21, 24)[157] die Glaubwürdigkeit des Zeugen konstatieren, wenn die Autopsie den faktischen Charakter der Verklärung und im ganzen die Gesichertheit des kirchlichen Lehramtes durch die Tradition unterstreichen soll (2. Petr 1, 16–18)[158]. Der Historiker wird zu solchen Texten nur nein sagen können, weil er die in ihnen vorausgesetzte Kontinuität der Tradition vom historischen Jesus her zum erhöhten Herrn hin mit Recht bezweifelt. Der Theologe aber wird sich gerade von dem Interesse distanzieren, welches solche Texte leitet; von dem Bestreben, den Glauben durch Fakten historischer Art, durch Tradition, zu sichern.

---

[156] Siehe H. Braun, Exegetische Randglossen zum 1. Korintherbrief in: Theol. viator., 1948/49, S. 45–48; in diesem Band S. 198–201.

[157] Für den 1. Joh. s. auch H. Braun, Literaranalyse, ZThK 48 (1951), S. 286; in diesem Band S. 235.

[158] Vgl. E. Käsemann, Eine Apologie der urchristl. Eschatologie, ZThK 49 (1952), S. 279 f.

Doch die zur Verhandlung stehende Gleichsetzung des Erhöhten mit Jesus hat nicht nur die eben besprochene, historisch unhaltbare und theologisch bedenkliche Seite. Die im Sinne einer kontinuierlichen historischen Tradition unhaltbare Zurückführung des Erhöhten auf den Historischen hat gleichwohl ihr theologisches Gewicht und Recht. Das wird besonders deutlich, wenn man den Zeitpunkt ins Auge faßt, an welchem die genannte Zurückführung sozusagen mit erhobener Stimme sich vernehmlich zu machen beginnt. Die Anfänge der Gleichsetzung des Erhöhten mit Jesus, also in der alten palästinensischen Urgemeinde, im vorpaulinischen und paulinischen Hellenismus, d. h. in den Synoptikern und im Corpus Paulinum, geschehen noch in einer allerdings langsam schwindenden naiven Zwecklosigkeit: der Menschensohn, der Kyrios ist identisch mit dem ’Ιησοῦς[159]; wenn die Messianität dann ausdrücklich in das Leben Jesu zurückverlegt wird, ist die bei Markus noch empfundene Verlegenheit über den unmessianischen Charakter des Lebens Jesu und seine aus dieser Verlegenheit erwachsene Theorie vom Messias-Geheimnis bei den andern Synoptikern einer vollen (unhistorischen) planmäßigen Ineinssetzung des Erhöhten mit dem historischen Jesus gewichen[160]. Das leitende theologische Interesse dieser Gleichsetzung kommt recht zutage, d. h. die Naivität dieser Gleichsetzung verschwindet recht erst im johanneischen Aussagenkreis. Zwar geschieht hier die Darstellung des Erhöhten in der Maske des Irdischen noch konsequenter, so daß zwar das Menschsein des johanneischen Jesus betont unterstrichen, jede Konkretion dieses Menschseins jedoch zugunsten einer fast schemenhaften und wirklichkeitsfernen Unanschaulichkeit[161] verschwunden ist. Aber diese Gleichsetzung ist nicht mehr naiv zwecklos; sie will etwas. Sie will auch nicht primär die oben[162] beobachtete Sicherung des Glaubens an den Erhöhten und des damit verbundenen glaubenden Selbstverständnisses durch Rückgriff auf eine Garantie bietende Tradition. Die Gleichsetzung wendet sich bei Johannes vielmehr primär gegen die Gnosis. Die das Menschsein Jesu in verschiedener Intensität verneinende Christologie[163] meint aber die Bestreitung der Schöpfung durch Gott (Joh 1, 3 polemisiert dagegen) und meint die Behauptung, daß

---

[159] Siehe oben S. 263 f.   [160] Siehe oben S. 246 f.

[161] Siehe W. WREDE, Charakter und Tendenz des Johannesevangeliums, ²1933, S. 71.

[162] Siehe S. 277 Mitte; S. 278 Mitte.

[163] Siehe H. BRAUN, ZThK 48 (1951), S. 288–290; in diesem Band S. 238–240.

der Mensch φύσει gerettet wird¹⁶⁴. Diese Theologumena werden abgelehnt, wenn das vierte Evangelium und besonders der 1. Johannesbrief die Trennung zwischen Jesus und Christus bekämpfen¹⁶⁵. Der Unterstreichung der σάρξ Jesu entspricht im 1. Joh die Paränese zum konkreten ποιεῖν des Christen¹⁶⁶. Der sich historisch gebende Rückzug auf Ἰησοῦς im johanneischen Schrifttum ist also eine nicht primär historisch interessierte Chiffre dafür, daß der Mensch das Heil nicht aus sich, sondern aus einem Jenseits seiner empfängt und bei diesem Heilsempfang gerade in die Konkretheiten des Wandels hineingerufen wird. Das Interesse an dem sich historisch gebenden Ἰησοῦς des vierten Evangeliums ist das Interesse an dem antignostischen Wie der Soteriologie. Wie sehr diese Feststellung eines nicht primär historischen Ausgerichtetseins des johanneischen Ἰησοῦς ¹⁶⁷ zutrifft, wird deutlich, wenn man sich überlegt: das, wofür auf Ἰησοῦς bei Johannes verwiesen wird, ist ja nicht das historisch zutreffend und korrekt formulierte soteriologische Anliegen des historischen Jesus, sondern die typisch johanneisch konzipierte Soteriologie. Damit bei Johannes der Mensch das Leben nicht als höhere Naturgabe empfange, zur Abwehr dieses Fehlverständnisses setzt Johannes den Erhöhten und Ἰησοῦς in einer historisch allerdings nicht zutreffenden Kontinuität gleich. Das theologisch Gewichtige dieser Gleichsetzung liegt auf der Hand. Die historisch unberechtigte Gleichsetzung des Erhöhten mit Ἰησοῦς dient nun dazu, zu verhindern, daß der Begriff des Erhöhten die leere Hülse wird, in welche der religiöse Mensch den Glauben an eine Erlösung hineinpackt, die kraft des eigenen Göttlichseins erfolgt. Schon Paulus wehrte sich leidenschaftlich, im Begriff des Erhöhten einen Blankoscheck zu sehen, in welchen der Synergismus die ihm genehmen Werte einsetzen dürfe (Gal 1, 6–9); aber da die Gegner des Galaterbriefs keine gnostische Erlösungslehre anstreben, kann Paulus die Formulierung Χριστός der Gegner aufnehmen und führt den Kampf gegen die abzulehnende Soteriologie noch nicht durch Rückgang auf einen antignostisch unterstrichenen Ἰησοῦς. Im vierten Evangelium liegt dieser Rückgriff dann vor. Sein theologisches Recht ist das Recht der eben entwickelten antignostischen Soteriologie.

Ist die Chiffre Ἰησοῦς, welche von der johanneischen Soteriologie

---

[164] Siehe oben S. 272 ff.; S. 273 Anm. 142.
[165] Siehe S. 279 Anm. 163.
[166] Siehe H. BRAUN, ZThK 48 (1951), S. 272f.; 291f.; in diesem Band S. 220f.; 241f.
[167] Siehe W. WREDE, aaO S. 70.

für ihr Anliegen gewählt wird, nun Willkür? Man kann die Frage zum mindesten auch für Paulus stellen; denn auch für ihn ist der mit dem spezifischen Selbstverständnis des Glaubenden verklammerte erhöhte Heilsträger der – wenn auch noch nicht im Gegensatz zur Gnosis besonders als solcher unterstrichene – Mensch ’Ιησοῦς [168]. Bei beiden, bei Paulus und im johanneischen Kreis, fließt aber das je typische Selbstverständnis des Menschen, die Soteriologie, nicht aus einer vom historischen Jesus herstammenden, auf ihn also historisch kontinuierlich zurückgehenden Heilslehre. Ist daher die Verbindung der Aussagen über die Stellung des Menschen vor Gott mit der Heilsbedeutung des Erhöhten, der nun aber zugleich als ’Ιησοῦς, also als konkreter Mensch, bezeichnet wird, nicht doch eine nicht zu rechtfertigende Willkür?

Die Verneinung dieser Frage, also die Rechtfertigung des ’Ιησοῦς für die paulinische und johanneische Christologie und Anthropologie, wird differenzieren müssen. Die Kontinuität der Titulatur, mithin die Kontinuität der mit der Person Jesu verbundenen Vorstellungen, ist eindeutig nicht gegeben. Auch das, wofür die variable christologische Terminologie gut steht, also die Art, wie der Mensch sich vor Gott versteht, ist nicht vom historischen Jesus zu Paulus und zum johanneischen Kreise tradiert worden; die je sehr verschiedene Formulierung läßt darüber keinen Zweifel zu. Und doch besteht in den drei genannten Kreisen – beim historischen Jesus, bei Paulus und im johanneischen Schrifttum – eine auffallende Konstanz in der Art des Selbstverständnisses des Menschen [169]. Die Nomenklaturen dafür weichen so weit voneinander ab, daß eine historisch vermittelte Tradition als die einende Klammer ausschalten muß. Die pointiert kritische Haltung gegenüber auch dem frommen Tun des Menschen und die Begründung des menschlichen Heils im radikalen Außerhalb des Menschen – das hat Jesus von Nazareth getan und gelehrt, das meint die paulinische und johanneische Soteriologie je in ihrer typischen Terminologie. Der historische Jesus, Paulus und das johanneische Schrifttum, sie *lehren* – in sehr verschiedener Form – das gleiche über die Lage des Menschen vor Gott. So weit wird auch ein objektiv historisches Urteil in seiner Feststellung gehen können.

Anders steht es um die Zuständigkeit für das Urteil, daß der in der genannten Weise sich verstehende Mensch es in diesem spezifischen Sichverstehen mit *dem* Erhöhten zu tun hat, welcher eben Jesus

---

[168] Siehe S. 277 f.   [169] Siehe S. 275 f.

von Nazareth ist. Das Urteil „der Erhöhte *ist* Jesus" wird nicht von außen gewonnen; es ist ein Bekenntnis. Dies Bekenntnis setzt eine nicht nur beobachtende Haltung gegenüber dem genannten Selbstverständnis voraus; der Bekennende bekennt für *sich* Verlorenheit und Heil, für *sich* das Wahrsein des neutestamentlichen Selbstverständnisses. Er bekennt damit auch im strengen Sinne, daß ihm dies Selbstverständnis von außerhalb seiner zugekommen ist. Das Heil und damit die Einsicht in seine ihm jetzt erst erschlossene Verlorenheit ist ein Geschehnis. Solch Geschehnis vermittelte der historische Jesus dem am ha ares, mit welchem er als Freund lebte; solch Geschehnis vermitteln die dann christologisch chiffrierten Predigten der paulinischen und johanneischen Kreise. Der Bekennende, der die verschiedenen christologischen Titel und Vorstellungsweisen auf Jesus von Nazareth bezieht, gebraucht solche Formeln also in einem doppelten Wissen. Er weiß um die grundsätzliche Gleichheit dessen, was ihm in seinem spezifischen Selbstverständnis widerfährt, und dessen, was sich um Jesus von Nazareth begab; und er weiß damit um das pointierte Von-außerhalb-seiner dieses Selbstverständnisses. Mit der Beziehung von „Christus" und „Kyrios" und „Gottessohn" auf Jesus bekennt er, daß Jesus je und je geschehen will. Er behauptet aber nicht eine historisch vermittelte, eine tradierte Kontinuierlichkeit solchen jeweiligen Geschehens.

Vom Verstehen des Neuen Testaments*

Auch der gutwillige, nicht-theologische Leser des Neuen Testaments sieht sich, will er das Lesen nicht bloß als eine vielleicht traditionsbedingte fromme Tat ableisten, sondern das Gelesene für sich wirklich fruchtbar werden lassen, vor beträchtlichen Schwierigkeiten des Verstehens gegenüber den Inhalten dieses Buches. Die Vielschichtigkeit dieser Schwierigkeiten soll hier an einigen typischen konkreten Beispielen zur Sprache kommen, bevor über einen Weg nachgedacht werden kann, der durch solche Schwierigkeiten hindurchzuführen vermag.

I

Die Schwierigkeiten beginnen schon beim Sprachlichen. Die bei weitem am meisten verbreitete Übersetzung des Neuen Testaments ist im deutschen Protestantismus die Martin Luthers, also die offizielle Bibel der evangelischen Kirche deutscher Zunge. Sie ist in einem kräftigen und urtümlichen Deutsch geschrieben, dem gegenüber die Revisionen der letzten Jahrzehnte blaß und schwach wirken. Aber wer vermag dies Luther-Deutsch gerade im zweiten, im Brief-Teil des Neuen Testaments, wirklich zu verstehen? Es ist eben – bei aller Ehrfurcht vor der großen damaligen Leistung Luthers muß das gesagt werden – im entferntesten nicht mehr unsere Art des Sprechens. Nun kann man freilich ausweichen durch Benutzung einer der modernen Übersetzungen, die es in beträchtlicher Zahl und in unterschiedlicher Qualität gibt. Man sollte diesen Ausweg wirklich auch immer wieder gebrauchen. Aber gerade dann wird der aufmerksame Leser bereits merken: *jede* Übersetzung ist bereits eine Deutung. Die verschiedene Sprache (zwischen dem Original und der Übersetzung) hat ein störendes Gefühl der Indirektheit bei dem Leser zur Folge; denn das Neue Testament ist in seiner Urform ja im späten, nichtklassischen Griechisch des römischen Imperiums geschrieben. Ja, in den drei ersten Evange-

---

* Neue Deutsche Hefte, Heft 40, November 1957, 697–709.

lien ist auch die griechische Form nur Übersetzung; denn Jesus hat Aramäisch, die Alltagssprache der damaligen Juden, einen syrischen Dialekt gesprochen, und die älteren, uns nicht schriftlich vorliegenden, sondern nur noch vermutbaren Sammlungen von Jesus-Worten und Jesus-Geschichten haben im Stadium ihrer mündlichen und schriftlichen Tradierung zunächst solch aramäisches Sprachgewand getragen, ehe sie ins Griechische übersetzt und zu unsern Evangelien verarbeitet wurden. Es ist sprachlich eine andere Welt, aus der das Neue Testament zu uns herüberspricht. Um hier original hören zu können, muß man die genannten alten Sprachen nicht nur zur Not verstehen können, man muß sie in allen Nuancen beherrschen. Für den Nichtfachmann ist die Erbringung dieser Voraussetzung schlechthin ausgeschlossen. Er greift mit Recht zur Übersetzung, möglichst zu einer guten modernen. Aber er wird sich dabei nicht verhehlen dürfen: er vertraut sich, was sein Verstehen vieler Einzelheiten anlangt, bereits dem Medium der von ihm gewählten Übersetzung an. Sein Verstehen muß der wirklichen Direktheit entbehren.

Diese Schranke könnte man formal nennen. Sie ist es aber weniger, als es zunächst scheint. Sehr bald nämlich merkt der aufmerksame Leser: nicht nur die Verschiedenheit der Sprache steht zwischen ihm und dem Text. Die andere Sprache ist nur das Signalement für eine andere Welt. Und zwar ist es nicht eine moderne andere Welt, die bei aller Unterschiedenheit von unserer heimischen Welt doch eben wie unsere auf einer gleichen Ebene läge; es ist vielmehr die Andersartigkeit der antiken Welt. Statt die antike Welt in ihrer Fremdheit für uns theoretisch zu erörtern, versuche ich jetzt, an einigen zentralen neutestamentlichen Beispielen diese Andersartigkeit und die mit ihr für uns aufgerichtete Schwierigkeit des Verstehens zu beleuchten.

Die meisten Leser dieser Zeilen werden die Weihnachtsgeschichte in etwa kennen; sie werden dabei sofort an die Geburt im Bethlehem-Stall und an die Hirten auf dem Felde (Luk 2) denken. Man macht sich gewöhnlich nur nicht klar: neben dieser Art der Darstellung der Geburt Jesu gab es ganz andere, die auch in unserm Neuen Testament eine kürzere oder breitere Erwähnung gefunden haben. In Luk 2 begeben sich Jesu Eltern von Nazareth nach Bethlehem im Zusammenhang mit der Volkszählung unter Quirinius, die in Wirklichkeit erst im Jahre 6 nach Beginn unserer Zeitrechnung stattfand; nach der Geburt kehrten sie dann nach Nazareth zurück. In Matth 1/2 *wohnen* die Eltern in Bethlehem; erst über die mit der Magier-Anbetung in Zusammenhang stehende Ägypten-Flucht wird Nazareth der neue Wohnort der Eltern. Hier wird die Geburt Jesu zu Lebzeiten Herodes d. Gr., also vor dem vorchristlichen Jahre 4, angenommen. Die Vorgeschichten von Lukas und Matthäus, so verschieden sie lokalisieren und datieren, stimmen aber wenigstens darin überein, daß Jesus als aus der Jungfrau geboren gilt (jedenfalls in Luk 1, wenn auch nicht in Luk 2). Markus berichtet die Jungfrauengeburt nicht. Auch Paulus und das vierte Evangelium kennen diese Anschauung nicht. Ja, der für später berichtete Zweifel der Maria an Jesus (Mk 3, 21; Lk 2, 48) schließt nicht nur die Jungfrauengeburt, sondern Vorgänge auch nur nach der Art der Hirtenanbetung aus. Was ergibt sich aus dem allem? Der antike Mensch nimmt es nicht so genau mit der historischen Exaktheit, wie wir sie seit gut 200 Jahren in unserm Geistesleben gewohnt sind. Die Grenzen zwischen Wirklichkeit und Erfindung verschwimmen. Hier in unserm Falle: zur Herausstellung der Bedeutsamkeit Jesu wird das Schema benutzt, das auch sonst in der Antike die Bedeutsamkeit eines Mannes anzeigt: die wunderbaren Umstände der Geburt, die Gotteszeugung, u. U. aus der Jungfrau. Die neutestamentlichen Autoren benutzen das Aussagemittel der Legende. Oft kann man, wo dies Aussagemittel benutzt wird, noch feststellen, an welche historische Wirklichkeit solche Legende anknüpft und in welcher Richtung ihr Gefälle verläuft: so wird Nazareth Jesu wirklicher Geburtsort gewesen sein; so gab es ein Stadium christlicher Tradition, dem Maria noch nicht als Jungfrau bei der Geburt Jesu galt. Das Wachsen legendärer Stoffe ist dem dafür geschulten Blick einsichtig.

Dies eben kurz vorgeführte Beispiel der Weihnachtsgeschichte für den legendären Charakter neutestamentlicher Berichterstattung bildet im Neuen Testament nun nicht etwa eine Ausnahme, sondern ist typisch für die durchgehende Art des Erzählens. Der Leser der Evangelien braucht nur einen Druck zur Hand zu nehmen, der die drei ersten Evangelien-Texte nebeneinander auf einer Seite abdruckt, eine sog. Synopse, die es auch in deutscher Übersetzung gibt, dann kann er das Legendäre der jeweiligen Berichterstattung aus der Vergleichung der Texte bei einiger Übung erheben. Das gilt für kleine und unbedeutende Züge innerhalb des Berichteten; es gilt aber auch für die großen und zentralen Aussagen des Neuen Testaments, wie die Auferstehung Jesu es ist. Paulus kennt die Tradition von verschiedenen Erscheinungen des Auferstandenen, aber noch nicht das leere Grab (1. Kor 15, 5-7). Die Evangelienschlüsse malen dann das leere Grab aus, zunächst noch ohne (Mk 16, 1-8; Lk 24, 1-11), Matthäus (28, 1-10) und Johannes (20, 1-18), dann mit Erscheinungen Jesu am Grabe; ja, Matthäus läßt an diesen Ereignissen auch Nichtglaubende, eine uninteressierte Grabeswache, teilnehmen und will so den jüdischen Vorwurf, die Jünger hätten Jesu Leichnam gestohlen, als jüdische Lüge darstellen. Auch hier liegt das Wachsen der Legendenbildung auf der Hand; auch hier stehen antike Schemata, die die Bedeutsamkeit eines Mannes durch die Behauptung seines Nicht-im-Tode-Bleibens unterstreichen, hinter der neutestamentlichen Aussageweise. Wie haben wir solche legendären Berichte zu verstehen, was fangen wir mit ihnen an?

Noch an einigen weiteren Gebieten innerhalb der Aussagen über Jesus machen wir uns die uns fremde Andersartigkeit der antiken Welt klar. Die Evangelien berichten von einer Reihe von Wundern, die Jesus tut. Er heilt atrophierte Glieder und Lähmungen, er vertreibt Fieber und Aussatz, ja, er erweckt vom Tode. Auch diese Berichte verraten die für die Legende typische Steigerung des Wunderhaften und Massiven: wird z. B. die Jairustochter (Mk 5, 21 ff. Par) noch auf dem Krankenlager wieder erweckt, so befindet der Nain-Jüngling (Lk 7, 11 ff.) sich bereits auf dem Wege zum Grabe, und Lazarus liegt halbverwest bereits vier Tage im Grabe (Joh 11, 39). Aber nicht dieser im vorigen Abschnitt behandelten Art des Legendären soll hier unsere Aufmerksamkeit gelten, sondern der grundsätzlichen Art der Betrachtung von Krankheit und Heilung. Jene Legenden knüpfen ja an Erweisungen an, die Jesus von Nazareth de facto geübt haben wird. Er hat, wie ich historisch urteilen würde, Heilungen vollbracht. Diese Heilungen galten als „Wunder", als direkte Erweisungen übernatürlicher Kräfte. Denn auch die Krankheit galt als übernatürlich, dämonisch verursacht. Nicht nur der Besessene im engeren Sinne, auch der Fiebernde, der Atrophierte ist nach antiker Anschauung dämonisiert. Die Heilung ist demgemäß eine Krafttat, eine Gegenmaßnahme gegen den die Krankheit verursachenden Dämon. Diese der gesamten Antike (mit Ausnahme der Empiristen) gemeinsame Anschauung über Krankheit und Heilung wird von Jesus in seiner diesbezüglichen Praxis offensichtlich geteilt, sie steht hinter vielen Stellen des Neuen Testaments. Wie haben wir solche Berichte zu verstehen, was fangen wir mit ihnen an?

Diese Schranke der Andersartigkeit schiebt sich vor unser Verstehen nun nicht bloß auf einem Gebiete, das man als unzentral und zweitrangig bezeichnen dürfte. Schon für Jesu Heilungstaten würde solche

Zweitrangigkeit nicht im Sinne der Berichterstatter sein. Aber diese Andersartigkeit findet sich ja auch ganz stark in der Predigt Jesu selber. Es herrscht heute bei allen Erklärern darin Übereinstimmung, daß Gottes Königsherrschaft einer der zentralen Begriffe in Jesu Predigten ist. Mit Gottes Königsherrschaft ist aber gemeint: diese böse Welt entspricht nicht voll dem Willen Gottes. Aber demnächst sendet Gott den Endrichter, den Menschensohn, der den Weltlauf abschließen, alle Menschen richten und auf der Erde das Endheil heraufführen wird. Der Zeitpunkt, an dem diese entscheidende Wende eintreten wird, gilt der Predigt Jesu als ganz nahe bevorstehend. Er ist an den Zeichen der Zeit abzulesen wie aus meteorologischen Befunden das Wetter (Lk 12, 54–56), wie aus dem Stand der Vegetation die Frühlingsnähe (Mk 13, 28 f. Par). Auf dies nahe Weltende, auf dies Endgericht und Endheil hat der Wandel ausgerichtet zu sein. Um vor dem Richter zu bestehen, muß man alles auf eine Karte setzen. Wer diese Endnähe vergißt, handelt töricht wie ein Mensch, der angesichts eines bevorstehenden Wolkenbruchs sein Haus ohne hinreichendes Fundament errichtet (Mt 7, 24–27 Par). Es liegt auf der Hand: dieser Endglaube macht die Predigt Jesu besonders dringlich. Es liegt aber ebenso auf der Hand: die Erwartung des nahen Endes war eine Fehlerwartung. Diese Fehlerwartung traf nicht nur Jesus und das junge Christentum, sondern bereits das Judentum, aus dessen Endglauben diese Anschauung Jesu stammt. Besonders die Qumransekte erwartet wie Jesus das Ende ganz nahe. Es ist dies also eine allgemein-jüdische Fehlrechnung gewesen. Aber immerhin: Jesus und das ältere Christentum haben an dieser Fehlrechnung teil. Wie haben wir diese nicht eingetroffene Enderwartung zu verstehen, was fangen wir mit ihr an?

Noch ein Letztes zur Verdeutlichung des antiken Charakters der neutestamentlichen Welt. Wir hatten oben schon beobachtet, wie die Bedeutsamkeit Jesu im Neuen Testament ausgesagt wird mit dem legendären Schema von der wunderbaren Geburt, von dem Weiterleben trotz des Todes. Eine bestimmte Provinz der antiken Religiosität, die sog. Gnosis im weiteren Sinne, hat solch Schema nun weit ausgesponnen. Da wird der Weg des Heilbringers beschrieben mit seinen Etappen: der Heilbringer ist bei Gott, dann steigt er herab, hält sich kurze Zeit auf der Erde auf, um nach dem Erdenleben wieder aufzufahren. Sein Abstieg und sein Aufstieg, das sind die entscheidenden Heilsbegebnisse. Da wird die trennende Wand zwischen unten und oben erlösend durchbrochen, da werden die dem Heilbringer Artverwandten, die Seinen, im Aufstieg in die Himmelswelt mitgenommen. Dies allgemein-religiöse Schema wird nun im hellenistisch-orientalischen Raum angewendet, um die Bedeutsamkeit Jesu auszusagen. Jesus bekommt nun Titel dieser gnostischen Heilbringer, er gilt als präexistent, von *seinem* erlösenden Abstieg und Aufstieg (Phil 2, 6 ff.; Eph 4, 8–10; Joh 3, 13; 12, 32 f.) ist nun die Rede. Der antike Erlösermythus gibt den Rahmen her für die Schilderung des Weges Jesu im Neuen Testament. Es liegt dabei auf der Hand, daß mit der Anwendung dieses Mythos auf den Weg Jesu das Gewicht der Person Jesu beträchtlich zunimmt: aus dem Verkünder wird der Verkündete. Zur Gerichts- und Heilspredigt Jesu in den drei ersten Evangelien tritt nun die immer mehr ausgearbeitete Lehre über Jesu Person, die Christologie, hinzu. Wie haben wir das Evangelium zu verstehen: gehört Jesus als Person in das Evangelium hinein oder nicht? Wie haben wir das Gefälle zu verstehen, demgemäß die Bedeutsamkeit der Person Jesu auf dem Wege von der Predigt des historischen Jesus über die palästinensische Urgemeinde bis in die hellenistisch-orientalischen Gemeinden ständig wächst?

Das Neue Testament ist also, lesen wir es in der Weise, in der die Zeitgenossen damals es hörten und lasen, ein uns fremdes Buch. Es macht weitgehend legendäre Aussagen, es teilt den antiken Dämonenglauben, es rechnet wie eine Gruppe des damaligen Judentums weithin mit einem de facto nicht eingetroffenen nahen Weltende, es zeichnet den Weg Jesu mit den Farben des gnostischen Erlösermythos. BULTMANN hat recht, wenn er in seinem die theologische Welt seit 15 Jahren erregenden „Entmythologisierungs"-Programm auf diese Andersartigkeit des Neuen Testaments so unerbittlich hinweist. Wie können wir dann aber das Neue Testament noch verstehen, was fangen wir dann mit ihm an?

II

Eine der wichtigsten Voraussetzungen dafür, daß man mit dem Neuen Testament wirklich etwas für sich und sein Leben anfangen kann, scheint mir darin zu liegen, daß man all das bisher Ausgeführte, soweit man es verstanden hat und durchschaut, zunächst einmal einfach wahr sein und bleiben läßt. Daß man also die weitverbreitete Vorstellung aufgibt, man dürfte sich solchen kritischen Gedankengängen doch nicht öffnen, sondern sei vielmehr verpflichtet, dem „Worte Gottes" schlicht zu „glauben", alle derartigen Bedenken auszuschlagen und so für sich von dem Neuen Testament noch zu retten, was irgend zu retten ist. Wer in dieser eben gekennzeichneten Weise sein Verhältnis zum Neuen Testament zu regeln versucht, der wird es in Wirklichkeit vollends verderben.

Natürlich kann man die oben aufgezählten Verlegenheiten und Schwierigkeiten abschwächen und verharmlosen. Etwa so: die durch den legendären Charakter der Berichte erklärbaren Unstimmigkeiten gleicht man untereinander aus, so gut es geht; der Dämonenglaube ist nicht bloß antik, sondern hochmodern, wie denn Rilke ja auch vom „Engel" reden kann; Jesu Naherwartung des Endes war gar nicht als *so* nahe gemeint, und das spätere Neue Testament redet ja selber von der Verzögerung und von der Unberechenbarkeit; und wenn die Religionsgeschichte ihr Inventar hergibt für die verschiedenen Titulierungen Jesu und für die Beschreibung seines Weges von der Himmelswelt zu uns und dann wieder zur Himmelswelt – warum soll die mit solchen Mitteln zunehmend gesteigerte Bedeutsamkeit der Person Jesu nicht etwas von Anfang an in kleinem Maße Vorhandenes bloß ins Große entfaltet und verdeutlicht haben? Solche Kunst des Abschwächens, Ausgleichens und Verharmlosens ist zwar weit beliebt und viel geübt. Gleichwohl muß ich den, der ein redliches Verhältnis zu seinem Neuen Testament gewinnen will, davor sehr nachdrücklich warnen.

Wer diesen Weg der Verteidigung der oben angegriffenen Positionen, den Weg der „Apologetik", geht, wird mit einem schlechten Gewissen gestraft (natürlich vorausgesetzt, daß er denkerisch die hier vorgetragenen Dinge durchschaut). Solch schlechtes Gewissen ist kein Wunder. Wer die genannten Verständnis-Schwierigkeiten nicht wahrhaben und darum bagatellisieren will, darf dann das Neue Testament nur noch als „Gottes Wort" im schlichten Sinne nehmen. Er muß aber dabei geflissentlich davon absehen, daß die einzelnen Schriften unseres Neuen Testaments von Menschen geschrieben sind, und zwar in bestimmten Situationen, zu bestimmten Zeitpunkten, für bestimmte Leser- und Hörerkreise. Das Neue Testament besteht aber nun einmal aus Missions- und Predigtliteratur für die ersten christlichen Generationen.

Sein Verständnis kann darum nur unter Zuhilfenahme all der Mittel geschehen, die auch sonst für die Erklärung historischer Texte seit 200 Jahren im Abendlande in Anwendung sind. Aus eben der Anwendung der allgemein geübten historisch-kritischen Methode erwuchsen die oben (unter I) angedeuteten Aporien und Verständnis-

19 Braun, Ges. Studien, 2. Aufl.

Schwierigkeiten. Grundsätzlich ihnen entnommen wäre man nur, wollte man die geschichtliche Verankerung des Neuen Testaments an einer zeitlich bestimmten Stelle des Geschichtsverlaufs und seine damit gegebene geschichtliche Begrenzung bestreiten und statt dessen das Neue Testament in den Rang einer über die konkreten Zeitläufe erhabenen, übergeschichtlichen ewigen Offenbarungsurkunde erheben. Hat der mit dem Neuen Testament Umgehende das nötige intellektuelle Rüstzeug zur Hand, so bezahlt er solche Entnahme des Neuen Testaments aus seiner geschichtlich-konkreten Bezogenheit und aus den Methoden historisch-kritischer Betrachtung mit dem schlechten Gewissen, das dem Zwischending zwischen Ängstlichkeit und intellektueller Inkonsequenz eigen ist. Daß solche apologetische Haltung dem wirklichen Verhältnis zum Neuen Testament nur schadet, liegt auf der Hand.

Das hat seine sehr tief liegenden Gründe. Das „Naiv-Spielen" verletzt nämlich nicht bloß die gebotene intellektuelle Redlichkeit, es verstößt nicht bloß gegen die wahrhaftig nicht gering zu achtende rationale Würde des Menschen. Sondern auch das „Wort Gottes", dem der Ablehner der kritischen Haltung, dem der „Verteidiger" in bester Überzeugung einen Dienst zu erweisen vermeint, wird de facto verfehlt, ja ihm wird, so unglaubhaft das klingen mag, de facto geschadet. Das Wort Gottes wird verfehlt: denn dann meint man, das Wort Gottes falle zusammen mit jener Weltanschauung und Weltbetrachtung, die das Neue Testament ja, wie oben gezeigt, mit der Antike teilt und die darum ja gar nicht das eigentlich Christliche sein kann. Nach dieser Anschauung könnte man nur Christ werden, soweit man noch antiker Mensch wäre oder es wieder würde. Damit ist dann auch schon deutlich, inwieweit solch Naiv-Spielen dem Worte Gottes sogar schadet. Es verleitet zum verhängnisvollen Mißverständnis, ich vollzöge den Glauben dadurch, daß ich mich auf die weltanschauliche antike Ebene des Neuen Testaments stelle, wobei ich mich in meiner heutigen Situation weder strafen noch trösten zu lassen brauchte. Ein pauschales Konformgehen mit antik-neutestamentlicher Weltanschauung würde genügen. Das Wort Gottes, das doch *heute* mahnen und trösten will, wäre zum Lehrmeister für antike Metaphysik degradiert. Es wäre auch seiner Souveränität beraubt. Denn es lebte und gälte als „Wort Gottes" dann nur dort, wo ein Mensch bereit wäre, ihm die „Vorgabe" zu leisten und a priori zu „glauben", daß es wahr und irrtumsfrei und historisch-kritischer Betrachtungsweise nicht unterworfen sei. Eben damit aber wäre dem Worte Gottes entscheidend geschadet. Es lebt nicht von solcher Vorgabe, denn es lebt nicht vom intellektuellen Werk des Menschen, der seine kritischen Fragen unterdrückt. Es lebt – wenn es lebt! – von sich und *seiner* Souveränität; und die besteht darin, daß es vom Menschen gerade keine Vorgabe erwartet, sondern ihn fordernd und ihn haltend anspricht, ohne daß der Angeredete zuvor durch eine weltanschauliche Gleichschaltung mit der Antike seinen guten Willen gezeigt und sich als ansprechbar bewiesen hätte. Diese Souveränität des Wortes Gottes hat es daher an sich, daß es nicht mit antiker Metaphysik verwechselt werden darf, deren Voraussetzungen der vom Worte Anzuredende erst zu akzeptieren hätte. Wer das Ja zu der im Neuen Testament enthaltenen Metaphysik mit der Anredbarkeit oder gar mit dem Glauben des Menschen verwechselt, bestreitet mit solcher gutgemeinten apologetischen Haltung dem Worte Gottes seine frei und voraussetzungslos über den Menschen verfügende Souveränität.

Die wahre Voraussetzung zu einem ehrlichen Verhältnis gegenüber dem Neuen Testament besteht also darin, daß man seine Bedenken und kritischen Fragen nicht zu unterdrücken oder zu vergessen braucht. Die oben (unter I) erörterten Verständnis-Schwierigkeiten, die dem sein kritisches Fragen nicht unterdrückenden Leser auftauchen, sind von mir hier ja nur als Modell gedacht, das die Situation des fragenden modernen Menschen an einigen allerdings wesentlichen Punkten verdeutlichen sollte. Nun kann ich mir sehr wohl denken, daß mancher Leser, durch meine letzten Ausführungen ermutigt, sich jetzt doch hervorwagt und bei sich spricht: „Wenn die zuletzt hier behauptete Voraussetzungslosigkeit beim Menschen für das Neue Testament gelten soll, – nun denn, nicht einmal mit der Existenz Gottes fange ich viel an! Ich bin halber oder vielleicht ganzer Atheist. Meinst du mit der behaupteten Voraussetzungslosigkeit beim Menschen denn ernsthaft, auch hier, in diesem Punkte brauchte ich keine „Vorgabe" zu leisten, brauchte also nicht *zuvor* mich auf irgendeinen theistischen Standpunkt zu stellen, um das Neue Testament verstehen zu können?!" Allerdings, würde ich mit großem Ernst antworten, auch hier gilt die oben behauptete Voraussetzungslosigkeit. Auch der theistische Standpunkt ist nicht eine vom Menschen für das Verstehen des Neuen Testaments vorher beizubringende Voraussetzung. Wie das gemeint ist, soll am Ende des Aufsatzes noch deutlicher werden.

Aber wie geht denn nun das Verstehen des Neuen Testamentes vor sich, wenn die Bedenken und kritischen Fragen nicht unterdrückt werden, wenn also der Fragende auf beizubringende standpunktmäßige Voraussetzungen für das Verstehen des Neuen Testaments verzichtet und somit die Souveränität der Texte respektiert? Es ist ja klar, wer verstehen will, muß kennenlernen. Es werden von dem Verstehenwollenden Texte des Neuen Testaments zusammenhängend gelesen werden müssen. Kritisch fragend, bedenkend und zweifelnd, aber eben wirklich gelesen werden müssen. Der aus konservativer kirchlicher Tradition Herkommende lasse die Sorge fahren, bei *solchem*, für kritisches Fragen offenen Lesen werde am Ende doch kaum noch etwas „übrigbleiben"; er lese vielmehr! Der kirchlichem Denken Fernstehende möge ruhig vergessen, daß er das fromme, heilige Buch der Kirche vor sich hat, er möge, was ihm scheint, eins der Evangelien oder einen wesentlichen Brief lesen, mit Verstehensbegier und meinetwegen mit Neugier lesen, wie man einen Gesang der Odyssee oder den Phaidon Platos liest; aber er lese! Bei beiden Arten von Lesern wird dann, wenn sie aufmerksam und gleichzeitig unvoreingenommen lesen, all das, was oben unter I erörtert wurde, und vermutlich noch viel mehr an Verstehens-Schwierigkeiten eintreten. Der Leser wird merken, wenn er blättert und vergleicht, die Berichte reimen sich oft nicht zusammen, sie sind legendär. Er wird merken, hier spricht eine dämonengläubige Welt, wie es unsere nicht ist. Er wird merken, in den Texten wird immer wieder ein Weltende und Endgericht und Endheil anvisiert, wie wir es nicht erwarten. Er liest über den Weg Jesu die Aussagen von einer Himmelswelt, wie sie für uns versunken ist. Kurz, der Leser wird die befremdliche Andersartigkeit der neutestamentlichen Welt, die Andersartigkeit des antiken frommen Weltbildes, nun beim Lesen in concreto kräftig empfinden.

Hier ist der kritische Punkt erreicht. Der Leser kann dann in lahmer Weise versuchen, jene für uns versunkene Welt künstlich neu zu beleben und weltanschaulich zu verteidigen. Er kann auch den Text einfach zuklappen. Er kann – und die Vereinbarkeit beider Verhaltensweisen ist symptomatisch! – auch beides zugleich tun, und das wird öfter vorkommen; denn gerade wenn er das Alte „retten" und „verteidigen" will, wird er wirklich von Herzen wenig Lust haben, weiterzulesen. Er kann aber auch all die Schwierigkeiten sehen und sozusagen auf den Rücken nehmen, sie nicht abschütteln und gleichwohl weiterlesen. Ganz sicher ist das ein sehr mühseliges Geschäft. Jedenfalls zuerst. Wenn er sich dabei an Kritik und Ehrlichkeit nichts schenkt und erläßt, wird er eine merkwürdige Entdeckung machen. All die Einwände und kritischen Feststellungen behalten ihr Recht. Sie vertiefen sich sogar. Aber dem Leser kann dann – ich rede hier absichtlich sehr welthaft – am Text auf einmal dies oder jenes imponieren. Ich sage: „kann". Es besteht nämlich auch die Möglichkeit, daß er, wenn ihm durch all die berechtigten kritischen Bedenken hindurch etwas vom Sinn aufgeht, dann erst recht „nein" sagt. Es kann ihn aber auch packen und nicht loslassen. Dann hat er im Text auf einmal einen, wahrscheinlich zunächst sehr schmalen, Standort. Er wird aufatmen und froh sein, die Kritik vorher nicht über Bord geworfen zu haben. Denn nun merkt er, der Text redet und erweist sich als lebendig, durch alle kritischen Fragestellungen hindurch und über sie hinweg. Der Leser verliert seine Sorge und seinen Ärger gegenüber der Andersartigkeit jener Welt. Er merkt, jene Welt spricht mich an, auch wenn ich mir über ihre Andersartigkeit nichts vormache. Der Leser wird frei; nicht frei *von* dem Text, sondern frei *zu* der Kommunikation mit dem Text.

Ich habe bewußt zuletzt den Gewinn dieser Freiheit in psychologischer Weise dargelegt. Freilich weiß ich, daß nun über die *Inhalte* zu reden ist, die sich dem solchermaßen Lesenden durch und trotz aller Kritik vom Neuen Testament her eröffnen. Über diese Inhalte will ich auch noch etwas sagen; aber nicht zu schnell. Denn jeder ernsthafte Leser des Neuen Testaments muß im Grunde *sein* Verstehen des Textes finden, so wahr das, was wir Gott nennen, nicht en bloc in endgültigen Formeln, sondern zum einzelnen redet. Auch das Neue Testament selber gebraucht zur Auslegung des Jesusgeschehens ja nicht einhellige Formeln; fern aller Uniformität sagt vielmehr jeder Verfasser das ihn Bewegende zunächst auf *seine* Weise, bis dann am Rande des Kanons der Zug zur Einheitlichkeit der Auslegung stärker und nachdrücklicher wird. Man werfe also nicht ein, das Verstehen des Neuen Testaments je vom einzelnen her führe in den Subjektivismus. Es ist ja das Neue Testament, das gehört wird! Je treuer einer hört, desto subjektiver – um paradox zu formulieren – hört er, und gerade das Subjektive ist hier – recht verstanden – das Objektive. So wird keine Generation der vorhergehenden die Deutung und das Verstehen des Neuen Testaments unbesehen abnehmen und zu der eigenen Deutung, zum eigenen Verstehen machen dürfen. Natürlich gilt es, auch auf die Mit-Hörer, also auf die anderen und früheren Verstehenden, zu hören; aber nur eben zu hören, um dann im *eigenen* Verstehen selbständig und mündig zu werden. Darum darf auch nicht die kirchliche Erklärung und das kirchliche Verstehen des Neuen Testaments im Sinne einer normierenden Größe als Einwand gegenüber dem je eigenen Verstehen angeführt werden. Wo „Kirche" ist, wird sich – wie gerade der junge und mittlere Luther mir zu zeigen scheint – in der Art des Verstehens und Hörens gegenüber dem Neuen Testament immer wieder und neu erst zu erweisen haben. Kirchliche Erklärung ist, soweit sie aus dem Stadium des aktualen Bekennens in das der bekenntnismäßigen Formuliertheit tritt, ja auch wieder zu einem historischen, relativen Versuch geworden, das Neue Testament von einer bestimmten Situation aus, zu einem bestimmten Zeitpunkt zu hören und zu verstehen. Aus all diesen Gründen habe ich über die Inhalte solchen Verstehens zunächst nicht geredet, sondern die Unerläßlichkeit des je eigenen Verstehens hervorgehoben.

Aber sei's nun, kommen wir auf die Inhalte! Hier kann ich den Leser auf das Schrifttum von BULTMANN, speziell auf seinen Aufsatz „Neues Testament und Mythologie" mit der nachfolgenden breiten Debatte (bei H. W. BARTSCH in den verschiedenen Bänden von „Kerygma und Mythos") nur nachdrücklich hinweisen. Seinen eigenen Weg zu suchen, wird ihm freilich nicht erspart bleiben. Im Ernst halten und tragen wird jeden Hörer des Neuen Testaments doch nur sein je eigenes Hören und Verstehen.

Darum meine ich das, was ich jetzt kurz im Modell als *mein* Hören und Verstehen des Neuen Testamentes darstellen will, auch nicht als verpflichtendes Rezept. Was ich meinen Studenten sage, sie müßten selber hören und verstehen und formulieren lernen, soll ihr Verstehen im Ernst hieb- und stichfest sein, gilt auch hier. So nehme der Leser dieses Aufsatzes das Folgende als einen Versuch, als eine Frage an sich, ob er auch in der Art hören und verstehen kann, und als eine Aufforderung, dann vom Eigenen her eigenständig zu fragen und zu sagen.

Ich lese eins der drei ersten Evangelien. Dabei versuche ich, Jesus zu hören und zu verstehen mit dem, was er sagt und tut. Die vom Osterglauben her ihm zugelegten Titel klammere ich aus, denn ich möchte wissen, wie es zu diesen Titeln kam. Seine Naherwartung des Endes, sein antiker Dämonen- und Heilungsglaube gehen mich nichts an und sind für mich versunken. Aber was er fordert in Anlehnung und in Gegensatz zum alttestamentlichen Gesetz, vor allem sein Eintreten für den in verschiedener Weise hilfsbedürftigen Mitmenschen, das geht mich etwas an, abgesehen von aller Metaphysik: dem kann ich mich nicht entziehen, auch wenn ich den zeitbedingten, patriarchalischen Hintergrund dieser und jener Einzelforderung nicht verkenne. Was mir abgewonnen wird, ist ein freies Ja des Gewissens zum Trend dieses „Du sollst". Aber wenn ich mich nun in den Texten umschaue, dann ist es ja keineswegs so, daß Jesus bloß der rigoristische Forderer wäre. Er wird beschimpft als „Freund von Zöllnern und Sündern" (Mt 11, 19 Par), er fraternisiert mit den ethisch und religiös Deklassierten. Die Legenden zeichnen ihn mit solchen Leuten beim Mahle. Neben dem rigorosen „Du sollst" steht also das schrankenlose „Du darfst". Jesus vertritt ein „Du sollst", das auf mich eindringt, auch wenn ich die Naherwartung des Judentums und das ganze damit verklammerte Weltbild nicht teile. Und solches „Du sollst" zielt auf kein ethisches Heldentum ab; es ruht auf einem Gehaltenwerden, das dem in Pflicht Genommenen immer wieder neu widerfahren will und ihn in die Gruppe der religiös Deklassierten einreiht, statt seine religiöse Hybris zu stärken. So begreife ich, was die ersten Christen an Jesus lieben und schätzen mußten, wie sie die jüdischen und hellenistischen Hoheitstitel auf ihn legen konnten.

Ich lese den Römerbrief. Hier trägt Jesus schon ausgeprägte Titel, hier wird vom Ertrag seines Todes und seiner Auferstehung in festen Formeln geredet. Aber wenn ich den Gedankengang der ersten acht Kapitel durchdenke, merke ich sehr schnell: an Jesus glauben, heißt hier, in einer bestimmten Weise über meine guten Taten denken. Ich benutze sie, um mit ihnen mich vor mir selber zu bestätigen. Ich soll aber auf diese Selbstbestätigung verzichten, mich der Taten und meiner nicht rühmen. Nur so tue ich rechte gute Taten, nur so wird mein Leben heil. Dieser Verzicht auf die Selbstbestätigung, diese Anerkenntnis des Gehaltenseins *vor* meinem Tun, diese Rangordnung, gemäß der das rechte Tun eben erst aus solcher Anerkenntnis fließt, das heißt hier Glaube an Jesus. Ich nehme die mythische Verschlüsselung des Jesus-Geschehens dabei wahr, aber ich verstehe sie als Ausdruck für die Art, wie ich mich selber beurteile.

Ich lese das Johannesevangelium. Hier ist nun alles auf die Person Jesu und auf das Glauben an ihn abgestellt. Ich täusche mich nicht darüber, daß das mit dem geschichtlichen Jesus und seiner Art der Predigt nichts zu tun hat. Hier wird die Bedeutsamkeit Jesu vielmehr ausgesagt mit den Mitteln der gnostischen Vorstellungen, die für mich versunken sind. Aber wenn ich näher zuschaue, so merke ich: diese mythische Verschlüsselung redet ja doch von mir. Denn ich bin es ja, der wähnt, aus dem Vorhandenen sein „Leben" und sein Sichzurechtfinden („Licht") zu haben. Ich muß mir sagen lassen, daß, soll ich diesem Wahn nicht erliegen, mir nicht mit Symptom-Behandlung zu helfen ist, daß mein Woher radikal ein anderes werden muß („Wiedergeburt"). Es wird aber nur ein anderes, wenn ich jenen Wahn, selber das Leben aus dem Vorfindlichen zu beziehen, aufgebe, wenn ich meine Blindheit eingestehe und dem „Ich-bin" der johanneischen Predigt, dem Von-Außerhalb meines Gehalten- und Getragenwerdens, traue. In dem Eingeständnis, daß das Leben je von jenseits, von außerhalb meiner mir zukommt, glaube ich an Jesus im johanneischen Sinne. Auch hier: mea res agitur.

Die einzelnen Teile des Neuen Testaments reden also in einer sehr verschiedenen Sprache und Ausdrucksweise. Hört man sich aber in die verschiedenen Tonarten ein, so entdeckt man einen überraschend gleichen Cantus firmus. Sei es beim Jesus der drei ersten Evangelien, sei es bei Paulus und den unter seinem Namen Schreibenden, sei es im johanneischen Schrifttum: der Mensch mit *seiner* religiösen Sicherheit, mit *seinem* frommen Tun, mit *seinem* Gottesbild wird (in freilich verschiedener Intensität) durchgestrichen. Sein Leben wird verlegt in das, was er nicht tut, nicht hat; in das, was ihm geschenkt wird. Sein „Du sollst" ist umschlossen und gehalten von dem „Du darfst". Jetzt steht der Leser vor der wirklichen Entscheidung, die das Neue Testament ihm abverlangt. Es ist nicht die Entscheidung für eine objektive Metaphysik. Es ist die Entscheidung, die Art, wie er sich selber sieht, in der gekennzeichneten Weise kritisieren und ausrichten zu lassen. Diese Entscheidung ist in den verschiedenen Etappen des Neuen Testaments mit Umkehr, mit Glaube, mit Gehorsam gemeint.

Zwei Fragen, die sich aus dem Vorherigen ergeben, möchte ich nun noch zum Schluß besprechen. Wenn man das Neue Testament so liest und versteht, wie ich es eben angedeutet habe, gewinnt man damit aus dem Neuen Testament nicht eine Idee? Den einen Lesern dieses Aufsatzes würde solch Ergebnis, nehme ich an, sympathisch sein, den anderen gerade verdächtig. Eine Idee ist eine allgemeine Wahrheit, die für alle gilt und, einmal begriffen, theoretisch einsichtig bleibt. All das, was ich an Hand einiger neutestamentlicher Texte oben entwickelt habe, ist nicht als solche allgemeine Wahrheit gemeint. Denn es ist nicht *theoretisch* einsichtig, sondern wird von mir nur begriffen und bejaht, wenn ich mein ganzes Leben in die Aufgabe des Verstehens mit hineinnehme. Ich kann mein Verfehlen des Lebens wie das Gehalten- und

Geborgensein meines Lebens nicht *theoretisch* einsehen und damit ein für allemal begriffen haben. Ich kann es mir jeweilig nur sagen lassen, und die rechte Kommunikation mit einem neutestamentlichen Text läuft auf solch ein immer neues Sichsagenlassen hinaus. Solch Lesen ist im Grunde das gleiche wie das Hören von Mahnung und Zuspruch seitens einer rechten Predigt. Mahnung und Zuspruch sind nicht allgemeine Wahrheiten, sondern Begebnisse, Geschehnisse, für die es wichtig und unerläßlich ist, daß sie je und je geschehen. Solch Gehaltensein ist auch nicht nur ein bedingter Wert, ein Annäherungswert, wie er für die ethische Idee typisch ist. An der Idee etwa der Nächstenliebe habe ich Anteil in der Weise, daß ich mich dem denkbaren Maximum, der denkbar intensivsten Form der Nächstenliebe in meinem Verhalten *nähere*; für die ethische Idee ist bezeichnend der Begriff der approximativen, aber nie völligen, nie erschöpfenden Annäherung, also der Begriff des Bedingten. Das Gehaltensein, das in der Freundschaft Jesu mit den Sündern, im paulinischen Angenommenwerden des Menschen vor seinem Tun, im johanneischen Leben aus dem Jenseits meiner geschieht, ist ein Geschehnis und Begebnis, in dem ich nicht bedingt, nicht vorbehaltlich, nicht im Sinne des „annähernd", sondern unbedingt, ohne Vorbehalt, schrankenlos geborgen bin. Der Geschehnischarakter und die Unbedingtheit solchen Gehaltenwerdens verbieten es, das entwickelte Verstehen des Neuen Testaments in einer Idee münden zu lassen. Es geht nicht um ewige, allgemeingültige Wahrheiten; es geht um das „Du sollst" und das „Du darfst", das *mir* geschieht, das je *mich* bindet und je *mich* trägt.

Dem aufmerksamen Leser dieses Aufsatzes ist es längst aufgefallen, daß ich zur Darlegung dessen, was das Neue Testament mir zu sagen hat, bisher auf die Vokabel „Gott" verzichtet habe. Er entsinnt sich, daß wir oben auch den theistischen Standpunkt als eine vom Menschen beizubringende „Vorgabe" für ein rechtes Verstehen des Neuen Testaments abgewiesen haben. Jetzt müßte – mit der Erörterung dieser Frage werde ich schließen – deutlich geworden sein, wie es sich des näheren damit verhält. Der Theismus ist ein Standpunkt. „Gott" stellt bei diesem Standpunkt jeweils eine leere Hülse dar, in die der den Standpunkt Vertretende seine Inhalte hineinpackt; einen Blankoscheck, in den der Theist die ihm richtig scheinenden Werte einsetzt. Die Wahl der Inhalte, die Art wird dabei abhängen von der Art, wie der Mensch sich selber versteht. „Gott" trägt ein sehr anderes Gesicht, je nachdem ein Mensch sich unter die Frommen oder unter die religiös Deklassierten einreiht; je nachdem, ob ein Mensch sich durch sein Tun bestätigt oder sein Tun abhängig weiß von einem Gehaltenwerden, welches vor seinem Tun liegt; je nachdem, ob ein Mensch aus dem Gegebenen zu leben wähnt oder das Leben je und je im Gehaltenwerden vom Jenseits seiner erfährt. Wer sich hörend und verstehend mit dem Neuen Testament einläßt und sich in der genannten Weise vom Neuen Testament religiös ins Konzept reden läßt, für den bleibt eben, hört er richtig, Gott nicht dasselbe wie vor solchem Hören. Gott hört auf, ein Gegenstand zu sein, der seinen festen, durch eine konservative Weltanschauung garantierten Platz in einer Metaphysik des Jenseits hätte und behielte. Gott wird „mein" Gott; das Woher meines „Ich soll" und meines „Ich darf". Wenn ich das Neue Testament höre und verstehe, sehe ich ein: es hat recht, wenn es diese Anderswerdung Gottes an Jesus von Nazareth knüpft. In der Kommunikation mit diesem im Neuen Testament antik verschlüsselten und so vielschichtig widergespiegelten Geschehen begreife ich, wie wahr es ist, daß „niemand zum Vater, denn durch Jesus" (Joh 14, 6) kommt. Hier wird der gegenständliche, metaphysische Gott zu meinem Gott, zum Woher je meines Gehaltenseins und meines Handelns. Wie belanglos nimmt sich angesichts dieses Geschehens die atheistische Position aus; wie fade aber auch das, was sich weltanschaulich Theismus nennt!

Wahrscheinlich habe ich den Leser dieses Aufsatzes um Entschuldigung zu bitten, weil er sich der Titel-Formulierung nach etwas anderes von diesen Zeilen erhofft hatte. Wer diesen Aufsatz las, hatte erwartet, die Schwierigkeiten, die einem Leser des Neuen Testaments entgegentreten, beleuchtet zu bekommen; diese seine Erwartung mag er im Aufsatz erfüllt gesehen haben. Er hatte aber vermutlich auch gedacht, hier werde nun gezeigt werden, wie man es angesichts solcher Schwierigkeiten zu „machen" habe; da wird er wahrscheinlich zunächst enttäuscht sein. Denn statt einfacher Regeln fand er komplizierte Erwägungen, fand er vor allem auch noch die Zumutung, die Sache sich unverhältnismäßig viel an Zeit und persönlichem Einsatz kosten zu lassen. Er übe Nachsicht und wolle mir glauben: billiger geht es nicht. Was bei unserm Bemühen etwa um Plato oder Dante recht ist, ist bei dem Versuch, das Neue Testament zu verstehen, vielfach recht. Aber solch Versuch lohnt sich.

Die Heilstatsachen im Neuen Testament*¹

I. Der kritische Aspekt

Das objektive Erkennen von Tatsachen und Sachverhalten ist für einen Betrachter, der um das Einbegriffensein des erkennenden Subjekts in den Erkenntnisvorgang weiß, ein nicht leichtes Problem schon dort, wo die Erkenntnis sich auf die äußeren Gegebenheiten der Natur richtet; noch viel weniger leicht ist das Erkennen dort, wo geistige Phänomene in den Blick genommen werden. Diese Problematik steigert sich nun nochmals, wenn die Erkenntnis sich auf die zentralen Inhalte des christlichen Glaubens – nennen wir sie abgekürzt die im Neuen Testament bezeugten Heilstatsachen – zu richten anschickt. Denn die christliche Kirche meint, daß hier das Wesentliche zu erkennen sei nicht kraft eines dem Menschen zur Verfügung stehenden Erkenntnisvorganges, sondern durch Offenbarung. Wie aber ist Offenbarung, also das Auf-mich-zu-Kommen einer außerhalb meiner stehenden Einsicht, erkenntnistheoretisch denkbar, wenn gelten soll, daß ich als Erkennender bei jedem Erkenntnisakt immer schon mit im Spiele bin? Es kommt doch – davon hängt für den christlichen Glauben ja alles ab – entscheidend darauf an, daß ich beim Erkennen des Offenbarten keine Münchhausiade begehe, mich nicht am eigenen Schopfe aus dem Sumpfe ziehe, sondern bei diesem Erkennen das zu Erkennende wirklich fasse. Welcher Art ist dann aber das „extra me" der behaupteten Offenbarung? Sodann erhebt sich zusätzlich zu der soeben gekennzeichneten erkenntnistheoretischen die weitere historische Frage, die aber auch wieder ihre das Verstehen betreffende Seite hat: In welcher Weise, in welcher Form kommt die Offenbarung zu mir? Das evangelische Christentum ist überzeugt: In der Weise und Form des redenden und neu zum Reden gebrachten Bibelbuches, speziell des Neuen Testaments. Die Menschen des Neuen Testamentes

---

* ZThK 57, 1960, 41–50.
¹ Dies Kolleg wurde im Rahmen des Studium generale unter dem Gesamtthema „Objekt und Objektivität in der Wissenschaft" im Wintersemester 1959/60 an der Universität Mainz gehalten.

aber haben keine allgemeinen Lehrsätze formuliert, sondern haben die ihnen am Herzen liegenden Inhalte predigend so gesagt, daß sie dem *damaligen* geistigen und religiösen Umgangston und Modus dicendi zwar durchaus angemessen waren; daß aber diese gleichen Aussageweisen für *uns* zu schwer verstehbaren Chiffren geworden sind; so schwer verstehbar, daß die Auflösungsbedürftigkeit dieser Chiffren heute oft nicht einmal recht erkannt, noch viel seltener jedoch auch nur annähernd bezwungen wird. Wie kann antike Rede über Gott, welche Offenbarung sein will, mich als modernen Menschen heute wirklich erreichen?

Über diese bisher skizzierte Problematik möchte ich nun nicht weiter *theoretisch* handeln, sondern das Objektive und Nichtobjektive des Erkennens an Hand *konkreter* neutestamentlicher Aussagen mit Ihnen durchdenken, sozusagen durchexperimentieren.

Es liegt ja auf der Hand: Der zentrale Gegenstand christlichen Erkennens ist Jesus von Nazareth. Was läßt sich objektiv hinsichtlich dieses Objektes erkennen?

Wir evangelischen Theologen sind heute zum größten Teile – ich selber würde sagen: mit Recht – der Meinung, die drei ersten Evangelien, die sogenannten Synoptiker, geben keine Lebensbeschreibung Jesu. Alles, was den Ablauf des Lebens Jesu im einzelnen betrifft, geht auf die gestaltende Hand der Tradition, bzw. der Endverfasser, über deren leitende Gesichtspunkte noch zu reden sein wird. Auch die Rede*kompositionen* als ganze sind Werk der Bearbeiter. Einzelne Worte dagegen, gerahmt oder ungerahmt, nach (hier nicht näher zu erörternden) kritischen Gesichtspunkten methodisch ausgewählt, bringen uns mit einem geringeren oder größeren Maße von Wahrscheinlichkeit das Reden und Denken Jesu von Nazareth selber zu Gehör. Das sich so ergebende Bild Jesu sieht folgendermaßen aus. Er predigt die noch in seiner Generation hereinbrechende Königsherrschaft Gottes als Weltende, als Endheil und Endgericht. Er verschärft die jüdischen Gesetzesforderungen in typischer Weise. Er proklamiert gleichwohl aber nicht zwei Klassen von Menschen, Fromme und Unfromme, sondern hilft Armen, Kranken und Sündern. Er erklärt den Gehorsam gegenüber dieser seiner Verkündigung als entscheidend für das Los seiner Hörer im nahen Endgericht. Er stirbt um dieser seiner Verkündigung willen den Schandtod. Als Messias hat er sich kaum betrachtet; in keinem Falle aber seine Anerkennung als Messias von seinen Hörern gefordert. Eine Kirche wollte er nicht gründen. Das sind, kurz gesagt, die objektiv erkennbaren Data über Jesus von Nazareth.

Bald nach dem Tode Jesu entsteht die Urkirche. Sie versteht sich als die Gemeinde der Endzeit. Sie bekennt Jesus als den Messias, der demnächst am Weltende kommt. Hier, im Schoße der Urkirche und der sich aus ihr und neben ihr entwickelnden Missionsgemeinden, erwächst nun die Predigt von den Vorgängen, die wir die neutestamentlichen Heilstatsachen im engeren Sinne nennen. Jesus gilt als nicht im Tode geblieben. Ein bekanntes antikes Schema findet auf ihn Anwendung: Er ist aufgefahren zu Gott, er ist auferstanden, u. U. am dritten Tage auferstanden. Er ist in einer Kette von Visionen seinen Anhängern erschienen. Ja, man beginnt später auch sein Grab als leer zu schildern und den Beweis für seine Auferstehung mehr oder weniger massiv zu führen. Seine Messianität datierte ursprünglich seit seiner Auffahrt. Aber allmählich wird sie vorverlegt. Zunächst in die Taufe, die er wohl tatsächlich von Johannes dem Täufer an sich hat vollziehen lassen. Dann in seine Geburt, die in Anlehnung an ähnliche hellenistisch-orientalische Aussageweisen einem kleinen Teile der Tradition als wunderhaft zustande gekommen, als Geburt aus der Jungfrau gilt. Dann schließlich gilt er als Gottwesen, als hellenistischer Gottessohn, als Kyrios und Logos schon vor seiner Geburt, da er sich in der Seinsweise Gottes befand; er ist Heilsträger schon in seiner Präexistenz. Diese Überzeugung liefert den Verfassern der Evangelien die leitenden Gesichtspunkte, von denen oben die Rede war. In diesen die Gesamtdarstellung nun beherrschenden Rahmen werden jene älteren Stoffe von dem verkündigenden und helfenden Rabbi Jesus eingefügt. Rahmen und alte Worte Jesu bilden jetzt in unseren Synoptikern ein spannungsvolles Ganzes. Objektiv erkennbar an diesem soeben dargestellten Komplex von Heilstatsachen ist das Phänomen, daß nach dem Tode Jesu die nach ihm sich nennende Endgemeinde entstand. Die eigentlichen Heilstatsachen selber dagegen kommen uns zu Ohren lediglich in dem sich vielfach widersprechenden Zeugnis der älteren und jüngeren Gemeinde und entbehren der objektiven Erkennbarkeit.

Ihnen ist längst deutlich geworden: Es war die Rede vom Predigen und Helfen Jesu, das als solches – unter methodischer Anwendung kritischer Betrachtung – uns objektiv faßbar ist; daneben aber von einer Reihe wunderhafter Ereignisse (Auffahrt, Jungfrauengeburt, Präexistenz) und hoheitlicher, ja gottheitlicher Titulaturen, für welche Objektivität und Faktizität nicht feststellbar sind. Ist diese generelle

Zweiteilung (hie Tatsachen – da mythologische Schemata mitsamt ihren Titulaturen) nicht unberechtigt? Ist diese Zweiteilung nicht selber der Subjektivität meiner Betrachtungsweise verhaftet und somit falsch? Ist diese Zweiteilung nicht auch textwidrig? Reden denn nicht die gleichen Texte von Jesu Predigen und Helfen ebenso wie von seiner Auferstehung und Präexistenz? Was berechtigt zu der von mir vorgenommenen Zweiteilung? Wie steht es um die Objektivität der genannten Heilstatsachen?

Zur Begründung der in Rede stehenden Zweiteilung innerhalb der bisher behandelten Berichte über Jesus muß hier nun ein doppeltes Wort der Klärung gesagt werden.

Einmal. Meine Aussagen basieren auf einem gewissen Konsensus des einen Flügels der gelehrten Erforschung des Neuen Testamentes. Es ist keineswegs die gesamte Forschung, die meiner bisherigen Darstellung zustimmen würde; aber es ist ihr kritischer Flügel. Auch innerhalb seiner würde die Zustimmung sehr modifiziert erfolgen. Aber auf diesem kritischen Flügel würde man sich doch auf folgendes einigen. Die Heilstatsachen sind so widerspruchsvoll berichtet, daß ein glaubhafter Ausgleich zwischen den einzelnen Berichten nicht möglich ist; das gilt besonders von der Auferstehung und der Geburt Jesu. Die Herkunft der Aussageweisen für diese Tatsachen aus der religiösen Umwelt läßt sich einfach nicht abstreiten. Die Zeitpunkte, zu denen diese vorgegebenen Schemata auf Jesus angewendet werden, liegen auf der Skala der urchristlichen Gedankenbildung an sehr verschiedenen Orten. Die Heilstatsachen *sind* also nicht Geschichte im üblichen Sinne der Vokabel. Sie *haben* vielmehr eine Geschichte. Zwar nicht eine uns lückenlos einsichtige Geschichte; aber doch eine Geschichte, welche vom ersten Zeitpunkt, da das Schema ihrer Aussageweise uns erkennbar angewendet wird, reicht, bis in das Stadium ihrer kompletten ausdrücklichen theologischen Durchreflektiertheit. Das ist das eine.

Das zweite hängt mit dem eben Genannten zusammen, ist aber noch gewichtiger. Hier bei diesem zweiten würde die Zustimmung auch seitens des kritischen Flügels der Forschung nicht mehr so allgemein sein wie zu dem soeben gezeichneten Konsensus. Gleichwohl muß dies zweite klar ausgesprochen werden. Es geht um den Begriff der Wirklichkeit, des Objektes. Ein heute weithin sehr beliebter Weg, der es ermöglichen soll, die neutestamentlichen Heilstatsachen doch als objektive Tatsachen zu bejahen, ist der Versuch, die Wirklichkeit, die Welt der Objekte zu teilen. Da kommt auf die eine Seite jene Wirklichkeit zu stehen, wie sie uns aus unserem Alltagsleben bekannt ist: die Welt, innerhalb derer wir mit kausalen Abläufen rechnen. Wo diese Abläufe den uns bekannten Gesetzen zu widersprechen scheinen, denken wir nicht an den unmittelbaren Eingriff eines Gottwesens, sondern fragen dann eben noch gründlicher nach den uns grundsätzlich erforschbaren Gesetzen. Hier ist ein Wunder im antiken Sinne, das Hineinwirken eines Gotteswesens in den normalen Ablauf, dem Denken verboten und stellt einen Anachronismus der Betrachtungsweise dar. Hier entfällt die Geburt aus der Jungfrau ebenso wie die Auferstehung, sei sie als Wiederbelebung gedacht oder als Auffahrt in die göttliche Sphäre eines räumlichen Oberhalb. Dieses große Feld der Wirklichkeit ist zu einem Teile erforscht und ist in seiner Gesamtheit grundsätzlich erforschbar, weil es den uns bekannten oder in Zukunft erkennbaren Gesetzen unterliegt. Daneben aber existiert – für den in Frage stehenden Weg der zweigeteilten Wirklichkeit – ein anderer Bereich. Er ist auch ein Teil der welthaften Wirklichkeit. Nur ist er viel kleiner als der eben beschriebene. In ihm gelten all die Regeln nicht, die für den großen Bereich in Kraft stehen. Hier greift Gott direkt in den Weltlauf ein. Hier sind die neutestamentlichen Wunder und Heilstatsachen angesiedelt. Die exorbitantesten Ungewöhnlichkeiten, deren zweifelsfrei nachgewiesenes Auftreten in jenem großen ersten Bereich sofort das fragende und nachdenkende Forschen auf den Plan rufen würde, erregen hier, in diesem zweiten kleinen Bereich, kein besonderes Aufsehen. Hier ist sozusagen zwei mal zwei fünf. Hier hat man es angeblich mit der Welt Gottes zu tun, in der das Regelwidrige ohne weiteres die Regel sein kann. Es liegt auf der Hand, warum wir uns diese soeben skizzierte Zweiteilung der Welt verboten sein lassen müssen.

Diese Zweiteilung ruiniert den Begriff redlichen Erkennens, weil sie die welthafte Wirklichkeit nicht ernst nimmt. Sie bringt das Wesentliche neutestamentlicher Aussagen in den unberechtigten Verdacht eines gedanklich unredlichen, anachronistischen Museumswertes. RUDOLF BULTMANNS bekanntes Programm der Entmythologisierung betont zu Recht diesen Aspekt nachdrücklich. Diese abzulehnende Zweiteilung der Wirklichkeit ist aber auch nicht einmal „biblisch" im Sinne des damals tatsächlich bestehenden weltanschaulichen Gesamthorizontes. Denn der Bereich, in dem die neutestamentlichen Wunder und Heilstatsachen damals als wirklich galten, war ja nicht, wie bei der heute üblichen Zweiteilung, ein kleiner ausgegrenzter Naturschutzpark, angelegt zum Zwecke der Aufrechterhaltung des sogenannten biblischen Weltbildes; der Bereich der neutestamentlichen Heilstatsachen war damals vielmehr das ganze weite antike Weltbild, das gerade in jenen ersten Jahrhunderten der christlichen Zeitrechnung von Wundern und göttlichen Einflußnahmen als dichtestens durchsetzt galt. Seitdem dieses Weltbild – etwa von den Tagen der Renaissance an – für uns dahin ist, meinte man, die neutestamentlichen Wunder und Heilstatsachen in einen engeren Bezirk retten zu können, der nun nur ihnen allein noch vorbehalten sein soll. Das ist nicht biblisch, weil im Neuen Testament das Biblische des Weltbildes im wesentlichen noch gesamt-antik war.

Nehmen wir den Konsensus historisch-kritischer Forschung und die unaufgebbare Einheit der Wirklichkeit zusammen, so bleibt von den neutestamentlichen Heilstatsachen als objektive Gegebenheit folgendes übrig. Objektiv erkennbar ist uns ein gewisses Bild vom Reden und Tun Jesu einerseits und das Faktum der Entstehung der ersten Gemeinde, der Urkirche, andererseits. Die neutestamentlichen Heilstatsachen im engeren Sinne aber sind uns verstehbar nicht mehr als objektive Fakten, sondern als eine nach damals zeitüblichen Schemata verfahrende Betrachtungsweise, durch welche die Anhänger Jesu seine Bedeutsamkeit zum Ausdruck bringen.

II. Das rechte Verstehen

Sind wir mit der bisher vorgenommenen kritischen Reduktion der neutestamentlichen Heilstatsachen bereits zum rechten Verstehen des mit diesen Heilstatsachen Gemeinten vorgestoßen? Hier ist mit einem runden Nein zu antworten. Recht verstanden haben wir bisher noch keineswegs. Freilich muß von vornherein klar sein, wenn wir nun den Weg des Verstehens weitergehen: Es kann sich nicht um eine auch nur partielle Aufhebung des bisher kritisch Erkannten handeln. Die Widersprüchlichkeit der Berichte über die Heilstatsachen, ihr Zusammenhang mit den Schemata des antiken Weltbildes bleibt bestehen. Die Einheit der welthaften Wirklichkeit wird nicht aufgehoben durch eine Zweigleisigkeit, die innerhalb der Welt normale und nicht-normale welthafte Objekte oder Fakten zu kennen und zu erkennen behauptet.

Und doch können wir dem mit den Heilstatsachen Gemeinten noch näherkommen. Einige Vorerwägungen mögen das verdeutlichen. Bisher haben wir gehandelt im Subjekt-Objekt-Schema: hier das erkennende Subjekt, dort das zu erkennende Objekt. Der Erkenntnisvorgang ist dabei verstanden als das Eingliedern des Objektes in das Ganze, wobei das Subjekt sich seiner Subjektivität in möglichst hohem Maße zu begeben und all seine Aufmerksamkeit auf das Objekt zu richten hat. Nun ist dieser Entsubjektivierungsprozeß, dieser unbedingte Wille zur unparteiischen Sachlichkeit für rechtes Erkennen unabdingbar und unerläßlich. Er muß jedoch, zwar nicht beschränkt, wohl aber ergänzt werden, kontrapunktiert werden durch einen Prozeß intensivster Beteiligung seitens des Erkennenden. Nur der mit philosophischem Eros Begabte versteht Plato, Beethoven nur der für Musik Ansprechbare, das Neue Testament nur der für das hier Gewollte Offene und sich Öffnende. Gerade die Sachgemäßheit gegenüber diesem Objekt wie gegenüber allen ernsthaften Objekten fordert, als Kontrapunkt zur Objektivität, das höchste persönliche Dabeisein des Erkennenden. Hier gibt es kein Erkennen ohne persönlichen Einsatz. Hier wird alle bloße sogenannte Objektivität zur Begriffsklapperei, die hier ebenso wie ja doch jedem ernsthaften Objekt gegenüber gerade keine „Werktreue" bedeutet. Hier wird rechte Objektivität höchst subjektiv sein *müssen*. Man hat die Heilstatsachen im Neuen Testament eben noch nicht recht verstanden, man ist also diesem Objekt noch nicht sachgemäß, noch nicht richtig objektiv gegenübergetreten, wenn man nur die (an sich richtige) Feststellung trifft, die wir oben getroffen haben: Die Heilstatsachen sind die wertende Betrachtungsweise, mittels deren die Anhänger die Bedeutung Jesu herausstellen: Denn es fragt sich ja nun: Welche Bedeutung Jesu ist es denn, die da, antik verschlüsselt, so unterstrichen wird? Geht diese Bedeutung uns, geht sie mich etwas an? Erst wenn *ich* ins Spiel komme, kann von wirklich sachgemäßem, werkgetreuem Erkennen die Rede sein. Die Höhepunkte neutestamentlicher Gedankenbildung ebenso wie ein bekannter Grundzug lutherisch-reformatorischer Aussagen bestätigen die Unerläßlichkeit persönlichster Beteiligung bei *diesem* Erkennen, dem Erkennen neutestamentlicher Grundtatsachen. Die Begegnung mit dem auferstandenen Jesus fällt im Neuen Testament zusammen mit dem Gläubigwerden an ihn und mit der Berufung in seinen Dienst. Ein nur objektives Fürwahrhalten des Monotheismus gilt im Neuen Testament als ein wertloser Glaube, wie ihn die Dämonen auch haben, die trotz dieses sogenannten Glaubens zittern. So hat auch Luther die Fides historica oder philosophica, die das „pro me" ausläßt, gar nicht als rechten Glauben angesehen. Freilich fehlt dieser neutestamentlichen und lutherischen starken Unterstreichung des persönlichen Einsatzes beim rechten Erkennen noch jene historisch und erkenntnistheoretisch engagierte Kritik gegenüber dem Faktum an sich, wie wir sie oben betrieben haben. Aber das kann doch deutlich werden: Historisch-kritische Betrachtung der Heilstatsachen, Einordnung der Heilstatsachen in unsere einheitlich genommene welthafte Wirklichkeit verstößt – recht verstanden – gerade nicht gegen die Grundintentionen des vom Neuen Testament und der Reformation Gewollten. Denn Neues Testament wie Luther sind sich darin einig, daß alle Heilstatsachen erst dann richtig, erst dann objektiv verstanden werden, wenn sie mich engagieren.

Welcher Art ist denn nun dieses Engagement; wie kommt es dazu? An Beispielen aus den drei großen neutestamentlichen Kreisen, aus synoptischen, paulinischen und johanneischen Texten mag verdeutlicht werden, wie die Texte uns in das von ihnen Gewollte hineinnehmen.

Der Jesus der Synoptiker (entsprechend den im folgenden von mir verwendeten Worten im wesentlichen der historische Jesus) sagt, ich solle, auf die eine Backe geschlagen, die andere dem Schläger hinhalten. Ich soll, des Leibrockes beraubt, auch den Mantel drangeben. Ich soll, von einem Menschen gehaßt, den betreffenden Menschen lieben. Denn ebenso macht es Gott. Er gibt den Sonnenschein Guten und Bösen. Er läßt regnen über Gerechte und Ungerechte. Er verhält sich also souverän gegenüber dem Unterschied, der zwischen Guten und Bösen von uns gemacht wird. Wenn ich in dieser Souveränität meine Mitmenschen nehme, dann handle ich sohnesgemäß. Sagt uns das etwas? Ich könnte in der gleichen Weise fortfahren: Erst wenn ich aus *einem* Stück, ungeteilt bin in meinem Wahrheitsagen, ungeteilt in meinem Gutsein gegenüber den Mitmenschen, erst dann lebe ich sohnesgemäß. Und dieser gleiche Mann, der nicht nur für unser Empfinden, sondern schon für den Maßstab seiner Zeitgenossen die Forderung so unerhört verschärft, macht nun doch gar keine Unterschiede zwischen den Frommen und Unfrommen, zwischen Gerechten und Ungerechten. Er nimmt nicht zwei Klassen von Menschen an. Und er behauptet: *So* tut Gott, *so* handelt Gott am Menschen; in dieser bestürzenden Souveränität der Güte. So hält es dieser Jesus mit Menschen, die wir heute Landesverräter, Entkirchlichte, leichte Mädchen nennen: *So* tut Gott. Dies Nebeneinander, ja diese Kontrapunktik von radikaler Forderung an den Menschen und radikaler Annahme des

Menschen, besagt das *uns* etwas? Nicht, daß wir Zug um Zug zu Affen Jesu werden sollten. Aber hilft diese Luft von Strenge und schrankenloser Güte uns dazu, daß wir dadurch leichter leben, neu Lust und Freude am Leben bekommen? Diese Frage: „Kann ich so richtiger leben?", erst sie ist die Frage des Glaubens. Erst von hier aus verstehe ich Jesus von Nazareth sachgemäß, in rechter Objektivität.

Oder machen wir uns die Fragestellung einmal von der Seite paulinischer Texte her klar. Paulus verdeutlicht uns, was geschieht, wenn ich etwas soll. Ich kann die Forderung abschütteln und übertreten. Das wäre noch die weniger schlimme Möglichkeit; denn dann ist ja klar, daß ich nicht gehorcht habe. Es kann aber auch sein, daß ich mich zum Gehorsam entschließe. Das wäre der schlimmere Fall. Ich habe mich nicht versprochen. Eben dies befremdliche Urteil lerne ich aus den paulinischen Texten. Denn in diesem zweiten Falle, bei meinem Gehorchen, gehorche ich und gehorche dabei doch nicht. Deswegen gehorche ich doch nicht, weil ich mich meines Gehorchens vor mir rühme, weil ich mit meinem Gehorchen prahle. Ich nehme, in meinem Gehorchen, den Sinn meines Lebens, mein Heil, in meine eigene Hand, in eigene Regie: „Hast du nicht alles selbst vollendet, heilig glühend Herz?". Ich verderbe, in meinem Gehorchen, meinen Gehorsam. Ich will das Leben, und tatsächlich erwirke ich in diesem Wollen mir den Tod. Geholfen – sagt Paulus – ist mir erst, wenn ich aus diesem ganzen Schema herauskomme. Wenn es nicht mehr nach der Regel geht: Ich soll, damit ich das Leben bekomme. Sondern wenn ich begreife: Ich soll, *weil* ich das Leben habe. Wenn das Leben zuerst nicht Aufgabe, Forderung, sondern Gabe, Geschenk ist. Es gilt, zu leben von der Einsicht her: Ich bin angenommen, ich bin gehalten. Diese Einsicht gewinnen, sie durchhalten, das heißt bei Paulus, an Jesus als an den Herrn glauben. Sagt mir das etwas? Ahne ich etwas von der Befreiung, die mit dem Zerbrechen dieses Schemas – „Ich soll, damit . . ." – gegeben ist? Erst von hier aus verstehe ich den Glauben an Jesus, wie Paulus ihn meint, richtig, sachgemäß, objektiv.

Lassen Sie uns schließlich auf den johanneischen Gedankenkreis exemplifizieren! Der johanneische Jesus, der ja sicher nicht der historische ist, sondern in der Art einer sehr bestimmten, uns religionsgeschichtlich auch leidlich ortbaren Begrifflichkeit lebt und redet, macht mir klar: Ich meine, mein Leben zu haben in und aus dem Gegebenen. Aus diesem Brot, das ich esse; diesem Wasser, das ich trinke. Von diesem Sehen her, das meine Augen betätigen. Von der Geburt her, die an mir aus dem Leibe meiner Mutter geschah. Und nun gilt es einzusehen und zu erkennen: All das, was ich Leben nenne, ist nicht wirklich Leben. Das Gegebene ist nicht Leben, nicht Heil. Auch das religiös Gegebene und Vorgegebene ist nicht Leben, nicht Heil. Auch das, was ich in Anlehnung an diese Gegebenheiten und in Ableitung von ihnen Gott nenne, ist nicht Gott. Die Juden wollen aus dem ihnen religiös Gegebenen leben. Darum reden sie, wenn sie „Gott" sagen, de facto vom Teufel. Solches Leben aus dem Gegebenen läuft darauf hinaus, daß man aus dem Eigenen redet und handelt, daß man seine eigene Ehre sucht. An Jesus glauben aber bedeutet nun: diese Maßstäbe fahren lassen, sich diese Gegebenheiten zerbrechen lassen. Ihr Zerbrechen aber ist die Einsicht: Gott schenkt souverän. Die johanneischen Texte sagen: Gott liebt. Gottes Geschenk ist das Zerbrechen meiner Befangenheit, die mich an die Maßstäbe des Gegebenen bindet. So ist Jesus das Zerbrechen dieser mich gefangen haltenden Maßstäbe. Er ist die Entscheidung darüber, ob ich wirklich Leben habe oder nur das habe, was diesen Namen nicht verdient. Sagt mir das etwas? Ahne ich etwas von der Befreiung, die in dieser Sicht an mir geschieht? Erst so verstehe ich den johanneischen Jesus sachgemäß, richtig, objektiv.

Ich breche ab. Es sollte klargeworden sein: Rechtes Verstehen gibt es nur um den Preis des persönlichen Engagements. So paradox es klingt: Objektivität gegenüber der im Neuen Testament gemeinten Sache gibt es nur in höchster Subjektivität. Das wird deutlich auch an folgendem Phänomen. Das Neue Testament ist geschrieben, damit die Hörer die Inhalte sich zu eigen machen und weitersagen; damit sie – wie das Neue Testament selber terminologisch formuliert – „bekennen". Bekennen heißt ja aber nun nicht, ehrfürchtig Formeln rezitieren; sondern heißt: etwas verstehend sich zu eigen machen und es dann so weitergeben, daß der Hörer merkt, hier spricht einer aus, was ihm Halt, Leben und Freude ist und wofür er sich auch wirklich einsetzen wird, wenn es hart auf hart kommt. Erst wo dieses Bekennen geschieht, ist das Neue Testament so genommen, wie es selber genommen werden will, ist es sachgemäß, objektiv genommen. Freilich bedeutet dieses Bekennen nun nicht, daß ich die antiken Verschlüsselungen wörtlich meinend mir aneigne, daß ich die historisch-kritischen Maßstäbe fahren lasse und die neutestamentlichen Vokabeln nachplappere oder kraft eines Sacrificium intellectus sie als biblisches Weltbild *neben* meinem modernen Weltbild, also als frommes christliches Sonderweltbildlein etabliere. Ich darf vielmehr in diesem Bekennen frank und frei mir und anderen eingestehen: Jene Formulierungen, in denen das Neue Testament die Heilstatsachen aussagt, waren damals gültige Weltanschauung. Heute sind sie Chiffre. Ich kann sie gebrauchen. Aber ich muß wissen, was ich damit meine; BULTMANN sagt mit Recht: Ich muß sie interpretieren. Darauf nämlich kommt es an, daß ich von dem Trend, der Intention der Texte mitgenommen werde und mich weisen lasse. Die Art, in der ich das vom Neuen Testament Gewollte heute neu sage, wird ebensowenig endgültig sein, wie die Formulierungen des Neuen Testamentes selber es sind. So kann ich ehrlich sein, und so kann ich gläubig sein. So trete ich diesem besonderen Objekt sachgemäß, objektiv gegenüber, in der Objektivität des Engagements.

Hebt die heutige neutestamentlich-exegetische Forschung den Kanon auf?*

I

Die Relativierung des Kanons zu Beginn unseres Jahrhunderts ging nicht von der Exegese des Neuen Testaments, sondern von der Kanonsgeschichte und von der Einleitungswissenschaft aus. Die damals erarbeiteten und seither nicht wesentlich modifizierten Erkenntnisse müssen mitbedacht werden und daher eingangs hier wenigstens kurz zur Sprache kommen, wenn der heutige, speziell exegetische Aspekt der Kanonsfrage nachher ausführlich behandelt werden soll.

Die Ergebnisse der Kanonsgeschichte sind folgende[1]. Der Kanon des Neuen Testamentes ist allmählich entstanden. Gegen Ende des 2. Jahrhunderts gelten unsere 4 Evangelien als Schrift; aber noch Clemens Alexandrinus, behutsamer Origenes, benutzen auch apokryphe Evangelientexte. Neben den 4 Evangelien steht um 200 p. mit gleicher Autorität ein Corpus von Briefen, die hauptsächlich dem Paulus zugeschrieben werden und die als apostolisch gelten. Aber diese Autorität ist jüngeren Datums als die der Evangelien, sie ist dem Briefcorpus erst in der 2. Hälfte des 2. Jahrhunderts zugewachsen. Das zeigt sich auch darin an, daß bei dieser zweiten Autorität die Zahl der Schriften noch umstritten ist: der zweite Petrusbrief, der zweite und dritte Johannesbrief kommen erst allmählich, zwischen Clemens Alexandrinus und Origenes, bei den Antiochenern noch viel später, als Schrift hinzu, und der syrische Kanon nimmt die katholischen Briefe zögernd erst nach 400 p. auf. Die Apokalypse des Johannes verliert nach Origenes, also seit der Mitte des 3. Jahrhunderts, im Osten ihr Ansehen

---

* Fuldaer Hefte 12, 1960, 9–24.
[1] Für die Kanonsgeschichte s. die diesbez. Arbeiten von ZAHN, HARNACK, LEIPOLDT und LIETZMANN sowie die kanonsgeschichtlichen Abschnitte in den Einleitungen; instruktiv auch die historischen Résumés in dem Aufsatz von W. G. KÜMMEL, Notwendigkeit und Grenze des neutestamentlichen Kanons, ZThK 47, 1950, S. 277–313.

und gewinnt es erst seit dem Ende des 4. Jahrhunderts schrittweise zurück. Dem kirchlichen Westen dagegen gilt der Hebräerbrief, auch wenn er gelegentlich bekannt ist, bis zum Ende des 4. Jahrhunderts nicht als Schrift, weil man nicht Paulus als Verfasser annimmt; erst Hieronymus und Augustin erklären den Hebräerbrief als paulinisch und damit als Schrift. Der 39. Osterbrief des Athanasius aus dem Jahre 367 p., der als erstes Kanonsverzeichnis alle unsere 27 neutestamentlichen Bücher nennt, beschreibt also nicht den allgemeinen damaligen Status, sondern weist einen Weg, der in den nächsten Jahrzehnten erst allmählich begangen wird.

Die Kräfte, welche hinter diesem allmählichen Werden des Kanons stehen, sind bekannt. Das Neue Testament selber kennt die Apostel und Prediger als geistbegabt. Aber ihren *schriftlichen* Äußerungen wird im Neuen Testament keine besondere Dignität zugeschrieben; sie werden gesammelt und immer wieder verlesen, wie es auch mit den Herrenworten geschieht, deren Form bis tief ins 2. Jahrhundert sehr frei behandelt wird. Ehe Evangelien und apostolische Schriften kanonisch werden, sind sie also regelmäßig gebrauchte und beliebte Vorlesungstexte; natürlich nicht alle in allen Teilen der Kirche. Das gilt auch von den apostolischen Briefen, die ihre Autorität neben den Evangelien zwar zögernder, aber eben auch auf Grund des praktischen Gebrauchs gewinnen. Marcions zweiteiliger Kanon hat die offizielle kirchliche Entwicklung, d. h. die Autorität von Kyrios *und* Apostolos, zwar beschleunigt, aber nicht überhaupt erst eingeleitet; hier ist HARNACKS These zu modifizieren. Der allmähliche Übergang im Gebrauch der neutestamentlichen Schriften von Vorlesungsbüchern zu kanonischen, Schriftdignität besitzenden Büchern bringt eine Ausscheidung mancher Texte mit sich, welche verlesen wurden, welche aber die höhere Dignität nicht erreichten. Dieser Übergang vollzieht sich in den verschiedenen Gebieten in verschiedenem Tempo; noch der Sinaiticus, in Ägypten in der ersten Hälfte des 4. Jahrhunderts geschrieben, enthält hinter den 27 Büchern des Neuen Testaments den Barnabasbrief und den Pastor Hermac. Das große Kriterium für jenen Ausscheidungsprozeß ist die apostolische Verfasserschaft einer Schrift; auch wenn man in diese apostolische Verfasserschaft die Apostelschüler einbezog, so war damit eine gewisse zeitliche Nähe zur ersten und zweiten Generation für die Verfasser postuliert. Dieser Ausscheidungsprozeß gewinnt schließlich seine Dringlichkeit in den Auseinandersetzungen mit der häretischen Gnosis.

Man wird also resumieren müssen: der Kanon ist in seinen Hauptblöcken, den Evangelien und dem Corpus Paulinum, altes Vorlesungsgut, das schon im 2. Jahrhundert gottesdienstlich verwendet wurde; hier hat die Kanonisierung seitens der Kirche Vorhandenes nur bestätigt. Das gilt aber nicht von den Randstücken, dem Hebräerbrief, einem Teil der katholischen Briefe und der Apokalypse; hier hat die Kirche im 4. und 5. Jahrhundert dekretiert, hier hat nicht, wie Diem[2] in Anlehnung an Barth meint, die Kanonsabgrenzung sich selber durchgesetzt.

Der Kanon ist also allmählich entstanden; seine Abgrenzung in den Randstücken war bis ins 5. Jahrhundert umstritten; der definitive Charakter dieser Abgrenzung ist kirchliches Dekret. Gerade angesichts dieses unbestreitbaren Ergebnisses der Kanongeschichte meinte man, einer Relativierung des Kanons in der Theologie zu Beginn unseres Jahrhunderts nur wehren zu können, wenn man den leitenden Gesichtspunkt, unter dem die Kirche seit dem zweiten Jahrhundert die Schriften gesammelt, ausgeschieden, als Vorlesungsliteratur benutzt und dann kanonisiert hat, um so stärker herausstellte: die apostolische Verfasserschaft. Die Einleitungswissenschaft jener Jahrzehnte steuerte dem Relativierungsprozeß, in den der Kanon hineingezogen war, durch den Versuch des Nachweises, die 27 Bücher seien „echt", d. h. sie stammten von den apostolischen Verfassern, deren Namen sie tragen, und sie gehörten somit in die älteste Zeit. Th. Zahn z. B. hat sein Werk in dieser Sicht getrieben. Man muß sich den Ernst dieser alten Konservativen klarmachen. War etwa Johannes als der Zebedaide und Augenzeuge nicht der Verfasser des vierten Evangeliums, so war, wie Kähler[3], der diesen Standpunkt nicht teilt, mit Recht sagt, die Glaubensgrundlage beträchtlich getroffen. Von daher erklärt sich die Leidenschaft jener Generation in den Einleitungsfragen um die Echtheit; so müssen in der Sicht jener Grundhaltung viertes Evangelium und Apokalypse vom Zebedaiden, die Pastoralbriefe von Paulus stammen. In der heutigen Beliebtheit der Sekretärshypothese etwa für die Pastoralbriefe und den ersten Petrusbrief, in der Zuschreibung des Jakobusbriefes an den Herrenbruder wirkt jene damalige Grundposition immer noch nach. Im Gegensatz zu dieser konservativen Grundhaltung

---

[2] H. Diem, Theologie als kirchliche Wissenschaft, II. Dogmatik, 1955, S. 179.
[3] M. Kähler, Der sogenannte historische Jesus und der geschichtliche biblische Christus[2], 1896, S. 8.

hat die liberale Forschung alten Stils im wesentlichen die apostolische Verfasserschaft der neutestamentlichen Schriften bestritten. Zwar nicht in allen Punkten hat sie dabei recht behalten. So hat sich z. B. die liberale Ansetzung des vierten Evangeliums in das erste Viertel des 2. Jahrhunderts durch die Auffindung von P^{52} (Roberts) und von P. Egerton 2 als falsch erwiesen; das vierte Evangelium muß um 100 p. schon vorhanden gewesen sein. Aber im großen und ganzen ist jener konservative Versuch, die apostolische Herkunft aller Schriften des Neuen Testamentes nachzuweisen, durchaus gescheitert. Niemand mehr unternimmt ihn heute ernsthaft. Zwar ist damit nicht gesagt, daß deswegen heute der Kanon grundsätzlich als bedeutungslos gilt; aber auf die apostolische Herkunft der Schriften wird man sich heute bei der Verteidigung des Kanons nicht einmal mehr für die Evangelien, geschweige denn für die katholische Briefliteratur ernsthaft beziehen können. So nimmt denn auch ein so grundsätzlicher Befürworter des streng abgegrenzten Kanons wie H. DIEM die Kanonsgeschichte ruhig zur Kenntnis; nur läßt er im letzten Abschnitt dieser Geschichte, im 4. und 5. Jahrhundert, die dekretierende Willkür der Kirche in den Hintergrund treten[4]. Er kämpft auch nicht mehr – auf dem Boden der Einleitungswissenschaft – streng für die apostolische Herkunft der einzelnen Schriften, sondern er betont – für historisch-kritische Argumente offen – bei der apostolischen Herkunft besonders die Einbeziehung der Apostelschüler[5]; was historisch-kritisch freilich nur angeht, wenn man „Apostelschüler" sehr weit einfach als Glieder der 2.–4. Generation der Kirche faßt. Er gibt schließlich – historisch-kritisch gesehen mit Recht – jenen Gesichtspunkt der Alten Kirche von der apostolischen Verfasserschaft grundsätzlich ganz auf, wenn er – sachlich richtig – erwägt, die Abfassungszeit einer Schrift lasse sich als Kriterium für die Kanonizität überhaupt nicht verwenden, weil ältere Schriften unkanonisch geblieben, jüngere kanonisch geworden seien[6]. Gerade die Argumentation dieses jüngsten Befürworters eines streng abgegrenzten Kanons macht deutlich: die Frage nach dem Kanon ist eine Frage nach dem Inhalt des Kanons und nach der Einheit dieses Inhalts geworden. Nicht mehr die Einleitungswissenschaft, die Exegese hat nun in Fragen des Kanons das erste Wort. Hier stehen wir heute.

---

[4] H. DIEM, aaO, S. 179.   [5] H. DIEM, aaO, S. 175.   [6] H. DIEM, aaO, S. 175.

II

War für jene eben behandelte liberale Generation der Kanon letztlich deswegen unwesentlich geworden, weil man den Gegensatz von Geist und Buchstaben fälschlicherweise als den Gegensatz der Innerlichkeit des Herzensglaubens und der Äußerlichkeit der religiösen Autorität verstand und mit der ersten Seite das Rechte zu wählen meinte, so brachte das Inführunggehen der Exegese ein erneutes Hören auf die Inhalte des Neuen Testaments und zerstörte die Illusion, als lebte der Glaube vom Enthusiasmus des Herzens und nicht von der Botschaft. Dies erneute Wichtigwerden neutestamentlicher Inhalte rückte für Jahrzehnte die formalen Fragen der Einleitung und der Kanonsgeschichte an den Rand des allgemeinen Interesses. Und doch ist das nur der täuschende Außenaspekt der Lage. Das „Merken auf das Wort" trieb es – in der religionsgeschichtlichen Vergleichung und in der formgeschichtlichen Analyse – im „Merken" nämlich so weit, daß das Neue Testament aus seiner Einheit sich in eine Vielheit von Schichten und Aspekten zerlegte. Diese Schichten und Verschiedenheiten betreffen gleichzeitig Schilderungen von Tatsächlichem wie auch theologische Aussagen. Die einzelnen Dinge fügen sich allermeist nicht, wie Mosaiksteine, zu einem bereicherten Ganzen zusammen, sondern bergen Gegenstände untereinander, welche, wird jede Seite für sich betrachtet, sich ausschließen. Das Neue Testament – so stellt es sich heraus – hat in zentralsten Stücken weder eine Aussage-Einheit hinsichtlich der tatsächlichen Vorgänge noch eine Lehr-Einheit hinsichtlich der Artikel des Glaubens. Die Frage des Kanons ist somit erneut aufgebrochen; diesmal nicht wie in der früheren Etappe von außen her in den formalen Fragen nach Verfasser und Abfassungszeit; sondern gefährlicher, von innen her, unter dem Gesichtspunkt der nicht vorhandenen Einheit, der unvereinbaren Gegensätze. Besteht die Behauptung der Uneinheitlichkeit des Neuen Testamentes zu Recht?[7]

Der Sinn dieser meiner Ausführungen kann hier nicht der sein, daß ich nun eine Synopse über die Meinungen der heutigen Neutestamentler liefere. Hier kann nur jeder, den andern mithörend, in seinem Verstehen des Neuen Testamentes den eigenen Weg zu gehen versuchen.

---

[7] Hier ist vor allem zu verweisen auf die Arbeiten von E. KÄSEMANN, Begründet der neutestamentliche Kanon die Einheit der Kirche? EvTh 11, 1951/52, S. 13–21; Eine Apologie der urchristlichen Eschatologie, ZThK 49, 1952, S. 272–296; Zum Thema der Nichtobjektivierbarkeit, EvTh 12, 1952/53, S. 455–466.

In den Ausführungen über das Gesetz, über die letzten Dinge, über Kirche und Amt, über die Christologie und über die Sakramente scheint es mir ausgeschlossen, eine wirkliche Einheit des Neuen Testamentes zu behaupten. Die folgenden Zusammenfassungen können in diesem Rahmen natürlich nur skizzieren, nicht detailliert beweisen.

Die Lehre vom *Gesetz*. Jesus von Nazareth hat die üblichen Toraforderungen verschärft. Einige dieser seiner Verschärfungen sprengen den Rahmen des in der Tora Gebotenen: die Ablehnung jedes Schwurs und der Wiedervergeltung, das Gebot der Feindesliebe, das Verbot der Ehescheidung und der Besitzverzicht. Er hat die rituelle Reinheit vergleichgültigt. Er hat herausfordernd den Mitmenschen über den Kulttag gestellt; auch damit wird die Tora in ihren rituellen Teilen von Grund auf getroffen. Das alles wird bei ihm freilich nicht grundsätzlich als neues Lehrsystem proklamiert: die jüdische Konzeption vom Toragehorsam als dem Wege zum Leben scheint bei ihm erhalten geblieben zu sein. Von innen her ist diese Konzeption doch entscheidend angetastet: wenn gerade die Torakorrektheit dazu führen kann, Gottes nicht mehr zu bedürfen, wenn Jesus als Freund von Zöllnern und Sündern den religiös Deklassierten die Aufnahme ins Reich verspricht und den korrekten Pharisäern das Gericht ansagt, so ist de facto die Tora als Heilsweg im innersten getroffen [8].

Paulus ist in seiner Rechtfertigungslehre vom historischen Jesus nicht abhängig; denn er benutzt eine völlig andere theologische Nomenklatur. Seine Rechtfertigungslehre schließt den Toraweg, auf dem der Mensch durch sein Tun sich das Heil zu gewinnen meint und daher sich gerade seines rechten Tuns rühmen und Ansprüche erheben muß, als Fehlweg, als von der Christusoffenbarung verboten aus. Dieser Ausschluß erfolgt nun grundsätzlich, liegt aber, was den Trend anlangt, auf der gleichen Linie wie die Polemik Jesu gegen den Anspruch des frommen Menschen. Das vierte Evangelium berührt die Torafrage so gut wie nicht, ordnet sich aber dieser Linie, wie später deutlich werden soll, in eigenständiger Weise ein.

Diese Linie wird im Neuen Testament nicht im mindesten durchgehalten. Die späteren Schichten der Synoptiker fangen die Polemik Jesu gegen Ritus und Kulttag erheblich ab; schon die Vermehrung der Makarismen bei Mt gegen Lk zeigt: neben die Polemik Jesu gegen die Ansprüche des Torafrommen tritt eine naiv moralisierende Emp-

---

[8] s. H. BRAUN, Spätjüdisch-häretischer und frühchristlicher Radikalismus, 1957, II, S. 3–61.

fehlung der Torafrömmigkeit. Ähnlich ergeht es den paulinischen Formeln: seine Toralehre erfährt mannigfache Modifizierungen. Der Hebräerbrief wehrt nur die kultischen Inhalte der Tora, Priesterdienst und Reinigungsriten, als Heilsweg ab. Die Apostelgeschichte vertritt eine „komplementäre" (HARNACK) Rechtfertigung: nicht Werke *oder* Glaube als Heilsweg: sondern: wo man das Gesetz nicht halten kann, da tritt der Glaube als rettend ein; die kritische Alternative bei Paulus ist verkannt [9]. Die Pastoralbriefe konservieren die paulinische Formel, paralysieren sie aber durch einen die Formel ergänzenden Moralismus und Glaubensrationalismus. Auch der Jakobusbrief knüpft an die paulinische Formel an; mir ist nicht wahrscheinlich, daß er gegen *Paulus* kämpfen will. Er will einen ihm gefährlich scheinenden Paulinismus treffen; er tut das aber so, daß er de facto den von ihm nicht verstandenen, vielleicht auch nicht gekannten Paulus verdirbt. Das Neue Testament lehrt über die Tora als Heilsweg widersprüchlich.

Die *Eschatologie*. Jesus erwartet Endgericht und Ankunft des Menschensohnes, den Anbruch der Basileia, für seine Generation. Das gleiche ist für die Urgemeinde zu vermuten, für Paulus bezeugt. Aber für Paulus schiebt sich daneben *das* Heil, welches in der Annahme des Sünders gegenwärtig ist: jetzt ist der Tag des Heils (II. Kor 6, 2). In den paulinischen Gemeinden, auch noch in der Apokalypse, bereitet das Nichteintreffen der Parusie nur erst anfängliche Schwierigkeiten; später wird die erkannte Fehlrechnung Anlaß zu erheblichen Modifizierungen. Diese erfolgen in zwei Richtungen. Der Termin wird in ein ferneres Ende prolongiert: so in einzelnen synoptischen Worten, besonders im Lukasevangelium, in der Apostelgeschichte und dann, grundsätzlich formuliert, im zweiten Petrusbrief. Diese Linie ist in der weiteren Entwicklung die offizielle geworden. Oder der Charakter des zeitlich Bevorstehenden wird ganz aufgegeben: jetzt, im Hören des Wortes, geschieht Gericht und Auferstehung. So das vierte Evangelium, in welchem aber ebenso wie im ersten Johannesbrief die zeitliche Linie in einigen Glossen nachgetragen und so das johanneische Corpus der offiziellen Eschatologie notdürftig amalgamiert wird. Das Neue Testament lehrt über die Eschatologie uneinheitlich.

Kirche und *Amt*. Jesus von Nazareth hat weder die Gründung einer Kirche und Gemeinde noch deren Leitung durch Amtsträger im Auge gehabt. In der ersten Gemeinde wie noch in den paulinischen Gemein-

---

[9] Zur Frage Paulus-Acta s. PH. VIELHAUER, Zum Paulinismus der Apostelgeschichte, EvTh 10, 1950/51, S. 1–15.

den gab es natürlich Menschen, die für die Ordnung sorgten. Aber wenn auch die zur Zwölferzahl dogmatisierten Begleiter Jesu in Jerusalem eine persönliche Autorität genossen, so lag anfangs die Zahl der Apostel nicht fest und war nicht gering, und ihre Funktion stellte keine institutionelle Beamtung dar. Die Einheit des Paulus mit dieser Jerusalemer Führung war spannungsgeladen. Das jüdische Verfassungsdenken führt, zumal seit der Herrenbruder Jakobus die Leitung in Jerusalem übernommen hat, zur Institutionalisierung der Kirche. Diese Institutionalisierung wird nun in die ersten Jahrzehnte und in die Zeit des Paulus – entgegen dem tatsächlichen Verlauf der Dinge – zurückgeblendet: nun haben die Zwölf die Oberaufsicht (Apostelgeschichte), nun setzt Paulus Presbyter und Diakonen ein (Apostelgeschichte; Pastoralbriefe), nun kommt die Rede von den „heiligen Aposteln" als dem Grunde der Kirche auf (Epheserbrief), nun gleicht die spätere Betrachtungsweise (Apostelgeschichte) die ursprünglichen Spannungen von Paulus und Uraposteln aus. Die Lehre des Neuen Testamentes von Kirche und Amt ist dadurch bestimmt, daß die Leitung vom regulierenden zum konstituierenden Faktor [10] wird.

Die drei bisher besprochenen Kreise haben gezeigt: der fromme Anspruch erhebt wieder sein Haupt, die Naherwartung wird in die Prolongierung der Eschatologie aufgelöst, die Kirche versteht sich am Ende des ersten Jahrhunderts institutionell. All diese Linien schießen zusammen in einem Statischwerden von Glaubensinhalt und Lehre: die „gesunde Lehre" der Pastoralbriefe, die „vorhandene Wahrheit" (II. Petrus 1, 12) und der „einmal überlieferte Glaube" (Judas 3) bestimmen das Bild der frühkatholischen Schriften des Neuen Testaments.

Die *Christologie*. Auch der Bogen, den die christologische Entwicklung bereits innerhalb des Neuen Testamentes durchmißt, ist denkbar weit gespannt [11]. Die kritische Analyse der Synoptiker läßt es mir immer noch als die wahrscheinlichste Annahme erscheinen, daß Jesus sich selber nicht als Messias proklamiert hat. Er verschärft die Tora bis zur Aufhebung. Daneben verspricht er dem am ha aarez den Eintritt ins Reich. Der Toraverschärfer – der Freund von Zöllnern und Sündern: diese Paradoxie ist das eigentliche Grundphänomen des Neuen Testaments. Die Bedeutung Jesu liegt also nicht bloß in seinem

---

[10] s. R. BULTMANN, Die Theologie des Neuen Testaments, 1953, S. 443 f., 453.
[11] s. H. BRAUN, Der Sinn der neutestamentlichen Christologie, ZThK 54, 1957, S. 341–377; in diesem Band S. 243–282.

Lehren, sondern auch in seinem Tun. Mit dem Osterglauben wird nun aber dies geltende, trotz der Kreuzeskatastrophe geltende Tun Jesu zunehmend ausgedrückt durch das, was er ist. Jesus bekommt Hoheitstitel. Zunächst die üblichen jüdischen: Messias, Menschensohn, vielleicht auch Gottessohn. Dann die hellenistischen: Kyrios, hellenistischer Gottessohn, Soter und ähnliche. Mit dem Übergang der Botschaft in die hellenistische Welt und mit der Ingebrauchnahme der hellenistischen Titel für Jesus erfolgt ein handgreiflicher Würdezuwachs. Das Auferstehungskerygma wird bereichert durch das leere Grab und durch die dann zeitlich von der Auferstehung getrennte Himmelfahrt. Die Würde Jesu wird in seine Vita zurückgeblendet, bei Markus noch verdeckt, bei Matthäus und Lukas offener; im vierten Evangelium bildet das „Ich bin" dann das einzige Thema. Die Herkunft Jesu wird seltener mit der hellenistischen Parthenogenese (Lukas, Matthäus), viel häufiger mit dem gnostisch-dualistischen Präexistenzdenken der zeitgenössischen religiösen Strömungen beschrieben. Die Taufe Jesu gilt zunächst als Messiasweihe, dann als Messiasproklamation. Mit alledem soll die alte Frage der HARNACKschen Ära, deren Beantwortung in den letzten 50 Jahren ja nur aufgeschoben wurde, von mir hier nicht verneinend beantwortet sein: ob Jesus von Nazareth ins Evangelium gehöre oder nicht. Er gehört hinein. Aber auch dann ist uns die Stellungnahme nicht erlassen zu der Frage: wenn Jesu Bedeutung sich in seinem Lehren gerade nicht erschöpft, liegt der Ton nun auf dem, was er tut, oder auf dem, was er ist? Sind seine Würdetitel nicht doch nur aus der Entwicklung zu verstehen, welche sein Tun zunehmend mit metaphysizierenden Seinskategorien beschrieb? Und dabei ist im Auge zu behalten: schon im Neuen Testament beginnt, wie die moralisierenden Aussagen über das Gesetz dartun, die Christologie als Lehre sich zu verselbständigen; schon im Neuen Testament hört sie auf, bloß *Ausdruck* für ein Geschehen zu sein. Die Christologie des Neuen Testaments ist in sich selber voller Spannungen.

Die *Sakramente*. Auf jüdischem Boden ist die Taufe wesentlich Reinigungsbad zur Sündenvergebung, das Herrenmahl Tischgemeinschaft im Blick auf den baldigst kommenden Messias. Auf hellenistischem Boden wird die Taufe mysterienhaft Anteilgabe an Tod und Auferstehung Christi, das Herrenmahl zum $\varphi\acute{\alpha}\varrho\mu\alpha\varkappa o\nu\ \mathring{\alpha}\vartheta\alpha\nu\alpha\sigma\acute{\iota}\alpha\varsigma$. Nur ist Paulus, mit der hellenistisch-mysterienhaften Auffassung grundsätzlich einig, dabei bestrebt, das massiv-naturhafte Verstehen in einen aus dem Rechtfertigungsglauben fließenden rechten Wandel zu überführen. Dazu kommt, daß das vierte Evangelium es wagt, auf die Begründung des Herrenmahls durch die Kultlegende von einem Stiftung werdenden letzten Mahle Jesu mit seinen Jüngern ganz zu verzichten. Die Spannungen auch in der Sakramentslehre des Neuen Testaments mögen damit wenigstens angedeutet sein.

Ich breche hier ab, obwohl hier noch vieles einzelne zu ergänzen wäre. Lassen sich diese bis in die ganz zentralen Aussagen des Neuen Testaments hineinreichenden Spannungen auflösen? Ehe wir dieser Frage nähertreten, mögen noch einige Antworten durchdacht werden, die sich mit der Frage des disparaten Kanonsinhaltes beschäftigen. KÜMMEL gelangt in seinem oben genannten Aufsatz letztlich zur Forderung des Kanons im Kanon[12]; das halte ich grundsätzlich für richtig, zumal ich die Vehemenz der Spannungen innerhalb des Neuen Testaments offenbar kräftiger empfinde als er[13]. Unbeschadet dieser Forderung meint er aber auch, eine gewisse zeitliche Nähe der neutestamentlichen Schriften zum Leben Jesu und zum Anfang der Kirche sichere diesen Schriften ihren Glauben begründenden, Garantie gewährenden Charakter[14]. Das halte ich für abwegig; denn der beendete Überblick stellte Spannungen heraus, die sich sämtlich in Texten bereits des *ersten* Jahrhunderts finden, ja die auch in Paulus selber, wohl auch sogar in einer kritisch rekonstruierten Verkündigung Jesu enthalten sind. Aber letztlich kommt KÜMMEL dann ja doch auf den Kanon im Kanon und sieht von der Abfassungszeit als einem brauchbaren Ausgrenzungsprinzip ab. Unverständlich dagegen bleibt mir der Lösungsversuch von DIEM. Sympathisch ist an ihm der kritische Verzicht darauf, die vorhandenen Gegensätze im Neuen Testament apologetisch zu retuschieren[15], richtig sicher auch die Betrachtung der Kanonsgeschichte als der Geschichte des gepredigten Textes[16], wofern Predigt und Lesung nicht unterschieden wird, was DIEM wohl auch konzedieren würde. Aber völlig ratlos stehe ich vor DIEMS Erklärung, die Inbetrachtziehung der jeweiligen Verkündigungs-Situation gewinne dem Neuen Testament die auf dem Felde der Lehre fehlende Ein-

---

[12] W. G. KÜMMEL, aaO, S. 308–313.
[13] W. G. KÜMMEL, aaO, S. 310 f.
[14] W. G. KÜMMEL, aaO, S. 296 f., 305 f.
[15] H. DIEM, aaO, S. 205; derselbe, Die Einheit der Schrift, EvTh 13, 1953, S. 395.
[16] H. DIEM, Theologie als kirchl. Wissenschaft, II, S. 191; EvTh 13, 1953, S. 387–391.

heit zurück¹⁷. Meint Diem denn im Ernst, der Moralismus, zu dem ich von Paulus kommend Nein sage, könne von mir bejaht werden, wenn ich etwa bestimmte Texte der Acta höre und weitersage? Meint er denn, es würde ein sinnvolles Predigen, wenn der Prediger heute paulinisch, am nächsten Sonntag nach Jak 2 von den Werken und vom Glauben predigt? Muß nicht das von Diem für den Exegeten und Prediger geforderte „Mithören" der andern Seite der Schrift¹⁸ notwendigerweise zu jener Charakterlosigkeit der Predigt führen, die Diem selber bestimmt gerade nicht will?! *Die* Kirche, die im Kanon die heute vorliegende complexio oppositorum zusammenband, war doch die Kirche der Apologeten und des Irenäus, in der die Weichenstellung auf den Moralismus und das Institutionelle hin bereits kräftig vollzogen wurde; jene Weichenstellung, an deren Aufhebung den Reformatoren ebensoviel liegt wie auch·Diem selber. Und der Entscheidung und dem Hören *jener* Kirche soll ich das von ihr als Kanons-Einheit Benutzte und dann auch Dekretierte abnehmen können? Im zweiten Jahrhundert und später, aber auch schon im ersten legt sich nicht, wie Diem meint, der Kanonsinhalt, damit seine Einheit dartuend, selber aus¹⁹, sondern bereits so früh wird ein genuiner Ansatz im Laufe der weiteren Entwicklung von seiner Nivellierung her ausgelegt.

III

Gibt es, inmitten all der dargestellten disparaten Lehren und gegeneinander abzuhebenden Schichten, eine Einheit im Neuen Testament, eine innere Mitte, von welcher her wenn auch nicht das Ganze, so doch wesentliche Teile zu begreifen sind?

Ich meine, ja. Bei den drei großen Blöcken, in der Jesusverkündigung, bei Paulus und im vierten Evangelium – hier grenze ich also etwas anders ab als Kümmel²⁰ – liegt die Einheit beschlossen in der Art und Weise, wie der Mensch in seiner Lage vor Gott gesehen ist. Der Mensch ist Übertreter und böse gerade auch in seinem frommen Tun: dieser Ton geht durch die synoptische Jesuspredigt, er bestimmt

---

[17] H. Diem, Theologie als kirchl. Wissenschaft, II, S. 204–208; EvTh 13, 1953, S. 394.
[18] H. Diem, Theologie als kirchl. Wissenschaft, II, S. 207 f.; EvTh 13, 1953, S. 403 f.
[19] H. Diem, Theologie als kirchl. Wissenschaft, II, S. 196.
[20] W. G. Kümmel, aaO, S. 310.

die paulinische Rechtfertigungslehre und ist kennzeichnend für das vierte Evangelium, dem zufolge der Mensch im jüdischen Glauben oder in der Vorfindlichkeit der Welt sein Leben und Gott zu haben wähnt. Dieser böse Mensch ist unbegreiflicherweise der gehaltene Mensch, so meint es Jesus in seiner Predigt und seinem Tun, so meint es Paulus mit der „Gerechtigkeit Gottes", so das vierte Evangelium, dem zufolge Gott die *Welt* liebt, wobei gerade im Ja des Menschen zu Jesus als dem Heilsträger die Maßstäbe des Menschen über Gott, Mensch und Welt zerbrochen werden. Der radikal geforderte und in Frage gestellte als der im Jesusgeschehen radikal gehaltene Mensch, und zwar nicht im Sinne einer Idee oder Lehre, sondern als Ereignis, *das* ist das neutestamentliche Grundphänomen, der Kanon im Kanon, von dem her rechte Kanonizität zu messen und zu beurteilen ist. Der Test auf die richtige Beobachtung in der Feststellung dieses Grundphänomens läßt sich auch auf religionsgeschichtlichem Wege machen. Was an der Jesusverkündigung genuin ist, die radikale Toraverschärfung und die radikale Offenheit für den am ha ares, ist antijüdisch oder wenigstens unjüdisch. Damit ist nicht behauptet, daß Worte typisch jüdischen Niveaus aus der sekundären Schicht einer rejudaisierenden Gemeindebildung stammen *müssen*; sie können z. T. auch von Jesus selbst gesprochen sein. Aber typisch, charakteristisch für ihn ist das bei ihm jüdisch nicht verrechenbare Traditionsgut. Das gleiche gilt für Paulus und den vierten Evangelisten. Beide benutzten z. B. in der Anthropologie die Ausdrucksweise des gleichzeitigen religiösen stoischen Pantheismus und des Dualismus. Wenn sie gleichwohl den Menschen nicht für göttlich erklären, weder den $\lambda\acute{o}\gamma o\varsigma$-geleiteten Menschen, wie die Stoa es tut, noch den ekstatisch oder sakramental typisch religiös gewordenen Menschen, wie die Hermetik oder die Mithrasliturgie oder die Isisweihe bei Apuleius es meinen, wenn sie den entscheidenden Defekt am Menschen nicht in seiner Verhaftung an die Materie sehen, so springt damit das Typische und Charakteristische an der Betrachtungsweise des Paulus und des vierten Evangeliums heraus. Wieder soll damit nicht behauptet sein, etwa Paulus kenne schlechterdings keine sakramentale Magie; die Taufe für die Toten in 1. Kor 15, die Krankheits- und Sterbestrafen für die Unordnung beim Herrenmahl in 1. Kor 11 sprechen nur zu beredt die Sprache dieser Magie. Aber typisch, charakteristisch für Paulus ist gerade der breite, der hellenistisch-religionsgeschichtlich nicht verrechenbare Strom. Mit der Statuierung jenes Grundphänomens ist die Absage erteilt an alle Konzeptionen im Neuen Testament, die, moralisierend und das Institutionelle in den Vordergrund schiebend, dies Phänomen erweichen; hier wird die Exegese das letzte Wort haben. Damit ist die Beweglichkeit gewonnen für die heute immer neu zu findende Ausdrucksform, in welcher dies Grundphänomen zu sagen und ins Geschehen zu überführen ist: Eschatologie in ihrer als Fehlrechnung erwiesenen zeitlichen Fassung des Endes wie in ihrer aktualen johanneischen Form drückt die Andringlichkeit der Forderung und die Radikalität der Befreiung in der Freigabe der menschlichen Zukunft aus. Die Christologie wie die Sakramente aber sind die variable Verschlüsselung für das extra nos, für das transpsychologische Woher dieses Befreiungsgeschehens. Der Kanon im Kanon, dies aus dem Zentrum des gepredigten Neuen Testamentes fließende Grundgeschehen, ist also gegen das Neue Testament selber im offenen und kritischen Hören zur Geltung zu bringen. Der hierin liegende Zirkel – der Maßstab entspringt dem Neuen Testament und wendet sich gegen das Neue Testament – ist unvermeidbar, weil der Kanon die genannten Gegensätze in sich selber birgt.

DIEMS Insistieren auf der Kontingenz [21] ist richtig, sofern die Kontingenz sich auf dies Grundgeschehen bezieht; denn dies ist in der Tat unbegründbar und unableitbar und muß es seinem Wesen nach sein. Für den Kanon ist die von DIEM behauptete Kontingenz nur bedingt und partiell richtig, sofern in den großen drei genannten Blöcken des Kanons dies kontingente Grundgeschehen einigermaßen rein zum Ausdruck kommt. Für die moralisierenden Tendenzen im Kanon, vor allem für die Schriften aus der Zeit des Frühkatholizismus ist DIEMS Betonung der Kontingenz des Kanons falsch; diese Züge und Teile des Kanons entspringen nicht jener Kontingenz, in welcher der Vater dem heimkehrenden Sohne die Arme öffnet. Ich meine also – gegen DIEM –, man könne den Kanon des Neuen Testaments nur dann richtig lesen, wenn man – durch das Neue Testament – vom Kanon im Kanon weiß. Hier stimme ich mithin KÜMMEL wie KÄSEMANN grundsätzlich zu. Nur kann ich ein Bedenken gegen KÄSEMANN nicht ganz unterdrücken. „Der neutestamentliche Kanon begründet als solcher nicht die Einheit der Kirche. Er begründet als solcher, d. h. in seiner dem Historiker zugänglichen Vorfindlichkeit, dagegen die Vielzahl der Konfessionen."[22] Das stimmt. Aber nun sieht

---

[21] H. DIEM, Theologie als kirchl. Wissenschaft, II, S. 190, 201.
[22] E. KÄSEMANN, EvTh 11, 1951/52, S. 19.

es, wenn dann der Leser und Hörer von KÄSEMANN zur Entscheidung für die Rechtfertigung des Sünders gerufen wird[23], fast so aus, als sei diese Entscheidung ein *willkürliches* Herausgreifen der einen Seite im Neuen Testament. Ich weiß nicht, ob KÄSEMANN es so meint. Ich jedenfalls könnte solche – wie ich zusammen mit KÄSEMANN denke – rechte Entscheidung für das neutestamentliche Grundphänomen nicht für eine willkürliche, sondern nur für eine begründete Entscheidung halten. Begründet freilich nicht im *Ganzen* des Kanons; begründet aber in der Grundtendenz, die in jenen drei Blöcken unverkennbar ist, die freilich auch nicht dagegen geschützt ist, von den frühkatholischen Tendenzen innerhalb des Kanons und von der späteren kirchlichen Entwicklung her interpretiert zu werden. Um alle Mißverständnisse auszuschließen, sei noch einmal ausdrücklich folgendes festgestellt. Ich meine, auf exegetischem Wege, vor allem auch durch religionsgeschichtliche Vergleichung läßt sich erheben, inwiefern der historische Jesus, inwiefern Paulus und der vierte Evangelist Größen sui generis sind. Ich meine ferner, dies je Spezifische läuft auf das hinaus, was ich oben als das neutestamentliche Grundphänomen beschrieben habe, in jedem der drei Kreise je sehr verschieden formuliert, aber im Trend und im Effekt gleich: der radikal geforderte und in Frage gestellte als der im Jesusgeschehen gehaltene Mensch. Ich meine nun freilich nicht, der Beweisgang, der dies gleiche Grundphänomen in allen drei Blöcken nachweist, wiese damit die Wahrheit und den Offenbarungscharakter solcher Aussagen nach. Der Beweisgang bleibt vielmehr auf dem Boden menschlicher Meinungen und religiös-antiker Positionen, die in menschliche Worte gefaßt sind, da hat DIEM[24] ganz recht. Erst wenn diese Meinungen zu mir sprechen, mich mahnen und kritisieren und überwinden, erst wo ich diese Meinungen inhaltlich weitergebe und zum Sprechen bringe, erst wo ich verkündige, erst dann und dort gilt die Kategorie der Wahrheit und der Offenbarung. Und erst von ihr aus wird die in den Synoptikern, bei Paulus und bei Johannes so verschieden ausgedrückte, aber auf das gleiche Fazit hinauskommende Predigt von des Menschen Heil in seiner Verlorenheit mir zum Kanon im Kanon.

Hebt die neutestamentliche Exegese den Kanon auf? Die Exegese, die auf die Botschaft merkt, paralysiert die Schlacken im Kanon und macht die Begrenzung des Kanons, was das einzelne anlangt, frag-

---

[23] E. KÄSEMANN, EvTh 12, 1952/53, S. 463.
[24] H. DIEM, EvTh 13, 1953, S. 393.

lich. Sie sagt also nicht Ja zum Kanon als ganzen, nicht Ja, weil es der Kanon ist. Sie nimmt ihn kritisch, aber unter Verwendung *jenes* Sachkriteriums, das dem Neuen Testament selber entstammt. Und darum hängt sie am Kanon, was seine Mitte, was das neutestamentliche Grundphänomen betrifft. Sie hat dies ja nur *im* Kanon, später doch schon gar nicht; wenn auch im Kanon nicht rein und nicht unvermischt. So paradox es klingt: sie respektiert den Kanon dann am gründlichsten, am sachgemäßesten, wenn sie an ihm als Kanon, als einer formalen Größe, als einer genau abgegrenzten Größe nur relativ interessiert ist; wenn sie vielmehr ihre Leidenschaft völlig auf die Mitte richtet, von der die Hauptteile des Kanons regiert werden, auf jene Schriften, bei deren Abfassung an Kanonisierung noch kein Gedanke war. Von jener Mitte, dem neutestamentlichen Grundgeschehen, wird der Prozeß der Sammlung des Kanons ja doch kaum noch bewegt. Bereits die Kirche des zweiten Jahrhunderts, die den Kanon in seinen wesentlichen Stücken gesammelt hat, ahnte kaum noch, welches Dynamit sie de facto in ihr Gepäck aufnahm. Ich glaube an die Botschaft nicht, weil sie im Kanon steht. Ich respektiere den Kanon, weil er – freilich nur: auch – die Botschaft enthält. Und darum reicht mein Respekt so weit, wie ich die Botschaft im Kanon vernehmen kann. Denn ein impliziter Glaube dürfte nicht geraten sein.

Die Problematik einer Theologie des Neuen Testaments *

Die Problematik einer Theologie des Neuen Testaments ist doppelter Art. Nimmt man „Theologie" im weiteren, üblichen Sinn, so muß man die Problematik dahin bestimmen: die Autoren des Neuen Testaments machen über das Heil des Menschen, über seine Stellung zu Gott Aussagen, die untereinander nicht in Einklang zu bringen sind und die schon durch ihre Disparatheit dartun, es kann in ihnen nicht um das gehen, was sie, expressis verbis, nun widersprüchlich zueinander sagen. Faßt man dagegen Theologie im engeren Sinn, also als Lehre über die Gottheit, so zeigt sich deutlich: das Neue Testament rechnet wie die alttestamentliche, jüdische und zum guten Teil auch die hellenistische Literatur naiv mit der Existenz einer Gottheit und ist darin getrennt von uns, die wir diese Voraussetzung so nicht mehr zu machen vermögen. Beide Arten der Problematik hängen ihrem Wesen nach miteinander zusammen. Sie sollen hier aber getrennt nacheinander behandelt werden. Erst danach kann in einem dritten Teil der Versuch zur Sprache kommen, diese doppelte Problematik zu durchstoßen.

I

Das Neue Testament macht über zentrale theologische Gegenstände auseinandergehende Aussagen. Wir denken nacheinander durch: die Christologie, die Soteriologie, die Stellung zur Tora, die Eschatologie und die Sakramentslehre.

a) Zwar ist sich das Neue Testament darin einig, daß Jesus lehrt. Die Predigt des synoptischen Jesus – ich bin immer noch der Meinung, in ihr sind am ehesten Bruchstücke aus der Predigt des historischen Jesus enthalten – fordert vom Menschen den radikalen Gehorsam gegen Gott und das schrankenlose Eintreten für den Nächsten. Dabei hält es gerade dieser Prediger des unbedingten Gehorsams mit den religiös Deklassierten unter den Zeitgenossen. Die Person dieses Predigers dagegen scheint – abgesehen von seinem Fordern und abgese-

---

* Dieser Vortrag wurde auf der Tagung der Alten Marburger am 18. 10. 1960 in Bethel gehalten; vgl. Beiheft 2 zur ZThK.

hen von seiner Freundschaft mit Zöllnern und Sündern – für die Zeit der öffentlichen Wirksamkeit ohne Interesse gewesen zu sein. Das wird zu gelten haben, auch wenn man annehmen wollte, der historische Jesus habe sich selber für den Messias gehalten: gefordert hat er selber solche Anerkenntnis von seiner Umgebung offenbar nicht. Die erste Gemeinde bekennt mit dem Osterglauben Jesus als den demnächst kommenden Messias. Die Christologie wird zum Zentrum. Jüdische, hellenistische, gnostische Hoheitstitel werden jetzt auf Jesus angewendet. Sie werden Schritt um Schritt in Jesu Leben zurückgeblendet. Das vierte Evangelium ist ein Endpunkt solcher Entwicklung. Hier redet Jesus ausschließlich von der Notwendigkeit, ihn als Heilsträger zu erkennen und anzuerkennen. Dem entspricht, daß von dem Wachsen der Christologie der Anruf, den der historische Jesus an den Menschen richtet, zurückgedrängt wird. Der paulinische Christus erwirkt sterbend und auferstehend das Heil; seine Paränese aber spielt keine zentrale Rolle. Der johanneische Jesus vollends ruft nicht zum Gehorsam gegen Gottes Gebote allgemein und zur Liebe gegen den Nächsten im allgemeinen; er ruft zur Anerkennung seiner selbst. Das neutestamentliche Bild Jesu ist vordergründig nicht auf einen Nenner zu bringen.

b) Das gesamte Neue Testament blickt auf das Endheil, das der Mensch vor Gott gewinnen soll. Dieses Endheil gewinnt der Mensch nach der Predigt Jesu dadurch, daß er der Weisung Jesu gehorcht und in solchem Gehorsam sich jeglichen Anspruch vor Gott zerbrechen läßt. Eine spezielle Anschauung über die Würde Jesu ist hier von dem Gehorchenden nicht gefordert. Seit der Entstehung der Urgemeinde gilt als Bedingung für die Heilserlangung das Ja zu Jesus als dem Heilbringer. Dies Ja tritt dem geforderten Ethos einfach zur Seite, ohne daß zwischen dem Ja zum Heilbringer und dem geforderten Ethos eine organische Verbindung hergestellt ist: so jetzt in Teilen der kath. Briefe, auch in den Acta. Das Ja zu Jesus als dem Heilbringer kann aber auch sehr profiliert ausgelegt werden: als Ruhmverzicht, als Gehaltensein von Gottes wunderhaftem Tun ($\pi\nu\varepsilon\tilde{\upsilon}\mu\alpha$), dem die Verpflichtung rechten Wandels entwächst, so Paulus; als Ja zu der wahren Wirklichkeit, an der gemessen das materiell oder religiös Vorgegebene unwirklich wird, zu der Wirklichkeit, in welcher der Gehorsame sich selber erst recht verstehen lernt, so Johannes. In der synoptischen Gestalt ist die Problematik der Gewinnung des Endheils wohl gesichtet; aber das Endheil gilt als gefährdet vom Ungehorsam des Menschen, der Gehorsame dagegen wird errettet werden, und von einer *christologischen* Überwindung dieser Gefährdung ist noch nicht die Rede. Die naive Nebeneinanderstellung von Christologie und Wandel signalisiert später zwar die grundsätzliche Unmöglichkeit für den Menschen, das Heil zu gewinnen, macht diese Unmöglichkeit aber nicht recht einsichtig. Paulus und Johannes dagegen unterstreichen das Gerettetwerden als menschliche Unmöglichkeit; hier wird Christus zur Chiffre für die organische Aufhebung dieser Unmöglichkeit mittels des göttlichen Wunders. Die soteriologische Frage erhält, vordergründig betrachtet, im Neuen Testament keine einhellige Antwort.

c) Dem entspricht die Stellung des Neuen Testaments zur Tora, zum alttestamentlich-jüdischen Gesetz. Verschiedene Gesichtspunkte sind hier im Spiel und müssen von uns nacheinander bedacht werden. Einmal geht es um die Frage des Inhaltes der einzelnen Weisungen. Wie die Synoptiker zeigen, hat Jesus die Inhalte der Tora grundsätzlich für völlig verbindlich angesehen. Jesus verschärft sogar die Tora: mit dem Dasein für den Nächsten ist es ernster gemeint, als die zeitgenössische Auslegung der Tora, ja als der Wortlaut der Tora es selber anzeigen. Gerade die Radikalisierung der Tora führt nun freilich zu ihrer konkreten Sprengung. Die kultische Reinheit wird von Jesus vergleichgültigt. Den Sabbat scheint er bei seinen Heilungen provokativ gebrochen zu haben. Diese konkrete Freiheit gegenüber der Tora hebt bei Jesus aber nicht das grundsätzliche Ja zu den Torainhalten auf: das Leben erlangt, wer den Dekalog hält. Diese in sich nicht eindeutige Haltung wird nun in der Folge modifiziert. Eine streng judenchristliche Betrachtung sieht in Jesus den, der die Toraobservanz bis zum letzten Buchstaben verlangt (Mt 5, 17–19). Jüdische Speise- und Ehegesetze gelten auch noch in gewissen Kreisen des hellenistischen Christentums (Act 15, 28 f.). Andere Kreise des hellenistischen Christentums betätigen eine Freiheit, aber auch eine gewissensmäßige Bindung an die Speisegesetze (1 Kor 8; 10; Rö 14; 15), deren Inhalt sich nun jedoch mischt mit Gesichtspunkten hellenistisch-orientalischer Asketik. In der nachpaulinischen Zeit (Joh. Jak. Past.) ist der rituelle Inhalt der Tora unaktuell geworden. Durchgehalten hat sich durch die gesamte Entwicklung während der Zeit der Abfassung der neutestamentlichen Schriften lediglich das Liebesgebot und seine konkrete paränetische Anwendung.

Von der Frage nach dem Inhalt der Tora ist zu trennen die Frage nach der Tora als dem Heilsweg. Daß das rechte Tun das Leben einträgt, wird als Grundsatz von Jesus nicht bestritten. Freilich scheint er zu sehen, daß gerade der Toragehorsam dem Menschen geistlich gefährlich werden kann: der legal handelnde Sohn Lk 15 ist der eigentlich verlorene; der aufrechnende Anspruch der Zwölf-Stunden-Arbeiter verkennt Gottes souverän schenkende Güte (Mt 20). Aber zu einer prinzipiellen Absage an die Tora als Heilsweg führt das weder bei Jesus noch in der Urgemeinde; das geschieht erst bei Paulus. Hier wird die Tora als Heilsweg verboten, weil sie notwendig den Menschen in den Selbstruhm führt. Dieser Abweg haftet nach Paulus jeglichem Gesetzesweg an: auch der Nichtjude hat eine toraähnliche ethische Observanz, deren Rühmen durch den Glauben ausgeschlossen werden muß: das Gesetz darf nicht als Heilsweg benutzt werden. So fallen die harten Worte: die Tora stammt von den Dämonen (Gal 3; 4). Diese extreme Position – Glaube *oder* (ausschließlich) Gesetzeswerke als Heilsweg – wird bald geräumt. Die Deuteropaulinen und Pastoralbriefe reproduzieren noch die Formeln; aber der Ton liegt nun auf dem Glauben als dem Heilsweg, während die Abwehr des Gesetzesweges unaktuell wird. Das Gesetz gilt nun als untragbares Joch (Act 15, 10), nicht mehr als gefährliche Verführung zum Selbstruhm. Man blickt nur auf seine ethischen, von rituellen Observanzen gereinigten Inhalte. So kommt nun die als paulinisch geltende Parole auf: Gesetz *und* Glaube (Act 13, 38f.; Jak 2; vgl. 1 Clem 31, 2). Ja, es gibt ganze Schriftenkreise, die an der Frage der Tora als Heilsweg gar nicht mehr interessiert sind (Joh. Kath. Briefe).

Selbst wo das Neue Testament das Gesetz als Orakeltext versteht, der auf die Messiaszeit und den Messias vorausblickt und so das gegenwärtige Christusgeschehen bestätigt, – also nun abgesehen von seinen inhaltlichen Forderungen, abgesehen von ihm als Mittel der Heilserlangung – auch da herrscht keine Einhelligkeit. Zwar wird das Alte Testament und die Tora überall im Neuen Testament als Autorität zitiert. Aber der Gebrauch dieser Autorität ist sehr verschieden intensiv. Neben Paulus, dem Hebräerbrief, dem Matthäusevangelium mit ihrem wiederholten Schriftbeweis steht der zurückhaltendere Gebrauch des Alten Testaments im Johannesevangelium, in den Pastoralbriefen mit ihrer Zitation (πιστὸς ὁ λόγος) *christlicher* Formulierungen und beim Acta-Verfasser, der neben dem Alten Testament z. T. geformte Topoi der Diatribe benutzt.

Die Stellung des Neuen Testaments zur Tora ist eine oszillierende Farbenscala.

d) Die Bewegung um Jesus wurzelt in der jüdischen Apokalyptik. Wie die Qumrangemeinde erwartet Jesus das Weltende als ganz nahe bevorstehend. Totenauferstehung und allgemeines Gericht sind wesentliche Stücke dieses erwarteten Enddramas. Jesu Exorzismen signalisieren die unmittelbare Nähe des Zeitpunktes, an dem Gott die Herrschaft antritt. Jesu Predigen will den Hörer rüsten auf das rechte Bestehen des drohenden Gerichts. Dieser Glaube an das nahe Ende wird, seitdem Jesus vom Osterglauben her als Messias gilt, in der judenchristlichen Urgemeinde wie in der hellenistischen Gemeinde beibehalten: nun ist es Jesu Ankunft als Messias, die bevorsteht. Erst allmählich bekommt sein Erdenleben für die Betrachtung ebenfalls messianischen Charakter. So erwarten noch Paulus (Rö 13, 11; Phil 4, 5) und seine Gemeinden (1 Thess 4) die Parusie zu Lebzeiten, auch wenn ihnen das Endheil nun als gegenwärtig und somit die Gegenwart als Endzeit gilt. Diese Erwartung wird im weiteren Neuen Testament in doppelter Weise aufgegeben. Der Termin der Parusie wird prolongiert; zögernd bei Markus und Matthäus (einige werden das Ende erleben, Mk 9, 1) und entschlossener (der Menschensohn sitzt zur Rechten, aber von seinem Kommen innerhalb der Zeit ist nicht die Rede; Lk 22, 69 verglichen mit den Parallelen) beim dritten Evangelisten, für den die Apostelzeit historisch geworden ist, im 2. Thessalonicherbrief („der Tag des Herrn steht bevor" ist eine falsche Parole) und im 2. Petrusbrief 3 (tausend Jahre wie ein Tag). Neben diesem Weg der Prolongierung des Termins steht die entschlossene Hineinnahme des Endes in die Gegenwart derart, daß dies zeitliche Voraus entfällt, und daß Gericht, Leben und Auferstehung sich in der gegenwärtigen Stellungnahme des Hörers zur Jesusbotschaft ereignen. Das ist die Art, wie das vierte Evangelium die Eschatologie interpretiert. Diese konsequente Eschatologisierung der Gegenwart unter Verzicht auf das zeitliche Voraus hat sich freilich nicht durchgesetzt. Einige Glossen tragen in das vierte Evangelium das zeitliche Voraus wieder ein und ermöglichen es nun notdürftig, den johanneischen Text im Sinn der prolongierten Eschatologie zu verstehen. Jedenfalls sind die eschatologischen Anschauungen des Neuen Testaments voll starker Spannungen.

e) Für den Gesamtverlauf der Dogmen- und Frömmigkeitsgeschichte der ersten christlichen Jahrhunderte gilt zweifellos: dem Absinken der eschatologischen Spannung entspricht die Intensivierung des Sakramentalen. Im Neuen Testament selber freilich überschneiden sich noch wenigstens partiell Naheschatologie und Sakrament. Jesus hat sich mit der Johannestaufe taufen lassen als mit dem eschatologischen Zeichen; daß er selber getauft hat, ist möglich. Wir besitzen aber kein Wort von ihm, welches anzeigt, inwiefern die Johannestaufe für ihn oder für seine Anhänger bedeutsam war. In der Urgemeinde wird dann die Taufe geübt, auf den Namen Jesu, als Unterstellung unter den Schutz Jesu, als Abwaschung der bisherigen Sünden und, vielleicht nicht sofort von Anbeginn, als Geistverleihung, d. h. als Unterstellung unter Gottes Wirken am Menschen zum Endheil. Die hellenistische Gemeinde deutet des weiteren die Taufe nach Analogie der Mysterien als Schicksalsteilhabe des Getauften am Wege des Kultheros. Paulus bremst dann zwar das rein Naturhafte dieser Betrachtung ab und hebt den Verpflichtungscharakter des neuen Lebens hervor, ohne damit aber für sich, geschweige denn für die Späteren, das grundsätzlich Naturhafte zu sprengen. Das Sakrament ist da.

Ähnliches gilt vom Herrenmahl. Ich kann trotz der Versuche, Qumran mit dem Herrenmahl zu verknüpfen, Mk 14 par. immer noch nicht für einen wenigstens partiell authentischen Bericht vom letzten Mahl halten, sondern rechne damit, daß die Tradition vom *letzten* Mahl zusamt den Einsetzungsworten hellenistischer Herkunft ist. Aber selbst wenn etwa das Brotwort authentisch wäre: gerade Qumran würde zeigen: das eschatologische Mahl ist kein Sakrament, so wenig das Sättigungsmahl des täglichen Brotbrechens der Acta Sakrament ist. Auch hier setzt das eigentlich Sakramentale in der hellenistischen Gemeinde ein: in ihr gilt die Partizipation an den Elementen als Teilhabe an Christi Blut und Leib, in ihr meint man, ein ungemäßes Umgehen mit dieser heiligen Materie schaffe Krankheit und Tod, also das Gegenteil *des* Lebens, welches vom Sakrament erwartet wird. Paulus kann diese magischen Gedankengänge benutzen und betont lediglich, das Sakrament wirke das Leben nicht, wenn der Wandel schlecht sei. Dem vierten Evangelium wird eine massiv-sakramentale Abendmahlslehre unorganisch eingefügt. Der unsakramentalen Haltung des judenchristlichen Anfangs folgt also eine mehr oder weniger betonte Sakramentalisierung auf dem Boden des hellenistischen Christentums. Dem entspricht es, daß der Kult, an dem auch die judenchristliche Gemeinde zunächst Anteil hat, der Tempel- und Opferkult in Jerusalem, für die weitere Entwicklung auf dem Wege in die hellenistische Welt unwesentlich wird und einem hellenistisch-christlichen Kult Platz macht. So tritt neben die noch in den Acta benutzte jüdische

Festzählung die von der hellenistisch-orientalischen Religionsgeschichte her beeinflußte ἡμέρα κυρίου, der erste Tag der Woche.

Das Neue Testament hat keine einheitliche Sakraments- und Kultlehre.

II

Wir entrinnen der durch diese Disparatheit neutestamentlicher theologischer Anschauungen angezeigten Verlegenheit und Problematik zu billig und zu einfach, wenn wir nun schlicht konstatieren: diese Verschiedenheiten müssen doch in einer höheren Einheit aufgehoben sein. Freilich trifft diese Feststellung zu. Aber es gilt achtzugeben, daß wir den Koinzidenzpunkt, die höhere Einheit, nicht zu objektnah, nicht zu kurzschlüssig und zu rasch ansetzen. Dazu bedarf es einer Vertiefung der soeben aufgezeigten Problematik.

Es liegt mit den disparaten Standpunkten, die innerhalb des Neuen Testaments vertreten werden, nämlich keineswegs so, daß wir zwischen den zwei oder mehreren vertretenen Positionen einfach zu wählen und in solcher Wahl uns für einen der Standpunkte zu entscheiden hätten. Jede der Positionen, auch der Ausgangspunkt des Ganzen, auch das, was von einer Konzeption Jesu von Nazareth erkennbar ist, erscheint in problematischem Lichte und gibt eine Reihe von Fragen auf, die wir nicht unterdrücken sollten, wenn es uns darum geht, mit den Aussagen des Neuen Testaments wirklich etwas anzufangen. Ich erwäge jetzt solche Fragen, geordnet nach den oben behandelten fünf Kreisen theologischer Aussagen.

a) All die Hoheitsbezeichnungen – Messias, Menschensohn, Kyrios, Soter, Logos –, die die Gemeinde bekennend auf Jesus legt, gehören ja für den damaligen jüdischen und hellenistisch-religiösen Menschen in ein fest umrissenes Koordinatensystem. Daß es solch eine Gestalt wie den Messias oder den Kyrios gibt, steht für den damaligen Menschen außer Diskussion, ist vielmehr allenthalben selbstverständliche Voraussetzung. Diese weltanschauliche religiöse Vorgabe, die der antike Mensch leistet, ohne sich dessen ausdrücklich bewußt zu sein, wird in ihrem Vorgabecharakter auch nicht dadurch gemindert, daß das von der Gemeinde eingebrachte Eigene und Eigenständige die Inhalte dieser Titulaturen modifiziert; etwa nun: der Messias stirbt sühnend, was im Begriff des Messias von Haus aus nicht enthalten ist. Diese Vorgabe – einen Messias, einen Kyrios gibt es – vermögen wir heute weltanschaulich nicht zu leisten. So problematisiert sich für uns die neutestamentliche Frage: „hältst du Jesus für den Messias, für den Kyrios?" dahin, daß weder unser Ja noch unser Nein darauf den im Neuen Testament vordergründig damit verbundenen Sinn haben kann.

b) Das Endheil wird – nach der Aussage des Neuen Testaments – gewonnen durch einen Gehorsam, der vor Gott keinen Anspruch erhebt, bzw. durch Glauben an Jesus. Wir wollen hier einmal von der christologischen Seite der Problematik absehen. Das Endheil ist vorgestellt entweder jüdisch als mühefreies Leben auf der erneuerten Erde oder dualistisch als unirdisch-jenseitiger Zustand in der lokalen Sphäre Gottes und der himmlischen Wesen. Beide Vorstellungsweisen sind uns fremd. Man wende nicht ein, es gehe bei dieser Fremdheit nur um eine Anschauungsweise. Eine solche irdisch-diesseitige oder himmlisch-jenseitige verlängerte Spielart dessen, was wir hier Leben nennen, ist in ihrer Naivität uns weder glaubhaft noch erstrebenswert. Endheil als Verlängerung des Lebens oder Weiterführung des Lebens auf jenseitiger, aber letztlich wieder diesseitig vorgestellter Ebene ist uns problematisch.

c) Die oben wiedergegebene bunte Skala neutestamentlicher Stellungnahmen zur Tora ist von einer durchgehenden Voraussetzung beherrscht: Gott hat verbindliche Weisungen erlassen, die der Mensch zu akzeptieren hat. Dies Akzeptieren geschieht zunächst naiv-heteronom. Freilich werden nun alte Weisungen durchbrochen und durch neue Inhalte ersetzt: das jüdisch Rituelle verschwindet als gottgewollter Inhalt allmählich aus dem Neuen Testament. Solch Verschwinden wird aber, wenigstens wie es sich vordergründig ansieht, erneut durch eine heteronome Autorität gedeckt: echte Jesusworte oder Worte des Erhöhten im Munde der Apostel erteilen nun die modifizierte Weisung. Freilich fehlt in der ältesten Schicht bei Jesus selber die Kasuistik, die den Gotteswillen präzise festlegt. Aber die weiterführende Paränese der Gemeinde in Gestalt der sekundären Jesusworte, die konkreten Mahnungen des Paulus trotz der Grundregel, daß die Liebe es ist, die das Gesetz erfüllt – all das macht deutlich: die Theonomie als Heteronomie ist nicht funditus überwunden. Auch die Ersetzung des Gesetzes als Heilsweg durch den Glauben bei Paulus, auch die Statuierung, daß alles nicht aus dem Glauben Kommende Sünde sei (Rö 14, 23), ändert nichts daran, daß dem Inhalt nach die von Gott gesetzten Weisungen fest stehen: das Gesetz ist heilig und das Gebot ist heilig, gerecht und gut. Die auf Paulus folgende Entschärfung des ausschließlichen Gegensatzes zwischen Gesetzeswerken und Glaube greift vollends wieder auf die von Gott dem Menschen heteronom auferlegten Inhalte zurück. Gerade diese Voraussetzung aber – Gott hat autoritär inhaltlich bestimmte Weisungen erlassen, die deswegen, also heteronom, verpflichten – liegt uns fern und ist uns unerschwinglich in ihrer naiven Heteronomie. So vermögen wir denn auch den Orakelcharakter der Tora nur als religionsgeschichtliches Phänomen zu begreifen; denn der dahinter stehende Gottesgedanke – es gibt heilige Texte voll göttlichen Hintersinns – ist uns unerschwinglich.

d) Von den drei Formen neutestamentlicher Eschatologie ist die älteste, die konsequente Naherwartung, als Irrtum ja offenbar und wird somit heute, von Randerscheinungen in der Christenheit abgesehen, so gut wie gar nicht mehr vertreten. Die Form der Prolongierung dagegen, die im späteren Neuen Testament dominiert und die auch die ursprüngliche Gestalt des Johannesevangeliums überdeckt, hat noch zahlreiche Vertreter. Das beruht darauf, daß wir uns nicht klarmachen, welche Art des Gottesgedankens in jeder zeitlichen Konzeption der Eschatologie – sei sie nun Naherwartung oder prolongiert – zum Zuge kommt: die an sich existierende Gottheit, die den Geschichtslauf lenkt; die Anfang und Ende setzt. Ist Gott hier nicht doch naiv als Gegebenheit genommen und ist es nicht diese naive Hinnahme, welche es fertig bringt, daß der Hörer sich in das weltanschaulich verzweifelte Abenteuer der Prolongierung stürzt, nachdem die Naherwartung sich als Irrtum erwiesen hat? Der genuin johanneische Verzicht auf das zeitliche Voraus des Enddramas wird freilich von diesem Vorwurf nicht betroffen. Es ist nur nicht einzusehen, daß die bei Johannes nun aktualisierten Termini der Eschatologie – Gericht, Leben, Auferstehung, Verdammnis – wirklich mit Recht Eschatologie heißen dürfen. Sie werden im vierten Evangelium so genannt mit dem historischen Recht, das von der Auseinandersetzung mit der damaligen zeitlichen Eschatologie sich herleitet. Aber eben diese Voraussetzung entfällt für uns, wenn wir das vierte Evangelium lesen. Für uns ist die Interpretation, die das vierte Evangelium mit der zeitlichen Eschatologie vornimmt, das Einrennen einer *offenen* Tür.

e) Zweifellos wehrt Paulus sich gegen die Verdinglichung des Heils: Taufe und Herrenmahl bieten keine Heilsgarantie. Aber diese Gegenwehr geschieht doch auf dem Hintergrund eines grundsätzlichen Jas, welches anzuerkennen vermag: die Taufe fügt in das $\sigma\tilde{\omega}\mu\alpha$ Christi ein; Kelch und Brot verbinden mit Christi Blut und Leib. Das Heil ist dinglich; das Sakrament verknüpft den Empfangenden mit der Sphäre der Gottheit. Aber auch das alte Sättigungsmahl, in welchem das nahe Endheil jubelnd vorausgenommen wird, auch die unmysterienhaft verstandene Taufe, die für das nahe Gericht die bisherigen Sünden wegnimmt, auch diese älteren, nicht spezifisch sakramentalen Vorstellungen bleiben auf dem Boden eines Denkens, in welchem das Kommen der Gottheit zeithaft und gegenständlich genommen wird; auf dem Boden eines naiven Gottesgedankens.

Nimmt man all diese Gesichtspunkte der vertieften Problematik zusammen, so gelangt man zu folgender Feststellung. Den angeschnittenen Vorstellungskreisen eignet je ein beträchtlicher Sektor, innerhalb dessen ein objektivierendes Denken statthat, welches in seinen Aussagen über die Gottheit vom Menschen absieht. Die Welt Gottes gilt hier als eine an sich existierende, an einem bestimmten Ort, zu einem bestimmten Zeitpunkt vorhandene oder vorhanden sein werdende Gegebenheit. So ist auch Gott für diese Betrachtung eine an und für sich existierende Größe. Hier heißt Glaube, damit rechnen: Gott *existiert* und vergilt denen, die ihn suchen (Hebr 11, 6). Und diese vom Menschen zu leistende Vorgabe regiert weithin im Neuen Testament. Denn dieser an sich existierende Gott gibt seinen Willen kund, der dann vom Menschen heteronom hinzunehmen ist; er erstellt den verschieden benannten Heilbringer; er richtet in seiner Welt das Endheil zu; er setzt die Zeitpunkte und das Ende im Zeitverlauf fest; er mit seiner jenseitigen Welt wird dinglich faßbar im Sakrament. Sich dies alles klarmachen heißt zugleich, die Unmöglichkeit dieser Betrachtung und dieses Gottesgedankens für uns erkennen.

III

Freilich hat das Neue Testament selber genug Aussagen, von welchen her eben diese seine eigne Konzeption gesprengt wird. Damit stehen wir nun vor dem Endteil, der die Überwindung der bisher dargelegten Problematik zu bringen versuchen will. Diese bisher dargelegte Problematik neutestamentlichen Theologisierens müßte derart durchstoßen werden können, daß man die Disparatheit neutestamentlicher Aussagen mit dem gleichen Schritt überwindet, welcher auch das das Neue Testament durchziehende objektiv-gegenständliche Denken über Gott und seine Welt hinter sich läßt. Wieder versuchen wir, die fünf behandelten neutestamentlichen Aussagekreise unter diesem Gesichtspunkt zu durchdenken.

a) Wir hatten erkannt: einem alten unchristologischen Stadium, dem Leben Jesu, folgt seit der Gemeindebildung die christologische Epoche, in welcher die Bedeutsamkeit Jesu mit jüdischen, dann mit hellenistischen Titulaturen, in der Form des im einzelnen vielfach sich variierenden Osterglaubens ausgesagt wird. Das alte Stadium, der predigende Jesus, nimmt den Menschen in radikale Pflicht (was nennt ihr mich „Herr, Herr" und tut nicht, was ich euch sage: Lk 6, 46) und bringt ihn unter den souverän schenkenden Gott (bist du neidisch, weil ich gütig bin: Mt 20, 15). Eben das ist nun aber auch der Sinn der paulinischen expliziten Christologie: Glaube an Jesus heißt, auf das Rühmen verzichten (Rö 3, 27), dem schenkenden und fordernden Gott gehorchen (ihr gebt euch selber dar als Sklaven zum Gehorsam: Rö 6, 16). Bei Johannes aber weiß der Glaube, der Mensch kann recht leben nur von dem Wunder der radikalen Existenzerneuerung, der Wiedergeburt (3, 5); die Wiedergeburt hängt daran, daß dem Menschen die kritische, ihn aufdeckende Liebe widerfährt (3, 16–21). Letztlich sind die vorchristologische und die christologische Epoche sich einig in der Aufeinanderbezogenheit des „Ich darf" und „Ich soll". Das „Ich darf" hängt offenbar im Anfang der ganzen Entwicklung an einem Widerfahrnis, das Menschen hatten in Begegnung mit Jesus von Nazareth. Wo dies „Ich darf" und „Ich soll" – in der Gemeinde durch die Verkündigung – neu sich ereignet, da ist Jesus; Jesus nun freilich in christologisierter Form, nun als Christus, als Kyrios. Jesus ist also nicht einfach da, der Messias, Kyrios ist nicht einfach da, so wenig dies naive Gegebensein, diese naive Gegenständlichkeit im Neuen Testament ausgeschlossen werden. Die Tatsache eines vorchristologischen *und* eines christologischen Stadiums im Neuen Testament und die Disparatheit der Aussagen auch wieder innerhalb des christologischen Stadiums zeigen vielmehr: Jesus geschieht je in meinem „Ich darf" und „Ich soll"; und zwar im Rahmen der Mitmenschlichkeit; und solch Geschehen sprengt die Gegenständlichkeit des Gegebenen.

b) Wir hatten erkannt: die Predigt Jesu fordert als Weg zum Endheil Gehorsam und Anspruchsverzicht vor Gott, die Predigt der Gemeinde und der Apostel fordert Glaube an Jesus und rechten Wandel. Glaube und Wandel können dabei unorganisch nebeneinanderstehen, können aber auch organisch miteinander verbunden sein. Sofern Glaube an Jesus und Wandel unorganisch nebeneinanderstehen, wird Jesus – entgegen dem soeben explizierten eigentlichen Sinn der Christologie – zum Gegenstand, wird die Christologie zu einer naiven, mehr oder weniger massiven Metaphysik. Wo aber der Wandel dem „Ich darf" als Widerfahrnis, christologisch gesprochen dem Glauben an Jesus entwächst, da ist Jesus verstanden als das „Ich darf" und „Ich soll", da ist er ein Geschehen, analog dem, was damals historisch um Jesus von Nazareth sich ereignet hat. Insofern lehrt das Neue Testament soteriologisch *letztlich* doch einheitlich, sofern man die Ausgelegtheit der Christologie berücksichtigt. Nur dort, wo die Christologie unausgelegt *neben* dem Wandel steht, wäre von zwei Wegen zum Heil innerhalb des Neuen Testaments zu sprechen: dem Gehorsam und dem Anspruchsverzicht beim synoptischen Jesus einerseits; andrerseits der Kombination von Glaube an Jesus und Wandel in den Texten, die eine unausgelegte Christologie haben. In letzteren würde das Endheil dann auch keinen inneren Zusammenhang haben mit dem Weg zum Heil.

Denn wir hatten ferner erkannt: das Neue Testament versteht das Endheil weithin naiv als diesseitig verlängertes Leben oder als weitergeführtes Leben auf jenseitiger, aber letztlich wieder diesseitig vorgestellter Ebene. Nun steht dieser uns Heutigen fremden Naivität gerade in den Texten, die nicht das soeben besprochene naive Nebeneinander von Glaube an Jesus und Wandel haben, also in manchen synoptischen, paulinischen und johanneischen Worten, zur Seite eine Betrachtungsweise, der gemäß Endheil und Weg zum Endheil organisch miteinander zusammenhängen. Diese Betrachtungsweise bestreitet die naive, metaphysische Fassung des Endheils nicht *explizit*. Die Sprengung der naiven Lebensverlängerung oder Lebensweiterführung erfolgt vielmehr per Konsequenz, von der Logik der Sache her, wenn etwa nach Jesus der Gehorsame nur wie ein Sklave ist, der für seine Pflichterfüllung nie Anspruch auf Dank hat (Lk 17, 7–10); wenn der Lohn, den Paulus erwartet, darin besteht, daß er ohne Entgelt predigt (1 Kor 9, 18); wenn das Leben nach Johannes nicht etwas ist, was kommt, sondern etwas, was der hat, der an Jesus glaubt, d. h. unchiffriert, der sich die gängigen weltlichen und religiösen Maßstäbe zerbrechen läßt (Joh 17, 3; 9, 39). So wird das Endheil von den Höhen einer metaphysischen sog. Welt Gottes herabgeholt auf den profanen Boden rechter Mitmenschlichkeit; in *ihr* wäre dann das Heil Gottes zu finden. Freilich ist das – wie gesagt – eine Konsequenz, allerdings eine berechtigte, neben welcher im Neuen Testament das naiv gegenständlich gefaßte Endheil weiterbesteht.

c) Wir hatten erkannt: die Inhalte der neutestamentlichen Weisungen schwanken, weil das Rituelle der Tora langsam in den Hintergrund tritt und schließlich, unaktuell geworden, verschwindet, während das Liebesgebot sich durch das ganze Neue Testament durchhält. Dieser feste Cantus firmus in allen Variationen der Paränese wird in seiner das Ganze zusammenhaltenden Einheitlichkeit dadurch besonders unterstrichen, daß die Liebe zu Gott interpretiert wird als die Liebe zum Nächsten: die dem bedrängten Nächsten erwiesene oder nicht erwiesene Hilfe und Wohltat ist de facto Jesus erwiesen bzw. nicht erwiesen (Mt 25, 31 ff.); die ἀγάπη bei Paulus richtet sich auf den Nächsten (1 Kor 13); die Liebe zu Gott betätigt sich konkret in der Liebeserweisung am Bruder (1 Joh 4, 20). Die rechte Mitmenschlichkeit ist *der* vielfach variierte Inhalt neutestamentlicher Weisungen. So tritt neben die Tora, der man das Rituelle bald nicht mehr abnimmt, als Quelle der Weisung das paränetische Sammelgut der Diatribe, u. U. vermittelt durch den Filter des hellenistischen Judentums, welches bereits für sich selber diese Inhalte in Dienst genommen hatte. Hier liegt also eine weitgehende Einheit im Neuen Testament vor. Die Problematik setzt ein bei der Frage der Begründung. Ich meine jetzt nicht die Begründung des Wandels, des „Ich soll" im unchristologischen oder christologisch verschlüsselten „Ich darf", die wir soeben im Passus der Soteriologie bedacht hatten. Jetzt soll vielmehr erwogen werden: wer setzt die Inhalte der Weisung in ihrem Gelten, die bisherigen Inhalte, die durch Jesus radikalisierten, die durch Jesus und die weitere Entwicklung immer stärker entritualisierten Inhalte? Wir hatten oben erkannt: weithin wird Gott als der Erteiler der Tora verstanden; dann sind es Jesus, der im Apostel redende Geist als die Instanzen, die die Radikalisierung und die Entritualisierung decken. Weithin wird also die Theonomie als Heteronomie genommen. Freilich hat das Neue Testament nun doch auch beträchtliche Ansätze, welche diese Heteronomie durchstoßen. Der Mensch ist Herr des Kulttages, der dem Menschen untergeordnet ist (Mk 2, 27–28), das ist vielleicht doch ein altes Herrenwort und nicht eine christologisierende Gemeindebildung. Die Profanierung kommt nicht von außen, sondern aus dem Herzen (Mk 7, 15). Solche Worte Jesu meinen ja nicht, um der Autorität Jesu willen seien ihre Inhalte gültig; sie rechnen vielmehr, einfach von ihrem Inhalt her, mit dem gewissensmäßigen Ja des Hörers. De facto also Theonomie als Autonomie, nicht als Heteronomie. So ist auch Paulus der Meinung, der Heide weiß um die rechte Norm (Rö 2, 14), ist also wie der jüdische Toraschüler recht informiert. So ver-

22 Braun, Ges. Studien, 2. Aufl.

zichtet Paulus auf die Kasuistik und bindet die Norm für das rechte Tun an das Gewissen des Glaubenden (Rö 14, 23); das Nachdenken des Glaubenden über das jeweilige rechte zu Tuende ist sinnvoll (Phil 4, 8–9). Bei Johannes wird dem Glaubenden die fraglose Gewißheit der glaubenden Existenz versprochen (Joh 16, 23). All das bedeutet: nicht Gott oder Jesus als äußere Autorität decken – heteronom – den Inhalt einer Weisung; sondern es muß nun umgekehrt lauten: in dieser oder jener Weise überzeugt, getrost, gewissensmäßig handeln können bedeutet, auf Gottes Weisung, Gott gemäß zu handeln. Theonomie und Autonomie fallen zusammen. Gott ist also der Ausdruck für das Phänomen des gewissensmäßigen, getrosten, überzeugten Handeln-Könnens. Freilich sind es nur – wie gesagt – Ansätze. Sie sind im Neuen Testament nicht durchreflektiert. Das Neue Testament als ganzes ist hier ambivalent, und hier liegt seine innere Problematik.

Der Grund für diese Ambivalenz wird deutlich, wenn wir uns daran erinnern: die geistliche Gefährlichkeit der Tora als des Heilsweges, also die paulinische Ausschließlichkeit von Glauben und Werken, wird im Neuen Testament ja keineswegs einhellig akzeptiert. Es gibt im Neuen Testament ja auch eine Soteriologie, in welcher Glaube an Jesus, unausgelegt, und Wandel unorganisch nebeneinanderstehen. Gerade in den unpaulinischen und unjohanneischen Parteien mit einer unausgelegten Christologie entwächst das „Ich soll" nicht organisch dem „Ich darf". Wenn nun schon Paulus, der den Wandel streng auf das Heil bezieht und dem Gewissen des Glaubenden die Normerkenntnis überläßt (Rö 14, 23), den Gesetzesinhalt als heilig und gut bezeichnet (Rö 7, 12) und somit doch der theonomen Heteronomie verhaftet bleibt, wie sollte diese Heteronomie nicht dort im Neuen Testament vollends zum Zuge kommen, wo neben und nach Paulus Glaube an Jesus und Wandel wieder unverbunden nebeneinander hergehen? Der ausgelegten oder unausgelegten Christologie, dem vorhandenen oder nicht vorhandenen Aufeinanderbezogensein von Glaube und Werken entspricht also das Maß, in welchem im Neuen Testament die Theonomie zur Autonomie oder zur Heteronomie wird.

Die Tora als Weissagungstext wird im Neuen Testament, wie wir festgestellt hatten, stark, aber in absinkender Intensität benutzt; christliche und auch profane Zitate treten an die Stelle der Tora. Freilich liegt uns der damit verknüpfte Gottesgedanke – Gott redet voller Tiefsinn in heiligen Texten – fern. Aber diese Statik des Gottesgedankens wird doch wenigstens insofern durchbrochen, als nun angenommen wird: auch Menschen außerhalb des Alten Testaments wissen etwas vom rechten Sinn des Glaubens. Die Theonomie wird, in dieser Ausweitung der zitierten Texte auch auf profane Schriften, wenigstens andeutungsweise als menschliche Autonomie geahnt.

d) Wir hatten erkannt: die Naheschatologie ist ein Irrtum der ersten Generation, den die prolongierte Eschatologie inkonsequent und unglaubhaft zu korrigieren versucht, während beide Formen die an sich vorhandene, Anfang und Ende bestimmende Gottheit voraussetzen. Die Intention dieses eschatologischen Aussagekreises aber, wie sie sich uns aufdrängt, wird faßbar, wenn man die Konzeption der an sich vorhandenen Gottheit und der von ihr gesetzten Zeitperioden fahren läßt. Gerade die Naherwartung birgt ja – in dem Schoße dieses objektivierenden Denkens – etwas, was de facto all diese Objektivismen durchstößt. Denn der Mensch der Naherwartung soll *jetzt* sich bekehren (Mk 1, 15), *jetzt* richtig handeln gegen die ihm anvertrauten Mitmenschen (Mt 24, 43–51 Par.), *jetzt* im richtigen Verhalten das Haus auf den Felsen statt auf Sand bauen (Mt 7, 24–27), soll *jetzt* wachen (1 Thess 5, 1–11). Hier, in der Naherwartung, geht es also, recht verstanden, nicht um das Errechnen eines objektiven Zeitverlaufs, den eine objektive Gottheit setzte; hier geht es um das Wahrnehmen des rechten καιρός (Rö 13, 11). καιρός nun freilich nicht verstanden im Sinn des wörtlich genommenen nahen Endes, nicht im Sinn der Rechnung, über die als Fehlrechnung ja gar kein Wort zu verlieren ist. Sondern die Naheschatologie signalisiert die Gefülltheit, die unwiederbringliche Einmaligkeit und unabweisbare Andringlichkeit je meines Angesprochen- und Gefordert- und Gehaltenseins im Sinn letzter Gültigkeit. So würde sich die prolongierte Eschatologie gerade als ausgesprochene Fehlinterpretation der Naheschatologie darin erweisen, daß sie den Zeitcharakter der Naheschatologie, ihr objektivierendes Schema ernst nimmt und das in der Naheschatologie eigentlich Intendierte, die Andringlichkeit des Jetzt, außer acht läßt. Bei Johannes kommt dies eigentlich Intendierte zwar ausgezeichnet zum Zuge; nur eben als Interpretament für die Topoi des für uns versunkenen apokalyptischen Weltbildes. Die Naheschatologie aber, recht verstanden, leitet uns zum hic Rhodos, hic salta. Gott wäre dann dort, wo der Augenblick in seiner Gefülltheit genommen und gelebt wird.

e) Wir hatten erkannt: aus älteren, nicht spezifisch sakramentalen Vorstellungen erwächst im Laufe der Entwicklung der ersten und zweiten Generation im Neuen Testament ein sakramental-dingliches

Denken im Blick auf Taufe und Herrenmahl. Vorsakramentales und sakramentales Stadium aber nehmen die erwartete oder vorhanden geglaubte Präsenz der Gottheit gegenständlich und dinglich. Nun ist dies gegenständliche Denken, wie uns auch schon klargeworden war, keineswegs das allein herrschende. Jesus läßt sich taufen und tauft vielleicht selber; aber nirgends wird in einem Wort von ihm deutlich, daß die Taufe als solche für ihn und die Seinen zentrale Bedeutung besessen hätte. Was jetzt in der christlichen Darstellung des Täufers betont wird, wird auch Jesu Meinung gewesen sein: die Bekehrung ist nicht durch die Taufe rituell kompensierbar (Mt 3, 7–10 Par.); das Ja zur Johannestaufe setzt Gehorsam gegen die Täuferpredigt voraus (Mk 11, 30–31). Und bei Paulus ist das in der Taufe und im Herrenmahl vermittelte Leben nicht primär Gabe, sondern im gleichen Augenblick im Wandel zu realisierende Aufgabe (Rö 6, 4; 1 Kor 10, 1–13). Das vierte Evangelium nennt für die die christliche Existenz begründende Wiedergeburt das Taufwasser nur en passant, wenn die Nennung überhaupt zum alten Text gehört; das Wunder Gottes und der Abstieg und Aufstieg des Menschensohnes Jesus dagegen stehen an zentraler Stelle (Joh 3, 5–13). Kurz, der dingliche Charakter der Heilsteilhabe ist im Neuen Testament vielerorts durchbrochen; Gott wird verstanden nicht als heilige Gegebenheit, sondern im Koordinatensystem des „Ich darf" und „Ich soll". Die Uneindeutigkeit, die Ambivalenz des Neuen Testaments in der Sakramentslehre ist freilich zuzugeben. Es ist ein Akt der wagenden Interpretation, wenn wir feststellen: die im Neuen Testament in der Tat wahrnehmbare Sakramentalisierung widerstrebt dem personalen „Ich darf" und „Ich soll", widerstrebt dem nicht gegenständlichen Gottesgedanken, an welchem dem Neuen Testament nach seinen eigenen Aussagen so entscheidend viel liegt.

Wir stehen am Ende und ziehen das Fazit. Das Neue Testament birgt in sich disparate Vorstellungen; wir haben sie uns klargemacht für die Christologie, die Soteriologie, die Stellung zur Tora, die Eschatologie und die Sakramentslehre. Diese Disparatheiten verweisen ihrerseits auf eine noch tiefer liegende Problematik innerhalb der neutestamentlichen Aussagen: Gott als dinglich und gegeben und Gott als nicht-dinglich und nicht-gegeben. Was ist letztlich im Sinne des Neuen Testaments Gott? Hier schürzt sich der Knoten der Problematik, hier muß sich das Durchstoßen der Problematik, das wir in diesem letzten Teile versucht haben, bewähren. Daß Gott und seine Welt im Neuen Testament *auch* als Gegenstand, als Sache gelten, ist nicht zu bestreiten. Daß solche Vergegenständlichung aber nicht dem eigentlichen Trend des Neuen Testaments entspricht, meinen wir für die genannten fünf Kreise doch aufgezeigt zu haben. Als was aber wäre Gott dann verstanden?

Jedenfalls nicht als der für sich Existierende, nicht als eine Spezies, die nur unter dieser Vokabel erfaßbar wäre. Gott heißt dann vielmehr das Woher meines Umgetriebenseins. Mein Umgetriebensein aber ist bestimmt durch das „Ich darf" und „Ich soll"; bestimmt durch Geborgensein und durch Pflicht. Geborgensein und Pflicht aber kommt mir nicht zu aus dem Weltall, sondern vom Anderen her, vom Mitmenschen; auch das Wort der Verkündigung und die Tat der Liebe erreichen mich ja, erreichen sie mich wirklich, vom Mitmenschen her. Gott ist das Woher meines Geborgen- und meines Verpflichtetseins vom Mitmenschen her. In Gott bleiben hieße dann also, im konkreten Akt der Zuwendung zum Anderen bleiben: wer im $\dot{\alpha}\gamma\alpha\pi\tilde{\alpha}\nu$ bleibt, bleibt in Gott (1 Joh 4, 16). Ich kann von Gott nur reden, wo ich vom Menschen rede; also anthropologisch. Ich kann von Gott nur reden, wo mein „Ich soll" kontrapunktiert wird vom „Ich darf" – also soteriologisch. Denn auch nach dem Neuen Testament ist letztlich – d. h. die inadäquaten Vergegenständlichungen der Gotteslehre beiseite gesetzt – Gott dort, wo ich in Pflicht genommen, wo ich engagiert bin; engagiert im unbedingten „Ich darf" und „Ich soll". Das hieße dann aber: der Mensch als Mensch, der Mensch in seiner Mitmenschlichkeit, impliziert Gott. Vom Neuen Testament her wäre das immer neu aufzudecken. Gott wäre dann eine bestimmte Art der Mitmenschlichkeit. Der Atheist verfehlt den *Menschen*. Ja, man wird fragen können: gibt es den Atheisten überhaupt? Denn enthält nicht jede Mitmenschlichkeit bereits etwas von der dem Neuen Testament so am Herzen liegenden Verklammerung zwischen dem „Ich darf" und „Ich soll"?

ANHANG

Zu S. 70–85.
H. BRAUN: Spätjüdisch-häretischer und frühchristlicher Radikalismus (1957) II 29–61.

Zu S. 86–99.
H. BRAUN: Qumran und das Neue Testament II (1966) § 3–5.

Zu S. 100–119.
G. BRÖKER: Die Lehre von der Sünde bei Paulus und im Schrifttum der Sekte von Qumran (Dissertation Leipzig 1959 in Maschinenschrift; vgl. ThLZ 87, 1962, 709f.). – H. BRAUN: Qumran und das Neue Testament I (1966) zu Röm. 7, 7–25; II (1966) § 8.

Zu S. 153 Anm. 148. Ganz anders G. WAGNER: Das religionsgeschichtliche Problem von Röm. 6, 1–11 (1962).

Zu S. 159–167.
W. SCHRAGE: Die Stellung zur Welt bei Paulus, Epiktet und in der Apokalyptik (ZThK 61, 1964, 125–154).
Daß die Eschatologie sich für Paulus am zeitlichen Ende der Welt vollzieht und für ihn keine Hilfskonstruktion ist, damit hat SCHRAGE (136f.) recht. SCHRAGE sieht auch klar, daß dies Ende für Paulus ein schon jetzt im Gange befindliches zeitliches Geschehen ist und daß Paulus daher das Futur des apokalyptischen ὡς μή-Topos (etwa 6. Esra 2 [16] 42ff.) in die „Anweisung zur *jetzigen* (von mir gesperrt) Distanz" (148) umbiegt. Wie kann SCHRAGE aber diese auf die konkrete paulinische Generation bezogene Endnähe angemessen auszusagen meinen, wenn er aus der damals konkreten Endnähe ein für uns doch wohl zeitlich (?) gültig sein sollendes „schon nicht mehr" und ein „unumkehrbares Gefälle der Geschichte" (148) abstrahiert? War denn jene damals von Paulus gemeinte Endnähe kein Irrtum? Und entwindet SCHRAGE diesem Irrtum sich mit *seiner* Abstraktion nicht ebenso,

wie ich mich jenem Irrtum mit *meiner* Abstraktion entwinde? Nur daß SCHRAGE dabei zwar die Nähe des Endes streicht, das zeitliche Voraus des Endes aber beibehält; während ich das Zeitschema als solches meine aufgeben zu sollen. Von daher wird man, blickt man auf den Endeffekt der Ungesichertheit, die beiden Weltsichten, die kynisch-stoische und die urchristlich-apokalyptische, letztlich eben doch nicht für so different halten können, wofern man sich ihre natürlich bestehende weltbildmäßige Unterschiedlichkeit klarmacht und überhaupt die sonstigen Unterschiede zwischen Epiktet und Paulus, die zwischen SCHRAGE und mir ja nicht strittig sind, nicht nivelliert. SCHRAGE meint, mit solch einer Gleichsetzung von Epiktet und Paulus redete ich, konsequent weitergedacht, der Gesetzlichkeit, dem Nihilismus, der Angst, der Resignation und dem Philistertum das Wort (136). Aber wird hier von SCHRAGE nicht Weltbild und innere Stellungnahme zur Welt verwechselt? Und ist es nicht eben die jüdische Eschatologie, durch welche Gesetzlichkeit (Qumran) wie Angst und Resignation (4. Esra) geradezu forciert werden?! Sofern die urchristliche Eschatologie nicht gesetzlich, nicht resignierend denkt, verdankt sie das doch nicht dem bei ihr intensivierten apokalyptischen Erbe, sondern anderen, im Neuen Testament ins Spiel gekommenen Faktoren.

Zu S. 173–177.
U. WILCKENS (Die Missionsreden der Apostelgeschichte[2], 1963, 171 bis 175), H. CONZELMANN (Die Apostelgeschichte, 1963, 30) und E. HAENCHEN (Die Apostelgeschichte[14], 1965, 150) haben mich überzeugt: Lukas lehrt wohl subordinatianisch, meint aber selber nicht Jesu Adoption erst durch die Auferstehung. Sofern adoptianisch klingende Formeln wie Acta 2, 36 doch einer älteren Tradition angehören sollten, hat Lukas selber sie nicht adoptianisch verstanden.

Zu S. 178–181.
U. WILCKENS: Weisheit und Torheit (1959).

Zu S. 205–209.
Anders W. SCHMITHALS: Die Thessalonicherbriefe als Briefkomposition (in: Zeit und Geschichte, 1964, 295–315). – Ders.: Die historische Situation der Thessalonicherbriefe (in: Paulus und die Gnostiker, Theol. Forschung 35, 1965, 89–157).

Zu S. 210–242.
W. NAUCK: Die Tradition und der Charakter des ersten Johannesbriefes (1957); dazu H. BRAUN: Qumran und das Neue Testament I (1966) zu I. Joh 5, 21. – E. HAENCHEN: Neuere Literatur zu den Johannesbriefen (ThR 26, 1960, 1–43; 267–291).

Zu S. 214 und zu E. KÄSEMANN: Ketzer und Zeuge (in: Exegetische Versuche und Besinnungen I, 1960, 182). Das in I. Joh 1, 5–2, 1 ausgesprochene simul justus et peccator ist in qumranischen Texten in etwa doch bezeugt; vgl. H. BRAUN: Das Selbstverständnis des Qumranfrommen (in: Gesammelte Studien², 1966, 103–115).

Zu S. 218.
Gegen E. HAENCHEN (ThR 26, 1960, 15–20) meine ich doch, an der Annahme einer Vorlage für den ersten Johannesbrief festhalten zu sollen.

Zu S. 223f.
H.-M. SCHENKE (Determination und Ethik im ersten Johannesbrief, ZThK 60, 1963, 208) bestreitet das Bewahren der Gebote als den Realgrund für die Heilsteilhabe, verkennt aber: das Bewahren der Gebote schließt im I. Joh die Annahme des Heils, den Glauben, ja *ein*.

Zu S. 223–225.
H. CONZELMANN („Was von Anfang war" in: Neutestamentliche Studien für Rudolf BULTMANN, 1954, 194–201) zeichnet zutreffend den Trend vom Johannesevangelium zum verkirchlichten ersten Johannesbrief: Enteschatologisierung; aus dem eschatologischen Geschehen auf dem Boden des Evangeliums werde die eschatologische Epoche der Kirche auf dem Boden des ersten Johannesbriefes; die Kirche reflektiere ihren eigenen Glauben und normiere ihn durch das formulierte Bekenntnis. CONZELMANN sollte aber stärker herausstellen, daß das γινώσκειν auch des ersten Johannesbriefes noch der Dialektik verhaftet ist.

Zu S. 226.
R. BULTMANN (Die kirchliche Redaktion des ersten Johannesbriefes in: In memoriam Ernst LOHMEYER, 1951, 192–195) begründet den sekundären Charakter von I. Joh 5, 14–21 u. a. mit dem frühkatholi-

schen Inhalt dieser Verse, der sich in der Lehre von verschiedenwertigen Sünden und in der Preisgabe des dialektischen Verständnisses christlichen Seins anzeige. Aber diesem frühkatholischen Sündenbegriff korrespondiert ja bereits in I. Joh 2, 1b das Passieren einer Einzelsünde und in I. Joh 3, 22 die Gründung der Erhörungsgewißheit auf den rechten Wandel des Gläubigen. Der Verfasser des I. Johannesbriefes und der von BULTMANN angenommene kirchliche Redaktor heben sich hier theologisch nicht voneinander ab.

Zu S. 243–282.
H. CONZELMANN: Jesus Christus (RGG³ III 1959, 619–653). – E. SCHWEIZER: Der Menschensohn (ZNW 50, 1959, 185–209); dazu Ph. VIELHAUER (ZThK 60, 1963, 153–170). – H. E. TÖDT: Der Menschensohn in der synoptischen Überlieferung (1959); dazu E. SCHWEIZER (Ev Th 23; 1963, 105); Ph. VIELHAUER (ZThK 60, 1963, 135 bis 153). – W. MARXSEN: Anfangsprobleme der Christologie (1960). – E. SCHWEIZER: The Son of Man (JBL 79, 1960, 119–129). – H. D. BETZ: Lukian von Samosata und das Neue Testament (1961) 100–143 (zum $\vartheta\varepsilon\tilde{\iota}o\varsigma\ \dot{\alpha}\nu\acute{\eta}\varrho$). – J. SCHREIBER: Die Christologie des Markusevangeliums (ZThK 58, 1961, 154–183). – G. EBELING: Theologie und Verkündigung (1962), besonders 19–92. – E. JÜNGEL: Paulus und Jesus (1962). – S. SCHULZ: Maranatha und Kyrios Jesus (ZNW 53, 1962, 125–144). – E. SCHWEIZER: Erniedrigung und Erhöhung bei Jesus und seinen Nachfolgern² (1962). – E. HAENCHEN: Die Komposition von Mk VII (muß heißen: VIII), 27 – IX, 1 und Parallelen (Nov Test 6, 1963, 81–109). – F. HAHN: Christologische Hoheitstitel (1963); dazu E. SCHWEIZER (Ev Th 23, 1963, 106); Ph. VIELHAUER (ZThK 60, 1963, 175–177; Ev Th 25, 1965, 24–72; ThLZ 90, 1965, 569–588). – W. KRAMER: Christos, Kyrios, Gottessohn (1963); dazu E. SCHWEIZER (Ev Th 23, 1963, 105f.); L. GASTON (ThZ 20, 1964, 443f.). – Ph. VIELHAUER: Jesus und der Menschensohn (ZThK 60, 1963, 133–177). – E. DINKLER: Petrusbekenntnis und Satanswort (in: Zeit und Geschichte, 1964, 127–153). – E. KÄSEMANN: Sackgassen im Streit um den historischen Jesus (in: Exegetische Versuche und Besinnungen. Zweiter Band, 1964, 31–68). – Ph. VIELHAUER: Erwägungen zur Christologie des Markusevangeliums (in: Zeit und Geschichte, 1964, 155–169). – R. BULTMANN: Antwort an Ernst KÄSEMANN (in: Glauben und Verstehen. Vierter Band, 1965, 190–198). – E. FUCHS: Glaube und Erfahrung (1965). – U. LUZ: Das Geheimnis-

motiv und die markinische Christologie (ZNW 56, 1965, 9–30). –
E. Schweizer: Zur Frage des Messiasgeheimnisses bei Markus (ZNW
56, 1965, 1–8).
Zu G. Ebeling (Theologie und Verkündigung, 1962, 44f.).
Ebeling hat darin, daß die Christologie die Variable darstellt in ihrem
Wie, nicht aber in ihrem Daß, natürlich völlig recht, wenn diese
Unterscheidung bedeuten soll: das Phänomen Jesus, seine Verkündigung und die auf ihn bezogene Auslegung sind dem Glauben vorgegeben. Ebeling scheint aber zu meinen, daß das explizite christologische Kerygma des Neuen Testamentes, auch wenn es selber ständig
der Interpretation bedarf (G. Ebeling: Wort und Glaube, 1960, 260),
als kerygmatische Formel unentbehrlich sei. Dieser Meinung bin ich
nun freilich nicht: enthält eine – was die Explizitheit anlangt – unchristologische Perikope wie die Gemeindebildung Mk 2, 15–17 nicht
alles, was die späteren expliziten christologischen Bildungen intendieren?

E. Jüngel (Paulus und Jesus, 1962, 278 Anm. 2) wendet ein, das
Selbstverständnis des Glaubenden wisse sich von außerhalb seiner
begründet, und dies Von-außerhalb-seiner stelle dann die Selbigkeit
zwischen den variablen Bildungen der Christologie dar. Das trifft
zweifellos zu. Nur wird diese Selbigkeit im Neuen Testament explizit
formuliert teils unchristologisch, teils in Formeln einer in sich wieder
variablen Christologie. Das Von-außerhalb-seiner besteht in dem begegnenden Wort und in der widerfahrenden Liebe. So gehört dies
Von-außerhalb-seiner, so wenig ich es für illusionär halte, zum glaubenden Selbstverständnis dazu; letzteres darf ja nicht zum Selbstbewußtsein verpsychologisiert werden (vgl. H. Braun: Gottes Existenz und meine Geschichtlichkeit im Neuen Testament; in: Zeit und
Geschichte, 1964, 408–410). Also wäre das glaubende Selbstverständnis doch die Konstante.

Zu Ph. Vielhauer: Gottesreich und Menschensohn in der Verkündigung Jesu (in: Festschrift für Günther Dehn, 1957, 51–79). – Ders.:
Jesus und der Menschensohn (ZThK 60, 1963, 133–177).
Ich gestehe, daß ich in jener Sparte synoptischer Menschensohnworte,
die von dem Kommenden handeln, immer noch Worte vermute, die
auf den historischen Jesus selber zurückgehen und zwischen seiner
Person und der des Menschensohnes scheiden. Vielhauers religionsgeschichtlicher Beweisgang (Gottesreich 71–73) trifft zu für das ge-

nuine Verständnis von Dan 7: der Menschensohn *repräsentiert* das eschatologische Reich. Aber der Jude Tryphon (Justin, Dialogus 32, 1) läßt eben diesen danielischen Menschensohn die βασιλεία *empfangen,* nimmt ihn also als Individualgestalt, sogar als messianische. Jüdische, freilich jüngere Midrasche tun das ebenfalls (Num R. 13, 170b, Strack-Billerbeck I 20; Vajjoscha', Beth ha Midr. 1, 56, 13, Strack-Billerbeck III 639). Diese personal-individuelle Auffassung des danielischen Menschensohnes ist für das gesamte Neue Testament bezeugt, und so kann „Menschensohn" und „Reich" in jüngeren Bildungen wie Mt 13, 37f.; 13, 41; 16, 28 denn auch explizit verbunden werden. Dann wird man aber auch dem historischen Jesus die Möglichkeit, den Menschensohn zu erwarten, nicht deswegen bestreiten dürfen, weil bei Jesus die Predigt vom Gottesreich im Zentrum steht. Was aber die Differenzierung zwischen dem Ich Jesu und dem Menschensohn in Lk 12, 8 und Mk 8, 38 Par. anlangt: sie ist im Munde des historischen Jesus mit dem Sinn der Unterscheidung zwischen zwei Personen mir immer noch wahrscheinlicher als auf dem Boden einer Gemeindebildung, die auch mit dem Menschensohn Jesus von vornherein meine, durch diese Differenzierung aber zwei zeitliche status bei Jesus unterscheiden wolle (zu VIELHAUER: Jesus und der Menschensohn 146).

Zu E. KÄSEMANN: Sackgassen im Streit um den historischen Jesus; (in: Exegetische Versuche und Besinnungen. Zweiter Band (1964) 31–68). KÄSEMANN hält meine Bezeichnung des Selbstverständnisses des Glaubenden als der Konstanten und die der Christologie als der Variablen im Neuen Testament für schlechterdings falsch (44). Seine Widerlegung verfährt folgendermaßen. Er ersetzt die Konstanz durch die Kontinuität, die sich auf historischem Boden aber immer mit der Diskontinuität verbinde (45 f.). Das letztere wird zutreffen; ich mag nicht um Termini streiten. KÄSEMANN behauptet sodann, die Variationsbreite innerhalb des glaubenden Selbstverständnisses entspreche im Neuen Testament derjenigen innerhalb der Christologie. Für die Christologie gibt er selber also die Variabilität zu, meint diese dann aber auch genau so stark im glaubenden Selbstverständnis der einzelnen neutestamentlichen Schichten finden zu können. Daß auch das Selbstverständnis des Menschen innerhalb des Neuen Testaments nicht einheitlich ist, weiß ich wohl und habe es auch gesagt (Studien 266f.). Aber ist denn zu verkennen, daß synoptische, paulinische und johanneische Texte zwar polyphon in der Formulierung, jedoch unison im Inhalt die Radikalität von Sünde und Gnade lehren?! Diese drei Kreise meine ich als Beispiele, aber doch auch in Ausgrenzung gegen Synergismus und gegen physisches Erlösungsdenken im Neuen Testament. Und ist denn zu bestreiten, daß bei Paulus und Johannes dieser Inhalt nicht vom historischen Jesus her tradiert ist?! Sonst hätte ersterer seine Rechtfertigungslehre durch die Autorität von Herrenworten gedeckt, und letzterer hätte nicht ein vom historischen Jesus so fernes Evangelium geschrieben. KÄSEMANN meint, diese Radikalität von Sünde und Gnade unterscheide sich von der der qumranischen Hodajot nur gradweise (44). Nun, Sünde und Gnade gibt es wohl im Judentum, und in Qumran zumal. Aber daß im *Erfüllen* des Gesetzes Sünde unausweichlich eingeschlossen und daß die Gnade demzufolge radikal gedacht ist, das habe ich auch in Qumran nicht gefunden (vgl. H. BRAUN: Qumran und das Neue Testament I 1966 zu Röm 7, 7–25). Gerade die Radikalität des neutestamentlichen Verständnisses von Sünde und Gnade hoffte ich deutlich gemacht zu haben und meinte, in diesem Punkte mit KÄSEMANN einig zu sein. KÄSEMANN bemängelt, ich überginge das Konstanteste im glaubenden Selbstverständnis, die Christuszugehörigkeit (44). Aber wie anders kann ich denn von Christus recht reden als derart, daß ich Sünde und Gnade radikal nehme?! KÄSEMANN weiß selber (65), die Christologie wird im Neuen Testament nur im Rahmen der Soteriologie entfaltet. Was meint er denn mit der christologischen Begründung und Bindung der Soteriologie (65)? Auch er will (49 unten) nicht, daß geschehene Fakten Recht und Notwendigkeit des Glaubens bekunden. Christus gilt auch bei KÄSEMANN als ins Kerygma auferstanden (64). Über uns erhöht und unserer Adaption entzogen, wie KÄSEMANN mit Recht fordert, ist Christus aber doch in der Weise, daß wir über Geliebtwerden und über Selber-lieben-können eben *nicht* verfügen. Wie kann denn das Ostergeschehen die Brücke zwischen dem historischen Jesus und dem *gesamten* (Sperrung von mir) späteren Kerygma sein (46), wo doch extreme, im Neuen Testament bekämpfte Gesetzlichkeit (wie bei den galatischen Irrlehrern) und milde, im Neuen Testament mit unterlaufende Gesetzlichkeit und schließlich auch das Kerygma von der radikalen Sünde und Gnade gleichermaßen diese „Brücke" passieren? Eben deswegen habe ich ja auf Herakles verwiesen, weil das Heilbringer-Schema gerade kein Christianum ist und weil die Diskrepanz zwischen Jesus und Herakles lapidar sich erst dort auftut, wo man auf die bei Jesus und Herakles in gleicher Weise verschlüsselte, aber im Inhalt sehr verschiedene Botschaft achtet (Studien 265 f.; 270–272; besonders Anm. 126; aber dazu lese ich bei KÄSEMANN nichts!). Ich will um mein „ich darf und ich soll" als Formel nicht streiten. Gemeint ist mit ihr, mein Tun der Liebe wird realisierbar erst unter dem Widerfahrnis des Geliebtwerdens, welches durch das Kerygma in Gang kommt. Das halte ich für „christlich", und sofern „christlich" ein „historisches Firmenschild" (51) ist, hat die mit diesem „Schild" angezeigte „Firma" den Vorzug, mit zentralen Aussagen des Neuen Testamentes und einem Teil der daran anschließenden weiteren Gedankenbildung im Einklang zu sein. Schließlich: was ist es Schlechtes, Jesus als auslösenden Faktor zu denken (50)? Die Ungeeignetheit unseres Personbegriffs als Aussagemittel für die Struktur des Erhöhten sieht KÄSEMANN selber (64). Wirkt ein „Auslösender" eben in dem, was er ausgelöst hat, *nicht* weiter und ist er in diesem seinem Weiterwirken *nicht* zur Stelle? Ist die Botschaft dann eine Idee? Ich hatte es verneint und wollte mit dieser meiner Verneinung das Abstrakte an der Idee ablehnen, das auch KÄSEMANN (50) als für das Kerygma unangemessen empfindet. Aber sofern eine Idee gepredigt wird, wie KÄSEMANN dann des weiteren voraussetzt (50), und nicht abstrakt bleibt, sondern Bewegung und Leben schafft, eignet „Idee" sich natürlich durchaus als Bezeichnung für das Kerygma. Der Unterschied zwischen den jeweils gepredigten Inhalten, also etwa zwischen Herakles und Jesus und zwischen den mit beiden verbundenen Kerygmata, bleibt objektiv erkennbar und beschreibbar. Aber ob man richtig wählt, wenn man dem, der die fortes ruft, oder dem, der die Mühseligen und Beladenen einladet, Gefolgschaft leistet, dafür dürfte es keine objektiven Kriterien geben; es seien denn solche, die die parteiische Liebe des Wählenden atmen. (Dieser Passus zu Ernst KÄSEMANN wurde von mir niedergeschrieben wenige Tage, bevor mir am 11. November 1965 mit „Glauben und Verstehen" IV BULTMANNS Antwort an KÄSEMANN vor die Augen kam).

Zu E. FUCHS: Glaube und Erfahrung (1965) 449–451.
Die Besinnungen, die E. FUCHS an meine Bezeichnung des anthropologischen Sachverhaltes als der Konstante des Neuen Testamentes anschließt, kann ich durchaus aufnehmen. Es müßte nur klar werden: der Glaube an den Tod Jesu für uns steht keineswegs im Zentrum *aller* (von mir gesperrt) neutestamentlichen Aussagen über Jesus.

Ferner: Jesus habe sich *entschlossen* (von mir gesperrt), für seine Verkündigung zu leiden und, wenn es sein sollte, zu sterben: diese Aussage dürfte mit ihrem Anspruch, von Jesu Entschlüssen zu wissen, das Maß dessen überschreiten, was man historisch wissen kann; E. Fuchs selber aber wird dem Glauben nicht solch ein Wissen zubilligen wollen, wie der Historiker es nicht haben kann.

Zu S. 299–309.
H. Frhr. v. Campenhausen: Der Ablauf der Osterereignisse und das leere Grab² (1958); dazu E. Fascher (ThLZ 80, 1955, 90f.); F. Mildenberger (EvTh 18, 1958, 419–424). – K. Adam: Das Zeugnis der Apostel von der Auferstehung Jesu (in: Der historische Jesus und der kerygmatische Christus, 1960, 170–180). – E. Brunner: Wahre und falsche Begründung des Osterglaubens (in: Der historische Jesus und der kerygmatische Christus, 1960, 181–187). – H. Conzelmann: Jesus von Nazareth und der Glaube an den Auferstandenen (in: Der historische Jesus und der kerygmatische Christus, 1960, 188–199). – E. Fascher: Die Osterberichte und das Problem einer biblischen Hermeneutik (in: Der historische Jesus und der kerygmatische Christus, 1960, 200–207). – K. H. Rengstorf: Die Auferstehung Jesu⁴ (1960); dazu F. K. Schumann (ThLZ 83, 1958, 190–192); D. P. Fuller (ThZ 17, 1961, 381). – U. Wilckens: Das Offenbarungsverständnis in der Geschichte des Urchristentums (in: Offenbarung als Geschichte, herausgegeben von W. Pannenberg, 1961, 42–90). – H. Grass: Ostergeschehen und Osterberichte² (1962); dazu E. Käsemann (VF 1958/59, 1962, 103–105). – G. Bornkamm: Der Auferstandene und der Irdische. Mt 28, 16–20 (in: Zeit und Geschichte, 1964, 171–191). – W. Marxsen: Die Auferstehung Jesu als historisches und als theologisches Problem (1964).

Zu S. 310–324.
H. Lietzmann: Wie wurden die Bücher des Neuen Testamentes heilige Schrift (in: Kleine Schriften II, Studien zum Neuen Testament, herausgegeben von K. Aland, 1958, 15–98). – W. Andersen: Die Verbindlichkeit des Kanons (in: Fuldaer Hefte, Heft 12, 1960, 25–46). – W. Marxsen: Das Problem des neutestamentlichen Kanons aus der Sicht des Exegeten (NZSTh 2, 1960, 137–150). – C. H. Ratschow: Zur Frage der Begründung des neutestamentlichen Kanons aus der Sicht des systematischen Theologen (NZSTh 2, 1960, 150–160).

W. Marxsen: Kontingenz der Offenbarung oder (und?) Kontingenz des Kanons? (NZSTh 2, 1960, 355–364). – K. Aland: Das Problem des neutestamentlichen Kanons (NZSTh 4, 1962, 220–242). – E. Flesseman – van Leer: Prinzipien der Sammlung und Ausscheidung bei der Bildung des Kanons (ZThK 61, 1964, 404–420).

Zu S. 325–341.
John A. T. Robinson: Honest to God (1963). Deutsch: Gott ist anders (1963). – R. Bultmann: Ist der Glaube an Gott erledigt? (in: Glauben und Verstehen IV, 1965, 107–112). – Ders.: Der Gottesgedanke und der moderne Mensch (in: Glauben und Verstehen IV, 1965, 113–127). – The Honest to God Debate, edited by D. L. Edwards (1963). – H. Gollwitzer: Die Existenz Gottes im Bekenntnis des Glaubens (1963). – H. Braun: Gottes Existenz und meine Geschichtlichkeit (in: Zeit und Geschichte, 1964, 399–421). – M. Mezger: Redliche Predigt (in: Zeit und Geschichte, 1964, 423–438). – Diskussion Braun-Gollwitzer (in: Post Bultmann Locutum I, herausgeg. von H. Symanowski, 1965, 13–44). – A. Semmelrock: Ist Gott ein mythologischer Begriff? (in: Post Bultmann Locutum II, herausgeg. von H-.W. Bartsch, 1965, 9–12). – H.-W. Bartsch: Über die Möglichkeit, von Gott zu reden (in: Post Bultmann Locutum II, 13–25). – H. Gollwitzer: Nachwort zur Diskussion mit H. Braun (in: Post Bultmann Locutum II, 27–40). – H. Bock: Überlegungen zur Kontroverse Braun-Gollwitzer (in: Post Bultmann Locutum II, 41–59). – E. Schweizer: Was heißt „Gott"? (EvTh 25, 1965, 339–349). – Th. Lorenzmeier: Glauben und Verstehen in der Theologie Herbert Brauns (in MPTh 54, 1965, 19–32). – Ders.: Verantwortliche Verkündigung. Zur Relevanz der Theologie Herbert Brauns für die Predigt der Kirche (in: Kirche in der Zeit 20, 1965, 197–201).

STELLENREGISTER[1])

(Die Stellen des Aufsatzes „Vom Erbarmen Gottes über den Gerechten" [S. 8–65] sind nicht berücksichtigt; siehe dafür das Register auf den Seiten 66–69).
Die Zahl vor dem Komma bedeutet die der betr. Seite, die Zahl hinter dem Komma die der betr. Anmerkung

Altes Testament

Gen.
21, 14	3, 14
37, 15	3, 15

Ex.
14, 3	3, 14

Num.
19, 14	137

Hiob (LXX)
2, 9	3

Ps.
2, 7	170
15 (LXX)	177
51	115
106, 4	3, 14

Jes.
16, 8	3, 14
21, 15	3, 16
22, 5	3, 16

Dan.
7	348
7, 22	182

Hosea (LXX)
2, 9	5
2, 16	6
2, 21	6
2, 25	6
4, 12	5
6, 6	6
9, 10	5
9, 15–17	2, 2
9, 17	5

Apokryphen und Pseudepigraphen

Sap. Sal.
2, 22	183, 17
3, 1	183, 17
3, 5	183, 17; 185
13, 6	206, 2
13, 7	206, 2

Ps. Sal.
1, 2	7
17, 16	226
17, 17	226

IV. Esra
3, 7	199, 103
6, 59	183, 15. 16
7, 118	199, 103
8, 32	115
8, 36	115

Syr. Bar.
23, 4	199, 103

Sirach
29, 18	3, 17
34, 9	3, 17
34, 10	3, 17
36, 25	3, 17
51, 13	3, 17

Mischna, Talmud, Midrasch

Abot
2, 6	206, 1
6, 1	182, 9

Aboth de Rabbi Nathan ed. Schechter
39a	137, 3

---

[1] Die Register dieses Bandes verdanke ich Herrn stud. theol. Klaus Gerecke.

Bab. Berachot
IX p. 63b   136, 2
Bab. Gittin
V 6 p. 57b   136, 2
Bab. Schabbat
IX 2 p. 83b   136, 2
R. Chijja ben Joseph in Keth.
XII 11 p. 111b   142, 23
R. Eliezer in Pirque R. Eliezer
33 (17c)   142, 23
R. Meir in Sanh.
XI p. 90b   142, 23
Num R.
13, 170b   348
Tamid
IV p. 32a   136, 1; 138, 7
Targum Hohes Lied
8, 2   254, 24
Vajjoscha', Beth ha Midr.
1, 56, 13   348

IQS (Die Gemeinderegel) = Manual of Discipline

1, 2	75; 90
1, 3	90
1, 4	79
1, 7	75
1, 8	78
1, 9	78
1, 10	79
1, 11	75; 78; 91
1, 12	78; 80; 91
1, 13	78; 80; 83
1, 14	78; 79
1, 15	79
1, 16	78
1, 17	78
1, 18	75
1, 23	75
1, 24–2,1	103; 112, 223
1, 24	104, 34
1, 24–26	107, 114; 112, 224
1, 25	104, 37. 41
1, 26	105, 52
2, 1	109, 145. 146; 111, 203
2, 2	78
2, 16	78
2, 18	78
2, 19	75
2, 20–25	79
3, 1	71
3, 2	80
3, 3	71; 73
3, 5	73; 75; 91
3, 6	91
3, 8	78
3, 10	78; 79
3, 11	78
3, 13	78
3, 20	77
3, 21	75
3, 22	75
3, 23	74; 75
3, 24	78
3, 25	78
4, 2	97
4, 3	97
4, 16–25	74
4, 18	74
4, 19	75
4, 23	113, 242
4, 23–25	114
5, 1	75; 78; 90; 94
5, 1–9	79
5, 1–3	70; 73; 83;
5, 2	78; 79; 80; 90; 94
5, 3	75; 78; 80
5, 4	73
5, 5	73
5, 6	75
5, 7	78
5, 7–9	70; 73; 78
5, 8	75; 78
5, 9	78
5, 10	75
5, 13	71; 75; 77
5, 14	71; 75; 78; 80
5, 15	78
5, 16	80
5, 19	73
5, 20	75; 78
5, 20–22	71
5, 21	75
5, 22	75; 78
6, 4	78
6, 6	96
6, 7	96
6, 8	96

Stellenregister

6, 11	78	11, 10	104, 17. 41. 42; 106, 80; 109, 143. 154; 112, 224. 225
6, 13–23	79; 83		
6, 14	71		
6, 15	71	11, 11	109, 143. 144. 157. 159; 110, 173
6, 16	96		
6, 17	80; 96	11, 12	103, 9; 104, 43. 44; 106, 77; 108, 131; 109, 146. 148; 110, 163; 112, 224. 225
6, 19	80		
6, 22	80		
6, 24	80		
6, 25	80	11, 13	105, 66; 108, 119. 120; 109, 137. 142. 145. 146; 110, 173
7, 6	80		
7, 7	80		
7, 9	78	11, 14	104, 10. 31; 109, 147. 148. 150. 152; 110, 161. 163. 166; 112, 224
8, 1	78		
8, 1–3	78		
8, 2	75	11, 15	103, 9; 104, 31; 108, 126; 110, 186; 111, 221; 112, 224
8, 4–12	74		
8, 11	78		
8, 21	78	11, 16	108, 132; 109, 142. 144. 147. 148; 110, 172; 111, 204
8, 23	78; 80		
8, 24	78		
9, 3–11	75	11, 16–18	109, 143
9, 8	80	11, 17	104, 41; 109, 144. 159; 110, 185; 111, 204
9, 10	74		
9, 11	74	11, 18	104, 49; 105, 61; 109, 144; 110, 185
9, 13	74; 78		
9, 14	74	11, 19	104, 49
9, 16	79	11, 20–22	112, 225
9, 17	95	11, 21	105, 69; 106, 76. 80
9, 19	78	11, 22	104, 49; 105, 61. 69. 71. 72. 74; 106, 86; 107, 105. 109
9, 21	79; 96		
9, 22	80; 96		
9, 23	74		
10, 1	77		
10, 10	112, 230	**CD (Die Damaskusschrift)**	
10, 10–13	103		
10, 11	103, 9; 105, 52; 112, 224	15, 1	91
		15, 2	91
		19, 16	73
10, 12	108, 123. 124. 130; 109, 142; 110, 165; 111, 202. 209; 113, 236	20, 1	75
		20, 14	75
		20, 28	75
10, 13	110, 171. 185; 113, 236	20, 32	75
10, 19	80; 83		
10, 20	71		
11, 2	80	**IQH (Die Loblieder)**	
11, 6	108, 122		
11, 7	103; 106, 77; 111, 207. 208	1, 21–34	103
		1, 21	105, 70; 106, 75
		1, 21–27	112, 224. 225
11, 9	103, 9; 104, 10. 16. 25. 33; 106, 77; 112, 224. 225	1, 22	103, 9; 104, 13. 18. 19. 21. 23. 34. 49; 107, 110. 112
11, 9–22	103		

1, 23	104, 49; 105, 52. 54. 65; 107, 110	4, 38	109, 143
		4, 39	113, 238
1, 25	103, 9; 104, 10; 105, 62. 63; 107, 106	6, 6–12	103
		6, 6	103, 9; 107, 113; 110, 169. 173. 175; 113, 237
1, 26	105, 52. 54. 61; 107, 106		
		6, 7	110, 173. 176; 113, 237; 114, 244
1, 27	103, 9; 104, 40; 105, 50		
1, 31	109, 145; 110, 190	6, 8	104, 11; 110, 166
1, 32	109, 146. 151; 110, 181	6, 9	109, 134. 145. 146. 147. 149. 152. 153; 110, 172
1, 33	111, 222		
1, 34	110, 182; 111, 222	6, 10	109, 135. 147; 110, 174; 111, 212. 218. 219; 112, 228
3, 19–36	103		
3, 19	105, 66. 67; 108, 118		
3, 19–23	111, 195	6, 11	111, 222
3, 20	110, 169. 193; 111, 196; 115, 251	7, 16–18	103; 107, 113
		7, 16	105, 74
3, 21	103, 9; 104, 34; 105, 69; 109, 133; 110, 166; 111, 197. 214	7, 17	104, 46; 105, 64; 106, 77. 85; 112, 226; 113, 241
3, 22	111, 198. 211. 216	7, 18	104, 48; 109, 146
3, 22–25	108, 116	7, 26	109, 147; 110, 189
3, 23	105, 70; 111, 216. 221. 222; 112, 285	7, 27–29	107, 114; 112, 224
		7, 27	104, 34; 109, 145. 146. 152. 156; 110, 189
3, 24	104, 26; 105, 70; 106, 75. 90; 107, 113; 112, 225	7, 28	105, 57. 60; 107, 107
		7, 29	105, 53. 55. 58. 61; 106, 78; 107, 107; 109, 143; 112, 225
3, 25	104, 28; 107, 113		
3, 26	104, 27; 105, 66		
3, 26–36	114, 244	7, 30	104, 10; 109, 136. 143. 145. 147. 150. 152. 153; 110, 160
3, 27	105, 52. 55. 66		
3, 28	105, 55. 68		
3, 29–36	105	7, 31	110, 174; 111, 204
4, 10	112, 232	7, 32	104, 49; 106, 78. 79; 107, 108. 114; 112, 225
4, 27–40	103		
4, 27	110, 182	9, 8–18	103
4, 28	110, 182	9, 8–10	114, 244
4, 29	103, 9; 105, 70; 106, 77; 112, 225	9, 9	105, 52; 110, 189
		9, 10	109, 146. 147; 110, 169
4, 30	104, 11. 29. 45. 47; 107, 113; 112, 224	9, 10–13	109, 138
		9, 12	110, 174
4, 31	104, 41; 106, 103; 109, 133. 155. 159	9, 13	103, 9; 107; 108, 115; 110, 160. 168
4, 32	109, 143. 145. 152. 154; 110, 173. 191	9, 14	105, 60; 109, 146. 152. 154; 110, 169; 111, 224
4, 33	109, 143. 144	9, 15	105, 52; 106, 93. 97; 112, 224. 225
4, 34	104, 12. 38; 114, 244		
4, 35	103, 9; 109, 154; 114, 244	9, 16	105, 74; 106, 77. 94. 95. 96. 97. 98; 112, 225
4, 36	109, 145. 153; 110, 174	9, 17	106, 99. 100
4, 37	103, 9; 104, 11; 109, 145. 146. 148. 153; 110, 161	10, 1–12	103; 106
		10, 2	104, 49; 106, 92; 109, 144. 159

Stellenregister

10, 3	106, 84; 112, 225	16, 12	108, 120; 109, 144. 146. 151. 155; 110, 166
10, 4	105, 69. 72; 106, 82; 110, 191; 112, 225	18, 9	113, 238
10, 5	105, 69. 73; 110, 191	18, 12–15	103
10, 5–7	109, 159	18, 12	104, 12; 105, 69. 70; 107, 114; 108, 121. 127; 109, 141; 110, 173; 112, 224. 225
10, 9	109, 159		
10, 10–12	106, 102		
10, 12	105, 69; 106, 81; 110, 184; 111, 218. 220; 112, 225	18, 13	104, 39; 105, 74; 107, 114; 108, 127; 109, 147. 154; 110, 183; 111, 224
12, 24–34	103		
12, 24	105, 69; 113, 234	18, 14	106, 77; 109, 145. 147. 150. 152; 111, 221. 222
12, 24–28	112, 225		
12, 25	104, 18. 24. 30; 105, 69; 106, 75. 87	18, 15	110, 168; 111, 200. 222
		18, 22–29	103
12, 26	104, 24; 105, 70; 106, 82	18, 22	109, 144; 111, 218
12, 27	105, 61. 69; 106, 83; 107, 104	18, 23	106, 77; 107, 113; 110, 187; 111, 215. 222; 112, 229
12, 28	105, 58. 59		
12, 29	108, 121; 110, 169. 189; 111, 203. 206	18, 24	105, 69; 106, 89; 107, 113; 108, 117. 128; 110, 179; 111, 213
12, 30	105, 55. 58. 61; 111, 221		
12, 30–32	112, 224	18, 25	105, 52. 74; 109, 145; 112, 224. 225
12, 31	105, 53. 56. 69; 106, 81. 92; 112, 225	18, 25–27	110, 194
12, 32	105, 62. 70; 110, 164. 189; 112, 225	18, 26	104, 32; 106, 91; 112, 224. 225
12, 33	105, 62; 108, 125; 109, 159; 110, 189	18, 27	105, 69; 106, 88; 109, 140; 111, 201
12, 34	108, 128; 109, 159	18, 28	109, 136; 110, 180; 111, 204. 213
13, 13–19	103		
13, 13	109, 156	18, 29	111, 204. 210
13, 14	110, 191; 112, 225		
13, 15	104, 15. 20. 34; 105, 51. 69; 106, 75; 107, 111; 112, 224. 225		

IQpHab (Der Habakukkommentar)

1, 13	75
2, 2	75
5, 10	75
7, 1–5	93
7, 4	75
8, 2	90
8, 3	75; 90
9, 9	75
9, 10	75
11, 4–8	92
11, 5	75

13, 16	104, 35; 105, 51; 106, 77; 109, 150. 158; 112, 224
13, 17	108, 129; 109, 145. 152; 110, 163; 111, 199. 207. 217
13, 18	110, 191; 111, 199. 205; 115, 250
13, 19	109, 155
16, 10–12	103
16, 10	109, 139. 143. 144; 110, 167. 170. 191; 113, 235
16, 11	105, 60; 109, 155. 159; 110, 162. 163. 178. 192; 112, 224; 113, 235

Philo

Quod omnis probus
86	83

de cherubim
40–52	256, 42

Josephus

bell. Jud.
II 126	97
135	91
137	83

ant.
VIII 146	258, 46

contra Ap.
I 119	258, 46

Neues Testament

Mt.
1	284
2	284
3, 2	71; 73
3, 7–10	340
3, 7	131, 76
3, 8	71; 76
3, 11	71
3, 14	168
3, 15	168; 169; 171
3, 16	168
4, 17	73
5, 11	247
5, 17–19	327
5, 17–20	82
5, 18	95
5, 19	95
5, 20	90
5, 21–48	139
5, 23	81
5, 24	81
5, 31	82
5, 32	82
5, 33–37	91
5, 34	248
5, 38–41	82
5, 39–41	248
5, 43–48	81
5, 44	91; 96; 248
5, 46	249
7, 1	248
7, 24–27	92; 287; 339
7, 24	247
7, 26	247
8, 20	7
10, 28	123, 7; 126, 33
10, 32	138; 247; 250
10, 33	247; 250
10, 39	138; 247
11, 6	248
11, 19	97; 140; 248; 295
11, 20	71; 73
11, 21	71; 73
11, 27	247
12, 28	247
12, 30	81
12, 41	71
13, 37	348
13, 38	348
13, 41	348
16, 21	173, 8
16, 25	138
16, 28	348
17, 9	173, 8
17, 23	173, 8
17, 26	97
18, 20	254, 24
19, 12	92
19, 25	123, 7
19, 26	123, 7
19, 28	182, 6
20	328
20, 1–15	97; 140; 248
20, 15	335
20, 19	173, 8
22, 23	174, 13
22, 28	174, 13
22, 30	174, 13
22, 31	174, 13
23, 25	91
23, 33	131, 77
23, 36	92
24, 43–51	339
25, 31ff.	337
25, 46	125, 30
26, 32	173, 8
27, 63	173, 8
27, 64	173, 8
28, 1–10	268
28, 6	173, 8; 174, 19
28, 7	173, 8; 174, 19
28, 10	174, 19
28, 17	174, 19

Mk.
1, 4	71
1, 9	168
1, 10	169
1, 15	71; 72; 73; 75; 339
1, 29	84
1, 44	81

Stellenregister

2, 15–17	248; 347	3, 8	71
2, 21	81	3, 21	168
2, 22	81	3, 22	170
2, 23–3, 6	140	5, 32	71; 73
2, 27–28	337	6, 20	83
2, 28	134, 101	6, 20ff.	207
3, 21	285	6, 22	247
4, 3	141	6, 24	83
4, 10–12	95	6, 46	76; 90; 247; 335
5, 18–20	80	6, 47	247
5, 21ff.	286	7, 11ff.	286
5, 40	129, 67	7, 23	248
6, 12	71; 73	9, 22	173, 8
7, 1–23	76	9, 24	138
7, 6–8	76	9, 26	247
7, 15	76; 96; 337	9, 58	7
8, 31	173, 3	10, 13	71
8, 34	140, 12	10, 23	74
8, 35	138; 247	10, 24	74
8, 38	247; 348	11, 20	92; 247
9, 1	329	11, 29–32	74
9, 9	173, 3	11, 31	73
9, 31	173, 3	11, 32	71; 72; 73
9, 40	81	12, 8	138; 247; 248; 250; 348
10, 6	92	12, 9	247; 248; 250
10, 15	85	12, 49–53	81
10, 17–31	84	12, 54–56	74; 278
10, 17–22	248	13, 3	72; 73; 90
10, 19	82	13, 5	72; 73; 90
10, 21	91	13, 16	232
10, 23	84; 85; 91	14, 14	174, 13
10, 25	91	14, 26	94
10, 31	140; 207	14, 28–33	81
10, 34	173, 3	15	328
11, 30–31	340	15, 1–32	248
12, 18	174, 13	15, 7	72; 73
12, 23	174, 13	15, 10	72; 73
13, 28	287	15, 25–32	96
13, 29	287	16, 8	95
13, 31	247	16, 9	83; 173, 3
14	330	16, 18	92; 248
14, 28	173, 8	16, 19–31	84
16, 1–8	286	16, 30	72
16, 6	173, 8	17, 7–10	248; 336
16, 7	174, 19	17, 33	138; 247
16, 14	173, 8	18, 10–15	96
		18, 33	173, 3
Lk.		20, 27	174, 13
1	285	20, 33	174, 13
2	284; 285	20, 35	174, 13
2, 48	285	20, 36	174, 13
3, 3	71	22, 30	182, 6

22, 69	329	13, 35	274
24, 1–11	286	14, 6	273; 298
24, 6	173, 8	14, 13	237
24, 7	173, 3	15, 1	273
24, 16	174, 20	16	127
24, 31	174, 20	16, 23	338
24, 34	173, 8; 174, 18	17, 3	336
24, 39	174, 19; 177, 52	19, 31	144, 34
24, 46	173, 3	19, 34	278
		19, 35	278
Joh.		20, 1–18	286
1, 1–4	265, 98	20, 8	174, 19
1, 3	279	20, 9	173, 3
1, 13	227	20, 12	144, 34
1, 14	278	20, 18	174, 19
1, 32–34	168	20, 23	213
1, 51	169	20, 25	174, 19
2, 19	144, 34	20, 27	174, 19
2, 21	144, 34	20, 29	174, 19
2, 23	273	21, 14	173, 8
2, 24	273	21, 24	278
3, 1 ff.	152, 142		
3, 3	227	Acta	
3, 5–13	340	1, 3 ff.	175, 25; 176, 40
3, 5–8	227	1, 8	175, 34
3, 8	273	1, 21	175, 29
3, 13	255; 288	1, 22	174, 15; 175, 28. 29. 34; 176, 35
3, 14–16	273		
3, 16	274	2, 24	173, 2
3, 17–21	275	2, 25–28	176, 45
3, 18	198, 99	2, 31	174, 15; 177, 51
4, 15	273	2, 32	173, 2; 175, 34; 176, 35
5, 24	152, 142; 198, 99; 275	2, 33	174, 12
5, 28	275, 148	2, 36	176, 46. 48; 246; 250; 344
5, 29	174, 13; 275, 148		
6, 26	273	3, 13	176, 44
7, 49	275, 149	3, 14	176, 42. 43
8, 51	152, 142	3, 15	173, 5; 175, 34; 176, 35. 49
9, 39	336		
9, 40	274	3, 20	176, 46
9, 41	274	3, 26	173, 2; 176, 44
11, 23–25	144, 32	4, 2	174, 15
11, 25	273; 275	4, 10	173, 5
11, 39	286	4, 20	175, 26. 29
12, 23	139	4, 27	176, 42. 44
12, 24	139; 142; 144, 33	4, 30	176, 42. 44
12, 25	138; 139; 144, 35; 247	4, 33	174, 15; 175, 33
12, 26	139	5, 30	173, 5
12, 32	255; 288	5, 31	173, 9; 176, 49. 50
12, 33	255; 288	5, 32	175, 34; 176, 35
12, 48	275, 148	5, 39	133, 90
13, 34	274	5, 42	176, 46

6, 13	175, 34	1, 18	129, 68
7, 52	176, 43	1, 18 ff.	120; 126
7, 58	175, 34	1, 18–32	206
7, 60	202, 113	1, 20	128, 61. 64
9, 17	177, 55	1, 21	128, 62. 63
9, 22	176, 46	1, 24	129, 68; 193, 92
10, 28	193	1, 25	206
10, 38	232	1, 26	129, 68
10, 39	175, 34	1, 28	129, 68
10, 40	173, 5; 175, 23	2, 4	124, 13
10, 41	173, 4; 175, 29. 34	2, 5	205; 208
10, 42	175, 31	2, 6 ff.	206
13, 23	176, 50	2, 6–10	162, 26; 205
13, 30	173, 5	2, 7	206
13, 31	175, 21. 34	2, 8	206
13. 33	173, 2	2, 10	206
13, 34	173, 2	2, 14	337
13, 37	173, 5	3	180
13, 38	328	3, 5	134, 95; 335
13, 39	328	3, 7	206
14, 4	177, 57	3, 8	208
14, 14	177, 57	3, 16–21	335
15, 10	328	3, 21–26	244
15, 28	327	3, 22	180
15, 29	327	3, 25	208; 251
17, 3	173, 4; 176, 46	3, 26	207
17, 18	174, 15	3, 27	165, 70; 179; 244; 335
17, 31	173, 2; 176, 40	3, 28	115; 165, 70; 180; 244
17, 32	174, 15	3, 29	180
20, 26	175, 30	3, 31	179
22, 14	176, 43; 177, 55	4, 5	134, 100; 244
22, 15	175, 29	4, 7	202
22, 20	175, 34	4, 8	202
23, 6	174, 15	4, 14	181
23, 8	174, 15	4, 23–25	243
23, 11	175, 32	4, 24	173, 6
24, 15	175, 15	4, 25	173, 8; 251
24, 21	174, 15	5, 3–5	190, 68
26, 8	176, 36	5, 10	264
26, 16	175, 29; 177, 55	5, 17	267
26, 22	175, 30	6	155
26, 23	174, 15; 176, 46	6, 3 ff.	254
28, 4	125, 31	6, 4	152; 153; 155; 173, 8; 267; 340
Röm.		6, 4–11	154
1–3	133	6, 5	152; 174, 14
1, 1–4	278	6, 6	153
1, 3	255; 265	6, 8	152; 153; 267
1, 3–5	244	6, 9	173, 8
1, 4	174, 14; 246; 255	6, 11	152; 153; 156; 203; 205
1, 5	165, 64; 206	6, 12	206
1, 9	206	6, 12–23	153

6, 15 ff.	203	15, 31	207
6, 16	206; 335	15, 33	209
6, 17	206	16, 2	205
6, 19	193, 92	16, 19	206
7	100; 102; 115; 116; 117; 133	I. Kor.	
7, 4	152; 154; 156; 173, 8	1, 2	192
7, 5	202	1, 8	208
7, 6	179	1, 9	209
7, 7–25	100; 101; 102; 116	1, 12	185; 186, 31
7, 12	338	1, 13	186, 31
7, 14	178	1, 17	178; 181
7, 15	132, 87	1, 20	178
7, 22	103	1, 22	200
7, 23	103	1, 22–24	180
7, 24	130, 73	1, 26	178
7, 25	102; 130, 74	1, 26–29	190, 70
8, 2	134, 98	1, 27	179; 190, 71
8, 7	132, 83	1, 28	179; 190, 71
8, 11	173, 6	1, 29	179
8, 15	131, 81	1, 30	179; 180; 244
8, 18	206	1, 31	179; 180; 244
8, 24	190, 68	2, 2	179
8, 25	190, 68	2, 3	190, 66
8, 28–30	190, 71	2, 5	180
9, 13	125, 29	2, 6	178; 179
9, 18	123, 8	3, 4	186, 31
10, 9	173, 6	3, 21–23	182
10, 16	207	3, 22	186
10, 21	207	3, 23	185
11, 22	124, 13	4, 4	205
11, 27	202	4, 5	205
11, 30	207	4, 8	204
11, 31	207	4, 9	186; 189, 65
12, 5	244	4, 10	190, 73
12, 8	166, 73	4, 12	191, 78
12, 15	166, 74	4, 13	191, 78
13, 11	126, 40. 41; 329; 339	5, 4	264
13, 12	126, 40. 41; 208	6, 2	182
14	197	6, 9–11	203, 115
14, 10	197, 97	6, 11	162, 25; 192, 87
14, 10–12	205	6, 13	179
14, 14	193	6, 14	173, 6
14, 15	327	7	194
14, 20	193	7, 4	159, 3
14, 22	197	7, 5	159, 3
14, 23	194; 198; 332; 338	7, 10	264
15, 3	268, 111	7, 12	264
15, 7 ff.	243	7, 14	191; 192; 193; 194
15, 8	268, 111	7, 16	192
15, 16	192	7, 22	182
15, 18	165, 64; 206	7, 26	161, 23. 24

7, 29	161, 24	15, 28	185
7, 29–31	159; 162; 167	15, 31	157
7, 30	166	15, 36	143, 26. 28
7, 31	161, 22	15, 36–38	143, 24
7, 35	161	15, 37	142; 143, 25
8, 6	265, 98	15, 38	143, 27
8, 10	327	15, 42	143, 26; 174, 13
9, 1	174, 19	15, 42–44	143, 24
9, 18	165, 63; 336	15, 43	143, 26
10, 1–13	340	15, 50	177, 52
10, 13	209	16, 17	166, 75
11	197; 321	16, 22	253
11, 20	196		
11, 22	196	II. Kor.	
11, 23–26	278	1, 6	191, 80
11, 27	195; 196	1, 9	173, 6; 191, 81
11, 27–32	153, 145; 195	1, 10	191, 81
11, 28	195	1, 14	208
11, 29	195; 196	2, 9	206
11, 30	195; 196	4, 2	207
11, 31	195; 197	4, 3–6	207
11, 32	195; 196	4, 4	265, 98
12, 3	278	4, 8–10	190, 74
13	167, 78; 337	4, 10	157; 191, 76
13, 8	179	4, 11	157; 191, 76
13, 10	179	4, 14	173, 6
15	198; 321	5, 11	125, 33
15, 1 ff.	243	5, 10	162, 26; 197, 97; 205; 264
15, 1–11	198; 200; 201		
15, 3	202; 251	5, 15	173, 8
15, 4	173, 8; 251	5, 17–21	244
15, 5–7	254, 24; 285	5, 20	244
15, 5–8	174, 18	5, 21	244
15, 6	278	6	194
15, 8	190, 69	6, 2	316
15, 9	190, 69	6, 9	157
15, 12	173, 8; 174, 13; 198	6, 14–7, 1	193; 194
15, 12–22	201	7, 1	193, 91
15, 13	173, 8; 174, 13; 198	7, 15	206
15, 14	173, 8; 199	8, 9	268, 111
15, 15	173, 6; 175, 35; 176, 35; 198; 199; 200; 245	10, 5	206
		10, 6	206
15, 16	173, 8; 245	11, 15	205
15, 17	173, 8; 201	12, 9	244
15, 19	190, 75; 203	12, 10	118; 244
15, 20	173, 8; 198; 199; 200	12, 21	193, 92
15, 20 ff.	201		
15, 21	174, 13; 198; 199; 200	Gal.	
15, 22	198; 199; 200; 201	1, 1	173, 6
15, 23	267	1, 4	178; 202
15, 24	179; 185	1, 6–9	280
15, 26	179	1, 8	186, 31

1, 15	190, 71	3, 8	180
2, 13	134, 99	3, 10	157; 174, 14
2, 14	134, 99	3, 11	157
2, 19	156	3, 18	166, 76
2, 20	156	4, 5	209; 329
2, 21	181; 214; 244	4, 8–9	338
3	328	4, 12	190, 72
3, 1	131, 79		
4	328	Kol.	
4, 3	131, 79; 178	1, 10	206
4, 4	244; 255; 264; 266	1, 14	202
4, 5	244	1, 16–18	265, 98
4, 8	206	2, 8	178
4, 9	178	2, 12	173, 7
5, 1	134, 96	2, 20	152; 153; 154
5, 6	134, 102	3, 1–4	154
5, 7	207	3, 1	152; 153
5, 10	205	3, 1 ff.	155
5, 11	181	3, 3	152; 153
5, 16	116	3, 4	152; 153
5, 17	116; 132, 88	3, 5	193, 92
5, 19	193, 92	3, 5 ff.	154
5, 22	167, 78		
5, 25	155, 157; 203	I. Thess.	
6, 12	181; 190, 67	1, 4	209
		1, 9	264
Eph.		1, 10	173, 6; 208; 264
1, 20	173, 7	2, 3	193, 92
2, 1	202	2, 12	208
2, 1–10	211	2, 15	207
2, 15	179	2, 16	202; 207
4, 1	206	2, 19	208
4, 8–10	255; 288	3, 11	209
5, 21	126, 33	3, 12	209
		3, 13	208
Phil.		4	329
1, 6	208	4, 1	264
1, 21	191, 77	4, 5	206
1, 24	191, 80	4, 7	193, 92
1, 25	191, 80	4, 13	141, 15
1, 27	205	4, 14	173, 3
2, 1 ff.	243	4, 15	264
2, 5–11	265	5, 1–11	339
2, 6–11	244; 265	5, 23	192, 87. 88; 208
2, 6 ff.	255; 288		
2, 9	174, 11; 266	II. Thess.	
2, 12	206	1, 5	205; 206; 207; 208
2, 16	208	1, 6	206; 207; 208
3, 3	180	1, 7	206
3, 4–6	178	1, 8	206
3, 7–10	244	1, 9	125, 31; 206
3, 7	180	1, 10	206; 208

1, 11	205	1, 17	124, 14; 126, 38
1, 12	208	1, 21	173, 7
2, 1 ff.	205	1, 23	228
2, 1	208; 209	3, 21	174, 14
2, 2	208; 209		
2, 3	202, 112	II. Petrus	
2, 8	179; 208	1, 12	317
2, 9	208	1, 16–18	278
2, 10	206	3	329
2, 12	205; 207		
2, 13	207; 209	I. Joh.	
2, 16	208; 209	1, 1	219; 232; 235; 236
2, 17	208	1, 2	220; 232; 235
3, 3	209	1, 3	231; 232; 235; 236
3, 5	209	1, 4	231
3, 14	206	1, 5–2, 1	345
3, 15	209	1, 5	213; 215; 222; 233
3, 16	208; 209	1, 5–7	222; 223; 224
		1, 5–10	212; 213; 214; 215; 216; 217; 220; 225; 241
I. Tim.		1, 6	222
3, 16	174, 18	1, 7	213; 215; 221; 223; 225; 231; 236
II. Tim.		1, 8	213; 222; 225; 240
1, 7	134, 97	1, 8–10	214; 215; 222; 223; 225
2, 8	173, 8	1, 9	213; 214; 215; 223; 225; 226; 240
2, 11	152; 153; 157		
2, 18	174, 13	1, 10	213; 214; 220; 228
		1, 16	213
Tit.		1, 17	213
3, 4	124, 15	2, 1	214; 215; 221; 222; 225; 231; 346
Phlm.		2, 1–2	214; 215
21	206	2, 2	213; 222; 225; 226; 231
		2, 3	220; 233; 236
Hebr.		2, 3–5	221
1, 2	265, 98	2, 4	220; 222; 223; 233; 236; 241
1, 3	265, 98		
3, 7–4, 9	7, 45	2, 4–6	241
4, 6	7	2, 5	213; 215; 220; 222; 223; 233
4, 11	7		
6, 2	174, 13	2, 6	215; 218; 221; 222; 223; 232; 233; 236
11, 6	334		
11, 16	7	2, 7	220; 233; 236
11, 35	174, 13	2, 8	220; 222; 231; 233; 236
11, 38	6	2, 9	221; 222
13, 14	7	2, 9–11	216; 217; 221, 222; 223; 224; 241
Jak.		2, 10	223; 236
2	320; 328	2, 11	215; 221
5, 12	91	2, 12	213; 222; 225; 231
I. Petrus		2, 13	231; 232; 236
1, 3	126, 36. 37; 174, 14		

2, 14	220; 231; 232; 236	3, 14	216; 223
2, 15	221; 222	3, 14–18	241
2, 15–17	242	3, 15	215; 216; 221; 223
2, 16	221; 222; 226; 227; 230	3, 16	221; 222; 223; 224; 232; 233
2, 17	220; 221; 226; 230		
2, 18	237; 238	3, 17	213; 221; 241
2, 18–27	218; 237; 238; 239; 240	3, 18	213; 221
2, 19	237; 242	3, 19	215; 226
2, 20	236; 242	3, 20	215; 226
2, 21	215; 218; 237; 238; 242	3, 21	215; 226
2, 22	234; 236; 237; 238; 239; 240	3, 22	220; 221; 226; 236; 346
		3, 22–24	236
2, 22–24	236	2, 23	220; 221; 236
2, 23	217; 234; 239; 240	3, 24	215; 220; 221; 224; 228; 236
2, 24	235; 236; 242		
2, 25	233	4, 1	237; 238; 242
2, 26	219; 237; 238	4, 1–6	237; 238; 240
2, 27	219; 228; 236; 237; 238; 242	4, 2	215; 217; 224; 228; 232; 234; 239
2, 28	236; 237	4, 3	215; 217; 224; 228; 234; 237; 238; 239; 240, 19; 241, 21
2, 28–3, 12	210		
2, 29	210; 211; 215; 218; 221; 223; 227; 228; 231; 233		
		4, 4	227; 237; 242
		4, 5	215; 227; 237
3, 1	215; 227	4, 6	215; 217; 219; 224; 228; 229; 235; 236; 237; 238; 242
3, 2	237		
3, 2–6	219		
3, 3	211; 215; 218; 219; 221; 222; 231; 233	4, 7	215; 219; 223; 227; 228; 236
3, 4	210; 213; 215; 221; 226; 239	4, 7–21	221; 241
		4, 8	219; 223; 227; 241
3, 4–6	219	4, 9	219; 222; 224; 231; 232; 236
3, 4–10	219; 241		
3, 5	213; 222; 231; 232	4, 9–11	233
3, 6	210; 211; 221; 227; 232; 235; 236	4, 10	213; 219; 222; 224; 225; 232; 236
3, 6–10	223; 225	4, 11	222; 223
3, 7	210; 215; 221; 222; 233; 240	4, 12	215; 221; 222; 241
		4, 13	224; 228; 236
3, 7–10	216; 217	4, 14	222; 231; 232; 235; 236
3, 8	210; 211; 213; 215; 216; 221; 222; 227; 232; 236; 240	4, 15	215; 218; 234; 236; 239
		4, 16	215; 341
		4, 17	224; 233; 237
3, 9	152, 142; 210; 211; 213; 215; 216; 221; 227; 228; 229,8; 232	4, 18	215; 224; 227
		4, 20	215; 218; 221; 222; 223; 241; 337
3, 10	152, 142; 210; 211; 215; 221; 223; 227; 228	4, 21	220; 221; 233; 236
		5, 1	215; 217; 221; 223; 224; 227; 228; 229; 234; 236; 239
3, 10–18	221		
3, 11	222; 233	5, 2	220; 221; 224; 227; 236
3, 13	215; 227	5, 3	220; 221; 225; 236

5, 4	215; 223; 225; 227; 228; 229	met 7	148, 76
		met 14	146, 52
5, 5	223; 234; 236; 239	met 15	146, 57; 147, 72; 148, 77. 78
5, 6	232; 234; 239; 241		
5, 10	215; 217; 236	met 16	146, 51; 147, 73; 148, 79
5, 11	234; 236	met 19	148, 80. 81. 83. 87
5, 12	217; 231; 236	met 21	146, 44. 49. 55; 148, 82. 86
5, 13	231; 234; 236		
5, 14–21	345	met 23	146, 46. 47. 50; 148, 86
5, 16	226	met 24	146, 48; 147, 61. 62. 63. 67
5, 17	215; 218; 226		
5, 18	215; 220; 221; 223; 227; 228; 232; 236	met 25	146, 56; 147, 64. 65. 72; 259, 48; 261, 76
5, 19	227		
5, 20	220; 227; 231; 236	*De Platone*	
5, 21	238	I 180	256, 34. 42
		I 181	257, 44
II. Joh.		I 182	257, 44
4	220	I 183	257, 44
5	220		
6	220	*Äschylus*	
9	215; 217	Prometheus	
		565	2, 5
Jud.		576	2, 5
3	317	585	2, 5
7	125, 31	622	2, 5
13	6	784	2, 5
Apk.		*Bundehesh*	
3, 21	182, 6		
15	125, 32	31	141, 15
16, 7	208		
19, 2	208	*Cicero*	
20, 4	182, 6	De finibus bonorum et malorum	
20, 5	174, 13	III, 75	183, 13; 184, 20. 24
20, 6	174, 13	III, 76	183, 13; 184, 20. 25
22, 20	253	De nat. deorum	
		III, 15	258, 46

Außerchristliche antike Schriftsteller und Schriften

Apollodor		*Cornutus*	
II, 73	258, 46; 260, 58	16	262, 78
II, 160	258, 46	31	262, 78
III, 120	261, 65. 72		
III, 122	258, 46	*Corpus Hermeticum*	

Apuleius, Metamorphosen (zitiert nach den Kapiteln des XI. Buches; Ausgabe R. Helm)

		1, 3	229
		1, 31	229
		10, 9	229
		10, 19	229
		11, 21	229
met 5	147, 72	13	229; 230
met 6	146, 54. 55; 147, 59; 148, 74. 75. 84. 87	13, 2	229

13, 3	230
13, 7	230
13, 8	229
13, 9	230
13, 10	230
13, 13	229; 230
13, 14	230
13, 15	229

Diodor

IV, 10, 7	258, 46; 260, 58
IV, 11, 1	262, 84
IV, 38	258, 46
IV, 71	261, 65. 72
V, 21	260, 55
X, 3, 2	259, 51. 52
X, 9, 9	259, 52; 263, 88; 270, 121

Diogenes Laertius

III, 2	256, 42; 257, 44
VI, 72	183, 11; 184, 21; 185, 26
VII, 125	183, 10
VIII, 67	261, 73
VIII, 69	261, 64
VIII, 70	261, 66

Dion. Chrysostomus

Or. I 60	262, 82
Or. I 84	260, 57. 59; 261, 71
Or. XII 33–34	158, 167

Epiktet, Diss.

I, 1, 23	165, 67
I, 6, 40	165, 67
II, 16, 44	256, 32; 260, 57; 262, 84
II, 17, 26	166, 71
II, 21, 6	166, 71
III, 5, 8	165, 68
III, 5, 9	165, 68
III, 20, 4–8	137, 4
III, 22, 59	189, 61
III, 22, 67–76	161, 21
III, 22, 69	161, 20
III, 24	159; 160; 161
III, 24, 1	160, 4; 164, 60; 166, 72
III, 24, 2	164, 58
III, 24, 4–8	160, 6. 7
III, 24, 5	160, 8
III, 24, 8	160, 8
III, 24, 10	162, 27
III, 24, 11	163, 38
III, 24, 12–31	160, 7
III, 24, 14	160, 9
III, 24, 15	163, 39
III, 24, 15–16	262, 85
III, 24, 16	163, 39; 164, 58
III, 24, 17	163, 48; 164, 58; 164, 61
III, 24, 18–20	160, 9
III, 24, 20	162, 28
III, 24, 21	163, 49
III, 24, 22	166, 72
III, 24, 23	160, 5; 166, 72
III, 24, 24	163, 40
III, 24, 24–30	164, 61
III, 24, 27–30	160, 6
III, 24, 31–35	163, 37
III, 24, 36	160, 10
III, 24, 37	159, 1
III, 24, 37–41	163, 41
III, 24, 43	163, 33; 164, 59; 166, 71
III, 24, 44–53	160, 11
III, 24, 51	164, 62
III, 24, 54	164, 58
III, 24, 56	160, 7
III, 24, 57	160, 7
III, 24, 59	166, 72
III, 24, 60	160, 13
III, 24, 63	166, 72
III, 24, 65	160, 12
III, 24, 66	160, 7. 15
III, 24, 67	160, 14; 163, 31
III, 24, 67–71	162, 30
III, 24, 68	160, 14
III, 24, 72–77	160, 7. 15
III, 24, 82	160, 7. 15; 164, 59
III, 24, 83	164, 59
III, 24, 84	163, 43
III, 24, 85	163, 42
III, 24, 86	163, 44
III, 24, 87	163, 44
III, 24, 91	163, 44
III, 24, 92	162, 29; 163, 45
III, 24, 93	163, 45
III, 24, 95	163, 34. 50
III, 24, 95–102	160, 16
III, 24, 97	163, 34
III, 24, 98	163, 34
III, 24, 101	163, 34

Stellenregister 369

III, 24, 103	163, 46	*Lukian*	
III, 24, 104	163, 46	Dial. mortuorum	
III, 24, 105	161, 17	13, 1	256, 42; 257, 44
III, 24, 106	162, 30	13, 2	256, 37
III, 24, 107	163, 35		
III, 24, 108	163, 47	Alex.	
III, 24, 109	163, 47	7	256, 42; 257, 44
III, 24, 110	163, 53	24	261, 75
III, 24, 111	163, 54	38	256, 42
III, 24, 112	164, 55		
III, 24, 113	164, 55. 56	De mort. Per.	
III, 24, 114	161, 18; 164, 57	36	258, 46
III, 24, 115	163, 51	39	258, 46
III, 24, 116	163, 36	40	259, 46
III, 24, 117	163, 32. 52	41	263, 93
III, 24, 118	165, 69	Demonax	
III, 26, 31	256, 32	7	271, 129. 131
III, 26, 32	261, 71; 262, 82. 86; 270, 123	*Ps. Lukian*	
III, 26, 34	270, 124	De Syria Dea	
IV, 1, 4	166, 71	6	254, 27; 258, 46
IV, 1, 163–165	137, 4	*Oxyrh.-Pap.*	
IV, 8, 36	140, 13	Nr. 655	175, 22
IV, 12, 19	271, 129. 130; 276, 155		

Euripides
Bacchen
148   2, 6

Ginza
R V 4 (Lidzbarski 192f.) 168

Horaz
Carm.
I, 2, 45   259, 46. 47

Jamblichus
De vit. Pyth.
7–8   256, 42
8   259, 47
10   256, 33; 257, 44; 263, 89
91   261, 67
92   260, 63
135   261, 67. 68
143   259, 49
144   263, 91

Julian
Or. VII 220 A 262, 78

Livius
XXVI, 19, 6   256, 40

Philostrat
Vit. Ap.
I, 4   257, 44
I, 5   257, 44
I, 6   256, 35
IV, 45   261, 74
VIII, 7, 7   270, 116; 271, 127. 128
VIII, 10–13   259, 46
VIII, 30   258, 46
VIII, 31   259, 46; 269, 113. 114

Plutarch
Vom Aberglauben (περὶ δεισιδαιμονίας)
164 E   127, 44; 128, 53. 58
164 EF   127, 44
165 A   127, 44
165 B   123, 5; 124, 18; 125, 28; 127, 44. 47. 48; 128, 66; 133, 91
165 C   123, 4; 124, 22; 127, 44
165 D   130, 70
165 F   125, 27
166 A   134, 101
166 B   126, 39
166 C   125, 24. 27; 126, 39; 130, 71

24 Braun, Ges. Studien 2. Auflage

166 D	123, 5; 124, 12; 130, 72
166 E	131, 75; 133, 92
167 A	124, 18; 128, 53. 58
167 B	127, 44; 131, 78
167 D	124, 9. 16. 19; 125, 28; 127, 44
167 E	123, 4. 5; 124, 10. 19; 127, 44. 46. 48; 128, 53. 59. 66; 132, 84
167 F	127, 44
168 A	123, 5; 127, 48; 129, 69; 131, 80
168 C	133, 89
168 F	124, 23; 127, 48
169 B	124, 12
169 B–170 C	125, 25
169 C	123, 5; 125, 26; 127, 48; 134, 101
169 E	132, 85
169 F	124, 21
170 A–170 F	124, 21
170 C	124, 17; 128, 53. 60
170 D	127, 48
170 E	125, 28; 127, 48; 131, 82
170 F	127, 48; 132, 86; 133, 93
171 A	128, 54; 133, 94
171 B	125, 28
171 D	124, 11
171 E	127, 44
171 F	135, 103

Quaest. conviv.
VIII, 1, 2	256, 34; 257, 44
VIII, 1, 3	256, 42

Vit. Numae
4, 4	256, 42

De Alexandri fortuna or.
II, 2	256, 42; 257, 44
II, 3	256, 42; 257, 44; 260, 54
II, 5	256, 39

Quaest. Rom.
5	145, 41

De Iside et Osiride
3	157, 166
12	256, 42; 257, 44; 260, 60
27	257, 45; 260, 56; 261, 70
35	254, 26; 258, 46
42	262, 78

Fragm.
II, 2	152, 137. 140
II, 4	152, 139
II, 5	152, 138
XI, 84	141, 14

Porphyrius

Vit. Pyth.
2	256, 33. 42
10	257, 44
28	259, 50
29	261, 67. 68
33	260, 63
57	258, 46

Seneca

De beneficiis
VII, 3, 2	183, 14; 184, 23; 185
VII, 3, 3	184, 19
VII, 10, 6	184, 18

De providentia
II, 1	189, 63. 64
II, 2	187, 40; 188, 46. 49
II, 3	187, 41
II, 4	187, 44
II, 5	187, 36
II, 6	187, 36. 42
II, 7	187, 38
II, 9	186, 33; 188, 47. 51
II, 10	188, 50
II, 11	188, 52
III, 3	187, 37
III, 4	187, 37. 39
IV, 3	187, 43; 189, 62

Epistulae morales
LXIIII, 4	188, 45. 48
LXIIII, 5	188, 53. 54. 57. 58
LXIIII, 6	188, 55. 56
LXIIII, 7	188, 59
LXIIII, 8	188, 60

Hercules furens
611f.	261, 77
889–892	261, 77

Hercules Oetaeus
1946–1950	261, 77
1983f.	271, 126

Sextus
adv. math.
XI, 170	183, 12

Sophokles
Ödipus Colonos
3	1, 1
74	4, 37
76	4, 26
87–110	7, 45
88	7, 46
105	2, 7
109	7, 46
110	7, 46
120	2, 8
124	1, 1
142	3, 21
144	4, 25
165	2, 9
185	2, 9
202	4, 25
205	2, 10
218	6, 42
239	3, 19
240	3, 19
246	2, 12
247	2, 12
252	4, 28
253	4, 28
261	2, 11
266	3, 18
267	3, 18
270–272	3, 22
271	3, 20
272	3, 20
273	4, 30
274	4, 30
279–281	4, 34
309	3, 23
347	1, 1
383	4, 36
384	4, 36
385	4, 33
386	4, 33
394	4, 29
395	4, 33
427–444	4, 39
438	4, 31. 38
439	4, 31. 38
460	4, 39
521–523	3, 19
548	3, 20. 21. 23
567	2, 13
866–870	4, 39
963	3, 19
964	3, 19; 4, 27
965	4, 27
966–968	4, 24
977	3, 19
998	4, 29
1114	1, 1
1201–1203	4, 40
1254–1396	4, 39
1480	4, 36
1536	4, 34
1537	4, 34
1540	4, 35
1752	7, 46

Sueton
Augustus
94, 4	256, 41

Xenophon
Mem.
II, 1, 33	258, 46

Zauberpapyrus
Papyri Graecae Magicae
(K. Preisendanz)
I Nr. 4	148, 88

Christliche Schriftsteller und Schriften außerhalb des Neuen Testaments

I. Clem.
24, 1	141, 16
24, 3	141, 18
24, 4–5	141, 20
25	141, 19
26, 1	141, 17
31, 2	328
46, 2	196, 94

Clemens Alexandrinus
Excerpta ex Theodoto
56, 3	270, 117

Ebionäerevangelium
　　　　　　168; 169; 170; 171

Epiphanius
Panarion haer.
LI, 22, 20　　257, 44

6. Esra
2, [16] 42 ff.　　343

Firmicus Maternus
De errore prof. rel.
22, 1　　　147, 66; 254, 26; 258,
　　　　　　46; 262, 78

Hebräerevangelium
　　　　　　168; 169; 170

Past. Herm.
Vis.
III, 6, 2　　195, 94
Sim.
VIII, 8, 1　　195, 94
9, 2　　　　195, 94
IX, 20, 2　　195, 94
26, 3　　　　195, 94

Hippol.
Elenchos
V, 8　　　　258, 46
V, 8, 22　　254, 25
V, 8, 24　　254, 25

Ignatius
Eph.
18, 2　　　　168; 169
Smyr.
2　　　　　　173; 240
4, 2　　　　240
6, 2　　　　241, 20
7, 1　　　　241

Trall.
9　　　　　　240
10　　　　　240

Irenaeus
adv. haer.
I, 26, 1　　240

Justin
Dial.
32, 1　　　　348
70, 5　　　　255, 29
88　　　　　168
88, 3　　　　168; 169
88, 8　　　　169; 171
Apol.
54, 4　　　　255, 29
54, 6　　　　255, 29
66, 4　　　　255, 29

Oden Salomos
24　　　　　168; 169; 170; 171

Origines
Contra Cels.
I, 37　　　　256, 34. 42; 257, 44
III, 22　　　262, 78

Polykarp
11, 4　　　　209

Pseudoklementinen
Recogn.
II, 14, 2　　257, 44; 260, 53

Theophilus
ad Autol.
I, 9, 13　　258, 46

Thomasakten
108–113　　269, 115
112–113　　273, 142

VERFASSERREGISTER

Adam, K. 351
Aland 351; 352
Andersen 351
Arnim, von 183, 10. 12; 184, 22; 185

Bachmann 181, 2; 185, 27. 29; 201
Bardtke 86; 103, 7; 107, 106; 112, 228
Barth, K. 198; 200, 106; 201, 107; 203, 118; 312
Bartsch 294; 352
Bauer, W. 144, 32; 259, 48
Baumgartner 83, 10
Begrich 9, 2; 10; 14, 47; 15, 59; 22, 140; 24, 167; 31, 223; 37, 289; 38, 294; 55, 414; 56, 419; 58, 437
Bengel 185, 30; 202, 114
Betz, H.D. 271, 131; 346
Beutler 145, 40
Bieler 253, 20; 255, 30; 257, 44; 259, 46
Bock 352
Bonhöffer, A. 159, 3; 161, 19; 187, 35
Bornkamm, G. 102, 4; 126; 127; 243, 1; 246, 6; 351
Bousset-Greßmann 11, 19
Bousset 185, 30; 246; 253
Braun, H. 11, 19; 112, 228; 113, 240. 243; 114, 245; 115, 246; 117, 258; 119, 262; 140, 11; 153, 145; 176, 38; 185, 26; 220, 6; 226, 7; 245, 3; 248, 8; 250, 12; 251, 15; 252, 19; 255, 28; 259, 48; 272, 134; 273, 142; 274, 147; 278, 156. 157; 279, 163; 280, 166; 315, 8; 317, 11; 343; 345; 347; 349; 352
Bröker 343
Brunner, E. 351
Bultmann 7, 44; 11, 17. 19. 23; 72; 102; 144, 32; 167, 77; 171; 172; 174, 16; 198; 199, 104; 200, 106; 203, 116; 206, 3; 208, 4; 209, 9; 212; 213; 214; 215; 216; 217; 218; 222; 225; 226; 232; 237, 14; 240; 245, 2; 246, 4. 5; 251, 17. 18; 253, 21. 22; 255, 29; 257, 43; 267, 104; 269, 115; 272, 137. 139. 140; 273, 142. 143; 274, 146; 288; 294; 303; 309; 317, 10; 345; 346; 350; 352
Burrows 70, 2; 103, 7

Cadbury 176, 47
Calvin, J. 185, 30
Campenhausen, von 351
Carrière 60, 461
Christ, von 120, 2
Conzelmann 344; 345; 346; 351
Cremer 9; 11, 19
Cullmann 243, 1; 250, 10. 11. 12; 253, 21. 22. 24
Cumont 267, 106

Davies 100, 2; 115, 247; 116
Dehn 347
Deissmann 261, 69
Delling 176, 49
Dey 147, 58; 148, 94; 149, 95. 98; 151, 123
Dibelius, M. 72; 141, 15; 146, 45; 171; 207; 208; 209; 248, 7; 255, 31; 257, 42. 43
Diem 312; 313; 319; 320; 322; 323
Dieterich 145, 42; 148; 149, 95. 99; 150; 151, 125. 127. 133
Dietzel 109, 155; 115, 253; 119, 263
Dinkler 140, 12; 346
Dobschütz, von 208; 209, 8; 210; 211; 212; 239, 16
Dupont-Sommer 100, 1

Ebeling 346; 347
Edwards 352
Ehrhardt 195, 95; 196; 197
Eichrodt 58, 433. 434. 441; 61, 464. 466. 468. 470; 64, 486
Eissfeldt 9, 4

Fascher 351
Flesseman – van Leer 352

Frankenberg 9, 4; 10, 14; 18, 82; 21, 129; 24, 167; 26, 175; 27, 178; 31, 228; 37, 288; 42, 298; 43, 305; 45, 312
Fritzsche 8, 1
Fuchs 102, 4; 249, 9; 346; 350; 351
Fuller 351

Gaston 346
Gebhardt 8, 1; 10; 13, 42; 14, 52; 24, 165; 28, 191; 34, 251. 252; 36, 279; 38, 294; 39, 294; 40, 295; 42, 296; 43, 305; 44, 308; 45, 313; 48, 332; 50, 354; 52, 375; 54, 393; 55, 414; 59, 445; 61, 463; 66
Geiger 8, 1; 9, 6; 11, 17; 18, 82; 24, 164; 25, 168; 27, 185; 31, 231; 35, 264; 42, 296. 300; 45, 312; 48, 332; 59, 445; 61, 468
Gerhardt, P. 232
Goethe 145, 39. 40
Gollwitzer 352
Graß 351
Grossouw 100, 1; 116
Grundmann 176, 49; 250, 12

Haenchen 344; 345; 346
Hahn, F. 346
Harnack 310, 1; 311; 316; 318
Heinrici 185, 29; 202, 114
Heitsch 249, 9
Helm 146, 43
Hense 188, 45
Hilgenfeld 8, 1; 9, 3
Holl 257, 43
Holtzmann 185, 29
Hommel 137, 6
Hoorn, van 258, 46
Hosius 183, 14

Jonas 148, 94; 149, 95. 99. 108; 150, 114; 151, 125
Jülicher-Fascher 208, 5; 209, 7
Jüngel 346; 347
Justi 141, 15

Kahle 79, 7; 83, 10
Kähler 312, 3
Käsemann 7, 43; 255, 29; 265; 278, 158; 314, 7; 322; 323; 345; 346; 348; 349; 350; 351
Kautzsch 9, 3; 183, 16
Kittel, R. 9, 3; 27, 185; 37, 286; 40, 295; 43, 305

Kittel, G. 238, 15; 239, 18
Klostermann 175, 22
Kraft 242
Kramer 346
Kuhn, K. G. 9, 2; 10; 12, 31; 13, 35; 14, 46. 47. 48; 19, 101; 21, 120; 22, 147; 23, 162; 24, 164. 165. 167; 27, 181; 29, 207; 37, 289; 38, 294; 39, 294; 40, 295; 41, 296; 42, 300; 45, 315; 46, 315; 48, 332; 50, 354; 57, 422; 58, 435. 437. 440; 59, 445; 61, 463; 64, 487; 100, 2; 113; 117
Kümmel 102; 310, 1; 319; 320; 322

Lagarde, de 13, 42; 45, 313
Lake 176, 47
Leipoldt 258, 46; 259, 46; 310, 1
Lidzbarski 168; 213
Liebermann 78, 6; 83, 10
Lietzmann 153, 148; 185, 30; 187; 192, 84. 85; 200, 106; 234, 13; 310, 1; 351
Lohmeyer 170; 218; 219; 220; 345
Lohse 251, 16
Lorenzmeier 352
Luz 346

Marcus 80, 8; 83, 10
Marti-Beer 182, 9
Marxsen 346; 351; 352
Meyer, E. 171; 175, 25; 240
Mezger 352
Mildenberger 351
Milik 74, 4
Molin 103, 8

Nauck 100, 2; 116; 117; 345
Nestle 239, 16
Nilsson 147, 68; 148, 93; 149, 95. 98; 150, 116; 151, 123; 260, 56
Norden 175, 25; 256, 36. 42; 257, 43

Oldfather 259, 51; 263, 88; 270, 121
Opitz-Weinhold 186, 33

Pannenberg 351
Paton 120, 1
Pfister 256, 42; 257, 44. 45; 258, 46; 261, 77; 262, 83; 270, 124
Ploeg, van der 74, 4
Preisendanz 148, 88; 150, 121

Rahlfs 10, 8. 9. 10; 28, 191; 40, 295; 44, 308; 55, 414; 61, 463; 66

Ratschow 351
Rengstorf 351
Reitzenstein 153, 147; 199, 104; 255, 29
Robinson, John A.T. 352
Rost 73, 3; 80, 8; 213

Schadewaldt 4, 32
Schenke 345
Schenkl 189, 61
Schlier 211, 2; 255, 29
Schmiedel 185, 29; 202, 114
Schmithals 344
Schmoller 201, 111
Schniewind 233, 12
Schrage 343
Schreiber 346
Schubert 74, 4; 83, 10
Schulz, S. 346
Schumann 351
Schweizer, E. 253, 24; 346; 347; 352
Scott 216; 229, 9; 230, 10
Semmelrock 352
Stählin/Schmid 120
Staiger 2, 7
Strack-Billerbeck 57, 432; 80, 9; 137, 3; 142, 23; 182, 5. 7. 8; 192, 85; 194, 93; 254, 24; 348
Strathmann 175, 27; 176, 36; 177, 56

Sukenik 100; 103, 7
Symanowski 352

Tischendorf 201, 110
Tödt 346

Vielhauer 173, 1; 176, 41; 316, 9; 346; 347; 348
Volz 250, 13; 251, 14

Wagner 343
Waitz 168, 1
Wegehaupt 120, 1
Weiser 5, 41
Weiss, J. 181; 182, 4; 185, 27. 30; 186, 32; 187, 35; 191; 192, 83; 195; 198, 101; 199, 102; 201; 202, 114; 204, 119
Wellhausen 9; 10, 14; 16, 70; 27, 178. 187; 28, 191; 37, 286; 40, 295; 56, 418; 170
Wendland 185, 28. 30; 201, 108; 256, 38
Wettstein 182
Wilamowitz 131, 78
Wilckens, U. 344; 351
Windisch 177, 53; 213; 221; 229, 8; 237; 239, 16. 17; 240; 241; 242

Zahn 310, 1; 312